JONATHAN HARR

Zivilprozeß

Buch

30 Jahre alt, Harvard Absolvent, Großverdiener, gutaussehend und mit allen Statussymbolen der Erfolgreichen ausgestattet: das ist Jan Schlichtmann. Der Top-Anwalt aus Boston hat sich auf gigantische Schmerzensgelder für Unfallopfer spezialisiert. Als ihm der Fall *Woburn* angeboten wird, reagiert er zunächst zurückhaltend. Zwei große US-Konzerne sind angeklagt, durch profitgierige Machenschaften am Leukämie-Tod von Kindern aus der Kleinstadt Woburn schuldig zu sein. Grundwasserverseuchung, Verstöße gegen den Arbeitsschutz und Vertuschung dieser Umstände sind nur Auszüge aus einem Unrechtskatalog, den die betroffenen Familien in über zwanzig Jahren zusammengetragen haben. Schlichtmann arbeitet sich in den Fall ein und sieht eine Chance zu gewinnen. Doch was als ein lukratives Geschäft für den Anwalt geplant war, wird zu einer persönlichen Herausforderung bis an die Grenzen der Belastbarkeit: Jan Schlichtmann kämpft: um Gerechtigkeit, um seine Karriere – und um sein Leben.

Autor

Jonathan Harr lebt und arbeitet in Northampton, Massachusetts. Er unterrichtet *nonfiction writing* am Smith College. Harr war Redaktionsmitglied beim *New England Monthly* und schreibt für den *New Yorker* und das *New York Times Magazine.* Für diesen Roman gewann Jonathan Harr 1995 den *National Book Critics Award.*

Jonathan Harr

Zivilprozeß [Unbeugsam]

Roman

Aus dem Amerikanischen
von Friederike Zeininger

GOLDMANN

Die amerikanische Originalausgabe erschien 1995 unter dem Titel
»A Civil Action« bei Random House, New York

Für Diane Apollon Harr

Umwelthinweis:
Alle bedruckten Materialien dieses Taschenbuches
sind chlorfrei und umweltschonend.
Das Papier enthält Recycling-Anteile.

Taschenbuchausgabe 5/99

Der Roman erschien bereits im Oktober 1997
unter dem Titel »Unbeugsam«
(Goldmann Taschenbuch 43359)
Umschlaggestaltung: Design Team München
Umschlagfoto: United International Pictures
Druck: Elsnerdruck, Berlin
Verlagsnummer: 44527
Redaktion: Peter Klumbach
FB · Herstellung: SC
Made in Germany
ISBN 3-442-44527-2

1 3 5 7 9 10 8 6 4 2

Eine Bemerkung vorab

Bei vorliegendem Buch handelt es sich nicht um einen Roman. Alle geschilderten Personen und Ereignisse sind echt. Ein Großteil des verwendeten Materials basiert auf meinen eigenen Beobachtungen, die ich seit Winter 1986 über einen Zeitraum von acht Jahren hinweg gesammelt habe, und auf wiederholt geführten Interviews mit direkt Betroffenen. Die umfangreiche offizielle Akte, besonders die etwa 50 000 Seiten eidesstattlichen Aussagen und Verhandlungsprotokolle, war eine weitere wesentliche Quelle.

Jonathan Harr

BOSTON, JULI 1986

Eines Samstags Mitte Juli wurde der Rechtsanwalt Jan Schlichtmann um 8.30 Uhr vom Telefon geweckt. Er hatte nur ein paar Stunden geschlafen und zudem noch unruhig. Als das Telefon läutete, träumte er gerade von einer jungen Frau, die in der Buchhaltung einer Bostoner Versicherung arbeitete. Die Frau hatte melancholische braune Augen, einen klaren Teint und dunkles, schulterlanges Haar. Seit fünf Monaten hatte die Frau Schlichtmann im Gerichtssaal gegenübergesessen, kaum mehr als vier Meter entfernt. In diesen fünf Monaten hatte weder Schlichtmann ein einziges Wort direkt an sie gerichtet, noch sie an ihn. Einmal hatte er ihre Stimme gehört – damals, als er sie das erste Mal gesehen hatte –, aber er konnte sich nicht mehr daran erinnern, wie sie klang. Wenn sich ihre Blicke zufällig trafen, war jeder darauf bedacht, nichts damit zu verraten, sie völlig neutral zu halten und so schnell wie möglich wieder wegzusehen, ohne den anderen zu beleidigen.

Die Frau war Geschworene. Schlichtmann hoffte, daß sie ihn mochte und ihm vertraute. Er wollte unbedingt wissen, was sie dachte. In seinem Traum sah er sich mit ihr in einem tiefen Wald, zugewachsen mit Zweigen und Wurzeln und Kletterpflanzen. Hinter der Frau standen einige Leute, deren Gesichter Schlichtmann wiedererkannte: die anderen Geschworenen. Die Frau versuchte herauszufinden, welchen Weg im Wald sie gehen sollte, und Schlichtmann bemühte sich, ihr die Richtung zu weisen. Er flehte sie an. Sie konnte sich nicht entscheiden. Offensichtlich wohnte dem Traum eine große Bedeutung inne, und sein Ende blieb offen, weil das Telefon klingelte und Schlichtmann aufwachte, eingehüllt in ein Gefühl der Bedrohung.

Der Anrufer stellte sich als Mitarbeiter der Baybank South Shore vor, bei der Schlichtmann einen Kredit für den Kauf seines Autos aufgenommen hatte, mit dem er einige Monate im Rückstand war. Sollte Schlichtmann nicht in der Lage sein, den fälligen Betrag von 9203 Dollar zu bezahlen, würde die Bank den Wagen, einen schwarzen Porsche 928, pfänden lassen.

Schlichtmann hatte keine Ahnung, ob die Baybank South Shore in den vergangenen Monaten ihr Geld erhalten hatte oder nicht, aber nach einigem Nachdenken kam er zu dem Schluß, daß dies wohl versäumt worden war. Er verwies den Bankangestellten an einen Mann namens James Gordon. »Er regelt alle meine finanziellen Angelegenhieten«, sagte Schlichtmann, nannte dem Anrufer Gordons Telefonnummer und legte auf.

Als das Telefon zwanzig Minuten später wieder läutete, lag Schlichtmann immer noch im Bett. Diesmal stellte sich die Stimme am anderen Ende als Sheriff des Suffolk County vor. Der Sheriff sagte, er sei in einer Telefonzelle in der Charles Street, zwei Häuserblocks von Schlichtmanns Haus entfernt. Er solle den Wagen pfänden. »Zeigen Sie mir, wo der Wagen steht«, sagte der Sheriff.

Schlichtmann bat den Sheriff, sich zehn Minuten zu gedulden. Dann versuchte er, Gordon anzurufen. Niemand hob ab. Er lag im Bett und starrte zur Decke. Erneut läutete das Telefon. »Zeigen sie mir jetzt, wo der Wagen steht?« fragte der Sheriff.

»Ich denke, ja«, antwortete Schlichtmann.

Der Sheriff, ein großer, kräftiger Mann in einer blauen Uniform, wartete an der Haustür auf Schlichtmann. Es war ein klarer und strahlender Morgen im Sommer 1986. Von den Stufen vor dem Haus aus konnte Schlichtmann sehen, wie die Strahlen der Sonne auf dem Charles River glitzerten, wo sich die weißen Segel kleiner Boote in einer frischen Morgenbrise blähten. Der Sheriff reichte ihm einige Dokumente, die sich auf die Pfändung bezogen. Schlichtmann schaute auf die Papiere und versicherte dem Sheriff, daß er den Wagen, der in einem Parkhaus drei Blocks weiter abgestellt war, holen würde. Er ließ den Sheriff an seiner Haustür zurück, ging die Pickney Street hinauf und dann über den gepflasterten Gehsteig die Charles Street entlang, die Hauptdurchgangsstraße in Beacon Hill. Er kam an einigen Cafés vorbei, aus denen es nach Kaffee und frisch gebackenen Brötchen roch. Junge Mütter schoben ihren Nachwuchs in Kinderwagen vor sich her, und Jogger liefen zur Strandpromenade am Charles River. Er hatte das Gefühl, als geriete seine Zukunft, vielleicht sein ganzes Leben außer Kontrolle, während die Welt um ihn herum ihrem steten Kurs folgte.

Auf seinem Platz im Parkhaus hatte der Porsche eine dünne Patina von Großstadtschmutz angesetzt. Schlichtmann besaß den Wagen seit zwei Jahren, doch er hatte weniger als 5000 Meilen damit zurückgelegt. Den ganzen Winter über hatte er unbenutzt im Parkhaus gestanden. Eines Wochenendes im Frühling hatte Schlichtmanns Freundin ihn anlassen wollen und feststellen müssen, daß die Batterie leer war. Sie ließ sie wieder aufladen und unternahm mit dem Porsche eine Spritztour. Doch dann teilte James Gordon ihr mit, daß die Versicherung abgelaufen sei und sie lieber die Finger von dem Auto lassen solle.

Schlichtmann fuhr den Wagen zurück zur Pickney Street und übergab dem Sheriff die Schlüssel. Dieser zog einen Schraubenzieher heraus und entfernte die Nummernschilder. Schlichtmann stand auf dem Gehsteig und schaute ihm dabei mit ineinander verschränkten Armen zu. Der Sheriff schüttelte eine grüne Mülltüte auf und sammelte Musikcassetten und Papiere aus dem Handschuhfach ein. Auf dem engen Rücksitz fand er einige juristische Bücher und mehrere Vernehmungsprotokolle aus dem Zivilprozeß *Anne Anderson et al. gegen W. R. Grace & Co et al.* Der Sheriff stopfte auch all dies in die Plastiktüte. Er ging methodisch vor und sprach nur wenig – ihm war längst klargeworden, daß ihm die Menschen nicht sonderlich viel an Sympathie entgegenbrachten. Aber die Protokolle machten ihn neugierig. »Sind Sie Anwalt?« fragte er.

Schlichtmann nickte.

»Haben Sie mit dem Fall zu tun?«

Schlichtmann bejahte. Die Jury habe sich seit einer Woche zu Beratungen zurückgezogen, fügte er noch hinzu. Er sei sicher, daß es am Montag zu einem Urteil der Geschworenen kommen werde.

Der Sheriff erzählte, daß er die Frau, Anne Anderson, in der Fernsehsendung *60 Minutes* gesehen habe. Er reichte Schlichtmann die Mülltüte und bat ihn, eine Quittung zu unterschreiben. Dann zwängte er seinen massigen Körper auf den Fahrersitz und drehte den Zündschlüssel. »Hübsches Auto«, meinte er. Er sah zu Schlichtmann auf und schüttelte den Kopf. »Das muß ein schwieriger Fall sein.«

Schlichtmann lachte. Der Sheriff lachte ebenfalls und sagte: »Na, dann viel Glück.«

Schlichtmann stand an der Bordsteinkante und sah dem Porsche nach, wie er mit dem Sheriff hinter dem Steuer in die Brimmer Street einbog und dann verschwand. Alles kommt und geht, dachte er bei sich.

Zwei Tage später, am Montag, zog Schlichtmann morgens einen seiner Lieblingsanzüge an (maßgeschneidert von Dmitri of New York), schlüpfte in sein bestes Paar Bally-Schuhe und band sich eine burgunderfarbene Hermès-Krawatte um, die er für glücksbringend hielt. Gewöhnlich fuhr er mit dem Taxi zum Bundesgericht im Zentrum von Boston, aber weil er an diesem Morgen kein Geld bei sich hatte, mußte er zu Fuß gehen. Auf dem Boston Common kam ihm ein Mann in einem schmutzigen Mantel, der seine Halbseligkeiten in einer grünen Plastiktüte verstaut hatte, entgegen und bat um etwas Geld. Schlichtmann erklärte dem Mann, daß er keines habe.

Schlichtmann ging weiter, mit einem Mal erschüttert über die Ungewißheiten des menschlichen Lebens. Rein theoretisch war er nicht weit davon entfernt, selbst obdachlos zu werden. Die Hausverwaltung hatte gerade Klage gegen ihn eingereicht, weil er es versäumt hatte, in den letzten sechs Monaten auch nur eine einzige Überweisung für die laufenden Kosten zu tätigen. Außerdem war er mit der Begleichung seines Hypothekenkredits in Verzug. Als sich die Jury nach 87 Verhandlungstagen zur Beratung zurückgezogen hatte, war alles Geld aufgebraucht. »Sie leben in einer Seifenblase«, hatte James Gordon Schlichtmann und seine Partner gewarnt. Die wenigen Dollar, die sich auf dem Konto der Kanzlei Schlichtmann, Conway und Crowley ansammelten, resultierten aus alten Vorgängen, waren Honorare für längst abgeschlossene Fälle. Die Einnahmen beliefen sich auf nicht mehr als 1500 Dollar die Woche. Dagegen betrugen die Gehälter für die Sekretärinnen und Assistenten allein schon 4 000 Dollar. American Express hatte ein Gerichtsverfahren gegen die Firma eingeleitet. Über mehr als vier Monate hinweg waren keine Zahlungen angewiesen worden, welche die Kreditkartenschulden von 25 000 Dollar getilgt hätten. Heller Financial, eine Leasing-Firma, hatte angedroht, im August die Computeranlage der Kanzlei einzuziehen. Falls er seinen Fall verlor, würde Schlichtmann so tief in Schulden stecken, daß er nach Gordons Einschätzung fünf Jahre brauchen würde, um wenigstens wieder bei Null anzukommen.

Doch seine finanzielle Lage war die geringste von Schlichtmanns Sorgen. Für einen Mann von verschwenderischem Geschmack machte er sich seltsamerweise nicht sonderlich viel aus Geld. Weit mehr fürchtete er, zuviel von sich selbst in diesen Fall investiert zu haben. Er hatte Angst, etwas viel Wertvolleres als Geld einzubüßen, falls er ihn verlieren sollte – falls er sich derart getäuscht haben sollte. Angst, daß dann auf rätselhafte Weise all sein Selbstvertrauen, all sein Ehrgeiz und sein Talent dahinschwinden würden. Er sah sich selbst auf einer Parkbank sitzen, seine Maßanzüge in grüne Mülltüten gestopft.

Vom Gehen leicht erhitzt, begann Schlichtmann um 7.45 Uhr auf dem Korridor vor dem Gerichtssaal zu warten. Er kannte diesen Korridor in allen Einzelheiten. Für gewöhnlich stand er in der Nähe einer schweren Holzbank, die direkt gegenüber der geschlossenen Tür zum Büro von Richter Walter J. Skinner zum Sitzen einlud. Am Ende des Korridors neben der Telefonzelle führte eine massive Schwingtür in Richter Skinners Gerichtssaal. Schlichtmann hatte Hunderte von Stunden darin zugebracht und keinerlei Bedürfnis, ihn erneut zu betreten. Er zog den Korridor vor. Das andere Ende des Ganges war – nach einer Reihe von Aufzügen, einem Dutzend geschlossener Türen zu Geschworenenzimmern, Konferenzräumen und Büros – einen ganzen Straßenblock weit entfernt. Der Korridor hatte keine Fenster. Er sah morgens um acht, wenn Schlichtmann kam, genauso aus wie nachmittags um vier, wenn er ging. Die Beleuchtung bestand aus alten, in die Decke eingelassenen Leuchtstoffröhren. Sie strahlten mattes Licht aus, wie zur Dämmerstunde an einem bewölkten Tag. Es roch nach Bohnerwachs, Desinfektionsmittel und abgestandenem Zigarettenrauch.

Um 8 Uhr trafen die Geschworenen ein. Sie führten ihre Beratungen in einem kleinen Raum am Ende des Korridors, eine schmale Treppe höher gelegen, durch, den Schlichtmann nie gesehen hatte. Manchmal kamen zwei oder drei Geschworene morgens gemeinsam und unterhielten sich, während sie den Aufzug verließen. Aber sie verfielen immer in Schweigen, wenn sie sich Schlichtmann näherten. Mitunter schenkten sie ihm ein verkrampft wirkendes dünnes Lächeln oder nickten ihm kurz zu. Schlichtmann betrachtete intensiv den Boden, wenn sie an ihm vorbeigingen, aber aus dem Augenwinkel heraus beobachtete er jede ihrer Bewegungen. Er studierte ihr Auftreten, ihre Kleidung und versuchte, sich ein Bild von ihrer Stimmung zu machen.

Die Schritte der Geschworenen entfernten sich. Einen Augenblick später war Schlichtmann wieder allein.

Woburn, Sommer 1966

1

Als Reverend Bruce Young im Sommer 1966 seinen Dienst in der Trinity-Episkopalkirche von Woburn antrat, war er 21 Jahre alt und ehrgeizig. Trinity war seine erste Gemeinde. Das Kirchengebäude wirkte schlicht, aber stabil. Es hatte ein spitzes Dach, weiße Schindeln und drei kleine Buntglasfenster an jeder Seite. Dem neuen Pfarrer entging nicht, daß es mit der Kirche nicht zum Besten bestellt war. Unkraut überwucherte den braunen und unansehnlichen Rasen. Die Büsche mußten gestutzt werden, die Dachschindeln waren gewellt, und das gotisierende Eingangsportal brauchte einen neuen Anstrich. Selbst in ihren besten Zeiten war die Gemeinde, deren Kirche aus dem Jahr 1902 stammte, nie mit Wohlstand gesegnet gewesen.

Als Bruce Young sein Seelsorgeramt aufnahm, besuchten den Gottesdienst nur noch etwa 50 Gläubige, von denen die meisten alt genug waren, daß sie sich noch an die Kirche in neuem Zustand erinnern konnten. Young bemerkte oft, daß Trinity wahrscheinlich die einzige Episkopalkirche auf der Erde war, in deren Gemeinde es keinen Anwalt oder Arzt gab. Der Reverend und seine Frau, eine ausgebildete Sozialarbeiterin, waren sich damals einig, daß Woburn einen geeigneten Ort darstellte, eine Karriere zu starten, aber keinen Ort, an dem sie lange bleiben wollten.

Auch Woburn, eine Stadt mit 36 000 Einwohnern, zwölf Meilen nördlich von Boston gelegen, brauchte einen neuen Anstrich. Ein paar Häuserblocks südlich der Trinity-Kirche, vorbei an einer Sunoco-Tankstelle, vorbei an einer Rekrutierungsstelle der

Armee und Marine und an einigen Pizzerien, lag der Marktplatz. Er wirkte inmitten des städtischen Verkehrs wie eine kleine Insel und wurde von der hochragenden Bronzestatue eines Bürgerkriegsveteranen beherrscht. An schönen Tagen verzehrten ein paar Rathausangestellte auf den Bänken des Parks ihre Lunchbrote. Jeden Frühling ließ die Stadtverwaltung hier Tulpen, Ringelblumen und Petunien anpflanzen, aber einen Gärtner in Vollbeschäftigung konnte man sich nicht leisten. Das Unkraut kämpfte um seinen Platz und hatte jedes Jahr bis Mitte des Sommers klare Vorteile errungen.

Der Marktplatz war von zwei- bis dreigeschossigen Bauten umgeben, die den Mittelpunkt des einst regen Geschäftslebens in Woburn bildeten. Die Gebäude stammten aus der Zeit um die Jahrhundertwende, aber viele der ursprünglichen Ziegel- und Steinfassaden waren unter Plastikplatten verschwunden, Bauelementen, die in den fünfziger Jahren als modern galten, als Woburn zum letztenmal Wohlstand gesehen hatte. Viele der Ladenfronten waren verstaubt, die Fenster strotzten vor Schmutz, die Eingänge lagen voller kleiner Müllhaufen, die der Wind zusammengewirbelt hatte. Marram's Schuhe & Smokings und der Laden für Haustierbedarf hatten erst kürzlich schließen müssen. In dem schmutzigen Schaufenster von Perillo's Sandwich-Shop hing ein rotes Schild, GESCHLOSSEN, und darunter hatte jemand (vermutlich Perillo selbst) EIN FÜR ALLEMAL hinzugefügt.

Das erste Wirtschaftsunternehmen in Woburn war eine von den Gebrüdern Wyman 1648 errichtete Gerberei gewesen. Damals war das Land noch dicht bewaldet, hügelig im Westen und Norden, flacher im Osten, wo der Aberjona River durch Marsch und Sumpf floß. Die Geschäfte der Wymans florierten, bis in einem der Indianerkriege John Wymans ältester Sohn bei einem Gefecht in den Sümpfen getötet wurde. In diesem Jahr verdarb ihr Leder in den Gerbfetten. Ein anderer Gerber namens Gershom Flagg rodete einen halben Hektar Wald in der Nähe der Stadthalle und erbaute dort sein Wohnhaus und seine Gerberei. Als der Bürgerkrieg begann, gab es in Woburn 20 Gerbereien, und die Lederproduktion kam an die von Philadelphia heran.

Der Lederhandel zog andere Industriezweige nach sich. 1853 gründete Robert Eaton nördlich von Woburn am Ufer des Aberjona River eine chemische Fabrik und belieferte die Gerbereien mit jenen Chemikalien, die zur Lederproduktion erforderlich waren: Kupfervitriol, Glaubersalz und Schwefelsäure. Zur Jahrhundertwende zählte Eatons Betrieb zu den größten Chemieunternehmen im Land. Doch nach dem Zweiten Weltkrieg ging es mit der Gerbindustrie bergab. Bis Ende der sechziger Jahre war sie von der ausländischen Konkurrenz überrundet worden. Ein Jahrzehnt später produzierte nur noch die Gerberei J. J. Riley im Osten Woburns am Aberjona River. Der riesige rote Ziegelschornstein, gut siebzig Meter hoch, auf dem von oben nach unten der Namen J. J. Riley geschrieben stand, war noch vom fast eine Meile entfernten Marktplatz aus zu sehen.

Um neue Wirtschaftsunternehmen anzulocken, ließ die Stadt viele Hektar Land im Nordosten von Woburn roden und für Industriegelände erschließen. Es gab einen Skandal, als aufgedeckt wurde, daß mehrere Stadtabgeordnete finanzielle Interessen an dem Land geheimgehalten hatten, aber die Entwicklung nahm dennoch ihren Lauf. Am Commerce Way, in der Nähe der Interstate 95, siedelten sich einige kleine Handwerksbetriebe und Speditionen an. Robert Eatons alte Chemiefabrik am Ufer des Aberjona River wurde von Monsanto übernommen. W. R. Grace, ein anderer Chemieriese, baute eine kleine Fabrik auf dem Areal einer ehemaligen Obstplantage. Woburn mangelte es nicht an Industrieunternehmen, aber trotzdem war irgendwie nie genug Geld da, um kaputte Gehsteige oder Schlaglöcher auf der Straße zu reparieren.

Bruce Young hatte vorgehabt, nur etwa fünf Jahre in Woburn zu bleiben. Als Pfarrer konnte er sich hier über Beschäftigungsmangel nicht beklagen, aber eine solch arme Gemeinde wie Trinity war der Energie und dem Ehrgeiz eines jungen Mannes wenig förderlich. Nach ein paar Jahren hatte er einige Versuche unternommen, um sich beruflich zu verbessern. Aber jene Gemeinden, nach denen er suchte, boten sich nicht alle Tage an – und wenn, dann mußte er sich einer harten Konkurrenz stellen.

Die Gemeindemitglieder in Woburn mochten ihn, aber selbst die Nachsichtigsten mußten zugeben, daß er kein bewegender Redner war. Er las seine Sonntagspredigt eher ab, als daß er sie eindringlich vortrug, und seine Stimme neigte zur Monotonie. Es sprach für ihn, daß er sein Defizit selbst erkannte und seine Predigten kurz hielt. Man konnte ihn jederzeit um Rat fragen, und seine Empfehlungen waren gewöhnlich brauchbar. Er hatte eine Art, den Menschen zu vermitteln, daß er ernsthaft an den Problemen interessiert war, mit denen sie sich an ihn wandten. Young hatte ein besonderes Talent dafür, Kranke und Gebrechliche zu betreuen, und vom Januar 1972 an, in seinem sechsten Jahr an der Trinity-Kirche, wurde dieser Aufgabenbereich mehr und mehr zum eigentlichen Schwerpunkt seiner seelsorgerischen Tätigkeit.

2

Jimmy Andersons Eltern glaubten, er habe eine Grippe. Es war Januar, die Jahreszeit der Virusinfektionen, und sein älterer Bruder und seine Schwester zeigten beide die klassischen Symptome: Husten, eine tropfende Nase, leicht erhöhte Temperatur. Auch seine Mutter Anne fühlte sich nicht besonders wohl. Mitte der Woche jedoch schienen alle, bis auf den erst dreijährigen Jimmy, auf dem Weg der Besserung zu sein. Bei ihm stieg und fiel das Fieber immer wieder, und sein Appetit hatte merklich nachgelassen. Er war blaß, und Anne entdeckte einige Blutergüsse an seinem Körper, die ihr seltsam vorkamen, weil das Kind die meiste Zeit über das Bett gehütet hatte. Sie und ihr Ehemann Charles beschlossen, am nächsten Morgen den Kinderarzt aufzusuchen.

Dr. Donald McLean war wegen Jimmys Zustand besorgt. Das Fieber konnte ein Indiz für eine Infektion sein, und tatsächlich hatte das Kind auch einen Blutandrang in den oberen Atemwegen. Aber für McLean sah das nicht nach einer normalen Infektion aus. Zumindest litt Jimmy an starker Blutarmut, die mit extremer Blässe und Lethargie einherging. McLean vermutete, daß die Blutergüsse auf einen Mangel an Blutplättchen hinwiesen, jenem Bestandteil des Blutes, der als Gerinnungsmechanismus dient. Er führte eine kurze Untersuchung durch und ertastete leicht geschwollene Lymphknoten, sonst aber nichts Bemerkenswertes. Blässe, Blutergüsse und anhaltendes Fieber: Die klinischen Anzeichen ließen auf eine Bluterkrankung schließen.

McLean hatte den Verdacht, daß Jimmy Anderson an Leukämie erkrankt war, aber er äußerte seine Befürchtung den Eltern gegenüber nicht. Leukämie ist eine seltene Krankheit, tritt jährlich nur bei weniger als vier von hunderttausend Kindern auf. McLean wollte zuerst die Ergebnisse der Blutuntersuchung abwarten, bevor er die Diagnose stellte. Es war Samstagvormittag, aber McLean konnte das zuständige Labor überzeugen, das Blut des Jungen noch am Nachmittag zu untersuchen. Den Andersons teilte er mit, daß er dann mehr wissen werde, und bat sie, ihn anzurufen.

Auf dem Weg vom Kinderarzt nach Hause sagte Anne zu Charles: »Ich glaube, er hat Leukämie.« Charles wandte den Kopf und sah seine Frau an. Sie wirkte sehr besorgt, und das wiederum versetzte Charles in Sorge.

Als Charles am Nachmittag bei Dr. McLean anrief, sagte dieser mit ernster Stimme: »Es scheint ein Problem mit dem Blut Ihres Sohnes zu geben. Wir müssen noch einige weitere Untersuchungen durchführen, um herauszufinden, was genau nicht stimmt.« Er sagte Charles, daß er für Jimmy am Montagmorgen im Massachusetts General Hospital einen Termin vereinbaren würde. Er sprach mit keinem Wort von Leukämie, und Charles drängte ihn nicht um eine Diagnose. »Wenn er wüßte, was Jimmy fehlt, dann hätte er uns Bescheid gegeben«, versuchte Charles Anne zu beruhigen.

Am Samstagabend hatten die Andersons Gäste zum Abendessen. Anne weinte in der Küche. Nichts von dem, was Charles gesagt hatte, konnte sie von ihrer Überzeugung abbringen, daß Jimmy an Leukämie litt. Diese Krankheit barg für Anne ganz besonderen Schrecken. 1950, als sie 14 Jahre alt war und in Somerville lebte, war ein Mädchen aus der Nachbarschaft an

Leukämie erkrankt und binnen weniger Wochen gestorben. In Annes Schule war mit leiser, flüsternder Stimme über den Tod des Mädchens gesprochen worden. Zum ersten Mal in ihrem Leben hatte Anne verstanden, was Sterblichkeit und Tod bedeuteten. Die Krankheit wirkte besonders bedrohlich auf sie, weil sie so rätselhaft war. Sie schlug plötzlich zu, war ausnahmslos tödlich, und niemand wußte, was sie verursachte.

Am Montag, dem 31. Januar, fuhren Anne und Charles mit ihrem Sohn morgens nach Boston. Jimmy Anderson wurde von Dr. John Truman untersucht, dem Chefarzt für pädiatrische Hämopathologie im Massachusetts General, dem größten Krankenhaus Bostons. »Dünner Dreieinhalbjähriger, trauriges Gesicht, Anamnese mit Blässe und Hang zu Blutergüssen«, notierte Truman. »Patient präsentiert sich mit mäßiger, gewöhnlicher Lymphknotenschwellung und einigen Blutergüssen, keine Petechien. Milz nicht tastbar.«

Truman führte eine Knochenmarkspunktion durch, bei der ein Ergebnis von 32 Prozent Stammzellen ermittelt wurde. Stammzellen sind primitive weiße Blutkörperchen, die sich sehr schnell vermehren, aber nicht in der Lage sind, sich zu voller Reife auszubilden. Ihre Anzahl ließ bei Truman keine Zweifel bezüglich der Diagnose aufkommen: akute Lymphoblastenleukämie.

An diesem Nachmittag führte Truman Anne und Charles in sein Büro und berichtete, zu welchem Resultat er gekommen war. Anne erinnerte sich, daß es ein kalter und klarer Wintertag war und die Nachmittagssonne schräg durch die Jalousien fiel. Sie fühlte sich seltsam weit entfernt, als höre sie Truman aus großer Distanz. Ihre Aufmerksamkeit war auf die Staubteilchen gelenkt, die im Sonnenlicht trieben.

Die nächsten Wochen seien sehr wichtig, sagte Truman. Er wolle versuchen, Jimmy auf den Weg der Besserung zu bringen, indem er ihm starke Medikamente und gleichzeitig Bestrahlungen verordnete. Die Erfolgsaussichten seien gut. Es bestehe jedoch auch eine zehnprozentige Chance, daß Jimmy in den nächsten vier Wochen sterben werde. Die größte Gefahr gehe nicht von der Leukämie selbst, sondern von einer opportunistischen Infektion aus. Die Chemotherapie werde Krebszellen im Blut und Knochenmark zerstören, aber gleichzeitig auch die Abwehrkräfte des Körpers gegen Infektionen schwächen. Verbreitete Kinderkrankheiten, wie etwa Windpocken oder auch nur eine Erkältung, könnten tödliche Folgen haben.

Als Truman in den frühen sechziger Jahren begann, sich mit der Heilung leukämiekranker Kinder zu beschäftigen, gab es keine wirksame Behandlungsmethode. Die meisten Kinder starben binnen weniger Wochen nach Erstellung der Diagnose. Aber in den vergangenen zwei Jahren waren am St. Jude Children's Research Hospital in Memphis große Fortschritte erzielt worden. Truman erklärte den Andersons die neue Behandlungsmethode, die als St.-Jude-Protokoll bekannt war. Nach einer ersten, etwa einmonatigen Behandlung mit Chemotherapie und Bestrahlungen sollte Jimmy während der nächsten drei Jahre regelmäßig in die Ambulanz der Klinik kommen. Er würde dabei ein Aufbauprogramm absolvieren, das in regelmäßigen Abständen auch eine chemotherapeutische Behandlung einschloß. Das Verfahren sei, obwohl aggressiv und mit vielen Nebenwirkungen behaftet, vielversprechend. Wenn es Jimmy nach der ersten Phase der Chemotherapie bessergehe, sagte Truman, dann liege seine Überlebenschance für die nächsten fünf Jahre bei fünfzig Prozent oder mehr.

Truman sprach auch über die Ursachen der Leukämie bei Kindern. Er hatte festgestellt, daß die meisten Eltern besorgt waren, irgend etwas falsch gemacht zu haben, oder sich fragten, ob sie die Krankheit nicht vielleicht hätten verhindern können. Truman versuchte, die Ängste der Eltern zu zerstreuen, indem er ihnen sagte, was eine akute Lymphoblastenleukämie verursache, wisse niemand. Weil das so dürftig klang, fuhr er gewöhnlich mit einer kleinen Abhandlung über das fort, was bekannt war. Einige Arten der Leukämie könnten durch ionisierende Strahlen oder durch Chemikalien wie Benzol hervorgerufen werden. Aber an diesem Typus – akuter Knochenmarksleukämie – sei Jimmy nicht erkrankt. Manche Wissenschaftler vermuteten, daß auch Viren Leukämie beim Menschen verursachen könnten; bei bestimmten

Tieren stehe das so gut wie fest. Forscher der Harvard-Universität versuchten im Augenblick, Leukämieviren in Katzen zu isolieren. Aber diese Krankheit, erklärte Truman, unterscheide sich stark von jener, die den Menschen befalle.

Jimmy Anderson begann mit dem St.-Jude-Protokoll am Dienstag, einen Tag nach der Diagnosestellung. Er bekam mehrere Bluttransfusionen, mit denen die Anzahl der Blutplättchen erhöht werden sollte. Truman untersuchte den Jungen täglich nach Zeichen einer Infektion oder neuen Blutergüssen und Petechien, Anhäufungen winziger purpurfarbener Hautblutungen, einem Charakteristikum der Leukämie. Anne kam jeden Tag frühmorgens ins Krankenhaus. Zunächst ging sie zum Schlafen noch nach Hause, doch schon bald verbrachte sie die Nächte bei ihrem Sohn im Krankenzimmer. Annes Mutter kam nach Woburn, um die beiden anderen Kinder zu versorgen.

Am Ende der ersten Woche ergab die Zählung von Jimmys Blutplättchen einen noch immer niedrigen, aber konstanten Wert. Er hatte keine neuen Blutergüsse oder Petechien bekommen. Die Haare fielen ihm aus, und von den Medikamenten war ihm schrecklich übel, aber Truman hatte den Eindruck, daß sich sein Zustand stabilisierte. Am Ende des Monats gab es weder im peripheren Blut noch im Knochenmark Hinweise auf Leukämiezellen. Jimmys Zustand hatte sich exakt nach Plan verbessert, und Truman war optimistisch, was die Genesung des Jungen anging.

In dem Winter, in dem ihr Junge krank wurde, war Anne Anderson 35 Jahre alt. Sie war eine gutaussehende Frau, groß und kräftig, von norwegischer Abstammung. Sie hatte hohe Wangenknochen, strahlend blaue Augen und blondes Haar. Sie war in Somerville aufgewachsen, gegenüber von Boston auf der anderen Seite des Charles River. Sie war das jüngste von vier Kindern einer in bescheidenen Verhältnissen lebenden Familie und das einzige Mädchen. Nach der High-School begann sie in der Bibliothek in Somerville zu arbeiten. Mit 24 Jahren, sie wohnte noch immer zu Hause, lernte sie bei einer sogenannten »blinden Verabredung«

Charles Anderson kennen. Er war ein Jahr älter als sie, Sohn eines Hafenarbeiters und mit genügend Ehrgeiz ausgestattet, um es im Leben weiterzubringen. Er hatte das College besucht und wollte in der Computerbranche arbeiten. Charles und Anne gingen ein Jahr miteinander und heirateten schließlich 1961.

Sie lebten in einer kleinen Wohnung im Raum Boston, bis sie sich 1965 nach einem Haus umsahen. Sie waren oft zu Besuch in Woburn gewesen, wo Annes beste Freundin aus der Kindheit, Carol Gray, einige Jahre zuvor mit ihrer Familie hingezogen war. Carol und ihr Mann hatten dem Makler gesagt, daß sie sich ein Haus auf dem Land wünschten, in der Nähe von Boston, mit Bäumen und viel Platz. Der Makler hatte ihnen geraten, sich im Osten von Woburn umzusehen.

Mitte der sechziger Jahre ging es in Ost-Woburn noch angenehm ländlich zu. Der Aberjona River, ein schmaler, ruhiger Fluß, nur ein paar Meter breit und hüfttief, schlängelte sich durch das von Rietgräsern, Teichkolben und Bültgras bewachsene Marschland. Weite Landstriche zu beiden Seiten des Flußtals waren schon früh kultiviert worden, und selbst damals existierten noch einige kleine Farmen, eine oder zwei Obstplantagen und bewirtschaftete Felder. Direkt am Fluß säumten kleine Wäldchen mit Ahornbäumen, Eichen und Walnußbäumen den Rand der Marsch.

Für Anne und Charles schien Woburn der geeignete Ort, sich niederzulassen. Vor allem Anne mochte die Gegend um die Pine Street, unweit Carols Haus. Es war eine kleine Enklave von ungefähr einem Dutzend Straßen, anderthalb Meilen vom Stadtzentrum entfernt und auf dem Plateau einer kleinen Anhöhe gelegen, die in Richtung Westen, hin zu den Flußauen des Aberjona River, sanft abfiel. Die ruhigen Straßen waren von schattenspendenden Bäumen gesäumt, viele der einfachen Häuser waren schon vor dem Zweiten Weltkrieg erbaut worden. Niemand, der Geld im Überfluß hatte, würde sich im Viertel um die Pine Street nach einem Haus umsehen, aber wer hier erst einmal eingezogen war, der blieb offenbar eine ganze Weile. Charles fand ein kleines Haus im Ranchstil, das aus den fünfziger Jahren stammte. Die

Schindelwände brauchten einen Anstrich, und der Küchenboden mußte mit neuem Linoleum ausgelegt werden, dafür aber kostete es nur 17 900 Dollar.

Nachdem die Andersons eingezogen waren, begannen sie, die Trinity-Kirche zu besuchen. Reverend Young war erfreut, neue Mitglieder in seiner Gemeinde zu haben, junge Leute zudem. Charles und der Pfarrer waren ungefähr gleich alt und freundeten sich schnell an. Nach kurzer Zeit begann Charles im Kirchenvorstand mitzuarbeiten und übernahm auf Youngs Bitte hin das Amt des Schatzmeisters.

Mitte Februar wurde Jimmy Anderson aus dem Krankenhaus nach Hause entlassen. Einige Nachbarn der Andersons aus der Pine Street kamen zu Besuch und brachten Leckerbissen und Gebäck vorbei. Eine Frau, Kay Bolster, die einen Block weiter in der Gregg Street wohnte, erwähnte Anne gegenüber, daß es in zwei Familien aus ihrer unmittelbaren Nachbarschaft je einen an Leukämie erkrankten Jungen gab. Kay dachte, daß es Anne vielleicht trösten könnte, mit anderen Eltern zu sprechen, welche die gleichen Erfahrungen gemacht hatten. Eine der Mütter, Joan Zona, war Stammkundin in dem Schönheitssalon, in dem Kay arbeitete. Joan sei eine herzliche, offene Frau, erzählte Kay, obwohl sie den Eindruck habe, daß es ihr große Probleme bereite, mit der Krankheit ihres Sohnes zurechtzukommen. Bei dem Jungen, der Michael hieß, sprach die Behandlung nicht an. Die andere Familie, die Nagles, kannte Kay nur vom Sehen, aber der Junge machte sich, soweit sie wußte, gut.

Kurz nach dem Gespräch mit Kay rief Anne bei Joan Zona an. Joan schien sehr an einer Begegnung interessiert und lud Anne zum Kaffee ein. Am ersten Tag verbrachten sie zwei Stunden miteinander. Als Anne ging, umarmten sich die beiden Frauen. Die Besuche bei Joan und die Telefonate mit ihr wurden zu einem festen Bestandteil in Annes Alltag. »Joan und ich, wir hingen irgendwie aneinander«, erinnerte sich Anne Jahre später.

Michael Zona, das jüngste von Joans vier Kindern, lag im Bostoner Children's Hospital und mußte eine ganz ähnliche Behandlung über sich ergehen lassen wie Jimmy. Die Diagnose für ihn war zehn Monate früher gestellt worden. Joan kannte die Krankenhausroutine bereits – Medikamente, Bestrahlungen und Nebenwirkungen – und teilte ihr Wissen bereitwillig mit Anne.

Eine Krankheit nach der anderen suchte den jungen Michael Zona heim, und nichts schien dem Einhalt gebieten und ihn retten zu können. Angefangen hatten seine Probleme mit einem leichten Husten, der stetig schlimmer geworden war. Der Hausarzt hatte ihn mit Hustensaft und Antibiotika behandelt, aber es trat keine Besserung ein. Eines Nachts, als Michael jammerte, daß er nicht mehr atmen könne, brachte Joan ihn in die Notaufnahme. Zuerst dachten die Ärzte, er habe Bronchialasthma. Dann entdeckten sie im Mittelfell zwischen dem rechten und linken Lungenflügel einen olivengroßen Tumor. Durch eine Knochenmarksbiopsie stellte sich heraus, daß er an akuter Lymphoblastenleukämie litt, der gleichen Krankheit, die auch Jimmy Anderson hatte.

Anne fand es seltsam, daß in einem Viertel drei Fälle von Leukämie auftraten, nur wenige Häuserblocks voneinander entfernt. Sie fragte sich, ob das Zufall war oder ob irgendein Virus im Umlauf sei. Sie erinnerte sich, daß Dr. Truman einige Krebsforscher erwähnt hatte, die den Verdacht hegten, daß Leukämie bei Kindern möglicherweise durch einen Virus verursacht werden könnte, obwohl sie wußte, daß es sich dabei um eine unbewiesene Hypothese handelte, brachten sie und Carol Gray Stunden mit diesbezüglichen Spekulationen zu.

Anne äußerte ihren Verdacht auch Joan Zona gegenüber. Joan pflichtete bei, daß drei Fälle von Leukämie in ein und demselben kleinen Viertel ungewöhnlich seien, aber sie dachte nicht soviel darüber nach wie Anne. Sie war zu sehr mit Michaels unaufhaltsamem Verfall beschäftigt, als daß sie andere Dinge noch groß gekümmert hätten. Im Juni, als Jimmys Symptome zurückgegangen waren und es gut für ihn aussah, erlitt Michael Zona einen Rückfall. Die Ärzte versuchten eine zweite Remission herbeizuführen und behandelten ihn mit Adriamycin, einem hochtoxischen Präparat, das in der zur Behandlung der Leukämie notwendigen Dosierung die Herzmuskulatur schädigt. Das Mittel schlug an, und im Juli befand sich Michael wieder auf dem Weg der Besserung. Der Zustand war allerdings von kurzer Dauer. Als Ende Oktober sein Blutbild noch immer beunruhigend schlecht war, veranlaßte der Arzt eine Knochenmarkspunktion, nach der sich herausstellte, daß es sich bei 25 Prozent der Zellen um Stammzellen handelte. Michael hatte zum zweiten Mal einen Rückfall erlitten. Der Kreis schloß sich: Ein weiterer Behandlungszyklus wurde durchgeführt, und wieder besserte sich Michaels Befinden. Doch die Chancen für sein langfristiges Überleben standen schlecht.

Während eines Besuchs in der Ambulanz am Massachusetts General in jenem Frühjahr erzählte Anne Dr. Truman von den Zonas und den Nagles. War das nicht ungewöhnlich, fragte sie, daß im selben Viertel drei Fälle von Leukämie auftraten?

Truman hörte in seiner höflichen, aufmerksamen Art zu, aber später gestand er ein, sich mit Annes Frage nicht ernsthaft beschäftigt zu haben. Über die Jahre hinweg hatte er erfahren, daß die Eltern leukämiekranker Kinder ein erhöhtes Bewußtsein für die Krankheit entwickelten. Wohin sie auch kamen, schienen sie Hinweise darauf zu entdecken oder jemanden zu treffen, dessen Kind ebenfalls erkrankt war. Truman war dieses psychologische Phänomen mittlerweile gewohnt. Viele Jahre später erinnerte er sich an seine Reaktion auf Annes Fragen: »Angesichts der Zahl von Kindern mit Leukämie, von denen ich damals wußte, und unter Berücksichtigung der Einwohnerzahl von Woburn hatte ich nicht den Eindruck, daß sich die Häufigkeit von Leukämiefällen erhöht habe, und das sagte ich ihr auch. Im Prinzip bin ich auf ihre Andeutungen nicht eingegangen.«

Auch ein Jahr später, im Juni 1973, kam es Truman nicht in den Sinn, daß an der Erkrankung eines zweieinhalbjährigen Jungen aus Woburn namens Kevin Kane irgend etwas ungewöhnlich sei. Der Junge war vom Winchester Hospital, wohin ihn seine Mutter, eine Krankenschwester, wegen anhaltenden Fiebers, Blässe und Reizbarkeit gebracht hatte, an Truman überwiesen worden.

Zwei Wochen zuvor war bei ihm die Behandlung einer Atemwegsinfektion gescheitert, bei der Penizillin nicht anschlug. Als er ins Hospital kam, umfaßte seine Krankengeschichte bereits diverse Atemwegsinfektionen und wiederkehrende Schübe von Ohrenschmerzen. Die Ärzte des Winchester überwiesen Kevin Kane mit dem »starken Verdacht« auf akute Lymphoblastenleukämie an Dr. Truman. Dieser bestätigte die Vermutung und verordnete Kevin eine Chemotherapie, die dem St.-Jude-Protokoll ähnelte. Das Kind sprach gut darauf an. Nach vier Wochen ergab eine Knochenmarkspunktion, daß es sich auf dem Weg der Besserung befand.

Kevin Kane senior und seine Frau Patricia lebten mit ihren vier Kindern in der Henry Avenue im Osten von Woburn. Die Henry Avenue verlief in einem Bogen am Rand einer Hochebene entlang, mit Blick über die Marsch am Aberjona River. Vom Hintereingang des Hauses der Kanes aus konnte man beim Blick in Richtung Osten über das Marschland in einer Viertelmeile Entfernung die Häuser des Pine-Street-Viertels sehen. Bei genauerer Betrachtung erkannte man die Orange Street und hinter den Bäumen auch das mit roten Schindeln gedeckte Ranchhaus der Andersons.

Anne erfuhr vom Fall der Kanes über Carol Gray, deren vierzehnjähriger Sohn jeden Nachmittag die *Woburn Daily Times* in der Henry Avenue austrug. Als Carols Sohn im Sommer 1973 seine Runde machte, bekam er mit, daß eines der Kinder der Kanes Leukämie hatte. Er berichtete diese Neuigkeit seiner Mutter, die sofort Anne anrief. »Was, zum Teufel, geht hier eigentlich vor sich?« sagte Carol zu Anne.

Als ein weiterer Leukämiefall bekannt wurde, begann Anne, einige ihrer Gedanken schriftlich festzuhalten. Sie stellte die erste von vielen Listen mit Krankheitsfällen zusammen, von denen sie gehört hatte. Sie notierte die Namen der Kinder, ihre Adressen, ihr Alter und das Datum, an dem sie herausgefunden hatte, daß sie erkrankt waren.

Der Gedanke, daß es für alle Krankheitsfälle eine gemeinsame Ursache gab, ließ sie nicht mehr los. »Das Wasser und die Luft waren die beiden Dinge, die wir alle miteinander teilten«, sagte sie einige Jahre später vor Gericht aus. »Und das Wasser war schlecht. Ich dachte, daß es einen Virus geben könne, der durch das Wasser übertragen wurde, eine Art Leukämievirus. Das Wasser hat nie gut geschmeckt, nie gut ausgesehen und nie gut gerochen. Es gab Zeiten, in denen es schlechter war als sonst, gewöhnlich im Sommer, und man es fast nicht trinken konnte. Meine Mutter brachte uns am Wochenende Wasser aus Somerville, ungefähr drei Liter, das wir zum Trinken verwendeten. Die übrige Zeit, wenn wir den Geschmack mit Sirup, Orangensaft, Kaffee oder sonst irgendwas überdecken konnten, tranken wir das Wasser aus dem Hahn. Aber eigentlich ließ er sich nicht überdecken. Das Wasser hat die Spülmaschine kaputtgemacht; in regelmäßigen Abständen leckten die Rohre unter dem Küchenausguß und dem Waschbecken im Bad, und die Wasserhähne tropften ständig. Kaum hatten wir irgendwo was repariert, schien schon das nächste Problem aufzutauchen.«

3

Lange bevor Jimmys Krankheit diagnostiziert wurde, sprachen die Leute in Ost-Woburn auf die Art und Weise über das Wasser, wie man sich für gewöhnlich über das Wetter unterhält. Wie beim Wetter schien man nichts daran ändern zu können, obwohl es immer wieder versucht wurde.

Als Carol Gray 1961 nach Woburn übersiedelte, war mit dem Wasser noch alles in Ordnung. Doch 1965, als Anne und Charles ihr Haus in der Orange Street bezogen, hatten die Bewohner Ost-Woburns schon eine Veränderung bemerkt. »Findest du nicht, daß das Wasser komisch schmeckt?« erkundigte sich Anne in ihrem ersten Sommer in Woburn bei Carol. »Oder bilde ich mir das nur ein?«

Im nachhinein wurde klar, daß die Veränderung im November 1964 eingesetzt hatte, als man begann, Wasser aus einem neuen städtischen Brunnen in das Rohrnetz von Woburn zu pumpen.

Dieser Brunnen, genannt Brunnen G (A bis F waren im Lauf der vergangenen 40 Jahre im Zentrum der Ortschaft entstanden) war im Marschland am Westufer des Aberjona River gebohrt worden, eine halbe Meile nördlich des Pine-Street-Viertels.

Der Brunnenschacht durchdrang ein altes Tal, das vor 12 000 Jahren vom letzten Gletscher gebildet worden war, der Neuengland bedeckte. Über die Jahrtausende hinweg hatte sich das Tal mit Kiesel, Sand und Schlick gefüllt, und aus dem tosenden Fluß aus grauer Vorzeit war der zahme Aberjona River geworden. Das mit Sedimentgestein gefüllte Tal unter dem Fluß funktionierte wie ein Schwamm und verwandelte sich in ein unterirdisches Reservoir.

Aber selbst mit dem neuen Brunnen G am Netz brauchte Woburn mehr Wasser. Die Stadt wollte kein Geld dafür ausgeben, Wasser über die Fernleitung zu beziehen. Das Aberjona-Reservoir hatte sich als so ergiebig und preisgünstig erwiesen, daß in 100 Meter Entfernung von Brunnen G ein weiterer Brunnen gebohrt wurde, Brunnen H. 1967, drei Jahre nachdem Brunnen G in Betrieb gegangen war, begann auch Brunnen H zu pumpen. Obwohl beide Brunnen mit den Hauptrohren der Stadt verbunden waren, versorgten sie doch im wesentlichen die Häuser im Osten und nur in einem viel geringeren Ausmaß den Norden und das Zentrum von Woburn.

Whitman & Howard, das Ingenieurbüro, das damit beauftragt worden war, die beiden Brunnen anzulegen, gratulierte dem Bürgermeister zur Existenz eines so ergiebigen Reservoirs in nächster Nähe. »Die Stadt kann sich glücklich schätzen, auf einen Grundwasservorrat dieser Qualität im Osten von Woburn gestoßen zu sein«, schrieb der verantwortliche Ingenieur L. E. Pittendreigh an den Bürgermeister. »Die Erschließung dieses Vorrats wird dazu beitragen, das Wasserproblem der Stadt zu lösen.«

Wie sich herausstellte, konnte sich Pittendreigh nicht gründlicher irren. Die Wasserprobleme der Stadt sollten mit der Inanspruchnahme der Brunnen G und H erst richtig beginnen.

Im Sommer 1967 erwog die Gesundheitsbehörde von Massachusetts die Schließung der beiden Brunen wegen deren »schlechter bakterieller Qualität des Wassers«. Die Stadt erhob Einspruch. Die Gesundheitsbehörde gab nach und genehmigte die weitere Nutzung der Brunnen unter der Bedingung, daß die Stadt das Wasser von nun an permanent mit Chlor versetzte.

Das Chlorieren des Wassers begann im April 1961. In diesem Frühjahr und Sommer riefen die Einwohner von Ost-Woburn bei den Stadtwerken und beim Gesundheitsamt an oder wandten sich an die Presse, um sich über den Geschmack, den Geruch und das trübe, rostfarbene Aussehen des Wassers zu beschweren. »Der Geruch entspricht fast reiner Bleiche«, schrieb ein verärgerter Bürger. »Warum kriegen wir nicht das gleiche Wasser, wie der Rest von Woburn?«

Der Stadtrat von Woburn beauftragte einen Sonderausschuß mit der Untersuchung des Problems. Der zuständige Ingenieur erklärte dem Ausschuß, daß dem Wasser Chlor zugesetzt werde, um Bakterien abzutöten, und dieses Chlor die Ursache aller Beschwerden über Geschmack und Geruch sei. Die rostige Farbe rühre vom hohen natürlichen Gehalt an Eisen und Magnesium her, der durch das Chlor ausgefällt werde. Der Techniker versicherte dem Ausschuß, das Wasser sei für den menschlichen Genuß absolut unbedenklich.

Dennoch gründete eine Gruppe von Einwohnern aus Ost-Woburn im Frühjahr 1969 eine Bürgerinitiative mit dem Ziel, eine Schließung der Brunnen G und F zu erzwingen. Sie überreichten dem Bürgermeister eine Petition, und im August, nachdem der sommerliche Höchstbedarf an Wasser vorüber war, ließ er die beiden Brunnen abstellen. Im darauffolgenden Frühjahr jedoch ordnete der städtische Ingenieur an, sie wieder in Betrieb zu nehmen. Erneut häuften sich die Klagen, erneut erklärte der Ingenieur das Wasser für »absolut unbedenklich«. Im Januar darauf wurden die Brunnen abermals stillgelegt, nur um vier Monate später, im Mai 1971, doch wieder ans Netz zu gehen. Nur neun Tage, nachdem sie zu pumpen begonnen hatten, wurden die Brunnen auf Betreiben eines Stadtrats wieder geschlossen; einen Monat später veranlaßte der Ingenieur ihren abermaligen Anschluß ans Wassernetz.

Es schien ein nicht zu durchbrechender Teufelskreis zu sein. Anne Anderson rief beim Gesundheitsamt und beim Wasserwerk an, um sich zu beschweren. Carol Gray, Kay Bolster und andere Freunde taten es ihr gleich. »Hast du heute angerufen?« fragten sie sich gegenseitig. »Was haben sie gesagt?«

»Es war jedesmal die gleiche Geschichte«, erinnerte sich Anne. »Es gab kein Problem mit dem Wasser; das Wasser war untersucht worden, und es war in Ordnung. Ich glaube, zuletzt hatte ich das Gefühl, die Antwort würde nie anders lauten.«

Im Sommer 1972, sechs Monate nach Erstellung der Diagnose für Jimmy Anderson, sank der Pegel des Reservoirs im Zentrum von Woburn bedenklich ab, und der Direktor der Stadtwerke forderte die Bevölkerung auf, Wasser zu sparen. Wenn sie nicht freiwillig auf gewisse Aktivitäten – das Waschen von Autos und das Sprengen des Rasens – verzichte, kündigte der Direktor an, werde er die Brunnen G und H wieder in Betrieb nehmen, die den ganzen Winter über geschlossen gewesen waren. Die Drohung wirkte. In diesem Sommer wurden die Brunnen nicht genutzt. Anne war gänzlich damit beschäftigt, sich um Jimmy zu kümmern. Da das Wasser, das zu Hause aus ihren Hähnen floß, relativ sauber zu sein schien, dachte sie nicht mehr groß darüber nach. Im darauffolgenden Frühling 1973 forderte der Direktor die Bevölkerung noch einmal auf, Wasser zu sparen, aber eine anhaltende Dürre zwang ihn, im August Brunnen G wieder in Betrieb zu nehmen.

Charles Anderson kam in seinem Beruf als Informatiker bei GTE gut zurecht. Seine Tätigkeit verlangte zwar, daß er häufig verreisen mußte, aber in gewisser Hinsicht bedeutete dies auch eine Erleichterung. Alles im Hause Anderson schien sich auf die Krankheit und die Fürsorge um Jimmy zu konzentrieren. Der Junge war mager und für sein Alter zu klein, und er hing an seiner Mutter. Auf Anne wirkte er mitleiderregend verletzbar, sie fühlte sich verpflichtet, ihn zu beschützen. Fast zwei Jahre, nachdem seine Krankheit diagnostiziert worden war, kam er in die Schule. Anne kaufte ihm eine Perücke, um darunter die spärlichen Haarbüschel und kahlen Schädelpartien zu verstecken, die von der Chemotherapie herrührten, aber sie befürchtete dennoch, daß die anderen Kinder sich über ihn lustig machen könnten. Er fehlte im Unterricht wegen seiner Kliniktermine oder weil er sich nicht wohl fühlte. Er versäumte immer mehr Tage, weil er die Schule nicht mochte, und bettelte seine Mutter an, ihn zu Hause zu behalten. In der Regel ließ sie sich darauf ein. Charles war gegen eine solche Sonderbehandlung. Er wollte, daß der Junge so normal lebte wie möglich. Jimmy hatte natürlich auch keine Freunde; Anne war seine stete Gesellschaft. Sie und Jimmy hatten eine besondere, innige Beziehung zueinander geschaffen. Er küßte und umarmte seine Mutter und suchte ständig ihre Berührung – auch dann noch, als er älter wurde. Jede Nacht schlief er bei Anne und Charles im Bett. Diese Gewohnheit hatte mit seiner Krankheit begonnen und war bislang nicht aufgegeben worden.

Reverend Young fuhr Anne und Jimmy oft ins Massachusetts General Hospital. Er erachtete diese Aufgabe als Teil seiner seelsorgerischen Pflichten und er genoß die Gespräche mit John Truman und den Schwestern im Krankenhaus. Mit Interesse beobachtete er die Beziehung zwischen Anne und ihrem Sohn. »Sie schienen sich zueinander hingezogen zu fühlen und schlossen die übrigen Personen ihres Umfelds damit aus«, erinnerte Young sich Jahre später. »Anne ließ alle anderen Kontakte sausen. Sie tat dies um Jimmys und der Tatsache willen, daß er so krank und von ihr abhängig war. Es wurde absolut notwendig für sie, irgendeinen Grund zu finden, warum das Kind so krank war. Sie mußte einen Feind ausmachen, eine Ursache – etwas, woraus sie ihre Wut darüber, daß ihr Sohn von der Krankheit heimgesucht war, auslassen konnte.«

Charles hörte sich die Mutmaßungen seiner Frau über eine Verbindung zwischen der Leukämieerkrankung und dem Wasser an. Zunächst schwankte er. Doch je nachdrücklicher Anne ihre Theorie vertrat, desto skeptischer wurde er. Das Problem mit dem Wasser sei kein Geheimnis, meinte er. Alle wüßten davon – die Gesundheitsbehörde, der Stadtrat, der Bürgermeister. Es sei nicht so, daß die Leute kritiklos der Tatsache gegenüberstünden, daß das Wasser schlecht schmeckte und verfärbt sei. Als Anne auf ihrem Standpunkt beharrte, das Wasser verursache Leukämie, hielt er das für eine wilde Spekulation. »Wenn es etwas so Naheliegendes wie das Wasser wäre, glaubst du nicht, daß dann auch jemand anderes daraufkäme?« fragte er. Lange bevor Charles die Geduld verlor, lange bevor er aufhörte, zuzuhören, erkannte Anne an seinem Gesichtsausdruck, wie wütend ihn das Thema machte. Aber sie konnte nicht anders. Sie mußte es trotzdem aussprechen.

Charles war zu der Auffassung gelangt, daß Annes Hirngespinst, das Wasser verursache Leukämie, sich zu einer zerstörerischen Obsession entwickelt hatte. Es trug, so gab er Bruce Young zu verstehen, zur Verschlechterung ihrer Ehe bei. Er bat den Pfarrer, seinen Einfluß auf Anne geltend zu machen. »Können Sie sie nicht dazu bringen, daß sie Vernunft annimmt?« fragte er.

Der Pfarrer hatte Anne auf ihren Fahrten nach Boston oft über ihre Wassertheorie sprechen hören. Gewöhnlich ließ er sie reden. Aber nun fühlte er sich zum Eingreifen verpflichtet. Als Anne das nächste Mal anfing, über das Wasser zu sprechen, erzählte er von der Erfahrung, die er nach dem Kauf eines Autos gemacht hatte: des Volvos, mit dem sie gerade fuhren. Plötzlich hatte er überall, wo er hinsah, Volvos entdeckt. Aber das war nur eine Illusion gewesen, fuhr er fort. In Wirklichkeit gab es gar nicht so viele neue Volvos; sie waren ihm nur stärker aufgefallen. Er sagte Anne, daß sie mit der Leukämie ein ähnliches Phänomen erlebe.

»Ich versuchte die ganze Zeit, nicht darüber zu sprechen«, berichtete Anne Jahre später. »Ich wußte, daß mein Mann mich für hysterisch hielt. Ich war die personifizierte Gefühlsduselei, die hysterische Mutter. Bei Dr. Truman versuchte ich, mein Problem loszuwerden. Er war immer sehr geduldig. Ich sagte zu ihm: ›Wenn ich auf meiner Terrasse stehe, kann ich all die Häuser sehen, in denen Kinder mit Leukämie wohnen.‹ Seine Theorie lautete, daß ich mehr Leukämiepatienten zu Gesicht bekam, weil mehr Kinder die Krankheit überlebten.«

Truman nahm Annes Fragen nicht übel, aber genausowenig forderte er sie dazu auf. Er hörte einfach nur zu.

»Gleich von Anfang an erkundigte sie sich wie die meisten Mütter nach dem Auslöser von Leukämie«, berichtete er. »Es scheint sehr naheliegend zu sein, in der unmittelbaren Umgebung danach zu suchen, nehme ich an.«

Als Anne Truman drängte, ihr zu antworten, sagte er ihr, daß es keine wissenschaftlichen Beweise gab, die Leukämie bei Kindern mit äußeren Faktoren in Verbindung brachten. »Wir unterhielten uns bestimmt über ein dutzendmal darüber. Sie äußerte sich bei mehreren Gelegenheiten kritisch über den Geschmack des Wassers und den Geruch der Luft in Woburn und fragte, ob das alles mit der Leukämie in Verbindung gebracht werden könne.«

Anne bemerkte selbst, daß ihre Suche nach einer Erklärung zur Obsession geworden war. »Ich wollte ja wirklich daran glauben, daß das Wasser kein Problem darstellte. Aber der Gedanke nagte an mir und ließ mich nicht los.«

Drei Jahre lang, bis Februar 1975, bekam Jimmy Anderson eine chemotherapeutische Erhaltungsdosis nach dem St.-Jude-Protokoll. Am 21. Februar bestätigte eine Knochenmarkspunktion, daß er frei von Stammzellen war, und die Behandlung wurde abgesetzt. Alles war nach Plan verlaufen. Die Andersons waren optimistisch. Der Junge war immer noch klein, untergewichtig und blaß, so zerbrechlich wie eine Porzellanfigur. Aber er schien auf eine Heilung zuzustreben, einer der 50 Prozent, die es schaffen.

Am 15. September, sieben Monate nachdem die Chemotherapie abgesetzt worden war, stellte Truman bei einer Routineuntersuchung einen beunruhigenden Blutplättchenschwund in Jimmys Blut fest. Er ordnete eine Knochenmarkspunktion an, aber die Testergebnisse waren nicht schlüssig. Der Junge neigte immer noch sehr zu Blutergüssen, und Truman vermutete einen baldigen Rückfall. Er ordnete eine zweite, und dann noch eine dritte Punktion an. Im November fing Jimmy an, Petechien zu bilden, und litt an Nasenbluten. Eine vierte Knochenmarkspunktion offenbarte 44 Prozent Stammzellen. Er hatte tatsächlich einen Rückfall erlitten. Truman war entmutigt. Er glaubte daran, für Jimmy eine weitere Besserung herbeiführen zu können, aber er wußte, daß diese wohl nur eine Zeitlang vorhalten würde. Die Aussicht auf eine vollkommene Genesung war äußerst gering.

In jenem November blieb Anne jeden Tag und fast auch jede Nacht bei Jimmy im Krankenhaus. Oft schlief sie bei ihrem Sohn im Krankenhausbett. An einem außergewöhnlich warmen Tag stand sie allein am Ende des Korridors am offenen Fenster und sah über die Dächer von Boston. Eine andere Frau – sie war älter als Anne, ihr Haar grau, ihr Gesicht von Traurigkeit gezeichnet – trat aus einem Zimmer ganz in der Nähe in den Gang. Sie ging auf Anne zu und sagte ohne Vorrede: »Gerade ist ein Kind an Leukämie gestorben.« Anne war erschöpft. Ihr eigenes Kind würde sterben, und sie hatte keine Kraft, ihre Sympathie zu zeigen oder ihr Beileid auszusprechen. Sie wünschte, die Frau würde ihre Geschichte jemandem anvertrauen, dessen Kind wegen einer Leistenoperation hier war oder wegen eines gebrochenen Arms, irgend etwas Einfaches und Heilbares. Aber die Frau (die Großmutter? fragte sich Anne später) war zu sehr betroffen, hatte ein solch dringendes Bedürfnis zu reden, so daß ihr Annes ablehnende Haltung nicht auffiel. Sie redete weiter drauflos: Das Kind war ein Junge, ein Baby noch; er war so plötzlich erkrankt; die Familie lebte in Woburn; sie hießen Lilley.

4

Damals, im Sommer 1966, als Bruce Young in die Trinity-Kirche kam, war Donna Carner 16 Jahre alt. Sie war die hübscheste der vier Carner-Töchter. Sie hatte dichtes, dunkles Haar, und wenn sie lächelte, bildeten sich tiefe Grübchen in den Wangen. In Gegenwart von Jungen gab sie sich desinteressiert, mißtrauisch und vermittelte ihnen, daß sie durch nichts zu schockieren sei. Diese Haltung trug dazu bei, so glaubte sie, ihre Schüchternheit zu überdecken.

Von Anfang an schwärmte sie für den neuen Pfarrer. Alle Mädchen der kleinen Gemeinde schienen für ihn zu schwärmen.

Trotz seines weißen Kragens, trotz seiner schwarzen Hemden und des abgetragenen, glänzenden schwarzen Anzugs fand Donna ihn nicht steif oder hochgestochen. Sie fand, daß er eine priesterweltliche Art habe. Er rauchte Zigaretten, und in privaten Gesprächen fluchte er hin und wieder, als wolle er demonstrieren, daß er zwar Geistlicher, aber kein Heiliger sei.

Die Familie Carner, die im Norden von Woburn lebte, dachte nicht viel über die eher philosophischen Fragen des Glaubens nach. Aber sie besuchte die Gottesdienste in der Trinity-Kirche ausnahmslos jeden Sonntag. Donna Carner unterdrückte ihre jugendliche Liebe für Reverend Young, nachdem die Frau des Pfarrers ihren ersten Sohn geboren hatte. Als Donna in der Abschlußklasse der High-School war, traf sie ihre erste echte Liebe. Auf einer Fahrt nach Boston hatten sich ihre Schwester und sie auf ein neckisches Geplänkel mit einem gutaussehenden Jungen eingelassen, der bei der Marine in Boston stationiert war. Er hieß Carl Robbins und kam aus Alabama. Er verliebte sich in Donna auf den ersten Blick (so sagte er zumindest später). Um ihre Eltern kennenzulernen, kam er nach Woburn, und bald war er regelmäßig am Wochenende bei ihnen zu Gast. Als Donna 19 Jahre wurde, zwei Jahre nach ihrem High-School-Abschluß, beschlossen sie und Carl, zu heiraten. Sie arbeitete als Buchhalterin bei der General Aluminium Corporation in Woburn und hatte einiges Geld gespart. Carl beendete seinen Militärdienst und fand eine Arbeit als Schweißer. Reverend Young zelebrierte die Hochzeit in der Trinity-Kirche, und er war auch beim anschließenden festlichen Empfang im Hause Carner zugegen.

Donna und Carl fanden eine Dreizimmerwohnung im Erdgeschoß eines alten, leicht heruntergekommenen Hauses in der Main Street, eine Meile nordöstlich vom Zentrum Woburns. Donna behielt ihre Stelle als Buchhalterin. Gelegentlich konnte es sich das Ehepaar leisten, auszugehen, und sie kauften einige neue Möbel für das Haus, das sie eines Tages zu besitzen hofften. Zwei Jahre nach der Hochzeit, im März 1972, taufte Bruce Young Donnas erstes Kind. Sie gaben ihm den Namen Carl Robbins III, nannten ihn aber vom ersten Tag an Robbie.

Er war ein großes, prächtiges Baby, pausbäckig und gutmütig. Aber leicht war sein Leben von Anfang an nicht. Noch bevor er ein Jahr alt wurde, hatte Donna ihn siebenmal wegen Ohrenschmerzen zum Arzt bringen müssen. Die Infektionen hatten ein durchlöchertes Trommelfell zur Folge. Die Schmerzen ließen das Kind viele Nächte lang nicht schlafen. Außerdem litt Robbie auch noch unter Hautausschlägen: Ekzemen und Neurodermitis unbekannter Herkunft. Donna trug Cremes und Salben auf, die der Arzt verschrieben hatte, aber die Hautprobleme kamen immer wieder. Das dauernde Kranksein des Kindes stellte die Ehe auf eine harte Probe. Carl half, Robbie zu pflegen, aber er mußte zur Arbeit früh aufstehen, und das nächtliche Geschrei des Jungen ließ ihn nicht schlafen. Donna hatte nach der Geburt von Robbie ihren Beruf aufgegeben, und die vielen kleineren Beträge, die mit den Krankheiten des Kindes anfielen, wuchsen zu erschreckenden Schulden. Die Stimmung wurde gereizter, und die Dreizimmerwohnung begann ihnen zu eng vorzukommen.

Zu alledem wurde Donna wieder schwanger. Sie sprach über ihre Eheprobleme mit ihrem Gynäkologen und dieser empfahl ihr und Carl, sich an einen Familientherapeuten zu wenden. Carl schien der Therapie gegenüber offen zu sein. Donna kam nach der ersten Sitzung nach Hause und hatte das Gefühl, als könnten sie ihre Probleme doch noch lösen. Ihr zweiter Sohn, Kevin, wurde 1975 geboren, im sechsten Jahr ihrer Ehe. Carl bemühte sich immer noch, bei der Arbeit mit den Jungen zu helfen, aber die Wohnung schien jetzt noch kleiner, und der Schuldenberg wuchs. »Es ging stetig bergab«, erinnerte sich Donna viele Jahre später bei ihrer Anhörung. »Die Situation war immer wackelig gewesen, aber als Robbie im Juli 1976 richtig schwer krank wurde, war endgültig Schluß. Er klagte über Schmerzen in der Leiste, und dann konnte er plötzlich nicht mehr laufen – über Nacht. Er hatte außerdem 38,5 Fieber. Ich ging mit ihm zum Kinderarzt, und dieser schickte uns zum Röntgen ins Krankenhaus.«

Robbie wurde auf juvenile Rheumatoidarthritis hin untersucht, aber das Ergebnis war negativ. Ein orthopädischer Chirurg im Choate Memorial Hospital in Woburn glaubte, daß Robbies linke Hüfte möglicherweise vereitert sei, und ordnete an, Flüssigkeit abzusaugen, um festzustellen, ob sich der Verdacht bestätigte. Aber auch jetzt konnten keine Anzeichen einer Infektion ermittelt werden. Trotzdem empfahl der Chirurg, die Hüfte des Jungen zu drainieren. Donna erteilte ihre Einwilligung, und Robbie wurde im Sommer operiert.

Langsam erholte er sich. Als er wieder zu laufen begann, bewegte er sich mit eigenartig schlürfenden Schritten und schleifte mit den Zehen seines linken Fußes am Boden. Er mußte sein linkes Knie hoch anziehen, um den baumelnden Fuß nach vorne zu setzen. Die Schmerzen wurden so stark, daß er sich im Bett fast nicht mehr umdrehen konnte. Die Ärzte führten weitere Untersuchungen durch. Robbie klagte über Schmerzen in den Knien, den Schultern und im Nacken. Er konnte nicht mehr gehen, und nach kurzer Zeit konnte er sich kaum noch bewegen. Im September überwies man ihn mit der vorsichtigen Diagnose juvenile Rheumatoidarthritis an das New England Medical Center in Boston. Die Lähmung und der Zustand seines linken Beines und der Hüfte waren Anlaß zu Fragen und Bestürzung, obwohl die Ärzte darin übereinstimmten, daß es sich dabei nicht um das eigentliche Problem handelte. Viele Ärzte untersuchten ihn, aber keiner konnte herausfinden, was ihm fehlte.

»Ich hatte furchtbare Angst«, berichtete Donna über diese Zeit. »Ich wußte nicht, was mit Robbie passierte. An einem Wochenende, als ich meinen Mann zu Hause mit den beiden Kindern am dringendsten gebraucht hätte, fuhr er mit dem Motorrad davon. Es war ihm wichtiger, übers Wochenende wegzufahren, als mir zu helfen. Ich beschloß, daß es sich nicht lohnte, mich um zwei Dinge gleichzeitig zu kümmern – um meine Ehe und um Robbies schwere Krankheit –, und reichte die Scheidung ein.«

Das war am 2. Oktober 1976. Am nächsten Tag, drei Monate nachdem Robbie das erste Mal über Schmerzen in den Knochen geklagt hatte, stellten die Ärzte bei einer weiteren Untersuchung im New England Medical Center fest, daß sich seine Milz vergrößert hatte. Die Anzahl der weißen Blutkörperchen war zurückgegangen. Gleichzeitig gab es einen hohen Anteil an unreifen Zellen – an Stammzellen – im peripheren Blut. Es wurde eine Knochenmarkspunktion durchgeführt. Sie bestätigte den Verdacht der Ärzte: Robbie litt an akuter Lymphoblastenleukämie.

Die folgenden beiden Wochen verbrachte Donna fast ausschließlich bei Robbie im Krankenhaus. Sie ging nicht in den Gottesdienst, aber ihre Mutter erzählte Reverend Young von Robbies Diagnose. Der Pfarrer fuhr ins New England Medical Center, um Donna und Robbie zu besuchen. Er fragte Donna, ob die Ärzte irgendeine Ursache für Robbies Leukämie erwähnt hätten. Donna verneinte. Sie hätten nur gesagt, daß niemand wisse, wodurch Leukämie verursacht werde. Es sei sozusagen höhere Gewalt.

Reverend Young fragte Donna, ob sie den Eindruck habe, daß das Wasser im Zusammenhang mit Robbies Krankheit eine Rolle spielen könnte. Die Frage überraschte Donna, obwohl sie wußte, daß das Woburner Wasser von schlechter Qualität war. Ihr Mann hatte sich von Anfang an darüber beklagt. Er stellte Leitungswasser in den Kühlschrank, weil er glaubte, Geruch und chemischer Geschmack würden dadurch vertrieben. Donna hatte versucht, den Geschmack zu verändern, indem sie Fruchtsaftkonzentrate oder Eistee hinzufügte. Sie und Carl hatten nie besonders viel Geld, und so bemühte sie sich, billig zu wirtschaften, indem sie große Mengen Milchpulver kaufte, und dieses mit Leitungswasser mischte. Robbie hatte das natürlich getrunken. Wenn das Wasser wirklich übel roch, kochte sie es ab, bevor sie es mit dem Milchpulver mischte. Dennoch war es ihr nie in den Sinn gekommen, daß das Wasser etwas mit Robbies Krankheit zu tun haben könnte.

Sie sah Reverend Young an. »Wissen Sie irgend etwas?« Der Pfarrer zuckte mit den Schultern und antwortete: »Nein, eigentlich nicht. Es war nur so ein Gedanke.«

Donna hatte Anne und Charles Anderson und ihre drei Kinder oft in der Kirche gesehen. Sie wußte natürlich, daß Jimmy Anderson Leukämie hatte. Aber in den drei Jahren, seit die Krankheit diagnostiziert worden war, hatte sie nie mit Anne gesprochen, weil sie nicht wußte, was sie hätte sagen sollen. Es fiel ihr schwer, ihr Mitgefühl auszudrücken. Sie fürchtete, es könnte falsch aufgefaßt, als bloße Neugierde empfunden werden. Und je mehr Zeit verging, desto mehr hatte Donna dann auch das Gefühl, die Gelegenheit dazu versäumt zu haben.

Es war Anne, die eines Sonntagmorgens in der Trinity-Kirche auf Donna zuging, einen Monat, nachdem Robbies Krankheit diagnostiziert worden war. Anne sprach Donna ihr Mitgefühl aus: »Ich weiß, was Sie durchmachen. Wenn Sie jemanden brauchen, mit dem Sie reden können – ich stehe zur Verfügung.« Und auf den Stufen vor der Kirche fing Donna zu weinen an. »Ich möchte nur wissen, wie Sie das aushalten«, sagte sie zu Anne.

Von diesem Tag an sprachen Anne und Donna häufig am Telefon über Einzelheiten der Behandlung: über Medikamente, Bestrahlungen, Nebenwirkungen, Blutbilder und Ärzte. Als Robbie aufgrund der Chemotherapie die Haare ausfielen, nahm Donna ihn mit nach Boston in ein Perückengeschäft, das ihr vom Krankenhaus empfohlen worden war. Die Chemotherapie verursachte auch Übelkeit, und Robbie mußte sich im Laden übergeben. Die Verkäuferin wurde äußerst ärgerlich. Die ganze Sache, die dazu gedacht war, Robbie zu trösten, ging schief und endete mit einer großen Demütigung. Donna rief Anne an. Oft war es noch nicht einmal notwendig zu erklären, was sie empfand. Anne wußte bereits Bescheid.

Als sich Robbie im Februar auf dem Weg der Besserung befand, gingen die Ärzte das Problem mit seinem linken Bein an. Eine Studie über die Nervenleitfähigkeit ergab, daß bei der Operation im Choate Memorial sein Hüftnerv verletzt worden war. Die Beugemuskeln in seinem Bein und im Fuß waren gelähmt, was einen sogenannten Spitzfuß zur Folge hatte. Die Muskeln hatten sich bereits so stark zurückgebildet, daß sein linkes Bein gute zwei Zentimeter kürzer war als das rechte. Die Verletzung des Nervs würde wahrscheinlich bleiben, vermuteten die Ärzte. Um aber eine weitere Verkürzung der Sehnen und Muskeln zu verhindern, mußte Donna Robbie jede Nacht einen speziellen Gipsverband anlegen. Tagsüber trug er Schienen und Spezialschuhe aus dickem Leder, das die unnatürliche Belastung aushalten konnte. Donna sah sich gezwungen, Sozialhilfe zu beantragen. Die Schuhe waren teuer, und die Krankenversicherung kam dafür nicht auf, weil sie genaugenommen keine medizinische Notwendigkeit darstellten. Donna lebte bescheiden, legte ihre wenigen Ersparnisse zurück, um die besonderen Ausgaben für Robbie bewältigen zu können: eine Fernsehzuschaltung, wenn er im Krankenhaus war, und Essen im Restaurant, wenn sie ihn einmal in der Woche zur ambulanten Behandlung nach Boston brachte.

Bei einem Termin im Krankenhaus schüttelte ein Orthopäde mitleidig den Kopf, als er Robbies Bein sah. »Das hätte nie passieren dürfen«, sagte er zu Donna.

»Was meinen Sie?« wollte sie wissen.

Der Orthopäde äußerte seine Zweifel darüber, daß irgend etwas mit Robbies Hüfte nicht in Ordnung gewesen sei. Höchstwahrscheinlich habe es keinen Grund gegeben, eine Operation zu veranlassen. Und selbst wenn Robbies Hüfte septisch gewesen wäre, dann hätte sein Hüftnerv nicht bei einer einfachen Drainage verletzt werden dürfen. »Wenn ich Sie wäre«, empfahl der Arzt, »würde ich mir überlegen, den Typen zu verklagen.«

Je länger Donna über den verpfuschten Eingriff nachdachte, desto wütender wurde sie. Schließlich rief sie den einzigen Rechtsanwalt an, den sie kannte: einen Anwalt in Woburn, den sie mit ihrer Scheidung beauftragt hatte. Sie hatte sich von ihm gut vertreten gefühlt, und er war nicht teuer gewesen. Er hatte eine kleine Kanzlei in der Main Street, nicht weit von der Trinity-Kirche entfernt. Der Jurist teilte ihr mit, daß er keine Fälle annehme, in denen es um ärztliche Kunstfehler gehe, aber er kenne einen Anwalt aus der Kanzlei Reed & Mulligan in Boston, der sich darauf spezialisiert habe.

Eine Woche später fuhr Donna mit Robbie nach Boston, um sich mit Joseph Mulligan zu treffen. Donna sprach ihn zwar mit Mr. Mulligan an, doch er bestand darauf, daß sie ihn Joe nannte.

Er war ein riesiger Mann, knapp zwei Meter groß und nahezu drei Zentner schwer. In seinem Büro kniete er sich auf den Boden, um direkt mit Robbie zu sprechen, und binnen kürzester Zeit hatte er den Jungen zum Lachen gebracht. Donna mochte Joe auf der Stelle. Nach der ersten Besprechung sagte er zu Donna, daß Robbies Fall durchaus vielversprechend sei, daß er aber das Urteil von einem oder zwei weiteren Ärzten einholen müsse. Als Donna ein wenig zögerlich nach Mulligans Honorar fragte, antwortete der Anwalt: »Machen Sie sich darüber keine Sorgen. Es wird Sie nichts kosten.« Er erklärte, daß er alle Ausgaben tragen und einen bestimmten Prozentsatz dessen nehmen werde, was Donna schließlich als Schmerzensgeld zugesprochen werden würde. Gewöhnlich betrage dieser Satz ein Drittel, aber unter den gegebenen Umständen werde er ein Viertel daraus machen.

Sieben Monate später ließ Joe Mulligan Robbie von zwei Ärzten, einem Orthopäden und einem Neurologen, untersuchen. Donna rief ihn in regelmäßigen Abständen an. Sie hinterließ eine Nachricht, und gewöhnlich rief er einen oder zwei Tage später zurück. Er versicherte ihr, daß er sie nicht vergessen habe. »Solche Dinge dauern.«

Es vergingen zwei Jahre. In dieser Zeit blieb Robbies Zustand stabil. Donna begann, für die Trinity-Kirche die Buchhaltung zu erledigen – ein Job, für den sie zwar nicht bezahlt wurde, der sie aber auf andere Gedanken brachte. In der Regel kamen Robbie und Kevin mit in die Kirche. Robbie war jetzt in der ersten Klasse, und er ging gern zur Schule. Obwohl er stark hinkte, schloß er sich nicht aus und fand schnell Freunde. In der Ambulanz war er der Liebling der Schwestern und Ärzte. In seiner Akte war oft von »fröhlich« und »glücklich« die Rede und von seiner Überschwenglichkeit. Obwohl er unter Kopfschmerzen und Übelkeit litt, die durch die Medikamente verursacht wurden, antwortete er auf die Frage des Arztes, wie es seinem Bauch gehe: »Klasse!«

Seinen ersten Rückfall erlitt Robbie 1979, drei Jahre nachdem seine Krankheit diagnostiziert worden war. Seine Ärzte versuchten mit einem leicht veränderten Protokoll eine Besserung herbeizuführen, hatten jedoch damit keinen Erfolg. Es ging ihm weiterhin sehr schlecht, er ließ stark nach, und erst ein drittes Protokoll war erfolgreich. Die ganze Tortur dauerte zwei Monate.

Im darauffolgenden Jahr ging es ihm einigermaßen gut. Robbie war neun Jahre alt, als bei einer Routineuntersuchung in der hämatologischen Klinik der dritte und letzte Rückfall entdeckt wurde. Sein Tod war nur noch eine Frage der Zeit, obwohl Donna das vor sich selbst nicht zugeben mochte.

Reverend Young verbrachte viele Stunden mit ihr bei Robbie im Krankenhaus. »Er brachte mir Gott nahe«, sagte Donna. »Ich konnte nicht an Gott glauben, der so grausam war, Robbie leiden zu lassen. Aber Bruce vermittelte mir, daß es einen Ort gibt, wo wir alle hinkommen und uns beschützt fühlen werden. Wenn ich mit Robbie im Kaufhaus war, sagte ich ihm immer, daß wir uns in der hinteren linken Ecke treffen, wenn wir uns verlieren. Kurz vor seinem Tod sagte er zu mir: ›Wir treffen uns dann in der hinteren linken Ecke im Himmel.‹«

Robbie wußte, daß er sterben würde. Bei seiner 26. und letzten Aufnahme im New England Medical Center wurde er wieder einmal chemotherapeutisch behandelt, um die Produktion von Stammzellen einzudämmen und seine Beschwerden zu lindern. Er litt unter hartnäckigen Schmerzen in den Knochen, ein Symptom, das bei vielen Kindern mit Leukämie auftritt. Die Medikamente konnten die Leukämiezellen, die sich in seinem Knochenmark in rasantem Tempo vermehrten, nicht mehr eindämmen. Er befand sich im letzten Stadium der Krankheit. Morphium linderte seine Schmerzen ein wenig, aber schließlich blieb auch dieses Narkotikum ohne Wirkung. Er sagte zu Donna, er wünschte, er würde sterben, damit die Schmerzen endlich aufhörten.

Drei Wochen lang blieb Donna im Krankenhaus, schlief auf einem Feldbett in Robbies Zimmer. Reverend Young kam oft zu Besuch, ihre Mutter und ihre Schwestern kamen. Robbie hatte Tagträume und Halluzinationen. Donna strich ihm über den Arm und den Kopf und sprach sanft mit ihm. Sie blieb 36 Stunden ununterbrochen bei ihm, bis sie die Augen nicht länger offenhalten konnte. Sie schlief in einem Wartezimmer im Krankenhaus, als er morgens um acht starb. Sie hatte bei ihm sein wollen, wenn er starb. Sie hatte geglaubt, er würde noch einen weiteren Tag leben.

Ein Jahr nach Robbies Tod stand Donna an einem heißen Nachmittag Ende Juni in der Kassenschlange im Supermarkt. In der Hand hielt sie eine Zweilitertüte mit sauer gewordener Milch, die sie erst an diesem Morgen gekauft hatte. Vor ihr stand ein blonder Mann Anfang Dreißig. Er sah müde aus. Er war blaß, hatte dunkle Ringe unter den Augen, und seine Haltung war gekrümmt. Auch er hatte eine Milchtüte in der Hand. Er bemerkte Donna mit ihrer Tüte.

»Saure Milch?«, fragte er und lachte verärgert.

Donna nickte und lächelte. Der Mann hatte ein freundliches Gesicht und schien ein Gespräch zu suchen.

»Das hat mir wirklich gerade noch gefehlt«, sagte der Mann und fuchtelte mit seiner Milchtüte. »Ich habe die ganze Woche bei meinem Sohn im Krankenhaus zugebracht.«

»O Gott, das tut mir leid«, meinte Donna. »Was fehlt ihm denn?«

»Er hat Leukämie«, antwortete der Mann.

Sie standen eine halbe Stunde lang im Supermarkt und sprachen miteinander. Er hieß Richard Auferio und arbeitete als Lastwagenfahrer bei der Firma Mayflower Moving, war aber in diesem Sommer wegen der Krankheit seines zweijährigen Sohnes Jarrod wenig unterwegs gewesen. Er und seine Frau Lauren hatten eine Wohnung in der Carmen Terrace gemietet, einer Sackgasse im Pine-Street-Viertel in Ost-Woburn. Donna erzählte Richard von ihrem Sohn Robbie sowie von Anne, die von der Carmen Terrace keine drei Minuten entfernt wohnte. Als sie sich voneinander verabschiedeten, sagte Donna: »Rufen Sie mich an, wenn Sie jemanden zum Reden brauchen.«

Drei Monate später, im September, hörte Donna, daß Richard Auferios Sohn gestorben war. Eines Sonntagnachmittags in jenem September hatte Lauren Auferio im Children's Hospital in

Boston angerufen, in dem die Leukämie ihres Sohnes behandelt wurde, und der Schwester, die am Apparat war, mitgeteilt, daß sie um den Jungen in Sorge sei. Er wirke lethargisch und teilnahmslos. »Hat er Fieber?« erkundigte sich die Schwester. Lauren verneinte, und die Schwester riet ihr, sich nicht unnötig zu sorgen. »Bringen Sie ihn am Montag morgen in die Klinik.«

Am Montagmorgen atmete Jarrod nur sehr flach, und Lauren bekam ihn nicht wach. Besorgt stiegen die Auferios ins Auto und fuhren auf der Route 93 in Richtung Süden nach Boston. Unterwegs sagte Lauren, die Jarrod im Arm hielt: »O mein Gott, ich glaube, er atmet nicht mehr.« Richard lenkte den Wagen an den Straßenrand und begann mit einer Mund-zu-Mund-Beatmung. Er versuchte mehrere Minuten lang, ihn wiederzubeleben. Dann fädelte er sich wieder in den Verkehr ein und raste zur Ausfahrt Somerville, wo es, wie er wußte, eine Feuerwache gab. Ein Feuerwehrmann versuchte ebenfalls, Jarrod wiederzubeleben, und sie probierten es weiterhin, während sie ihn mit dem Notarztwagen ins Massachusetts General, das nächstgelegene Krankenhaus, brachten. Als sie dort ankamen, war Jarrod bereits tot.

5

Im Frühjahr 1979 wurde die Polizei von Woburn gerufen, um 184 Fässer mit Industriemüll zu untersuchen, die auf einem unbebauten Grundstück im Nordosten Woburns aufgetaucht waren. Die Person, die für das Abladen der Fässer verantwortlich war, der sogenannte Mitternachtsmüllkipper, wurde nie gefaßt, und die Fässer wurden abtransportiert, bevor der Inhalt irgendwelchen Schaden anrichten konnte. Das ganze Ereignis wäre ohne Folgen geblieben, hätte der Inspektor des Umweltreferats den Fall nicht so aufmerksam gehandhabt. Er hielt es für angebracht, den beiden Brunnen G und H, die nur etwa eine halbe Meile weiter südlich lagen, Wasserproben zu entnehmen.

Die Ergebnisse der Tests gelangten am Dienstag, dem 22. Mai, auf den Schreibtisch von Gerald McCall, der im staatlichen Umweltreferat für die Region Nordost zuständig war. McCall warf einen Blick auf die Analyse und rief sofort den verantwortlichen Ingenieur von Woburn an. Er wies diesen an, Brunnen G und H augenblicklich zu schließen. Beide Brunnen waren »hochgradig kontaminiert« mit Trichloräthylen, geläufig unter der Abkürzung TRI, einem Lösungsmittel zum Entfernen von Fetten und Ölen. Im Labor wies man 267 ppb (Anteil pro Milliarde Teilchen) TRI im Brunnen G und 183 ppb im Brunnen H nach. Die Brunnen enthielten ferner geringere Mengen von vier anderen Giftstoffen, darunter Tetrachloräthylen, auch bekannt als PER, ebenfalls ein chemisches Lösungsmittel. Die Umweltschutzbehörde stufte beide Lösungsmittel als »wahrscheinlich« karzinogen ein.

McCall war persönlich nach Woburn gekommen, um sich die 184 Fässer anzusehen. Danach stimmte er mit dem Staatsinspektor überein, daß nur eine sehr geringe Wahrscheinlichkeit bestünde, daß etwas vom Inhalt der Fässer in die Brunnen gelangt sei. Der Inhalt war als eine Ladung Polyurethanharz identifiziert worden, das schlecht geworden war, und keiner der Bestandteile stimmte mit den Lösungsmitteln überein, die man in den Brunnen gefunden hatte. Aber, so fragte sich McCall, woher stammten das TRI und PER dann? Er hatte keine Ahnung, aber er wollte es herausfinden. In einem Brief an den Bürgermeister von Woburn schrieb McCall: »Die Behörde wird Ihnen auch weiterhin dabei helfen, den Grund für die Kontamination der betroffenen Brunnen zu ermitteln.«

Die *Woburn Daily Times* berichtete über die Schließung der Brunnen G und H zwei Tage nach dem Ereignis. Zufälligerweise las Anne den Artikel nicht. Sie war mit ihrer Familie in den Ferien in New Hampshire. Auch Bruce Young übersah den Bericht. Aus Sparsamkeitsgründen hatte er die Zeitung abbestellt.

Aber selbst wenn sie den Bericht gelesen hätten, wäre ihnen die darin verborgene Bedeutung wahrscheinlich entgangen. Im Artikel des Reporters für Kommunalpolitik stand lediglich, daß ein nicht identifizierter »Giftstoff« die Schließung der »lange umstrittenen Brunnen G und H« zur Folge gehabt habe. Der Artikel hob die Sorge des Bürgermeisters bezüglich einer »folgenschweren« Wasserverknappung hervor sowie die Verkündung eines weiteren Verbots, den Rasen zu bewässern und Autos zu waschen.

In einem kurzen Absatz am Ende des Artikels wurde den Einwohnern versichert, daß das Wasser in der Stadt »unbedenklich« sei. Die *Daily Times* zitierte den Ingenieur von Woburn: »Das Wasser, das in Ihre Häuser kommt, ist genießbar. Sie brauchen sich keine Sorgen zu machen. Die problematischen Brunnen sind seit Dienstag nachmittag außer Betrieb und bleiben so lange abgestellt, bis das Problem gelöst ist.«

Der Ingenieur der Stadt mit Namen Thomas Mernin wohnte in der Wood Street in Ost-Woburn, eine Viertelmeile von den Brunnen G und H entfernt. Über die Jahre hinweg hatte er sich von vielen Nachbarn Beschwerden bezüglich der Wasserqualität anhören müssen, und sogar seine eigene Frau beklagte sich darüber, daß die Wäsche mit rostfarbenen Flecken aus der Waschmaschine kam. »Das Wasser schmeckte nach Chlor«, sagte Mernin später aus. »Aber ich persönlich hatte nie irgendwelche Probleme damit.«

Neben den Mernins wohnten Richard und Mary Toomey, deren drei Kinder oft zusammen mit den Kindern der Mernins spielten. Richard Toomey war Metallarbeiter, ein großer gutmütiger Mann, der ganz im Familienleben aufging. Er stammte aus einem Vorort von Boston und war gläubiger Katholik.

Mehr als einmal unterhielt sich Richard mit seinem Nachbarn, dem Ingenieur, über die Wasserqualität. Richard war der Überzeugung, daß das Wasser für die verrosteten Leitungen im Haus verantwortlich sei, die ständig repariert werden mußten. Mernin war von all den Klagen ein wenig genervt. »Wir führen sämtliche notwendigen Tests durch«, sagte er zu Richard. »Das Wasser ist bedenkenlos genießbar.«

Alle drei Kinder der Toomeys litten unter schrecklichen Hautausschlägen. Mary hatte mit ihnen im Verlauf der Jahre oft den Hautarzt aufsuchen müssen. Man hatte ihr erklärt, daß es zweierlei Kategorien von Ekzemen gäbe. Ein Typus werde durch äußere Reizungen hervorgerufen: Giftsumach, Parasiten und bestimmte Chemikalien. Der andere Typus entstand entweder durch Nahrungsmittel-Allergien oder als nervöse Reaktion ohne erkennbare äußere Ursache. Der Hautarzt verschrieb den Kindern der Toomeys zunächst Salben. Als diese nicht halfen, wurden Allergietests durchgeführt und empfohlen, auf Milch und Eier zu verzichten. Manchmal ließen die Ekzeme nach, aber vollständig verschwanden sie nie. Mary Toomey fragte sich, ob das Wasser, das die Leitungen in ihrem Haus verrosten ließ, die Ursache für die Hautprobleme ihrer Kinder war.

Im Juni 1979, einen Monat nach Schließung der Brunnen G und H, wurde Patrick Toomey krank. Es begann mit Ohrenschmerzen und Müdigkeit und hörte den ganzen Sommer über nicht mehr auf. Im August ergab eine Blutuntersuchung eine hohe Anzahl weißer Blutkörperchen. Der Kinderarzt befürchtete Leukämie und überwies Patrick an Dr. John Truman vom Massachusetts General Hospital.

Truman führte eine Knochenmarksbiopsie durch und bestätigte den Verdacht. Patrick, inzwischen zehn Jahre alt, litt an chronischer Knochenmarksleukämie, einer noch gefährlicheren Form dieser Krebsart. Die Prognose war nicht besonders gut. Er würde mit größter Sicherheit sterben. Truman fragte Richard und Mary Toomey, ob sie sonst jemanden aus ihrer Umgebung kannten, der an Leukämie litt, und beide verneinten.

6

Am Nachmittag des 10. September 1979 wurde Anne Anderson von ihrer Freundin Carol Gray angerufen. »Lies die Zeitung«, war alles, was Carol sagte. Anne ging auf die Terrasse hinaus und hob die Ausgabe der *Woburn Daily Times* vom Boden auf. Die Titelseite wurde von einer fetten Balkenüberschrift über fünf Spalten beherrscht: ARSENLAGUNE IN NORD-WOBURN ENTDECKT. Es war ein schöner sonniger spätsommerlicher Tag, aber Anne hatte die Welt um sich herum vergessen. Sie las die Zeitung wie in Trance. »Alles schien stehenzubleiben«, erinnerte sie sich Jahre später.

Der Artikel, geschrieben von einem jungen Reporter namens Charles W. Ryan, berichtete von der Entdeckung einer halbzugeschütteten Lagune im Norden von Woburn im vergangenen Juli, fast einen halben Hektor groß und anderthalb Meter tief, die mit Arsen, Blei, Chrom und Spuren anderer Schwermetalle kontaminiert war. Das Depot war von einem Bautrupp aufgespürt worden, der auf dem Firmengelände der alten Merrimack Chemical Company arbeitete, die auf Arsen basierende Insektizide sowie Chemikalien für den Gerbvorgang hergestellt hatte. Der Bautrupp hatte des weiteren einige Gruben entdeckt, die verrottete Überreste von Tierhäuten und Tierfellen sowie Abfälle aus dem Schlachthaus enthielten: die Relikte der Gerbereien von Woburn. »Arsen in geringen Dosen«, hieß es in dem Artikel, »gilt als krebserregend«, und Chrom sei ein karzinogener Stoff, der Tumoren in der Lunge und in den Nasenwegen hervorrufe. Unklar sei, hieß es weiter, ob diese toxischen Metalle die Brunnen G und H kontaminiert hätten, die nur eine Meile südlich der Lagune lagen. Allerdings seien die beiden Brunnen, die in den letzten 15 Jahren seit ihrer Inbetriebnahme täglich knapp vier Million Liter Wasser gepumpt hatten, bereits geschlossen worden, »weil sie mit Trichloräthylen verseucht sind, einem industriellen Lösungsmittel, das Krebs verursachen kann.«

Als Reverend Young von dem Artikel in der *Daily Times* hörte, ging er auf der Stelle los, um sich eine Ausgabe zu kaufen. »Plötzlich«, erinnerte er sich, »schien alles, worüber Anne sich den Kopf zerbrochen hatte, plausibel – einfach so, von einem Tag auf den anderen.« An diesem Abend beschloß er, daß es nun an der Zeit sei, zu handeln. Der logische erste Schritt, überlegte er, bestand darin herauszufinden, wie viele Fälle von Leukämie sich während der letzten 15 Jahre in der Stadt exakt ereignet hatten. Er hatte schon einmal versucht, an diese Information heranzukommen, aber weder der Staat noch die Stadt hatten das Auftreten von Leukämiefällen registriert. Anne hatte ihm von acht Fällen erzählt, von denen sie persönlich wußte. Dies schien für eine Stadt von der Größe Woburns keine übermäßig hohe Zahl zu sein. Gab es noch mehr Fälle? fragte sich der Pfarrer. Wie viele Fälle waren zu viele?

Am nächsten Tag rief er Anne an und teilte ihr mit, daß er einen Plan entwickelt hatte. Er wollte an die *Daily Times* einen Leserbrief schreiben und darin Eltern, deren Kinder in den letzten 15 Jahren an Leukämie erkrankt waren, aufrufen, zu einem Treffen in die Trinity-Kirche zu kommen. Vielleicht ergäbe sich nichts, was sie nicht schon wüßten, meinte der Pfarrer zu Anne. Vielleicht würde niemand zu dem Treffen kommen. Aber es sei einen Versuch wert, fuhr er fort, und Anne stimmte zu.

An einem Abend drei Wochen später öffnete Reverend Young die Tür zum Versammlungssaal der Kirche und stellte einige Reihen metallener Klappstühle auf dem abgenutzten Linoleumboden auf. Donna Robbins kam früh, um ihm zu helfen. Der Pfarrer stellte sich an die Tür, um die eintreffenden Leute zu begrüßen. Einige Eltern erkannte er aus den Ambulanzkliniken wieder. Um 19.30 Uhr hatte er mehr als 30 Menschen gezählt. Die meisten waren paarweise gekommen, standen nun in kleinen Gruppen zusammen und sprachen miteinander. Der Pfarrer wartete noch ein wenig, dann stellte er sich vor. Er erläuterte, warum er das Treffen einberufen habe. »Wir wollen herausfinden, ob es hier in Woburn ein Problem gibt oder nicht.« Er verteilte Fragebögen, die er unter Mithilfe einer Krankenschwester im Massachusetts General formuliert hatte, und bat darum, ihm die Bögen so schnell wie möglich zurückzugeben.

Gegen Ende des Treffens begannen die Leute Fragen zu stellen, gaben ihren Sorgen und Nöten Ausdruck. Einige erzählten von ihren Kindern; aber nicht alle, die gekommen waren, hatten ein leukämiekrankes Kind. Mehrere Familien waren von verschiedenen Krebsarten betroffen, in einer Familie gab es eine leukämiekranke Katze, und andere waren aus Sorge um die Umwelt gekommen. Die Stimmung war locker und freundlich. Viele beteiligten sich am Gespräch. Anne gehörte nicht dazu. Während des ganzen Treffens saß sie schweigend neben ihrem Mann. Sie hatte zu Reverend Young gesagt, daß sie ihre Rolle in dieser ganzen Sache nicht bekannt werden lassen wolle. Sie fürchtete auch, daß sich die anderen über ihre Intuition lustig machen könnten. »Ich bin mit meiner Auffassung nicht an die Öffentlichkeit gegangen«, sagte sie einige Jahre später aus, »weil ich unter Paranoia litt, weil ich das Gefühl hatte, nur eine ungebildete Hausfrau zu sein.«

Reverend Young wartete auf die Fragebögen. Einige Wochen nach der Versammlung traf er sich mit Anne in seinem Büro in der Kirche. Noch immer hatte Young nicht den Eindruck, daß es sich bei einem Zeitraum von 15 Jahren um eine außergewöhnlich hohe Zahl handelte, aber diesen Gedanken erwähnte er Anne gegenüber nicht. Er hatte sich einen Stadtplan gekauft. Von den zwölf Fällen waren acht in Ost-Woburn angesiedelt, und sechs davon ballten sich im Pine-Street-Viertel, in dem schätzungsweise 200 Familien lebten. Young fand, daß diese Verteilung extrem merkwürdig sei, besonders, als er sie auf der Karte markiert hatte. Er sagte Anne, daß er am nächsten Morgen Dr. Truman anrufen wolle, um einen Termin mit ihm zu vereinbaren und ihm den Stadtplan zu zeigen. Er fragte, ob sie ihn begleiten wolle, doch Anne war dazu nicht bereit.

Als Reverend Young ein paar Tage später ins Krankenhaus kam, traf er den Arzt in seinem Büro an, wo er gerade sein Mittagessen zu sich nehmen wollte. Truman bot ihm an, mit ihm zu essen, aber der Pfarrer lehnte ab. Er begann Truman von dem Treffen am 4. Oktober zu erzählen. Truman hörte höflich zu. Young entfaltete den Stadtplan und legte ihn auf Trumans Schreibtisch.

»Hier«, sagte er und zeigte darauf, »ist Ost-Woburn, und hier ist Anne Andersons Haus. Und das ist das Haus der Zonas und gleich nebenan das der Nagles. Hier wohnen die Kanes und hier die Toomeys. Dort drüben leben die Carlsons; Donna Robbins und Barbas, Ryan, Veno...« Truman ließ sein Essen stehen und sah gespannt auf die Karte. »Das ist ja interessant«, murmelte er, als spräche er mit sich selbst.

»Wir haben zwölf Fälle zusammengetragen«, fuhr der Pfarrer fort. »Vielleicht sind es noch mehr. Das Problem ist, daß ich nicht weiß, ob zwölf Fälle über einen Zeitraum von 15 Jahren ungewöhnlich sind.«

»Das ist eine erstaunliche Ballung«, meinte Truman. »Kein Zweifel.«

Truman erzählte Young, daß er einen Arzt im Institut für Krankheitsüberwachung in Atlanta kenne, der zuvor schon konzentriertes Auftreten von Leukämie untersucht habe. »Ich glaube, der nächste Schritt besteht darin, daß ich ihn anrufe«, sagte Truman und griff zum Telefon.

Trumans Bekannter hieß Dr. John Heath. Er galt als weltweit führender Experte für das geballte Auftreten von Leukämie-Erkrankungen. Dies war eine Auszeichung, die Heath selber möglicherweise nicht besonders hoch einschätzte, weil er sich inzwischen gar nicht mehr so sicher war, ob ein derartiges Phänomen überhaupt existierte.

Im Frühjar 1961 war Heath als junger Arzt in seinem zweiten Jahr am Institut zum ersten Mal auf eine Art Ballung gestoßen. Er war nach Niles in Illinois geschickt worden, einen Vorort von Chicago, nachdem ein Kinderarzt gemeldet hatte, daß dort innerhalb von vier Monaten vier kleine Mädchen an Leukämie gestorben waren. In Niles durchforschte Heath methodisch alle Sterbeurkunden und stieß dabei auf vier weitere Fälle, drei Mädchen und einen Jungen. Die Opfer hatten alle im selben Viertel gewohnt, einem Gebiet von nicht einmal zweieinhalb Quadratkilometern, und zum größten Teil dieselbe Schule besucht. Heath entdeckte im Viertel zudem drei Leukämiefälle bei Erwachsenen. Zwei davon hatten Kinder auf der besagten Schule. Alle Fälle waren innerhalb von drei Jahren aufgetreten.

Heath war damals ein junger Mann. Er erhoffte sich, die Ursache der Leukämieerkrankungen bei den Kindern von Niles finden zu können. Er und ein Kollege von der University of Chicago nahmen jeden einzelnen Fall unter die Lupe, studierten die Krankenberichte, nahmen jeden nur erdenklichen Test vor. Sie fanden keinerlei Beweis für einen erblichen Faktor. Heath war sich so gut wie sicher, daß irgendein infektiöses Agens, wahrscheinlich ein Virus, die Krankheit ausgelöst hatte. Forscher hatten bei Tieren –

bei Mäusen und Vögeln – Leukämieviren identifiziert, und der Verdacht schien naheliegend, daß es einen derartigen Virus auch beim Menschen gab. Darüber hinaus trat Leukämie am häufigsten bei Kindern unter sechs Jahren auf, in einem Alter also, in dem sie für infektiöse Erkrankungen am anfälligsten waren. Heath fand zudem heraus, daß zur gleichen Zeit, in der die Leukämiefälle aufgetreten waren, auch eine »rheumaähnliche Erkrankung« bei Kindern zirkuliert hatte. Dies, so vermutete er, lasse auf »einen infektiösen Prozeß« schließen. Aber er konnte ihn nicht mit Gewißheit mit der Leukämie in Verbindung bringen. Nach einem Jahr Arbeit wußte er nicht mehr über die Ursache der Erkrankungen in Niles als am ersten Tag. Damals allerdings zweifelte er nicht daran, daß es sich um eine echte Ballung von Leukämiefällen handelte. In einem Artikel, der 1963 im *American Journal of Medicine* veröffentlicht wurde, schrieb Heath: »Die Konzentration von acht Leukämieerkrankungen bei Kindern in Niles kann vernunftgemäß nicht auf eine zufällige Streuung zurückgeführt werden. Diese Fälle stellen eine klar definierte Mikro-Epidemie dar.«

Über die Jahre tauchten auch anderswo auffällige Konzentrationen von Leukämieerkrankungen auf. Einige davon untersuchte Heath selbst, andere seine Kollegen, aber genau wie in Niles gelang es den Ermittlern in keinem einzigen Fall, eine Ursache oder auch nur einen bedeutsamen Hinweis zu finden.

Zwei Jahrzehnte waren vergangen, seit Heath nach Niles gefahren war. Er wußte mehr – und war sich unsicherer – denn je zuvor. »Die Ergebnisse haben wenig gebracht, haben, wenn überhaupt, eine Tendenz gezeigt, daß die Fälle häufiger auftraten, als der Zufall dies hätte vermuten lassen«, schrieb er 1982.

Andere Forscher stimmten mit dieser Auffassung überein. Einige Epidemiologen am Institut für Krankheitsüberwachung zum Beispiel erklärten auffällige Konzentrationen von Leukämieerkrankungen mit dem »texanischen Scharfschützeneffekt«: Ein Mann schießt auf eine Scheunenwand und malt anschließend Zielscheiben um die Einschußlöcher. Somit macht er jeden Schuß zu einem Volltreffer. Würde ein Epidemiologe einen Kreis um, angenommen, den Großraum Boston malen, dann stieße er auf eine Häufigkeit von Leukämiefällen vergleichbar mit dem Rest der Vereinigten Staaten. Würde er einen Kreis um Woburn malen, so fände er eine besorgniserregende Steigerung. Zöge er einen Kreis um das Pine-Street-Viertel, würde er eine alarmierende Konzentration eingrenzen. War das wirklich eine Ballung? Oder erklärte er bloß Einschußlöcher zu Volltreffern?

Obwohl Heath Zweifel hatte, was diese Konzentrationen anging, war er nach wie vor davon überzeugt, daß ein infektiöses Agens »aller Wahrscheinlichkeit nach« im Zusammenhang mit Leukämie bei Kindern eine Rolle spielte. Aber welches Agens auch immer, dachte er, es mußte ein relativ schwacher Krankheitserreger sein, einer, der weit verbreitet war, aber nur wenige, empfängliche Individuen befiel. Er glaubte nicht länger daran, daß epidemiologische Untersuchungen dazu beitragen würden, die Ursache der Leukämie bei Kindern zu ermitteln. Die zur Verfügung stehenden Methoden waren zu primitiv, und die Krankheit trat zu selten auf, als daß eine Verbindung zwischen Ursache und Wirkung hätte hergestellt werden können.

Trotzdem mußte Heath, nachdem Truman ihn angerufen hatte, pflichtgemäß ermitteln. Er willigte ein, einen Epidemiologen nach Boston zu schicken, der sich mit Truman treffen und die Krankenberichte der leukämiekranken Kinder aus anderen Krankenhäusern in Boston sammeln sollte.

7

Reverend Young verließ John Trumans Büro überzeugter denn je, daß in Ost-Woburn eine Leukämieepidemie herrschte. Und dann lief alles zusammen. Charles Ryan, der Reporter der *Daily Times* und Verfasser des Berichts über die Arsenlagune, hatte gerade einen Artikel über eine Studie des Gesundheitsreferats fertiggestellt, in der es um die Todesquote bei Krebs ging. In Woburn hatte sich die Sterblichkeitsrate aller Krebsarten innerhalb eines Zeitraums von fünf Jahren in den siebziger Jahren um 17 Prozent erhöht. Besonders die Häufigkeit von Leukämie und, in geringerem Ausmaß, von Nierenkrebs war alarmierend. »Selbst wenn es in Woburn immer mehr Krebskranke gibt«, schrieb Ryan, »so haben wir doch keine Möglichkeit herauszufinden, ob der Anstieg auf die toxischen Abfälle zurückgeht, die im Norden von Woburn gefunden wurden.«

Nachdem Reverend Young den Artikel gelesen hatte, rief er Ryan umgehend an und berichtete ihm über die Konzentration von Leukämieerkrankungen, auf die er und Anne gestoßen waren. Ryans zweiter Artikel erschien am 12. Dezember 1979 unter der Schlagzeile ANTWORTEN AUF LEUKÄMIE BEI KINDERN GESUCHT.

Der Bürgermeister, dem bereits die Aufmerksamkeit, die der Stadt im Zusammenhang mit der Arsenlagune im Norden zuteil geworden war, nicht in den Kram paßte, war erst recht erbost über Reverend Youngs Aktivitäten. »Wer über keine oder nur geringe Sachkenntnisse verfügt und den Eindruck erweckt, daß es eine schwerwiegende Gesundheitskrise in unserer Stadt gibt und dabei keine Belege und Beweise für diese Verlautbarungen hat, handelt völlig unverantwortlich«, verkündete er bei einer Stadtratssitzung. Privat sprach er von »Hysterie« und »Panikmache«. Die Handelskammer warnte öffentlich vor dem Verfall von Grundstückswerten und anderen ernstzunehmenden ökonomischen Auswirkungen. »Möglicherweise entscheiden sich Wirtschaftsunternehmen dafür, nicht zu expandieren oder gar ganz wegzugehen«, sagte ein Sprecher der Kammer. »Vielleicht läßt sich Industriegelände nicht mehr verkaufen. Die Grundstückswerte werden sinken.«

Im Dezember holte das Institut für Krankheitsüberwachung offiziell die Genehmigung der Stadt ein, aufgrund der Konzentration von Leukämieerkrankungen eine Untersuchung durchzuführen. Mit Unterstützung durch die Gesundheitsbehörde von Massachusetts entwarf ein Epidemiologe aus Atlanta eine Studie für Woburn. Geschulte Ermittler der Gesundheitsbehörde sollten die zwölf Familien mit den leukämiekranken Kindern aufsuchen und über eine ganze Bandbreite von Themen Tiefeninterviews führen. Die Ermittler sollten zudem 24 weitere Familien aus Woburn befragen, die als Kontrollgruppe ausgewählt werden und nach Alter und Geschlecht zu den von Leukämie betroffenen Familien passen würden. Es würde, so meinten die Experten, ein Jahr dauern, bis die Studie fertiggestellt sei.

Reverend Young fürchtete, daß man von seiten der Stadtverwaltung die Ergebnisse der Untersuchung zu unterschlagen oder vielleicht zu bagatellisieren versuchen würde. Er fing an, sonntags in der Trinity-Kirche von der Kanzel herab über die Umweltverschmutzung in Woburn und über die Häufigkeit von Leukämieerkrankungen zu sprechen. Er nutzte jede Gelegenheit, in der Öffentlichkeit über dieses Thema zu reden, und gewährte jedem Reporter, der darum bat, ein Interview. Einem Journalisten der *New York Times* sagte er: »Ich wollte [Anne] das Gegenteil beweisen – daß nämlich Krebs und Leukämie nicht an ein bestimmtes Viertel gebunden sind.« Als das Büro von Senator Edward Kennedy ihn und Anne einlud, in Washington vor dem Senatsausschuß für Bau und Umwelt auszusagen, willigte er sofort ein. Anne wollte nicht mitkommen. Sie müsse sich um Jimmy kümmern. Young bestand jedoch darauf. »Tun Sie es für Jimmy.«

Also fuhr Anne mit. Sie sagte nicht viel, aber ihre Worte wurden zur Schlagzeile eines Artikels im *Boston Globe* vom nächsten Morgen. »Wir fürchten um unsere Kinder, und wir fürchten um deren Kinder. Das Viertel lebt in Angst.«

8

Eines Abends im Juli 1980, sieben Monate, nachdem John Truman bei Clark Heath angerufen hatte, bekam Donna Robbins Besuch von zwei Ermittlern, die für die Studie des Instituts arbeiteten. Die Ermittler befragten Donna nach der Krankengeschichte eines jeden Familienmitglieds, wie oft sie geröntgt worden war und wie viele Schwangerschaften und Fehlgeburten sie gehabt habe. Sie erkundigten sich nach ihrer Arbeit und nach der ihres Mannes, nach ihrem ethnischen und religiösen Hintergrund, nach kirchlichen und sozialen Aktivitäten, nach ihren Eßgewohnheiten, Hobbys und Haustieren. Hatte sie einen Garten? Hatte sie oder ihr Sohn in den Seen und Flüssen um Woburn geangelt oder waren sie darin herumgewatet? Hatte sie jemals geraucht? Ihre Wohnung renoviert? Haarsprays oder Haarfärbemittel benutzt? War sie verreist? Die ganze Prozedur dauerte fast zwei Stunden. Donna antwortete nach bestem Wissen. Erst als die Ermittler gegangen waren, fiel ihr auf, daß sie sie nicht nach dem Leitungswasser gefragt hatten.

Einige Wochen später wurde Donna von dem Anwalt aus Woburn, der ihre Scheidung geregelt und sie wegen Robbies Hüftoperation an Reed & Mulligan verwiesen hatte, angerufen. Er erkundigte sich, ob Donna einen Prozeß gegen die Stadt in Erwägung ziehe. Donna antwortete, daß sie auf diesen Gedanken von sich aus noch gar nicht gekommen sei. »Nun«, sagte der Anwalt, »vielleicht rufen Sie ja Joe Mulligan an und hören sich mal an, was er dazu meint.«

Am nächsten Tag besprach sich Donna mit Reverend Young. Die Idee faszinierte den Pfarrer. Ein Rechtsanwalt könnte vielleicht helfen, einige Antworten zu bekommen. Er sagte zu Donna, er würde sich gerne mit Mulligan treffen und ihm die Umstände in Woburn erläutern.

Donna rief Joe Mulligan an. Der Anwalt bekundete sein Interesse, sich mit Young zusammenzusetzen, um zu sehen, ob der Fall einen Prozeß wert sei. Obwohl sich im Verfahren um Robbies Hüftoperation bislang nichts ergeben hatte, vertraute Donna Mulligan noch immer. Er war stets freundlich zu ihr gewesen. In regelmäßigen Abständen ließ er sie wissen, daß es mit Robbies Fall vorangehe, und sie glaubte ihm.

In der darauffolgenden Woche fuhr Mulligan in seinem weißen Cadillac nach Woburn. Donna begrüßte ihn am Hintereingang zur Kirche. Sie begleitete ihn durch die Halle, die vollstand mit Waren für den Kirchenflohmarkt: Haufen alter Kleidung, angeschlagenes Geschirr und zerbeultes Spielzeug. Das kleine dunkle Büro von Bruce Young war fast genauso vollgestopft wie die

Halle, und Mulligan schien den restlichen Platz in Anspruch zu nehmen.

Reverend Young faltete die Karte mit den Leukämiefällen auf und zeigte sie Mulligan. Er erklärte, wie er und Anne die Karte zusammengestellt hatten, berichtete von seinem Besuch bei Truman und beschrieb die Art und Weise, wie man von offizieller Seite reagiert hatte. »Die Wahrscheinlichkeit, daß eine derartige Konzentration zufällig auftritt«, meinte der Pfarrer, »ist hundert zu eins.«

Mulligan schien beeindruckt. Zwölf Kinder mit Leukämie – acht davon innerhalb eines Umkreises von einer halben Meile, sechs, die quasi nebeneinander wohnten – und kontaminiertes Trinkwasser. Es war fast, was man in der Juristensprache »res ipsa loquitur« nannte, wie sich Mulligan später ausdrückte: Die Sache spricht für sich. Es gab jedoch, wie Mulligan einwandte, ein bedeutendes Problem: Wer war für das TRI in den Brunnen verantwortlich zu machen? Young berichtete, daß die Umweltschutzbehörde gerade mit einer Untersuchung begonnen habe. Sobald die Studie fertiggestellt sei, werde man den Verursacher kennen. Mulligan schlug vor, sich mit den Familien zu treffen. Reverend Young willigte ein, die Termine zu vereinbaren. Und Mulligan fuhr wieder davon, versehen mit einem Packen Zeitungsausschnitten, die der Pfarrer gesammelt hatte.

Weil Anne die meisten der Familien kannte, delegierte Reverend Young die Aufgabe an sie, alle anzurufen und einen Termin mit dem Anwalt auszumachen. Anne fühlte sich nicht wohl dabei. Sie war sich nicht sicher, wie einige der Betroffenen auf den Vorschlag reagieren würden, einen Anwalt einzuschalten. Sie schrieb nieder, was sie sagen wollte, und übte ein paarmal: »Wir dachten, daß es vielleicht angebracht wäre, mit einem Anwalt zu sprechen, um zu erfahren, ob wir etwas tun können.«

Eine Frau, deren Sohn kurz zuvor gestorben war, sagte kühl: »Das hatte ich nicht vor.« Ihr Tonfall klang vorwurfsvoll, als ob Anne versuchen wollte, aus dem fürchterlichen Leid eines Kindes Profit zu schlagen. Auch einige Familien, deren Kinder gut auf die

Behandlung ansprachen, lehnten die Einladung ab. Anne dachte sich, daß sie vielleicht eine abergläubische Angst hegten, ihre Kinder könnten einen Rückfall erleiden, wenn sie einen Anwalt einschalteten. Aber die meisten der Familien, in denen die Krankheit aufgetreten war, schienen interessiert.

Das Treffen mit Mulligan fand Ende August in der Kirche statt. Mulligan stellte sich vor und sprach ein wenig über seine Kanzlei und die Art der Fälle, die er bearbeitete. Sonst aber hörte er den Familien zu, die ihre Geschichten erzählten. Die große Frage lautete: Wer trug die Schuld an der Verseuchung der Brunnen G und H? Die meisten der Anwesenden glaubten, daß sie wahrscheinlich bei den alten Gerbereien in Woburn zu suchen sei. Jemand schlug vor, die Stadt oder den Staat zu verklagen. Gewiß hatte die Stadt hin und wieder vor der Wasserqualität gewarnt, das Problem insgesamt gesehen, aber eher verharmlost. Ein anderer Mann, Besitzer eines Supermarkts in der Stadt, dessen Tochter zwei Jahre zuvor gestorben war, widersprach dieser Anregung vehement. Er fürchtete, daß seine Klage gegen die Stadt von seinen Kunden mißbilligt werden könnte, insbesondere wenn die Kosten des Verfahrens eine Steuererhöhung zur Folge hätten.

Jemand fragte Mulligan, wieviel er für seine Arbeit verlange. Mulligan erläuterte, daß er einen Standardvertrag auf Erfolgsbasis abschließen werde, der ihm ein Drittel aller Schadenersatzleistungen plus sämtliche Auslagen, die ihm durch das Verfahren entstehen würden, zusicherte. Für die Familien entstünde keinerlei Verpflichtung, ihn zu bezahlen, bevor er den Fall gewonnen oder mit einem gerichtlichen Vergleich abgeschlossen habe.

Bei den meisten Familien hinterließ Mulligan einen guten Eindruck. Sie mochten sein Selbstbewußtsein und seine Zuversicht. Er hatte zwar keine großartigen Versprechungen gemacht, aber von einigen erfolgreich verlaufenen Fällen gesprochen, und er schien ein fähiger Rechtsanwalt zu sein.

Bei einem zweiten Treffen einige Wochen später, im September, bat Mulligan diejenigen Familien, die an einem Vertragsabschluß interessiert waren, ihn im Büro anzurufen und einen Termin mit ihm zu vereinbaren. Fünf Familien – die Andersons, die Robbins', die Zonas, die Kanes und die Toomeys – beschlossen, sich von Mulligan vertreten zu lassen. In diesem Herbst noch fuhren sie nach Boston, um die nötigen Papiere auszufüllen und den Standardvertrag für eine Schadensersatzklage zu unterschreiben.

9

Charles Anderson war eine Beförderung in Aussicht gestellt worden, die aber eine Versetzung nach Toronto verlangte. Er wollte das Angebot annehmen, und er wollte, daß Anne und die Kinder mitkamen.

Anne erwiderte, daß dies für Jimmy nicht fair sei.

»Toronto liegt nicht am Ende der Welt«, sagte Charles. »Es gibt auch dort gute Ärzte.«

Im Sommer 1980 trennten sie sich nach 19 Jahren Ehe. Anne blieb mit den Kindern in Woburn.

Jimmy war jetzt elf Jahre alt. Er war klein und zerbrechlich und besuchte die Schule nur sporadisch. Doch seit seinem letzten Rückfall fünf Jahre zuvor war sein Blutbild stabil geblieben. Anne glaubte, daß er mit der Zeit vollständig genesen würde.

Im Spätsommer jedoch stellte Dr. Truman fest, daß die Anzahl der Blutplättchen sowie die der weißen Blutkörperchen sich verringerte. Eine Knochenmarksbiopsie ergab unvollständig entwickelte Zellen mit unregelmäßigen Zellkernen. Obwohl diese Zellen für eine Lymphoblastenleukämie nicht typisch waren, befürchtete Dr. Truman einen Rückfall. Er führte zwei weitere Knochenmarksbiopsien durch, mit wenig aufschlußreichen Resultaten. Im November stellte er fest, daß sich die Gesamtzahl an Zellen in Jimmys Knochenmark drastisch reduzierte – ein Zustand, den man als aplastische Anämie bezeichnet. Der Junge hatte zwar keine Leukämie, aber ohne funktionierendes Knochenmark würde er mit genau der gleichen Sicherheit sterben.

Eine derartige Entwicklung hatte Truman noch nie zuvor beobachtet, und sie überraschte ihn. Er stellte die Chemotherapie augenblicklich ein und versuchte, Jimmys Knochenmark zur Bildung von Blutplättchen und weißen Blutkörperchen zu stimulieren, indem er anabolische Steroide verschrieb – mit negativem Resultat. Truman probierte es mit einer experimentelleren Form der Behandlung, mit einem Wirkstoff namens ATG. »Auch das zeigte keine Wirkung«, erinnerte sich Truman später. »Die Blutungen verschlimmerten sich. Die regulären schützenden weißen Blutkörperchen verschwanden. Die Infektionen verschlimmerten sich.«

Am 22. Dezember 1980 rief Anne beim medizinischen Notdienst an und bat um einen Krankenwagen, der ihren Sohn ins Massachusetts General bringen sollte. Jimmy blutete unaufhörlich und heftig aus der Nase und dem Mund, und sein Urin war stark von Blut durchsetzt. Als die Sanitäter den Jungen auf die Trage legten, wandte sich einer an Anne: »Ist Ihr Sohn Patient von Dr. Truman?«

Anne antwortete überrascht: »Woher wissen Sie das?«

»Mein Sohn hatte auch Leukämie. Dr. Truman war sein Arzt.«

Anne hatte den Mann bei keinem der Treffen gesehen. »Wie heißen Sie?« fragte sie.

»John Lilley«, lautete die Antwort.

Anne kannte den Namen. Sie erinnerte sich an einen Tag vor sechs Jahren, als Jimmy seinen ersten Rückfall hatte. Eine aufgewühlte ältere Frau hatte ihr auf dem Korridor im Krankenhaus erzählt, daß ein Junge namens Michael Lilley gerade gestorben sei.

Jimmy Andersons Blutungen wurden mit massiven Transfusionen von Blutplättchen unter Kontrolle gebracht, hörten aber nie ganz auf. Er war zwölf Jahre alt und kannte sein Schicksal. »Ich werde sterben«, sagte er am achten Tag seines letzten Krankenhausaufenthalts wütend zu seiner Mutter. »Das ist ungerecht. Ich komme hier nicht mehr raus.«

Die Schmerzen, von denen er in den vergangenen Monaten stets gepeinigt worden war, verstärkten sich. Er hatte Schüttelfrost und blutete aus Mund und Nase, die Ohren dröhnten ihm, und er litt unter Sehstörungen. Besonders beklagte er sich über Magenschmerzen. Wenn ihm seine Schmerzmittel nicht augenblicklich gebracht wurden, verlangte er vehement danach. »Verstehen Sie denn nicht?« schrie er die Schwester an. »Ich brauche sie wirklich!«

Am darauffolgenden Tag wurde er völlig mutlos. Die Schwestern wollten ihn dazu bringen, aufzustehen. Aber er sagte nur: »Ich werde nie wieder nach Hause kommen.« Anne verließ das Krankenhaus so gut wie nicht mehr. Gelegentlich ging sie in die Cafeteria, um etwas zu essen, aber die meiste Zeit verbrachte sie auf der Krebsstation für Kinder. Charles Anderson kam aus Toronto zurück, um bei seinem Sohn zu sein und um Anne Gesellschaft zu leisten. Ende Januar war der Tiefpunkt erreicht. »Weiterhin Wechselfieber«, notierte die Krankenschwester. »Mutter dauernd hier. Beide wirken erschöpft. Jim fragt: ›Warum ich?‹«

Am Morgen des 18. Januar 1981, einem Sonntag, starb Jim. Fünf Tage später veröffentlichten das Institut für Krankheitsüberwachung und die Gesundheitsbehörde von Massachusetts gemeinsam einen Bericht mit dem Titel *Woburn: Krebserkrankungen und Umweltrisiken.* Er basierte auf der Untersuchung, mit der begonnen worden war, nachdem Dr. Truman mehr als ein Jahr zuvor bei Clark Heath vom Institut angerufen hatte.

Der Bericht bestätigte, daß im Osten von Woburn tatsächlich eine außergewöhnliche Anzahl von Leukämieerkrankungen registriert werden konnte. Es hieß im einzelnen: »Die Analyse der Einwohnerschaft zum Zeitpunkt der Diagnose ergibt eine signifikante Konzentration von Fällen im Osten von Woburn, wo die Krankheit mindestens siebenmal häufiger festgestellt wurde als erwartet. Im übrigen Woburn war das Auftreten von Leukämie bei Kindern – gemessen an der landesweiten Quote – nicht signifikant erhöht.«

Die Verfasser des Berichts stellten fest, daß sie keine eindeutige Verbindung zwischen dem kontaminierten Trinkwasser und Leukämie bei Kindern herstellen könnten. Sie sahen jedoch Gründe für einen derartigen Verdacht: »Obwohl die Giftstoffe in den Brunnen G und H nicht als Verursacher von Leukämie bekannt sind, muß auf die Tatsache hingewiesen werden, daß im Trinkwasservorrat organische Verunreinigungen gefunden wurden.« Es wurde betont, daß die Brunnen »während der mutmaßlichen kritischen Phase für die Leukämieerkrankung bei Kindern in Betrieb waren und insbesondere Ost-Woburn versorgten.«

Die Verfasser bemerkten, daß die Quelle der Brunnenverseuchung noch immer unbekannt sei. Die Umweltschutzbehörde versuchte, die Spuren der Giftstoffe bis zu ihrem Ursprung zurückzuverfolgen, aber diese Aufgabe werde, weil zeit- und kostenaufwendig, noch mindestens ein Jahr in Anspruch nehmen, aller Wahrscheinlichkeit nach länger.

DER ANWALT

1

Es war der Freitagabend vor dem verlängerten Wochenende zum Memorial Day, und im Jason's, einer schicken Bar im Bostoner Stadtteil Back Bay, herrschte Hochstimmung. Teresa Padro, eine junge Frau, die als Textileinkäuferin für eine landesweite Billigwarenhaus-Kette arbeitete, saß an der Bar und wartete auf eine Freundin. Teresas Beruf machte es erforderlich, daß sie viel unterwegs war. Sie wohnte in Motels, arbeitete bis spätabends und mußte nicht selten die Annäherungsversuche älterer männlicher Kunden nach einem geschäftlichen Abendessen abwehren. Sie war 31 Jahre alt. Ihr Haar war dicht, dunkelbraun und schulterlang, ihre Haut mandelfarbig, und sie hatte eine durchtrainierte, schlanke Figur.

Zwei Männer an der Bar versuchten mit ihr ins Gespräch zu kommen. Auf ihren Dienstreisen wäre sie genervt gewesen. Zu Hause, in Boston, flirtete sie selbst ganz gerne. Einer der Männer legte gerade los, als sie zufällig zur Tür sah und die Aufmerksamkeit eines Mannes auf sich zog, der in diesem Moment hereinkam. Er war groß, schlaksig und trug (ihr geschulter Blick konnte das sogar von weitem erkennen) einen teuren Anzug. Sie fand, daß er »interessant« aussah, wie sie sich später erinnerte, doch in diesem Moment forderte einer der Männer neben ihr sie zum Tanzen auf. Sie lehnte ab und gab anschließend auch seinem Freund einen Korb. Eine Stimme hinter ihr sagte: »Ich bin der Ersatzmann, nachdem alle anderen geschlagen sind.«

Sie drehte sich um und sah den gutgekleideten Mann, der gerade hereingekommen war. Er stellte sich als Jan Schlichtmann vor und erkundigte sich, ob sie schon einmal von ihm gehört habe.

Sie empfand diese Frage als reichlich unverfroren. »Warum? Sind Sie so berühmt?« fragte sie ironisch.

Er sagte, er sei Rechtsanwalt. Er habe gerade im Rechtsstreit um den Brand des Copley Plaza Hotels einen Vergleich über zweieinhalb Millionen Dollar geschlossen. »Der höchste Vergleich in der Geschichte von Massachusetts im Zusammenhang mit fahrlässiger Tötung.« Sein Foto sei im *Boston Herald* abgedruckt gewesen. Ob sie es nicht gesehen habe?

»Worauf haben Sie sich spezialisiert?«

»Ich vertrete Personen, die verletzt worden sind.«

»Oh. Ein Unfallgeier.«

»Nein«, sagte er bestimmt, »ich vertrete die Opfer.«

»Wahrscheinlich verklagen Sie die Ärzte«, sagte sie. »Sie würden nicht in mein Leben passen. Meine Eltern und mein Bruder sind alles Ärzte.«

Er fragte, was sie am Wochenende vorhabe.

»Ich bin in Cape«, antwortete sie.

»Wirklich? Ich werde auch dort sein.«

»Fahren Sie hin?« erkundigte sie sich.

»Nein, ich nehme das Flugzeug.«

»Haben Sie kein Auto?«

»Doch«, sagte er. »Ich habe mir gerade einen Porsche gekauft.«

Er strahlte eine dermaßen unverschämte Selbstgefälligkeit aus, daß sie lachen mußte. Er war groß, einen Meter neunzig, und hatte ein hageres, schmales Gesicht mit einer großen ausgeprägten Hakennase. Sein Schnurrbart, der vielleicht das Gesicht ein wenig ausfüllen sollte, war dicht, aber ordentlich gestutzt. Sein Anzug war teuer – maßgeschneidert, das erkannte sie auf Anhieb. Aber selbst der Maßanzug konnte die Tatsache nicht verhehlen, daß er schlaksig wie ein kleiner Junge war. Auch der Kragen seines maßgeschneiderten Hemdes legte sich nicht richtig an einen so dürren Hals wie den seinen an. Das Attraktivste an ihm, fand sie, waren seine braunen Augen, die warm und freundlich wirkten.

»Haben Sie eine Freundin?« erkundigte sie sich.

Kopfschüttelnd verneinte er. Dem Lächeln, das eigentlich nur ein leichtes Kräuseln seiner Lippen war, entnahm sie, daß er glaubte, er hätte sie nun soweit.

»Sind Sie verheiratet?« fragte sie weiter.

Wiederum verneinte er.

Sie zuckte die Schultern. »Was ist dann so toll an Ihnen?«

Nachdem Teresas Freundin Alma gekommen war, tanzte er mit beiden Frauen. Er war, wie sie bald feststellte, kein besonders guter Tänzer – zu ungelenk, um sich anmutig zu bewegen –, doch tanzte er mit ungehemmter Begeisterung.

Sie verbrachten fast das gesamte Wochenende zusammen in Boston. Er wohnte im obersten Stockwerk eines alten und noblen Gebäudes aus dem 19. Jahrhundert im Stadtteil Beacon Hill. Von seinem Balkon aus konnte er auf den Charles River und den Uferweg blicken. Er besaß mehr Anzüge als jeder andere Mann, den sie je kennengelernt hatte, aber schon bald stellte sie fest, daß er nur wenig auf Kleidung gab. »Er kauft das Etikett«, erklärte sie, nachdem sie einige Jahre mit ihm zusammengewesen war. »Er ist der Typ, der Baccarat-Porzellan kauft, weil es Baccarat ist. Er hat nicht genügend Selbstbewußtsein zu glauben, daß etwas gut aussieht, wenn es keinen Markennamen hat.« Sie begann, ihm etwas über Kleidung beizubringen und schenkte ihm Krawatten. Als er einen wichtigen Fall gewonnen und dabei ihre Krawatte getragen hatte, wurde er abergläubisch und trat nie mehr mit einer Krawatte vor der Jury auf, die nicht von ihr ausgewählt worden war.

Er ging mit Teresa und ihren beiden besten Freundinnen aus und unterhielt sie den ganzen Abend, lachte und tanzte mit allen dreien abwechselnd. Sie hielt ihn für gewitzt im Umgang mit Menschen. Er bemerkte sofort, wann sie oder eine ihrer Freundinnen irgendein Problem beschäftigte. Er fragte nach und hörte aufmerksam zu. Sie freundete sich mit den Angestellten seiner Kanzlei an, besonders mit seiner Sektretärin Kathy Boyer, die für ihn arbeitete, seit er mit seiner Tätigkeit als Anwalt begonnen hatte. Wenn er einen Fall gewonnen oder einen Vergleich geschlossen hatte, erhielten alle in der Kanzlei einen großen Bonus, und wenn irgend jemand Geburtstag hatte, lud er die ganze Mannschaft zum Essen und Trinken ein. Wenn er ein Eingangs- oder ein Schlußplädoyer vorbereitete, bestand er darauf, daß alle in der Kanzlei, sogar die Rezeptionistin und die Dokumentarinnen, zuhörten und ihre Meinung dazu sagten. Während eines laufenden Verfahrens kam die komplette Kanzleibelegschaft mit ins Gericht und schaute ihm von den Zuschauerbänken aus bei der Arbeit zu.

Als junger Mann hatte Jan Schlichtmann nicht viel von der Juristerei gehalten. Er war in Framingham geboren worden, einer Arbeiterstadt, die von den Werkhallen der Autofirma General Motors dominiert wurde. Sein Vater, der Handelsvertreter war, hatte seinen drei Söhnen stets gesagt, daß sie selber für sich sorgen sollten. Beim Abendbrottisch entdeckte er bei seinem Sohn Jan dessen Talent fürs Argumentieren. Der Junge hatte ein leidenschaftliches Bedürfnis, andere von seiner eigenen Ansicht zu überzeugen und erwies sich dabei als unnachgiebig. So ermüdend dies bei einem Heranwachsenden auch sein konnte, dem Vater erwuchs doch der Eindruck, daß sein Sohn das Zeug für einen erfolgreichen Anwalt hatte, und so drängte er Jan, diesen Beruf in Erwägung zu ziehen.

An der University of Massachusetts studierte Schlichtmann Philosophie. Für ihn war die Juristerei nicht verlockender oder aufregender als Klempnerarbeiten. Dieser Vergleich war ihm eingefallen, als er darüber nachgedacht hatte, ob er Rechtsanwalt werden sollte. Die Leute bezahlten einen dafür, ihre Probleme zu regeln – Testamente, Scheidungen, Mahnverfahren –, so wie sie einen Klempner kommen ließen, um verstopfte Rohre und undichte Wasserhähne in ihren Häusern zu reparieren. In einer großen Anwaltskanzlei zu arbeiten wäre sogar noch schlimmer. Man würde die schmutzige Arbeit für die Reichen und Mächtigen erledigen.

Nachdem er 1972 das College abgeschlossen hatte, heiratete er eine Kommilitonin. Sie zogen nach Rhode Island, wo seine Frau ihr Studium fortsetzte. Schlichtmann konnte mit seinem Abschluß in Philosophie keine Arbeit finden, die ihm gefiel. Weil sich nichts Besseres bot, begann er Studienabgängern Lebensversicherungen zu vermitteln. Innerhalb von sechs Monaten hatte er Versicherungen im Wert von fast einer Million Dollar unter die Leute gebracht, aber er verachtete seinen Job. Die Ehe verlief unglücklich. Eines Tages im Frühjahr 1973 hörte er auf, Versicherungen zu verkaufen und begann die Anhörungen zum Fall Watergate im Fernsehen zu verfolgen. Drei Monate lang saß er zu Hause, gefesselt von diesem Drama. Seine Frau warf ihm vor, er sei faul. Als die Anhörungen vorbei waren, wußte er, daß er nie wieder Versicherungen vermitteln würde. Er wollte etwas Nützliches tun, etwas, das der Gesellschaft zugute kam, doch er hatte keinerlei Vorstellung, worin das bestehen könne. Er durchforstete die Zeitungen nach Stellenangeboten. Schließlich entdeckte er eine Anzeige: »Nationale Organisation für Sozialhilfe eröffnet Außenstelle in Rhode Island. Gesucht wird junger dynamischer Mitarbeiter als Leiter des Büros. Gehalt 8500 Dollar.« Er bewarb sich und erfuhr, daß es sich bei dieser Organisation um die Bürgerrechtsunion American Civil Liberties Union (ACLU) handelte. Eines Abends hörte er in den lokalen Nachrichten, daß die ACLU eine neue Außenstelle in Rhode Island eröffnet habe. Der Leiter, fuhr der Sprecher fort, heiße Jan Schlichtmann.

Sein erster Fall bei der ACLU hatte mit einer Gruppe von Nonnen und auf Sozialhilfe angewiesenen Müttern zu tun. Sie versammelten sich einmal in der Woche am Mittwoch für eine halbe Stunde in der Rotunde des Parlamentsgebäudes, um mit Gebet und Gesang gegen die Kürzungen der Sozialhilfe zu protestieren. Am dritten Mittwoch ließ der Gouverneur sie hinauswerfen, weil sie, wie er behauptete, die Arbeit im Parlament störten. Als sie in der darauffolgenden Woche wiederkamen, drohte er, sie verhaften zu lassen.

Schlichtmann suchte unter den Mitgliedern der ACLU nach einem Anwalt, der den Fall übernehmen könnte, und begann schließlich voller Eifer und Ungeduld, selbst daran zu arbeiten. Er fand heraus, daß der Gouverneur nach dem Rauswurf der Nonnen und Mütter eine Theatergruppe engagiert hatte, die in der Rotunde für mehrere hundert Schulkinder spielte. Zu Beginn derselben Woche hatten die Parlamentarier in der Rotunde mit italienischem Essen und Musik den St. Joseph's Day gefeiert. Niemand hatte dagegen protestiert oder behauptet, daß dadurch die Arbeit im Parlament gestört werde.

Während Schlichtmann an diesem Fall arbeitete, überkam ihn eine grundlegende Erkenntnis. Das Konzept eines Rechtssystems – Gesetze und Gerichte, die zuließen, daß *Mütter auf Sozialhilfe sogar Gouverneure* herausforderten! – schien sich als ruhmvolle Zukunft vor ihm zu entfalten. Plötzlich dämmerte es ihm, daß die Juristerei nicht nur aus Testamenten, Scheidungen und schmuddligen Kriminalfällen bestand: den undichten Wasserhähnen und verstopften Rohren der Gesellschaft. Er gelangte zu dem Schluß, daß Jura möglicherweise die höchste Berufung war, nach der man streben konnte. Im Namen der Nonnen und der Mütter formulierte er eine Klage und hielt auf den Stufen vor dem Parlamentsgebäude eine Pressekonferenz ab, umgeben von seinen Klienten. Kamarateams und Journalisten kamen, um Interviews mit ihm zu führen. An diesem Abend sah er sich zum ersten Mal im Fernsehen. Am liebsten hätte er den Fall selbst vor Gericht gebracht, doch er hatte keine Zulassung bei der Anwaltskammer. Also engagierte er einen jungen Juristen, der gerade sein Abendstudium abgeschlossen hatte, und saß neben ihm am Anwaltstisch im Gerichtssaal von Richter Raymond Pettine.

Zu diesem Zeitpunkt hatte er sich bereits für ein Jurastudium beworben. Die Cornell University nahm ihn an. Seine Ehe zerbrach. In seinem ersten Studienjahr wurde Raymond Pettines richterliche Entscheidung, die ein etwa 30seitiges Plädoyer für die Nonnen und von Sozialhilfe lebenden Mütter darstellte, in die offizielle Sammlung von Präzendenzfällen aufgenommen.

An der juristischen Fakultät begeisterten ihn die großen Themen von Recht und Gesellschaft: die bürgerlichen Freiheiten und das Recht auf Religions-, Rede-, Presse, und Versammlungsfreiheit. Wie von jedem Jurastudenten wurde auch von ihm das Studium des Schadensersatzrechts verlangt, jenes weiten Feldes, das sich mit der finanziellen Entschädigung von Personen beschäftigt, die durch das Verschulden eines anderen Schäden oder Verletzungen erlitten haben. Er bekam nur eine Drei in dieser Sparte, denn er fand das Thema langweilig und unwichtig.

Er dachte nur selten darüber nach, wie er sich als Anwalt sein Geld verdienen wollte. Die meisten seiner Kommilitonen suchten lukrative Jobs in großen Anwaltskanzleien in der Stadt, und Schlichtmann tat das gleiche. In seinem dritten Studienjahr hatte er ein Vorstellungsgespräch beim Seniorpartner der New Yorker Kanzlei Skadden, Arps, Slate, Meagher & Flom, einer der größten und prosperierendsten Anwaltssozietäten im Land. Das Gespräch nahm von Beginn an einen schlechten Verlauf. Der Seniorpartner, der die ganze Zeit über kühl und harsch war, fragte Schlichtmann, ob er nicht Bedenken habe, für die ACLU zu arbeiten. Er stellte die Frage in einem Tonfall, der nahelegte, daß Schlichtmann Bedenken haben *sollte.* Schlichtmann antwortete lakonisch: »Ich bedaure, daß ich zu diesem Gespräch gekommen bin«, stand auf und ging.

Schlichtmann liebäugelte mit dem Gedanken, sich auf dem Land niederzulassen, aber schließlich entschied er sich für den Job in einer kleinen Kanzlei in Washington, D. C., die sich auf Auseinandersetzungen mit dem Bundesamt für Fernmeldewesen (FCC) spezialisiert hatte. An seinem ersten Arbeitstag nahmen ihn die Anwälte der Kanzlei mit zum FCC und stellten ihn dem Referat vor, mit dem er zu tun haben würde. Am zweiten Tag zeigte man ihm hohe Stapel von Unterlagen, die er bearbeiten sollte, damit eine Sendeanstalt neue Sender aufkaufen könnte. Am dritten Tag saß Schlichtmann an seinem Schreibtisch und fragte sich, wie lange er es in diesem Job aushalten würde. Im Lauf des Vormittags wurde er von seinem Professor für Strafrecht, G. Robert Blakey, der gerade zum Hauptprozeßbevollmächtigten im Ausschuß zur Aufklärung von Morden an Politikern und Prominenten ernannt worden war, angerufen. Es gebe eine freie Stelle. Ob Schlichtmann interessiert sei.

Schlichtmann ging in das Büro des Geschäftsführers seiner Kanzlei und bat um ein Jahr Beurlaubung.

»Ohne Vergütung?« fragte dieser. »Wir machen hier keine verdammten Gratisjobs.«

»Ich dachte, das würde ein gutes Licht auf die Kanzlei werfen«, sagte Schlichtmann.

»Das beste für die Kanzlei«, antwortete der Geschäftsführer, »wäre, wenn Sie jetzt verschwinden würden.«

Schlichtmann arbeitete neun Monate lang für den Ausschuß. Er war einer von vielen Anwälten und zudem in der Hierarchie ganz unten angesiedelt. Die bürokratischen Abläufe und die Notwendigkeit, seinen Vorgesetzten über jeden Schritt Bericht zu erstatten, empfand er als erdrückend. Er begann wieder davon zu träumen, als Anwalt auf dem Land zu praktizieren, sein eigener Herr zu sein, Erfüllung bei ganz normalen Leuten zu suchen.

Er verließ den Ausschuß und fuhr nach Portsmouth, New Hampshire, mit der Idee im Kopf, eine Kanzlei aufzubauen. Er mußte jedoch feststellen, daß es in Portsmouth bereits jede Menge Anwälte gab. Auf dem Weg zurück nach Boston sah er einen Wegweiser nach Newburyport, einem einstigen Fischerdorf an der Küste, das sich rapide zu einer Gemeinde von Eigentumswohnungen und Boutiquen entwickelte. Eine Immobilienmaklerin versicherte ihm, daß Newburyport genau der Ort sei, der noch mehr Anwälte brauche, und er glaubte ihr tatsächlich.

Schlichtmann mietete eine Wohnung im ersten Stockwerk eines Gebäudes im Zentrum des Städtchens. Er wandelte das Wohnzimmer in sein Büro und einen Empfangsbereich um und stellte eine Halbtagssekretärin ein. Er beschloß, sich die beste juristische Büchersammlung von Essex County zuzulegen. Er baute sich seine Bücherregale selbst und begann, sie mit Fachbüchern aufzufüllen, die er, ohne jegliche Ersparnisse, allesamt auf Kredit gekauft hatte. Im Juni eröffnete er seine Kanzlei. Das Geschäft ging zäh. Er las in seinen neu erworbenen Büchern. Im Oktober war er blank und mit der Miete zwei Monate im Rückstand. Er schuldete dem Vermieter 800 Dollar. Eines Tages in jenem Herbst wandte sich ein Mann mit einer unglaublich verworrenen Grundstücksangelegenheit an ihn, die er in aller Ausführlichkeit schilderte.

»Übernehmen Sie den Fall?« fragte der Mann schließlich.

»Ja«, sagte Schlichtmann beklommen.

»Wieviel wird es kosten, Sie zu engagieren?« erkundigte sich der Mann.

»800 Dollar«, antwortete Schlichtmann. Ihm dämmerte der Verdacht, daß eine Tätigkeit als Provinzanwalt nicht das Richtige für ihn war.

In den darauffolgenden anderthalb Jahren bearbeitete er die unterschiedlichsten Fälle, von denen einer banaler war als der andere und keiner sonderlich lukrativ. Er versuchte, sich mit den lokalen Banken anzufreunden, um an die Rechtsgeschäfte bei Immobilienverkäufen heranzukommen, hatte aber wenig Erfolg damit. Er schlug sich so eben durch und geriet mit den Zahlungen für seine juristischen Fachbücher in Verzug.

Eines Morgens betrat ein bedrückter, nuschelnder junger Mann namens Lowell Eaton sein Büro und fragte schüchtern, ob er in einer Rechtsangelegenheit mit Schlichtmann sprechen könne. Eaton erklärte, daß sein einziges Kind, ein dreijähriger Junge namens Stuart, fünf Jahre zuvor in einer Kiesgrube neben seinem Haus ertrunken sei. Der Unfall hatte sich an einem Samstagnachmittag ereignet, als Lowell und seine Frau beide zur Arbeit in der Schuhfabrik waren. Die Großmutter paßte auf den Jungen auf. Sie ließ ihn für ein paar Minuten allein im Garten zurück und ging in die Küche, um den Wäschekorb zu holen. Als sie wiederkam, war Stuart nirgends zu sehen. Sie ging nach nebenan, wo Stuarts Tante wohnte, doch der Junge blieb verschwunden. Erst nach verzweifelter Suche entdeckte sie Stuart, wie er mit dem Gesicht nach unten zwischen dem Schilf und den dichten Wasserpflanzen in der Kiesgrube trieb. Am nächsten Tag, berichtete Lowell Eaten, habe die Baufirma, der die Kiesgrube gehörte, einen ganzen Konvoi von Kipplastern geschickt, um die Grube auffüllen zu lassen.

Lowell erzählte weiter, daß er bereits einen Anwalt aufgesucht habe. Dieser Anwalt hatte Klage gegen die Baufirma erhoben, aber dann war nichts weiter geschehen – drei Jahre bisher. Das letzte Mal, als Lowell angerufen hatte, gab der Anwalt ihm den

Rat, sich nicht länger über den Tod seines Sohnes zu grämen. Zu diesem Zeitpunkt war die Großmutter bereits gestorben, und es gab keine weiteren Zeugen mehr. Der Fall, hatte der Anwalt gesagt, sei hoffnungslos.

Lowell Eaton fragte, ob Schlichtmann den Fall übernehmen würde, und Schlichtmann sagte zu, Einsicht in die Akte zu nehmen. Ein Rechtsstreit um fahrlässige Tötung war komplizierter als alles, was er je in Angriff genommen hatte. Das bedeutete für Schlichtmann, ausführliche schriftliche Beweisfragen zu verfassen, etwaige Zeugen zu befragen und Anträge auf Aushändigung von Unterlagen einzureichen. Sollte der Fall vor Gericht kommen, so würde er über die Zusammensetzung einer Jury mitentscheiden, Eingangs- und Schlußplädoyers halten, Zeugen im Kreuzverhör vernehmen und eine Grundlage für die Beweisführung erarbeiten müssen. Am Ende sagte er Eaton, er werde den Fall übernehmen.

Schlichtmann reichte eine neue Klageschrift ein, in der er geltend machte, daß die Baufirma nachlässig und rücksichtslos gehandelt habe, als sie zuließ, daß sich in der Kiesgrube Wasser ansammelte, und das Gelände nicht mit einem Zaun umgab, als sich die Grube füllte, oder mit Schildern auf die Gefahrenstelle hinwies. Der Verteidiger hieß Clement McCarthy. Er war ein Mann mit der Erfahrung von mehreren hundert Gerichtsverfahren, hartnäckig und düster. Er bestritt, daß der Unfall auf dem Gelände seines Klienten passiert sei, beziehungsweise daß eine solche Grube jemals existiert habe. Es gebe sie auf jeden Fall nicht mehr, sagte McCarthy. Und selbst wenn sie existiert habe, dann hätte Stuart Eaton dort nichts zu suchen gehabt. Darüber hinaus hätten die Eltern das Risiko in Kauf genommen, als sie sich ihr Haus neben einer Kiesgrube aussuchten – falls diese denn tatsächlich jemals existiert habe.

Schlichtmann begann, Bücher über die Grundstrukturen der Offenlegungs- und Verfahrenspraxis zu lesen. Er heuerte einen Fotografen an, der über das Gelände der ehemaligen Kiesgrube fliegen und Luftaufnahmen machen sollte. Er sammelte Fotos von Stuart aus der Woche vor seinem Tod, Fotos der Eltern, die stolz ihren Sohn im Arm hielten. In Rhode Island machte er einen Fotoreporter ausfindig, der am Todestag des Jungen nachmittags die Grube und den Wassertümpel aufgenommen hatte. Er ließ all diese Fotos auf das Format von Filmplakaten vergrößern und im Gerichtssaal aufstellen. Er engagierte einen Bauingenieur und einen Arzt, die als Sachverständige aussagen sollten. »Das«, sagte er zu sich, »ist das Leben, das ich führen möchte.«

Nach vier Monaten Arbeit fühlte er sich für die Verhandlung genügend vorbereitet. Er kämpfte um einen Termin in den ausgebuchten Gerichtssälen, während Clem McCarthy eine Vertagung nach der anderen beantragte und erhielt. Bei jeder weiteren Verzögerung nahm Schlichtmann sich des Falles erneut an und arbeitete weiter daran. Nach sieben Monaten hatte er 15 000 Dollar investiert, zum größten Teil geborgtes Geld. Er war hoch verschuldet. Der Verlag für juristische Fachbücher mahnte ihn an. Der Vermieter drohte, ihn hinauszuwerfen. Unaufhörlich riefen Gläubiger an. Seine bisherige Halbtagssekretärin Kathy Boyer arbeitete inzwischen in Vollzeit – und unentgeltlich.

Eine Woche vor dem Verhandlungstermin rief ihn der Manager von Liberty Mutual an, der Versicherungsgesellschaft, welche die Baufirma vertrat, und bot einen Vergleich an. »Legen Sie die Angelegenheit ad acta«, sagte der Manager. »Alle Beteiligten des Falls sind tot: der Besitzer der Baufirma, die Großmutter des Jungen, der Junge. Ohne die Großmutter haben Sie keine Zeugen für den Tod des Jungen. Ich zahle Ihnen 5000 Dollar, und Sie kümmern sich um Ihren nächsten Fall.«

»Darauf kann ich mich nicht einlassen«, erwiderte Schlichtmann.

»Das ist mehr Geld, als die Familie jemals hatte. Sie haben keine Chance, diesen Fall zu gewinnen. Mit 5000 Dollar kriegen Sie zumindest Ihre Auslagen zurück.«

»Ich habe 15 000 ausgegeben«, sagte Schlichtmann.

Der Manager lachte laut und ausgiebig. »Sie sagen, das ist Ihr erster Fall? Vielleicht komme ich und schau mir das an. Ich möchte den Burschen sehen, der den Fall Eaton vermasselt hat.«

Das Verfahren dauerte acht Tage. Schlichtmann saß mit Kathy Boyer am Anwaltstisch. Clem McCarthy machte andauernd verfahrensrechtliche Fragen geltend: »mangelnde Grundlage, mittelbarer Beweis, Suggestivfrage, irrelevant.« Richter Peter Brady zitierte Schlichtmann zu sich nach vorne und erläuterte ihm die Grundzüge der Verfahrenstechnik. Der Richter, ein geduldiger Mann, und er war von der Arbeit beeindruckt, die Schlichtmann geleistet hatte. Am letzten Tag der Verhandlung rief er beide Anwälte zu sich. »Ich glaube, das wird für einen von Ihnen böse ausgehen«, erklärte er. »Mein Gefühl sagt mir, daß Sie den Fall auf sich beruhen lassen sollten.« Er sah Clem McCarthy an. »Ich finde, 75 000 Dollar wären angebracht.«

»Euer Ehren, was verlangen Sie da von mir?« sagte McCarthy voller Entrüstung, warf aber auch einen Blick auf Schlichtmann. »Lieber Himmel, dieser Fall ist soviel nicht wert!«

Draußen im Foyer fragte Schlichtmann Kathy Boyer um Rat.

»Geh darauf ein, Jan«, sagte sie und dachte dabei an die vielen Wochen, in denen sie auf ihr Gehalt hatte verzichten müssen. Der Amtmann des Gerichts nahm Schlichtmann zur Seite. »In diesem Land geht es hart zur Sache«, meinte er. »Ein betrunkener Autofahrer kann ein Kind überfahren, das vor seinem eigenen Haus spielt, und die Eltern werden gerade mal mit 20 000 abgespeist. Sie sollten das Geld nehmen.«

Aber nachdem Schlichtmann fast ein Jahr Arbeit in den Fall investiert hatte, wollte er hören, was die Geschworenen sagen würden. Er erzählte den Eatons von dem Angebot. »Ich glaube, wir werden gewinnen«, sagte er, »und ich bin mir sicher, daß die Jury uns mehr Geld zuspricht.« Lowell Eaton überließ Schlichtmann die Entscheidung.

An der Richterbank sagte Clem McCarthy: »Ich habe mit meinem Klienten gesprochen, und er ist bereit, einem Vergleich über 75 000 Dollar zuzustimmen.«

Richter Brady sah zu Schlichtmann herüber.

»Ich kann nicht einwilligen«, sagte Schlichtmann.

»Ich war lange Zeit Prozeßanwalt«, sagte der Richter und sah

Schlichtmann ausdruckslos an. »Ich glaube, Sie sollten noch einmal ernsthaft darüber nachdenken.«

Schlichtmann entgegnete, das habe er bereits getan. »Meine Klienten finden sich lieber mit einem Nein der Jury ab als mit 75 000 von der Versicherung.«

Clem McCarthy schüttelte belustigt den Kopf. »Sie werden doch nicht zulassen, daß Mr. Schlichtmann es sich noch einmal anders überlegen kann, wenn er hier dann Tränen vergießt, oder?«

Schlichtmann hielt sein Schlußplädoyer kurz vor der Mittagspause. Die Jury zog sich zu ihren Beratungen zurück, und Schlichtmann begann im Foyer auf und ab zu gehen, zu nervös, um etwas zu essen. 75 Minuten später wurde der Spruch der Geschworenen verkündet: 250 000 Dollar plus weitere 50 000 Dollar an Zinsen, die sich seit Stuarts Tod angesammelt hatten. Clem McCarthy ersuchte Richter Brady mit grimmiger Miene, den Geschworenenspruch außer Kraft zu setzen, weil es völlig überzogen sei. Der Richter wies McCarthys Antrag amüsiert zurück. »Sie sagten doch, es gibt keine Möglichkeit mehr, es sich noch einmal anders zu überlegen, wenn hier die Tränen vergossen werden.«

Schlichtmanns Pokerspiel hatte sich ausgezahlt, aber es war tollkühn, gerechtfertigt nur durch seine Unerfahrenheit und die Tatsache, daß er gewonnen hatte. Es war nicht unbedingt die beste Lektion für einen grünschnabeligen Rechtsanwalt.

2

Schlichtmanns Honorar aus dem Fall Eaton belief sich auf fast 100 000 Dollar. Er bezahlte seine Schulden, gab Kathy Boyer einen großzügigen Bonus und ging zum Schneider, um sich ein paar Anzüge machen zu lassen. Er hatte beschlossen, sich als Prozeßanwalt einen Namen zu machen, und der beste Ort dafür, das wußte er, war Boston. Er schickte Bewerbungsbriefe an die drei bekanntesten Kanzleien der Stadt, die sich mit Fällen von Körperverletzung und Schadensersatzklagen beschäftigten. Ein Monat verging, ohne daß eine Antwort eintraf. Er versandte weitere Briefe. Einer davon war an die Kanzlei Reed & Mulligan gerichtet.

Er wartete immer noch auf eine Antwort aus Boston, als er wie durch eine glückliche Fügung an einen wichtigen Fall geriet. Ein Geschäftsmann aus Newburyport, stolzer Besitzer einer neuen einmotorigen Piper Arrow, war mit drei Freunden für ein vergnügliches Wochenende und zum Kartenspielen nach Atlantic City geflogen. Auf dem Rückflug nach Massachusetts stürzte das Flugzeug über der Meerenge von Long Island ab. Dabei kamen alle Insassen ums Leben. Die Leichen konnten nicht geborgen werden, obwohl einige Trümmer der Piper Arrow an Land getrieben waren. Unter den Passagieren war eine junge geschiedene Frau gewesen, deren vierjähriger Sohn jetzt bei ihrem Exmann lebte. Und diesen lernte eine von Schlichtmanns Teilzeitsekretärinnen eines Abends zufälligerweise in einer Bar in Newburyport kennen. Der Mann erzählte ihr, daß er nach einem Anwalt suche, der die Interessen seines Sohnes vertreten würde.

»Ich weiß genau den richtigen Mann für Sie«, verkündete Schlichtmanns Sekretärin.

Schlichtmann hatte sich gerade in den Fall eingearbeitet, als vom Seniorparter der Kanzlei Reed & Mulligan angerufen wurde. Barry Reed hatte Schlichtmanns Bewerbungsschreiben erhalten und wollte ihn gerne kennenlernen. Ob Schlichtmann Zeit für ein Mittagessen in Boston habe.

Schlichtmann traf sich mit Reed in einem teuren italienischen Lokal im Stadtteil Beacon Hill, einem Restaurant, in dem der Gouverneur, der Bürgermeister und die anderen Honoratioren der Stadt verkehrten. Schlichtmann folgte Reed quer durch das ganze Nobeletablissement, beobachtete, wie der Staranwalt an einem Tisch nach dem anderen stehenblieb, Leute begrüßte, Hände schüttelte und mit Bekannten plauderte. Reed war auf dem Höhepunkt seines Bekanntheitsgrads. Er hatte einen Roman geschrieben, *Die Wahrheit und nichts als die Wahrheit*, der in Boston mit Paul Newman als Hauptdarsteller verfilmt wurde. Die

Bostoner Presse verfolgte die Dreharbeiten genau, erwähnte in nahezu jedem Artikel Barry Reed, den Autor und Anwalt. Häufig war neben den Beiträgen auch ein Foto von Reed abgebildet. Er sah selbst aus wie ein Filmstar: Mitte Fünfzig, schlank, volles silbergraues Haar, die Gesichtszüge fein geschnitten und markant. Beim Mittagessen mit Schlichtmann gab er eine Anekdote nach der anderen zum besten, die mit seinen Fällen zu tun hatte, unterbrach seine Rede nur durch ein Winken oder ein Nicken, wenn irgendein Bekannter vorbeikam. Schlichtmann fühlte sich durch Reed irritiert. Er bemerkte jedoch, daß Reed ihn nicht zu seiner Person befragte. Nach zwei Stunden begann Schlichtmann sich zu wundern, warum Reed ihn überhaupt eingeladen hatte.

Als Reed die Rechnung unterschrieb, erwähnte er, als sei ihm der Gedanke eben erst gekommen, daß er den Nachlaß zweier Passagiere verwalte, die mit der Piper Arrow abgestürzt seien. Der Pilot habe eine Versicherungspolice im Wert von einer Million Dollar, die an die Angehörigen der Passagiere ausgezahlt werden könne, wenn es Reed gelänge zu beweisen, daß der Pilot fahrlässig gehandelt habe. Reed sagte, ihm sei zu Ohren gekommen, daß Schlichtmann den dritten Passagier vertrete. »Ich finde, Sie sollten mich diesen Fall übernehmen lassen«, empfahl Reed. Natürlich, fügte er hinzu, würde er Schlichtmann ein hübsches Übertragungshonorar zukommen lassen, sobald der Fall abgeschlossen sei, und Schlichtmann hätte keine Arbeit damit.

»Das ist momentan mein einziger Fall«, protestierte Schlichtmann, der den entschiedenen Eindruck hatte, daß Reed ihm die Bewältigung einer solchen Aufgabe nicht zutraute. »Warum arbeiten wir nicht zusammen?«

Reed schien von diesem Vorschlag nicht besonders angetan. Er versuchte noch einmal, Schlichtmann den Fall auszureden, doch Schlichtmann weigerte sich, ihn aufzugeben. Schließlich willigte er ein, Schlichtmann bei sich mitarbeiten zu lassen – wahrscheinlich aber nur, um den jungen Anwalt genau im Auge zu behalten. »In Ordnung«, sagte Reed. »Sie können im Konferenzraum meiner Kanzlei arbeiten.«

Schlichtmann verbrachte nun den größten Teil seiner Zeit bei

Reed & Mulligan. Hin und wieder kam Reed in den Konferenzraum, um zu sehen, was »der Junge« (wie er Schlichtmann nannte) trieb. In der Regel war »der Junge« noch da, wenn Reed abends das Büro verließ. In der Regel war er bereits im Haus, wenn Reed morgens kam. Diese Arbeitszeiten waren neu bei Reed & Mulligan. Manchmal verschwand »der Junge« für ein paar Tage. Dann platzte er ins Büro und schwang triumphierend ein Teil der Piper Arrow in der Hand oder ein Kleidungsstück, auf das er gestoßen war, als er einen Strandabschnitt von Long Island abgesucht hatte. »Der Junge« arbeitete nicht leise vor sich hin. Bei jeder neuen Enthüllung drangen Jubelschreie aus dem Konferenzraum. Ruhe machte sich in der Kanzlei breit, wenn »der Junge« nach Atlantic City gereist war, um die letzten Tage, die der Geschäftsmann und seine drei Begleiter mit Glücksspiel und Saufforgien verbracht hatten, zurückzuverfolgen. Es wurde wieder laut, wenn »der Junge« mit den Kreditkartenbelegen des Geschäftsmanns und eidesstattlichen Erklärungen von Barkeepern und Kasinoangestellten zurückkehrte, welche die vier Nachtschwärmer zuletzt gesehen hatten.

Schlichtmann war überzeugt, daß der Geschäftsmann betrunken gewesen war und deshalb fahrlässig gehandelt hatte, als er das Flugzeug steuerte. Darüber hinaus hatte er seinen Pilotenschein erst vier Monate vor dem Unfall gemacht und war nicht befugt, Blindflüge durchzuführen. Trotzdem hatte er Atlantic City um 18.00 Uhr abends verlassen und war in einen bedeckten Himmel hineingestartet. Er war in der Nähe von Long Island in die Wolkendecke hineingeflogen und auf Graupel und Schnee gestoßen. Schlichtmann hatte sich eine Aufzeichnung vom letzten Funkkontakt des Geschäftsmanns mit dem Fluglotsen am Kennedy Airport beschaffen können. Die komplette Kanzlei Reed & Mulligan hatte sich versammelt, um zuzuhören. Man vernahm die panische Stimme des Geschäftsmanns, als er die Orientierung in den Wolken verlor und vom Fluglotsen eine tiefere Flughöhe erbat. Der Lotse wies ihn an, nach rechts zu drehen, während er an Höhe verlor. Der Pilot flog statt dessen nach links. Er entschuldigte sich, und dann hörte man einen hohen, scharfen Laut, der nicht identifiziert werden konnte. Möglicherweise war es ein Schrei. Sekunden später verschwand die Piper Arrow vom Radarbildschirm.

Schlichtmann reichte seine Klage vor dem Obersten Gerichtshof von Massachusetts drei Monate nach dem Unfall ein. Innerhalb weniger Tage begannen er und Reed mit der Versicherung zu verhandeln, bei der die Police für den Piloten im Wert von einer Million ausgestellt war. Ein Vergleich über eine Summe, so glaubte Schlichtmann, welche jener der Police in etwa entsprach, lag im Bereich des Möglichen.

Niemals seit Bestehen der Kanzlei Reed & Mulligan war ein Fall derartig schnell abgewickelt worden. Reed begann Schlichtmann wie einen Sohn zu behandeln. Eines Morgens erwähnte er, daß es einen Fall in der Kanzlei gebe, welcher der Bearbeitung bedürfe. »Der Junge ist zäh«, sagte Reed zu seinem Partner Joe Mulligan. »Wenn der mal was in den Händen hat, gibt er so schnell nicht auf.«

3

Donna Robbins stand seit drei Jahren telefonisch in Verbindung mit der Kanzlei Reed & Mulligan: seit Joe Mulligan den Fall übernommen hatte, der Robbies Hüfte betraf und bei dem es um einen ärztlichen Kunstfehler ging. Der Fall hatte sich als im wesentlichen bedeutungslos erwiesen, nachdem Robbie an Leukämie gestorben war. Mulligan war überzeugt, von Glück reden zu können, wenn er für Donna ein paar tausend Dollar herausholen würde, einen »Abfindungs«-Vergleich sozusagen.

Vier Monate waren vergangen, seit Mulligan die Familien im Fall Woburn hatte unterschreiben lassen, und auch Anne Anderson hatte begonnen in der Kanzlei anzurufen. »Solche Sachen brauchen Zeit«, erklärte Mulligan Anne. Das waren die gleichen Worte, die auch Donna zu hören bekam, wenn sie wegen Robbie anrief. Nach einer Weile überließ Mulligan die Beantwortung der meisten Anrufe seiner Sekretärin. Sie erzählte Anne oder Donna, daß Joe nicht in der Kanzlei oder in einer Besprechung sei. Allmählich empfand die Sekretärin jedoch Mitleid mit den Frauen. Nachdem sie sich wieder einmal in eine Ausrede geflüchtet hatte, ging sie in das Brüo eines der Mitarbeiter und sagte: »Was sollen wir bloß mit diesen armen Menschen machen?« Aber dieser Kollege rangierte in der Hierarchie der Kanzlei ganz unten. Er konnte nur die Schultern zucken. Er war für diesen Fall nicht zuständig.

Reed & Mulligan hatten viele Fälle von Körperverletzung in den Akten. Mulligan bezeichnete seine besonders vielversprechenden Fälle liebevoll als »Goldminen«. Ein neuer Fall konnte zunächst sehr vielversprechend aussehen, aber bei weiteren Ermittlungen ergaben sich manchmal fatale Fehler, und die Angelegenheit verschwand sang- und klanglos in den Akten. Eine Menge Fälle in vielen Kanzleien teilten dieses Schicksal.

Mulligan erachtete Woburn immer noch als potentielle »Goldmine«, aber er hatte sich kaum um den Fall gekümmert. Einmal war er unterwegs gewesen, um in der Hoffnung, sie könnten ihm sagen, wer die Brunnen kontaminiert hatte, mit den Leuten von der Umweltschutzbehörde zu sprechen. Aber sie waren »zurückhaltend« (wie er es später formulierte), was diesbezügliche Informationen betraf. Er hatte darüber hinaus zu einem minimalen Lohn zwei Jurastudenten der Suffolk Law School angestellt, wo er selbst seinen Abschluß gemacht hatte. Er hatte die beiden Studenten angewiesen, alle sachdienlichen Informationen zu sammeln, die sie in und über Woburn auftreiben konnten, und überließ die angehenden Juristen sich selbst. Einer der beiden schmiß den Job nach einigen Wochen hin, und der andere tat kaum mehr, als Zeitungsartikel aus der *Woburn Daily Times* auszuschneiden.

Mulligan hatte Schlichtmanns Vorgehensweise im Fall Piper Arrow mit Interesse verfolgt. Er war von Schlichtmanns Arbeitseifer beeindruckt und beschloß, den jungen Anwalt im Fall Woburn einzusetzen. Eines Abends in jenem Winter ging er, bevor er das Büro verließ, noch in der Bibliothek vorbei und lud Schlichtmann auf einen Drink ein. »Ich bin noch im Littlest«, sagte Mulligan. »Treffen Sie mich dort.«

Die Littlest Bar in der Province Street war Mulligans Lieblingslokal. Sie war nicht nur winzig, sondern lag zudem im Kellergeschoß. Von der Straße aus ging es sechs Stufen hinunter. An Winterabenden, wenn es früh dunkel wurde, war das Littlest voller Männer meist irischer Abstammung, viele von ihnen Anwälte: eine beengte Höhle, in der es nach Whisky und Tabak roch. Mulligan war im Littlest ziemlich bekannt. Er überragte die meisten Gäste, und seine laute Stimme übertönte das allgemeine Gemurmel. Unter den Stammgästen im Littlest kursierte das Gerücht, daß Mulligan als Vorbild für Reeds Held in *Die Wahrheit und nichts als die Wahrheit*, den ausschweifenden, aber prinzipientreuen Anwalt, gedient hatte. Und Mulligan dementierte dies nie.

Als Schlichtmann an diesem Abend im Littlest aufkreuzte, ließ Mulligan ihm einen Drink kommen und stellte ihn den Umstehenden vor. Er legte seinen Arm um Schlichtmanns Schulter und schob ihn zu einem Hocker in der Ecke der Bar. Er fing an, über den Fall Piper Arrow zu reden, bekannte, wie beeindruckt er gewesen sei, daß Schlichtmann die Arbeit so schnell erledigt hatte. »Es gibt weitere gute Fälle in der Kanzlei«, fuhr Mulligan fort. »Ich habe da einen speziellen im Auge, von dem ich gerne hätte, daß Sie einen Blick darauf werfen: ein Massenkatastrophenfall, der beste Fall in der Kanzlei. Der könnte eine echte Goldmine sein. Man wird hart daran arbeiten müssen, aber Sie sind der Typ, der dafür geeignet ist.« Mulligan beschrieb den Fall Woburn.

Schlichtmann hatte im *Boston Globe* über die Ballung von Leukämieerkrankungen gelesen, aber nicht gewußt, daß Mulligan damit befaßt war, geschweige denn, daß sich ein Rechtsstreit anbahnte. Er fühlte sich geschmeichelt, daß Mulligan ihn bat, einen so wichtigen und bekannten Fall zu übernehmen. »Wann kann ich die Akte einsehen?« fragte er.

Mulligan wollte seine Sekretärin die Akte am nächsten Tag für ihn heraussuchen lassen. »Von dem Puzzlespiel fehlen noch eine Menge Teilchen«, vertraute Mulligan ihm an. Während sie ihre Drinks zu sich nahmen, sprachen sie eine Stunde lang über Woburn. Mulligan versicherte Schlichtmann mehrfach, »sehr erfreut« zu sein, daß dieser den Fall bearbeiten wolle.

Am nächsten Morgen sah Schlichtmann auf dem Konferenztisch einen dünnen Ordner liegen, der mit »Fall Woburn« beschriftet war. Die Akte, weniger als drei Zentimeter dick, machte nicht den Eindruck, als würde sie einen Massenkatastrophenfall behandeln. Im Gegensatz dazu hatte die Piper-Arrow-Akte fast ein ganzes Fach im Aktenschrank gefüllt. Schlichtmann öffnete den Aktenordner und sah die Zeitungsausschnitte sowie Mulligans Erfolgshonorarvertrag, Standardformulare, mit denen der Anwalt eingewilligt hatte, »alles Notwendige in der Verfolgung sämtlicher Klagen zu unternehmen, die sein Mandant« – und hier setzte Mulligan die Worte ein – »gegen jeden und alle Beklagten, die der bevollmächtige Anwalt identifiziert hat, erheben könnte«.

Das einzige weitere Dokument in der Akte war der Bericht der Ermittlungen des Instituts für Krankheitsüberwachung und des Gesundheitsamts. Schlichtmann begann den Bericht zu lesen. Manches klang wenig aufschlußreich: die Tatsache zum Beispiel, daß die Konzentration von Leukämieerkrankungen bei Kindern in Ost-Woburn lediglich auf Zufall beruhte. Aber andere Passagen in dem Bericht ließen Schlichtmann innehalten. »Mit wenigen Ausnahmen«, hieß es da, »haben die Untersuchungen von konzentriert aufgetretenen Leukämieerkrankungen keine signifikanten Zusammenhänge mit oder Hinweise auf Ursachen in der Umwelt ergeben... Keine der Chemikalien, die in den Brunnen G und H gefunden wurde, gilt als leukämieverursachend, auch wenn Trichloräthylen und Tetrachloräthylen bei Versuchstieren Tumore hervorgerufen haben. Die Herkunft der betreffenden Giftstoffe ist unbekannt.«

Schlichtmann war bestürzt, nachdem er zu Ende gelesen hatte. Ein Dutzend Fragen gingen ihm durch den Kopf: Wessen Chemikalien hatten die Brunnen verseucht? Wer hatte die Chemikalien deponiert, und wann waren sie in das Wasserreservoir gelangt? Hatten sie tatsächlich Leukämie verursacht? Die Akte schwieg zu fast jeder Frage. Offensichtlich hatte Mulligan nur wenig Zeit dafür aufgebracht.

Schlichtmann nahm die Akte mit nach Newburyport und las erneut darin. Er konnte die Namen der Chemikalien in den Brunnen von Woburn kaum aussprechen, aber instinktiv spürte er, daß sie aller Wahrscheinlichkeit nach die vielen Leukämieerkrankungen verursacht hatten. Er selbst achtete immer darauf, was er aß und trank. Sein Großvater, Besitzer einer Apotheke und eines Ausschanks nichtalkoholischer Getränke, hatte Schlichtmanns Vater eines Tages dabei ertappt, wie er eine Handvoll Maraschinokirschen aß. »Iß das bloß nie wieder«, hatte der Großvater geschimpft. »Die sind voll mit Chemikalien, die dich krank machen.« Warnungen dieser Art waren wiederum an Schlichtmann weitergegeben worden, als dieser noch ganz klein war. Sein Vater hatte in der Familie immer das Einkaufen übernommen. Geradezu zwanghaft studierte er die Beschriftungen auf den Lebensmitteln, lange bevor die meisten anderen Leute überhaupt darauf achteten, und wies seine Söhne auf die Chemikalien in konservierten Lebensmitteln hin. Zumindest in dieser Hinsicht zeigte sich Schlichtmann als gehorsamer Sohn und nahm weder Medizin ein, die stärker war als ein Aspirin, noch rauchte er oder trank jemals Kaffee. Er aß fast nie rotes Fleisch und mied Leitungswasser, bevorzugte statt dessen abgefülltes Wasser – je teurer, desto besser.

Auf den ersten Blick sah der Fall Woburn, wie Mulligan gesagt hatte, recht vielversprechend aus – kontaminiertes Trinkwasser hatte höchstwahrscheinlich eine Leukämieepidemie hervorgerufen. Aber Schlichtmann wußte, daß es schwer werden würde, eine solche Behauptung stichhaltig zu beweisen. Er mußte sich in die Fragestellung vertiefen, wodurch Leukämie grundsätzlich verursacht wurde – eine Frage, welche noch immer der wissenschaftlichen Klärung bedurft hatte. Der Fall Eaton war dagegen eine einfache Sache gewesen, und trotzdem hatte er 15 000 Doller dafür ausgeben und sieben Monate lang daran arbeiten müssen. Zu diesem Zeitpunkt in seiner Laufbahn hatte Schlichtmann erst drei Jahre lang als Anwalt praktiziert und lediglich einen Fall vor Gericht gebracht. Woburn war zu groß, sagte er sich, zu teuer, zu kompliziert.

Mulligans Sekretärin begann die Telefonanrufe von Anne und Donna an Schlichtmann weiterzuleiten. Die Nachrichtenzettel wuchsen bald zu einem kleinen Stapel an. Eines Abends in jenem Frühjahr fuhr Schlichtmann nach Woburn, um die Familien kennenzulernen. Es dämmerte, als er das Büro verließ. Er fuhr durch das Pine-Street-Viertel, vorbei an ruhigen, friedlichen Häusern, vor denen Forsythiensträucher in voller Blüte standen. Als er bei Anne ankam, waren die Familien im Wohnzimmer versammelt und erwarteten ihn schon. Er stellte sich vor und erklärte, daß Mulligan ihn gebeten habe, den Fall zu übernehmen.

Er wußte, daß die Leute wissen wollten, welche Fortschritte er und Mulligan erzielt hatten. Er erläuterte, daß die Voraussetzungen noch nicht gegeben seien, Klage einzureichen. Damit würde er solange warten müssen, bis die Behörde herausgefunden hatte, woher die Giftstoffe in den Brunnen stammten. »Giftmülldeponien gibt es im ganzen Land«, erklärte er den Familien. »Die Umweltschutzbehörde verfügt nicht über die Kapazitäten, in jedem einzelnen Fall zu ermitteln, und sie ergreift auch nicht die Initiative. Sie müssen sich zusammentun, Sie müssen die Behörde zwingen, ihrer Arbeit nachzukommen. Das ist jetzt ein politischer Kampf, kein juristischer. Für eine rechtliche Auseinandersetzung sind wir noch nicht gewappnet.«

Er blieb fast zwei Stunden bei Anne, beantwortete Fragen, bekam ein Gespür für seine neuen Klienten. Annes Kind war vier Monate zuvor gestorben, und sie sah blaß aus, ihre Augen waren rot gerändert, als hätte sie kurz zuvor noch geweint. Aber Schlichtmann war über ihre Energie und ihre intelligenten Fragen erstaunt. Er sprach eine Zeitlang mit Richard und Mary Toomey, deren Sohn Patrick ebenfalls in diesem Jahr gestorben war. Richard, 30, war ein reservierter Mann, aber er hatte ein offenes, ehrliches Gesicht, und Schlichtmann mochte ihn auf Anhieb. »Wir sind nicht auf Geld aus«, versicherte Toomey Schlichtmann. »Wir wollen nur Bescheid wissen. Niemand hat uns irgend etwas gesagt.«

Schlichtmann empfand Mitleid mit diesen Menschen, als er schließlich zurückfuhr. Aber gleichzeitig hatte er das Gefühl, ihnen kaum helfen zu können.

4

In den Akten von Reed & Mulligan fand Schlichtmann Dutzende von anderen Fällen, nicht selten bereits verstaubt, die darauf warteten, daß sich jemand für sie interessierte. Sie glichen, fand er, ungeschliffenen Steinen, Rohdiamanten. Viele davon waren von so geringer Bedeutung – der Fall von Donna Robbins Junge etwa –, daß sie seinen Arbeitseinsatz kaum rechtfertigten. Einige waren absolut belanglos. Aber einige sahen aus, als könnten sie in ihrem Innern einen Diamanten bergen. Er suchte weiter nach den aussichtsreichsten Fällen. Bald war Woburn unter den anderen Akten begraben.

Schlichtmanns Assistent war ein Anwalt, der in einem kleinen abgeteilten Raum neben Mulligans Büro saß. Er hieß Kevin Conway. Er war Mitte Dreißig, einige Jahre älter als Schlichtmann, klein und stämmig, und ein wenig korpulent. Auf eine natürliche Art und ohne sich dessen bewußt zu sein, strahlte er Wärme und Mitgefühl aus. Die Beschäftigten der Kanzlei schienen ihre Probleme alle bei Conway abzuladen. Als etwa Mulligans Sekretärin bestürzt war über die Misere der Mütter aus Woburn, ging sie zu Conway.

Conway war seit zwei Jahren bei Reed & Mulligan, erledigte Stückarbeit, wurde pro Fall bezahlt. Der Job war sein dritter, seit er als einer der Jahrgangsbesten an der Georgetown University abgeschlossen hatte. Er hatte seine Laufbahn in einer großen Kanzlei in New York begonnen, wo er in einem Büro mit Ausblick und für ein ansehnliches Einkommen arbeitete. Aber nach sechs Jahren kam es ihm vor, als würde das Leben an ihm vorbeiziehen, als fülle es ihn nicht aus. Er beobachtete die Menschen um sich herum, Menschen, die ihr ganzes Leben damit zubrachten, für eine Kanzlei zu arbeiten, und er merkte, daß er niemals loskommen würde, wenn er nicht bald einen Schlußstrich zog.

Conway beschloß, sich selbständig zu machen. Er stieg von einer in der Rechtswelt relativ angesehenen Position – aus einem Büro im 15. Stockwerk eines noblen Gebäudes in New York –

herunter und nahm den niederen Status eines allein praktizierenden Anwalts an, fast ganz unten in der Hierarchie der Rechtsberufe. Er bezog Räume im Kellergeschoß eines 100 Jahre alten Gebäudes in Belmont, einem Vorort von Boston. Von seinen Bürofenstern am Cushing Square sah er direkt auf das Straßenpflaster. Im Viertel lebten viele Arbeiter, und es gab kleine Läden. Er kannte diese Welt gut, denn er war ganz in der Nähe aufgewachsen und stammte selbst aus bescheidenen Verhältnissen.

Für seine neue Kanzlei stellte Conway eine Sekretärin ein, eine hübsche Frau Anfang Dreißig namens Peggy Vecchione, die früher einmal mit seinem jüngeren Bruder liiert gewesen war. Peggy gestand freimütig, daß sie kaum maschineschreiben konnte und vom Anwaltsberuf keine Ahnung hatte. Aber sie brauchte dringend Arbeit. Sie hatte sich erst kurz zuvor scheiden lassen und mußte zwei Kinder versorgen. Conway zögerte keinen Moment lang, sie zu engagieren.

Gemeinsam meisterten sie die Rechtsprobleme all derjenigen, die den Weg in die Kanzlei fanden. Die meisten Fälle waren einfache Angelegenheiten: Testamente, kleinere kriminelle Vergehen, Immobilienverkäufe. Dazu hin und wieder eine Scheidung, obwohl Conway Scheidungen nicht mochte, weil sie ihn traurig stimmten und er ausnahmslos zuviel Zeit damit zubrachte, die unglücklichen Eheleute wieder miteinander zu versöhnen.

Pflichtbewußt kam Conway jeden Tag zur Arbeit, obwohl es nicht immer viel zu tun gab. Er fragte Peggy um Rat, wieviel er einem Klienten berechnen sollte. Für ein Testament von mittlerem Umfang empfahl sie, 150 Dollar zu verlangen. »Das können die beiden sich nicht leisten«, nahm Conway ein älteres Ehepaar in Schutz. Er plädierte für 50 Dollar. Er fragte Peggy, wie lange sie brauchen würde, das Testament zu tippen, und sie antwortete, viele Tippfehler und Verbesserungen vorausahnend: »Na ja, vielleicht eine Woche?« Conway entgegnete: »Hmm, so lang?« Aber er beklagte sich nicht. Wenn das Geschäft schleppend lief, ging er zum Ermittlungsgericht und verteidigte mittellose Angeklagte. Für jeden Fall bekam er vom Staat 75 Dollar. Er verdiente gerade genug, um zurechtzukommen, und er verlangte nicht viel vom Leben.

Nach einigen Jahren in Belmont heiratete Conway eine Frau, mit der er seit seinen New Yorker Tagen zusammen war, und seine Ansprüche stiegen en wenig. Er kannte Joe Mulligan seit langem, und als Mulligan ihn fragte, ob er für seine Firma arbeiten wolle, nahm Conway das Angebot an und brachte Peggy mit. Er bekam kein festes Gehalt. Er wurde aus dem Ertrag der Fälle bezahlt, bei denen er mitgearbeitet hatte.

Er war seit zwei Jahren bei Reed & Mulligan, saß zum Arbeiten in einem kleinen, abgeteilten Büroraum, als Schlichtmann in die Kanzlei kam. Peggy würde diesen Tag nie in ihrem Leben vergessen. »Kevin sagte immer zu mir: ›In unserem Leben gibt es nichts Leidenschaftlicheres.‹ Die Arbeit langweilte ihn. Dann platzte Jan ins Büro. Er vertrat jemanden von einem Flugzeugabsturz, einen Klienten, den Barry Reed wollte. Barry hatte gegen Jan überhaupt keine Chance. Der war überwältigend. Kevin war wie vom Donner gerührt. Er sagte: ›Jan ist genauso, wie man sich zu werden wünscht, wenn man die Uni verläßt.‹«

Conway hatte Schlichtmann geholfen, die Klage im Piper-Arrow-Fall abzufassen. Als Schlichtmann anfing, sich bei Reed & Mulligan durch die Akten zu wühlen, fungierte Conway als sein Assistent. Conway grub den Fall eines dreijährigen Mädchens aus, das hohes Fieber hatte und sich erbrach, von einem Arzt untersucht wurde, ein Aspirin verabreicht bekam und nach Hause geschickt wurde. Sie entwickelte eine Hirnhautentzündung und erlitt als Folge einen schweren Gehirnschaden. Schlichtmann und Conway erwirkten einen Vergleich über 675 000 Dollar. Sie arbeiteten jeden Tag zusammen. Am Abend gingen sie zum Essen ins Chinarestaurant in der Tremont Street, und danach kamen sie gemeinsam ins Büro zurück und machten weiter.

Mit der Zeit entwickelten sie sich zu einem höchst erfolgreichen Team, das ganz besonders auf Fälle spezialisiert war, in denen es um ärztliche Kunstfehler ging. Conway war mitunter völlig am Ende, weil sie bis zwei oder drei Uhr morgens arbeiteten, und er zu wenig Schlaf bekam, aber zugleich fühlte er sich aufgekratzt. »Mit Jan zusammenzuarbeiten«, sagte er später über diese Zeit, »hieß, sich voll und ganz am Leben zu fühlen.«

Conway fühlte sich Schlichtmann wie einem Bruder verbunden, obwohl sie in fast jeglicher Hinsicht gegensätzlicher kaum sein konnten. Schlichtmann war groß und schlank, Conway klein und kräftig. Schlichtmanns Schuhe waren stets auf Hochglanz poliert, diejenigen von Conway abgestoßen. Schlichtmanns maßgeschneiderte Hemden waren perfekt gebügelt, Conways spannten sich über seinem beträchtlichen Bauch und bauschten hinten aus seiner Hose heraus. Schlichtmanns Krawatte, perfekt gebunden, wurde von einer goldenen Krawattennadel gehalten. Conways Krawattenknoten war gewöhnlich schon ein paar Zentimeter heruntergerutscht, wenn er zur Arbeit kam. Schlichtmann, wählerisch, was gesunde Ernährung anging, beobachtete Conway, wie er zum Frühstück Doughnuts aß und »literweise« Kaffee trank. »Du behandelst deinen Verdauungstrakt wie eine Kloake«, schalt Schlichtmann Conway einmal. Conway hatte stets ein freundliches Wort für alle, denen er begegnete – für die Rezeptionistin, die Dokumentarinnen, den Büroboten –, während es Schlichtmann, ungeduldig und immer in Eile, oft versäumte, die gängigsten Höflichkeitsformen zu beachten. Conway war stets bemüht, niemanden scharf zu verurteilen. »Man kann nie wissen, warum sich jemand so verhält, wie er das nun einmal tut«, meinte er.

Auch im Umgang mit Geld unterschieden sie sich. Conway lebte bescheiden, sparte darauf, sich ein Haus zu kaufen und eine Familie zu gründen. Schlichtmann dagegen gab jeden Penny aus, den er verdiente. Conway bemerkte, daß Schlichtmann in der Regel dann deprimiert wirkte, wenn sein Bankkonto in den schwarzen Zahlen war. Zwanghaft schien er sein Geld so schnell wie möglich loswerden zu müssen, und wenn er alles ausgegeben hatte, vertiefte er sich in den nächsten Fall, und seine Laune hob sich wieder.

Conway grub die Fälle bei Reed & Mulligan aus und weckte Schlichtmanns Interesse dafür. Doch Conway hegte eine Abneigung gegen den Fall Woburn. Wann immer Schlichtmann davon sprach, versuchte Conway das Thema zu wechseln. »Dieser Fall ist ein schwarzes Loch«, warnte er Schlichtmann. Conway hatte die Familien nie kennengelernt, und er konnte den Fall aus einer kühlen, nüchternen Perspektive betrachten. Aber zu diesem Zeitpunkt wußte er bereits, daß Schlichtmann nichts nur mit halber Kraft tat. Und die ganze Wucht – Größe, Komplexität und Kosten – des Falles Woburn ängstigten Conway. »Da lassen wir besser die Finger von«, sagte er, wenn er und Schlichtmann nach der Arbeit ins Chinarestaurant hinuntergingen und neue Fälle diskutierten.

5

Eine ganze Weile lang nach dem Tod ihres Sohnes hatte Anne Anderson das Haus aus Angst, sie könnte zusammenbrechen und in der Öffentlichkeit zu weinen beginnen, kaum verlassen. Sie träumte oft, daß Jimmy noch lebte, und wenn sie dann aufwachte, überwältigt von diesem Wunschdenken, dämmerte ihr die bittere Realität. Wenn sie im Supermarkt etwas sah, das er gemocht hatte, rannen ihr die Tränen über die Wangen.

Langsam nur erholte sie sich. Einige Monate nach Jimmys Tod begann sie im Steinmetzgeschäft ihres Bruders in Somerville zu arbeiten, einerseits um die ausständigen Rechnungen bezahlen zu können, andererseits um sich ein wenig von Jimmy abzulenken. Sie arbeitete im Büro, übernahm den Telefondienst und die Buchhaltung. Aber immer wieder kehrte sie in Gedanken zu den kontaminierten Brunnen zurück. Sie suchte nach Antworten, und sie wollte den Schuldigen zur Rechenschaft ziehen, wer auch immer an der Krankheit und dem Leiden ihres Sohnes schuld war. Soweit sie beurteilen konnte, hatten weder Mulligan noch Schlichtmann in dieser Hinsicht etwas unternommen. Schlichtmann nahm noch nicht einmal ihre Anrufe entgegen.

Als Anne eines Nachmittags im Herbst 1981 nach der Arbeit nach Hause fuhr, schaltete sie das Radio ein und hörte Jerry Williams in seiner Sendung auf WRKO sprechen. Das Thema an diesem Tag waren Rechtsanwälte. Die Hörer wurden aufgefordert anzurufen, um den beiden Anwälten, die als Gäste im Studio saßen, Fragen zu stellen. Anne hörte nur mit einem Ohr zu, als sie plötzlich bemerkte, daß sie eine der beiden Stimmen kannte. Es war die von Schlichtmann. Hier war er also, im Radio, dogmatisierte über Recht und Gesetz, über die Arbeit für den Klienten, und sie bekam ihn noch nicht einmal ans Telefon. Sie fuhr, so schnell sie es wagen konnte, nach Hause, rannte ins Haus, ging ans Telefon in der Küche und rief den Sender an, ohne sich zuvor auch nur den Mantel auszuziehen.

»Ich habe eine Frage an Mr. Schlichtmann.«

»Ja, nur zu, bitte«, forderte sie der Moderator auf.

»Was sollte man am besten tun, wenn einen der Anwalt nie zurückruft?«

»Moment mal!« rief Schlichtmann. »Ich kenne diese Stimme. Ist das Anne?«

»Jan, ich rufe dauernd an und kriege Sie nie zu sprechen.« Über den Äther kam Schlichtmanns gequältes Lachen. »Ihre Nachrichten sind genauso wichtig wie die von meiner Mutter«, sagte er. »Und sie habe ich auch nicht angerufen.« Dann fügte er noch hinzu: »Sie können mit Kathy sprechen, das wissen Sie ja.«

»Kathy weiß keine Antworten«, entgegnete Anne.

Schlichtmann hatte ebenfalls keine Antworten, aber das sagte er nicht. Er versprach, am nächsten Tag mit Anne zu telefonieren.

Anne legte auf und nahm den Hörer gleich wieder zur Hand, um Donna Robbins anzurufen. »Rate mal, was ich gerade gemacht habe?«

Trotz aller Schwierigkeiten fand Schlichtmann den Fall verlockend. Er glaubte, daß er sich lohnte. Er war immer noch der Überzeugung, im Leben zu etwas Außergewöhnlichem bestimmt zu sein, und daß mit diesem Fall seine große Chance auf ihn wartete. Wenn er ihn gewann, würde er damit einen Präzedenzfall schaffen und landesweit bei seinen Anwaltskollegen zu Reputation gelangen. Er würde zweifelsohne viel Geld verdienen. Und er hätte den Familien aus Ost-Woburn geholfen. Ruhm, Geld und eine gute Tat – diese Kombination stellte ein Ziel dar, für das es sich zu kämpfen lohnte, dachte er.

Aber auch im Winter 1982 hatte Schlichtmann noch keine Entscheidung in diesem Fall getroffen. Die gesetzliche Verjährungsvorschrift – in Massachusetts bei Körperverletzung drei Jahre – war am 22. Mai 1979 in Kraft getreten, dem, als die Brunnen in Woburn geschlossen worden waren. Wenn er den Fall niederlegen wollte, dann mußte er den Familien demnächst Bescheid geben. Wenn nicht, dann mußte er sehr bald mit dem Verfassen der Klageschrift beginnen. So ehrgeizig er war, sah er sich doch gerne auch als Geschäftsmann, als Pragmatiker. Conway hatte den Fall ein »schwarzes Loch« genannt, und Conway hatte wahrscheinlich recht. Schlichtmann entschied, daß es andere Fälle gab, die es wert waren, sich mit ihnen zu beschäftigen.

Also rief er im Februar Anne an und bat sie, in der Trinity-Kirche ein Treffen mit den Familien zu arrangieren. Am Abend, an dem die Versammlung stattfinden sollte, kam, kurz bevor Schlichtmann sich auf den Weg machen wollte, Conway in sein Büro. Conway nahm ihm das Versprechen ab, daß er diesmal offen mit den Familien reden würde. Er sollte ihnen sagen, daß die ausreichende Grundlage fehle, um ein Verfahren durchzuziehen. Conway begleitete Schlichtmann zur Tür. »Wenn du zurückkommst, sind wir den Fall Woburn los. Verstanden, Jan?«

»Verstanden«, antwortete Schlichtmann.

In der Trinity-Kirche saß die kleine Runde von Männern und Frauen um einen langen hölzernen Eßtisch. Reverend Young war unter ihnen. Der Saal war nur schwach beleuchtet und beheizt. Einige der Frauen hatten ihre Mäntel anbehalten. Alle außer Anne dachten, Schlichtmann sei gekommen, um sie über die neuesten Entwicklungen in ihrem Fall zu unterrichten. Nur sie allein hatte den Verdacht, daß er gekommen war, um die Sache loszuwerden, aber sie hatte den anderen nichts davon gesagt, nicht einmal Donna oder Reverend Young.

Schlichtmann saß den Familien gegenüber und trug die inzwischen bekannte Litanei von Schwierigkeiten vor: das Fehlen eines Beklagten, die Schwierigkeit, zu beweisen, daß die Chemikalien tatsächlich Ursache für Leukämie waren, sowie die Kosten, insbesondere die Kosten. »Wir haben eine Menge offener Fragen«, sagte Schlichtmann, »und bislang absolut keine Antworten. Ich fürchte, die Mittel, um den Fall weiter zu verfolgen, sind schlichtweg nicht vorhanden.«

Trostlosigkeit machte sich breit. Anne dachte bei sich: Er hat alles gesagt, nur die Verabschiedung fehlt noch.

Einen Moment lang sprach niemand. Schlichtmann, so schien es, brachte es einfach nicht fertig, sich zu verabschieden, aufzustehen und zu gehen. Dann räusperte sich Reverend Young: »Was, wenn ich Ihnen sagen würde, daß ich weiß, wie wir Geld auftreiben?«

Schlichtmann sah den Pfarrer zweifelnd an. Das war kein Fall, der durch Kirchenbasare finanziert werden konnte. Reverend Young erklärte, daß er am Nachmittag mit einem Anwalt in Washington D.C. gesprochen habe, der Chef einer neuen Kanzlei namens »Prozeßanwälte für soziale Gerechtigkeit« war.

Plötzlich war Schlichtmann ganz bei der Sache. Er kenne die Kanzlei, rief er Reverend Young zu. Er sei sogar eines der Gründungsmitglieder! Bei einem Kongreß von Prozeßanwälten in San Francisco sechs Monate zuvor hatte er 1000 Dollar beigesteuert, um der Organisation ins Leben zu helfen. Er hatte, natürlich, den Namen gemocht und mit der Zielsetzung sympathisiert, das Rechtssystem zu nutzen, um mit dessen Hilfe einen sozialen Wandel herbeizuführen.

Das Gespräch mit dem Anwalt aus Washington, fuhr Young fort, sei ganz zufällig zustande gekommen, als Folge des Anrufs einer Mitarbeiterin aus dem Büro von Senator Edward Kennedy. Die Mitarbeiterin habe gelesen, daß die »Prozeßanwälte für soziale Gerechtigkeit« nach einem guten Fall suchten, der mit der Umwelt zu tun hatte. Da sei ihr Woburn eingefallen. Sie habe mit Reverend Young telefoniert und dann um 16.00 Uhr eine Konferenzschaltung mit ihm, Young, und dem Chef Anthony Roisman, hergestellt. Am Telefon habe Young ihm die Situation in Woburn beschrieben, und Roisman sei der Meinung gewesen, daß der Fall interessant klinge. Mehr noch, die »Prozeßanwälte für soziale Gerechtigkeit« hätten bereits eine bestimmte Summe für einen

Umweltfall eingeplant. Aber, habe Roisman eingeschränkt, er könne sich nicht einfach einmischen und den Fall einem anderen Anwalt entreißen. Und deshalb, erklärte Reverend Young der Versammlung in der Trinity-Kirche, habe er das Gespräch bis zu diesem Augenblick nicht erwähnt.

Schlichtmann, der jetzt in hohem Maße interessiert war, fragte den Pfarrer über sämtliche Einzelheiten des Gesprächs mit Roisman aus. Er äußerte sich mehrfach zu den »verblüffenden« Zufällen des Vorgangs und versicherte den Familien, daß er Roisman gleich am nächsten Morgen anrufen werde. Er hoffe, daß er und Roisman den Fall gemeinsam bearbeiten könnten. Als er die Trinity-Kirche an diesem Abend verließ, hatte sich die Stimmung unter den Familien merklich gebessert.

Am nächsten Morgen stand Conway in der Tür zu Schlichtmanns Büro. »Und?« fragte er.

»Wir haben den Fall immer noch«, antwortete Schlichtmann. »Ich konnte einfach nicht nein sagen.«

6

In der darauffolgenden Woche flog Roisman nach Boston. Er und Schlichtmann verbrachten zwei Tage zusammen. Roisman war Anfang Vierzig. Er hatte seinen Abschluß an der Harvard Law School gemacht und war unter der Regierung Carter Leiter der Abteilung für Giftmüllkontrolle im Justizministerium gewesen. Er wußte, wie man einen komplizierten Umweltfall anging, und war auf der Basis dessen, was er bislang vernommen hatte, der Auffassung, daß der Fall Woburn sehr vielversprechend aussah.

Schlichtmann forderte Roisman auf, als Hauptprozeßbevollmächtigter zu agieren. Roisman willigte ein und bat Schlichtmann, weiterhin als ausführender Anwalt tätig zu sein. Diese Vereinbarung gefiel Schlichtmann sehr. Er wäre immer noch in einem wichtigen Fall involviert, und er würde an der Seite eines Mannes mit Roismans Erfahrung einiges lernen. Sie kamen überein, die Kosten für die Vorbereitung des Verfahrens zu teilen. Roismans Organisation würde zwei Drittel aller Honorare erhalten, die aus einem Vergleich oder einem Geschworenenspruch hervorgingen, und Schlichtmann und Mulligan würden sich das dritte Drittel teilen.

Nach zwei Jahren, in denen außer einigen Gesprächen kaum etwas passiert war, kam die Sache plötzlich ins Rollen. Einer von Roismans Assistenten suchte medizinische und wissenschaftliche Studien über Trichloräthylen und die anderen Chemikalien, die in den Brunnen der Stadt ermittelt worden waren, zusammen. Roisman berief sich auf das Informationsrecht und erhielt von der Umweltschutzbehörde, der EPA, einen Vorbericht über die Nachforschungen in Woburn. Die Behörde hatte sich inzwischen völlig auf eine einzige Quadratmeile im Tal des Aberjona River konzentriert, das ungefähr 180 Hektar im Umkreis der Brunnen G und H umfaßte. Mitarbeiter der EPA hatten Testbrunnen entlang der Peripherie dieser Quadratmeile gebohrt. An der Nordostseite hatte die Analyse des Grundwassers eine hohe Konzentration von Trichloräthylen ergeben, das ähnlich einer federartigen Wolke in Richtung der Brunnen G und H durch die Erde sickerte. Im Grundwasser westlich der beiden Brunnen wurden unter sechs Hektar bewaldetem, unerschlossenem Gelände entlang des Aberjona River sogar noch höhere TRI-Konzentrationen aufgespürt. Die Umweltschutzbehörde nannte die Namen mehrerer Industrieunternehmen, die im Umkreis der untersuchten Quadratmeile angesiedelt waren, aber es ließ sich nicht feststellen, welcher davon für die Verseuchung verantwortlich war. »Weitere Ermittlungen sind erforderlich«, hieß es in dem Bericht.

Die EPA setzte das Wasserproblem von Ost-Woburn jedoch auf ihre nationale Dringlichkeitsliste, den »Superfonds«. Die Behörde stufte jedes Gelände mit Hilfe eines Schemas ein, das die Nähe des kontaminierten Areals zu Wohngebieten sowie die Art der Chemikalien und den Umstand, ob Trinkwasser verseucht war oder nicht berücksichtigte. 1982 enthielt diese Liste 418 Bereiche. Das Areal der Brunnen in Ost-Woburn nahm Platz 39 ein.

Der Bericht der Umweltschutzbehörde war extrem technisch abgefaßt, voller Karten des Grundgebirges und der Grundwasserverläufe, Bohrberichte und wissenschaftlichem Jargon. Um ihn zu verstehen, zog Roisman einen Professor der Princeton University zu Rate, einen Experten für Grundwasserverschmutzung und Giftmüll. Der Professor erklärte Roisman und Schlichtmann, daß die unterirdische Wolke aus TRI, die aus dem Nordosten einsickerte, offenbar aus einem Fabrikationsbetrieb stammte, der im Besitz von W.R. Grace war, einem multinationalen Chemiekonzern. Die andere Quelle der Kontamination, die im Westen der Brunnen G und H, waren die sechs Hektar bewaldeten Geländes, das der Gerberei John J. Riley gehörte. Und die Gerberei ihrerseits, so stellte sich heraus, gehörte dem Großkonzern Beatrice Foods in Chicago, der Dutzende von Konsumgütern produzierte, von Samsonite-Koffern bis Playtex-BHs, von Peter-Pan-Erdnußbutter bis Tropicana-Orangensaft.

Auf der Liste der 500 reichsten Firmen, den Fortune 500, nahmen beide Unternehmen einen der Spitzenplätze ein. Laut Nachschlagwerk der Anwaltskammer waren sie »sehr zahlungskräftig«, und diesem Umstand maßen Schlichtmann und Roisman große Bedeutung bei. Das Rechtsgebiet Körperverletzung ist keine Wohltätigkeitsveranstaltung. Für einen Anwalt, der auf Erfolgshonorarbasis arbeitet und sämtliche Ausgaben für einen Fall vorstrecken muß, ist es entscheidend, daß der Beklagte entweder Kapital hat, vorzugsweise eine Menge davon, oder eine hohe Versicherungspolice. Zu entdecken, daß er in diesem Fall Grace und Beatrice Foods als Beklagte hatte, war für Schlichtmann ungefähr, als hätte er gerade herausgefunden, daß eine Frau, mit der seine Mutter ihn ständig verkuppeln wollte, im Besitz eines riesigen Treuhandvermögens war.

An einem sonnigen Tag Mitte April fuhr Schlichtmann allein in seinem Porsche nach Woburn hinaus. Wenn er die Familien besucht hatte, war ihm Ost-Woburn immer wie ein Allerweltsort vorgekommen: langweilig und ein wenig deprimierend, eine Landschaft mit bescheidener Wohnraumerschließung und vorstädtischen Industrieparks, ein Ort, der sich in nichts von Tausenden anderer in diesem Land unterschied und kaum einen zweiten Blick wert war. Aber diesmal schien alles, was er sah, an Schärfe zu gewinnen. Gebäude und Landschaften schienen klarer umrissen, und die Bilder davon blieben ihm im Gedächtnis haften.

Er fuhr die Washington Street entlang, eine zweispurige Durchgangsstraße südlich der Interstate 95. Vor 20 Jahren war das Land zu seiner Linken landschaftlich genutzt worden. Zwischen den neuen niedrigen Industriekomplexen und den Bürogebäuden hatten hin und wieder noch ein kleines Gehölz oder brachliegende Felder überlebt. Auf der rechten Seite der Straße standen größtenteils Laubbäume, die jetzt gerade zu blühen anfingen. Dahinter erstreckte sich bergab das Sumpfland des Aberjona River, aber von dieser Seite der Straße aus konnte er es nicht sehen.

Er parkte auf der anderen Straßenseite, gegenüber von einem großen, schlichten, eingeschossigen Gebäude mit Ziegelsteinmauern. Es hatte eine Glastür, und darüber stand in polierten Aluminiumbuchstaben der Name »W. R. GRACE«. Er musterte das Gebäude von seinem Wagen aus. Inmitten dieser eher heruntergekommenen Umgebung hob sich das Grundstück mit dem Gebäude von Grace stark ab. Vor dem Gebäude war eine Reihe ordentlich gestutzter Büsche gepflanzt, und der Rasen wirkte dicht und gepflegt. Auf dem Rasen stand unter einem jungen Ahornbaum ein Picknicktisch. Schlichtmann entdeckte einige Angestellte in bräunlichen Uniformen, die sich zwischen den Laderampen an der Seite des Gebäudes umherbewegten. Aus dem Bericht der EPA wußte Schlichtmann lediglich, daß diese Firma Geräte aus rostfreiem Stahl für die Lebensmittelverpackungsindustrie herstellte. Trichloräthylen war ein Lösungsmittel, das hauptsächlich dazu verwendet wurde, Fette von maschinell gefertigten Metallteilen zu entfernen. Es leuchtete Schlichtmann ein, daß ein Betrieb wie dieser TRI verwendete. Er fragte sich, ob irgendeiner dieser uniformierten Männer auch heute mit TRI hantierte. Und wie würden sie es entsorgen? Gerne hätte er mit einem von ihnen gesprochen oder um eine Besichtigung des Werkes gebeten, aber das war natürlich nicht möglich. Im Augenblick hätte das Gebäude genausogut eine Festung sein können. Die

Fassade sagte ihm wenig, und bald hatte er es satt hinüberzustarren.

Er ließ den Wagen an und fuhr auf der Washington Street weiter nach Süden, in Richtung Pine-Street-Viertel. Nach einer Viertelmeile bog er westlich in die Salem Street ein, welche die nördliche Begrenzung des Pine-Street-Viertels kreuzte. Er fuhr über eine kleine Betonbrücke, die den Aberjona River überspannte. Im Norden konnte er die Ausdehnung des Sumpflands zu beiden Seiten des Flusses sehen. Am Rand der Marsch, inmitten eines Gehölzes aus noch blattlosen Bäumen, standen gut erkennbar zwei Pumpstationen aus Ziegelstein, in denen die Brunnen G und H untergebracht waren. Die Türen waren jetzt wohl behördlich verriegelt. Vor ihm, dort wo die Salem Street leicht anstieg, ragte drohend der riesige Ziegelschornstein der Gerberei J. J. Riley, die Beatrice Foods gehörte, empor.

Schlichtmann parkte in der Nähe eines Maschendrahtzauns, der die Gerberei umgab. Der Gestank von Häuten und Tierabfällen hing schwer in der Luft. Die Gerberei bestand aus einem großen Ziegelsteingebäude, alt und voller Flecken, und mehreren Schuppen und Nebengebäuden, die später als das Hauptgebäude errichtet wurden. Ein Dutzend oder mehr riesige Ballen roher Rinderhäute waren hinter dem Gebäude gestapelt.

Auf seinem Weg zur Gerberei war Schlichtmann an dem Feldweg vorbeigekommen, der zu dem bewaldeten Areal führte, das sich über sechs Hektar ausdehnte und im Bericht der Umweltschutzbehörde erwähnt wurde. Dieses Stück Land, ebenfalls im Besitz von Beatrice Foods, stellte ein grob umrissenes Dreieck dar, grenzte im Westen an die Gerberei und im Osten an den Aberjona River. Es gab auf dem Gelände der Gerberei einen Brunnen, in dem die EPA eine hohe TRI-Konzentration gemessen hatte: in dreifacher Höhe jener Mengen, wie sie in den städtischen Brunnen ermittelt worden waren.

An der Gerberei wendete Schlichtmann seinen Porsche und fuhr zurück zur Salem Street. Er bog nach links auf den Feldweg ein. Nach 20 Metern versperrte ihm ein hohes Eisentor den Weg. Zu seiner Rechten lag hinter einem knapp zwei Meter hohen

Zaun ein weitläufiger Schrottplatz, der der Aberjona Auto Parts gehörte. Links lag die Whitney Barrel Company, eine Werkstatt, die gebrauchte Metallfässer und unterirdische Öltanks reparierte. Hunderte von Fässern waren am hinteren Ende des Geländes entlang des Zaunes gelagert, und Schlichtmann nahm einen scharfen chemischen Geruch wahr.

Er stieg aus dem Wagen und ging bis zu dem Tor, das den Zugang zum Beatrice-Foods-Gelände versperrte. Der Feldweg auf der anderen Seite sah stark benutzt aus, von struppigem Gebüsch gesäumt. Schlichtmann bemerkte entlang des Feldweges noch weit mehr verstreut herumliegende Fässer. Er fragte sich, ob sie tatsächlich von Whitney Barrel stammten, und ertappte sich dabei, wie er so dastand, bereits seine Beweisführung zu formulieren. Das Gelände gehörte Beatrice Foods. Der Konzern haftete für seinen Zustand. Und wenn Whitney Barrel das Areal als Schrottplatz nutzte, hatte die Gerberei wahrscheinlich das gleiche getan.

Roisman hatte damit begonnen, die ausführliche Klageschrift zu verfassen, die als Grundlage für das Verfahren gegen W. R. Grace und Beatrice Foods dienen sollte. Schlichtmann, der sich mit der Rechtslage bei Körperverletzung und fahrlässiger Tötung im Staat Massachusetts besser auskannte, half ihm. Die Klage machte geltend, daß die im Besitz von Grace und Beatrice Foods befindlichen Subunternehmen das Trinkwasser der Kläger mit giftigen Chemikalien kontaminiert hatten. Zu diesen Chemikalien gehörte unter anderem Trichloräthylen, das in der Klage beschrieben wurde als »hochwirksames Nervengift, das auf das zentrale Nervensystem wirkt und schwerwiegende neurologische Symptome wie Schwindel, Appetitlosigkeit und Koordinationsstörungen hervorrufen kann. Es kann zu Leberschäden führen und Zellmutationen sowie Krebs verursachen.« Das verseuchte Wasser, legte die Klage dar, hatte zu einer Konzentration von Leukämieerkrankungen geführt, den Tod von fünf Kindern verursacht sowie Schädigungen bei allen Familienangehörigen ausgelöst, die in dem Verfahren zur Klägerpartei gehörten, einschließlich eines »erhöhten Risikos für Leukämie und anderen Krebsformen, Lebererkrankungen, Störungen des zentralen Nervensystems und andere Krankheiten und Leiden«. Die Klägerpartei forderte Schadensersatz und Strafmaßnahmen für das vorsätzliche und grob fahrlässige Handeln der beiden Unternehmen.

Roisman und Schlichtmann stellten ihre Klage am 14. Mai 1982 fertig, acht Tage, bevor die gesetzliche Verjährungsfrist ablief. Schlichtmann trug die Klage eigenhändig zum Obersten Gerichtshof in Boston und reichte sie ein.

Eine Woche später erschien im *Boston Globe* ein Artikel über das Verfahren. Durch diesen Bericht aufmerksam gemacht, kreuzten die Kamerateams zweier lokaler Fernsehsender bei Reed & Mulligan auf, um Schlichtmann zu interviewen. Die Teams bauten ihre Gerätschaften in der Bibliothek der Kanzlei auf. Conway beobachtete von der Tür aus, wie zuerst der eine, dann der andere Fernsehreporter mit Schlichtmann sprach. Die Kameras und die Scheinwerfer hätten ihn nervös gemacht, aber er konnte sehen, daß Schlichtmann die Situation geradezu genoß.

Am Abend gingen sie hinunter ins Chinarestaurant und bestellten sich einen Drink an der Bar. Schlichtmann bat den Barkeeper, die Nachrichten einzuschalten, damit er sich selbst im Fernsehen sehen konnte. Er ließ ihn zwischen den beiden Kanälen hin- und herschalten, um nur ja keinen seiner beiden Auftritte zu verpassen.

Während sich Schlichtmann selbst in den Nachrichten zusah, wurde er von Conway beobachtet. Conway wußte, daß Schlichtmann eine Menge seiner Zeit für diesen Fall aufbringen würde, aber dann erinnerte er sich daran, daß Roisman als Hauptverantwortlicher für das Verfahren zuständig war. Er würde den Großteil der Arbeit übernehmen. Schlichtmann und er fungierten nur als Kontaktleute vor Ort. Conway redete sich ein, daß er sich keine Sorgen zu machen brauche.

KLAUSEL 11

I

Von Februar bis Mai verließ Jerome Facher jeden Mittwochnachmittag kurz nach 15.00 Uhr sein Büro in Boston und fuhr mit der U-Bahn zum Harvard Square in Cambridge. Bis Facher aus der U-Bahn ausgestiegen und mehrere Häuserblocks weit zur Harvard Law School gelaufen war, hatte sich die frühe Winterdämmerung über die Stadt gelegt. Facher war 60 Jahre alt. Er hatte schmale Schultern, war klein und mager und hatte ordentlich frisiertes graues Haar. Er war Leiter der Prozeßabteilung in der Bostoner Kanzlei Hale und Dorr und hatte zudem in den vergangenen 20 Jahren in Harvard einen Kurs in Prozeßpraxis abgehalten. Er unterrichtete noch immer nach demselben Lehrbuch, inzwischen voller Eselsohren und Flecken, das er bereits in seinem ersten Jahr als Dozent benutzt hatte. Er trug es in einer abgenutzten schwarzen Prozeßmappe mit sich, die gewöhnlich vollgepackt war mit Protokollabschriften, Anträgen und schriftlichen Beweisfragen aus richtigen Prozessen. Einige Jahre zuvor war der Ledergriff der Mappe unter ihrer schieren Last zerrissen. Facher hatte aus einem Kleiderbügel einen neuen Griff gedreht und ihn mit Klebeband umwickelt. Als eine Naht platzte, reparierte er auch sie unter reichlicher Verwendung von Klebeband. Er besaß einige weitere Prozeßmappen, eine jede mit Abziehbildern von Comicfiguren kenntlich gemacht, die er irgendwann einmal in Cornflakesschachteln gefunden hatte. Diese spezielle Mappe, die genausogut der Koffer eines Landstreichers hätte sein können, war ihm die liebste. Sie war als Schweinchenmappe bekannt, weil auf ihr ein Abziehbild von Porky Pig prangte. In all den Jahren, in denen er diese Mappe in die Gerichtssäle hinein- und herausgetragen hatte, nach Hause und zur Arbeit, hatte Facher keinen Prozeß verloren. Bei einigen Prozessen war der Einsatz mehrerer Mappen erforderlich, aber immer befand sich auch die Schweinchenmappe darunter. »Man wechselt auch nicht mitten in den Meisterschaftsspielen seine Socken«, erklärte er den jungen Mitarbeitern bei Hale und Dorr.

In seinem Klassenzimmer in Harvard saß Facher an einem schlichten Holztisch im Parkett eines Raumes, der wie ein kleines Amphitheater geformt war. Jedes Jahr saß er 50 neuen Studenten gegenüber sowie einigen neuen Mitarbeitern bei Hale und Dorr, die gekommen waren, um vom Meister zu lernen. Die Augenlider hinter Fachers dicker Brille waren schwer, als würde er gleich eindösen. Während des Seminars und im Gerichtssaal schürzte er häufig skeptisch und mißbilligend die Lippen, wie der Besitzer eines Süßwarenladens, der seine Ware vor jungen Rowdys schützte.

Jede Woche betraute er seine Klasse mit einem Fall aus dem Lehrbuch für Prozeßpraxis und ließ einige Studenten eine Scheinverhandlung durchspielen. Eines Mittwochabends wies er eine junge Frau an, den Kläger zu vertreten. Die Studentin hatte bis dahin in Fachers Unterricht kein einziges Wort verlauten lassen. Facher selbst war als Harvard-Student Ende der vierziger Jahre auch schweigsam gewesen. Er hatte die Brillanz seiner Kommilitonen gefürchtet, von denen die meisten zuvor in Princeton, Yale und Harvard studiert hatten. Facher selbst hatte das Wilkes Junior College besucht. In Harvard hatte er mit der ständigen Angst gelebt, vom Professor aufgerufen zu werden. Wenn andere Studenten eine Frage des Professors beantworteten, sagte sich Facher stets im stillen: Mein Gott, darauf bin ich überhaupt nicht gekommen. Er erinnerte sich, daß er sich während seiner dreijährigen Studienzeit in Harvard weniger als ein dutzendmal zu Wort gemeldet hatte. Aber er hatte gute Noten bekommen, und er durfte für den Law Review schreiben: eine akademische Auszeichnung.

Als Dozent nun hatte Facher seinen modus operandi verändert. Er gab ständige Kommentare ab. Als die schüchterne Studentin sich abmühte, den Fall des Klägers darzulegen, unterbrach sie Facher und kritisierte unentwegt ihre Vorgehensweise. Er verspürte kaum Mitleid mit ihr. Ein Jahr später würde sie wahrscheinlich einen Job als Mitarbeiterin in einer großen Kanzlei in New York oder Chicago annehmen und 70 000 Dollar im Jahr verdienen. (Nach dieser Vorstellung hier allerdings, dachte Facher, hätte sie bei Hale und Dorr keine Chance.) Nach einer halben Stunde war die Frau kaum vorangekommen. Ihre ursprüngliche Strategie war von Einwänden ihres Prozeßgegners durchkreuzt worden. Facher gab ihr ein wenig Unterstützung, aber seine Kommentare nahmen an Schärfe zu. Genervt spielte er an seiner Krawatte herum, trommelte mit den Fingern auf den Tisch, ordnete seine Unterlagen. Die Frau versuchte, ein Dokument in die Beweisführung aufzunehmen, und die gegnerische Seite beanstandete die Echtheit.

»Was wollen Sie jetzt machen?« fragte Facher sie.

Die junge Frau senkte den Blick und blätterte in ihren Unterlagen, antwortete aber nicht. Das Haar fiel ihr ins Gesicht, bedeckte ihre Augen. Facher starrte sie an. Das Schweigen wurde immer länger. Schließlich schlug ein anderer Student vor, einen Experten für Handschriften kommen zu lassen, der das Dokument auf seine Gültigkeit hin prüfen sollte.

»Was?« blaffte Facher irritiert los. »Und 5000 Dollar dafür bezahlen? Viel zu kompliziert.« Und zu der Studentin gewandt: »Was wollen Sie tun? Aufgeben? Ihrem Chef sagen, daß Sie den Fall verloren haben? Davon leben, daß Sie Cheeseburger verkaufen?«

Mit gesenktem Kopf und bebenden Schultern wischte sich die Frau stumm eine Träne von der Wange.

Ein anderer Student bat: »Eine fünfminütige Unterbrechung, Euer Ehren?«

Facher ignorierte die Bitte. »Das ist ein intellektueller Beruf. Sie schlagen keine Nägel in ein Brett.« Obwohl er plötzlich bemerkte, daß die Frau weinte (nach 20 Jahren Lehrtätigkeit passierte ihm dies zum ersten Mal), entschied Facher, daß eine Unterbrechung lediglich die Aufmerksamkeit auf ihre mißliche Lage lenken und sie noch mehr bloßstellen würde. »Fragen Sie doch den Zeugen: ›Wer hat dieses Dokument ausgestellt? Und wo? Wer war dabei? Hat es Ihre Sekretärin getippt?‹«

Die Klasse schwieg unbehaglich.

»Kleine Fragen«, fuhr Facher fort. »Stein auf Stein setzen. Viele von Ihnen fürchten sich, schlichte Fragen zu stellen. Unser Handwerkszeug sind die englische Sprache und das Beweisrecht.«

Fachers Laune wurde, je weiter der Tag fortschritt, immer schlechter. Der Grund dafür, hatte er irgendwann einmal spekuliert, war, daß er unter chronischer Schlaflosigkeit litt. Aber jetzt tat ihm die Studentin leid. »Machen Sie kleine Schritte«, riet er ihr nicht unfreundlich. »Stellen Sie immer nur eine Frage auf einmal, und Sie werden bemerken, daß sich ein gewisser Rhythmus entwickelt.«

Und um die Aufmerksamkeit von ihr abzulenken, wandte er sich an die Klasse: »Warum gab es keinen Einwand, daß dieses Dokument einen mittelbaren Beweis darstellt?«

»Weil es sich um das Original handelte?« vermutete ein Student.

Facher seufzte. »*The Boston Globe* von heute morgen ist auch ein Original, und es gibt darin mehr Gerüchte, als Ihnen in Ihren ersten fünf Jahren als Anwalt begegnen werden. Man erwartet von Ihnen, daß Sie Einwände vorbringen. Verhindern Sie die Beweisführung, solange Sie können. Wenn Sie an Ihrem Anwaltstisch einschlafen, dann sagen Sie als erstes, wenn Sie wieder aufwachen: ›Ich erhebe Einspruch!‹«

Nach dem Unterricht kehrte Facher häufig noch einmal ins Büro zurück und arbeitete bis Mitternacht, bevor er nach Hause aufbrach. Er besaß eine Wohnung in Arlington, drei Meilen von der Universität entfernt. Dort lebte er allein, in Gesellschaft einer alten Katze. Er war einmal verheiratet gewesen, 17 Jahre lang, aber dieser Kontrakt war vor langer Zeit aufgelöst worden. Als junger Anwalt ließ ein gekonntes Kreuzverhör sein Herz höher schlagen, und er widerstand selten einer Gelegenheit, an seinen Fähigkeiten zu feilen. Oft hatte er mit seiner Frau geübt. »Ich kann es nicht beweisen«, hatte er einmal nachdenklich gesagt, »aber ich glaube, Prozeßanwälte haben mehr Probleme in der Ehe als alle anderen Anwälte. Ich war nicht der beste Ehemann der Welt.«

Nach seiner Scheidung begann er an den Wochenenden zu arbeiten. Nächtelang lag er wach und führte in Gedanken Kreuzverhöre durch. Der Stakkatorhythmus eines Kreuzverhörs übte auf ihn eine beruhigende Wirkung aus, aber er fand trotzdem keinen Schlaf. Einmal, als seine Schlaflosigkeit unerträglich wurde, suchte er beim Gesundheitsdienst in Harvard Hilfe. Man brachte ihn in einen schwach beleuchteten Raum, wo er sich in einem bequemen Sessel zurücklehnen konnte. Elektroden maßen Puls, Blutdruck und Atemfrequenz. Ein Therapeut wies ihn an, tief zu atmen, sich zu entspannen und den angenehmsten Gedanken heraufzubeschwören, der ihm einfiel. Er visualisierte einen Nachmittag im Fenway-Park, als die Red Sox einen Run in Führung lagen und ihr bester Werfer an der Abwurfstelle stand. Im Labor konnte er sich entspannen. In seinem eigenen Bett aber, wo es niemanden gab, der sein fachmännisches Können bewunderte, niemanden, gegen den er ankämpfen konnte, lag er wach, wütend über seine Unfähigkeit, einzuschlafen.

Bei Hale und Dorr arbeiteten 200 Anwälte, darunter 80 in der Prozeßabteilung. Einige Anwälte aus Boston verglichen Hale und Dorr mit den großen Kanzleien in New York, die sich auf etwas spezialisiert hatten, das sie »Prozeßführung mit harten Bandagen« nannten. In einer Zeit, in der die meisten Anwälte, die für eine große Kanzlei arbeiteten, einen Gerichtssaal nie von innen zu sehen bekamen, hatte Facher über 60 Fälle gerichtlich verhandelt und die meisten davon gewonnen. »Ich liebe es, vor Gericht zu gehen«, sagte er einmal. »Das ist es, was Spaß daran macht, Anwalt zu sein. Ich war bei Hale und Dorr keinen einzigen Tag lang unglücklich.«

Die Kanzlei belegte zehn Stockwerke eines modernen Wolkenkratzers in der State Street, im Zentrum von Boston, zwei Häuserblocks vom Bundesgericht entfernt. Als Kontrastpunkt zur Architektur des Gebäudes verlieh die Rezeption der Kanzlei mit ihren dicken orientalischen Teppichen, den chinesischen Vasen und dem dunklen geölten Holz den Anschein einer alten und ehrwürdigen Praxis. Facher hatte sein Büro im 25. Stockwerk, gegenüber der Kanzleibibliothek. Gemessen an seinem Status innerhalb der Firma war Fachers Büro klein. Man hatte ihm ein geräumigeres Quartier in der 27. Etage angeboten, war damit jedoch auf Ablehnung gestoßen. Er brachte ohnehin nicht viel Zeit im Büro zu. Er ging am Morgen vorbei, um die Post und die Nachrichten von Anrufern durchzusehen, und dann verschwand er zu einem seiner vielen »Verstecke«, wie er sie nannte, wo er ohne Unterbrechung arbeiten konnte.

Er hatte auf mehreren Stockwerken einen Unterschlupf, aber zur Zeit war ihm derjenige in der 21. Etage am liebsten. Er lag am Ende eines fensterlosen Korridors hinter einer schweren Stahltür. Die Tür führte in einen großen, schwach beleuchteten Lagerraum, der als Speicher für die zum Scheitern verurteilten Fälle der Kanzlei diente. Dutzende von metallenen Aktenschränken mit Schubladen voller Rechtsdokumente säumten die Wände. Was in den Schränken keinen Platz mehr fand, war in feste Kartons gestopft, die oben auf den Schränken und auf dem Boden standen: Pyramiden von Papier bis zur Decke hinauf. Einige Verkleidungsplatten in der Decke fehlten, und elektrische Leitungen hingen, von schwarzem Klebeband umwickelt, aus dunklen Hohlräumen. In einem Lichtkegel ungefähr in der Mitte des Raumes hatte Facher drei große Tische zu einer Art Schreibtisch zusammengestellt, auf dem sich noch mehr Papier – Protokolle, Schriftsätze, Anträge, eidesstattliche Erklärungen – angesammelt hatte. Stapel von Rechtsgutachten hatten auf einer durchhängenden, schäbigen senfgelben Couch Wurzeln geschlagen, einem Möbelstück, das unter dem weichen Licht und auf den dicken Teppichen der Rezeption von Hale und Dorr niemals Platz gefunden hätte.

Hemdsärmlig saß Facher inmitten all dieser Akten, die Brusttasche von einem undichten Stift verkleckst, Kragen und Manschetten verschlissen. Er sah aus wie ein alternder Büroangestellter, gefangen in einer unbedeutenden Position inmitten eines riesigen Beamtenapparats. Und dennoch kostete den Klienten eine Stunde seiner Zeit mehrere hundert Dollar, und er verdiente mehr als er je würde ausgeben können.

Er war ein sehr bescheidener Mann. Seine Partner hatten ihn beobachtet, wie er freitags zum Mittagsbuffet in der Kanzlei eine Plastiktüte mitbrachte und sie mit Resten vollstopfte, die er dann mit nach Hause nahm und in die Gefriertruhe packte. Er haßte es, im Restaurant zu essen, selbst wenn ein anderer die Rechnung übernahm. In der Regel aß er an seinem Schreibtisch: kleine Häppchen Sellerie oder Blumenkohl, die in eine Serviette gepackt waren, oder altbackene Kuchenstücke, die er bei irgendwelchen Buffets gerettet hatte. »Ich kann Verschwendung nicht ausstehen«, pflegte Facher zu sagen. »Ich lebe sparsam. Manche würden sagen, knickrig.«

Diejenigen, die ihn nur wenig kannten, hielten seine Bescheidenheit für Geiz, aber es interessierte ihn nicht, Geld anzuhäufen. Als er seine Wohnung in Arlington kaufte, rieten seine Partner ihm, eine Hypothek aufzunehmen, damit er wenigstens einen Posten von der Steuer absetzen konnte. Aber Facher bezahlte bar. Er sah die Zinsen für eine Hypothek als Verschwendung an.

Einige der Seniorpartner hielten sich ganze Scharen junger Anwälte, die ihre Fälle bearbeiteten. Facher, sparsam wie immer, beauftragte nur einen Juniorpartner und einen Mitarbeiter für jeden seiner Fälle. Er traute der Arbeitsweise seiner Untergeordneten niemals ganz. Mit ihnen ging er viel gröber um als mit seinen Studenten. In früheren Jahren verschickte er sogenannte »schwarze Zettel« an diejenigen, von deren Arbeit er ganz besonders enttäuscht war. »Ich glaube, wir haben einen Fehler begangen, als wir Sie einstellten«, schrieb er zum Beispiel. »Ist Englisch Ihre Muttersprache?« Auf den Entwurf eines Schriftsatzes kritzelte er: »Quatsch! Wer soll diesen Scheiß eigentlich glauben?« und: »Warum verschwenden Sie meine Zeit?« Facher war der Überzeugung, daß er mit dem Alter abgeklärter geworden war. Jetzt schrieb er unter Umständen: »Ich finde, das ist schlecht geschrieben und schlecht begründet. Warum zerreißen Sie es nicht und fangen von vorne an?«

Die meisten Mitarbeiter fürchteten die Zusammenarbeit mit ihm. Diejenigen aber, die seine harte Schule überlebt hatten, empfanden in der Regel große Zuneigung für ihn. In der Kanzlei nannte man sie »Jerrys Jungs«. Sie glaubten, daß er der beste Lehrer der Kanzlei war, dennoch legten es die meisten nicht darauf an, noch einmal mit ihm zu arbeiten, wenn es sich verhindern ließ.

Der Fall Woburn landete in der letzten Maiwoche des Jahres 1982 auf Fachers Schreibtisch. Er war ihm vom stellvertretenden Justitiar bei Beatrice Foods in Chicago zugeschickt worden. Facher bearbeitete in der Regel 30 bis 40 Fälle in unterschiedlichen Stadien, einige seit mehreren Jahren. In seiner Laufbahn hatte er nur einige Prozesse verloren, aber niemals einen Fall gehabt, von dem er nicht überzeugt war, ihn gewinnen zu können. »Jeder Zivilprozeß kann gewonnen werden«, behauptete er einmal vor seiner Klasse in Harvard.

Er hatte viele wichtige Firmen als Mandanten gehabt, aber keine, die bedeutender und vermögender war als Beatrice Foods. Einer der weniger bekannten Tochtergesellschaften des Konzerns, der Gerberei John J. Riley in Woburn, wurde, so las Facher, vorgeworfen, »das Grundwasser, das von den Klägern und den Kindern der Kläger als Trinkwasser und zu Haushaltszwecken verwendet wurde... mit toxischen Chemikalien verseucht« und den Tod von fünf Kindern verursacht zu haben.

Es handelte sich auf den ersten Blick um einen Fall von Körperverletzung, und die meisten derartigen Fälle galten im Vergleich zu den Rechtsstreitigkeiten im Bereich der Wirtschaft, mit denen Facher sonst zu tun hatte, als relativ problemlose Angelegenheiten. Dennoch bemerkte er sofort, daß diese Klage keineswegs simpel war. Die Liste der Kläger war lang, und jeder erfuhr angeblich ein »erhöhtes Risiko für Leukämie und andere Krebsformen, Lebererkrankungen, Störungen des zentralen Nervensystems sowie andere unbekannte Krankheiten und Störungen«. Die Belastung, die darin lag, derartige Behauptungen zu beweisen – wenn sie überhaupt bewiesen werden konnten, was Facher ernsthaft bezweifelte –, wäre entmutigend, ganz zu schweigen von den hohen Kosten.

Facher hatte von großen Fällen dieser Art gehört, Umweltfällen, in denen alle möglichen schrecklichen Schäden geltend gemacht wurden. Sie schienen in jüngster Zeit in Mode gekommen zu sein, aber keiner der Fälle hatte sich bezahlt gemacht. Der vorliegende Fall bereitete ihm keine Sorgen. Auf die Klage jedoch mußte reagiert werden, und das hieß, ein Anwalt mußte nach Woburn fahren und mit John J. Riley, dem Manager von Beatrice Foods in der Gerberei, sprechen. Facher übergab den Fall einem Juniorpartner, einem ehemaligen Harvardstudenten namens Neil Jacobs, der in der Kanzlei zur Gruppe der »Jerrys Jungs« gehörte.

Neil Jacobs war John J. Riley zuvor schon einmal begegnet, als er in einer kleineren Angelegenheit mit Facher zusammengearbeitet hatte, bei der es um einen Vertragsbruch der Gerberei gegangen war, und er erinnerte sich gut an den alten Gerber. Riley war nicht der Typ Mann, den man so leicht vergaß. Er war hitzig, gut 1,80 Meter groß, und hatte einen immensen Leibesumfang. Seine Glieder waren so dick wie Baumstämme, sein Gesicht kräftig und frisch. Mit sieben Jahren hatte er angefangen, in der Gerberei zu arbeiten. Damals hatte er für seinen Vater, der mit dem Betrieb 1909 begonnen hatte, als in Woburn bereits über 20 Gerbereien angesiedelt waren, den Boden der Gerbhalle gefegt. Die Firma Riley war als einzige übriggeblieben, und Riley selbst war der letzte Gerber in Woburn.

In vielerlei Hinsicht war dies ein Tribut an Rileys Geschäftssinn. Er war jetzt Mitte Fünfzig, ein geschickter, intelligenter Mann mit Collegeausbildung und stolz auf das, was früher einmal ein Familienbetrieb gewesen war. Er ärgerte sich ganz besonders über die wiederholten Klagen der Anwohner in Ost-Woburn wegen des Gestanks aus der Gerberei. Er neigte dazu, derartige Beschwerden als persönlichen Affront anzusehen. Er selbst hatte fast sein ganzes Leben in Ost-Woburn gewohnt, weniger als eine Meile von der Gerberei entfernt. Einmal war er auf einen Nachbarn losgegangen, der für das Mitteilungsblatt der Bürgerinitiative einen Artikel über den Gestank aus der Gerberei geschrieben hatte. Er hämmerte eines Abends mit der Faust gegen die Tür des Nachbarn, stampfte unaufgefordert ins Wohnzimmer, packte den Mann an der Brust und schrie, daß er, Riley, ein wichtiger Steuerzahler der Stadt sei, und wie der Nachbar darauf komme, sein Geschäft auf derartige Weise zu verleumden? Der Nachbar, der zunächst von dieser Tirade völlig überrumpelt worden war, befahl Riley schließlich, aus seinem Haus zu verschwinden.

Neue, schärfere Umweltvorschriften versetzten Riley ebenfalls in Rage. Er machte kein Geheimnis aus seiner Auffassung, daß die Umweltschützer sich verschworen hätten, um seinen Betrieb zu ruinieren, so wie alle anderen Gerbereien in Woburn ruiniert worden waren. Einige Jahre zuvor hatte der Staat ihm zur Auflage gemacht, eine Kläranlage zu bauen, die eine Million Dollar kosten würde. Das konnte sich Riley nicht leisten. Ungefähr zur gleichen Zeit hatte er von einem anderen Gerber im Mittleren Westen gehört, daß Beatrice Foods an der Übernahme einer Gerberei interessiert war, weil der Konzern für seine Konsumgüter regelmäßig mit Leder beliefert werden mußte. Riley beschloß, seinen Familienbetrieb an Beatrice Foods zu verkaufen. Er tat es nicht gerne, aber er war weiterhin Chef der Gerberei, wie Beatrice Foods gefordert hatte, und bezog ein ansehnliches Gehalt.

Jacobs fuhr nach Woburn hinaus, um mit Riley zu sprechen. Sie trafen sich an der Tür zu einem alten, baufälligen weißen Fachwerkhaus, in dem das Büro der Gerberei untergebracht war. In dem kleinen, unordentlichen Besprechungszimmer behauptete Riley, daß das ganze Verfahren nur auf Lügen basiere. Er habe niemals irgendwelche Chemikalien auf seinem Grundstück deponiert. Er habe TRI noch nicht einmal verwendet. Er gab zu, daß man in der Gerberei Ende der sechziger Jahre über einige Zeit hinweg Tetrachloräthylen, »PER«, benutzt habe, als dort im Auftrag der U. S. Army wasserdichtes Leder für Kampfstiefel produziert wurde. Doch Riley behauptete, daß bei diesem Verfahren keine überschüssigen Lösungsmittel zurückgeblieben seien.

Jacobs befragte Riley zu den sechs Hektar Land, die in der

Klage als Ursprung der TRI-Verseuchung genannt wurden. Riley berichtete, daß sein Vater ungefähr 30 Jahre zuvor, 1951, das Land vom Staat gekauft und dort einen Brunnen für die Gerberei angelegt habe. Darüber hinaus, fuhr Riley fort, sei das Gelände völlig unerschlossen, nichts außer Gehölz und Unterholz. Man konnte zu Fuß von der Gerberei zu diesem Gelände gehen, aber Riley zog es vor, zu fahren. Die Fahrt dauerte nur zwei Minuten.

Als sie auf die sechs Hektar Land zufuhren, kamen sie an Whitney Barrels mit den Hunderten von Metallfässern sowie am Schrottplatz von Aberjona Auto Parts vorbei, wo verrostete Autowracks lagerten. Riley hielt an, um das große Eisentor zu öffnen, das Schlichtmann den Weg versperrt hatte, und fuhr dann auf das Gelände. Jacobs entdeckte weitere Fässer entlang der Straße, auf dem gestrüppreichen, festgetretenen Erdboden. Sie waren Eigentum von Whitney, erklärte Riley. Der Weg war gut befahrbar und klar auszumachen, obwohl das Laub dichter wurde und Äste gegen den Kombiwagen schlugen, je weiter Riley vordrang. Nach ungefähr 100 Metern hielt Riley den Wagen an. Jacobs stieg aus und sah sich um. 20 Schritte neben dem Weg bemerkte Jacobs einen großen Schutthaufen. Er ging näher hin, ganz vorsichtig, denn er trug einen Anzug und gute Lederschuhe. Der Haufen, der später als Schutthaufen E bekannt werden sollte, bestand aus morschem Holz und einigen 200-Liter-Fässern in unterschiedlichen Stadien der Verrottung. Aus einem der Fässer sickerte dunkle, dickliche Flüssigkeit in den Boden. Es gab einige Behälter aus Wellpappe mit Plastikauskleidung, die zur Verpackung von Chemikalien dienten, Stücke verrosteten Wellblechs, mehrere Pestizidbehältnisse, ein Paar ausrangierte Handschuhe, einen Lederstiefel, einen langstieligen Pinsel und eine ganze Sammlung von Bierdosen. Der Erdboden hatte dunkle Flecken, und ein widerwärtiger, Übelkeit erregender chemischer Geruch lag in der Luft. Ein paar Meter entfernt im Gebüsch sah Jacobs einen weiteren Schutthaufen und noch mehr Fässer, überwuchert von Unkraut und Schößlingen.

Jacobs stocherte in dem Haufen herum und fragte Riley, ob er wisse, woher all das Zeug stamme.

Noch einmal behauptete Riley, daß er nie irgendwelchen Müll auf diesem Gelände deponiert habe. Es konnte irgend jemand gewesen sei, der den Feldweg hergefahren sei und seinen Schrott abgeladen habe. Er wisse, daß Jack Whitney, Besitzer der Fässerwerkstatt, früher einmal riesige Öltanks auf diesem Gelände gelagert habe. Es sei zu einer Auseinandersetzung mit Whitney gekommen, und Whitney habe seine Tanks beseite schaffen müssen. Whitney führe seine Geschäfte nicht ganz lupenrein, habe Riley beobachtet.

Als sie zur Gerberei zurückkamen, zeigte Riley Jacobs kurz das Werksgelände. Sie gingen durch eine Halle, wo die in Wasser eingeweichten Felle gekälkt und enthaart, und durch das Gerbhaus, wo die Häute in Gerbflüssigkeit und Fette eingelegt und dann eingefärbt wurden. Hinter dem Gerbhaus sah Jacobs ein Becken mit zähem, stinkendem Schlick, dem Abfallprodukt des Gerbprozesses. Jeden Tag produzierte die Gerberei zwei Millionen Liter Abwasser, das in dieses Becken gepumpt wurde. Wenn sich die festen Bestandteile auf den Boden abgesetzt hatten, wurde die Restflüssigkeit in die Kanalisation geleitet und gelangte schließlich in den Hafen von Boston. Die Gerberei war vom Staat als zweitgrößter Umweltverschmutzer des Hafens identifiziert worden, und der Hafen war der schmutzigste im ganzen Land. Aus diesem Grund hatte der Staat Riley die Auflage erteilt, eine Kläranlage zu bauen, die ihn eine Million Dollar gekostet hätte, und dies wiederum hatte dazu geführt, daß Riley seine Gerberei an Beatrice Foods verkauft hatte.

Die Kläranlage war immer noch nicht gebaut worden, aber das hatte nichts mit dem Prozeß oder dem Trichloräthylen in den Brunnen G und H zu tun. Was Jacobs betraf, so waren die sechs Hektar von einem dritten Beteiligten verseucht worden: von Whitney, möglicherweise von Aberjona Auto oder von anderen Unbekannten.

Zurück in Boston, begann Jacobs an einer Klageerwiderung zu arbeiten. Das war nicht weiter schwierig, denn die meisten der Stellungnahmen bedurften nur der bewährten Standardformulierungen: »Der Beklagten Beatrice Foods Co. mangelt es an Kenntnissen oder Informationen, die ausreichend glaubhaft machen würden, daß die Beschuldigungen, die in Paragraph 45 der Klageschrift erhoben werden, der Wahrheit entsprechen.« Jacobs schrieb diese Replik 75mal, veränderte jeweils nur die Ziffer des Paragraphen.

In Paragraph 53 der Klageschrift stand geschrieben, daß die sechs Hektar »aus bewaldetem Gelände und Sumpf bestehen. Neben dem Sumpfland verläuft ein deutlich erkennbarer Feldweg, an dem entlang zahlreiche Tanks und Fässer gelagert sind. Die Fässer sind darüber hinaus auch entlang der Eisenbahnschienen gelagert. Es gibt Areale mit verkümmerter Vegetation, die Rückstände gefährlicher Materialien aufweisen.«

In seiner Stellungnahme schrieb Jacobs: »Die Beklagte Beatrice Foods Co. anerkennt, daß das Areal zu Teilen aus bewaldetem Gelände und Sumpfland besteht und daß streckenweise ein Feldweg hindurchführt. Die Beklagte Beatrice Foods Co. bestreitet die übrigen Behauptungen, die in Paragraph 53 der Klage aufgegriffen werden.«

Obwohl Jacobs die Fässer mit eigenen Augen gesehen hatte, würde er dies im Auftrag seines Klienten nicht eingestehen. Unter Verteidigern war auch das Teil einer altbewährten Rechtstradition. Die Last, jede einzelne Behauptung zu beweisen, lag beim Kläger, und damit bei Schlichtmann und Roisman.

Nachdem Jacobs einen Entwurf der Replik fertiggestellt hatte, ging er damit zu Facher, der ihn rasch überflog und seine Zustimmung erteilte. Facher selbst bereitete einen wichtigen handelsrechtlichen Fall vor und hatte dringlichere Angelegenheiten im Kopf.

2

Die andere Beklagte im Fall W. R. Grace, wurde von einem Anwalt namens William Cheeseman vertreten, einem Seniorpartner der Bostoner Kanzlei Foley, Hoag & Eliot. Anders als Facher stufte Cheeseman das Verfahren sofort als sehr ernst zu nehmend ein. Zum Teil hatte das mit Cheesemans Klienten zu tun. An dem Tag, an dem Cheeseman von dem Prozeß erfuhr, teilte ihm ein Manager der Firma Grace mit, daß »dieser Fall die Aufmerksamkeit des gesamten Unternehmens auf sämtlichen Ebenen auf sich ziehen« würde. Am nächsten Tag gab der Firmenhauptsitz in New York eine Pressemitteilung heraus, in der die »unzulässigen und unberechtigten« Behauptungen »scharf« zurückgewiesen wurden. Die Fabrik des Unternehmens in Woburn stelle keine Chemikalien her und könne deshalb »das Problem der Kontamination des Wassers nicht verursacht« haben.

Es war nicht das erste Mal, daß W. R. Grace der Umweltverschmutzung beschuldigt wurde. Zum Konzern gehörten Chemie- und andere Fabriken in zwei Dutzend US-Bundesstaaten sowie in Europa, Südamerika, Neuseeland und Japan. Cheeseman selbst hatte Grace in einer anderen Angelegenheit bereits vertreten, die verblüffende Ähnlichkeit mit Woburn hatte – die Stadt Acton, Massachusetts, hatte eine Chemiefabrik von Grace wegen Grundwasserverschmutzung verklagt. Aber in Acton hatte niemand behauptet, daß Grace fünf Kinder umgebracht und ein ganzes Stadtviertel verseucht hatte. Diese Behauptungen und die Schlagzeilen, die sie hervorriefen, machten den Fall Woburn für einen Konzern wie Grace zu einem Schreckgespenst. Cheeseman wußte, daß er keine Anstrengung unterlassen durfte, um diesen Fall abrupt zum Stillstand zu bringen.

Er war für diese Aufgabe hervorragend geeignet, denn er hatte sich auf taktisches Vorverfahren spezialisiert. Innerhalb seiner Kanzlei stand er im Ruf, geschickt Wege zu finden, Prozesse im Anfangsstadium zu ersticken, indem er rechtliche Einwände erhob oder Entscheidungen nach Aktenlage beantragte. Er hatte bereits im Fall Acton zu Teilen eine Entscheidung nach Aktenlage erreicht. Mit Schwurgerichtsprozessen oder Fällen von Körperverletzung hatte er fast nie zu tun. In der Regel vertrat er einen Großkonzern, der einen anderen verklagt hatte, oder der von der Regierung verklagt worden war, in Streitigkeiten, die kompliziert, aber trocken und blutleer waren und fast ausschließlich außergerichtlich entschieden wurden. In seiner ganzen Laufbahn hatte Cheeseman lediglich vier kleinere Fälle vor eine Jury gebracht. Er mochte die Arbeit im Geschworenenprozeß nicht, und er hatte festgestellt, daß er darin auch nicht besonders gut war.

Zum Teil hing das damit zusammen, daß er in seiner Studentenzeit die mitunter tränenreichen Szenen, die sich in Schwurgerichtsprozessen häufig abspielten, als zynisches, abgekartetes Schmierentheater betrachtet hatte. Später stellte er fest, daß das nicht so ganz stimmte. Die Kläger hatten vielfach einen schrecklichen Verlust erlitten und allen Grund, sentimental oder dramatisch zu werden, und wenn sie dann auf dem Gerichtsflur auf einmal bester Stimmung schienen, konnte das auch ein bloßes Zeichen der Entspannung sein. Dennoch verachtete Cheeseman die Taktiken der Anwälte, die mit Körperverletzung zu tun hatten, und mißtraute den Geschworenen. »Jeder weiß, daß hier getürkt wird«, bemerkte er einmal. »Einer, der verletzt wurde, hat immer das Mitleid der Jury. Große Unternehmen können mit diesem Mitleid nicht rechnen.«

Geschworenenprozesse sind in großen Kanzleien äußerst selten, und bei Foley, Hoag & Eliot kamen sie ganz besonders selten vor. Von den etwa 100 Anwälten verfügten nur zwei oder drei über ausreichende Prozeßerfahrung. Cheesemans Kanzlei war sehr stolz auf den Ruf als »intellektuelle« Kanzlei. Die meisten der neuen Mitarbeiter kamen wie Cheeseman von Harvard, und die meisten hatten während des Studiums für den *Law Review* geschrieben. »Gelehrsamkeit war in dieser Kanzlei stets ein Merkmal der Reputation«, hieß es in einer Werbebroschüre über Foley. »Gelehrsamkeit« – das bedeutete aber manchmal auch lange und weitschweifig recherchierte Schriftsätze. Unter der Anwaltschaft von Boston war die Kanzlei berühmt (»vielleicht auch berüchtigt«, wie Cheeseman zugab) für die Länge ihrer Schriftsätze.

Cheeseman war ein strenger, logisch denkender Typ. Bevor er mit Jura begann, hatte er am Harvard College Mathematik studiert. Er wußte, daß er gescheit war, aber in ganz selbstkritischen Momenten empfand er sich als methodisch und träge. Das Mittel gegen diesen wahrgenommenen Makel war selbst methodisch.

»Ich arbeite hart daran, ein wenig Lockerheit zu entwickeln«, gestand er einmal. Er entwickelte diverse kleine Verschrobenheiten. Über die Jahre hatte er eine ganze Kollektion von Kopfbedeckungen zusammengetragen – Baskenmützen, Schottenmützen, griechische Fischerkappen, Filzhüte –, die er auf dem Weg zur Arbeit trug, zusammen mit einem dicken Schaffellmantel statt des Kaschmirmantels, der Teil des Kleiderkodexes für Juristen schien. Er trug seine Anzüge, von der Stange gekauft, bis die Bügelfalte in den Hosen verschwand, der Stoff zu glänzen begann und neue Falten den Rücken seines Jacketts zierten. Er ließ seine Haare so lang und zottig wachsen, daß ihm sogar seine achtjährige Tochter einmal sagte, er brauche einen Haarschnitt. Zur Arbeit fuhr er mit einem kleinen englischen Sportwagen, einem Triumph, den er Sonntagmorgens über die leeren Parkplätze der Einkaufszentren und Supermärkte jagte. Er hätte gerne einen Porsche gehabt, aber, obwohl er ein solides Gehalt bezog, glaubte er, ihn sich noch nicht leisten zu können. Er unterdrückte seinen Wunsch, indem er sich ein kleines Spielzeugmodell eines Porsche Carrera im Büro ins Bücherregal stellte. Ein befreundeter Psychiater sagte einmal zu ihm: »Du bist der lockerste Zwangsneurotiker, den ich je kennengelernt habe.« Cheeseman erinnerte sich dieser Worte als Kompliment.

In der Kanzlei war er beliebt. Er verhielt sich den Anwälten, die nicht in Harvard studiert hatten, gegenüber keineswegs überheblich, wie das bei einigen seiner Partner durchaus der Fall war. Kanzleiinterne Politik interessierte ihn nicht. Er neigte dazu, die Firmenparties der Kanzlei zu meiden, und nach der Arbeit hing er nicht noch herum, um über Klienten und Prozeßgegner zu tratschen. In einer Position, die jede wache Stunde des Tages in Anspruch nehmen konnte, zog er Grenzen, was die Kanzlei von ihm verlangen konnte. Einige der jungen Mitarbeiter, die sich in der Hoffnung, nachts und am Wochenende abplagten, als Partner einsteigen zu können, bewunderten ihn dafür, folgten seinem Beispiel in der Regel aber trotzdem nicht.

Cheeseman erfuhr die wesentlichen Fakten über das Grace-Werk in Woburn rasch von einem der Anwälte der Kanzlei. Das Werk war 1960 erbaut worden. Es beschäftigte etwa 100 Menschen, die Maschinen für die Lebensmittel-Verpackungsindustrie herstellten, und zwar für die Vakuumverpackung von Fleisch mittels einer Plastikfolie, die in anderen Werken von Grace hergestellt wurde. Anfang der sechziger Jahre hatte das Werk in Woburn einmalig Trichloräthylen verwendet, aber die Durchsicht der Unterlagen ergab, daß lediglich ein 200-Liter-Faß erworben worden war. Arbeiter hatten das Lösungsmittel dazu verwendet, von Hand kleine Metallteile zu reinigen. Einige der Angestellten, so schien es, hatten möglicherweise kleinere Mengen des benutzten Lösungsmittels, nicht mehr als ein paar »Teetassen« auf einmal, in einen Graben hinter dem Werk geschüttet. Aber diese kleine Menge, so wurde Cheeseman mitgeteilt, konnte die Kontamination der Brunnen nicht verursacht haben, die eine halbe Meile vom Werk entfernt lagen.

Cheeseman bekam ein Video von Schlichtmanns Pressekonferenz vorgespielt, in der er den Prozeß angekündigt hatte. Es begann damit, daß ein Reporter vor dem Grace-Werk in Woburn stand. »Die Anwälte der Familien in Woburn«, sagte der Reporter, »behaupten, daß in diesem Werk von W. R. Grace Lösungsmittel und chemische Abfälle deponiert wurden, die die zwei Brunnen der Stadt verseucht und den Tod von fünf Kindern verursacht haben.«

Das Bild blendete in das Innere eines Kanzleibüros über. Cheeseman sah einen großen, dünnen jungen Mann, der einen dunklen Anzug mit Weste trug, eine rote Krawatte und eine goldene Krawattennadel. Hinter ihm standen Regale mit ledergebundenen Rechtsbüchern. »Jan Schlichtmann ist einer der Anwälte, die die Familien vertreten«, sagte die Stimme des Reporters. »Mr. Schlichtmann, was erhoffen sich Ihre Mandanten von diesem Prozeß?«

Schlichtmann sah direkt in die Kamera und sagte: »Zunächst wollen wir erreichen, daß diese Unternehmen für den Schaden bezahlen, den sie den Familien zugefügt haben. Wir wollen, daß sie aufhören, Chemieabfälle einfach in die Gegend zu kippen. Und wir wollen, daß sie aufräumen.« Die Beweisführung, fuhr Schlichtmann fort, werde zeigen, daß W. R. Graces Unternehmen über 20 Jahre hinweg, seit das Werk in Betrieb genommen worden war, chemische Abfallprodukte auf dem Gelände gelagert habe.

Das Video endete mit dem Bericht des Reporters über Einwohner aus Woburn, die von der Stadt bereits die Schließung des Grace-Werks forderten.

Cheeseman empfand den Auftritt des Kollegen Schlichtmann als höchst unprofessionell. Öffentliche Kommentare zu einem anhängigen Fall, besonders aufrührerische Kommentare zur Beweisführung, verletzten die standesrechtlichen Grundsätze. Für ein derartiges Verhalten riskierte der Anwalt eine Rüge. Schlichtmann wirkte jung und unerfahren, dachte Cheeseman. Vielleicht glaubte Schlichtmann, er könne Grace einschüchtern, indem er die Öffentlichkeit aufhetzte. Vielleicht hoffte er einfach auf einen schnellen Vergleich.

Zurück in seinem Büro, horchte sich Cheeseman rasch um. Keiner seiner Kollegen bei Foley, Hoag & Eliot hatte von Schlichtmann gehört. Das war an sich nicht weiter verwunderlich, denn Cheesemans Kanzlei ließ sich selten auf Prozesse um Körperverletzung ein. Im Martindale-Hubble, dem Verzeichnis aller Anwälte der Nation, las Cheeseman, daß Schlichtmann 31 Jahre alt war, die Cornell Law School besucht hatte und die Prüfung vor der Anwaltskammer gerade mal vier Jahre zuvor bestanden hatte. »Er ist genauso unerfahren, wie er aussieht«, berichtete Cheeseman einem seiner Partner.

Cheeseman wünschte sich, diesem jungen Anwalt eine bittere Lektion zu erteilen, was geschah, wenn man sich mit Unternehmen wie W. R. Grace anlegte. Er beschloß, als erstes den Fall von staatlicher Ebene auf Bundesebene zu verlegen. W. R. Grace mit seinem Hauptsitz in New York und Niederlassungen im ganzen Land hatte Anspruch auf Bundesgerichtsbarkeit. Und die Bundesgerichte waren, so glaubte Cheeseman, mit einem durchgängig größeren Kaliber von Richtern besetzt, deren Toleranz gegenüber Fällen von Körperverletzung mit fragwürdigem Tatbestand entsprechend niedriger war.

Cheeseman schrieb einen Brief an Schlichtmann und Roisman und riet ihnen, die Klage zurückzuziehen. »Sie sollten wissen, daß wir sonst angemessene Schritte unternehmen werden, um eine sofortige Klageabweisung zu erwirken. Des weiteren werden wir beantragen, daß Sie die gegnerischen Anwalts- und Verfahrenskosten tragen müssen«, warnte Cheeseman.

Auf diesen Brief erhielt Cheeseman nie eine Antwort. Über den Sommer bis in den Herbst hinein hörte er nichts weiter über den Fall Woburn. Er war mäßig erfreut. Er begann zu glauben, daß Schlichtmann den Fall aufgegeben habe. Cheeseman wußte, daß dies hin und wieder passierte – der Anwalt des Klägers reicht übereilt eine Klage ein, um der gesetzlichen Verjährungsvorschrift zu entgehen, und denkt erst später über seine tatsächlichen Chancen nach. Oder sein Brief hatte Schlichtmann eingeschüchtert.

Erst eines Morgens im Oktober mußte Cheeseman feststellen, daß der Fall nicht einfach verschwunden war. Von Schlichtmann bekam er eine lange Liste von Beweisfragen, 52 Seiten schriftlicher Fragen, die unter Eid beantwortet werden sollten und die jede Kleinigkeit der Geschichte und der Arbeitsprozesse des Werks in Woburn betrafen. Cheeseman wurde, wie alle Anwälte, aufgefordert, die Fragen innerhalb von 30 Tagen zu beantworten. Aber Cheeseman hatte keineswegs die Absicht, dies zu tun. Statt dessen begann er seinen nächsten Schritt vorzubereiten, über den er seit dem vergangenen Frühjahr nachgedacht hatte.

Es war ein gewagter und einfallsreicher Schachzug, genau jene Art von Aktion, die Cheeseman den Ruf eingebracht hatte, schwierige Verfahren loszuwerden. Unter den vielen Dutzend Gesetzen des Zivilrechts gab es eine wenig bekannte und selten genutzte Klausel – Klausel 11 –, die ein halbes Jahrhundert zuvor, 1938, in Kraft getreten war. Die Klausel war dazu gedacht, leichtfertige und unverantwortliche Klagen einzudämmen, aber sie war so schlecht formuliert und so leicht zu umgehen, daß nur wenige

Anwälte sich die Mühe machten, sie heranzuziehen. Cheeseman hatte jedoch gehört, daß der Vermittlungsausschuß für Richterbestellung im Senat die Klausel revidieren und wesentlich präziser formulieren wollte. Unter anderem sollte die vorgeschlagene Revision eine schwere Bestrafung für Anwälte vorsehen – hohe Geldstrafen, öffentliche Verweise und sogar Suspension –, die in ihrer Klage »vorgetäuschte und unwahre« Behauptungen aufstellten. Die neue Klausel 11 war noch nicht verabschiedet worden, aber das störte Cheeseman nicht. Er war auf den Gedanken gekommen, und was ihn betraf, so konnte er selbst die schlechte Formulierung der alten Klausel 11 für diesen Fall heranziehen.

»Es ist sicherlich wahr, daß Verfahren, die auf der Klausel 11 basieren, seltene und ernstzunehmende Angelegenheiten sind und sein sollten«, schrieb Cheeseman in seinem Antrag auf Abweisung des Falls. Und dann fuhr er fort, seine Gründe aufzuzählen, warum die Klausel heranzuziehen sei. Am zwingendsten war ein Artikel, den er, zwei Wochen nachdem die Klage eingereicht worden war, im *Providence Journal* entdeckt hatte. In diesem Artikel wurde Roismans Assistent mit den Worten zitiert, daß es »keinen sicheren Beweis für eine Verbindung zwischen den Familien, den Chemikalien, die man in den Brunnen gefunden hatte, und den beiden Unternehmen gab. Es ist eher eine Sache des gesunden Menschenverstandes«, sollte der Assistent gesagt haben. »Mit ziemlicher Sicherheit ist anzunehmen, daß es irgendeine Art von Verbindung gibt.«

Cheeseman hatte vor, diese Aussage – schlicht und einfach ein Eingeständnis dafür, daß die Anwälte der Familien in Woburn keine Grundlage für die Behauptungen hatten – als zentralen Punkt in seinen Antrag aufzunehmen. Er wollte diese Aussage stützen, indem er zeigte, daß es weder in der medizinischen noch in der naturwissenschaftlichen Fachliteratur einen Hinweis gab, der nahelegte, daß Trichloräthylen oder Tetrachloräthylen Leukämie verursachten. Darüber hinaus hatten sowohl die EPA wie auch das Institut für Krankheitsüberwachung in ihren Berichten klar zum Ausdruck gebracht, daß »die Giftstoffe, die in Brunnen G und H gefunden wurden, nicht als Verursacher von Leukämie gelten.«

Und schließlich hatte die EPA das Grace-Werk nicht als Quelle der Giftstoffe identifiziert. Das Amt hatte geschrieben, daß weitere Ermittlungen nötig seien, um die Verantwortlichen zu finden. Wenn die EPA Grace nicht mit der Sache in Verbindung bringen konnten, wie sollten dann Schlichtmann und Roisman dazu in der Lage sein? Für Cheeseman war klar, daß sein Mandant herausgepickt worden war, weil es sich hier um einen Sechs-Milliarden-Konzern handelte, dessen Namen man mit der chemischen Industrie assoziierte.

Während er an seinem Antrag arbeitete, beschloß Cheeseman Neil Jacobs von Hale und Dorr anzurufen, um ihn von seinem Vorhaben zu unterrichten. Für Cheeseman lag es nahe, daß Grace und Beatrice Foods, Mitbeklagte in dem Fall, möglichst zusammenarbeiten sollten. Im vergangenen Sommer hatte Cheeseman mit Jacobs darüber gesprochen, das Verfahren vor das Bundesgericht zu verlegen. Jacobs hatte ohne weiteres zugestimmt, und nun hoffte Cheeseman, daß auch Jacobs und Facher dem Antrag bezüglich der Klausel 11 zustimmen würden. Fachers Name und Stellung, dachte Cheeseman, würde dem Antrag noch größeres Gewicht verleihen. Am Telefon klang Jacobs interessiert. Er versprach Cheeseman, den Vorschlag mit Facher zu diskutieren und ihn zurückzurufen.

3

Nicht alle Leukämieopfer in Woburn waren Kinder. Da war zum Beispiel Roland Gamache. Er lebte mit seiner Frau Kathryn und ihren beiden kleinen Kindern im Pine-Street-Viertel, ein Haus neben den Zonas, ein paar Häuserblocks entfernt von Anne Anderson. Im Sommer 1980, als er 35 Jahre alt war, wurde bei Roland chronische Knochenmarksleukämie diagnostiziert – nachdem eine Reihe eigentlich banaler Verletzungen nicht mehr zu bluten aufhören wollten.

Natürlich hatten die Gamaches in der Zeitung über die Konzentration von Leukämieerkrankungen in Ost-Woburn gelesen.

Sie wußten, daß einer der Jungen der Zonas an Leukämie gestorben war. Sie hatten auch Patrick Toomey gekannt – er war Ministrant in der Kirche gewesen. Und ihre Tochter Amy in der gleichen Schulklasse wie Kevin Kane. Nachdem Rolands Krankheit diagnostiziert worden war, fragte Kathryn seine Ärztin, ob das Wasser in Woburn die Leukämieerkrankung hervorgerufen haben könnte. Die Ärztin antwortete, sie wisse es nicht. Niemand wisse, wodurch Leukämie hervorgerufen werde. Zwei Jahre lang ging es Roland gut. Er bekam keine Chemotherapie, und manchmal fiel es ihm schwer zu glauben, daß er an einer tödlichen Krankheit litt. Seine Erkrankung war jedoch sehr bedrohlich. Auf Rolands offen gestellte Frage antwortete die Ärztin, daß er wahrscheinlich nicht mehr erwarten könne, als noch fünf bis acht Jahre zu leben. Roland vergrub sich in seine Arbeit im familieneigenen Betrieb, einem Schwertransportunternehmen, das florierte. Die Firma hatte zu diesem Zeitpunkt 50 Lastwagen und 80 Beschäftigte. Er hoffte, noch lange genug zu leben, um seine Kinder mit der High-School abschließen und aufs College gehen zu sehen.

Die ersten Treffen in der Trinity-Kirche hatten vor Rolands Diagnose stattgefunden. Er wußte nichts von einer Klage, bis seine Nachbarin Joan Zona eines Abends im April 1982, einen Monat bevor Schlichtmann die Klage einreichte, an seine Tür klopfte. Sie fragte Roland, ob er die Klage der anderen Familien unterstützen wolle. Die Anwälte, so fuhr sie fort, strebten an, daß so viele Leukämieopfer in Woburn unterschrieben wie nur möglich. Roland wollte darüber nachdenken. Er und Kathryn erwogen die Sache und beschlossen, sie zu unterstützen, wenn große Konzerne durch das Gerichtsverfahren daran gehindert würden, die Umwelt zu verschmutzen. Zudem hatten sie erfahren, daß Trichloräthylen Hautausschläge verursachen kann, und ihre beiden Kinder hatten in den Jahren, in denen die Brunnen in Betrieb waren, unter chronischen Ausschlägen gelitten. Roland wollte nicht, daß seine Kinder noch weiteren giftigen Chemikalien ausgeliefert waren, und das schien ein guter Grund zu sein, sich der Klage anzuschließen.

Roland und Kathryn waren nach Boston gefahren, um sich mit

Schlichtmann zu treffen. Einen ganzen Tag lang beantworteten sie Fragen über sich und unterschrieben alle nötigen Papiere. Danach dachten sie relativ selten an den Prozeß. Einige Monate später, im Herbst 1982, plante Roland, seinen achtjährigen Sohn und zwei weitere Jungen zu einem Eishockeyspiel der Boston Bruins mitzunehmen. Er hatte zwei Dauerkarten für Spiele dieses Teams und brauchte noch zwei weitere Karten für den Ausflug. Zufällig traf es sich nun, daß die Gerberei Riley zwei Dauerkarten für Sitze direkt neben seinen eigenen besaß. Roland beschloß, Jack Riley anzurufen und einen Handel vorzuschlagen – zwei Basketballkarten für die Celtics gegen zwei Eishockeykarten. Er hatte Riley nie zuvor getroffen, und es war ihm nicht klar, daß er und Riley nun Prozeßgegner waren.

Als Roland am Nachmittag in der Gerberei anrief, teilte die Sekretärin ihm mit, daß Riley nicht im Haus sei, sie ihn aber in Kürze erwarte. Sie bot an, eine Nachricht auszurichten.

Als Riley vom Mittagessen zurückkam, sah er die Nachricht von Roland Gamache auf seinem Schreibtisch. Er erkannte den Namen sofort wieder – Gamache war einer der Kläger im Prozeß. Er empfand es als unerhört, daß Gamache ihn wegen Eishockeykarten anrief, wo er ihm gleichzeitig den Prozeß machte. »Sagen Sie ihm, er soll vorbeikommen«, trug Riley seiner Sekretärin auf. »Ich möchte mit ihm sprechen.«

Gamache kam am Spätnachmittag zur Gerberei. Er streckte Riley seine Hand entgegen und lächelte ihn freundlich an. Dann erklärte er, welchen Handel er mit Riley machen wollte. »Ich bin kein Basketball-Fan«, erwiderte Riley kühl.

Gamache, erschrocken über Rileys Verhalten, erhob sich von seinem Stuhl. »Na ja«, sagte er, »dann …«

»Ich bin kein Fan«, fuhr Riley fort, »aber jemand anderer im Haus hier bestimmt. Aber sagen Sie mir eins: Warum bitten Sie mich, Eintrittskarten mit Ihnen zu tauschen, wenn Sie mich gleichzeitig verklagen?«

»Sie verklagen?«

»Yeah.« Riley sah Gamache gespannt an. »Haben Sie nicht Leukämie?«

»Sicher«, antwortete Gamache, überrascht, daß Riley Bescheid wußte.

»Nun, und wofür verklagen Sie mich?«

»Ich weiß nicht, wovon Sie sprechen.«

»Sie sind einer der Kläger, der das Unternehmen John J. Riley, Tochtergesellschaft der Beatrice Foods, verklagt.« Gamache war schockiert. Unbehaglich rutschte er auf seinem Stuhl hin und her. »Sehen Sie«, begann er schließlich, »es tut mir leid, aber ich sollte jetzt vielleicht besser gehen. Ich wußte nicht, daß Ihre Gerberei von dem Prozeß betroffen ist. Die Anwälte suchten nach Leuten, welche die Klage unterstützen. Wir wollen nichts weiter, als daß die großen Konzerne aufhören, Giftmüll zu deponieren.«

»Hören Sie, Roland, ich bin in dieser Stadt geboren worden und hier aufgewachsen«, sagte Riley. »Ich war Vorsitzender des Schulkomitees, des Planungsreferats, des Verwaltungsrats einer örtlichen Bank. Dieses gottverdammte Land ist mein Leben, mein Blut, denn von hier bekomme ich mein Wasser. Wenn Sie glauben, ich deponiere hier giftige Chemikalien, dann sind Sie verrückt. Wenn Sie bei Ihrem Auto einen Ölwechsel vornehmen, verschmutzen Sie die Umwelt mehr, als ich das in meinem ganzen Leben getan habe. Ich habe nie irgend etwas deponiert, und auch Beatrice Foods nicht. Mich und meine Firma zu beschuldigen, den Leuten die Leukämie gebracht zu haben – das mag ich, verdammt noch mal, wirklich nicht.«

Gamache war von diesem Ausbruch erschüttert. Wieder wollte er aufstehen, um zu gehen, aber Riley war noch nicht fertig. Er erzählte Gamache, nun in etwas ruhigerem Ton, daß er selbst einen Fall von Leukämie in seiner Familie gehabt habe, der Sohn seiner Schwester, der in Rhode Island lebte. »Ich will jetzt nicht gemein werden, aber er hat nie auch nur einen Tropfen Wasser aus Woburn getrunken. Ich kenne die emotionalen Probleme sehr genau, die durch so eine Geschichte entstehen.«

»Meine größte Sorge ist«, erwiderte Gamache, »daß die Stadt die Brunnen wieder in Betrieb nimmt. Ich will nicht, daß meine Kinder noch einmal diesem Wasser ausgesetzt sind. Aus diesem Grund habe ich mich der Klage angeschlossen.«

»Diese gottverdammten Brunnen hätten eigentlich gar nicht angeschlossen werden sollen«, erklärte Riley. »Das hat mir Denny Maher gesagt, der Typ, der die Brunnen im Auftrag der Stadt gebohrt hat. Das Wasser war nur für Industriezwecke geeignet. Mein Betrieb läuft absolut sauber. Das ist auch der Grund dafür, warum ich als einziger Gerber noch in der Stadt bin.«

Dann reichte Riley Gamache die Eishockeykarten. »Nehmen Sie diese Eintrittskarten. Ich werde Sie dann irgendwann wegen der Celtics-Karten anrufen.«

Nachdem Gamache gegangen war, rief Riley bei Neil Jacobs an und erzählte ihm von dem Vorfall. »Der Typ wußte noch nicht einmal, wen er verklagt«, sagte Riley. »Er sagte, er hat es getan, weil der Anwalt ihn dazu überredet hat.«

Für Jacobs klang das wie ein Beweis dafür, daß Schlichtmann die Leute aktiv angestiftet hatte, die Klage zu unterstützen. Jacobs fragte sich, ob gegen Schlichtmann Anklage wegen Anstiftung zu grundloser Prozeßführung – Barraterie – erhoben werden konnte. Dieses Vergehen hörte sich eher altmodisch an und wurde nur noch selten jemandem vorgeworfen. Zu Beginn des Jahrhunderts allerdings wurde es bei Anwälten, die mit Körperverletzung zu tun hatten, häufig geltend gemacht. Diese neue Zunft wurde von der Anwaltskammer damals weitgehend verachtet. Gleichwohl hatte Jacobs den Eindruck, daß Gamaches Worte, wie sie ihm von Riley berichtet wurden, wie eine zutreffende Beschreibung der »Anstiftung zu grundloser Prozeßführung« wirkten.

Jacobs erwähnte diesen Gedanken Facher gegenüber, aber Facher tat ihn mit einer Handbewegung ab. Jacobs erzählte Facher auch davon, daß Cheeseman plante, einen Antrag einzureichen, der auf Klausel 11 basierte. Auch diesen Schritt tat Facher ab. Die Erfolgsaussichten seien zu gering, sagte er zu Jacobs. »Ich bin dafür, etwas nur einmal zu tun«, erklärte Facher gerne. »Wenn Sie einen Typen niederschlagen wollen, dann tun Sie es so, daß er nicht wieder aufstehen kann.«

Jacobs rief Cheeseman an, um ihm mitzuteilen, daß Facher beschlossen hatte, sich dem Antrag nach Klausel 11 nicht anzuschließen. Aber, fuhr Jacobs fort, es gebe eine andere Sache, die zu verfolgen Cheeseman vielleicht als interessant erachtete. Jacobs beschrieb das Aufeinandertreffen von Riley und Roland Gamache. Falls Cheeseman noch über die Klausel 11 nachdenke, meinte Jacobs, könne er auch eine Anklage wegen Anstiftung zu grundloser Prozeßführung in Erwägung ziehen.

Cheeseman gefiel der Gedanke. Er war enttäuscht, daß Facher den Antrag nicht unterstützen wollte, denn er selbst war entschlossen, jede erdenkliche Waffe gegen Schlichtmann einzusetzen. Und Anstiftung zu grundloser Prozeßführung schien die Klausel 11 perfekt zu ergänzen.

Unter der Überschrift »Anstiftung zu grundloser Prozeßführung« führte Cheeseman in seinem Antrag einen weiteren Absatz hinzu. »Wir haben einen höchst konkreten und eindeutigen Beweis, der die Anklage stützt, aber zum gegenwärtigen Zeitpunkt basiert er auf einer vertraulichen Mitteilung des Anwalts der Mitklägerin von W. R. Grace.« Weil die Information im Prinzip durch das Anwaltsgeheimnis geschützt war, entschied Cheeseman, daß er sie Schlichtmann gegenüber nicht enthüllen konnte. Um die Anklage stichhaltig zu machen, würde er sie jedoch dem Richter des Bezirksgerichts gegenüber offenlegen müssen. »Sollte das Gericht eine beeidete Erklärung zu betreffender Mitteilung unter Ausschluß der Öffentlichkeit in Betracht ziehen«, schrieb Cheeseman, »so wird W. R. Grace sie zur Prüfung durch das Gericht vorlegen.«

Neben den außergerichtlichen Verlautbarungen gegenüber der Presse (»Öffentlichkeitsarbeit am Tag der Prozeßeröffnung«, wie sie Cheeseman in seinem Schriftsatz nannte), hatten Schlichtmann und Roisman eine grundlose Klage eingereicht und sich dahingehend betätigt, Klienten zur grundlosen Prozeßführung anzustiften, was eine Verletzung der standesrechtlichen Grundsätze darstellte. Ein derartiges Benehmen sollte eigentlich jeden Richter erzürnen, dachte Cheeseman. Möglicherweise entschieden sich die Prüfer in der Anwaltskammer sogar für eine Disziplinaranhörung. Schlichtmann sollte für sein Handeln öffentlich gemahnt und bestraft werden.

4

Als Cheeseman den Fall Woburn vom Staatlichen Gerichtshof von Massachusetts an das Bezirksgericht übergab, ging die Akte an das Büro des Sekretärs für Zivilangelegenheiten. Der Fall Woburn war in diesem Jahr einer von 4811 zivilrechtlichen Fällen für das Bezirksgericht in Boston. Ein Amtmann übertrug per Losverfahren jeden neuen Fall einem der neun Tatrichter am Gericht, ein Verfahren, das verhinderte, daß Anwälte sich nach einem Richter umsahen, von dem sie glaubten, daß er ihnen oder ihrem Fall gewogen sei.

Für den Fall Woburn nahm der Beamte einen kleinen versiegelten Umschlag oben vom Stapel, der den Namen eines der neun Richter enthielt. Er schlitzte den Umschlag auf und schüttelte ein Stück Papier heraus, auf das der Name »Skinner, W. J.« getippt war.

Zu diesem Zeitpunkt war Richter Walter Jay Skinner mit mehr als 500 Fällen in Verzug. Jeden Monat vergrößerte das Losverfahren diesen Rückstand um 20 bis 30 neue Fälle. Die meisten dieser Fälle würden noch vor dem Prozeß außergerichtlich geregelt werden, aber gewöhnlich erfolgte ein Vergleich erst, wenn Richter Skinner in einem Vorverfahren mit den Anwälten gesprochen und ihnen einen frühen Verhandlungstermin angedroht hatte. Der Richter machte häufig Überstunden, um den Rückstand aufzuholen. Auch er hatte in Harvard studiert. Er war 56 Jahre alt, sein Haar färbte sich grau, seine blauen Augen hinter der Hornbrille wirkten matt und wäßrig. Unter der Anwaltschaft von Boston galt er als hart arbeitender und gerechter Richter, der aber auch aufbrausend und schroff sein konnte. »Reißen Sie sich am Riemen, und ziehen Sie den Fall durch«, warnte er Anwälte gelegentlich. »Ich werde diesen Prozeß nicht hinauszögern, während Sie in irgendeiner Bibliothek an Ihren Anträgen arbeiten.« Einmal hatte er zwei Anwälte zu einem Seminar über Prozeßpraxis verurteilt, weil sie schlecht recherchierte und grundlose Klagen eingereicht hatten. In solchen Fällen schlug er mit der Hand laut widerhallend auf seine Bank und sagte mit drohender Stimme: »So, das reicht! Das Leben ist kurz!«

Er war ein begeisterter Tennisspieler, und wenn es die Zeit erlaubte, dann stieg er zum Wohle seines Herzens und seines Kreislaufs die 15 Stockwerke zu seinem Büro gern zu Fuß hinauf. Er wäre möglicherweise von großer, herrischer Statur gewesen, hätte es nicht eine Verunstaltung gegeben – er hatte nämlich einen Buckel. Im Jahr als er seinen Abschluß am Harvard College machte, 1948, war er wegen eines schmerzhaften Bandscheibenvorfalls an der Wirbelsäule operiert worden. Seither ging er mit gebeugten Knien, den Rücken von der Hüfte an weit nach vorne geneigt, und Kopf hochgereckt um zu sehen, wohin er ging, wie ein Mann, der eine schwere unsichtbare Last trug. Er war viel zu beschäftigt, um jeden neuen Fall, den er übertragen bekam, zur Kenntnis zu nehmen, aber in der Sache Woburn war das ganz anders. Er hatte die Zeitungsberichte über die Ballung von Leukämieerkrankungen gelesen, darüber, daß Schlichtmann die Klage eingereicht hatte, und er hatte Schlichtmann sogar im Fernsehen gesehen. Sein Eindruck war, daß Schlichtmann mit seiner außergerichtlichen Verlautbarung hart an der Grenze des Legalen entlanggeschrammt war, aber das, dachte der Richter, sollten die Prüfer der Anwaltskammer entscheiden. Er kannte Schlichtmann – groß, steif, ernst – von einer Begegnung in seinem Gerichtssaal, die drei Jahre zurücklag. Damals hatte er Schlichtmann eigentlich gemocht. Mit Sicherheit hatte er Schlichtmanns Fall gutgeheißen. Schlichtmann hatte die Clamshell Alliance vertreten, eine Gruppe, die gegen den Transport nuklearer Brennstäbe in das Kraftwerk Seabrook protestiert hatte. Die AKW-Gegner hatten vorgehabt, in Salisbury einen Protest durchzuführen. Sie hatten sich an den Stadtrat gewandt, um die Demonstration genehmigen zu lassen. Derartige Genehmigungen waren an andere Gruppierungen – Kriegsveteranen und Columbus-Day-Umzügler – ohne weiteres ausgegeben worden, aber der Polizeichef hatte den Antrag der Clamshell Alliance abgelehnt. Skinner erinnerte sich, daß er rasch zugunsten von Schlichtmanns Mandanten geurteilt und den Polizeichef gehörig getadelt hatte, weil er die Grundrechte der Demonstranten verletzt hatte. Dann hatte Schlichtmann gefordert, daß die Stadt Salisbury für sein Honorar aufkomme.

Hier hatte sich Richter Skinner geweigert. »Ich finde, Ihre Mandanten sollten das Urteil akzeptieren und losmarschieren«, sagte er zu Schlichtmann.

»Eben das befürchte ich ja, Euer Ehren, und ich stehe dann dumm da«, hatte Schlichtmann erwidert.

Skinner hatte lächeln müssen. »Wie hoch ist Ihr Honorar?«

»60 Dollar die Stunde.«

Skinner sah den Vertreter der Stadt an. »Ich habe nur eine Frage an Sie. Ist Mr. Schlichtmann 60 Dollar die Stunde wert?«

»Ich denke schon«, erwiderte der Anwalt.

»Dann bezahlen Sie ihn auch«, hatte Skinner angeordnet.

Richter Skinner hatte Cheesemans Antrag inklusive Klausel 11 mit Interesse gelesen, als er Mitte November in sein Richterzimmer kam. Während der neun Jahre, die er nun am Gericht war, hatte noch kein Anwalt einen Antrag mit der Klausel 11 in seinen Gerichtssaal gebracht, und er wußte auch von keinem anderen Richter seines Zuständigkeitsbereichs, der von einem solchen Antrag gehört hätte. Skinner hatte den Eindruck, daß es jede Menge unbedeutender Fälle gab – »Schrott«, hatte er sie einmal genannt –, welche die Gerichte verstopften und zu seiner eigenen Arbeitsüberlastung beitrugen. Er hatte über die beabsichtigte Revision der Klausel gelesen und dies für eine exzellente Idee gehalten. Seiner Meinung nach sollten die Anwälte ermuntert werden, die Klausel 11 viel häufiger heranzuziehen.

Die Klausel war insofern ungewöhnlich, als sie vom Anwalt, der die Klage eingereicht hatte, verlangte, daß er in den Zeugenstand trat und sich einem Verhör durch die Kläger unterzog. Ein solches Prozedere war, wie eine Anhörung, die auf dieser Klausel beruhte, äußerst selten. Die Arbeit eines Anwalts besteht darin, für die Interessen seines Mandanten zu streiten und nicht als

Zeuge aufzutreten, dessen Aussage möglicherweise dazu führte, daß der Fall seines Mandanten abgesetzt wurde. Aber Skinner war der Überzeugung, daß die Klausel es für Schlichtmann erforderlich machte, in den Zeugenstand zu treten und Cheesemans Fragen zu beantworten. Auf diese Weise, beschloß er, wollte er diese Anhörung durchführen.

Dem Antrag nach Klausel 11 lag ein ausführliches Memorandum von Cheeseman bei. Skinners Erfahrung nach reichten Foley, Hoag & Eliot immer sehr umfangreiche Schriftsätze ein. Es war ein Markenzeichen der Firma und hatte ihn früher schon geärgert. Er war mit anderen Fällen beschäftigt und las Cheesemans Memorandum nicht besonders gründlich. Er versäumte es, den Paragraphen auf Seite neun zu beachten, der mit »Anstiftung zu grundloser Prozeßführung« überschrieben war.

Der Richter bat seinen Amtmann eine Anhörung zum Antrag laut Klausel 11 anzuberaumen. Dieser fand einen freien Platz in Skinners vollem Terminkalender, und zwar am Donnerstag, dem 6. Januar, um 14.15 Uhr. Der Amtmann unterrichtete Cheeseman und Schlichtmann, zu diesem Zeitpunkt vor Gericht zu erscheinen, gerüstet für eine Beweisanhörung mit mündlichen Ausführungen und mit Zeugen.

5

Schlichtmann meldete sich gleich an dem Morgen telefonisch bei Cheeseman, an dem er den Antrag nach Klausel 11 erhalten hatte. Es war ihr erstes Gespräch. »Diese Beschuldigungen sind lächerlich, und das wissen Sie auch«, sagte er zu Cheeseman. »Diese Sache mit der Anstiftung – es ist unerhört, daß Sie mich persönlich attackieren.«

»Nicht unerhörter als die Behauptungen, die Sie gegen meinen Mandanten vorgebracht haben«, erwiderte Cheeseman.

»Ich möchte, daß Sie diese Beschuldigungen zurücknehmen, damit wir in der Sache verhandeln können«, sagte Schlichtmann.

»Lassen Sie die Klage fallen, dann werde ich die Behauptungen zurücknehmen.«

»Sie wissen, daß ich das nicht tun kann«, entgegnete Schlichtmann.

»Dann wird mein Mandant mit allen Beschuldigungen aufwarten, von denen wir glauben, daß sie zutreffen.«

Der kühle, überlegene Ton in Cheesemans Stimme machte Schlichtmann wütend. »Hören Sie mal zu, Sie Bastard – Sie nehmen die Sache sofort zurück.«

»Nein«, sagte Cheeseman.

Schlichtmann knallte den Hörer auf die Gabel. Er atmete schwer, sein Gesicht war rot angelaufen, er war so wütend, daß seine Hände zitterten. So hatte Conway ihn noch nie erlebt. »Dieser Typ ist ein Arschloch«, brüllte Schlichtmann. »Wenn der Richter ihm glaubt, dann werde ich am Ende wegen standeswidrigen Verhaltens angezeigt. Ich könnte meine Zulassung verlieren.«

Roisman flog aus Washington herüber, um die Strategie vor Gericht zu besprechen. Richter Skinner hatte in seiner Weisung deutlich gemacht, daß eine Anhörung basierend auf Klausel 11 von Roisman oder Schlichtmann oder von beiden verlangte, daß sie in den Zeugenstand traten und von Cheeseman ins Kreuzverhör genommen wurden. Roisman war der Auffassung, daß sie keine andere Wahl hätten, als sich dem Richter zu fügen. Schlichtmann sagte, er werde sich weigern.

»Was, wenn dich der Richter zwingt?« fragte Conway.

»Ich werde nicht hingehen«, erwiderte Schlichtmann. »Das ist Unrecht. Ich bin Anwalt für meine Mandanten. Er kann mich nicht zwingen, gegen sie auszusagen.«

»Wenn du dich weigerst, wird er dich wegen Mißachtung des Gerichts verknacken«, sagte Conway.

»Das ist mir egal. Ich trete nicht in den Zeugenstand.«

»Jan, er kann dich ins Gefängnis bringen«, sagte Conway. »Weißt du, wie es im Knast in der Charles Street zugeht?« Conway stellte sich vor, wie Schlichtmann in seinen polierten Bally-Schuhen, seiner roten Hermès-Krawatte und dem 1000-Dollar-

Anzug, von Säufern, Dieben und Drogensüchtigen umgeben, in einer Arrestzelle in der Charles Street saß. »Bring am 6. Januar besser deine Zahnbürste mit«, sagte er.

Es war Conway, der auf den Gedanken kam, den Vorwurf der Anstiftung gegen Cheeseman zu wenden. »Der Vorwurf basiert auf einer unter Ausschluß der Öffentlichkeit beeideten Erklärung, einer geheimen Beschuldigung. Das wird dem Richter nicht gefallen. Ich glaube, er wird das unerhört finden. Mach diesen Punkt doch zum Thema. Vielleicht wird Skinner dann wütend auf Cheeseman.«

Schlichtmann hielt die Idee für überlegenswert. Wenn er erreichen konnte, daß der Richter gleich zu Beginn der Anhörung verärgert über Cheeseman war, würde er vielleicht den Antrag nach Klausel 11 skeptischer betrachten. Schlichtmann beschloß, daß er in dem Augenblick, in dem er den Gerichtssaal betrat, loslegen und sich nicht setzen würde, bis er die Aufmerksamkeit des Richters von der Klausel 11 ab- und auf die Beschuldigung der Anstiftung hingelenkt hatte. Ob er damit Erfolg haben würde, war eine andere Sache. Richter Skinner schätzte es, Kontrolle über die Vorgänge in seinem Gerichtssaal zu wahren.

Sie beschlossen, die komplette Akte zusammenzupacken – alle Berichte der EPA, die Leukämieuntersuchungen des Instituts für Krankheitsüberwachung, toxikologische Berichte über Chemikalien, Zeitungsausschnitte, jede Kleinigkeit an Daten, jedes Schnipselchen Papier, die über die Brunnen G und H zur Verfügung standen – und sie mit zum Gericht zu schleppen. Sie würden alles auf ihrem Tisch, vor Skinners Richterstuhl, auspacken, als Beweis dafür, wie viele Informationen ihnen zur Verfügung standen, die ihre Klage stützten. Sie packten die Akten in drei große Pappkartons und stellten sie auf ein Wägelchen. Obwohl er noch in den Anfängen steckte, war der Fall auf einen beeindruckenden Umfang an Unterlagen angewachsen.

Conway warf einen taxierenden Blick auf das Gepäck. »Jan, vergiß deine Zahnbürste nicht«, sagte er.

6

Der 6. Januar war ein grauer, verhangener Tag. Der Geruch von Schnee lag in der Luft. Aus der Kanzlei von Reed & Mulligan trat ein ganzer Pulk von Anwälten – Schlichtmann vorneweg, Roisman und Conway zu seinen Seiten, gefolgt von Reed und Mulligan und einem halben Dutzend anderer Freunde, die um der moralischen Unterstützung willen gekommen waren. Die Truppe ging die Tremont Street entlang, vorbei an dem schwarzen schmiedeeisernen Zaun des Friedhofs Old Granary, und bog dann in die Milk Street zum Gericht ein. Das Gebäude, eine dunkle, massive Konstruktion aus gewaltigen Steinpfeilern und hohen, schmalen Fenstern stammte aus den dreißiger Jahren und umfaßte einen ganzen Häuserblock. Schwere bronzene Gitter bedeckten die unteren Fenster und Türen, und die gemeißelten Steinspandrillen über den gewölbten Eingängen stellten Hellebarden und Adler dar. In den reich verzierten Zinnen weit darüber lebten Wanderfalken und machten Jagd auf die Tauben, die sich ihre Nahrung auf dem Post Office Square suchten.

Unter dem kalten Winterhimmel wirkte das Gebäude auf Schlichtmann wie ein böses Omen. Auf seiner Stirn stand Schweiß, und seine Hände waren feucht. Er hatte in der Nacht zuvor nur schlecht geschlafen. Lange Zeit war er wach gelegen, hatte über Disziplinaranhörungen, öffentliche Mahnungen und den Entzug der Zulassung nachgedacht. Er bedauerte, sich überhaupt auf diesen Fall eingelassen zu haben. Als er im 15. Stockwerk ankam, in dem Gerichtssaal Nr. 7 lag, der Saal von Richter Skinner, ging er zunächst einmal zur Toilette. Er wusch sich die Hände und spritzte sich Wasser ins Gesicht, starrte einen Moment lang in den Spiegel, versuchte sich zu sammeln.

Er trat durch eine Tür mit hohen ledergepolsterten Flügeln in den Gerichtssaal. Der Raum war groß, hatte eine hohe, gewölbte Decke, einen schwarzglänzenden Marmorsockel und entlang der Wände geriffelte Säulen. Blasses Winterlicht drang durch eine Reihe von Fenstern hinter der Geschworenenbank in den Raum.

Unter den Fenstern zischten leise alte Heizkörper, verströmten einen muffigen, leicht dampfigen Geruch. Hinten über der Richterbank aus schwarzem Marmor hing als Flachrelief ein großer bronzener Adler, der in seinen Krallen Pfeile umklammert hielt. Der Saal war durch ein dickes Holzgeländer zweigeteilt, die langen Reihen des Zuschauerraums auf der einen Seite, der Anwaltstisch, die Geschworenenbank und die Richterbank auf der anderen. Zur Rechten des Richterstuhls, gegenüber von der Geschworenenbank befand sich das kleine Podium des Zeugenstands. Dazu gehörten ein schmaler, dunkel polierter Holztisch und ein schwerer ledergepolsterter Stuhl.

Ein Gerichtssaal war für Schlichtmann ein vertrauter Ort. Nie trat er ein, ohne ein Gefühl der Vorfreude zu empfinden, eine angenehme Woge der Kraft und Aufregung. Aber nie zuvor hatte er einen Gerichtssaal aus der Perspektive des Angeklagten gesehen. In diesem Moment standen andere in Handschellen da. Der höhlenartige, alte Gerichtssaal wirkte düster, und der Zeugenstand, wo ihn der Richter heute Platz nehmen lassen würde, wirkte bedrohlich.

Gemeinsam mit Roisman und Conway ging Schlichtmann zu dem breiten Holztisch direkt unter dem Richterstuhl, dem Anwaltstisch, der sonst für die Kläger bestimmt war. Die übrige Gefolgschaft, seine Freunde, die ihm moralische Unterstützung gaben, saß in der ersten Reihe des Zuschauerraums. Zwei weitere Gruppen von Anwälten, insgesamt sieben oder acht, betraten den Gerichtssaal. Schlichtmann kannte keinen von ihnen. Ein großer Mann, vielleicht 40 Jahre alt, der dringend einen Haarschnitt gebrauchen konnte, setzte sich an einen der Anwaltstische. Er trug einen Schafswollmantel und eine Lederkappe mit einem schmalen Rand. Schlichtmann hörte, wie sich dieser Mann mit einer Frau in einem dunklen Kostüm unterhielt, die sich neben ihn setzte. Er erkannte die Stimme wieder und wußte, daß dies Cheeseman war. Zur Linken Cheesemans saßen am dritten Anwaltstisch zwei Männer; einer schien ungefähr 60 zu sein, der andere jünger, in Schlichtmanns Alter. Der ältere Mann trug einen billigen grauen Anzug, der aussah, als wäre er aus Polyester. Der jüngere Mann mit dem runden Mondgesicht war klein und untersetzt, hatte einen Schnurrbart und trug eine Brille. Schlichtmann kannte ihre Namen nicht, aber er vermutete, daß sie die Anwälte von Beatrice Foods waren.

Die Tür rechts neben der Richterbank ging auf und Richter Skinner trat ein, die schwarze Robe über seine gebeugte Gestalt drapiert.

»Erheben Sie sich«, sagte der Amtmann. »Die Sitzung ist eröffnet. Zivilrechtlicher Fall 82-1672, Anderson et al. gegen W. R. Grace et al.«

Richter Skinner musterte die Versammlung der Anwälte mit einem leicht überraschten Blick. »Ist das der einzige Fall?« fragte er den Amtmann. »Es sind so viele Anwälte da.« Er sah Facher an einem der Anwaltstische sitzen. Er kannte Facher seit 30 Jahren, seit der Universität. Er hatte schon mehrere Fälle hier vor Gericht gebracht. »Mr. Facher, sind Sie an diesem Fall beteiligt?«

»Ich vertrete die Mitbeklagten, also bin ich wohl schon beteiligt«, antwortete Facher. »Aber der Antrag kommt nicht von mir«, fügte er hinzu.

»In Ordnung«, sagte der Richter. »Der Antrag stammt von Foley, Hoag, nehme ich an. Es hat um diesen Fall eine Menge Wirbel in der Öffentlichkeit gegeben. Ich betrachtete dies als eine Disziplinarfrage, die von den Prüfern der Anwaltskammer erörtert werden muß – wenn sie denn erörtert werden muß – und nicht im Zusammenhang mit dem Verfahren steht.« Der Richter hielt inne. »So bleibt als strittige Rechtsfrage die Klausel 11.«

Schlichtmann war stehen geblieben. Er wußte nicht, ob Richter Skinner sich noch an ihn erinnerte. »Euer Ehren, mit Ihrer Erlaubnis: Mein Name ist Jan Schlichtmann.«

»Ich weiß.«

»Euer Ehren«, fuhr Schlichtmann fort, »dies ist für mich ein sehr ungewöhnliches Vorgehen.«

»Für mich auch«, erwiderte der Richter. »Ich bin an dieser Klausel ziemlich interessiert. Ich glaube, daß sie in der Vergangenheit kläglich vernachlässigt wurde, was wahrscheinlich dazu geführt hat, daß die Prozeßlisten dieses und anderer Gerichte über die Jahre hinweg mit einem guten Teil Schrott verstopft wurden.«

Schlichtmann atmete tief durch. »Euer Ehren, ich würde Ihre Aufmerksamkeit gerne auf eine wichtige Angelegenheit lenken. Unter der Überschrift ›Barraterie‹ behauptet Mr. Cheeseman, er habe einen ›höchst konkreten und eindeutigen Beweis‹, der die Behauptungen stützt, daß wir uns dahingehend betätigt haben, Klienten zum grundlosen Prozessieren aufzufordern, was eine Verletzung der standesrechtlichen Grundsätze darstellt und zum Entzug unserer Zulassung führen könnte, sollte ein Beweis erbracht werden. Er sagt, die Behauptung basiere auf einer vertraulichen Mitteilung von Hale und Dorr, den Anwälten des Mitklägers in diesem Fall. Sie haben ihre Informationen, die mein ungebührliches Verhalten betreffen, an Mr. Cheeseman weitergereicht.«

Richter Skinner wirkte verwirrt. Er hatte geglaubt, einen Antrag basierend auf Klausel 11 zu hören, nicht eine Klage wegen Barraterie. »Anstiftung zur grundlosen Prozeßführung?« fragte er nach. »Eine vertrauliche Mitteilung von welchem Anwalt?«

»Von Hale und Dorr, den Anwälten von Beatrice Foods, der die Gerberei John J. Riley gehört«, antwortete Schlichtmann.

Der Richter sah Cheeseman an. »Wo soll es eine vertrauliche Mitteilung gegeben haben?«

Cheeseman erhob sich. »Es gab eine Mitteilung der Mandantin Beatrice Foods an ihren Anwalt, die dann an mich weitergegeben wurde.«

»Nun«, sagte der Richter, »dann ist sie ja wohl nicht mehr vertraulich, oder?«

»Ich bin nicht der Ansicht«, entgegnete Cheeseman.

»Warum nicht?«

»Weil wir beide Verteidiger in ein und demselben Rechtsstreit sind. Mein Verständnis der Klausel … –«

Richter Skinner winkte ungeduldig ab. »Wenn Sie glauben, Sie können mir geheimes Zeug gegen diesen Anwalt vermitteln« – Skinner zeigte auf Schlichtmann –, »ohne daß er die Möglichkeit hat, in öffentlicher Verhandlung darauf zu reagieren, dann täuschen Sie sich. Dann können Sie Ihren Antrag vergessen, was mich betrifft. Wenn Sie für diese Behauptung eine Grundlage haben, dann legen Sie sie besser offen. Wenn nicht, geben Sie ein für allemal Ruhe.«

Schlichtmann fing zu reden an. »Euer Ehren ...«

»Einen Moment noch«, unterbrach ihn der Richter. »Es wird noch früh genug jede Menge Geplänkel geben.« Er schaute Cheeseman an, wartete auf dessen Erwiderung.

»Wenn Euer Ehren die beeidete Erklärung nicht zu sehen wünscht«, sagte Cheeseman, »dann habe ich kein Interesse oder Bedürfnis, sie Ihnen zum gegenwärtigen Zeitpunkt zu zeigen.«

»Unter Ausschluß der Öffentlichkeit werde ich keinen Antrag entgegennehmen, der diesen Anwalt und seine Reputation betrifft. Wir fahren mit der Klausel 11 fort.«

Aber Schlichtmann war noch nicht bereit, mit der Klausel 11 fortzufahren. »Euer Ehren, darf ich?« sagte er noch einmal.

Richter Skinner nickte.

»Ich hoffe, Sie verstehen, daß diese Anschuldigung der Barraterie die Beziehung zu meinen Mandanten wie auch zu Ihnen, Euer Ehren, komprimittiert, weil ich jetzt unter dem Schatten eines Verdachts des Fehlverhaltens vor Ihnen stehe.«

»Der Verdacht hat sich nicht erhärtet«, sagte der Richter.

»Aber eine Lüge ist schon halb um die Welt, bevor sich die Wahrheit überhaupt die Stiefel angezogen hat«, erwiderte Schlichtmann.

Dieser Satz eingeübter Weisheit schien den Richter zu amüsieren.

»Ich beantrage, daß Hale und Dorr ihre Informationen offenlegen, damit wir die Behauptungen widerlegen und mit der Anhörung fortfahren können«, fuhr Schlichtmann fort. »Sonst stehe ich mit diesen schweren Anschuldigungen des Fehlverhaltens vor Euer Ehren, und Euer Ehren weiß nicht, ob sie der Wahrheit entsprechen oder nicht.«

Der Richter seufzte. »Mr. Facher, wollen Sie zum gegenwärtigen Zeitpunkt Ihre Unterlagen vor Mr. Schlichtmann offenlegen?«

»Ich möchte die Sache nicht unnötig in die Länge ziehen«, antwortete Facher. »Wer hier von einem ›höchst konkreten und eindeutigen Beweis‹ sprach, war er« – Facher zeigte auf Cheeseman – »und nicht ich. Wir haben bestimmte Mitteilungen bekommen, wir sagten, das ist die Information, die wir erhalten haben, hier ist sie. Mehr haben wir nicht gemacht. Mir würde es weiter nichts ausmachen, wenn Mr. Cheeseman sie Mr. Schlichtmann gegenüber offenlegen möchte, weil sie, wie ich annehme, formaljuristisch immer noch vertraulich ist, da sie von einem Klienten kam, und wir beide Verteidiger in ein und demselben Fall sind.«

»Davon weiß ich nichts«, warf Richter Skinner ein.

»Ich möchte das Gericht wissen lassen, daß das nicht meine Charakterisierung der Information war«, wiederholte Facher.

Schlichtmann, der noch immer stand, schaute zu Cheeseman hinüber, der wiederum gespannt Facher ansah.

»Ich beantrage, dieses Material als verleumderisch und unerheblich abzuweisen«, sagte Schlichtmann. »Eine Behauptung, die von Mr. Cheeseman aufgestellt wurde, um mich vor dem Gericht in Mißkredit zu bringen.«

»Abweisen werde ich es nicht«, erwiderte der Richter, »aber ich werde es in Verwahrung nehmen. Wer weiß? Vielleicht stellt sich ja heraus, daß es stimmt.«

»Das ist genau der Punkt, Euer Ehren«, sagte Schlichtmann. »Ich befinde mich in einer unmöglichen Lage.«

»Nein, das tun Sie nicht. Sie können sich, bis irgendwelche Beweise erbracht werden, als unschuldig erachten. Um die Wahrheit zu sagen, glaube ich, daß diese ganze Idee von der Anstiftung einem Wandel unterworfen ist, und zwar mit Recht. Sobald man anfängt über Anwälte zu sprechen, die Menschen aus benachteiligten Gesellschaftsschichten vertreten, die sich quasi per definitionem in einer Position befinden, in der sie sich keinen Anwalt leisten können, hat man in gewisser Weise den Tatbestand der Anstiftung vorliegen. Ich neige dazu, dies für gut zu halten.«

»Hale und Dorr sagten, sie würden es nicht als …«

»Hören Sie, Mr. Schlichtmann«, unterbrach ihn der Richter,

»ich verstehe, daß Sie sich schreckliche Sorgen machen. Aber ich kann heute nachmittag nichts weiter tun, als dieses Dokument in Verwahrung zu nehmen.«

»Ich glaube, daß Mr. Flasher« – Schlichtmann hatte Fachers Namen nicht richtig verstanden und sprach ihn jetzt falsch aus – »mir gegenüber eine Obligation hat. Ich beantrage, daß er die Mitteilung an das Gericht weitergibt.« Schlichtmann konnte der Reaktion des Richters – ein kaum sichtbarer Reflex der Augen, ein leichtes Zusammenpressen der Lippen – entnehmen, daß er Fachers Namen falsch mitbekommen hatte. Vom Anwaltstisch hinter sich hörte er ein gedämpftes Schnauben. Er fühlte sich, als habe er eine Taktlosigkeit begangen, einen gesellschaftlichen Fauxpas; seine Unkenntnis von Fachers Namen und Status stempelte ihn zum Außenseiter.

»Ich kann Mr. Facher keine Daumenschrauben anlegen, oder?« sagte Richter Skinner. Er schien Fachers Namen absichtlich deutlich auszusprechen.

»Ich werde das gern mit meinem Klienten absprechen«, bot Facher an.

»Wollen Sie jetzt sofort hinausgehen und mit ihm telefonieren?« fragte der Richter.

Facher hatte nicht die Absicht gehabt, gleich in diesem Augenblick nachzufragen, aber er zuckte beipflichtend die Schultern und verließ langsam den Gerichtssaal. Im Korridor gab es ein Münztelefon, gleich neben der Tür zum Gerichtssaal.

»In der Zwischenzeit«, sagte der Richter, »wollen wir uns wieder der Klausel 11 zuwenden.«

Schlichtmann setzte sich langsam.

»Die Angelegenheit scheint sehr einfach zu sein. Die Frage lautet: Was hatten Sie in der Hand, als Sie diese Klage ausarbeiteten? Und deshalb lassen wir Sie am besten von Mr. Cheeseman befragen. Wenn Sie eine Grundlage dafür hatten, Klage einzureichen, dann war's das. Wenn Sie das Ganze einreichten, ohne vorher irgendwelche Ermittlungen durchgeführt zu haben, dann weise ich die Klage ab.«

Schlichtmann war wieder auf den Beinen. »Ich finde, es ziemt sich für den Anwalt des Klägers nicht, in den Zeugenstand zu treten und die Fragen des Anwalts des Beklagten zu beantworten«, sagte er. »Ich bekomme fast das Gefühl, als bräuchten wir Anwälte selbst Anwälte. Ich bin willens, dem Gericht ausführliche eidesstattliche Erklärungen vorzulegen.«

»Nein. Ich werde diesen Fall nicht auf der Grundlage von eidesstattlichen Erklärungen entscheiden. Kommen wir zum Verhör. Die Behauptung, soweit ich das verstanden habe, lautet, daß Sie W. R. Grace angeklagt haben, weil er ein chemisches Werk in Woburn betreibt, und was sie in Wirklichkeit dort haben ist eine Metallwarenfabrik.«

Hier unterlag der Richter einem Mißverständnis, zweifelsohne durch Cheesemans Antrag hervorgerufen, der genau diese Behauptung enthielt. »Es handelt sich nicht um ein chemisches Werk«, pflichtete Schlichtmann bei. »Es handelt sich um einen metallverarbeitenden Betrieb, aber dort benutzt man verschiedene Chemikalien und Lösungsmittel.«

»Verhandeln Sie nicht über den Fall«, sagte der Richter genervt. »Der Antrag geht von Mr. Cheeseman aus, und das Wort hat zum gegenwärtigen Zeitpunkt strenggenommen er. Ich werde ihm gestatten, Sie zu befragen.«

»Euer Ehren«, fuhr Schlichtmann fort. »Wir haben eidesstattliche Erklärungen über unsere Ermittlungen, über die Stunden, die wir aufgewendet, die öffentlichen Dokumente, die wir eingesehen, die Experten, die wir herangezogen haben. Wir sind zu dem Schluß gekommen, daß wir guten Grund haben, zu glauben, daß W. R. Grace diese Chemikalien benutzt hat, daß diese Chemikalien in das Grundwasser gelangt sind und es verseucht haben, was zu den Schäden für die Kläger geführt hat.«

»Okay«, meinte Richter Skinner. »Mr. Cheeseman ist jetzt berechtigt, Sie ins Kreuzverhör zu nehmen.«

Cheeseman stand auf, seinen Schreibblock in der Hand, bereit, Schlichtmann in den Zeugenstand zu rufen.

Aber Schlichtmann hörte nicht auf zu reden. »Wenn ich in den Zeugenstand trete, kann ich nicht länger Anwalt für meine Mandanten sein. Ich werde zum Zeugen und bin allen Verfahrensregeln eines Verhörs unterworfen. Ich kann nicht länger ein guter, objektiver Advokat für meine Mandanten sein.«

»Die Befragung wird begrenzt sein, Mr. Schlichtmann. Ich zweifle nicht, daß dies die richtige Art ist, zu verfahren.«

»Euer Ehren, ich kann nicht in den Zeugenstand treten, ohne mein Mandat in diesem Fall niederzulegen.«

»Nein«, widersprach der Richter, »das ist nicht richtig.«

»Aus ethischen Gründen kann ich nicht als Zeuge gegen meinen Klienten aussagen, Euer Ehren. Was ich im Zeugenstand aussage, wird entscheiden, ob die Klage meines Mandanten stichhaltig ist oder der Fall vom Gericht verworfen wird.«

»Richtig«, sagte Skinner.

»Es ist unziemlich für einen Anwalt ...«

»Hören Sie«, unterbrach ihn der Richter, jetzt sichtlich verärgert. »Ich habe das Prozedere beschlossen. Viel mehr werde ich mir nicht mehr anhören.«

»Euer Ehren, mich zu Demütigung und Schande zu nötigen ...«

»Sie werden es überleben«, sagte Skinner kurz angebunden. »Wer Anwalt ist, wird nicht auf Rosen gebettet. Sie setzen sich jetzt, und Mr. Cheeseman kann einen Zeugen aufrufen.« Schlichtmann fügte sich, das Gesicht zu einer Grimasse verzogen.

Der Richter sah Cheeseman an. »Wen wollen Sie als ersten?«

»Mr. Schlichtmann«, antwortete Cheeseman.

»Ich weigere mich in aller Form, in den Zeugenstand zu treten«, sagte Schlichtmann, der schon wieder auf den Beinen war. »Ich bitte um Nachsicht des Gerichts und darum, mir zu erlauben, darzulegen, warum dies unnötig ist.«

Richter Skinner war mit seiner Geduld am Ende. Er konnte ihn wegen Mißachtung des Gerichts verurteilen, ihm ein Bußgeld auferlegen, ihn sogar ins Gefängnis bringen, bis er einwilligte, in den Zeugenstand zu treten. Oder er konnte den Fall auf der Stelle als erledigt betrachten. Er schien die Möglichkeiten einen Augenblick lang zu erwägen. Schließlich sagte er: »Ich werde Sie nicht wegen Mißachtung des Gerichts verurteilen, wenn Sie Ihr Handeln mit Ihrem Gewissen vereinbaren können. Aber möglicherweise werde ich die Klage abweisen.«

»Das ist ja genau die mißliche Lage, in der ich mich befinde«, sagte Schlichtmann mit ausgebreiteten Armen. »Ich habe eine Verpflichtung mir und meinen Klienten gegenüber. Und dies führt möglicherweise dazu, daß der Fall vom Gericht verworfen wird.«

Der Richter seufzte tief. »Ich glaube, um ehrlich zu sein, kaum, daß es mehr als sechs Fragen gibt, die Mr. Cheeseman Ihnen stellen könnte.«

Schlichtmann merkte, daß er den Richter zermürbte. »Könnten wir es nicht folgendermaßen probieren: Sie stellen mir diese sechs Fragen?«

»Sie wollen, daß Mr. Cheeseman mir die Fragen unterbreitet?«

»Ja, Euer Ehren.«

»Mr. Cheeseman, sind Sie dazu bereit?«

»Ich habe ein paar Fragen, mehr als nur sechs«, antwortete Cheeseman, der offensichtlich zögerte, sich auf diese Variante einzulassen.

»Nun, was auch immer Sie haben, würden Sie es mir geben?«

»Ich bin sicher, Sie werden meine Handschrift nicht entziffern können.«

»Lassen Sie es mich probieren.« Der Richter winkte Cheeseman zu, nach vorne zu treten. »Kommen Sie hierher, zur Seite.«

Zögernd ging Cheeseman mit seinem Notizblock zur Richterbank.

Schlichtmann sah erstaunt zu. Cheeseman hätte nur nein zu sagen brauchen, darauf bestehen müssen, das Verhör selbst durchzuführen. Es war sein Recht, und damit hätte er den ersten Eindruck des Richters bestätigt. Aber er hatte kampflos aufgegeben. Schlichtmann sah zu Roisman hinüber, hob die Augenbrauen und lächelte kurz und kaum merklich.

Cheeseman und der Richter verhandelten eine Zeitlang im Flüsterton. Im Gerichtssaal, in dem ungefähr 15 Anwälte saßen, war es bis auf das Gewispere am Richterstuhl absolut still.

Schließlich räusperte sich der Richter und sagte: »Es gibt einige Fragen, die Mr. Cheeseman beantwortet haben möchte, und die erste ist an Mr. Roisman gerichtet: Wann wurden Sie zu diesem Fall hinzugezogen?«

Roisman erhob sich am Anwaltstisch. »Mr. Schlichtmann bat uns im Februar 1982, uns für den Fall zu engagieren.«

Skinner verhandelte wieder mit Cheeseman, der neben dem Richter stehengeblieben war und unglücklich wirkte. Dann fragte der Richter, wann Roisman und Schlichtmann das erste Mal Einblick in die Unterlagen des Umweltschutzamtes genommen hatten, die von der Verseuchung in der Nähe des Grace-Werkes berichteten. Roisman antwortete, im Juni 1982. Wieder folgte eine geflüsterte Absprache zwischen dem Richter und Cheeseman.

»Die nächste Frage...«, begann der Richter und brummte dann: »Ich glaube, das ist eine rhetorische Frage.«

»Das glaube ich nicht, Euer Ehren«, widersprach Cheeseman.

»Dann müssen Sie sich noch einmal erklären.«

Schlichtmann beobachtete die beiden interessiert. Er dachte, daß der Richter wohl alle Begeisterung für diese Anhörung verloren hatte. Skinner schien sich unwohl zu fühlen, fast peinlich berührt bei diesem Prozedere, bei dem er und ein Anwalt allein über einen anderen Anwalt konferierten, ohne Protokollführer, ex parte. Schlichtmann war sich sicher, daß er gewonnen hatte.

Nach einigen weiteren unzusammenhängenden Fragen sagte Richter Skinner schließlich: »In Ordnung. Ich glaube, das ist das Ende dieses Katechismus, oder, Mr. Cheeseman? Sonst noch was, bevor wir diese Anhörung abschließen?«

»Da ist noch eine Sache«, sagte Schlichtmann. »Ich glaube, Mr. Facher hat mit seinem Klienten telefoniert.«

Facher war tatsächlich nach nur wenigen Augenblicken draußen in den Gerichtssaal zurückgekehrt. Er hatte gesehen, was sich alles zwischen dem Richter und Cheeseman abspielte. Facher sagte zu Schlichtmann: »Ich habe keine weiteren Informationen. In Chicago sind sie im Moment alle zu Mittag. Ich persönlich habe kein Problem damit, Ihnen die eidesstattliche Erklärung zu zeigen. Sie verbreitet keine besonderen Verleumdungen über Sie.«

»Basierend auf dieser Verlautbarung«, sagte Schlichtmann zum Richter, »beantrage ich eine gerichtliche Feststellung, daß es keinen Beweis für irgendein Fehlverhalten gibt.«

Richter Skinner schien dies einen Augenblick lang in Erwägung zu ziehen. »Mr. Facher hat eine Beurteilung verlautbaren lassen, aber ich kann diese Beurteilung nicht anstelle meiner eigenen setzen.« Dann fügte er noch hinzu, eher zu sich selbst: »Normalerweise würde ich sie durchaus respektieren.«

Schlichtmann fing wieder an zu reden, aber der Richter schnitt ihm schroff das Wort ab. »Hören Sie, Sie haben hier einen strittigen Punkt, der nun leise in der Versenkung verschwindet. Warum riskieren Sie, daß er wieder auftaucht?«

»Ich will nicht in der Versenkung verschwinden, Euer Ehren.«

»Was mich betrifft, ist das Ganze weiterhin kein Thema«, sagte Skinner und erhob sich, um zu zeigen, daß die Anhörung beendet war.

Nachdem sich der Richter zurückgezogen hatte, wandte sich Schlichtmann um und ging auf Facher zu, der in seinen Mantel schlüpfte. Er ignorierte Cheeseman, der nur wenige Meter entfernt geschäftig mit den Unterlagen auf seinem Anwaltstisch hantierte, und streckte seine Hand Facher entgegen. »Ich möchte mich bei Ihnen bedanken«, sagte Schlichtmann. »Das war sehr nobel von Ihnen, sich diesem lächerlichen Angriff nicht anzuschließen.«

Facher lächelte Schlichtmann auf sanfte, träge Weise an und schüttelte dessen Hand. Schlichtmann hatte beiden, dem Richter und Cheeseman, das Beste entlockt, und dies hatte Facher als äußerst unterhaltsam empfunden. Schlichtmanns Bemerkung über das noble Verhalten hatte ihn zudem amüsiert. Nobel zu sein hatte nichts damit zu tun, ein Prozeßanwalt zu sein. Zu Schlichtmann sagte er: »Sie haben gute Arbeit geleistet. Ich weiß nicht, ob Sie in der Sache recht haben, aber Sie haben mit Sicherheit gute Arbeit geleistet.«

Zwei Wochen später gab Richter Skinner seine Entscheidung bekannt. »Die Klausel 11 ist ein nützliches Mittel, um einen leichtfertigen und mißbräuchlichen Rechtsstreit zu verhindern«, schrieb der Richter. »Die Klausel 11 kann jedoch nicht herangezogen werden, um einen ernsthaften Prozeßführenden zu zermürben, dessen Klage möglicherweise auf Indizien beruht und zum Zeitpunkt der Klageerhebung noch nicht voll entwickelt ist.« Die Berichte des Umweltschutzamtes und die Studie zur Konzentration von Leukämieerkrankungen in Woburn böten genügend Grundlage, eine Klage einzureichen. »Demzufolge wird der Antrag des Beklagten basierend auf Klausel 11 ABGELEHNT.«

Schlichtmann hatte bereits gefeiert. Er hatte in dem Augenblick, als die Anhörung zu Ende war, gewußt, daß er gewonnen hatte. In der Kanzlei Reed & Mulligan wurden an diesem Abend die Sektflaschen geöffnet. Lachend imitierte er Cheeseman, die Art, wie er steif zur Richterbank gegangen war, den gekränkten Blick in seinem Gesicht, als der Richter seine Frage als rhetorisch beanstandet hatte. Alle feierten mit, bis spät in die Nacht hinein.

Am nächsten Morgen wachte Schlichtmann auf, ohne als erstes über den Fall Woburn nachzudenken. Er schien in ferner Zukunft zu liegen. Er glaubte noch immer, lediglich Roismans Assistent vor Ort zu sein. Damals realisierte er nicht, wie groß der Vertrauensvorschuß war, den Cheesemans Antrag ihm in Woburn eingebracht hatte.

WAISEN & HUNDE

1

Während der nächsten anderthalb Jahre ließ Schlichtmann den Fall Woburn fast gänzlich in den Akten schmachten. Sein Leben war geschäftig, mit seiner Karriere ging es voran. Er und Conway blieben eine Zeitlang bei Reed & Mulligan. Barry Reed bekam einen wichtigen Fall übertragen – einen Hotelbrand, bei dem ein Geschäftsmann ums Leben gekommen war –, und Schlichtmann begann sofort daran zu arbeiten. Er engagierte den führenden Experten für Hotelbrände im ganzen Land und gab 15 000 Dollar dafür aus, das Beweismaterial für den Gerichtssaal vorzubereiten. Dann lud er die Anwälte und die Versicherungsagenten des Hotels zu einer Konferenz ein. Weil er zu dem Schluß kam, daß dieser Fall eine Menge Geld einbringen würde, scheute er keine Kosten, den Rahmen für die Konferenz zu arrangieren. Er reservierte den großen Ballsaal im Ritz-Carlton und ein abgetrenntes Speisezimmer für die Mittags- und Dinnerpausen. Am Ende des ersten Tages zogen sich die Parteien in das Speisezimmer zurück und setzten ihr Gespräch bei Hummercremesuppe, Tomate provençale, gegrilltem Lammcarré und einem Bordeaux Grand Cru fort. Und Schlichtmann bezahlte für alles.

Die Verhandlungen dauerten drei Tage. Schlichtmann breitete seinen ganzen Fall aus, assistiert von Conway und einem jungen Anwalt von Reed & Mulligan namens Bill Crowley.

Schlichtmann ließ die Versicherungsagenten und Anwälte des Hotels seine Beweisdarstellung ansehen und seinen Brand-Sachverständigen ins Kreuzverhör nehmen. Das Hotel brachte seinen eigenen Feuerexperten ins Spiel. Die Experten diskutierten über die Indizien und stimmten weit häufiger überein, als daß sie uneins waren. Am dritten Tag verließ Schlichtmann das Ritz mit einem Vergleich über 2 250 000 Millionen Dollar.

Er hatte eine neue Möglichkeit gefunden, seine Arbeit zu erledigen. Die Verhandlungen im Ritz waren fast einem Prozeß gleichgekommen, aber die Atmosphäre war angenehm statt feindselig. Freilich war die Sache teuer geworden, aber bei weitem nicht so kostspielig wie ein zweiwöchiges Verfahren und zudem wesentlich weniger riskant. Schlichtmann war stolz auf seine neue Methode. Er sah keinen Grund, warum das gleiche Vorgehen nicht bei jedem anderen Fall auch funktionieren sollte.

Barry Reed beanspruchte einen großen Teil des Hotelbrandhonorars für sich, obwohl er bei den Verhandlungen kein einziges Mal aufgetaucht war. Schlichtmann teilte sein Honorar mit Conway und Crowley. Und als ein Reporter vom Boston Globe anrief, um Fragen zum Vergleich zu stellen, nahm Reed den Anruf und auch alle Anerkennung entgegen.

»Sie hätten zumindest meinen Namen erwähnen können«, sagte Schlichtmann.

Kurz darauf verließ Schlichtmann Reed & Mulligan und gründete seine eigene Kanzlei. Bill Crowley kam mit, und Conway natürlich auch. Conway hatte nie irgendwelche Zweifel gehegt, daß er Schlichtmann folgen würde, wohin auch immer dieser ging. Das Leben wäre ohne Schlichtmann unerträglich langweilig gewesen.

Die neue Firma hieß Schlichtmann, Conway und Crowley. Nichts an diesem Neubeginn war bescheiden. Und daran war Schlichtmann auch gelegen. Die Verhandlungen im Ritz hatten ihn überzeugt, daß der Anschein von Erfolg oft tatsächlich Erfolg hervorbringt. Die drei Partner fanden Büroräume in der ersten Etage eines alten dreistöckigen Ziegelsteingebäudes, einem historischen Wahrzeichen der Stadt in der Nähe des Hafenviertels, Ecke Milk und India Street, zwei Häuserblocks vom Bundesgericht entfernt. Schlichtmann engagierte einen der angesagtesten Innenausstatter Bostons. Die Partner investierten ihr ganzes Honorar aus dem Hotelbrandfall in die Renovierung und Einrichtung des Büros, ließen die massiven Eichenbalken freilegen und die alten Bogengänge aus Ziegelstein restaurieren. Bei demselben Mann, der einen ähnlichen Tisch für den Blue Room im Weißen Haus entworfen hatte, bestellte Schlichtmann einen großen Tisch aus Vogelaugenahorn und rostfreiem Stahl für den Konferenzraum. Um den Tisch herum standen acht Sessel aus weichem, geschmeidigem Leder, ein jeder schon fast ein kleines Sofa. Für die Büroräume wurden eigens eichene Aktenschränke nach Maß angefertigt, desgleichen Bücherregale, in denen Schlichtmanns umfangreiche Sammlung Platz fand. Er ließ den Innenarchitekten eine kleine Küche und Badezimmer mit einer geräumigen gekachelten Dusche installieren; selbst sie wurden mit Telefon ausgestattet. Die Kanzlei leaste die modernste Computeranlage, die erhältlich war. Im Einklang mit der neuen Üppigkeit ließ Kathy Boyer jeden Tag frische Blumen kommen.

Die Kanzlei feierte ihre Eröffnung mit einer riesigen Party. Ein Kran fuhr vor dem Haus aus, hielt den Verkehr in der India Street für mehrere Stunden auf, um einen Flügel durch das Fenster im ersten Stock zu hieven. Im Erdgeschoß des Gebäudes war ein altehrwürdiger irischer Pub namens Patten's Bar & Grill. Schlichtmann mietete den Pub für den Abend und engagierte den besten Partyservice der Stadt, um für das Essen zu sorgen. Kellner mit schwarzen Fliegen servierten Sekt. Unten in der Bar spielte eine Jazzcombo, und eine weitere oben in den Büroräumen. Reed und Mulligan kamen zur Party, gemeinsam mit Hunderten anderer Juristen und deren Ehefrauen, darunter viele Versicherungsanwälte und -agenten, Schlichtmanns Gegner aus vergangenen Tagen. Natürlich war auch Teresa da, desgleichen Schlichtmanns Mutter und der größte Teil der Familie Conway. Spät am Abend, die Party war noch voll in Gang, stieß Conway auf Schlichtmann, der gerade aus der Toilette kam. Sie lächelten einander zu. Eine wunderbare Zukunft lag vor ihnen. »Da ist nur noch eines, Jan«, sagte Conway.

Schlichtmann sah seinen Partner an.

»Woburn«, fuhr Conway fort. »Werd das los. Bitte.«

Schlichtmann lachte nur.

Manche Prozesse um Personenschäden sind riskanter als andere. Klagen wegen ärztlicher Kunstfehler zum Beispiel sind in der Regel viel komplizierter vorzubereiten als Fälle, die im Zusammenhang mit einem Unfall oder Produzentenhaftung stehen. Sie neigen zudem dazu, sehr viel Zeit und Geld zu beanspruchen, und die Erfolgsaussichten sind keineswegs sicher. Bei denjenigen Klagen wegen eines Kunstfehlers, die vor Gericht kommen, muß der Kläger in zwei von drei Fällen damit rechnen zu verlieren. Wie die meisten Menschen gehen auch Prozeßanwälte ungern auf eigene Kosten ein Risiko ein. In den meisten Fällen schließen sie entweder einen Vergleich oder sie ziehen die Klage noch vor Prozeßbeginn zurück. Darüber hinaus versuchen die meisten erfolgreichen Kanzleien, die sich mit Fällen von Körperverletzung befassen, eine große Menge an Fällen zu bearbeiten, die unbedeutend und unkompliziert sind. Kleine Fälle bringen auch nur geringe Honorare ein, aber sie gewährleisten einer Kanzlei einen steten Fluß an Einnahmen.

Aber diese Art der Geschäftsführung sagte Schlichtmann nicht zu. Er wollte seine Karriere nicht damit verschwenden, kleine Fälle durchzupeitschen. Er hatte großartigere Visionen. Er wollte, daß seine Kanzlei sich nur mit Fällen abgab, die hohe Gewinne versprachen und hohe Investitionen notwendig machten. Conway unterstützte diese Strategie. Er und Schlichtmann stimmten darin überein, daß sie nur zehn neue Fälle pro Jahr annehmen wollten. Es sollte Conway, der vorsichtige Conway sein, der das Amt des Türstehers für die Kanzlei übernahm. Er würde die Fragen der Haftung und der Schadenshöhe abwägen und entscheiden, welcher Fall eine Investition wert war.

Einige der Klagebegehren, die der neu gegründeten Kanzlei in ihrem ersten Jahr zugetragen wurden, waren offenkundig nicht ernst zu nehmen, und Conway lehnte sie sofort ab. (Einer der potentiellen Mandanten wollte wegen »körperlicher Schäden« prozessieren, die »ich als Folge des Genusses von Bier in den letzten 25 Jahren davongetragen habe«.) Conway nannte derartige Fälle »Hunde«. »Waisen« auf der anderen Seite waren Fälle, die aussahen, als könnten sie irgendwie einträglich sein, die aber aus dem einen oder anderen Grund durch mehrere Kanzleien kursiert waren, zurückgewiesen und zum nächsten weitergereicht. Überwiegend ging es dabei um ärztliche Kunstfehler. Mit der Zeit sollte Conways Akte mit den Ablehnungsbescheiden viele »Waisen« enthalten. Ersuchen wegen Invalidität und Tod durch Krebs, geplatzten Arterien, Nierenversagen, hohem Fieber und Herzproblemen. Meistens kam Conway zu dem Urteil, daß die Ärzte für die traurigen Ausgänge nicht verantwortlich gemacht werden konnten. Sie waren, wie man so sagte, durch höhere Gewalt verursacht worden. Conway neigte leicht zu Mitleid, nicht aber zu Rücksichtslosigkeit. »Man mißt seinen Erfolg an den Fällen, die man ablehnt«, sagte er gern.

Kaum war der Flügel durch das Fenster in der ersten Etage abtransportiert worden, als eine klassische »Waise« auf Conways Schreibtisch landete und dessen Aufmerksamkeit bannte. Zwei Kanzleien in Boston und die größte Anwaltssozietät in New York, die auf Körperverletzung spezialisiert war, Kriendler und Kriendler, hatten den Fall bereits abgelehnt. Es war oberflächlich betrachtet einer der verwirrendsten Fälle. Ein junger Mann hatte einen Autounfall gehabt und sich dabei ein Schleudertrauma zugezogen. Er war ins Krankenhaus gekommen, und jeder hatte geglaubt, es würde bei einem kurzen Aufenthalt bleiben. Fünf Monate später verließ er das Krankenhaus im Rollstuhl, vollkommen verkrüppelt, Opfer einer heftigen Infektion, die seine Hüftknochen angegriffen hatte. Ein langer Krankenhausaufenthalt und viele Operationen waren die Folge. Die Krankenakte des jungen Mannes war so dick geworden wie das Telefonbuch von Manhattan, ein Bericht über 622 Tage in verschiedenen Krankenhäusern

Conway wunderte sich, daß ein eher leichter Autounfall mit einem derartigen medizinischen Alptraum enden konnte. Diesen Waisen wollte er adoptieren. Er gab Schlichtmann die Akte, der sie über ein Wochenende mit nach Hause nahm, um sie zu lesen. Während der folgenden sechs Monate dachte Schlichtmann an nichts anderes. Und der Fall Woburn, von Conway ignoriert und von Schlichtmann vergessen, wurde selbst zur »Waise«.

Schlichtmann begann zu entwirren, was mit dem jungen Mann passiert war. Bis die Antwort für ihn gefunden war, hatte er 200 000 Dollar für den Fall ausgegeben, weit mehr als er auf irgendeinen anderen verwendet hatte, mehr als irgend jemand für vernünftig hielt, selbst Conway nicht. Schlichtmann fand heraus, daß der junge Mann, er hieß Paul Carney, direkt nach dem Unfall mit Steroiden behandelt worden war. Das war die anerkannte Behandlung, um gefährliche Schwellungen bei Verletzungen wie dem Schleudertrauma zu lindern. Schlichtmann erfuhr, daß Steroide in hohen Dosierungen das Knochengewebe zerstören können, vor allem in den Hüften. In Carneys Fall war dieser Prozeß durch eine Infektion unterstützt worden, die durch einen Katheder in den Körper gelangt war. Die Infektion hatte sich in Carneys ganzem Körper ausgebreitet, aber die Symptome – Schwellungen und hohes Fieber – waren durch die Steroide überdeckt worden.

Schlichtmann überließ in der Vorbereitung des Falls nichts dem Zufall. Zweimal organisierte er Scheinprozesse, präsentierte den Fall einer Jury aus ganz normalen Leuten, die er von der Straße weg engagiert hatte, damit sie als Geschworene auftraten. Beide Male kamen die Scheinjurys zum gleichen Geschworenenspruch: drei Millionen Dollar Schadensersatz. Schlichtmann lud die Verteidiger und die Versicherungsagenten in den großen Ballsaal im Ritz-Carlton ein. Wie bereits im Fall des Hotelbrandes zogen sich die Verhandlungen über mehrere Tage hin. Und es funktionierte, einigermaßen. Die Versicherung, die sich zuvor geweigert hatte, auch nur ein Zehncentstück zu bieten, offerierte nun eine Million Dollar, die Grenze ihres Spielraums. Schlichtmann lehnte ab.

In der Öffentlichkeit machten Gerüchte über den Fall Carney schnell die Runde. Vergleiche in Millionenhöhe kamen, wie auch Geschworenensprüche in Millionenhöhe, nicht ganz so häufig vor. Anwälte hielten Schlichtmann an und erkundigten sich, ob er tatsächlich eine Million Dollar abgelehnt hatte. Einige bewunderten seine Kühnheit. Andere hielten ihn für verantwortungslos. Fast niemand schenkte dem Gerücht Glauben, daß er für einen Fall, in dem es um einen ärztlichen Kunstfehler ging, 200 000 Dollar aufs Spiel gesetzt hatte.

Aber der Fall Carney sprach sich nur bei einem Teil der Anwaltschaft in Boston herum. Firmenanwälte bewegten sich nicht in den gleichen Kreisen wie Anwälte, die sich mit Körperverletzung beschäftigten. William Cheeseman hatte nichts von dem Fall Carney gehört. Er hatte seit der Anhörung vor mehr als einem Jahr nicht mehr auf Schlichtmann geachtet. Er schlenderte eines Nachmittags im Frühling die Milk Street entlang zu seinem Büro, als ihn Schlichtmann, der so schnell ging, wie man nur gehen kann, ohne zu laufen, beinahe umrannte.

Schlichtmann schüttelte Cheeseman die Hand. Der auf Klausel 11 basierende Antrag wurmte ihn noch immer, aber trotzdem hatte er – was ihn damals verwunderte – das Bedürfnis, daß Cheeseman ihn respektierte. Sie standen eine Weile auf dem Gehsteig und sprachen miteinander, nur wenige Schritte von Schlichtmanns Kanzlei entfernt.

»Ich gehe nächste Woche vor Gericht«, sagte Schlichtmann. Er erzählte Cheeseman vom Fall Carney und dem Angebot der Versicherung über eine Million Dollar. Cheeseman wirkte interessiert, also begann Schlichtmann die Schaustücke zu beschreiben, die er im Gerichtssaal verwenden wollte.

»Das würde ich mir gerne einmal ansehen«, sagte Cheeseman.

»Wollen Sie?« fragte Schlichtmann. »Meine Kanzlei ist gleich hier. Kommen Sie doch rauf.«

In der Kanzlei war der Teufel los. Es sah aus wie hinter der Bühne einer großen Theaterproduktion, kurz bevor der Vorhang hochgeht. Das Demonstrationsmaterial beanspruchte den kompletten Konferenzraum und war sogar noch im Gang und in der Rezeption verteilt. Es handelte sich um ein Dutzend großer, handkolorierter Darstellungen, die den Fortgang von Carneys Krankheit aufzeigten, vom regulären Knochengewebe zur fortgeschrittenen Nekrosis. Da gab es die ärztlichen Eintragungen in Carneys Fieberkurve, auf Postergröße hochgezogen, und Graphiken, die Carneys verschlechterten Zustand während der dreiwöchigen Steroidenbehandlung dokumentierten. Auf dem Tisch im Konferenzraum entdeckte Cheeseman anatomische Modelle der Hüfte und künstliche Gelenke.

Schlichtmann führte Cheeseman herum, erläuterte seine Ansicht des Falls und wie er beabsichtigte, seine Theorie zu beweisen. Er bemerkte, daß Cheesemans Interesse mehr als nur beiläufig war. Schlichtmann dachte bei sich: Er überlegt, wie die Beweisdarstellung im Fall Woburn aussehen könnte.

Cheeseman fragte, wieviel er in den Fall Carney investiert habe. Schlichtmann lächelte. »Viel. Mehrere hunderttausend Dollar.«

Cheeseman runzelte die Stirn. »Arbeitet die ganze Kanzlei an diesem Fall?«

»Das ist unsere bevorzugte Methode«, sagte Schlichtmann.

Cheeseman hielt sich 20 Minuten in der Kanzlei auf. Weder er noch Schlichtmann sprachen den Fall Woburn an. Als er ging, sagte Cheeseman: »Ich wäre gern bei diesem Prozeß zugegen. Rufen Sie mich an, wenn es soweit ist?«

»Aber sicher«, antwortete Schlichtmann.

Die Erinnerungen an diesen Rundgang ließen Cheeseman nicht mehr los. Es erstaunte ihn, daß Schlichtmann für einen einzigen Fall so viel aufs Spiel setzte. An Schlichtmanns Stelle, dachte er, würde er nachts nicht schlafen können. Er wollte der Verhandlung über den Fall Carney wirklich gern beiwohnen. Er hoffte, Schlichtmann würde verlieren.

Sich mitten im Prozeß zu befinden, war, so hatte sich Schlichtmann einmal geäußert, wie über Wochen hinweg in tiefes Wasser eingetaucht zu sein. Die Welt über einem wird zu einem schwachen Echo. Vielleicht gibt es Krieg, Skandale und Naturkatastrophen, aber nichts scheint wirklich eine Rolle zu spielen. Der Fall in all seinen Einzelheiten okkupiert jede wache Stunde und dringt gewöhnlich auch in die Träume ein. Das Leben wird bescheiden.

Taucht man schließlich an die Oberfläche auf, um wieder normal zu atmen, scheint sich die Welt in ihren grundlegenden Zügen verändert zu haben. Ob man nun gewonnen oder verloren hat, man macht sich daran, irgendwelche Vergnügen neu zu entdecken, an die man sich nur schwach erinnert. Die Farben scheinen leuchtender, das Essen schmeckt besser, das Wetter ist von unwiderstehlichem Interesse.

Der Prozeß Carney, für den sechs Monate Vorbereitungszeit notwendig gewesen waren, dauerte 15 Tage. Conway und Kathy Boyer kauften Sandwiches und flehten Schlichtmann an zu essen, aber er hielt sich selten daran. Am Ende des Prozesses hatte er sieben Kilo abgenommen.

An jenem Montagnachmittag, an dem Schlichtmann sein Schlußplädoyer hielt, war der Zuschauerraum brechend voll. Alle, die im Büro arbeiteten, waren da. Auch Schlichtmanns Bankier war gekommen. Die Bank hatte ihm 50 000 Dollar geliehen, und er war da, um, wie er sich ausdrückte, »einen Blick auf die Sicherheiten zu werfen«. Im Zuschauerraum saßen viele Anwälte, neugierige Beobachter, aber Cheeseman war nicht dabei. Schlichtmann hatte – vielleicht absichtlich – vergessen, ihn anzurufen.

Eine der Juristinnen im Zuschauerraum, eine schlanke Frau mit feinen Gesichtszügen und kastanienbraunem Haar, war aus Atlanta, wo sie einen Drogenschmuggler vertrat, nach Boston geflogen, nur um Schlichtmanns Plädoyer zu hören. Sie hieß Rikki Klieman. Mit ihrer Karriere ging es derzeit rapide aufwärts. Das Magazin *TIME* hatte sie in einem »Die Neuen Frauen im Gericht: Fünf der Besten und Erfolgreichsten« überschriebenen Artikel einen »Superstar« genannt. Ein Jahr lang hatte sie als Richter Skinners Assistentin gearbeitet und eine Weile auch in der Prozeßabteilung von Hale und Dorr, wo Facher herrschte. Barry Reed hatte sie vor ein paar Jahren mit Schlichtmann bekanntgemacht, und sie war recht angetan von ihm gewesen. Unter den richtigen Umständen, dachte sie, würde sie sich sogar in ihn verlieben können. Sie stellte sich vor, daß sie vielleicht eines Tages heiraten und Kinder haben würden. »In meinen Phantasien«, sinnierte sie einmal, »arbeiten Jan und ich sehr hart und finden schließlich irgendwie zueinander.« Doch momentan waren Schlichtmann und sie einfach nur gut befreundet. Sie waren ein paarmal miteinander zum Abendessen ausgegangen, aber zu ihrer Bestürzung hatten sie immer nur über berufliche Dinge geredet.

Rikki Klieman fand, daß Schlichtmann dünn, ja, ausgemergelt wirkte. Sein Jackett schien um seinen Körper zu schlottern. Bevor sich das Gericht versammelt hatte, war sie im Korridor an ihn herangetreten und hatte ihm viel Glück gewünscht. Seine Augen wirkten glasig, der Blick in die Ferne gerichtet. Er nickte mit dem Kopf, aber er schien sie kaum zu registrieren.

Sie kannte den Aufbau eines Plädoyers genau; sie hatte selbst genügend Schlußplädoyers gehalten. Schlichtmann arbeitete jetzt auf den emotionalen Höhepunkt hin, beschrieb, wie hilflos der junge Mann war, wie der Vater ihm jeden Morgen aus dem Bett helfen und ihn anziehen mußte. Das Plädoyer war sehr packend, das beste, das Schlichtmann je gehalten hatte. Im Zuschauerraum wischten sich einige Leute Tränen aus den Augen. Rikki war an das Geschick der Prozeßanwälte gewöhnt, aber zu ihrer Überraschung stellte sie nun fest, daß sie selbst den Tränen nahe war.

Schlichtmann wartete im Gerichtsflur auf den Geschworenenspruch. Am Nachmittag des zweiten Tages übermittelte der Obmann der Jury dem Richter eine Nachricht, der daraufhin die Anwälte zu seiner Richterbank bat. Die Geschworenen wollten, daß der Richter noch einmal das rechtliche Konzept der Fahrlässigkeit erläuterte. Das war kein gutes Zeichen für den Kläger. Der Richter wußte, daß Schlichtmann ein Angebot von einer Million Dollar abgelehnt hatte. Er sah Schlichtmann an. »Ich empfehle Ihnen, miteinander zu sprechen und nach einem Vergleich zu suchen.«

Das war, fast wortwörtlich, das gleiche, was der Richter im Fall Eaton gesagt hatte. Schlichtmann hatte das unheimliche Gefühl, daß die Geschichte sich wiederhole. Aber dieses Mal verspürte er auch einen Flügelschlag der Angst. Dieses Mal lag das Risiko wesentlich höher.

An jenem Abend ging Schlichtmann gemeinsam mit Conway und Crowley und einer Gruppe von Freunden, unter ihnen auch Rikki Klieman, ins Parker House. Alle waren ernst und besorgt. Jemand schlug vor, daß Schlichtmann sich noch einmal an die Versicherung wenden und klären sollte, ob das Angebot über eine Million Dollar noch auf dem Tisch lag. Schlichtmann betonte immer wieder, daß es keinen Grund zur Besorgnis gebe, als ob das schon wahr würde, wenn man es nur oft genug sagte. Einer der Geschworenen wolle lediglich eine Frage geklärt haben. »Glaubst du nicht auch?«, fragte er einen nach dem anderen.

Später ging Schlichtmann nach Hause, legte sich ins Bett und versuchte zu schlafen, aber er spürte sein Herz pochen und er bildete sich ein, als könne er wahrnehmen, wie mit jedem Herzschlag Adrenalin in sein Kreislaufsystem gepreßt wurde. Er dachte über seine Reputation und über seine Karriere nach, über die Anwälte, die ihn für dumm hielten, weil er das Millionenangebot zurückgewiesen hatte, über Paul Carney in seinem Rollstuhl, der auf den Geschworenenspruch wartete.

Als der Morgen heraufdämmerte, stand er auf und ging in die Kanzlei. Um sechs Uhr, als er die Sonne über dem Hafen von Boston aufgehen sah, rief er Rikki Klieman an. Das Telefon läutete mehrmals, bevor sie abhob, ihre Stimme klang völlig verschlafen. Sollte er die Million nehmen, fragte Schlichtmann sie. Oder sollte er den Geschworenenspruch abwarten?

»Du hast deine Entscheidung gefällt«, sagte Rikki. »Du hast das Geld abgelehnt.« Sie stand auf und zog sich ihren Morgenmantel über, während sie sich den Hörer noch immer ans Ohr drückte. Sie putzte sich die Zähne, während sie ihm zuhörte. Sie zeigte kein Mitleid.

»Was glaubst du, was die Jury beschließen wird?« fragte er.

»Jan, ich bin keine Hellseherin«, sagte sie. »Aber der einzige Grund, sich so verrückt anzustellen, wie du es tust, wäre, daß du dich nicht entscheiden kannst. *Hast* du dich entschieden?«

»Ja.«

»Dann mußt du auch damit leben.«

Die Geschworenen gaben ihren Spruch am Nachmittag bekannt. Sie hielten Arzt und Krankenhaus für schuldig, fahrlässig gehandelt zu haben und sprachen Paul Carney 4,7 Millionen Dollar zu.

Vor dem Gerichtsgebäude am Pemberton Square fing Schlichtmann zu tanzen an. Er sprang auf eine Parkbank und tanzte, die Arme in die Seite gestemmt, drehte in seinem dunkelblauen Anzug vor Freude Pirouetten. Conway, dessen Hemd aus der Hose hing und dessen Krawattenknoten sich auflöste, stand da und beobachtete seinen Partner. Leute blieben stehen und starrten Schlichtmann an. »Er hat gerade einen wichtigen Fall gewonnen«, erklärte Conway. Der *Boston Herald,* ein Blatt, das zu Sensationsmache neigte, nahm die Geschichte auf die Titelseite. Die Überschrift sah aus, als wäre der Krieg ausgebrochen. »Die Entschädigung ist die höchste in der Geschichte dieses Staates«, behauptete man im *Herald* und rundete die Summe sogar auf glatte fünf Millionen auf.

Schlichtmann hatte fünf Fälle vor Gericht gebracht, ein jeder umfangreicher als der vorangegangene, und keinen davon verloren. Der Fall Carney hatte ihm viel Geld eingebracht. Und er hatte ihm auch zu einer frischen Portion Selbstvertrauen verholfen. Jeder andere Fall, der mit Körperverletzung zu tun hatte, würde nun mitleiderregend unbedeutend aussehen, verglichen mit dem Fall Carney. Er hatte das Gefühl, als sei er für etwas Größeres bereit – für Woburn.

2

Wie es der Zufall wollte, hatten verschiedene Ereignisse zusammengewirkt und den Fall Woburn ohne jede Mithilfe durch Schlichtmann in die Schlagzeilen zurückgebracht. Er war völlig in die hektischen Vorbereitungen für die Carney-Verhandlung vertieft gewesen, als zwei Medizinprofessoren der Universität Harvard bekanntgaben, daß sie eine über drei Jahre hinweg geführte Studie über Leukämieerkrankungen in Woburn abgeschlossen hatten. Schlichtmann hatte von dem Projekt gewußt, war aber selbst nicht daran beteiligt gewesen. Am 8. Februar 1984 war er einfach nur einer von 300 Menschen, die sich in der Trinity-Kirche versammelten, um die Ergebnisse der Untersuchung zu hören, die später als Harvard-Gesundheitsstudie bekannt wurde.

Das Projekt hatte im Frühjahr 1981 begonnen, als Reverend Young und Anne Anderson eingeladen waren, in einem Seminar an der Fakultät für Gesundheitsmedizin zu sprechen. Ein Professor für Statistik an der Fakultät, ein Mittfünfziger namens Marvin Zelen, war durch ihre Erzählungen neugierig gemacht worden. Gab es eine Verbindung zwischen dem Wasser aus den Brunnen und den geballt aufgetretenen Krankheitsfällen oder nicht? Am Ende des Seminars glaubte Zelen zu wissen, wie dieses Rätsel zu lösen war.

Statistische Studien hatten zum Beispiel bewiesen, daß es eine unwiderlegbare Verbindung zwischen Zigarettenrauch und Lungenkrebs gab, aber diese Studien basierten auf der Analyse von mehreren zehntausend Fällen. Statistische Untersuchungen stützen sich auf große Zahlen, und in Woburn konnte Zelen nur mit zwölf Leukämiefällen arbeiten. Aber Zelen hatte eine Idee, wie er zu höheren Zahlen kommen konnte. Er folgerte, daß das Wasser aus den Brunnen, sollte es tatsächlich Leukämie verursacht haben, möglicherweise auch für eine Vielzahl anderer gesundheitlicher Probleme bei Kindern verantwortlich war. Sollte ein ungewöhnliches Muster von Geburtsfehlern oder Erbkrankheiten bei jenen Familien auftreten, die ihr Wasser aus den Brunnen G und H bekommen hatten, würde damit die Theorie gestützt, daß die Konzentration von Leukämieerkrankungen kein statistischer Zufallstreffer war.

Zelen und ein Kollege begannen, Informationen über den Verlauf einer jeden Schwangerschaft und Geburt in Woburn zwischen 1960 und 1982 zu sammeln. Obwohl man die zuverlässigsten Gesundheitsdaten mittels Befragungen in den jeweiligen Häusern gewinnen konnte, war diese Methode teuer und zeitaufwendig. Zelen und seine Mitarbeiter einigten sich auf eine Telefonbefragung, eine Aufgabe, für die Freiwillige in Woburn geschult werden konnten. Am Ende der Befragung hatten die

Freiwilligen (es waren mehrere hundert, unter ihnen Anne Anderson und Donna Robbins) 7000 Telefonanrufe durchgeführt und Gesundheitsdaten von mehr als 5000 Kindern erfaßt.

»Die Last des Beweismaterials«, schrieben Zelen und seine Mitarbeiter in der 153seitigen Studie, »legt nahe, daß das Wasser der Brunnen G und H in Verbindung mit einer ganzen Reihe von gesundheitlichen Auswirkungen steht.« Die Wissenschaftler in Harvard stießen auf eine erhöhte Rate von Todesfällen bei Föten und Neugeborenen derjenigen Frauen, deren Häuser mit der größten Menge des Wassers versorgt worden waren. Bei den Kindern aus dem Pine-Street-Viertel, einem Gebiet, das stark betroffen war, fanden sie eine erhöhte Rate von Allergien, Hauterkrankungen wie Ekzeme und Atemwegsbeschwerden – chronische Bronchitis, Asthma und Lungenentzündung. Sie stießen darüber hinaus auf ein »signifikantes Übermaß« an Geburtsfehlern, die Auge und Ohr betrafen, auf Störungen der Nieren und des Harntraktes und auf »umweltbedingte« Erbkrankheiten.

Die Studie kam zu dem Schluß, daß es tatsächlich eine Verbindung zwischen dem Genuß des Wassers aus den Brunnen und einer hohen Leukämierate bei Kindern gab. Im Durchschnitt hatten die Kinder mit Leukämie rund doppelt soviel Wasser aus den Brunnen bekommen, wie ihre gesunden Altersgenossen.

Als Zelen diese Ergebnisse an jenem Abend in der Trinity-Kirche bekanntgab, legte sich Schweigen über die Menge. Jemand sagte, für alle hörbar: »Danken wir Gott für Marvin Zelen.« Und alle applaudierten.

Experten befanden die Harvard-Gesundheitsstudie für gut und schlüssig, andere dagegen vertraten die Ansicht, daß sie ernsthafte Mängel aufweise. »Dieser Bericht ist... von der Unkenntnis epidemiologischer Aspekte gekennzeichnet«, schrieb ein Prüfer des Instituts für Krankheitsüberwachung. Das American Industrial Health Council, eine Forschergruppe der Industrie, verurteilte die Studie als voreingenommen, und sogar einer von Zelens Kollegen in Harvard ließ verlauten: »Es war ein ungeheuerlicher Fehler, die Befragungen von Personen durchführen zu lassen, die ein eigenes Interesse an den Ergebnissen haben.

Meines Erachtens zerstört das ganz einfach die Glaubwürdigkeit der Studie.«

Was auch immer die Verdienste oder Mängel der Studie waren, sie rief in der Presse umgehend ein großes Echo hervor. Die Schlagzeile auf dem Titelblatt des *Boston Globe* – LEUKÄMIE IN WOBURN: EINE FOLGE DES VERSEUCHTEN WASSERS – freute Schlichtmann. Aus seiner Sicht bestätigte die Studie die Legitimation des Falls Woburn, und sie hatte den Segen der Universität Harvard.

Die Kritik störte ihn nicht, aber er wußte auch, daß die Studie nur begrenzt als Beweismittel eingesetzt werden konnte. Die biologischen Ursachen der Leukämie sprach sie nicht an. Sie erbrachte keinen Beweis, daß das kontaminierte Wasser aus den Brunnen Leukämie verursacht hatte. Sie zeigte lediglich, daß diejenigen Kinder, die das Wasser aus den Brunnen G und H getrunken hatten, größere Gefahr liefen, an Leukämie zu erkranken, als die anderen Kinder. Schlichtmann wußte, daß er und Roisman mehr als diese Studie benötigen würden, um zu beweisen, daß TRI bei Jimmy Anderson und den anderen Kindern zu Leukämie geführt hatte.

3

Die Harvard-Gesundheitsstudie rief auch in einem anderen Lager Reaktionen hervor – bei Cheeseman nämlich. Er hatte in seiner systematischen Art für den Fall Woburn eine langfristige Strategie entworfen. Nach seiner Enttäuschung in der Sache mit der Klausel 11 verlangte diese Strategie von ihm, zu warten, bis Schlichtmann den nächsten Schritt unternahm. Monate verstrichen, und dann war ein ganzes Jahr vergangen, und Schlichtmann hatte nichts getan. Aber dann hatte Cheeseman das Gefühl, als könne er hoffen, daß aus dem Fall Woburn ein »Waise« geworden war.

Doch die Studie aus Harvard dämpfte diese Hoffnung. Einen Tag, nachdem sie veröffentlicht worden war, begann Cheeseman seinen nächsten Schritt vorzubereiten: einen Antrag auf eine Entscheidung nach Aktenlage. Dafür benötigte er mehrere Monate. Er hatte bereits daran gearbeitet – er hatte den Antrag, um genau zu sein, fast fertig gehabt –, als er in der Milk Street zufällig auf Schlichtmann getroffen war.

In dem Antrag bat Cheeseman Richter Skinner, den Fall Woburn abzuweisen, weil Schlichtmann nicht in der Lage sei, irgendwelche wissenschaftlich fundierten Beweise dafür zu erbringen, daß TRI Leukämie hervorrufe. Ohne einen derartigen Beweis, argumentierte Cheeseman in seinem Schriftsatz, könne der Fall keiner Jury vorgetragen werden.

Zuerst hatte sich Cheeseman für seinen Antrag keine besonders großen Chancen errechnet. Er sah ihn eher als ein Mittel an, Richter Skinner von den tatsächlichen wissenschaftlichen Rechtsfragen des Falles zu unterrichten. Aber je länger er an dem Antrag arbeitete, desto optimistischer wurde er. Er besuchte die Labors zweier Ärzte an der medizinischen Fakultät in Harvard, beide weltweit angesehene Experten in der Erforschung von Blutkrankheiten. Einer der beiden Ärzte, Dr. James Jandl, hatte gerade ein Kapitel über leukämische Erkrankungen für sein jüngstes Buch, *Blut. Ein Lehrbuch der Hämatologie* geschrieben. Jandl hatte die gesamte medizinische und naturwissenschaftliche Literatur über Leukämogenese geprüft und rein gar nichts gefunden, was nahelegte, daß TRI bei der Krankheit eine Rolle spielte. Er betrachtete die Woburn-Klage mit kaum verhohlener Mißachtung.

Die EPA hatte, das entsprach der Wahrheit, TRI als »wahrscheinlich« karzinogen auf die Liste gesetzt. Doch dieser Entschluß basierte auf Tierversuchen: Laborexperimenten mit Mäusen, Ratten und Hamstern, denen man über lange Zeit hinweg große Mengen an TRI gefüttert hatte. Bei einem Versuch hatten weiße Mäuse Krebs im Lymphsystem bekommen, das weiße Blutkörperchen produziert. Aber diese spezielle Rasse von Versuchsmäusen, betonte Jandl, war bekannt dafür, zu einem »spontanen« Lymphosarkom zu neigen, und selbst die Autoren der Studie hatten die Ergebnisse mit Vorbehalt aufgenommen.

Außerdem versicherten die beiden Ärzte in Harvard Cheeseman, daß sie wenig davon hielten, die Ergebnisse aus Tierversuchen auf den Menschen zu übertragen. Die Lebensdauer von Tieren, ihre Chromosomenstruktur und ihr Stoffwechsel unterschieden sich viel zu sehr.

Cheeseman rief Facher an und erzählte ihm, daß er an einem Antrag auf ein abgekürztes Verfahren arbeitete. Er hätte gerne gehabt, daß Facher sich dem Antrag anschloß, aber wie schon bei der Klausel 11 zeigte Facher kein Interesse.

Cheeseman arbeitete ohne Unterstützung weiter. Er bat die beiden Ärzte, eine ausführliche eidesstattliche Erklärung zu unterschreiben, in der zu lesen war, daß es keinen wissenschaftlich anerkannten Beweis gab, der die Auffassung stützte, TRI könnte beim Menschen Leukämie verursachen. In Ermangelung eines solchen Beweises, wies Cheeseman in seinem Schriftsatz an Richter Skinner darauf hin, könne Schlichtmann in diesem Fall das Verursacherprinzip nicht glaubhaft machen. »Deshalb sollte ein abgekürztes Verfahren angestrebt und die Klage abgewiesen werden.«

Cheeseman war sich sicher, daß der Richter bei einem Antrag von solcher Tragweite eine Anhörung für eine mündliche Begründung anberaumen würde, aber er wollte nichts dem Zufall überlassen. Er schloß seinen Antrag mit den Worten: »Grace ist der Auffassung, daß eine mündliche Begründung in dieser Angelegenheit für das Gericht hilfreich sein könnte und beantragt deshalb eine solche Anhörung. Wir schätzen, daß eine Stunde notwendig sein wird, beide Parteien anzuhören.«

Der Erhalt von Cheesemans Antrag auf ein abgekürztes Verfahren – nur eine Woche nach dem Geschworenenspruch im Fall Carney – dämpfte Schlichtmanns Laune beträchtlich. Es war ein erstklassiger Antrag mit guten Argumenten, der von zwei berühmten Ärzten gestützt wurde. Schlichtmann hatte sich erhofft, nach dem Carney-Prozeß Urlaub nehmen zu können, aber nun blieben ihm und Roisman nur zehn Tage, die Replik einzureichen. Sie konnten Cheeseman bitten, diesen Zeitraum auf 30

Tage auszudehnen, aber selbst dann bliebe ihnen nicht besonders viel Zeit, einen Antrag von diesem Kaliber zu erwidern. Wegen der Kürze der Zeit kamen sie überein, daß Schlichtmann die Replik größtenteils allein ausarbeiten sollte.

Schlichtmann rief Cheeseman an und bat um Aufschub. »Das ist ein sehr guter Antrag«, fügte er hinzu. »Ich glaube, Sie haben die Chance zu gewinnen.«

Davon war zu diesem Zeitpunkt auch Cheeseman überzeugt, obwohl es ihn überraschte, zu hören, daß Schlichtmann dies zugab. Er hatte gegen eine Verlängerung auf 30 Tage nichts einzuwenden.

Schlichtmann machte sich an die Arbeit. Er traf sich mit einem Immunologen aus Kalifornien, der ihm von Roisman empfohlen worden war. Der Immunologe, Dr. Alan Levin, verfügte über große Erfahrung in juristischen Angelegenheiten. Er hatte viele Male als Sachverständiger bei Verfahren ausgesagt, in denen es um toxische Substanzen ging. Er erklärte Schlichtmann, daß er Prozesse als nützliches Vehikel der sozialen Veränderung ansehe. Schlichtmann hielt diese Auffassung bei einem Arzt für höchst ungewöhnlich. Der medizinische Apparat sei viel zu langsam, wenn es darum gehe, die durch Umweltgifte entstehenden Gefahren zu erkennen. »Vor 20 Jahren hat man geröntgt, um zu sehen, ob die Schuhe passen, und dabei die Keimdrüsen aufs Spiel gesetzt«, sagte Levin. »Wenn man heutzutage mit einem intelligenten Zwanzigjährigen spricht, dann kann der sich nicht vorstellen, daß irgendwer mal so dumm war. Ihre Kinder werden Sie fragen: ›Habt ihr wirklich vom Flugzeug aus Insektizide gesprüht?‹«

Levin hatte eine Theorie zum Fall Woburn. Er glaubte, daß eine dauerhafte niedrige Dosis von TRI das Immunsystem aller Mitglieder der betroffenen Familien geschädigt habe. »Diese Chemikalien bewirken immer irgend etwas«, erklärte er Schlichtmann. »Meistens richten sie nicht so viel Schaden an, daß wir es merken. Man verliert vielleicht ein paar Zellen, aber man merkt es nicht, weil man eine riesige Reserve hat.« Ein gesundes, funktionierendes Immunsystem wird anomale Zellen angreifen und abtöten. Aber wenn das Immunsystem gestört ist, so spekulierte Levin, hat eine bösartige Zelle weit größere Chancen zu überleben und sich zu vermehren.

All dies erschien Schlichtmann plausibel. Aber gab es eine objektive Methode, diesen Schaden zu messen? Levin kannte einen Immunopathologen in Harvard, dessen Labor darauf spezialisiert war, das Immunsystem von Patienten nach einer Organtransplantation zu überprüfen. Aber die Tests seien teuer, warnte Levin, und es sei nicht sicher, wieviel dabei herauskommen werde.

Schlichtmann beschloß, es auf jeden Fall zu probieren. Levin rief den Pathologen, Dr. Robert Colvin, an und erklärte, er sei an einer Serie von Bluttests interessiert. Die Arbeitshypothese, erläuterte Levin, sei, daß eine bestimmte Dosis von Chemikalien im Trinkwasser Anomalien im Immunsystem aller Familienmitglieder, nicht nur der erkrankten, verursacht habe.

Colvin hatte von der Harvard-Gesundheitsstudie und der Konzentration von Erkrankungen in Woburn gehört. Ein interessantes Thema, sagte er zu Levin. Er erkundigte sich, welche Tests Levin wünschte. Die Lymphozytenzählung, bei der lediglich die weißen Blutkörperchen gezählt wurden, war mehr als einfach. Das konnte jedes Labor erledigen. Die T-Zellen-Analyse erwies sich schon als ein bißchen komplizierter. Alle T-Zellen sehen gleich aus, aber sie haben verschiedene Funktionen, und sie auseinanderzuhalten, war eine knifflige Angelegenheit. Die Helferzelle zum Beispiel identifiziert fremde Organismen – Viren, Bakterien, Krebszellen – und ruft die Killerzellen herbei, die mit zelltötenden Enzymen ausgestattet sind. Wieder ein anderer Typ von T-Zellen, die Suppressorzellen, stoppt die Attacke der Killerzellen, wenn der eingedrungene Organismus besiegt ist.

Colvin bediente sich einer bestimmten Technik. Er markierte die T-Zellen mit einem Reagens, um sie voneinander unterscheiden zu können, und dann zählte er sie mit einem Laser. Aber er hatte noch nie davon gehört, daß man die T-Zellen-Analyse dazu verwendet hätte, Folgen von Chemikalien nachzuweisen. Selbst wenn die Untersuchungen etwas Ungewöhnliches aufzeigen sollten, würde man nicht sagen können, wodurch diese Anomalie entstanden war.

Levin dachte, daß Colvin vielleicht eine Anomalie im Zahlenverhältnis der einzelnen T-Zellen zueinander entdecken würde. Aber welche Anomalie genau, konnte er nicht vorhersagen. »Das wird ein bißchen wie beim Angeln«, gab Levin zu. »Man weiß vorher nie, was man an den Haken kriegt.«

Colvin hielt nichts vom Angeln. Sein Labor war sehr gefragt. Es war schwierig genug für ihn, Zeit zu finden, um die Bitte seines Kollegen zu erfüllen. Aber das Thema interessierte ihn, und schließlich willigte er ein, die Tests durchzuführen. »Aber«, fügte er hinzu, »ich glaube nicht, daß Sie etwas finden werden.«

Colvin schlug vor, daß man damit anfangen sollte, erst einmal nur eine Familie zu untersuchen. Das Protokoll war streng: Das Blut durfte nicht im Kühlschrank gelagert werden, und es mußte noch am Vormittag in Colvins Labor eintreffen, an dem es abgenommen worden war. Es würde einen ganzen Tag dauern, um eine einzige Blutprobe durch die Maschine laufen zu lassen, die roten Blutkörperchen zu agglutinieren und die weißen Blutkörperchen zu fixieren und zu färben und die Zählung der Zellen durchzuführen. Schlichtmann sollte die Blutentnahme und den Transport ins Labor arrangieren. Es würde ungefähr zehntausend Dollar kosten, sämtliche Familien testen zu lassen. Schlichtmann stimmte ohne weiteres zu. Schließlich hatte er mehr als das für einen Konferenztisch in der Kanzlei bezahlt.

Die Zonas waren die ersten, denen Blut abgenommen wurde. Als die Röhrchen in Colvins Labor eintrafen, präparierte eine Laborassistentin das Blut, markierte die T-Zellen mit Reagenzien und ließ die Analyse durch den Spectrum-3-Zytometer laufen, jenes Gerät, das die Zellen per Laser zählte.

Als Colvin die Ergebnisse in einem Diagramm auszuwerten begann, wußte er sofort, daß irgend etwas nicht in Ordnung war. Zunächst sah er weit mehr weiße Blutkörperchen, als er erwartet hatte, ein Zustand, der Lymphozytose genannt wird und als Zeichen erhöhter Alarmbereitschaft des Immunsystems gilt. Während er das Verhältnis von Helferzellen zu Killerzellen errechnete, wurde ersichtlich, daß es noch eine weitere Anomalie gab. Bei sämtlichen Familienmitgliedern, vor allem bei zweien der heranwachsenden Kindern, zeigte die Kurve bei den Killerzellen einen scharfen Ausschlag. Derart ausgeprägte Werte bekam Colvin nur selten zu Gesicht. Er war sich nicht ganz sicher, was das zu bedeuten hatte. Vielleicht reagierten ihre Organismen auf ein Karzinogen, wie Levin vermutete. Was auch immer die Werte besagen mochten, Colvin fand sie höchst außergewöhnlich.

Er rief Levin an und beschrieb, was er gefunden hatte. Als Wissenschaftler traute er Resultaten nur, wenn sie sich wiederholen ließen. »Ich denke, wir sollten die Zonas noch einmal testen, um sicherzugehen, daß es sich um einen konstanten Wert handelt«, schlug Colvin vor.

Bevor er diese zweite Analyse durchführte, überprüfte Colvin die Genauigkeit des Zytometers. Er testete regelmäßig sein eigenes Blut sowie das seiner Mitarbeiter im Labor und verglich diese Ergebnisse mit den normalen Werten anderer Labors. Stimmten diese Werte überein, hatte Colvin Gewißheit, daß das Gerät genau funktionierte.

Aber als Colvin dieses Mal die neue Kontrollgruppe testete, erfaßte er dabei versehentlich einen Laborangestellten, der einige Jahre zuvor Hautkrebs gehabt hatte. Colvin sah sofort, daß die Werte für die Killerzellen bei ihm weit höher lagen als die Norm und er schloß den Mann aus der Kontrollgruppe aus. Aber diese Werte, dachte er, waren den Ergebnissen der Zonas verblüffend ähnlich.

Schlichtmann hatte Cheeseman inzwischen überredet, einer weiteren, 30tägigen Verlängerung zuzustimmen. In den darauffolgenden Wochen wurde allen 28 lebenden Mitgliedern der betroffenen Familien in Woburn Blut abgenommen. Colvin testete das Blut einer jeden Person zweimal. Als er die Tests abgeschlossen hatte, stellte er ein unverkennbares Muster fest. »Die Daten sind höchst interessant«, schrieb er am 15. Juni in einer Notiz an Levin, »denn sie legen nahe, daß es bei den Patienten eine erhöhte Anzahl von Zellen gibt, die ein ähnliches Erscheinungsbild haben wie die Killerzellen. Möglicherweise ist das eine kompensierende Reaktion, um der Wirkung eines Karzinogens Widerstand zu leisten.«

Levin flog von Kalifornien nach Boston, um sich mit Schlichtmann zu treffen. »Im wesentlichen«, erklärte Levin, »ist Colvin der Auffassung, daß die Leute ein Karzinogen im Körper haben und dauernd dagegen ankämpfen. Die Kinder, die an Leukämie erkrankt sind, haben den Kampf verloren.«

Colvin hatte inzwischen das Gefühl, auf etwas Interessantes gestoßen zu sein, und wollte die Sache weiterverfolgen. Er schlug Levin vor, eine weitere Testreihe durchzuführen – Funktionstests, komplizierter und teurer als die ersten. Er und Levin hatten die Idee, eine Kontrollgruppe von 50 Einwohnern aus Woburn zu untersuchen, die nicht von dem Wasser aus den Brunnen getrunken hatten, und deren Daten mit denen der acht betroffenen Familien zu vergleichen. Eine Studie von dieser Größenordnung würde mindestens 50 000 Dollar kosten.

Schlichtmann war begeistert von den Ergebnissen der ersten Testserie. Er war erpicht darauf, die große Studie durchzuführen, und ließ sich von den Kosten nicht abschrecken. Aber es würde Monate dauern, bis alles abgeschlossen war, und dafür fehlte die Zeit. Der Termin für seine Erwiderung auf den Antrag auf ein Schnellverfahren stand wenige Tage bevor.

Levin hatte außerdem die Fachliteratur auf Studien mit TRI hin durchsucht. Er war auf eine epidemiologische Studie über 330 Angestellte in chemischen Reinigungen gestoßen. Dort waren verbreitet sowohl TRI als auch PER, der andere Stoff, den man in den Brunnen in Woburn gefunden hatte, in Gebrauch. Die Studie berichtete über einen signifikanten Anstieg verschiedener Krebsarten und registrierte außerdem fünf Leukämieopfer, wo man statistisch betrachtet nur zwei erwarten mußte. Der Verfasser der Studie hielt das Auftreten der Leukämieerkrankungen jedoch nur für bedingt signifikant. Und weil die Angestellten verschiedenen Chemikalien ausgesetzt gewesen waren – TRI, PER und Tetrachlorkohlenstoff –, konnte die Studie nicht dazu dienen, die karzinogene Wirkung einer einzelnen chemischen Substanz zu bestimmen.

Allmählich wurde Schlichtmann etwas zuversichtlicher. Zwar hatte er noch immer keinen medizinischen Beweis dafür, daß TRI beim Menschen Leukämie verursachen konnte. Aber er hatte die Studie aus Harvard; er hatte Colvins Bluttests; und Levin hatte zwei weitere Tierstudien gefunden, die Cheesemans Harvard-Ärzte übersehen hatten und die nahelegten, daß TRI blutbildende Zellen im Knochenmark zerstörte. Er und Levin arbeiteten an einer eidesstattlichen Erklärung, in der Levin seine Auffassung bezeugte, daß das TRI in den Brunnen »aus medizinischer Sicht mit einiger Gewißheit schwere Krankheiten verursacht oder wesentlich zu diesen beigetragen hatte, unter anderem Funktionsstörungen des Immunsystems und Leukämie.«

Schlichtmann schickte Kopien seines Schriftsatzes per Boten an Richter Skinner und an Cheeseman. Es war ein Freitagnachmittag Ende Juli. Der Richter verbrachte den August immer in seinem Sommerhaus an der Küste in Maine. Schlichtmann war sich sicher, daß er die mündliche Anhörung nicht vor September ansetzen würde.

Cheeseman war von Schlichtmanns Schriftsatz völlig unbeeindruckt. Er begann auszuformulieren, was er in der Anhörung sagen wollte. Er machte sich noch immer die größten Hoffnungen, als er, vier Tage nachdem Schlichtmann seinen Schriftsatz eingereicht hatte, einen Anruf von Richter Skinners Amtmann bekam. »Der Richter hat entschieden, was ein abgekürztes Verfahren betrifft«, sagte der Amtmann. »Sie können die gerichtliche Entscheidung heute nachmittag abholen.« Cheeseman dachte, er hätte den Amtmann nicht richtig verstanden. »Der Richter hat entschieden? Was ist mit der mündlichen Anhörung?«

»Es gibt keine mündliche Anhörung«, antwortete der Amtmann.

Cheeseman wußte, daß er wieder verloren hatte. Der Richter hatte seinen Antrag auf eine Anhörung schlicht ignoriert. Cheeseman ging über die Straße zum Gericht. Der Bescheid des Richters war knapp, und er schmerzte. »Die komplexen entscheidungserheblichen Fragen des Sachverhalts in diesem Fall sind Gegenstand einer hitzigen Auseinandersetzung. Ein abgekürztes Verfahren ist daher eindeutig ungeeignet. Der Antrag des Beklagten wird ABGELEHNT.«

Cheeseman war überzeugt, daß das Schreckgespenst der Klausel 11 zurückgekommen war und ihn verfolgte. »Skinner glaubt, daß ich ihn damit zum Narren gehalten habe«, konnte er nicht aufhören zu denken. »Er ist wohl ziemlich gereizt.«

Diese Vorstellung machte Cheeseman Sorgen. Er mußte mit diesem Richter noch eine ganze Weile auskommen.

4

Zweimal hatte sich Schlichtmann gegen Cheeseman, einen der besten Anwälte in Boston, was das Lavieren vor dem eigentlichen Verfahren betraf, gestellt, und beide Male war er Sieger geblieben. Der Fall war nun zweieinhalb Jahre alt, und bislang hatte er weiter nichts getan, als Cheesemans Angriffe abzuwehren. Viele Jahre später sollte Schlichtmann sagen, daß er Conways Rat befolgt und den Fall Woburn hätte sausen lassen, wenn da nicht Cheeseman und insbesondere dessen Antrag basierend auf Klausel 11 gewesen wäre. Aber damals hatte Schlichtmann den Eindruck, als würde ihm jemand vermitteln, Woburn sei wirklich sein Los.

Sobald der Richter aus seinen Ferien in Maine zurückgekehrt war, wurden Schlichtmann sowie Cheeseman und Facher in Skinners Richterzimmer zitiert. »Ich werde diesen Fall in Schranken halten«, erklärte der Richter streng. Er gewährte ihnen neun Monate Zeit, bis Mai des nächsten Jahres, um die Offenlegung prozeßwichtiger Unterlagen abzuschließen. Er erwartete von den Anwälten, dann auch eine Jury bestimmen zu können.

Conway erinnerte Schlichtmann daran, daß sie immer noch eigentlich nur ausführende Anwälte waren. Der Fall gehörte zu Roisman und den »Prozeßanwälten für soziale Gerechtigkeit«, obwohl Schlichtmann bislang alle Rechnungen bezahlt und den größten Teil der Arbeit mit dem abgekürzten Verfahren erledigt hatte. Allein dieser Antrag hatte die Kanzlei Conways Rechnung zufolge 25 000 Dollar gekostet. Es war nun mehr als klar, daß die Vorbereitung des Falles Woburn ein halbes Vermögen fordern würde. Levin empfahl, Experten aus einem halben Dutzend Disziplinen heranzuziehen – Neurologen, Kardiologen, Toxikologen, Internisten und andere –, um vollständige und gründliche medizinische Untersuchungen bei allen 28 Klägern durchführen zu können. Und dann war da der große Bluttest von Colvin mit fünfzig Testpersonen. Wo waren die »Prozeßanwälte für soziale Gerechtigkeit«? fragte sich Conway. Wenn Roisman und seine Organisation schon Anspruch auf zwei Drittel der Honorare hatten, die der Fall einbrachte, dann könnten sie zumindest auch etwas von ihrem eigenen Geld aufs Spiel setzen.

Im Herbst flog Schlichtmann nach Milwaukee, wo die »Prozeßanwälte für soziale Gerechtigkeit« ihre jährliche Vorstandssitzung abhielten. Er legte dem Vorstand seinen Plan für die Vorbereitung des Falles dar und schätzte, daß die Kosten dafür bei 200 000 Dollar liegen würden, vielleicht sogar bis zu einer halben Million, wenn der Fall vor Gericht käme.

Alle Mitglieder des Vorstands waren erfahrene Prozeßanwälte, älter als Schlichtmann, zu deren Reputation viele Geschworenensprüche über eine Million Dollar beigetragen hatten. Am Kopfende des Tisches saß Ted Warshafsky, ein Anwalt aus Milwaukee, der sich mit Klagen gegen Pharmakonzerne einen Namen gemacht hatte. Er war ein nervöser Mann Ende Fünfzig, der zu cholerischen und vulgären Wutanfällen neigte. Überzeugt, daß der Besitz eines Haustieres seinen Blutdruck senken würde, ohne daß er Medikamente einnehmen mußte, hatte er sich einen riesigen Dobermann zugelegt. Die Bestie begleitete ihn überallhin. Schlichtmann war dem Tier sofort suspekt. Als Warshafsky etwas von einer halben Million Dollar hörte, bekam er augenblicklich einen heftigen Anfall. Mit rotem Gesicht schrie er Schlichtmann an. Sofort stellten sich die Ohren des Dobermanns auf. Er sprang auf die Beine und legte seine Pfoten auf den Tisch, stierte Schlichtmann mit drohendem Blick an, der sich halb von seinem Stuhl erhoben hatte, bereit, aus dem Raum zu stürzen.

Warshafsky rief den Hund zurück. Noch immer murrte er am anderen Ende des Tisches, aber er ließ eingedenk seines Blutdrucks Sal Liccardo, einen Anwalt aus Kalifornien, der für seine Klagen gegen Automobilhersteller bekannt war, dort fortfahren, wo er unterbrochen worden war. »Als ich den Fall Ford hatte«, sagte Liccardo verärgert, »habe ich nur 50 000 Dollar gebraucht, und das war ein Riesenfall. Ich habe noch nie gehört, daß jemand 300 000 Dollar für einen Fall ausgegeben hätte. Das ist verrückt.

Natürlich hatte Schlichtmann fast die gleiche Summe für den Fall Carney gebraucht, aber der Zeitpunkt schien nicht geeignet, das zu erwähnen. »Ich sehe keinen anderen Weg, diesen Fall durchzuziehen«, sagte er zu den Vorstandsmitgliedern und richtete dabei einen argwöhnischen Blick auf den Dobermann. »Aber von mir können Sie ihn haben. Machen Sie, was Sie wollen.«

An diesem Abend gingen Schlichtmann und Roisman noch einen trinken. »Der Vorstand hat einen Beschluß gefaßt«, sagte Roisman. »Es kann nur einer das Steuer übernehmen. Und weil Sie bereits so viel Zeit in den Fall investiert haben, lassen wir Sie die Entscheidungen fällen.«

Schlichtmann kehrte nach Boston zurück und berichtete Conway von den Neuigkeiten. Als Honorar für die bisher geleistete Arbeit beanspruchten die »Prozeßanwälte für soziale Gerechtigkeit« immer noch zwölf Prozent eines Vergleichs oder eines richterlichen Urteils. Aber die Handhabung des Falles und auch die Risiken blieben den beiden überlassen, und zwar allein ihnen.

5

Cheeseman hatte inzwischen einige ernüchternde Neuigkeiten über das Grace-Werk in Woburn herausgefunden. Eine Durchsuchung der Firmenunterlagen hatte ergeben, daß zumindest vier 200-Liter-Fässer TRI verwendet worden waren, erheblich mehr als das eine Faß, von dem Grace der Umweltbehörde gegenüber gesprochen hatte. Cheeseman erfuhr zudem, daß der Manager des Werks vor mehr als zehn Jahren Arbeitern befohlen hatte, sechs Fässer mit toxischen Lösungsmittelresten, darunter auch TRI, in einem Graben hinter dem Werk zu verscharren. Die EPA hatte Grace angewiesen, diese Fässer auszugraben. Bei der Exhumierung war ein Fotograf der *Woburn Daily Times* zugegen gewesen, und das Blatt hatte auf der Titelseite ein großformatiges Foto eines Krans veröffentlicht, der ein verrostetes, zum Teil zerbröckeltes Faß aus dem Graben hob.

Cheeseman realisierte, daß nun wahrscheinlich nahezu jede Jury seinen Mandanten für schuldig halten würde, die städtischen Brunnen verseucht zu haben, obwohl er selbst nicht im geringsten daran glaubte, daß eine derart niedrige Dosis TRI irgendwelchen Schaden verursacht hatte. Aber er konnte sich schon vorstellen, wie Schlichtmann die Mütter aus Woburn in den Zeugenstand rief, und sie dort heiße Tränen vergossen. Mehr denn je hatte es den Anschein, als würde sich der Fall zu der Art von rufschädigender Katastrophe entwickeln, die jedes Großunternehmen fürchtet. Es fiel Cheeseman nicht schwer, sich vorzustellen, wie sein Mandant zu einer gewaltigen Schadensersatzzahlung verurteilt wurde – Dutzende Millionen Dollar.

Zwei seiner Anträge waren bereits abgelehnt worden, aber damit hatte er sein Pulver noch nicht verschossen. Der vorläufige Bericht der EPA hatte eine dritte Firma nördlich der städtischen Brunnen ins Spiel gebracht. Dieses Unternehmen, ein Familienbetrieb namens Unifirst, stellte Arbeitskleidung für Industriebetriebe von Florida bis Maine her und benutzte für die Reinigung dieser Kleidung Tetrachloräthylen. Die Firma hatte zugegeben, daß versehentlich ein Lösungsmittel ausgeschüttet worden war, aber gleichzeitig behauptet, daß dieses Lösungsmittel dann entsorgt worden sei. Das wollte Cheeseman nicht glauben, und er hatte den Verdacht, daß es weitere Zwischenfälle gegeben hatte. Eine Möglichkeit, seinen eigenen Klienten vor einer hohen Strafe zu schützen, würde darin bestehen, Unifirst mit in den Fall hineinzuziehen und zum Beklagten zu machen, einen weiteren »rechtswidrig Handelnden« neben Grace und Beatrice Foods.

Cheeseman bereitete einen Antrag vor, um Unifirst in den Prozeß hineinzubringen. Es war, oberflächlich betrachtet, eine rein defensive Taktik, aber Cheeseman sah darin einen weiteren Nutzen – diese Maßnahme würde Schlichtmann das Leben schwerer machen. Er würde sich mit drei verschiedenen Beklagten auseinandersetzen müssen, von denen jeder eine große Kanzlei beauftragt hatte. Das würde mit Sicherheit an seinen Kräften zehren.

Während Cheeseman den Antrag aufsetzte, überlegte er, ob er Facher informieren sollte, doch dieser hatte sich geweigert, ihn bei den vorherigen Anträgen zu unterstützen. Also bemühte sich Cheeseman nicht, den alten Anwalt anzurufen, und das sollte sich als kostspieliger Fehler erweisen.

Richter Skinner stimmte Cheesemans Unifirst-Antrag zu, dem ersten Antrag von Cheeseman, dem er überhaupt zustimmte. Schlichtmann für seinen Teil hatte keine Bedenken, wenn Unifirst mit in den Fall hineinspielte. Unter Umständen hätte er die Firma sogar selbst verklagt, hätte er sie nicht gleichzeitig als unwichtigen Mitspieler erachtet. In den städtischen Brunnen waren nur geringe Mengen an PER gefunden worden, und TRI, der Hauptmissetäter in diesem Fall, war von Unifirst nie verwendet worden. Schlichtmann lachte vergnügt, als er Cheesemans Antrag erhielt. »Hör dir das mal an«, sagte er zu Conway und las vor: »Unifirst verletzte seine Pflichten den Klägern gegenüber, indem man sich unter rücksichtsloser Mißachtung der Gesundheit, der Sicherheit und der ökonomischen Interessen der Kläger an Erzeugung, Verwendung, Lagerung und Entsorgung von Chemikalien beteiligt hat.«

Schlichtmann lachte wieder: »Mein Gott, schau, was Cheeseman zu sagen hat! Das ist exakt das gleiche, was wir über Grace gesagt haben!«

Am nächsten Morgen rief Schlichtmann den Anwalt bei Goodwin, Proctor & Hoar an, der Unifirst vertrat. »Ich sehe, Sie haben eine Einladung zur Party bekommen«, sagte Schlichtmann.

»Das ist ja seltsam, daß Sie anrufen«, erwiderte der Anwalt. »Ich wollte mich gerade bei Ihnen melden.«

»Wann können wir uns zusammensetzen?« erkundigte sich Schlichtmann.

»Wie wäre es mit sofort?«

Bei ihrem ersten Treffen erklärte der Anwalt von Unifirst, daß er hoffe, gemeinsam mit Schlichtmann zu einer gütlichen Einigung zu finden, die zur Folge hätte, daß die Klage gegen seinen Klienten zurückgezogen würde. Natürlich würde dafür Geld fließen, aber seiner Ansicht nach seien die echten Gegner Cheeseman und W. R. Grace. Immerhin war es nicht Schlichtmann gewesen, der Unifirst verklagt hatte.

Facher lachte keineswegs. Bis zu diesem Antrag hatte Facher Cheeseman eigentlich gemocht, obwohl er fand, daß dieser bei dem auf Klausel 11 basierenden Antrag schlechtes Urteilsvermögen gezeigt hatte, und obendrein eine schwache Leistung, als er Schlichtmann die Möglichkeit gab, ihn bei der Anhörung auszumanövrieren. Die Klausel 11 war schon schlecht genug, dachte Facher, aber Unifirst mitzuverklagen war ein schwerwiegender Schnitzer. Unifirst würde im Gerichtssaal Chaos verursachen. Die Firma würde sich niemals einer gemeinsamen Verteidigungsschrift anschließen, nicht, nachdem sie von Cheeseman in den Fall hineingezogen worden war. Sie würden mit dem Finger auf die anderen zeigen. Binnen kürzester Zeit würden die drei Firmen untereinander streiten, wer nun die Brunnen verseucht hatte. Facher hatte darüber zuvor schon einmal kurz mit Cheeseman gesprochen, und er hatte den Eindruck gehabt, sie seien sich einig gewesen, daß ein derartiges Vorgehen Schlichtmann nur half.

Facher rief Cheeseman an. Er begann das Gespräch, wie er sich später erinnerte, mit den Worten: »Was, zum Teufel, soll das? Sie behaupten, Unifirst hätte dieses Zeug gelagert und die Leute vergiftet. Das gleiche sagt Schlichtmann. Man kann die Schuld auf jeden Fall Unifirst zuschieben, auch wenn sie nicht einbezogen sind. Im Gegenteil, das ist sogar der bessere Weg, weil sie dann keine Klageerwiderung einreichen können.«

Cheeseman meinte, Unifirst werde Vernunft annehmen. Möglicherweise sei man in der Firma derzeit verärgert, aber bald werde man feststellen, daß es im eigenen Interesse lag, zu kooperieren.

»Blödsinn«, erwiderte Facher. »Die werden nicht kooperieren. Sie, Cheeseman, werden Ihre Klage gegen sie zurückziehen müssen.«

Facher behielt recht. In den folgenden Wochen erhoben die Anwälte von Unifirst Widerklage gegen Grace und Beatrice. Cheeseman wollte noch immer, daß Unifirst in den Fall einbezogen blieb, aber der Justitiar von Grace überstimmte ihn schließlich. Unifirst verursachte zu viele Schwierigkeiten, und es sah nicht so aus, als würde sich die Firma einer gemeinsamen Verteidigungsschrift anschließen. Gegen seinen Willen war Cheeseman nun gezwungen, all seine Behauptungen gegen die Firma zurückzunehmen.

In der Zwischenzeit hatte Schlichtmann mit Unifirst verhandelt. Bei ihrem ersten Treffen hatte der Anwalt der Firma 100 000 Dollar angeboten. Schlichtmann setzte ein zweites Gespräch im Ritz-Carlton an, genauso wie er es im Fall des Hotelbrandes getan hatte, und brachte einen Grundwasserexperten von der Princeton University mit. Der Anwalt von Unifirst erhöhte sein Angebot auf 600 000. Schlichtmann wollte mehr. Die Verhandlungen gerieten für eine Weile ins Stocken, und dann organisierte Schlichtmann ein weiteres Treffen im Ritz. Schlußendlich bot Unifirst an, sich auf 1 050 000 Dollar zu einigen. Die Firma würde sofort 400 000 in bar bezahlen, den Restbetrag dann innerhalb der nächsten fünf Jahre.

Schlichtmann berief die Familien ein. In seiner Kanzlei stimmten sie ohne weiteres dem Vergleich zu und waren auch einverstanden, das Bargeld für die Finanzierung des Falles Woburn zu verwenden, wie Schlichtmann es vorgeschlagen hatte. Das Geld war wichtig. Schlichtmann und seine Partner hatten am Fall Carney eine Million Dollar verdient, doch den größten Teil davon bereits ausgegeben. Jeder in der Kanzlei, bei Kathy Boyer angefangen bis hinunter zur Putzfrau, hatte einen großen Bonus bekommen. Schlichtmann hatte seine Wohnung renovieren lassen und sich einen neuen Porsche zugelegt, und Conway und Crowley hatten sich jeder ein großes Haus außerhalb der Stadt gekauft. Aber all das waren Peanuts verglichen mit den Ausgaben, die auf die Kanzlei zukommen sollten. Der Fall Woburn, soviel wußte Schlichtmann, hatte nun erst richtig begonnen.

DIE OFFENLEGUNG

1

Alles, was Richard Auferio über Rechtsanwälte wußte, hatte er aus Fernsehserien und Kinofilmen gelernt. Am 7. Januar 1985, einem Montag, war er zur eidesstattlichen Aussage vor den Anwälten von W. R. Grace und Beatrice Foods nach Boston einbestellt worden. Nervös wachte er morgens schon früh auf. Er stellte sich vor, wie die Anwälte dieser großen Konzerne ihn quälten, ihn austricksten, damit er Dinge sagte, die ihm schadeten, oder ihn dumm aussehen ließen. »Wie einen Trottel«, sagte er zu seiner Frau Lauren, deren Befragung für den Nachmittag angesetzt war, im Anschluß an seine eigene.

Richard war der erste der Kläger aus Woburn – genaugenommen, der erste Kläger überhaupt –, der in dieser Phase vor dem eigentlichen Verfahren, die von Anwälten Offenlegung genannt wird, aussagen mußte. Richard wäre es lieber gewesen, später an der Reihe zu sein, dann hätte er sich mit den anderen Familien austauschen und herausfinden können, welche Art von Fragen ihm gestellt würden. Aber man hatten ihm keine andere Wahl gelassen. Aus welchen Gründen auch immer hatten die Anwälte von Beatrice Foods und Grace ihn als ersten herausgepickt. Schlichtmann hatte ihm das Procedere erläutert und gesagt, er solle sich keine Sorgen machen, aber Richard war trotzdem nervös.

Lauren war noch aufgeregter als er. Seit Jarrods Tod hatte sie immer wieder Panikattacken erlitten, bei denen ihr Herz raste, und sie sich fühlte, als würde sie sterben oder verrückt werden.

Sie waren schon ein bißchen zu spät von ihrem Haus, das in

einer Sackgasse im Pine-Street-Viertel lag, aufgebrochen, und der dichte Verkehr ließ sie auf der Interstate 93 nach Boston nur langsam vorankommen. Richard war LKW-Fahrer, und er war diese Strecke wohl Hunderte von Malen gefahren, seit dem Tag, an dem Jarrod, damals erst drei Jahre alt, auf dem Weg ins Krankenhaus gestorben war. Jedesmal wenn Richard an der Ausfahrt Somerville vorbeikam, wo er von der Interstate herunter zur nächsten Feuerwehrwache gerast war, um Hilfe zu holen, dachte er an diesen Tag. Als Lauren geschrien hatte, daß Jarrod aufgehört habe zu atmen, war er auf den Seitenstreifen gefahren und hatte den Jungen von Mund zu Mund beatmet, während er ihn auf seinem Schoß hielt. Er hatte diesen Augenblick lebhaft in Erinnerung: Lauren, die schrie und hysterisch wurde, die Autos und großen Sattelschlepper und deren Getöse auf der Interstate, Jarrod leblos in seinen Armen. Er dachte oft daran, aber er und Lauren hatten lange nicht mehr darüber gesprochen. Und heute, als sie auf ihrem Weg nach Boston an der Ausfahrt Somerville vorbeifuhren, schwiegen sie, obwohl Richard sicher war, daß Lauren daran dachte, genau wie er selbst.

Lauren hatte oft geäußert, daß sie keinen Wert auf den Prozeß legte. Sie wollte das Ereignis nicht immer wieder durchleben müssen. »Geld wird uns Jarrod nicht zurückbringen«, sagte sie oft. »Ich hasse sie, diese Leute, die das Zeug in den Boden geschüttet haben. Warum haben sie nicht einen Sohn oder eine Tochter verloren? Geld von ihnen zu nehmen, schmerzt sie nicht.«

»Wir tun es nicht des Geldes wegen«, entgegnete Richard dann immer. »Wir tun es, um zu zeigen, daß sie uns mit dem, was sie getan haben, Schaden zugefügt haben.«

Bis sie einen Parkplatz gefunden hatten und in Schlichtmanns Kanzlei eingetroffen waren, war es 10.15 Uhr. Die Anhörung war für zehn Uhr in der Kanzlei Hale und Dorr anberaumt, aber Schlichtmann schien sich wegen der Zeit keine Sorgen zu machen. Er ließ sie ihre Mäntel ablegen und sich ein paar Minuten entspannen, während er noch einmal die Grundregeln der Vernehmung durchging.

»Hören Sie sich die Fragen genau an und sagen Sie von sich aus nichts«, legte Schlichtmann ihnen nahe. »Beantworten Sie nur, was Sie gefragt werden, und sagen Sie nicht immerzu ›Ich weiß nicht‹. Das sieht so aus, als würden Sie ausweichen. Denken Sie über jede Frage gut nach, weil uns alles, was Sie sagen, bleibt.«

Richard wollte wissen, ob er all ihre Fragen beantworten mußte, selbst diejenigen, die mit dem Fall und Jarrods Tod gar nichts zu tun hatten. Er dachte da an einige Schwierigkeiten, in die er als Teenager geraten war, und an seine Beziehung zu Lauren.

Schlichtmann wußte von Richards Vergangenheit. Er wußte zum Beispiel, daß Richard vor 15 Jahren, im Alter von 17, Drogen konsumiert hatte, und daß Lauren eine Platzwunde hatte behandeln lassen müssen, als Richard sie bei einem hitzigen Streit geschlagen hatte. Und Schlichtmann wußte, daß Facher und Cheeseman diese Vorfälle ebenfalls bekannt waren. Als Teil der Offenlegung war Schlichtmann verpflichtet gewesen, mit den Krankengeschichten aller Familienmitglieder aufzuwarten. Er vermutete, daß Facher Richard genau dieser Episoden wegen als erster ausgewählt hatte.

»Die können Sie fragen was sie wollen, und Sie müssen antworten«, erklärte Schlichtmann. »Am Ende wissen die mehr über Sie als Sie selbst. Sagen Sie die Wahrheit. Wenn sie nämlich herausfinden, daß Sie gelogen haben, dann wird später im Zeugenstand alles viel schlimmer.«

Lauren blieb in der Kanzlei, während Richard mit Schlichtmann und Conway die drei Häuserblocks weiter zu Hale und Dorr ging. Sie waren jetzt eine halbe Stunde zu spät. In der 27. Etage begleitete sie eine Sekretärin in einen großen, hellerleuchteten Konferenzraum. Er war mit einem dicken Teppich ausgelegt, die Wände holzgetäfelt. Riesige Fenster rahmten einen Panoramablick auf den Stadtteil North End und den Hafen von Boston. Richard hatte das Gefühl, der Raum sei voller Anwälte. Er zählte acht. Alle trugen dunkle Anzüge und saßen um einen langen rechteckigen Tisch. Das Gespräch erstarb, als er den Raum betrat, und er spürte, wie sich ihre Blicke auf ihn hefteten – kühle, taxierende Blicke. Er versuchte zu lächeln und etwas zu sagen – eine schlichte Begrüßung –, aber er brachte nur einen kehligen Laut heraus, sah betreten auf den Boden und räusperte sich. Er spürte, wie Conway hinter ihm seinen Arm berührte und flüsterte: »Keine Sorge. Sie machen das schon.«

Schlichtmann führte Richard zu einem Stuhl fast in der Mitte des Tisches. Conway nahm direkt gegenüber von Richard Platz. Die Protokollführerin, eine gewichtige Frau, saß an einer Ecke des Tisches, ihre kleine Maschine stand auf einem Stativ vor ihr.

Facher führte in der Versammlung den Vorsitz. Er saß an der Stirnseite des Tisches, Neil Jacobs zu seiner Rechten. Ein weiterer junger Mitarbeiter von Hale und Dorr, den Schlichtmann nicht kannte, hatte neben Jacobs Platz genommen. Links neben Facher saßen Cheeseman und drei seiner Kollegen von Foley, Hoag & Eliot. Die beiden Kanzleien waren übereingekommen, während der Phase der Offenlegung soweit wie möglich zusammenzuarbeiten. Viele der späteren Vernehmungen sollten im Konferenzraum von Cheesemans Kanzlei stattfinden, aber es war klar, daß Facher bei der ersten Anhörung das Gefecht führen wollte.

»Lassen Sie uns anfangen«, sagte Facher. Er forderte die Protokollführerin auf, den Zeugen zu vereidigen. Dann begann er mit einer ganzen Reihe von Fragen zu Richards Krankengeschichte, verschwendete keine Zeit und kam gleich auf dessen Drogenzeit zu sprechen. Richard antwortete geradeheraus, und Facher fuhr energisch fort: »Verstehe ich richtig, daß das Wasser für Sie von dem Augenblick an seltsam geschmeckt hat, als Sie nach Woburn kamen?« fragte Facher.

»Von dem Zeitpunkt an, als ich meine Frau kennengelernt habe«, antwortete Richard.

»Sie wußten also schon, daß das Wasser nicht so gut schmeckt, als Sie nach Woburn zogen?«

»Yeah«, sagte Richard. »Aber das Wasser schmeckt vielerorts nicht besonders.«

»Da stimme ich Ihnen zu«, sagte Facher.

»Wir tranken hin und wieder abgefülltes Wasser.«

»Haben Sie von Anfang an auf Flaschen umgestellt?«

»Hin und wieder. Halbe, halbe. So daß wir mit regulärem Wasser kochten und so was. Für Orangensaft benutzten wir Leitungswasser, aber einfach so zum Trinken, da nahm ich abgefülltes Wasser.«

»Hat Ihnen jemals irgendein Arzt gesagt, daß Sie eine Funktionsstörung des Immunsystems hätten?«

»Nein«, antwortete Richard, »aber als mein Sohn gestorben ist, sagte man uns, daß dies der Grund für seinen Tod war. Sein Immunsystem war total kaputt.«

Facher blätterte in dem Krankenbericht von ihm. »Es gab irgendeinen Hinweis auf Salmonellen als Todesursache. Wissen Sie etwas darüber?«

Die unmittelbare Ursache für Jarrods Tod war in der Tat auf Salmonellen zurückgeführt worden, aber die Ärzte hatten gesagt, daß er an dieser Infektion nicht gestorben wäre, wenn sein Immunsystem nicht durch die Chemotherapie geschwächt gewesen wäre. »Das stand in der Autopsie, irgend etwas in der Art«, antwortete Richard. »Ich bin nicht sicher. Ich bin kein Arzt.«

»Was hat Sie veranlaßt, eine Autopsie durchführen zu lassen?«

»Weil es ihm gutging. Er sah prima aus. Er hatte nur drei Monate Leukämie, bevor er starb, und er sah gut aus.«

»Hatten Sie irgendwann ein vertrauliches Gespräch mit dem Arzt darüber?« fragte Facher.

»Es war eher ein heftiges Gespräch«, gab Richard zu. »Weil mein Sohn wie aus, aus... heiterem Himmel gestorben ist, ganz plötzlich, und sie machten keine Tests.«

»Sie meinen, Sie waren wütend?«

»Ich habe ihn angeschrien.« Richard nickte zustimmend. »Er versicherte uns, daß sie diese Tests, die sie unterlassen hatten, von jetzt an machen würden, was eine schwache Entschädigung für das Leben meines Sohnes ist.«

»Lassen Sie mich wiederholen und sehen, ob ich alles richtig verstanden habe«, sagte Facher. »Ihrem Sohn schien es gut zu gehen, er befand sich auf dem Weg der Besserung, Sie waren optimistisch, was seine Zukunft anging, und plötzlich wurde er wieder krank und starb?«

»Sie sagten, damit war zu rechnen. Jeder, der an einer Krankheit wie Leukämie leidet, kann jeden Augenblick sterben.«

»Aber Sie waren wütend und aufgebracht und vielleicht sogar anklagend, als...«

»Das wäre jeder«, unterbrach Richard und klang auch jetzt ein wenig aufgebracht. »Mein Sohn ist eben gestorben.«

»Das kann ich verstehen«, sagte Facher sanft. »Ich wollte nur den Vorfall aufrollen.«

»Am einen Tag ist er gesund, spielt, am nächsten Tag ist er tot. Das war der Punkt an dieser ganzen Sache. Man weiß einfach, wenn es dem eigenen Kind nicht gutgeht. Man versucht es ihnen am Telefon zu erklären und sie sagen: ›Hat er Fieber?‹ Man antwortet: ›Nein. Dann ist alles in Ordnung‹, sagen sie. ›Machen Sie sich keine Sorgen. Bringen Sie ihn am Montagmorgen in die Klinik.‹ Richard hielt inne. »Am Montagmorgen ist er gestorben.«

»Ist er im Krankenhaus gestorben?«

»Nein. Nein, im Auto, während der Fahrt dorthin.«

Davon hatte Facher nichts gewußt. »Er starb im Auto auf dem Weg in die Klinik?« fragte er.

»Er starb auf der Interstate 93, Ausfahrt Somerville. Wir fuhren raus und zu einer Feuerwache...« Richard wollte fortfahren, aber die Stimme versagte ihm. Tränen schossen ihm in die Augen. Er griff nach einem Glas Wasser und trank hastig.

Einen Augenblick lang bewegte sich niemand im Raum. Das einzige Geräusch kam von Richard, dessen Atem rauh und schwer ging. Conway, der von Richards Schmerz tief berührt war, bedeckte seine Augen mit der Hand. Diese Bewegung mußte Fachers Aufmerksamkeit erregt haben, denn Conway bemerkte, wie der alte Anwalt mit säuerlicher Miene zu ihm herübersah.

Schließlich sagte Facher: »Sie haben also angerufen und wollten ihn ins Krankenhaus bringen, und Sie sagten...«

»Am Sonntag, am Sonntagmorgen habe ich angerufen, und sie sagten, wir sollten ihn am Montag bringen.«

Facher stellte ein paar weitere Fragen zur Behandlung des Jungen und entschied dann, daß er genug erfahren hatte. Er gab das

Wort an die Anwälte von W. R. Grace weiter. Einer von Cheesemans Partnern stellte sehr zügig einige Fragen, was nur etwa eine Minute dauerte, und dann sagte Facher: »Zu diesem Zeitpunkt habe ich keine weiteren Fragen, Mr. Schlichtmann.« Er sah Richard an. »Vielen Dank, Sir.«

Richard schob seinen Stuhl zurück und stand auf. Auch Schlichtmann erhob sich und tätschelte Richard sanft den Rücken. Die gegnerischen Anwälte blieben sitzen. Es war sehr still im Raum.

Schlichtmann schlüpfte in seinen Mantel und ging mit Richard zur Tür. Als sie die Tür erreicht hatten, hörte er Facher sprechen.

»Auf Wiedersehen und viel Glück«, sagte Facher.

In Schlichtmanns Ohren klangen diese Worte verächtlich, fast höhnisch, als hätte Facher gesagt: »Auf Wiedersehen, den wären wir los.« Schlichtmann drehte sich auf dem Absatz um und starrte Facher an. »Sie sind derjenige, der Glück brauchen wird.«

Facher hatte nicht die Absicht gehabt, verächtlich zu klingen, aber Richard Auferios Aussage hatte ihn aus dem Konzept gebracht. Diese erste Anhörung war nicht so verlaufen, wie er es geplant hatte. »Manche Fälle kann ein Anwalt nicht verlieren«, hatte er oft zu seinen Studenten in Harvard gesagt. »Manche kann er vielleicht nicht gewinnen. Man muß mit den Karten spielen, die man bekommen hat.«

Nach Auferios Aussage war Facher zu der Überzeugung gelangt, daß dieser Fall zu denjenigen gehörte, die man wahrscheinlich nicht gewinnen konnte, nicht vor einer Jury. Er konnte sich Auferio im Zeugenstand vorstellen, und wie Schlichtmann langsam und in allen Einzelheiten das Bild von Jarrods Tod entwarf. Alle im Gerichtssaal, vielleicht sogar der Richter, würden in Tränen schwimmen, bis Schlichtmann zum Ende gekommen war. Und es war nicht nur Auferio. Da gab es noch sieben weitere Familien, von denen jede ihre eigene tragische Geschichte erzählen konnte.

Zu diesem Zeitpunkt schätzte Facher die Chancen auf zehn zu eins gegen sich. Er realisierte, daß er diesen Fall möglicherweise durch einen Vergleich abschließen mußte, bevor es zum Prozeß kam. Und das war ihm zuwider.

Er sagte sich, daß er einen Weg finden mußte, die Kläger nicht in den Zeugenstand treten zu lassen. Er wußte noch nicht, wie. Aber noch hatte er Zeit. Die Offenlegung hatte eben erst begonnen. Bis die Juroren in die Geschworenenliste eingetragen wurden, würde noch eine Menge passieren.

2

Die Anhörung der 13 Erwachsenen aus Woburn nahm den ganzen Januar in Anspruch. Schlichtmann war immer zugegen, aber er konnte es sich nicht leisten, besondere Genugtuung über die dramatischen Geschichten seiner Klienten zu empfinden. In Gedanken war er gänzlich damit befaßt, Beweismaterial gegen W. R. Grace und Beatrice Foods zusammenzutragen. Dazu mußte er noch eine Menge von Dingen herausfinden. Irgend jemand hatte bei der Verseuchung des Grundwasserspeichers im Bereich des Aberjona River seine Hände im Spiel gehabt. Schlichtmann mußte diesen Jemand finden, mußte klären, wieviel Giftmüll deponiert worden war und auf wessen Geheiß.

Er begann selbst mit einer ganzen Reihe von Anhörungen, die in seiner Kanzlei an seinem 12 000-Dollar-Tisch aus Vogelaugenahorn stattfanden. Er wandte seine Aufmerksamkeit zunächst Grace zu. Das Unternehmen hatte dem Umweltschutzamt gegenüber zugegeben, daß Angestellte hinter dem Firmengelände eine Grube gegraben und mehrere Fässer hineingeworfen hatten. Die Firma hatte das Material als »im wesentlichen harmlos« bezeichnet und behauptet, daß ganze Fässer nicht vergraben worden seien. Aber Schlichtmann wußte, daß dieses Eingeständnis im besten Fall unvollständig war, und vielleicht sogar eine vorsätzliche Lüge. Immerhin hatte die EPA auf dem Grundstück der Firma sechs rostige Fässer ausgegraben, eines neben dem anderen, die einst TRI und andere giftige Lösungsmittel enthalten hatten.

Schlichtmann wollte diejenigen Angestellten vor die Jury bringen, welche die Tat zugegeben hatten, sowie deren Vorgesetzte, die sie überwacht hatten. Er bat Cheeseman, diejenige Person der Firma in Woburn beizubringen, die die »besten Kenntnisse« über den Gebrauch von Chemikalien und Methoden der Entsorgung von Giftmüll hatte. Cheeseman kam zur verabredeten Zeit, an einem Mittwochmorgen in der ersten Märzwoche, begleitet von einem Mann namens Paul Shalline, Leiter für Sicherheit und Instandhaltung des Werks in Woburn.

Schlichtmann erfuhr von Shalline, daß dieser seit 30 Jahren für Grace arbeitete. Er hatte nur die Handelsschule besucht, war aber schnell in die Position des Werksleiters in Woburn aufgestiegen. Dann war er degradiert worden. Er war 60 Jahre alt und wenig einnehmend, was Verhalten und äußeres Erscheinungsbild anging. Er beantwortete Schlichtmanns Fragen langsam und bedächtig, oft sehr vage, oder behauptete, sich nicht erinnern zu können. Er erzählte, er sei im Werk Woburn zum »Umweltbeauftragten« ernannt worden, aber als Schlichtmann fragte, wann diese Stelle eingerichtet worden sei, konnte sich Shallins nicht erinnern.

»Worin bestanden Ihre Aufgaben?« erkundigte sich Schlichtmann.

»Ich habe die Lagerung und den Abfluß in die Rohre überwacht, sichergestellt, daß wir die Luft nicht verschmutzen, und alles, was zu diesem Bereich dazugehört.«

»Wissen Sie, ob hinter dem Werksgebäude Chemikalien deponiert wurden?«

»Das ist mir nicht bekannt«, antwortete Shalline.

Schlichtmann war überrascht. Cheeseman hatte in seiner schriftlichen Beantwortung der Beweisfragen zugegeben, daß »gelegentlich« und »eine geringe Menge« Giftmüll auf dem Gelände der Firma entsorgt worden sei, aber genau davon wollte Shalline nichts wissen. Er probierte es noch einmal, zitierte fast wörtlich aus Cheesemans Beantwortung der Beweisfragen. »Wurde gelegentlich Müll entsorgt, indem man ihn hinter dem Werksgebäude auf den Boden schüttete?«

»Wenn Sie das tatsächlich wissen«, unterbrach ihn Cheeseman.

»Ich weiß es nicht«, sagte Shalline.

»Wurden Substanzen aus der Entfettungsmaschine in der Werkstatt entsorgt, indem man sie hinter dem Werksgebäude auf den Boden schüttete?«

»Ich habe nichts davon bemerkt.«

»War es in den sechziger Jahren üblich, Abfallstoffe der Firma zu entsorgen, indem man sie hinter dem Werksgebäude auf den Boden schütttete?«

»Falls Ihnen das bekannt ist«, meldete sich Cheeseman wieder.

»Ich weiß es nicht«, sagte Shalline. »Ich weiß nicht, ob das eine von oben abgesegnte Praxis war.«

»Könnte es denn eine nicht von oben abgesegnete Praxis gewesen sein?«

»Kann sein. Jemand hätte es tun können, ohne daß ich es gesehen habe.«

Paul Shallines Anhörung dauerte zwei Tage. Nach zwölf Stunden der Befragung hatte Schlichtmann von Shalline nichts als Ausflüchte und Beteuerungen der Unkenntnis zu hören bekommen. Schlichtmann glaubte, daß der Mann log, um sich selbst oder vielleicht die Firma zu schützen. Er hielt es lediglich für eine Frage der Zeit, bis er diese Lügen aufgedeckt hatte.

In seiner Antwort auf Schlichtmanns Beweisfragen sagte Cheeseman, daß TRI in der Lackiererei des Werks aufbewahrt worden sei, wo man es dafür verwendete, Metallteile zu reinigen, bevor sie lackiert wurden. Also lud Schlichtmann den Lackierer zur Vernehmung vor.

Der Lackierer hieß Thomas Barbas. Schlichtmann musterte ihn über den Konferenztisch hinweg. Er war Anfang Vierzig, schwergewichtig, sein rundes Gesicht plump und weich, sein glattes braunes Haar war bereits weit aus der Stirn zurückgewichen. Er saß aufrecht und steif auf seinem Stuhl, sagte nichts und rührte sich kaum von der Stelle. Auf Schlichtmann wirkte er wie jemand, der nicht nur nervös war, sondern auch Angst hatte.

Die Protokollführerin vereidigte Barbas, und Schlichtmann begann damit, ihn nach seinem Beruf zu fragen.

»Einkäufer«, antwortete Barbas.

»Sie sind Einkäufer?« hakte Schlichtmann überrascht nach. Er hatte Cheeseman gebeten, den Lackierer beizubringen. »Seit wann sind Sie Einkäufer?«

»Seit Anfang des Jahres.«

»Und davor, was haben Sie da gemacht?«

»Ich war Lackierer.«

»Wie lange waren Sie Lackierer?«

»Ungefähr 22 Jahre«, antwortete Barbas.

»Warum haben Sie Ihren Beruf gewechselt?« erkundigte sich Schlichtmann.

»Da wurde eine Stelle frei. Ich habe mich beworben und sie bekommen.«

Schlichtmann fragte Barbas in allen Einzelheiten zu seiner Arbeit als Lackierer aus. Barbas antwortete einsilbig, seine Stimme klang gedämpft, war manchmal kaum zu hören. Er gab zu, daß er gebrauchte Lösungsmittel in eine Abwassergrube hinter dem Werksgebäude geschüttet hatte, als er 1961 bei Grace zu arbeiten angefangen hatte. »Feierabend, und wir haben die Lösungsmittel rausgetragen und ausgeschüttet«, erzählte Barbas. »Wir haben getan, was die uns aufgetragen haben.«

Da hatte Cheeseman also seine Informationen her. »Wie lange haben Sie das gemacht?« fragte Schlichtmann.

»Ich würde sagen, vielleicht ein paar Monate.«

Barbas fuhr fort zu erzählen, daß er diese Praxis bereits nach zwei Monaten eingestellt hatte. »Es war eigentlich meine Idee, daß wir die Lösungsmittel und den Farbschlick in Fässer schütten und offiziell abtransportieren. Das habe ich dem Chef geraten.«

»Wer war der Chef?«

»Paul Shalline.«

»Sie haben zu Mr. Shalline gesagt, daß Sie es nicht für richtig halten, wenn die Überschüsse auf die Erde geschüttet werden?«

»Ja.«

»Warum dachten Sie, daß es schlecht ist?«

Cheeseman erhob bei dieser Frage Einspruch für das Protokoll.

Die Verfahrensregeln für Anhörungen bestimmen, daß alle Einsprüche bis zum Prozeß aufgehoben werden, wo ein Richter anwesend ist, der darüber entscheiden kann. Bis dahin ist der Befragte trotz des Einspruchs verpflichtet zu antworten, und darauf wies Cheeseman Barbas hin.

»Ich dachte nicht, daß es schlecht ist«, entgegnete Barbas. »Ich dachte nicht, daß es gefährlich ist.«

»Warum haben Sie ihm dann geraten, das Zeug abtransportieren zu lassen?«

»Nach einer Weile fand ich das mit dem Ausgießen nicht mehr so gut.«

»Warum?«

Wieder erhob Cheeseman Einspruch für das Protokoll, aber Barbas mußte antworten.

»Das wäre ja, wie wenn man Benzin nimmt und es auf dem Boden verschüttet«, sagte Barbas. »Das ist auch nicht gut.«

Barbas behauptete, daß Shalline seinem Rat zugestimmt habe. Danach habe der Lackierer die überschüssigen Lösungsmittel in 200-Liter-Fässer geschüttet, die neben dem hinteren Eingang gelagert wurden. Barbas sagte, daß er nicht wisse, was mit den Fässern passiert sei, wenn sie voll waren.

»Mr. Barbas«, fragte Schlichtmann, »haben Sie jemals mitgeholfen, diese vollen Fässer in einer Grube hinter dem Werksgebäude zu deponieren?«

»Nein.«

»Kein einziges Mal?«

»Nein«, wiederholte Barbas.

»Haben Sie den Vorgang beobachtet?«

»Nein.«

»Hatten Sie irgendwelche Informationen oder Kenntnisse, daß ein solcher Vorgang stattfand?«

»Yeah, sie haben die Fässer ausgegraben, oder?«

»Ist das die einzige Information, die Ihnen bekannt ist?«

»Vielleicht habe ich vorher schon mal was davon gehört, aber ich bin mir nicht sicher.«

»Wer hat mit Ihnen darüber gesprochen?«

»Das weiß ich nicht mehr«, antwortete Barbas.

»Was, glauben Sie, ist dabei vor sich gegangen?«

»Ich erhebe Einspruch«, unterbrach Cheeseman. »Er hat zu verstehen gegeben, daß er nicht dabei war und nichts darüber gehört hat, und Sie bitten ihn, den Vorgang zu beschreiben?«

»Was wissen Sie?« wiederholte Schlichtmann.

»Nur eben das, was man so hörte und in der Zeitung las – daß ein paar Fässer vergraben waren«, sagte Barbas.

Schlichtmann erkundigte sich, ob Barbas je mit Paul Shalline über die Grube gesprochen habe.

»Ich sagte ihm, daß ich nichts davon weiß«, erwiderte Barbas. »Ich sagte ihm, daß es meine Arbeit war, die Überreste in die Fässer zu schütten und daß die Firma verantwortlich dafür war, die Fässer auf legale Weise loszuwerden, und das war alles.«

Mehr konnte Schlichtmann nicht aus ihm herausbekommen, aber er war sich sicher, daß Barbas mehr wußte. Am Abend nach der Anhörung dachte er in seinem Büro darüber nach, wie seltsam es war, daß Barbas zum ersten und einzigen Mal gerade jetzt befördert worden war, genau vor seiner Aussage nach 22 Jahren in der Lackiererei.

3

Drei Wochen später, an einem Dienstagmorgen Anfang April, fuhr der Lagerverwalter des Grace-Werkes, ein Mann namens Al Love, nach Boston, um seine Aussage zu machen.

Love hatte bereits ein langes Gespräch mit Cheeseman geführt, der ihm jede Menge Fragen über seine Arbeit in der Firma gestellt und erläutert hatte, was ihn bei der Anhörung erwarten würde. Jetzt, auf dem Weg zu Schlichtmanns Kanzlei, hatte Cheeseman noch ein paar mehr Ratschläge anzubieten. »Schlichtmann ist ein ziemlich extravaganter Typ«, sagte Cheeseman. »Er kann sehr hitzig und erregbar sein. Entspannen Sie sich, und ärgern Sie sich nicht über ihn. Versuchen Sie, so oft wie möglich mit Ja oder Nein zu antworten.«

Im Konferenzraum der Kanzlei Schlichtmann, Conway & Crowley lächelte ein kleiner, stämmiger Mann im zerknitterten Anzug Love an und stellte sich als Kevin Conway vor. Einige Augenblicke später betrat ein Mann, groß und knochig, den Raum, von dem Love annahm, daß er Schlichtmann war. Er nickte Love kurz zu, und dieser nickte zurück.

Love versuchte, Cheesemans Anweisungen zu befolgen und Schlichtmanns Fragen knapp zu beantworten, kaum mehr als ein paar Silben von sich zu geben. Er erzählte Schlichtmann, daß er im Pine-Street-Viertel in Ost-Woburn wohnte. 1961 hatte er begonnen, in der Metallblechabteilung zu arbeiten, sechs Monate nachdem das Werk in Betrieb genommen worden war. Damals, vor seiner Beförderung zum Lagerverwalter, hatte er Metallteile mit einem Lösungsmittel gereinigt, das er aus einem Faß in der Lackiererei bekam.

»Haben Sie jemals eine Beschriftung auf dem Faß gesehen?«

»Ja«, antwortete Love.

»Wie lautete sie?«

»Das kann ich Ihnen nicht mehr sagen.«

»Verwies die Beschriftung vielleicht auf TRI?«

»Das weiß ich nicht mehr.«

Schlichtmann fragte, was Love mit den überschüssigen Lösungsmitteln getan habe, und Love antwortete, er habe sie zurück in die Lackiererei getragen und in einen kleinen Behälter geschüttet. Ob Love jemals jemanden beobachtet habe, der diese Behälter mit überschüssigem Lösungsmittel weggeschüttet habe?

»Ja«, antwortete Love.

»Wohin wurden sie gebracht?«

»Auf das Gelände hinter dem Werk«, sagte Love mit leiser Stimme.

»Und was passierte dort?«

»Die Behälter wurden ausgeschüttet.«

»Wohin?« hakte Schlichtmann schnell nach. »Auf den Boden?«

»Ja.«

»Und das haben Sie selbst gesehen? Das haben Sie mehr als einmal beobachtet?«

»Ja«, antwortete Love, der bemerkte, daß sich Schlichtmann nach vorne beugte und ihn durchdringend ansah. Für Love war klar, daß seine Antworten Schlichtmanns Interesse weckten.

»Wann konnten Sie den Vorgang beobachten?«

»In der Kaffeepause.«

»Wer waren die Leute, die Sie beobachtet haben?«

»Die Namen?« Love zögerte.

»Ja, die Namen«, forderte Schlichtmann.

Love nannte Tom Barbas und Joe Meola, den Wartungsmann im Werk. Die beiden, sagte er, seien die einzigen gewesen, die er beobachtet habe.

»Wo haben Sie denn Kaffeepause gemacht?«

»Auf dem Platz im Hinterhof«, antwortete Love. »Ich bin immer dorthin gegangen und habe ein bißchen auf Golfbälle eingedroschen.«

»Ach, wirklich? Fortschrittliche Firmenpolitik bei Grace.« Schlichtmann grinste Cheeseman breit an. »Erzählen Sie mir, was genau Sie gesehen haben. Wie haben sie die Behälter geleert?«

»Sie kippten sie einfach in eine Grube.«

»Was für eine Art von Grube?«

»Einfach ein offener Graben, der in den hinteren Teil des Geländes führte, zu einem natürlichen Wasserlauf, einem Bach, glaube ich.«

Schlichtmann ließ Love eine Skizze des Werksgeländes zeichnen und die Stellen neben dem Graben eintragen, wo er Barbas und Meola dabei beobachtet hatte, wie sie das Material ausschütteten. Dann bat er Love, die Grube einzuzeichnen, in die Fässer Müll hineingekippt worden waren. Love zeichnete direkt hinter dem Werksgebäude ein Quadrat.

»Gab es mehr als eine Grube?«

Love sagte, er erinnere sich nur an eine. Sie war 1974 gegraben worden, als man an das Hauptgebäude angebaut hatte. Er und Tom Barbas hatten sich darüber lustig gemacht. »Wir sprachen vom ›Freizeitpark‹. Die Grube sollte das ›Schwimmbecken‹ werden.« Love sagte, er habe nie jemand dort Fässer mit Müll deponieren sehen, allerdings habe er, nachdem die Klage eingereicht war, gehört, wie einige Angestellte darüber Witze machten.

Inzwischen war es kurz vor ein Uhr. Die Anhörung dauerte jetzt fast drei Stunden an, und es hatte keine Pause gegeben. »Unterbrechen wir für zwei Minuten«, sagte Schlichtmann zu Love, »und vielleicht schaffen wir es, daß Sie zur Mittagspause hier fertig sind.«

Er erhob sich und forderte Conway durch einen Wink auf, ihm aus dem Konferenzraum hinauszufolgen. Im Gang unterhielten sie sich flüsternd. Die Anhörung war fast zu Ende, aber Schlichtmann hatte das Gefühl, noch etwas vergessen zu haben. Zu Beginn war Love nervös gewesen, wie die anderen vor ihm auch, aber dann hatte Schlichtmann etwas anderes an dem Mann festgestellt – Gelassenheit, einen Hauch stillen Selbstbewußtseins. Love hatte einen hageren, schlaksigen Körperbau, und er wirkte wie ein Mann, der auf sich achtete. Barbas und Shalline mochten Schwierigkeiten haben, wirkungsvoll zu lügen, aber Schlichtmann dachte sich, daß Love offenbar Schwierigkeiten hatte, seine Selbstachtung weit genug aufzugeben, um eine Lüge zu äußern.

»Was denkst du?« fragte er Conway.

Conway überlegte einen Augenblick. »Er wohnt an der Pine Street im Osten von Woburn, nur ein paar Häuser von Anne Anderson entfernt. Warum stellst du ihm keine Fragen zum Wasser? Zur Gesundheit seiner Familie?«

Zurück im Konferenzraum, fragte Schlichtmann: »Seit wann leben Sie in Ost-Woburn, Mr. Love?«

»Seit 19 Jahren.«

»Und wie viele Kinder haben Sie?«

»Acht.«

Schlichtmann erkundigte sich nach Namen und Alter der Kinder, und Love beantwortete die Fragen gefügig. »Das ist eine ganz schön große Familie«, bemerkte Schlichtmann. »Sie wissen, welche Qualität das Wasser in Woburn hatte?«

»Wann? Jetzt?« fragte Love zurück.

»Wie würden Sie das Wasser in den sechziger Jahren beschreiben?«

»Als gut.«

»Und in den siebziger Jahren?«

»Es roch.«

»Wonach roch es?«

»Nach Chlor, oder so etwas«, sagte Love. »Ein sehr stechender Geruch.«

»Und was war mit der Farbe? Wie sah das Wasser aus?«

»Manchmal sehr dunkel.«

»Als ob etwas darin gewesen wäre? Ein Rückstand?«

»Ja.«

»Haben Sie das Wasser getrunken oder haben Sie ...«

»Yeah, ich hab's getrunken«, sagte Love abrupt.

»Waren Sie besorgt, als man herausfand, daß die Brunnen verseucht waren?«

Cheeseman erhob Einspruch. Donald Frederico, einer der jungen Mitarbeiter Fachers, war der Aussage nur mit einem Ohr gefolgt. Er hatte an Loves Aussage kein besonderes Interesse, weil sie Beatrice Foods nicht betraf, aber Facher wollte, daß bei jeder Anhörung ein Anwalt von Hale und Dorr zugegen war. Frederico hatte bereits Shalline und Barbas über sich ergehen lassen, und an diesem Morgen las er fast die ganze Zeit über im *Boston Herald Tribune*. Er hatte für Prozesse, in denen es um Körperverletzung ging, wenig übrig und verspürte eine wachsende Abneigung vor allem Schlichtmann gegenüber. Als Cheeseman nun Einspruch erhob, sah Frederico von seiner Zeitung auf und erhob ebenfalls Einspruch.

»Sorgten Sie sich um Ihre eigene Gesundheit?« fragte Schlichtmann. Cheeseman erhob wieder Einspruch, und Frederico schloß sich an.

»Sorgten Sie sich um die Gesundheit Ihrer Familie?«

Erneuter Einspruch.

Love bejahte abermals.

»Ist jemand aus Ihrer Familie einmal ernsthaft erkrankt?«

Es wurde jetzt bei jeder Frage Einspruch erhoben, und das verwirrte Love. Er konnte nicht verstehen, warum Cheeseman und Frederico bei den Fragen zur Gesundheit seiner Familie Einspruch erhoben. Cheeseman sollte ihn doch unterstützen, aber nun schien es so, als sei Schlichtmann sein eigentlicher Verbündeter.

Love sagte: »Ja, ich habe mich um die Gesundheit meiner Familie gesorgt. Mein jüngster Sohn bekommt Krampfanfälle. Eine meiner Töchter hatte eine Fehlgeburt, und meine Enkelin ist von Geburt an krank.«

»Hatten Ihre Kinder irgendwelche Ausschläge?«

Frederico ließ seine Zeitung sinken. »Sollen wir hier sitzen und die Krankengeschichte der ganzen Familie durchgehen?« fragte er mit einem ungläubigen Lachen.

»Sie können ja gehen«, erwiderte Schlichtmann.

»Solch belanglose Dinge«, schnaubte Frederico.

Love sah Frederico düster an. Als er sich wieder Schlichtmann zuwandte, traf sich ihr Blick für einen kurzen Augenblick. Er dachte, er hätte gesehen, wie Schlichtmann ihm ganz leicht, fast unmerklich, aber verständnisvoll zunickte.

Dann wandte sich Schlichtmann noch einmal an Frederico. »Sie können ja gehen«, wiederholte er.

»Ich werde nicht gehen, wenn Sie eine Anhörung durchführen«, schnauzte Frederico.

»Dann seien Sie still und hören zu«, sagte Schlichtmann wie zu einem unartigen Kind. Er sah wieder zu Love hinüber. »Hatten Sie oder Ihre Frau Probleme mit brennenden Augen?«

»Einspruch!« sagte Frederico.

Love nickte. »Unter der Dusche, in der Zeit damals, als das Wasser in Ost-Woburn schlecht war.«

»Und Ihre Frau hat sich darüber beklagt?«

»Einspruch!« sagte Frederico.

»Ja«, antwortete Love im selben Augenblick, als Cheeseman sich dem Einspruch anschloß.

»Machen Sie ein bißchen langsamer«, sagte Cheeseman. »Geben Sie mir die Möglichkeit, zu reagieren.«

»Wissen Sie etwas davon«, fuhr Schlichtmann fort, »ob irgendwelche Ihrer Nachbarn Leukämie in der Familie hatten?«

»Einige.«

»Haben Sie Berichte über die Kontamination der Brunnen gelesen?«

»Ja.«

»Machen Sie sich Sorgen über die gesundheitlichen Auswirkungen dessen, was man in den Brunnen entdeckt hat?«

»Ja.«

»Sie machen sich um Ihre Familie Sorgen, richtig?«

»Ja.«

Schlichtmann sah Love direkt ins Gesicht und lächelte. »Gut, wir sind durch. Vielen Dank, Mr. Love.«

Love nickte und lächelte zurück.

Je länger Love darüber nachdachte, desto mehr ärgerte ihn die Art, wie Cheeseman und besonders Frederico sich verhalten hatten, als Schlichtmann ihn zum gesundheitlichen Zustand seiner Familie befragte. Eine Woche nach der Anhörung saß er morgens an seinem Schreibtisch und erwog, anzurufen. Schließlich wählte er Cheesemans Nummer. Er war nervös und ein wenig verlegen, als er sprach. »Ich habe über die Situation noch einmal nachgedacht«, sagte er zu Cheeseman. »Ich fühle mich hin- und hergerissen. Ich weiß nicht, auf welcher Seite ich sein sollte, aber ich habe nicht das Gefühl, daß alles, was hier passiert ist, aufgedeckt wird.«

Cheeseman antwortete, er habe sowieso vorgehabt, am nächsten Tag in die Firma zu kommen. »Warum sprechen wir dann nicht darüber?«

Am Nachmittag des nächsten Tages tauchte Cheeseman in der Tür zur Lagerverwaltung auf. Er schlug Love vor, in den Konferenzraum zu gehen, wo sie ungestört sprechen konnten. »Nun erzählen Sie mal, was Sie beunruhigt, Al«, sagte Cheeseman, während er die Tür schloß.

Love antwortete, daß er sich Sorgen um die Gesundheit seiner Familie mache. »Ich frage mich, ob ich um meiner Kinder willen nicht einen Rechtsanwalt nehmen sollte.«

»Ich kann Ihnen da weder zu- noch abraten«, sagte Cheeseman. »Das müssen Sie selbst entscheiden.« Er hielt einen Moment lang inne und fügte dann hinzu: »Aber machen Sie sich keine Sorgen, ich glaube nicht, daß die Chemikalien im Wasser irgend jemanden krank gemacht haben.«

»Und was ist mit der Konzentration von Leukämieerkrankungen? Das ist doch nachgewiesen worden.«

»Niemand weiß, wodurch Leukämie hervorgerufen wird«, erklärte Cheeseman. »Und niemand weiß, wie diese Konzentration zustandekam. Ich persönlich glaube, es ist eine Sache des Zufalls. Wenn Sie 100 Pennys nehmen und sie in die Luft werfen, dann liegt die eine Hälfte mit Kopf, die andere mit Adler nach oben da. Wenn Sie sich genau umschauen, dann finden Sie wahrscheinlich einige Köpfe konzentriert zusammenliegen. Aber das ist nichts weiter als Zufall. Niemand kann so etwas erklären.«

Love dachte darüber einen Augenblick lang nach. Dann schüttelte er langsam den Kopf. »Das nehme ich Ihnen nicht so ohne weiteres ab. Ich weiß, daß das Wasser verseucht war. Und ich weiß von Leuten hier, daß man Fässer vergraben hat und daß irgendwelches Zeug in den Boden geschüttet wurde. Ich war es nicht, aber ich weiß, daß es getan wurde.«

»Al, das ist sehr wichtig«, sagte Cheeseman. »Ich möchte, daß Sie mir die Namen dieser Leute nennen.«

Love wollte nicht zum Denunzianten werden. Bei seiner Anhörung hatte er bereits Barbas und Meola genannt, aber dort hatte er unter Eid gestanden. Er und Thomas Barbas waren eng befreundet und kannten sich fast ihr ganzes Leben lang. Love wollte Barbas nicht in Schwierigkeiten bringen. Wenn Tommy den Anwälten irgend etwas mitzuteilen hatte, dann sollte er das selbst tun. »Das kann ich nicht machen«, sagte er zu Cheeseman und schüttelte den Kopf.

»Können Sie mit den Leuten sprechen und sie bitten, zu mir zu kommen?«

»Ich werde darüber nachdenken.«

»Es ist sehr wichtig, daß wir alles erfahren, was hier vor sich gegangen ist«, sagte Cheeseman.

Während er dem Anwalt zuhörte, dämmerte es Love plötzlich,

daß dieser möglicherweise tatsächlich nicht wußte, was sich in der Firma abgespielt hatte. Mit Sicherheit war Vin Forte, der Manager, über alles im Bilde. Wenn Cheeseman im dunklen tappte, dann mußte Forte die Anwälte angelogen haben, um sich selbst zu schützen. Und auch Tommy Barbas konnte nicht die Wahrheit gesagt haben.

»Wir brauchen die Informationen, damit wir sie an die zuständigen Beamten weitergeben können«, fuhr Cheeseman fort. »Wir brauchen sie, damit wir das Umweltschutzamt einschalten und alles entfernen lassen können, was sich vielleicht sonst noch auf dem Gelände befindet.«

Love schüttelte den Kopf.

Schnell sprach es sich an diesem Tag in der Firma herum, daß Cheeseman gekommen war, um mit Love zu sprechen. Einige Leute tuschelten, daß Al sich auf irgendeine Art den Anwälten gegenüber in eine mißliche Lage gebracht habe. In der Firmenhierarchie war Love nicht weit nach oben gekommen, aber er hatte sich einige Autorität verschafft, und die anderen respektierten ihn und das, was er sagte. Als Loves Freund Cy Witmer, der in der Metallblechabteilung arbeitete, von den Gerüchten hörte, legte er eine Pause ein und kam zu ihm.

»Was ist hier los, Al?« fragte Witmer.

»Ich beginne mittlerweile zu glauben, daß ich in dieser ganzen Sache auf der falschen Seite stehe«, sagte Love.

In der darauffolgenden Woche schlief Love schlecht. Er konnte kaum etwas essen. Seine Frau Evelyn machte sich Sorgen um ihn. Nach dem Abendessen, während Evelyn das Geschirr spülte, sprachen sie darüber, ob er nicht bei Anne Anderson vorbeischauen sollte. Sie wohnte nur eben um die Ecke in der Orange Street, zu Fuß zwei Minuten entfernt. Obwohl sie seit 15 Jahren Nachbarn waren, kannten die Loves Anne nicht besonders gut. Al hatte gesehen, wie der Notarztwagen mehr als einmal zu ihrem Haus kam, als ihr Sohn krank war, und er wußte, daß sie und ihr Mann geschieden waren. Als die Leukämiefälle in Woburn anfingen das Interesse der Medien zu wecken, hielt Al Anne für eine

»Spinnerin«, wie er sich ausdrückte – der traurige Fall einer Frau, die unter der Last der Tragödien, die ihr widerfahren waren, zerbrochen war. Aber in letzter Zeit hatte er begonnen, anders über sie zu denken. Er fragte sich, wie Anne ihn wohl empfangen würde, wenn er hinüberginge und bei ihr läutete. Er überlegte, ob sie ihn vielleicht für das, was mit ihrem Sohn geschehen war, verantwortlich machen würde, weil er für Grace arbeitete.

Evelyn hatte Al immer versichert, daß irgend jemand im Management von Grace schon mit der Wahrheit herausrücken würde, jemand, der die Verantwortung trug. Aber jetzt, als sie mit ansehen mußte, wie aufgewühlt Al war, ermutigte sie ihn, zu Anne zu gehen, um ihr alles zu erzählen, was er wußte. Sie versuchten, die Folgen eines solchen Schrittes abzuwägen, ob Al seinen Job verlieren würde, wenn es herauskäme. Aber für Evelyn war der Verlust der Arbeitsstelle jetzt weniger wichtig als das zu tun, was Al für richtig hielt und wodurch er wieder zur Ruhe kommen könnte.

Am Abend des 1. Mai, einem Mittwoch, drei Wochen nach seiner Anhörung, ging Al Love hinüber zu Annes Haus und läutete an ihrer Tür. Anne bat ihn herein, bot ihm Kaffee an, und dann setzten sie sich an ihren Küchentisch. Er erzählte, daß er eine ganze Weile darüber nachgedacht habe, zu ihr zu kommen, daß er aber befürchtet habe, sie wolle möglicherweise nicht mit ihm sprechen, weil er für W. R. Grace arbeite. Er fuhr fort, daß er sich große Sorgen über das mache, was in der Stadt und mit ihrem Sohn geschehen sei, und daß er wütend sei, wie die Firma das Problem handhabe.

Anne legte ihre Hand auf seinen Arm und sagte: »Sie wissen gar nicht, wieviel mir das bedeutet.« Sie hatte Tränen in den Augen und entschuldigte sich dafür, zu weinen. Love erzählte, daß er sich selbst um die Gesundheit seiner Familie Sorgen mache und daß ihm in der Firma Gerüchte zu Ohren gekommen seien, die das Vergraben der Fässer betrafen. »50 oder mehr Fässer«, sagte er. »Da bleibt auch eine ganze Menge verborgen.«

Sie redeten fast zwei Stunden lang miteinander. Love erinnerte sich, daß er sich danach zum ersten Mal nach Wochen klar und ruhig fühlte. Als er schon gehen wollte, fragte Anne, ob er bereit sei, mit Schlichtmann zu sprechen, ihm zu erzählen, was er ihr erzählt hatte.

Ja, sagte Love, er werde mit Schlichtmann sprechen.

Am nächsten Abend kam Schlichtmann auf Einladung in das Haus der Loves. Er und Al saßen im Wohnzimmer und sprachen zwei Stunden lang über das Grace-Werk. Al berichtete von den Gerüchten über die 50 oder mehr Fässer, die unter dem Erweiterungsbau aus den frühen siebziger Jahren vergraben seien. Schlichtmann hatte die Protokolle der Aussagen von Thomas Barbas und Paul Shalline mitgebracht und bat Love, sie so bald wie möglich zu lesen.

Ein paar Tage später, nachdem Love die Lektüre der ausführlichen Protokolle beendet hatte, traf er sich noch einmal mit Schlichtmann. Love schüttelte traurig den Kopf und verkündete, daß Tommy Barbas in seiner Vernehmung nicht die Wahrheit gesagt habe. Love erinnerte sich, wie er drei Jahre zuvor mit Barbas und einem leitenden Angestellten namens Frank Kelly in der Kantine gesessen und den beiden Männern zugehört hatte, als sie sich über Giftmüll unterhielten, der hinter dem Firmengebäude vergraben worden war. Er erinnerte sich, wie Kelly lachend auf Barbas gezeigt hatte. »Tommy weiß alles darüber«, hatte Kelly gesagt. Auch die anderen Arbeiter am Tisch hatten gelacht, und sogar Barbas rang sich ein Lächeln ab. Alle hatten so getan, als handelte es sich um einen Witz, sagte Love zu Schlichtmann.

Fast täglich während der folgenden zwei Wochen riefen Schlichtmann, Conway oder jemand anderer aus der Kanzlei bei Love zu Hause an oder kamen vorbei. Eines Abends kreuzte Schlichtmann mit einem dicken Packen Luftaufnahmen des Werksgeländes auf, die aus den sechziger Jahren stammten. Schlichtmann breitete sie auf dem Eßzimmertisch aus und ließ Love sie mit dem Vergrößerungsglas studieren, um möglicherweise jene Stellen zu identifizieren, wo er die Gruben gesehen hatte und wo Barbas und Meola ihre Eimer mit Lösungsmittel ausgeleert hatten. Schlichtmann hakte bei jedem Detail drei-, vier-, fünfmal nach, um noch mehr herauszubekommen, und Love antwortete geduldig. Sie arbeiteten bis in die Nacht hinein, die Lampen im Haus leuchteten, die Fenster waren geöffnet, warme Frühlingsluft strömte herein. Die Leute aus Schlichtmanns Kanzlei kamen und gingen, als sei Loves Haus zu ihrem Büro in Woburn geworden.

Schlichtmann wollte die Namen früherer Beschäftigter bei Grace wissen, die möglicherweise von den vergrabenen Fässern wußten. Love erwähnte Robert Pasqueriella, einen Elektriker, der in der Firma gearbeitet hatte. Schlichtmann fragte, ob Love Pasqueriella sofort anrufen könne, und Love tat, worum Schlichtmann ihn gebeten hatte.

Pasqueriella war seit sechs Jahren von Grace weg, und er mußte einen Augenblick nachdenken, bis er sich wieder daran erinnern konnte. Dann fiel auch ihm das Gespräch mit Kelly wieder ein. »Klar«, sagte Pasqueriella. »Frank hat mir von diesen Fässern erzählt.«

Eine halbe Stunde später war Pasqueriella bei Love im Wohnzimmer. Schlichtmann mochte den Mann sofort. Er war klein und dicklich, Ende Vierzig, und redete schnell und abgehackt, wobei er häufig ganze Sätze wiederholte. »Ich habe das Zeug ja selbst reingeschüttet«, sagte er zu Schlichtmann. »Ja, selber reingeschüttet. Eddie Orazine, der Vorarbeiter, hat es mir aufgetragen, Zeug in die Rinne hineinzuwerfen. Dort wächst ohnehin nichts. Ich wußte damals nicht, daß das Zeug giftig war. Meine Hände wurden immer weiß davon. Ich habe die Förderbänder mit diesem Zeug abgewaschen. Ich weiß nicht, wie es heißt, ich bin kein Chemiker.«

»TRI?« fragte Schlichtmann.

»Ja, genau. Ich habe an der Maschine gearbeitet, das alte Motoröl aus dem Getriebe abgelassen, neues Öl eingefüllt und die Maschine eine Weile laufen lassen, um zu sehen, ob sie richtig arbeitet. Wenn das Getriebe sehr schmutzig war, habe ich es auf die Seite gelegt und Lösungsmittel reingeschüttet und es ausgeschwenkt. Dann habe ich das Lösungsmittel wieder herauslaufen lassen und hinter dem Werk meinen Eimer ausgeleert. In der Maschinenhalle gab es immer Kühlöl, weiß wie Milch. Hin und wieder goß Joe Meola das Zeug aus und ging hinters Haus und schüttete es in die Rinne. Niemand wagte es, so etwas auf eigene Faust zu tun. So was wurde nie ohne die Zustimmung von Paul Shalline und Eddie Orazine gemacht.«

»Was war mit Tommy Barbas?«

»Tommy schüttete seinen Farbverdünner und anderes Zeug in die Grube.«

»Barbas sagt, daß er das nie getan habe.«

Pasqueriella schnaubte und tat die Behauptung mit einer Handbewegung ab. »Ich habe mit eigenen Augen gesehen, wie Tommy das Zeug in die Grube geschüttet hat. Ich stand direkt neben ihm. Das war Routine. Soweit ich weiß, hat er das über Jahre gemacht.«

Schlichtmann fragte Pasqueriella, ob er Barbas anrufen und mit ihm sprechen würde.

»Jetzt sofort?« fragte Pasqueriella. »Warum nicht? Klar.«

Schlichtmann hoffte, daß Barbas vielleicht wie Pasqueriella gleich zum Haus der Loves kommen würde. Er wußte, daß er viel mehr aus Barbas herausbekommen würde, wenn er mit ihm in Loves Wohnzimmer saß, als bei einer Vernehmung, bei der Cheeseman zugegen war.

Pasqueriella wählte Barbas' Nummer und sprach einige Zeit mit ihm. Im Wohnzimmer hörte Schlichtmann Pasqueriellas Anteil an dem Gespräch. »Tommy, du hast mit dem Zeug zu tun gehabt«, hörte er Pasqueriella sagen. »Genau wie ich. Erinnere dich doch, ich habe es ja auch reingeschüttet. Ich stand da und habe mit dir geredet, während du's gemacht hast.« Pasqueriella hörte eine Weile zu. »Du weißt doch genau, was hier abgeht. Wenn du klug bist, dann sagst du die Wahrheit. Du rückst besser mit allem, was du weißt, heraus. Du willst doch die Sache nicht für Vin Forte ausbaden müssen.«

Pasqueriella hielt einen Moment lang inne. Dann sagte er: »Hör zu, Tommy, wenn sie mich fragen, dann werde ich die Wahrheit sagen. Ich lüge für niemanden.«

Pasqueriella legte auf. »Er sagt, er weiß nichts davon. Er hat herumgedruckst. Ich kenne Tommy, und ich weiß, daß er sehr nervös war.«

Diese Enthüllungen – vor allem die Gerüchte über 50 oder mehr Fässer, die unter dem Anbau des Werksgebäudes vergraben worden waren – freuten Schlichtmann. Nun stand fest, daß Barbas bei seiner eidesstattlichen Aussage gelogen hatte. Es war zudem klar, daß W. R. Grace der EPA nicht die ganze Wahrheit darüber gesagt hatte, wieviel TRI wirklich im Werk benutzt worden und was im hinteren Teil des Firmengeländes vergraben war.

Aber Schlichtmann wollte einen knallharten Beweis. Er mußte die Informationen aus Grace und seinen Angestellten herauspressen. Eine Möglichkeit, dies zu tun, bestand darin, den Staatsanwalt in Umweltfragen für den Fall zu interessieren. Eine kriminalistische Ermittlung durch das Justizministerium, mit der die Gefahr hoher Geld-, vielleicht sogar Gefängnisstrafen für einige Angestellte und Geschäftsführer von Grace einherging, könnte den Fall dramatisch verändern. Einige Monate zuvor hatte Schlichtmann beim Staatsanwalt vorbeigeschaut und ihn dringend gebeten, in der Sache Grace zu ermitteln. »Ich bin sicher, sie haben die EPA angelogen«, hatte Schlichtmann gesagt. »Warum ermitteln Sie nicht?«

»Bieten Sie mir Tatsachen, bieten Sie mir Beweise, bieten Sie mir Zeugen«, hatte der Staatsanwalt erwidert. »Ohne Beweise kann ich nichts tun, und ich werde keine Ermittlungen in die Wege leiten, um Ihre Arbeit zu unterstützen.«

Nun, mit den Informationen von Love und Pasqueriella hatte Schlichtmann das Gefühl, genug für den Staatsanwalt in der Hand zu haben, und er vereinbarte ein Treffen für einen Tag, an dem Love ohnehin schon geplant hatte, sich frei zu nehmen. Loves jüngster Sohn, der 16 Jahre alt war und, seit er sieben war, unter Anfällen litt, hatte einen Termin bei einem Spezialisten im Children's Hospital in Boston.

Nach dem Termin mit ihrem Sohn gingen Al und Evelyn Love, begleitet von Schlichtmann und Conway, in die siebte Etage des Gerichtsgebäudes. Der Staatsanwalt und zwei höhere Beamte der

EPA befragten Al an jenem Nachmittag fast drei Stunden lang. Evelyn saß die ganze Zeit über neben ihrem Ehemann. Das Verhalten des Staatsanwalts verärgerte sie. Mit zusammengekniffenen Augen starrte er Al permanent durchdringend an. Aber Al schien gut damit umgehen zu können. Er sprach offen und direkt und wirkte zu keinem Zeitpunkt eingeschüchtert. Er zeichnete Karten und erzählte dem Staatsanwalt genau das gleiche, was er auch Schlichtmann berichtet hatte, von den Gruben und den Gerüchten über die 50 Fässer, die unter dem Anbau des Werkes vergraben waren.

Danach nahm der Staatsanwalt Schlichtmann zur Seite und sagte, daß er mit seinen Ermittlungen nun beginnen würde. Er beabsichtigte, die Angestellten von Grace vorzuladen und von ihnen zu verlangen, daß sie vor einer Voruntersuchungsjury aussagten.

Schlichtmann war es nicht gelungen, Barbas zu überreden, in Loves Haus zu kommen, aber das Zweitbeste hatte er erreicht. Eine Woche nach Loves Besuch beim Staatsanwalt rief Barbas bei Cheeseman an, und sagte, daß ihm plötzlich etwas eingefallen sei. Er erinnere sich jetzt, daß er dabeigewesen sei, als die Fässer in die Grube geworfen wurden.

Cheeseman, der an seinem Schreibtisch saß, hatte, wie er sich später erinnerte, das Gefühl, als würde ihm eiskalt. Er stand auf und sah aus dem Fenster zum Gerichtsgebäude hinüber, während er Barbas zuhörte. Er spürte, wie er wütend wurde.

Barbas, dem die Worte nur so heraussprudelten, erzählte ihm detailliert, woran er sich plötzlich alles »erinnerte«. Der Lackierer sprach von einem roten Tieflader, der Fässer zum Rand einer Grube transportiert hatte, beschrieb, wie er die Spundlöcher geöffnet hatte und Joe Meola ihm half, die Fässer auszuleeren. Cheeseman hatte den Eindruck, als glaube Barbas, je schneller er spreche, desto weniger schadeten seine vorausgegangenen Lügen. Eine Zeitlang hörte er zu, und dann begann er Fragen zu stellen.

Cheeseman glaubte zu verstehen. 24 Jahre lang hatte Barbas getan, was man ihm aufgetragen hatte. Barbas dachte wahrscheinlich, er müßte ins Gefängnis, weil er Giftmüll in den Boden geschüttet hatte, und diese Angst hatte zweifelsohne dazu geführt, einen Meineid zu leisten.

Am Nachmittag rief er Schlichtmann an und sagte: »Ich werde keinen Einspruch erheben, wenn Sie Barbas noch einmal vernehmen wollen.«

»Was ist denn los, Bill«, fragte Schlichtmann, als wüßte er nicht genau Bescheid.

Cheeseman erklärte, daß Barbas ihn am Morgen angerufen hatte. »Es sagt, daß er sich daran erinnert, Fässer in die Grube geleert zu haben.«

»Mr. Barbas, hatten Sie Gelegenheit, seit Ihrer letzten Anhörung über die Sache noch einmal nachzudenken?«

»Ja.«

Sie befanden sich in Schlichtmanns Kanzlei. Im Konferenzraum waren dieses Mal mehr Anwälte anwesend. Cheeseman war natürlich da, einer von Fachers Mitarbeitern sowie zwei Strafverteidiger, die von Grace beauftragt und bezahlt worden waren, um Barbas bei den amtlichen Ermittlungen zu vertreten.

»Mr. Barbas«, sagte Schlichtmann, »würden Sie mir bitte berichten, woran Sie sich erinnern, was Ihre Teilnahme an der Entsorgung von Fässern betrifft, die auf dem Firmengelände von W. R. Grace in eine Grube geworfen wurden?«

»Daß ich daran beteiligt war«, antwortete Barbas.

»Woran erinnern Sie sich sonst noch?«

»Damals half mir Joe Meola. Und Frank Kelly.«

»Sie hatten jetzt Gelegenheit, darüber nachzudenken, wer Ihnen die Anweisung gab, die Fässer zu entleeren, ist das richtig?«

»Ja. Paul Shalline fragte mich, ob es mir etwas ausmachen würde, den Inhalt der Fässer in die Grube zu kippen.«

»Und was haben Sie geantwortet?«

»Nun, ich fragte ihn – die ganze Zeit über hatten wir die Reste gesammelt, um sie zu einer Entsorgungsfirma zu bringen. Er sagte, sie seien ungefährlich, wir könnten sie wegschütten.«

»Okay, Mr. Barbas, Sie kippten also während der sechziger Jahre überschüssige Lösungsmittel in den Graben, nicht wahr?«

»Ich glaube, ich habe ausgesagt, daß ich nur im Jahr 1961 daran beteiligt war.«

»Ich weiß, was Sie ausgesagt haben. Ich möchte, daß Sie sehr gründlich über die Frage nachdenken. Sie wissen, daß Sie unter Eid stehen und Meineid strafbar ist?«

Barbas nickte.

»Sie wissen, daß Mr. Meola gelegentlich Abfall in den Graben geschüttet hat?«

»Ja.«

»Sie haben ihn dabei beobachtet?«

»Ja.«

»Über welchen Zeitraum hinweg haben Sie Mr. Meola dabei beobachtet?«

»Er hat das ständig gemacht.«

Cheeseman unterbrach und sagte zu Barbas: »Er fragt nach Ihren konkreten Beobachtungen.«

Schlichtmann wandte sich verärgert an Cheeseman. »Ich spreche englisch, Bill. Er ist kein Portugiese. Er braucht keinen Dolmetscher.« Schlichtmann wandte sich wieder an Barbas: »Haben Sie Mr. Meola jemals geholfen?«

»Nein«, sagte Barbas.

Schlichtmann sah Barbas durchdringend an. »Haben Sie Joe Meola jemals dabei geholfen, überschüssige Lösungsmittel in den Boden zu schütten?«

Dieses Mal nickte Barbas bejahend.

»Sie können nicht nur mit dem Kopf nicken«, sagte Cheeseman.

»Bei Nässe habe ich das Zeug manchmal rausgebracht und in den Boden geschüttet.«

»Wie oft war das der Fall?«

»Wann immer es erledigt werden mußte.«

»Was ungefähr einmal in der Woche der Fall war?«

»Ja, einmal die Woche. Ich würde sagen, einmal die Woche.«

Für Joe Meola brauchte Schlichtmann wirklich einen Dolmetscher. Obwohl Meola, inzwischen über 70 und in Rente, 20 Jahre lang als Wartungsmonteur bei der Firma in Woburn gearbeitet hatte, behauptete er bei seiner Anhörung, er verstehe kein Englisch. Schlichtmann engagierte einen italienischen Dolmetscher, und die Vernehmung in Schlichtmanns Kanzlei konnte fortgesetzt werden. Meola bestritt, Fässer in die Grube entleert zu haben. Auch habe er niemals den Inhalt des Entfettungstanks, geschweige denn sonst irgend etwas in den Boden geschüttet.

»Tom Barbas hat ausgesagt, Sie hätten den Tank auf dem Boden ausgekippt«, hielt Schlichtmann ihm vor.

»Er lügt«, erwiderte Meola.

»Mr. Barbas hat ausgesagt, daß er überschüssige Lösungsmittel auf dem Gelände hinter dem Werk ausgeschüttet habe.«

»Gut für ihn.« Meola umklammerte seinen Kopf. »Ich bin schon ganz wirr«, sagte er.

»Wir wollen noch nicht, daß Sie wirr sind«, meinte Schlichtmann.

»Ich bin 73 Jahre alt.«

»Sie sehen sehr gut aus«, erwiderte Schlichtmann.

»Ich sehe sehr gut aus? Wenn ich noch einmal hierherkomme, dann muß ich anschließend auf den Friedhof, wo die Zypressen wachsen.«

4

Schlichtmann erinnerte sich an den Frühlingstag vor drei Jahren, als er nach Woburn gefahren war und auf dem Parkplatz gegenüber vom Grace-Werk geparkt hatte. Er erinnerte sich, wie er sich gewünscht hatte, er könnte hineingehen und sich umsehen. Er erinnerte sich, wie die Ziegelsteinfassade damals auf ihn gewirkt hatte, als wäre sie das Gemäuer einer kleinen Festung. Aber nun war ihm die Tür geöffnet, und er bekam via Vernehmung Führungen durch das Werk.

Er erfuhr, daß das Werk in fast jeder Hinsicht ein guter Arbeitsplatz war, vorausgesetzt man kam mit Vincent Forte, dem Manager, aus. Forte regierte die Firma seit über 20 Jahren wie sein eigenes Lehensgut. Die meisten Angestellten fügten sich Fortes Gesetzen (was manchmal bedeutete, auf Firmenkosten private Arbeiten für ihn zu erledigen), weil die Firma gute Gehälter bezahlte und großzügige Zuwendungen bot. Jedes Jahr zu Weihnachten wurden die Angestellten zu einer Party in ein Restaurant eingeladen. Hinter dem Firmengebäude hatte man ein Stück des zwei Hektar zugewachsenen Geländes gerodet und eine Sandgrube gebaut, um Hufeisenwerfen spielen zu können. Als Barbas anfing, sich für Bogenschießen zu interessieren, stellten er und ein anderer Angestellter zum Üben eine Zielscheibe auf, und nicht weit davon chippte Al Love gelegentlich Golfbälle. Die Firma hatte einen Basketballkorb installiert und Picknicktische aufgestellt, damit die Angestellten an schönen Tagen ihr Mittagessen im Freien einnehmen konnten. Joe Meola hatte einen Gemüsegarten angelegt, den er in den Pausen und nach der Arbeit pflegte. Aber für Schlichtmann war inzwischen klar, daß die Firma und ihre Angestellten das Areal um das Werk herum zwar in eine Park- und Freizeitanlage verwandelt, aber zugleich auch eine Giftmüllkippe daraus gemacht hatten.

Von derzeitigen und früheren Grace-Angestellten hörte Schlichtmann, daß Tommy Barbas ein ordentlicher und akribischer Mann und ein gewissenhafter Arbeiter war. Die Firmenleitung in Woburn hatte ihn über die Jahre hinweg mehrfach dafür gelobt, wie ordentlich er die Lackiererei halte. Seine Arbeit war unbedeutend, aber er machte sie gut. Er schien an einer Beförderung nicht interessiert. Jeden Tag bekam er Metallteile, die für die Fertigung kommerzieller Lebensmittelverpackungsmaschinen gebraucht wurden. Diese Teile kamen mit einer Ölschicht überzogen in seine Werkstatt, ein Rückstand von der Herstellung. Bevor die Teile lackiert werden konnten, mußte Barbas den Ölfilm mit TRI abwischen, das er aus einem 200-Liter-Faß in der Lackiererei entnahm. Er pumpte sich das TRI in eine kleine Dose, in die er einen Stoffetzen tauchte. Er war verpflichtet, Gummihandschuhe zu tragen, aber einige der Teile waren klein und mit Handschuhen schwer zu greifen. Nachdem er ein Teil gereinigt hatte, hängte er es in die Lackkammer, eine Vorrichtung in der Größe einer Kleiderkammer, die aus Gummiwänden erbaut war. Über die Rückwand der Kammer floß in einem steten, zirkulierenden Strom ein Wasservorhang. Barbas benutzte eine Farbspritzpistole und Emaillack, den er manchmal mit Trichloräthylen verdünnte. Das zirkulierende Wasser riß überschüssigen zerstäubten Lack aus der Spritzpistole mit und beförderte ihn in eine Wanne auf dem Fußboden der Kammer.

Am Ende jedes Tages schöpfte Barbas den fest gewordenen Lack aus der Wanne in eine Plastikschale. Dann reinigte er in einem großen Eimer die Spritzpistole mit TRI. An einem normalen Arbeitstag sammelten sich ungefähr fünf Liter Lackreste an oder mehr. In seiner ersten Arbeitswoche hatte Paul Shalline ihm die Rinne in der Nähe des Hintereingangs zum Werk gezeigt, in die er das Altmaterial schütten sollte.

Andere Firmenangehörige erzählten Schlichtmann, wie sie regelmäßig in die Lackiererei kamen, um sich kleine Mengen TRI aus dem 200-Liter-Faß zu holen. Sie benutzten das Lösungsmittel, um Fett und Schmutz von den Neoprenförderbändern zu wischen oder um Farbreste aus den Metalltunnels zu entfernen, in denen Plastikfolie um die Lebensmittel geschweißt werden sollte. Ein Arbeiter berichtete, daß er zu Beginn seiner Arbeit in der Montagehalle 1970 seinen Vorarbeiter gefragt hatte, was er mit dem überschüssigen Lösungsmittel und dem Motoröl tun sollte, das er in einem 10-Liter-Kübel gesammelt hatte. Der Vorarbeiter hatte ihm gesagt: »Kipp es hinten aus.« Während der fünf Jahre, die er bei Grace angestellt war, hatte der Arbeiter fast täglich Altmaterial in die Rinne geschüttet.

Shalline, dessen Gedächtnis jetzt »aufgefrischt« war, wie die Anwälte sich auszudrücken pflegten, erinnerte sich an Barbas' Vorschlag, die überschüssigen Lösungsmittel in ein leeres 200-Liter-Faß zu kippen. Shalline hatte dem Vorschlag zugestimmt, aber nicht aus irgendwelchen Bedenken für die Umwelt heraus. »Es war eher aus praktischen Gründen«, erklärte er, als Schlichtmann ihn danach fragte. »Der Winter stand vor der Tür, und es war bequemer, das Zeug gleich in der Lackiererei loszuwerden, wo Tommy arbeitete. Er mußte nicht so viel Zeit aufwenden, um hinauszugehen.«

Und trotzdem war Barbas weiterhin hinausgegangen, um seine Kübel in die Rinne zu entleeren. Dies überraschte Schlichtmann zunächst, bis er herausfand, daß Barbas eine strenge Unterscheidung zwischen Farbschlick und den kleinen Behältern mit reinem TRI machte, das er benutzte, um die Metallteile zu reinigen. Aus Barbas' Sicht richtete man keinen Schaden an, wenn man den Farbschlick auf den Boden schüttete, auch wenn dieser TRI enthielt. Als gewissenhafter Mann schaufelte er nach einigen Tagen die Farbüberreste, wenn sie getrocknet waren, in die reguläre Mülltonne.

Und noch etwas anderes überraschte Schlichtmann. Wenn Barbas tatsächlich gezögert hatte, Lösungsmittel auf den Boden zu schütten, warum half er dann Joe Meola so oft, den Inhalt des 50-Liter-Entfettungstanks, der reines Lösungsmittel enthielt, in die Rinne zu entleeren. Diese Handlung war, oberflächlich betrachtet, inkonsequent, aber Schlichtmann brachte Barbas nie dazu, seine Gründe zu erläutern.

Schlichtmann setzte sich ein Bild von Barbas zusammen, der, während er im Werk in Woburn arbeitete, allmählich in die Jahre kam. 1967 wurde Barbas in die Armee eingezogen und nach Vietnam geschickt, wo er ein ereignisloses Jahr bei der Militärpolizei verbrachte. Als er nach Woburn zurückkehrte, nahm er seine Arbeit in der Lackiererei wieder auf. Er heiratete, bekam Kinder und zog in ein kleines Farmhaus im Norden von Woburn. Sein Haar wurde dünner und lichter, und er wurde korpulenter. Al Love hatte Schlichtmann erzählt, daß Barbas ihn gelegentlich in der Lagerverwaltung vertrat. Aber neue Situationen schienen Barbas zu verunsichern, und wenn Love zurückkam, war der Lackierer gewöhnlich aufgeregt und in Sorge, einen Fehler gemacht zu haben.

Wieviel TRI hatte das Werk in Woburn tatsächlich verbraucht? Schlichtmann bekam nie eine klare Antwort. Leitende Manager des Konzerns erzählten der EPA anfänglich, daß das Werk nur ein einziges Faß mit TRI erstanden habe. »Die gesamte Menge war bis 1975 aufgebraucht«, hatte Grace berichtet. »Der Gebrauch wurde nach einer einzelnen Order eingestellt.« Das entsprach natürlich nicht der Wahrheit. Cheeseman selbst hatte später die Replik auf vier Fässer berichtigt. Auch das glaubte Schlichtmann nicht. Aber abgesehen von anekdotischen Berichten der Arbeiter hatte er keine Beweise. Laut Cheeseman waren die Unterlagen über den Gebrauch von Chemikalien vor 1975 »routinemäßig vernichtet« worden.

Und dann entdeckte Schlichtmann in den Unterlagen, die von Cheeseman beigebracht worden waren, eine Notiz mit dem Datum vom 30. Oktober 1973. Sie war in großer Kinderhandschrift geschrieben, die Buchstaben ein wenig ungeschickt geformt, und mit den Initialen »PS« unterzeichnet. Paul Shalline gab zu, daß dies seine Schrift war. Die Notiz war als Antwort auf eine telefonische Befragung durch einen staatlichen Inspektor geschrieben worden. Sie lautete: »Bis September: Verbrauch von Trichlor, 600 Liter.« Für Schlichtmann konnte dies nur bedeuten, daß das Grace-Werk in den ersten neun Monaten des Jahres 1973 600 Liter verbraucht hatte – also drei 200-Liter-Fässer. Sollte dieser Rückschluß stimmen, dann bedeutete dies, daß das Werk bis 1973 *pro Jahr* vier Fässer mit TRI verbraucht hatte, nicht nur vier Fässer über all die Jahre hinweg. Und daraus ergaben sich 50 oder mehr Fässer mit TRI.

Im Sommer 1973, so erfuhr Schlichtmann, änderte sich die Firmenpolitik, was den Verbrauch von TRI anging. Und diese Veränderung führte dazu, daß ein Faß TRI in die Grube im hinteren Teil des Firmengeländes in Woburn ausgeschüttet wurde. Schlichtmann setzte die Geschichte zusammen, so gut ihm dies mit den Aussagen aus den Anhörungen und den Unterlagen, die von Cheeseman beigebracht worden waren, möglich war. Die Veränderung hatte eingesetzt, als ein Grace-Manager namens Richard Stewart vom Institut für Arbeits- und Gesundheitsmedizin eine Warnung erhielt. Die Warnung hatte besagt, daß TRI »besonders gefährlich« sei, wenn es im »sogenannten offenen Gebrauch« benutzt werde, »bei dem Teile gebürstet und in die offenen Eimer mit Lösungsmittel getaucht werden«. Die Dämpfe des Lösungsmittels einzuatmen könne zu Sehstörungen, Herzgefäßproblemen und nervösen Leiden führen sowie die Leber und andere Organe schädigen, hieß es. Das Institut plante, strengere Richtlinien für Firmen einzuführen, in denen TRI benutzt wurde und vorschriftsmäßige Inspektionen, Duschen für den Notfall und regelmäßige ärztliche Untersuchungen der Angestellten zur Auflage zu machen.

Angesichts der angestrebten neuen Richtlinien beschloß Richard Stewart, daß der sicherste und ökonomischste Weg für Grace darin bestünde, den Gebrauch von TRI zu streichen, wo immer das möglich war. Stewart verschickte eine Mitteilung an alle Grace-Werke und empfahl, den Gebrauch des Lösungsmittels einzustellen. Er bat die Manager der einzelnen Werke, ihn von den eingeleiteten Maßnahmen zu unterrichten.

In Woburn landete Stewarts Mitteilung auf dem Schreibtisch des Produktionsmanagers, der Stewart in Kenntnis setzte, daß das Werk ab November kein TRI mehr verwenden werde. Der Produktionsmanager übergab die Aufgabe, das Lösungsmittel aus dem Verkehr zu ziehen, an Paul Shalline, der damals Vorsitzender des Sicherheitsausschusses war.

Monate vergingen, aber Shalline unternahm offensichtlich nichts – trotz regelmäßiger Mahnungen des Produktionsmanagers. Dann stellte der Manager fest, daß es in der Lackiererei nach wie vor ein 200-Liter-Faß mit TRI gab. Schließlich verlor er die Geduld. In einer Mitteilung an Shalline schrieb er: »Ich habe Ihnen die Aufgabe vor zehn Monaten zugetragen und inzwischen 26 Mahnungen verfaßt. Warum konnten Sie der Anweisung nicht nachkommen?«

Als Schlichtmann diese zehn Jahre alte Mitteilung las, empfand er fast Mitleid mit Shalline. In dem Werk in Woburn hatte es nie eine bestimmte Strategie oder Verfahrensweise für die Entsorgung derartigen Materials gegeben, außer es in den Boden zu schütten. Shalline, der sich selbst überlassen war, hatte Barbas zu Rat gezogen, der von Firmen wußte, die überschüssige Lösungsmittel abtransportierten. Barbas sagte aus, daß er Shalline sogar den Namen einer Firma in Burlington genannt habe, von der er gehört hatte. Shalline habe versprochen, die Firma anzurufen, in der Zwischenzeit aber habe er Barbas gebeten, das Faß mit TRI hinauszuschaffen: dorthin, wo in der Nähe der hinteren abgrenzenden Mauer des Firmengeländes ein Dutzend oder mehr Fässer mit angesammeltem Müll aufgereiht waren.

Shalline gab unter Eid zu, daß er die Entsorgungsfirma, die ihm von Barbas vorgeschlagen worden war, nie angerufen hatte. Die Fässer waren ein weiteres Jahr draußen stehengeblieben, bis hinten am Werk ein Anbau errichtet wurde. Im Verlauf der Arbeiten trug Vincent Forte dem Bauunternehmer auf, für die Entsorgung von Bauschutt und anderem Müll ein Loch zu graben. Diese Grube war das »Schwimmbecken«, an das Al Love sich erinnerte. Laut Barbas war Paul Shalline auf ihn zugekommen und hatte gesagt: »Ich möchte, daß Sie die Fässer in die Grube leeren.«

»Warum haben wir sie denn dann gelagert?« erinnerte sich Barbas, gefragt zu haben. »Ich dachte, wir lassen sie von jemandem abtransportieren.«

Shalline hatte angeblich erwidert: »Das Zeug ist nicht gefährlich. Sie können es reinkippen. Ich sorge dafür, daß Ihnen jemand hilft.« Vielleicht hatte ihn Barbas zweifelnd angesehen – er wußte, daß die Fässer voll TRI, gemischt mit Maschinenöl und Farbschlick waren –, denn Shalline hatte hinzugefügt: »Danach lassen wir sie dann wegbringen.«

Barbas berichtete Schlichtmann davon, daß er vom Hintereingang des Werks aus beobachtet hatte, wie die Fässer mit einer hydraulischen Rampe auf einen roten Schwertransporter geladen wurden. Am nächsten Morgen sah er die Fässer am Rand der Grube aufgereiht stehen, die Barbas auf eine Größe von sieben auf 15 Meter schätzte. Er und Joe Meola begannen die Fässer in die Grube zu entleeren, indem sie sie auf die Seite legten und die Spundlöcher öffneten. Auf diese Weise hatten sie ein paar Fässer geleert, als Frank Kelly, der Vorarbeiter der Versandabteilung, auf Barbas zukam und ihm sagte, daß er Arbeit in der Lackiererei habe. Barbas ging. Später am Tag war er zur Grube zurückgegangen, stand am Rand und sah hinein. Es gab eine Lache von Flüssigkeit auf dem Boden, und an den Seiten lagen einige Verschlußdeckel herum, aber er sah keine Fässer in der Grube. Jemand hatte alle Fässer zum Werk zurückgerollt – Barbas sah die Spuren im Gras und in der Erde – und sie in der Nähe des Gebäudes abgestellt. Einige Tage später waren die Fässer verschwunden. Barbas hörte, sie seien an eine Schrottfirma verkauft worden. Er dachte nicht weiter an die Grube, bis fünf Jahre darauf entdeckt wurde, daß die Brunnen G und H mit TRI verseucht waren.

Aber dann gab es da die vergrabenen sechs Fässer, die später vom Umweltschutzamt wieder ausgehoben worden waren, von denen Barbas standhaft behauptete, nichts zu wissen. Schlichtmann lud einen Angestellten namens Paul Kelly zum Verhör, den 21jährigen Sohn von Frank Kelly, der sich erinnerte, daß er gesehen hatte, wie ein Bagger eine lange Rinne hinter dem Werk grub. Laut Kelly hatte sein Vorarbeiter ihm befohlen, diesen Graben am Ende des Tages aufzufüllen. Kelly hatte dies zusammen mit einem anderen Angestellten von Grace getan. Er hatte sieben Fässer gesehen – eines mehr, als später ausgegraben wurden –, die nebeneinander im Graben lagen, der seiner Schätzung nach zehn bis 15 Meter lang und gut ein Meter tief war.

Seiner eigenen Berechnung nach kam Schlichtmann auf mindestens zwei Gruben und möglicherweise sogar noch mehr, wenn man der Erinnerung von Bob Pasqueriella trauen konnte. Dieser konnte sich an ein Gespräch zwischen ihm und Frank Kelly erinnern, kurz nachdem die EPA mit ihren Ermittlungen begonnen hatte. »Wenn die jemals rauskriegen, was da hinten vergraben ist, dann sind wir alle in Schwierigkeiten«, hatte Kelly gesagt.

Pasqueriella hatte ihn gefragt, was er damit meine. Und Kelly hatte geantwortet: »Dort hinten unter dem Lagerhaus sind 21 Fässer vergraben. Dort sollten sie besser nicht buddeln.« Aber Schlichtmann fand nie heraus, was Kelly gewußt hatte. Kelly war, kurze Zeit, nachdem er mit Pasqueriella gesprochen hatte, an einem Herzinfarkt gestorben. Und Vincent Forte, der den Ruf hatte, alles zu wissen, was in der Firma vor sich ging, war ebenfalls an einem Herzinfarkt verstorben, am Abend seiner zweiten Anhörung.

Es war, wie Schlichtmann feststellen mußte, nicht möglich, die ganze Wahrheit über das, was im Grace-Werk abgelaufen war, aufzudecken. Zu Beginn war die Wahrheit von einem ganzen Netz aus Lügen, Ausflüchten und Schutzbehauptungen sowohl der Arbeiter wie der Verantwortlichen bei Grace verschleiert worden. Am Ende verbargen der Tod und die Eskapaden des Gedächtnisses die Wahrheit. Aber für Schlichtmanns Zwecke machte es eigentlich keinen Unterschied, ob es zwei oder drei oder vier Gruben gab. Er hatte für seine Beweisführung mehr als genug aufgedeckt.

5

Während Schlichtmann damit beschäftigt war, die Beweisführung gegen Grace aufzubauen, hatten die staatlichen Ermittlungen, die er mit Al Loves Hilfe in Gang gesetzt hatte, in Woburn ein Chaos ausgelöst. Barbas, Shalline und vier weitere Angestellte, einschließlich eines Fimenmanagers von Grace, erhielten Vorladungen zu Vernehmungen vor einer Voruntersuchungsjury. Schnell kamen unter den Arbeitern, die in kleinen Gruppen zusammenstanden und flüsternd miteinander sprachen, Gerüchte in Umlauf. Tag für Tag schienen Anwälte aus Boston und aus der Geschäftsstelle von W. R. Grace in Cambridge zu kommen. Ein Angestellter nach dem anderen wurde zu einer Befragung in den Konferenzraum zitiert. Ein Schleier von Düsterkeit und Heimlichkeit hing über der Firma. In der Verwaltung durchforsteten Anwälte die Aktenordner. Barbas und Shalline fehlten oft bei der Arbeit, weil sie zu weiteren Befragungen nach Boston gerufen worden waren. Gerüchte machten die Runde, daß die beiden jetzt von Strafverteidigern vertreten würden. Ihre Mitarbeiter spekulierten flüsternd, ob irgend jemand wegen der unsachgemäßen Entsorgung oder wegen Meineides ins Gefängnis kommen würde.

Cheeseman fand natürlich heraus, daß Al Love heimlich mit Schlichtmann und dem Staatsanwalt gesprochen hatte. Eines

Morgens erschien er in der Tür der Annahmestelle und teilte Love mit, er wolle ihn im Büro des Managers sprechen.

Love glaubte, auf diesen Moment vorbereitet zu sein, aber dennoch verspürte er ein mulmiges Gefühl im Magen, als er zum Büro des Managers ging. Cheeseman hatte dort, gemeinsam mit dem neuen Manager, einem Mann namens Ulf Nordin und einem Justitiar von W. R. Grace aus dem Haus in Cambridge, Platz genommen. Ein Protokollführer sollte Loves Aussagen mitschreiben.

»Mr. Love«, sagte Cheeseman kalt und förmlich, »die Firma hat Sie heute gebeten herzukommen, um einige Fragen zu beantworten. Ich möchte Ihnen zu verstehen geben, daß Sie jederzeit gehen können. Wenn Sie eine Pause machen, die Toilette aufsuchen, etwas zu trinken holen oder sonst irgend etwas tun wollen, steht Ihnen das frei. Die Firma hat Sie aber dennoch gebeten, mir einige Fragen zu beantworten.« Cheeseman sah den Manager an. »Nur um sicherzugehen, Mr. Nordin, würden Sie jetzt Mr. Love bitten, meine Fragen zu beantworten?«

Nordin bat Love, die Fragen zu beantworten. »Sie wissen, was es bedeutet, ein Angestellter von Grace zu sein?«

Love wußte nur, daß er dabei war, seinen Job zu verlieren, aber er nickte Nordin zu und sagte: »Klar.«

Cheeseman fragte Love, wann er sich das erste Mal mit Schlichtmann getroffen habe.

»Es war nach dem 1. Mai«, sagte Love. »Am Abend des 1. Mai ging ich zu Anne Anderson hinüber und erzählte ihr von dem Dilemma, in dem ich und meine Frau uns befanden. Sie fragte mich, ob ich mit ihrem Anwalt sprechen würde.«

»Worüber haben Sie mit Schlichtmann gesprochen?«

»Ich sagte ihm, daß bei meiner Anhörung alles prima gelaufen war – bis zu dem Punkt, als er anfing, mich über meine Familie zu befragen. Und das war das einzige Mal, daß Sie Interesse daran zeigten, was ich zu sagen hatte. Also wurden viele Einsprüche erhoben.«

»Ich verstehe«, sagte Cheeseman.

»Mein Leben hat sich radikal verändert«, fuhr Love fort. »Ich habe Mr. Schlichtmann von den Geschichten berichtet, die ich gehört hatte. Ich hatte das Gefühl, als würde niemand im Werk mit irgendwelchen Informationen herausrücken. Ich hatte das Gefühl, als würde ich bestraft, wenn ich nicht jemand aufsuchte und die Sache aus der Welt schaffte. Er empfahl mir, den Staatsanwalt aufzusuchen.«

»Das nächste Treffen mit Schlichtmann wurde telefonisch vereinbart?«

»Ich glaube, er kam einfach.«

»Fuhr er diesen hübschen, neuen schwarzen Porsche?« fragte Cheeseman.

»Ich glaube, ja. Er ging noch einmal alles durch, was er zuvor schon gefragt hatte. Es war eher eine Wiederholung.«

»Das tut er immer«, murmelte Cheeseman, mehr zu sich selbst als zu Love. Cheeseman wußte, daß Schlichtmann einen Märtyrer aus Love machen würde, falls Grace ihn nun feuern sollte. Er konnte sich schon die Schlagzeilen in der *Woburn Daily Times* und im *Boston Globe* vorstellen.

»Man hat nicht vor für das, was Sie uns erzählt haben oder weil Sie mit dem Staatsanwalt gesprochen haben, irgendwelche Maßnahmen gegen Sie zu ergreifen«, sagte Cheeseman zu Love. »Es ist Ihr Recht, selbst herauszufinden, was sich hier ereignet hat und was die Umwelt belasten könnte.« Aber Cheeseman machte Love klar, daß er nicht noch einmal mit Schlichtmann sprechen dürfe, sonst bliebe der Firma keine andere Wahl, als ihn zu entlassen. Abschließend sagte er: »Vielen Dank, daß Sie gekommen sind und so offen mit uns gesprochen haben.«

Love war unendlich erleichtert und fühlte eine aufrichtige Dankbarkeit Cheeseman gegenüber. »War mir ein Vergnügen«, sagte er.

Eines Tages im Juli fuhr Schlichtmann mit seinem glänzenden schwarzen Porsche hinaus zum Grace-Werk. Er hatte eine gerichtliche Anordnung beantragt, um sich das Gelände genau ansehen zu können. Er hatte den Fall Grace geknackt, aber er mußte immer noch beweisen, daß das von Barbas und den anderen Arbeitern ausgekippte TRI tatsächlich in die eine halbe Meile entfernten städtischen Brunnen gelangt war. Er hatte ein ganzes Team von Geologen und Ingenieuren engagiert, die das Gelände inspizieren, Bodenproben entnehmen und Kontrollbrunnen bohren sollten, um den Verlauf des Grundwassers zu bestimmen.

Cheeseman war mit seinem eigenen Team von Fachleuten im Werk, die Schlichtmanns Experten auf die Finger schauen sollten. Die Arbeiten dauerten vier Tage. Eines Nachmittags fing es zu regnen an. Dicke Tropfen klatschten auf den Asphalt des Parkplatzes, und alle suchten im Gebäude Unterschlupf. Cheeseman rannte hinaus, um das Dach seines Triumph-Sportwagens zuzuklappen. Er sah, daß Schlichtmann seinen Porsche ganz in der Nähe abgestellt hatte. Die Fenster waren offen, das Dach aufgeklappt. Einen Moment lang überlegte er, die Fenster hochzukurbeln und das Dach zu schließen, aber dann entschied er sich dagegen. Es regnete in Strömen, wie ein tropischer Wolkenbruch. Als Schlichtmann später zu seinem Wagen ging, beobachtete ihn Cheeseman dabei, wie er die Tür öffnete. Wasser rann aus dem Porsche, und Schlichtmann fluchte. Cheeseman lachte herzlich und so laut, daß Schlichtmann ihn hörte.

6

Die erste Frist für den Abschluß der Offenlegung war nähergekommen und verstrichen. Der Richter selbst hatte die Frist einmal verschoben, nachdem er Unifirst am Fall beteiligt hatte. Im Juli dann hatte er auf Bitte aller Beteiligten einen weiteren sechsmonatigen Aufschub bis Ende Januar gewährt.

Schlichtmann brauchte diese zusätzliche Zeit. Er hatte eine Menge zu tun. Der Fall Grace beanspruchte ihn das ganze Frühjahr hindurch, und er hatte fast noch nichts für den Fall Beatrice Foods getan. Er hatte erst eine Befragung durchgeführt, mit John J. Riley, dem Manager der Gerberei, und die war nicht besonders gut gelaufen. Der Gerber hatte seine Fragen mit offener Verachtung beantwortet. Schlichtmann, zunächst noch geduldig, begann bald in gleicher Weise zu reagieren. Nach einer Stunde sah sich Neil Jacobs, der von Facher abgesandt worden war, um Riley zu vertreten, gezwungen, Schlichtmann zu unterbrechen: »Moment! Einen Moment, bitte! Es gibt keinerlei Grund, unangenehm oder unverschämt zu werden.«

Schlichtmann ignorierte Jacobs. Er bat Riley noch einmal, nur einfach zu beschreiben, wie er die Mixtur aus Silikon und Tetrachloräthylen vewendet hatte, um das Leder für die Armee wasserdicht zu machen. »Wie wurde das gemacht?« fragte er.

Riley sah auf das Glas mit Wasser vor sich. Er hatte ein breites, stark gerötetes Gesicht und blaue Augen, die so klein waren, daß sie fast wie Schweinsäuglein aussahen. Er nahm das Wasserglas, hielt es zwischen seinen dicken Wurstfingern, sah Schlichtmann direkt ins Gesicht und goß den Inhalt auf den Konferenztisch aus Vogelaugenahorn.

Schlichtmann starrte auf die Wasserlache auf seinem 12000-Dollar-Tisch, von dem Wasser auf seinen Teppich tropfte.

»Nehmen Sie ins Protokoll auf, daß der Zeuge gerade ein Glas Wasser auf dem Konferenztisch ausgeschüttet hat.«

»Nur ein paar Tropfen«, entgegnete Neil Jacobs, der versuchte, den Vorgang für das Protokoll herunterzuspielen.

»Was wollen Sie uns damit zeigen, wenn Sie Wasser auf meinen Konferenztisch schütten, Mr. Riley?« fragte Schlichtmann.

»So haben wir das Leder mit dem Silikon behandelt«, erwiderte Riley.

»Sie haben es direkt daraufgegossen wie eben das Wasser auf meinen Tisch?«

»Eine Pumpe hat es gepumpt«, erwiderte Riley.

»Und dabei tropfte etwas von der Mixtur vom Leder, wie das Wasser gerade von meinem Tisch tropfte?«

»Nein.«

Man hatte große Mengen PER in der Erde des sechs Hektar umfassenden, bewaldeten und überwucherten Geländes gefunden, das Beatrice Foods gehörte. Aber als Schlichtmann Riley fragte, wieviel PER er über die Jahre hinweg verwendet habe, antwortete er: »Sehr wenig.«

»Wissen Sie, wie viele Fässer Sie gekauft haben?«

»Das kann ich Ihnen nicht genau sagen.«

»Haben Sie eine Ahnung, wieviel ungefähr?«

»Das muß sehr wenig gewesen sein.«

»Wieviel Leder haben Sie denn für die Regierung produziert?«

»Das weiß ich nicht mehr.«

Und so ging es den ganzen Tag weiter. Riley bestritt wiederholt und nachdrücklich, daß die Gerberei TRI verwendet hatte. »Niemals«, sagte der Gerber und schüttelte seinen massigen Kopf. »Niemals.« Als Schlichtmann fragte, ob Riley Buch geführt habe – anhand von Bestellungen, Rechnungen, Verträgen, Unterlagen irgendwelcher Art –, was den Verbrauch von Chemikalien in der Gerberei anging, verneinte Riley dies.

»Die Unterlagen wurden vernichtet?«

»Wir haben keinen Platz, Unterlagen besonders lange aufzubewahren.«

»Wie weit reichen die Unterlagen zurück?«

»Drei Jahre«, antwortete Riley.

Rileys drei Jahre alte Unterlagen waren für Schlichtmann gänzlich nutzlos. Die städtischen Brunnen waren vor sechs Jahren geschlossen worden. »Ist es in der Firma üblich, Akten nach drei Jahren zu vernichten?« fragte er den Gerber.

»Ja.«

»Wie lange verfährt man bereits in dieser Weise?«

»Schon immer«, sagte Riley.

Schlichtmann glaubte nichts von alledem. Er nahm Riley in die Mangel, aber der Gerber blieb bei seiner Geschichte, gab lediglich zu, daß Personalakten länger als drei Jahre aufbewahrt wurden. Wütend bestritt er, Abfälle aus der Gerberei, Giftmüll oder jeglichen anderen Unrat auf dem sechs Hektar großen Gelände, das an den Aberjona River grenzte, abgeladen zu haben. Dieses Areal, das der Gerberei seit den frühen fünfziger Jahren gehörte, werde nur für den firmeneigenen Brunnen der Gerberei genutzt, behauptete Riley nachdrücklich. Aber dort lagen auch Dutzende von verrosteten 200-Liter-Fässern herum. Schlichtmann war durch das Gelände gestreift. Er hatte die Fässer gesehen und den charakteristischen widerlichen süßen Geruch chlorierter Lösungsmittel wahrgenommen, der von den Flecken bloßer dunkler Erde zwischen den Eichen und Ahornbäumen aufstieg. Das Land war so ungeheuerlich mit TRI und anderen Lösungsmitteln verseucht, daß die EPA Riley zur Auflage gemacht hatte, im Interesse der öffentlichen Sicherheit einen Maschendrahtzaun um das Areal zu ziehen.

Aber als Schlichtmann Riley fragte, ob er jemals Fässer oder anderen Unrat auf dem Gelände gesehen habe, antwortete der Gerber: »Nein, Sir.«

Ob Riley jemals Bereiche gesehen habe, wo Giftmüll die Vegetation vernichtet hatte?

»Nein, Sir.«

Wie er das Gelände beschreiben würde?

»Bloße Wildnis, das ist alles.«

»Soweit es Sie betrifft, Mr. Riley, hat dieses Gelände also bis heute praktisch brachgelegen und wurde nicht als Mülldeponie verwendet?«

»Ja«, antwortete der Gerber.

Schlichtmann war sich sicher, daß Riley Abfallprodukte aus der Gerberei und Fässer mit PER und TRI auf dem Gelände gelagert hatte, genau wie die Angestellten von Grace ihre Lösungsmittel in den Boden hinter ihrem Werk geschüttet hatten. Er war davon überzeugt, daß es Unterlagen darüber gab, welche Chemikalien von der Gerberei verwendet worden waren. Aber er hatte keine Beweise. Diese Anhörung erinnerte ihn daran, wie er Barbas und Shalline jeweils das erste Mal befragt hatte. Auch aus ihnen hatte er nichts herausbekommen, aber er war hartnäckig geblieben und hatte schließlich Glück gehabt. Dieses Glück brauchte er bei Beatrice Foods ebenfalls. Er mußte einen zweiten Al Love finden.

Schlichtmann rief einen Privatdetektiv an, einen ehemaligen Polizisten, den er einmal engagiert hatte, um in einem Prozeß wegen eines ärztlichen Kunstfehlers einen verschwundenen Zeugen ausfindig zu machen. Er bat den Detektiv, in Woburn nach ehemaligen Beschäftigten der Gerberei zu suchen.

Der Detektiv stieß schnell auf einen kränklichen, aber redseligen 66jährigen Mann, der 38 Jahre lang in der Gerberei gearbeitet hatte. Der Arbeiter hatte sich wegen eines Hautkrebsleidens und wegen einer degenerativen Muskelerkrankung, von der er glaubte, daß sie auf die Chemikalien in der Gerberei zurückging, vier Operationen unterziehen müssen. Er war nicht gut auf Riley zu sprechen, aber er konnte sich nicht erinnern, daß man in der Gerberei jemals TRI verwendet hatte oder daß Arbeiter der Gerberei Abfallprodukte auf dem Gelände deponiert hatten. Er kannte allerdings eine ganze Reihe ehemaliger Angestellter. »Jack Knowlty arbeitete im Gerbraum, aber er ist vor zwei Jahren an Magenkrebs gestorben, und er war erst Mitte Vierzig. Maurice O'Connor aus der Färberei starb ebenfalls an Krebs. Er war noch ein junger Kerl. Nick Murray und Jim Feeney hatten beide Herzinfarkte. Frank Valente hat an der Wringmaschine gearbeitet, und er ist an Lungenkrebs gestorben.«

Diese traurige Litanei ließ Schlichtmann zu dem Schluß kommen, daß die Arbeit in der Gerberei einen das Leben kosten konnte. Der alte Arbeiter nannte einen Kollegen, von dem er glaubte, daß er vielleicht noch am Leben war. »Joe Palino war Farbmischer, er arbeitete mit den Chemikalien. Er hat auch Lungenkrebs gekriegt.«

Schlichtmann schickte seinen Detektiv zu Joe Palino, der zufälligerweise gerade von einem langen Krankenhausaufenthalt nach Hause zurückgekehrt war. Palino saß auf seinem Wohnzimmersofa, ein hellgrüner Schlauch steckte in seiner Nase, eine kleine Flasche Sauerstoff stand auf einem Wägelchen neben ihm. Er sagte, er erinnere sich nicht, daß irgend jemand in der Gerberei Fässer oder Abfallprodukte aus der Gerberei in dem Gelände deponiert habe. Aber er erinnerte sich an Trichloräthylen. Er glaubte, daß die Gerberei TRI möglicherweise dafür verwendet habe, Prägestempel zu reinigen.

Für Schlichtmann klang dies wie der Durchbruch, auf den er gehofft hatte. Weil er befürchtete, daß Palino noch vor dem Prozeß sterben könnte, arrangierte er eine Befragung am Krankenbett bei Palino zu Hause. Aber dabei bestritt Palino entschieden, daß die Gerberei TRI verwendet habe, und bezichtigte Schlichtmanns Detektiv, ihn fälschlich als jemanden »pro Riley« darzustellen.

Befragungen Dutzender ehemaliger Beschäftigter der Gerberei führten für Schlichtmann eine nach der anderen ins Leere. Niemand konnte sich an die Verwendung von TRI erinnern, oder daran, daß Abfallprodukte der Gerberei oder 200-Liter-Fässer auf dem Gelände deponiert worden waren.

Schlichtmann durchforstete Akten städtischer und staatlicher Behörden, die möglicherweise mit der Gerberei zu tun hatten. In der staatlichen Gesundheitsbehörde glückte ihm schließlich sein erster richtiger Durchbruch. Er fand einen Bericht – er nannte ihn das »Killerdokument« –, der bewies, daß Riley bei seiner Befragung nicht die Wahrheit gesagt hatte. Es handelte sich um einen zweiseitigen maschinengeschriebenen Bericht vom 12. Juli 1956, den ein Ingenieur namens A. C. Bolde verfaßt hatte, der als Reaktion auf die wiederholten Klagen von Bewohnern aus Ost-Woburn über den »schrecklichen, faulen« Geruch, die Gerberei aufgesucht hatte. Laut Boldes Notizen war er gemeinsam mit Riley den Feldweg, der zu dem sechs Hektar großen Gelände führte, entlanggegangen. »Man konnte sehen«, schrieb Bolde, »daß auf einer Strecke von 150 bis 200 Metern große Mengen alten Schlicks, der Haare und Fleisch enthielt, zwischen der Zufahrtsstraße und dem Aberjona River deponiert waren. Ein Teil des Abfalls lag nur wenige Zentimeter neben dem Wasser...« Bolde hatte Riley angewiesen, den Gerbereiabfall zu beseitigen. Riley hatte Einspruch erhoben und erklärt, das Land gehöre ihm und er könne damit anfangen, was er wolle. » Ich machte ihn darauf aufmerksam«, schrieb Bolde, »daß die Deponierung derartiger Materialien, die zur Verschmutzung des Flusses führen könnten, ungeachtet der Eigentumsfrage gegen das Gesetz verstößt.« Schließlich ging Riley darauf ein (»widerwillig«, bemerkte Bolde), den Abfall der Gerberei zu beseitigen.

Dieses Dokument war 30 Jahre alt und bezog sich nur auf Abfallprodukte der Gerberei, die TRI enthalten haben mochten oder auch nicht. Aber Schlichtmann hielt es in jedem Fall für sehr wertvoll. Riley hatte bei seiner Befragung geschworen, daß er nie irgend etwas auf dem Gelände deponiert habe. Er hatte also gelogen, und Schlichtmann glaubte was nahelag, daß Riley auch gelogen hatte, was die Verwendung von TRI betraf.

Der Bericht führte Schlichtmann auf eine weitere Spur. Er begann nach den Einwohnern zu suchen, die sich beim Gesundheitsamt über den Geruch aus der Gerberei beklagt hatten. Einige von ihnen, so hoffte er, hatten möglicherweise beobachtet, wie Rileys Lastwagen Müll und Fässer mit Chemikalien auf dem Gelände deponierten.

Schlichtmanns Privatdetektiv begann an alle Türen zu klopfen. Er traf auf eine ältere Frau namens Ruth Turner, die ihr ganzes Leben lang in einem heruntergekommenen alten Holzhaus in der Salem Street gewohnt hatte, weniger als hundert Meter von der Gerberei entfernt. Sie erinnerte sich, daß der Aberjona River, als sie ein junges Mädchen war, klares Wasser gehabt hatte und voller Fische gewesen war. Westlich des Hauses, dort, wo jetzt die Gerberei stand, hatte es einen Garten mit Apfelbäumen gegeben, im Osten ein Maisfeld. Aber die Landschaft hatte sich in den fünfziger Jahren völlig verändert. Ihr Mann Paul war oft hinter dem Haus durch den Wald zum Aberjona River hinuntergegangen, durch das Gelände, das Riley gehörte. Er kam von seinen Spaziergängen zurück und erzählte ihr von den Fässern und Müllhaufen, die er gesehen hatte, und wie der Schlick aus der Gerberei den Hügel hinuntergeflossen war. In den Jahren vor seinem Tod 1981, erinnerte sich Ruth, sei Paul oft mitten in der Nacht aufgewacht. Mehrfach hatte er Ruth erzählt, daß er morgens um zwei oder drei Uhr den Lärm von Lastwagen gehört und die Scheinwerfer von Schwertransportern gesehen habe, die mit einer vollen Ladung Fässer den Feldweg zu Rileys Gelände entlangfuhren. »Die deponieren da mitten in der Nacht irgendwelches Zeugs« habe er einmal gesagt.

Ruth Turner berichtete Schlichtmann, daß ihr ältester Sohn Bernard, ein Arzt in Chicago, eine ganze Menge darüber wisse,

* Dieser und alle anderen Namen der Familie Turner wurden geändert.

was auf dem Gelände vor sich gegangen war. Er hatte sich oft beim Gesundheitsamt über die Gerberei beschwert.

Schlichtmann machte Dr. Bernard Turner in Chicago ausfindig. Am Telefon erzählte der Arzt ihm, daß er sich an das Gelände in den fünfziger und sechziger Jahren lebhaft erinnern könne. »Ich bin vier- oder fünfmal in der Woche hinunter. Das war ein Spielbereich. Am Anfang war das Gelände noch ziemlich bewaldetes Ackerland.« Später, als er größer war, habe er sich mindestens zwanzigmal bei der Gesundheitsbehörde wegen der Gerberei und der Zustände auf dem Gelände beschwert. »Der Geruch war unglaublich«, sagte Turner. »Es gab große Mengen von Fässern, buchstäblich Hunderte davon, die rosteten und leckten. Die Fässer zersetzten sich wegen ihres ätzenden Inhalts. Was mich als Kind interessierte, war das rote Gefahrenetikett auf den Fässern. Es handelte sich um Lösungsmittel – Xylol, Toluol, Butylalkohol und Trichloräthylen. Man vergißt den Geruch von Butylalkohol oder von Trichloräthylen nie mehr.«

Schlichtmann konnte seine Aufregung kaum verbergen. Er hatte einen Arzt gefunden, der bezeugen konnte, daß seit den fünfziger Jahren TRI auf dem Gelände gelagert worden war. Er fragte Turner, wie er als Junge in der Lage gewesen sei, sich all diese komplizierten Namen zu merken. Der Arzt erklärte, daß er sich für Chemie interessiert habe. Sein Großvater habe ihm ein Handbuch der Chemie geschenkt, und darin habe er die Namen immer nachgeschlagen. »Tatsache ist, daß ich das Buch noch immer besitze.«

Doch nach den ersten 20 Minuten ihres Gesprächs begann Schlichtmann sich Sorgen zu machen. Der Arzt erzählte, daß er sein Examen an einer Hochschule in der Dominikanischen Republik abgelegt habe. Selbst am Telefon konnte Schlichtmann einen wichtigtuerischen, aufgeblasenen Unterton in seiner Stimme ausmachen. Dann begann Dr. Turner einen Lebenslauf darzubieten, der Schlichtmann das Herz in die Hose rutschen ließ. Er ließ Schlichtmann wissen, daß er gegenwärtig Umweltberater der kuwaitischen Regierung sei. Außerdem sei er Berater einer Klinik für Elektromyographie, eines Projekts zur Petroleumvergasung und einer Investmentgesellschaft, die in Costa Rica ein Blutfraktionierungslabor baute. Als ob das nicht schon gereicht hätte, fuhr Turner fort zu erzählen, er stehe kurz davor, einen Beratervertrag mit der EPA abzuschließen; genaugenommen erwäge man dort derzeit, ihn als stellvertretenden Direktor für die Region fünf einzustellen.

Schlichtmann lauschte dieser phantastischen Geschichte mit wachsendem Unmut. Innerhalb weniger Minuten war aus dem perfekten Zeugen der Alptraum eines jeden Prozeßanwalts geworden. Dennoch klangen die Kindheitserinnerungen für Schlichtmann wahr. Er glaubte, daß Turner diese Fässer tatsächlich gesehen hatte, selbst wenn er nicht als stellvertretender Direktor im Umweltschutzamt in Erwägung gezogen wurde.

Schlichtmann wußte, daß er es nicht riskieren konnte, Turner in den Zeugenstand treten zu lassen. Er konnte sich vorstellen, welchen Spaß es Facher bereiten würde, Turner ins Verhör zu nehmen. Dennoch verzeichnete er Turner als Zeugen, als einen, der das Vorhandensein und den Inhalt (einschließlich TRI) Hunderter von Fässern auf dem Gelände von Beatrice Foods zwischen den fünfziger und den siebziger Jahren bezeugen konnte. Wenn auch sonst nichts, so würde Facher davon wahrscheinlich doch beunruhigt sein.

Als Facher Dr. Bernard Turners Name auf der Liste der Zeugen entdeckte und dessen Aussage las, machte er sich tatsächlich Sorgen. Er hatte ohnehin bereits geplant, nach Chicago zu fliegen, um den stellvertretenden Justitiar von Beatrice Foods zu treffen, und beschloß bei dieser Gelegenheit auch gleich Turner zu befragen.

Schlichtmann war bei dieser Anhörung nicht zugegen. Er hatte zuviel um die Ohren, um nach Chicago zu fliegen. Aber er las die Abschrift der Befragung Turners durch Facher.

Mr. Facher: Sie waren elf Jahre alt, als Sie diese Fässer sahen?
Dr. Turner: Stimmt. Ich sah die roten Gefahrenetiketten.
F: Welche Etiketten sahen Sie?

T: Xylol, Toluol, Butanol. Und Trichloräthylen.

F: Und das als elfjähriges Kind?

T: Provozieren Sie mich nicht.

F: Sie können sich erinnern, daß Sie als Elfjähriger Etiketten mit diesen langen chemischen Namen gesehen haben? Vor mehr als 30 Jahren?

T: Stimmt.

F: Es ist nicht so, daß Sie Namen, die Ihnen heute geläufig sind, hernehmen und sie an die Stelle derer setzen, die Sie vor 30 Jahren gelesen haben?

T: Ich erinnere mich heute daran. Haben Sie vielleicht vergessen, wie Ihre Mutter aussieht?

F: Ob ich vergessen habe, wie meine Mutter aussieht? Meine Mutter sieht nicht wie ein Faß voller Chemikalien mit einem Etikett darauf aus.

Protokollabschriften zeigen das Auftreten der Beteiligten oder den Tonfall in ihren Stimmen nicht auf, aber Schlichtmann benötigte gar keine Beschreibung, um sich den Klang der wütenden Stimmen und das Gebrülle vorzustellen. Kurz vor dem Ende der Vernehmung hatte Facher den Arzt gefragt, ob er verheiratet sei, und Turner hatte gesagt, er sei geschieden.

F: Wie ist der Name Ihrer früheren Frau?

T: Sharon Turner.

F: Wissen Sie, wo sie wohnt?

T: Nein.

F: Ist sie wieder verheiratet?

T: Ich glaube nicht.

Für Schlichtmann wirkten diese letzten Fragen ziellos, als bloße Routinearbeit eines Anwalts, der versucht, an jede Information heranzukommen, die er nur finden kann.

Vier Tage nach Turners Befragung machte ein Privatdetektiv, der von Fachers Kanzlei engagiert worden war, Turners Exfrau in ihrer Wohnung in Stark, New Hampshire, einem kleinen Dorf nahe der kanadischen Grenze, ausfindig. Am Telefon teilte der Detektiv Sharon Turner mit, daß er wegen eines Falles anrufe, bei dem ihr Exmann als Zeuge auftreten solle. Er fuhr fort, daß er über einen drei Jahre alten Vollstreckungsbefehl gegen Bernard gestolpert sei, unterzeichnet von Sharon. »Sie haben Bernard angezeigt, weil er den Unterhalt für das Kind nicht zahlte?« fragte der Detektiv.

Sharon Turner bejahte.

Der Detektiv sagte, er wisse, wo Bernard lebte und daß er Immobilien besitze und somit den Unterhalt zahlen könne. Er bot an, ihn verhaften zu lassen, wenn er wieder nach Massachusetts kam.

Sharon Turner lehnte dieses Angebot ab, aber der Detektiv hakte nach. Sharon lehnte wieder ab, diesmal etwas bestimmter, und schließlich bedankte sich der Detektiv und hinterließ seine Telefonnummer für den Fall, daß sie es sich noch einmal anders überlege.

Schlichtmann erfuhr von diesem Vorfall von Bernard Turner persönlich, der verständlicherweise erzürnt war und schwor, er werde mit dieser Sache nichts mehr zu tun haben. Für Schlichtmann machte das keinen großen Unterschied. Turners Aussage war von Anfang an zum Scheitern verurteilt, und Schlichtmann konnte nicht viel Mitleid mit Dr. Turner aufbringen.

In der Zwischenzeit hatte Schlichtmann andere, glaubwürdigere Zeugen ausfindig gemacht, die in der Nähe der Gerberei gewohnt hatten. Ein Mann, Besitzer einer kleinen Elektroreparaturwerkstatt, erzählte Schlichtmann, daß er als Junge oft auf dem Gelände gespielt habe. Er und seine Freunde hatten das Gelände um die Gerberei Death Valley genannt, weil von dort weißer puderartiger Staub kam, der sich über die Hügel legte und alles abtötete, was ihm im Weg stand. Der Zeuge erinnerte sich daran, daß er einmal eine alte Signalfackel auf dem Gelände gefunden hatte. Er hatte die Fackel angezündet und sie in einen Block aus Styropor gesteckt. Das Styropor hatte zu brennen begonnen, und er hatte den Block in einen kleinen Teich geworfen. Der ganze Teich war in Flammen aufgegangen, ein brennender Teich, der dichten schwarzen Rauch ausstieß. Der Brand hatte die Nachbarn herbeieilen lassen, und die Feuerwehr in Woburn war ausgerückt.

Schlichtmann erfuhr vom Einsatzleiter, daß er angesichts der vielen hundert leckenden Fässer, die in der Gerberei herumlagen, bestürzt gewesen sei. Einen Tag nach dem Brand habe er Riley angerufen und sich über die Zustände auf dem Gelände beklagt. Außerdem habe er das Gesundheitsamt gedrängt, das Areal zu inspizieren. Ein Jahr später zwang ein weiterer kleinerer Brand den Einsatzleiter wieder auf das Gelände von Beatrice Foods. »Nichts hatte sich verändert«, berichtete er.

Es schien so, als würden alle anderen das Gelände als Giftmülldeponie sehen, nur Riley selbst nicht. Riley *mußte* den Zustand seines Grundstücks gekannt haben. Vielleicht, überlegte Schlichtmann, hatte der Gerber tatsächlich eine illegale Mülldeponie unterhalten. Vielleicht hatte er von seinem Nachbarn, Whitney Barrel, für die Benutzung des Geländes eine Gebühr erhoben. Jack Whitneys Arbeit bestand darin, gebrauchte 200-Liter-Fässer aufzupolieren, und sein Grundstück grenzte an das Riley-Gelände.

Schlichtmann begann Whitney Barrel unter die Lupe zu nehmen. Je genauer er hinsah, desto klarer wurde, daß Whitney ein schmutziges Geschäft geführt hatte, auf eine Weise, die schmutziger kaum sein konnte. Ein Mann, der in den späten sechziger Jahren in der Fässerwerkstatt gearbeitet hatte, berichtete Schlichtmann, daß Whitney die Reste in den 200-Liter-Fässern, die Pestizide enthalten hatten, direkt in den Abwasserkanal schüttete, der ungeklärt in den Hafen von Boston lief. Dieser ehemalige Mitarbeiter erzählte außerdem, daß Whitney ihn mehrfach – »vielleicht ein halbes dutzendmal« – angewiesen habe, die Reste aus den Fässern, die ein unbekanntes »Gift« enthielten, neben den Feldweg zu schütten, der zum Gelände führte. Darüber hinaus erinnerte sich dieser Arbeiter daran, TRI verwendet zu haben, um die Deckel von 200-Liter-Fässern sauberzuwischen, ehe sie neu lackiert wurden.

All dies legte nahe, daß Whitney bei der Kontamination des Geländes keine unerhebliche Rolle gespielt hatte. Aber Schlichtmann konnte kaum glauben, daß ein Mann von Rileys Temperament irgend jemandem zugestand, sein Grundstück zu benutzen, ohne für dieses Privileg zu bezahlen. Schlichtmann hätte Whitney gern über die Art seiner geschäftlichen Beziehung zu Riley befragt – wenn es denn tatsächlich eine gegeben hatte –, aber eine Aussage von Jack Whitney zu bekommen, war für alle Zeiten unmöglich geworden. Er war ein Jahr zuvor gestorben, und seine Werkstatt war aufgelöst worden.

Aufgrund dieser Information hatte der Fall ein neues Gesicht bekommen. Dennoch trug Beatrice Foods vor dem Gesetz nach wie vor die volle Verantwortung für die Vorgänge auf dem Gelände, dafür, offenkundig eine Giftmülldeponie betrieben zu haben. Rein rechtlich spielte es keine Rolle, wer das Land verseucht hatte, aber Schlichtmann wußte sehr wohl, daß es für die Geschworenen einen Unterschied machen würde. Seine Argumente waren auch so überzeugend genug, aber er würde einen weit schlechteren Stand haben, wenn er keine Beweise vorlegen konnte, daß Riley selbst den Müll deponiert hatte.

Und danach suchte er noch immer. Das Team aus Ingenieuren und Geologen hatte seine Aufmerksamkeit jetzt dem Gelände von Beatrice Foods zugewandt. Man entnahm Bodenproben, zeichnete die Lage der Fässer auf und untersuchte die Abfallhaufen. Schlichtmann schaute, wenn er Zeit hatte, bei den Leuten vorbei. Sie hatten mehrere kleine Klumpen eines fettigen Materials gefunden, das TRI enthielt. Laboranalysen ergaben, daß dieses Material zudem hohe Anteile von sechswertigem Chrom enthielt, das in der Gerberei dazu verwendet wurde, Leder zu beizen. Das Zeug roch sogar wie Leder und setzte sich darüber hinaus zu großen Teilen aus Fetten und Ölen zusammen. Schlichtmann war der Überzeugung, daß es sich bei diesen Klumpen um Gerbereischlick handeln mußte, um Gedärme und um Fleischabfälle, die entstanden, wenn die rohen Kuhhäute vor dem Gerbprozeß abgeschabt wurden.

Wenn es sich bei diesem Material tatsächlich um Gerbereiabfälle handelte, wie war es dann mit TRI verseucht worden, von dem Riley behauptet hatte, es nie verwendet zu haben? Es war natürlich möglich, daß irgendein anderer – Whitney vielleicht – TRI daraufgeschüttet hatte. Das war möglich, aber die logischste aller Erklärungen war für Schlichtmann, daß alles von ein und demselben Ort gekommen war. Und wenn das stimmte, hatte Riley gelogen, was das TRI betraf.

Es gab keine naheliegende Möglichkeit für Schlichtmann, dies zu beweisen. Es war ihm nicht gelungen, Zeugen zu finden, die aussagen konnten, daß in der Gerberei TRI verwendet worden war. Und Riley hatte unter Eid ausgesagt, daß es keine Unterlagen über die Verwendung von Chemikalien in der Gerberei vor 1979 mehr gebe. Diese Unterlagen waren routinemäßig vernichtet worden, falls man Rileys eidesstattlicher Aussage glauben konnte. Auf dem Papier schien sich nichts zurückverfolgen zu lassen.

DIE BARACKE

I

Die Zeit der Offenlegung hatte zu Veränderungen in der Kanzlei Schlichtmann, Conway & Crowley geführt. Crowleys Schreibtisch, seine Bücher, seine Stühle und sein gerahmtes Diplom waren in Conways Büro geräumt worden, das jetzt mit Möbeln so vollgestopft war, daß Conway sich seitwärts hineinwinden mußte, um zu seinem eigenen Schreibtisch zu gelangen. Crowleys Zimmer war zu dem geworden, was Schlichtmann das »Lagezentrum« nannte. Schreiner hatten an einer ganzen Wand entlang Regale gebaut, in denen nun die gebundenen Bände mit Vernehmungsprotokollen Platz gefunden hatten. Acht graue Metallaktenschränke füllten eine andere Wand. Oben drauf, eingeklemmt zwischen die Eichenbalken der Zimmerdecke, lagen Pappröhren, die Dutzende von Karten und Diagrammen des Umweltschutzamtes und der Geologischen Bundesbehörde enthielten.

Schlichtmann hatte Luftaufnahmen von Ost-Woburn, von denen einige aus den fünfziger und sechziger Jahren stammten, vergrößert und wie die Zielpunkte eines Bombenangriffs an eine dritte Wand gepinnt. Vor den Fenstern mit Blick auf die India Street standen drei Computer, in denen die medizinischen Daten aller 33 Kläger und Hunderte von anderen Unterlagen, die den Fall betrafen, gespeichert waren. Conway hatte zwei neue Partner, beide frisch von der Universität, sowie einen Assistenten eingestellt. Über eine Zeitarbeitsfirma engagierte Kathy Boyer eine Rezeptionistin, drei Sekretärinnen, einen Boten und einen Teilzeitbuchhalter. Früher hatte die Kanzlei mit neun Leuten sehr wirtschaftlich gearbeitet. Nun war die Mitarbeiterzahl auf das Doppelte angestiegen. Manchmal kam es Conway vor, als wäre er in der falschen Kanzlei gelandet.

Schlichtmann kam morgens um halb sieben ins Büro und ging gewöhnlich nicht vor Mitternacht. Wenn er nicht gerade in Woburn war, um Zeugen zu befragen oder seinem Team von Geologen über die Schulter zu schauen, saß er im Konferenzraum zwischen Stapeln medizinischer Texte, Unterlagen von Grace und Beatrice Foods, Regierungsberichten und Protokollen. Er – und nur er – schien in der Lage zu sein, sich an die genaue Stelle, Band und Seitenzahl, eines jeden mysteriösen Tatbestands im Zusammenhang mit dem Fall zu erinnern. Wenn ihm gelegentlich irgendeine Einzelheit entfallen war, saß er regungslos da, stierte in den leeren Raum, ein Bild intensiven Nachdenkens, bis er die Stelle wieder abrufen konnte.

Der Fall war Schlichtmanns alleiniger Lebensinhalt geworden. Er nahm sich keine Zeit mehr für alltägliche Höflichkeiten. Traf er jemanden, den er Tage oder Wochen nicht gesehen hatte, unterbrach er sein Gegenüber rücksichtslos und begann von der Aussage eines neuen Zeugen oder von der Bedeutung eines neuerdings entdeckten Dokuments zu erzählen. Mehrmals hatten die Sekretärinnen ihn gesehen, wie er aus der Dusche in der Kanzlei herausgerannt kam, mit nur einem Handtuch bekleidet, und voller Aufregung laut irgendeine neue Enthüllung verkündete.

Kathy Boyer hatte eine große, gertenschlanke 22 Jahre junge Frau eingestellt, die gerade das College abgeschlossen hatte und nun das Telefon bedienen sollte. Patty D'Addieco war aufgeweckt und tüchtig, und bald schon setzte Schlichtmann sie dafür ein, die vollständigen Krankenberichte der Familien aus Woburn zusammenzutragen. Das war eine gewaltige Aufgabe. Sie betraf 33 Personen, und Schlichtmann verlangte absolute Gründlichkeit. Er wollte, daß sie die Berichte über jeden einzelnen Arztbesuch, jedes aufgeschürfte Knie, jede Halsentzündung und jede Erkältung auftrieb. Bei den Kindern mit Leukämie umfaßten die Krankenakten Tausende von Seiten und bei den Erwachsenen stammten einige Berichte noch aus den dreißiger Jahren.

Schlichtmann flößte Patty D'Addieco großen Respekt ein. In Wahrheit, gab sie später zu, hatte sie sich in ihn verliebt. Sie gab ihr bestes, um es ihm recht zu machen, aber sie hatte große Schwierigkeiten, viele der alten Unterlagen zu finden. Als sie eines Morgens in die Kanzlei eilte, traf sie Schlichtmann am Schreibtisch der Rezeption an.

»Haben Sie schon alle Unterlagen zusammen?« erkundigte er sich.

»Die Akte Anne Anderson ist noch nicht vollständig, weil der Arzt...«

»Das ist mir egal«, unterbrach Schlichtmann sie. »Treiben Sie sie halt irgendwie auf.«

»Jan, das geht nicht. Der Arzt ist tot.«

»Das ist mir egal!« brüllte Schlichtmann in einer Lautstärke, daß alle in der Kanzlei ihn hören konnten. »Graben Sie den Mann aus! Gehen Sie zum Haus seiner Witwe und holen Sie die Akten aus dem verdammten Keller! Glauben Sie, Facher kümmert sich darum, warum Sie die Krankenberichte nicht beibringen können?«

Mit Tränen in den Augen drehte sich Patty D'Addieco abrupt um und floh in die Bibliothek. Sie hörte, wie Schlichtmann kam, und nahm schnell den Telefonhörer in die Hand.

»Patty, legen Sie den Telefonhörer weg«, forderte er sie auf.

»Ich bin gekränkt. Ich möchte nicht mit Ihnen sprechen.«

»Warum sind Sie gekränkt?«

»Ich arbeite wirklich hart.« Sie wischte sich die Tränen aus den Augen. »Ich kann jetzt nicht sprechen.«

»Okay«, sagte Schlichtmann sanft. »Ich spreche, und Sie hören zu.« Er fand sehr freundliche Worte, sagte, daß er wisse, wie hart sie arbeite und daß er ihre Bemühungen anerkenne, sie sei eine geschätzte Mitarbeiterin. In dieser Manier fuhr er einige Minuten lang fort, aber er entschuldigte sich nie wirklich. Patti spürte den Sog einer zarten Verführung, und gegen ihren Willen begann sie zu lächeln. Da sagte Schlichtmann: »Okay, und jetzt bemühen Sie sich um die Krankenberichte.«

Das Zusammentragen sämtlicher Krankenberichte war die Idee einer Ärztin aus Chicago, einer Spezialistin für Arbeits- und Umweltmedizin namens Shirley Conibear. Es lag schon fast ein Jahr zurück, daß Schlichtmann nach Chicago geflogen war, um sie zu engagieren. Er hatte eine Liste von Ärzten aufgestellt – Krebsspezialisten, Pathologen, Immunologen und Toxikologen –, die in anderen Prozessen, bei denen es um toxische Substanzen wie etwa Agent Orange und Asbest gegangen war, ausgesagt hatten. Einige der Ärzte hatten ihm mitgeteilt, sie seien zu beschäftigt, um sich auf den Fall Woburn einlassen zu können. Einige lehnten ganz offen ab, sagten, daß sie nicht an Schlichtmanns Beweisführung glaubten. Denjenigen, die interessiert schienen, hatte Schlichtmann einen dicken Packen Material sowie einen Scheck über zweitausendfünfhundert Dollar zugeschickt, das Standardhonorar für die erste Beratung durch einen Experten.

Dr. Shirley Conibear hatte bereits viele Artikel über die gesundheitlichen Probleme von Industriearbeitern, die toxischen Chemikalien ausgesetzt sind, veröffentlicht. Der Fall Woburn, besonders der T-Zellen-Test von Colvin und die Harvard-Gesundheitsstudie, hatten sie beeindruckt. Sie und Schlichtmann hatten viele Stunden damit zugebracht, in ihrem Büro in Chicago die medizinischen Aspekte des Falls zu erörtern. Sie hatte vorgeschlagen, daß Schlichtmann die Krankenberichte zusammentragen sollte. Wenn diese Menschen tatsächlich Schaden davongetragen hatten, weil sie TRI ausgesetzt waren, dann, so meinte die Ärztin, sollte sich aus den Akten ein Muster gesundheitlicher Probleme ergeben.

Für ein ansehnliches Honorar hatte Conibear eingewilligt, nach Boston zu kommen und alle 28 noch lebenden Familienmitglieder gründlich zu untersuchen. Schlichtmann ließ seine Mitarbeiter Conibears Besuch vorbereiten, eine ganze Flucht von Räumen in einem Ärztehaus in der Nähe der Universitätsklinik anmieten und sie mit einer geleasten Ausstattung einrichten. Außerdem arrangierte er für Conibear und ihre Mitarbeiter, zwei weitere Ärzte und einen Labortechniker, die Unterbringung im Ritz-Carlton für eine Woche.

Shirley Conibears erster Stapel von Berichten, zusammen über 900 Seiten stark, kostete Schlichtmann 88 729 Dollar. Er hatte das Gefühl, der Report sei jeden Penny davon wert.

Selbst ein absoluter Laie konnte auf den ersten Blick erkennen, wie verblüffend ähnlich sich die Krankengeschichten der Kläger waren. Dr. Conibear erklärte Schlichtmann, daß das typische Bild einer chronischen Lösungsmittelvergiftung darin unverkennbar sei. Sie hatte per Computer die Fachzeitschriften durchforstet und war dabei auf mehr als hundert Artikel über die toxische Wirkung von TRI gestoßen. Die meisten davon befaßten sich mit Arbeitern, die dem Stoff ausgesetzt gewesen waren, und führten dabei dieselbe Konstellation von Symptomen an, die sich auch durch die Krankengeschichten der Kläger und ihrer Angehörigen zog – Schwindel, Übelkeit, Erbrechen, Müdigkeit, Hautausschläge. Jede beliebige Person in Woburn konnte das Pech haben, wiederholt an Ausschlägen, chronischen Bauchschmerzen und Übelkeit zu leiden oder an Infektionen der Nebenhöhlen und der oberen Atemwege zu erkranken. Wenn aber bei einer Gruppe von Familien, die allein dadurch miteinander verknüpft waren, daß sie in derselben Nachbarschaft wohnten und das gleiche Wasser benutzten, diese an sich banalen Beschwerden derart gehäuft auftraten und sie obendrein alle leukämiekranke Kinder hatten, dann konnte das für Schlichtmann kein Zufall mehr sein.

Conibear hatte noch eine weitere wichtige Entdeckung gemacht. Neun der 14 Erwachsenen aus Woburn wiesen Anzeichen für eine Herzrhythmusstörung auf. Auch das schien in das Muster von Erkrankungen derer zu passen, die TRI ausgesetzt waren. Die wissenschaftliche Literatur enthielt Dutzende von Fallstudien, die das dokumentierten, was in einer davon als »signifikante Auswirkungen auf das Herz-Kreislauf-System« bezeichnet wurde. Die Autopsien von Arbeitern, die den TRI-Dämpfen erlegen waren, bestätigten, daß einige davon an »Ventrikelflimmern« und »Herzversagen« gestorben waren.

Conibear hatte bei den Erwachsenen aus Woburn die EKG-Standardableitungen durchgeführt, aber sie teilte Schlichtmann mit, daß es eine ganze Reihe von umfassenderen Untersuchungen gab, die nur von einem ausgebildeten Herzspezialisten durchgeführt werden konnten. Schlichtmann beschloß, die Familien zu einem erstklassigen Kardiologen zu schicken. Er fand einen Arzt in Boston, nicht weit von seiner Kanzlei entfernt. Dieser Kardiologe, Saul Cohen, lehrte an der Boston University und hatte gleichzeitig eine Praxis. Schlichtmann rief ihn an und erklärte ihm, daß er gründliche Herzuntersuchungen seiner Klienten wünsche, Untersuchungen von der Art, wie man sie dem Präsident der Vereinigten Staaten angedeihen ließ.

Cohen war mit TRI und dessen Wirkung auf das Herz vertraut. Aber er zweifelte offen an der Gefährlichkeit einer solch niedrigen Dosierung, vor allem im Trinkwasser. Alle Fälle, über die er gelesen hatte, betrafen Arbeiter, die TRI-Dämpfe in weit höheren Konzentrationen, als im Wasser von Woburn nachgewiesen worden waren, inhaliert hatten. »Erwarten Sie von mir eine Aussage vor Gericht?« erkundigte sich Cohen bei Schlichtmann.

Schlichtmann bejahte. Er hoffe, Cohen würde aussagen.

»Ich werde darüber aussagen, was ich gefunden habe, aber möglicherweise finde ich auch nichts«, warnte Cohen.

Schlichtmann erwähnte nicht, daß Conibear bereits in neun Fällen Herzrhythmusstörungen festgestellt hatte. Er hielt es für das beste, wenn Cohen die Herzrhythmusstörungen selbst diagnostizierte.

Cohen brauchte sechs Wochen, um sämtliche Erwachsenen und drei der ältesten Teenager nach allen Regeln seiner Kunst zu untersuchen. Danach lieferte er in Schlichtmanns Kanzlei eine Zusammenfassung seiner Erkenntnisse und einen knapp meterhohen Stapel von EKG-Ausdrucken ab. Und natürlich eine Rechnung für die ausgeführten Leistungen: 55 762 Dollar.

Schlichtmann erfuhr, daß nicht nur einige, sondern alle der 17 Personen, die von Cohen untersucht worden waren, an Herzrhythmusstörungen litten. Das Ergebnis habe ihn überrascht, teilte Cohen Schlichtmann mit – »sehr erstaunlich«, lauteten seine Worte. Schlichtmann bat Cohen, Conibears Untersuchungsergebnisse und die Liste der gesundheitlichen Probleme aus der Vergangenheit, die sie zusammengetragen hatte, zu überprüfen. »Nach meinen eigenen Untersuchungsergebnissen hat mich das wirklich schockiert«, sagte Cohen später bei seiner Vernehmung aus. »Ich war von der Übereinstimmung der Ergebnisse und der Ähnlichkeit der gesundheitlichen Probleme dieser ganz spezifischen Gruppe von Patienten sehr beeindruckt.«

Verglichen mit Herzrhythmusstörungen und Leukämie und selbst noch mit den Hautausschlägen, waren viele der immer wiederkehrenden gesundheitlichen Probleme, mit denen die Familien in Woburn über die Jahre hinweg zu ihren Ärzten kamen, vage und schwer zu messen. Kopfschmerzen, Müdigkeit und Depressionen beispielsweise konnten unzählig viele andere Ursachen haben. In diesen Symptomen konnten sich Streß oder psychologische Probleme niederschlagen, ohne daß eine biologische Ursache zugrunde lag. Aber die Fachliteratur über TRI zeigte auf, daß dieses Lösungsmittel enorme Wirkung auf das zentrale Nervensystem hatte. Es agierte als Sedativum und konnte die beschriebenen Symptome durchaus verursacht haben. Conibear war der Auffassung, daß die Häufigkeit der Symptome auf einen neurologischen Schaden verwies.

Also rief Schlichtmann einen prominenten Neurologen an – Dr. Robert G. Feldman, den Präsidenten der Neurologischen Fakultät an der Boston University, der schon bei einem früheren Fall, einmal als Gutachter, für ihn tätig gewesen war.

Feldman war skeptisch. Er bestätigte Schlichtmann, daß er bei den Familien die gleiche Reihe von neurologischen Tests durchführen könnte wie bei den Arbeitern, die TRI ausgesetzt gewesen waren. Feldman gab zu, daß Cohens Ergebnisse beeindruckend waren. Aber dennoch hielt er die Konzentration von TRI im Wasser von Woburn für sehr niedrig. Die neurologischen Tests seien zeitaufwendig und teuer – 1000 Dollar pro Person –, und möglicherweise würden sie keine Schädigung der Nerven aufzeigen.

Schlichtmann hatte den Eindruck, es füge sich alles, einschließlich Feldmans Skepsis, wunderbar zusammen. Auch Cohen war skeptisch gewesen, und dann hatte er sogar noch mehr Fälle von Herzrhythmusstörungen festgestellt als Conibear. Schlichtmann machte sich keine Sorgen. Zu diesem Zeitpunkt war er zu der Überzeugung gelangt, daß er die Wahrheit bereits enthüllt hatte. Nun ging es nur noch darum, daß alle anderen aufholten, und darum, die Details der Beweisführung zusammenzutragen, die er im Gerichtssaal brauchen würde. Er arrangierte die neurologische Untersuchung der Familien aus Woburn.

Feldman hatte mehrere Artikel über die neurologischen Auswirkungen von TRI geschrieben, einschließlich einer bahnbrechenden Fallstudie, die 1970 in der Fachzeitschrift *Neurology* veröffentlicht wurde. Als Schlichtmann eines Nachts allein im Konferenzraum saß, las er den Artikel. Er handelte von einem 26jährigen Arbeiter, der versucht hatte, das Leck einer großen Entfettungsmaschine, die mit TRI gefüllt war, zu reparieren. Der Arbeiter hatte eine defekte Gasmaske getragen. Nachdem er anderthalb Stunden lang die giftigen Dämpfe eingeatmet hatte, fühlte er einen leichten Schwindel in sich aufsteigen. Zwölf Stunden später litt er unter Übelkeit und Erbrechen, Sehstörungen und Taubheit in Gesicht, Mund und Rachen. Bei der Behandlung sah Feldman eine lethargische, verwirrte Person, die nur mit Mühe sprechen und selbst den einfachsten Anweisungen nicht folgen konnte.

In Feldmans Artikel wurden zwei Dutzend weitere Studien zitiert, die sich mit der Schädigung durch TRI befaßten. Schlichtmann las einen frühen Bericht über einen britischen Werftarbeiter, der die Dampfkessel einer Fregatte mit TRI geschrubbt hatte. Nach vier Stunden bekam der Arbeiter starke Kopfschmerzen und klagte über Schwindel. Am nächsten Tag litt er unter heftiger Übelkeit, konnte weder husten, schlucken noch sprechen. Sein Puls war stark erhöht. Bis er einige Wochen später an einer Infektion der Atemwege starb, konnte er keine Nahrung mehr bei sich behalten. Die Autopsie ergab eine schwere Schädigung des fünften Hirnnervs, der auch als Trigeminus bekannt ist. Die Markscheide, eine fettige Gewebeschicht, die die Nervenfasern schützt, war zu »unförmigen Kügelchen« verkommen. Das TRI hatte die Nervenfasern des Mannes buchstäblich *entfettet*.

Bei seinem eigenen Patienten konnte Feldman wenig tun, um die Symptome zu lindern, aber er konnte das Ausmaß der Schädigung feststellen. Er begann mit einer Reihe von Studien zur Nervenleitfähigkeit, errechnete Geschwindigkeit und Amplitude, mit der die Nervenfasern des Arbeiters elektrische Impulse leiteten. Feldman fand heraus, daß die Nerven des jungen Mannes mit der gleichen Leistung funktionierten wie die eines Patienten, der an multipler Sklerose leidet. Er führte ein breites Spektrum an psychologischen Tests durch, die darauf ausgerichtet waren, das Gedächtnis und die motorische Kontrolle zu überprüfen. Während der folgenden sechzehn Jahre beobachtete er die Entwicklung des Mannes genau. Im Verlauf des ersten Jahres verschwand die Taubheit im Gesicht des Mannes allmählich, und die Geschwindigkeit der Nervenleitfähigkeit stieg langsam an, aber der Zustand normalisierte sich nie mehr ganz. Und der Arbeiter hatte neuropsychologische Probleme. Obwohl er im Bereich »intelligent-normal« eingestuft werden konnte, als er auf sein Sprachvermögen hin untersucht wurde, waren sein Kurzzeitgedächtnis, seine Konzentrationsfähigkeit und seine Fähigkeit, logisch zu denken, stark beeinträchtigt. Psychologische Tests ergaben eine schwelende Depression, die Feldman auf die physischen Schädigungen im Zentralnervensystem seines Patienten zurückführte. »Die affektive Geistesstörung, die bei diesem Patienten nach sechzehn Jahren noch festgestellt werden kann, ist besonders erschreckend«, schrieb Feldman im März 1985 in seinem zweiten Bericht über den Arbeiter. »Die Untersuchungen zeigen die Wahrscheinlichkeit dauerhafter neurologischer Schäden schon einer einzigen direkten Berührung mit Trichloräthylen.«

Während eines Zeitraums von zwei Wochen kamen die Familien aus Woburn in die Universitätsklinik, um sich von Feldman und seinem Team von Ärzten untersuchen zu lassen. Sie sollten an Gläschen mit dunkler Flüssigkeit – es handelte sich um Kaffee – schnuppern und den Geruch identifizieren. Das war ein Test des Geruchssinns und damit des ersten Hirnnervs. Auf Anweisung streckten sie ihre Zungen heraus und bewegten sie vor und zurück, ein Test des zwölften Hirnnervs. Sie lauschten Stimmgabeln. Man leuchtete ihnen in die Augen. Man pikste ihre Haut mit einer Nadel und strich dann mit Wolle darüber. Sie deuteten Tintenkleckse und versuchten eine Folge von Zahlen zu memorieren. Man führte die unterschiedlichsten Persönlichkeitstests durch. Im Elektromyographielabor, einem dunklen Raum, wo sie sich auf körpergerecht geformten Stühlen zurücklehnten, wurden ihnen Elektroden im Gesicht, an den Beinen, den Knöcheln und den Handgelenken befestigt. Einer von Feldmans Mitarbeitern verabreichte schwache Stromimpulse und maß Amplitude, Latenz und Geschwindigkeit ihrer Reaktionen.

Die Ergebnisse dieser ganzen Testreihe fielen nicht so dramatisch aus, wie Feldman sie gesehen hatte, wenn Patienten direkt mit TRI in Berührung gekommen waren. Aber seinem Ermessen nach waren sie auch nicht normal. Die meisten der Leute aus Woburn hatten Probleme mit dem Kurzzeitgedächtnis und der motorischen Kontrolle. Viele hatten Schwierigkeiten mit Aufgaben, bei denen es um visuelle und räumliche Gliederung ging. Und alle außer vier Personen tendierten zu Depressionen.

Die aufschlußreichsten Resultate ergaben sich aus den »Blinzelreflextests«, bei denen in Tausendstelsekunden gemessen wird, wie schnell die Augenlider eines Individuums auf einen elektrischen Impuls reagieren. Dieser Test prüft die Funktion des Trigeminus, jenes Nervs, auf den das TRI die direkteste Wirkung zu haben scheint. Feldman stellte fest, daß der Blinzelreflex eines jeden Familienmitglieds, ob nun Kinder oder Erwachsene, entweder langsamer als normal war oder überhaupt nicht in die Norm paßte. Feldman war weniger von der individuellen Beeinträchtigung beeindruckt als von der Übereinstimmung innerhalb der Gruppe. Er teilte Schlichtmann mit, daß die Ergebnisse »hochgradig signifikant« seien. Die Wahrscheinlichkeit nämlich, daß sich die Testergebnisse innerhalb einer Gruppe von zwanzig oder mehr Personen alle nur gerade noch im normalen Bereich befanden, liege bei »eins zu einer Million«.

Die Ärztin, die die Blinzelreflextests letztendlich durchgeführt hatte, wußte nichts von der Geschichte der Familien aus Woburn.

Sie war über die hohe Anzahl langsamer Blinzelreflexe besorgt, die sie bei diesen Patienten feststellte, und fragte sich, ob ihr Gerät in Ordnung sei. Um das Gerät zu überprüfen, holte sie sich sieben Techniker des Krankenhauses. Deren Blinkreflexe waren allesamt lehrbuchreif.

Schlichtmann hörte von dieser Geschichte das erste Mal bei der Befragung der Ärztin. Feldman hatte es nicht für wichtig genug gehalten, darüber zu sprechen, aber Schlichtmann freute sich darüber. Er plante, den Vorfall beim Prozeß anzusprechen, um die Jury wissen zu lassen, daß diese Untersuchungen tatsächlich von Unparteiischen durchgeführt worden waren.

Fast jeder medizinische Experte, mit dem Schlichtmann sprach, kannte einen anderen Experten, mit dem Schlichtmann vielleicht auch reden sollte. Auf diese Weise hörte er von einer Biochemikerin namens Beverly Paigen, die in einem Labor im Children's Hospital in Oakland, Kalifornien, arbeitete. Schlichtmann flog auf einer seiner medizinischen Erkundungsreisen hin, um sie zu besuchen. Sie erzählte ihm die Geschichte eines Falles, den sie in Gray, einem Städtchen in Maine, untersucht hatte: 23 Haushalte, deren Leitungswasser über fünf Jahre hinweg mit kleinen Mengen TRI und PER verseucht war – das klang ganz ähnlich wie in Ost-Woburn. Im ersten Jahr, sagte Paigen, hätten sich die Einwohner über Ausschläge und brennende Augen nach dem Duschen beklagt. Im zweiten Jahr gab es wieder Ausschläge und dazu Kopfschmerzen. Im dritten Jahr Benommenheit, Ohnmachten, Übelkeit und Bauchschmerzen. In den 23 Haushalten waren während der Jahre, in denen die Brunnen verseucht waren, fünf Frauen schwanger geworden. Zwei dieser Frauen hatten Fehlgeburten, und zwei andere verloren ihre Kinder innerhalb von vier Monaten nach der Geburt. Nur ein Kind überlebte.

»Irgendwelche Fälle von Leukämie?« fragte Schlichtmann.

»Nein«, antwortete Paigen. »Man kann nicht erwarten, daß in einer so kleinen Bevölkerungsgruppe Krebs auftritt. Leukämie ist eine seltene Krankheit. Es bedarf größerer Bevölkerungsgruppen – Tausende von Menschen –, wenn man nach Krebs suchen will.«

Wie Schlichtmanns Experten in Woburn hatte auch Paigen zunächst geglaubt, die Konzentration von Lösungsmitteln im Leitungswasser in Gray sei zu niedrig, um dramatische gesundheitliche Probleme zu verursachen. Aber die Probleme waren unbestreitbar da. Paigen und ein anderer Wissenschaftler, Robert Harris von der Princeton University, entwickelten eine Hypothese. Sie empfahlen, die Luft im Badezimmer zu untersuchen, während die Dusche aufgedreht war. Sie vermuteten, daß sich TRI, das hochgradig flüchtig war, im heißen, fließenden Wasser zu einer Dampfwolke verwandelte. Und tatsächlich, der Versuch zeigte, daß TRI verdampfte und sich im begrenzten Raum des Badezimmers ansammelte, während Wasser mit 24 Litern pro Minute aus dem Duschkopf rann. Die Konzentration war dabei zwei- bis dreimal höher als im Leitungswasser.

Dies schien zu erklären, warum Richard Toomey und andere Einwohner aus Woburn über ein Brennen in den Augen beim Duschen geklagt hatten. Schlichtmann war immer davon ausgegangen, daß das Trinkwasser der Hauptberührungspunkt mit TRI war. Das hätte bedeutet, daß die Familien jeden Tag nur soviel TRI zu sich genommen hatten, wie in etwa einem Liter Wasser enthalten war. Aber jede zehnminütige Dusche, die sie nahmen, setzte soviel TRI in der Luft frei, wie in circa zweihundertvierzig Litern Wasser enthalten ist, das dann über die Atmung in ihren Körper gelangte.

Ein anderer Experte, ein Toxikologe an der University of California in Berkeley bestätigte diese Feststellung. Er berichtete Schlichtmann zudem von einer weiteren Art der Aufnahme von TRI – und zwar die Absorption durch die Haut. Eine neue Studie in der Fachzeitschrift *American Journal of Public Health*, erklärte der Toxikologe, demonstriere, daß die Menge von TRI, die bei einem Bad in der Badewanne absorbiert werde, wenn warmes Wasser die Poren der Haut erweitert, der Dosis entspreche, die durch den Genuß von kontaminiertem Trinkwasser zugeführt wurde, oder sogar noch höher war. Die Absorption erfolgte als erstes dort, wo die Haut am sensibelsten ist – an den Innenschenkeln und an den Unterarmen – und wurde noch erhöht, wenn jemand einen Sonnenbrand, eine Schnittverletzung oder einen Ausschlag hatte. Und Ausschläge waren bei den Kindern von Ost-Woburn sehr verbreitet gewesen.

Die Familien waren also gleich auf drei Arten mit TRI in Berührung gekommen – durch das Trinkwasser, durch Einatmen der Dämpfe und durch Absorption der Moleküle. Das erklärte möglicherweise die Diskrepanz zwischen der Schwere der Symptome und der geringen Dosis im Wasser.

Schlichtmann war weit gekommen. Der Fall, so sagte er sich, hing nicht allein von der Behauptung ab, welche die Leukämieerkrankungen betraf. Er hatte nun zwingende Beweise für eine chronische Vergiftung durch Lösungsmittel in der Hand. Und selbst wenn der wissenschaftliche Nachweis, daß TRI Leukämie verursachte, auf unsicheren Füßen stand, konnte es doch keinen Zweifel daran geben, daß das kontaminierte Wasser die Leukämieerkrankungen verschlimmert hatte. Er würde argumentieren können, daß mehr Kinder am Leben geblieben wären, wenn Grace und Beatrice Foods die Brunnen nicht verseucht hätten.

2

Schlichtmann hatte inzwischen zwölf medizinische Experten hinzugezogen, genügend Ärzte, um eine kleine, aber feine Klinik zu betreiben. Die meisten dieser Männer und Frauen kannten sich nicht und wußten nicht, welche Arbeit die anderen im Fall Woburn übernommen hatten. Schlichtmann beschloß, sie bei einer Konferenz am runden Tisch alle zusammenzubringen. Er mietete den großen Ballsaal im Ritz-Carlton und bezahlte die Flüge für die Experten aus Kalifornien, Chicago und Washington. Er bezahlte die Hotelzimmer im Ritz, die Mahlzeiten und natürlich ihre Zeit. Die meisten von ihnen stellten ungefähr 200 Dollar die Stunde in Rechnung. Die Konferenz begann mit einem Essen und Drinks am Freitagabend und dauerte den ganzen Samstag fort. Alles verlief so gut, daß Schlichtmann eine weitere Konferenz anberaumte, dieses Mal in Chigago.

Der stetig wachsende Berg von Rechnungen beunruhigte Conway, aber er überraschte ihn nicht. Er hatte gewußt, daß Schlichtmann jeden Cent, den die Firma zur Verfügung hatte, für den Fall Woburn ausgeben würde. Drei Jahre zuvor hatte Conway vorausgesagt, daß der Fall zu einem »schwarzen Loch« werden würde. Nun, acht Monate nach der Offenlegung, schien die Prophezeiung knapp davor, sich zu bewahrheiten. Die Studien zur Nervenleitfähigkeit, die kardiologischen Tests, die Allgemeinuntersuchungen, die Laborberichte und die toxikologischen Daten füllten ganze Aktenschränke. Das große Kopiergerät vor dem »Lagezentrum« lief von morgens bis abends, produzierte Kopien der Expertenberichte und der Krankenberichte aller Familienmitglieder. Protokolle, Akten und Berichte schienen sich über Nacht zu vervielfachen und breiteten sich aus wie lebende Organismen, wie Pilze, bedeckten den Tisch im Konferenzraum und ergossen sich auf den Boden und in den Empfangsbereich.

Aus Woburn, wo Schlichtmann sein Team von Ingenieuren, Geologen und Hydrogeologen sitzen hatte, die Löcher bohrten und Bodenproben entnahmen, trafen weitere Berichte ein. Diese Feldarbeit war hochwichtig für den Fall – Schlichtmann mußte beweisen, daß die Chemikalien von Grace und Beatrice Foods tatsächlich in die Brunnen gelangt waren –, und sie war sehr teuer. Die Ingenieure hatten im Gebiet des Aberjona River 30 neue Kontrollbrunnen gebohrt, um den unterirdischen Fluß der Giftstoffe zu verfolgen. Sie hatten kleine Sprengladungen gezündet – eine seismische Untersuchungsmethode –, um die Höhenlage des Grundgebirges in diesem Areal zu kartieren. Sie durchkämmten jeden Quadratmeter der Grundstücke von Grace und Beatrice Foods, gefolgt von einem Videoteam und einem Fotografen, den Schlichtmann engagiert hatte, um jedes Detail der Recherche zu dokumentieren. Die Videos allein sollten 19 021 Dollar kosten, eine Kleinigkeit im Vergleich zu den geschätzten Kosten – mehr als eine Viertelmillion Dollar – der geologischen Ermittlungen.

Selbst kleine Posten, wie etwa die Luftaufnahmen von Ost-Woburn sowie ein Experte, der sie interpretierte, beliefen sich auf fast 15 000 Dollar. Und so wie sich die Abschriften der Vernehmungen auftürmten, so stiegen natürlich auch deren Kosten. Die Protokollführer berechneten 3,50 Dollar für jede Seite per Expreßdienst bis zum nächsten Morgen, was bedeutete, daß Schlichtmann zum Beispiel für die eintägige Befragung von Tom Barbas 1256 Dollar bezahlen mußte. Und es sollten noch jede Menge langatmige Aussagen der Sachverständigen folgen.

Bis zum Herbst 1985 hatten Schlichtmann, Conway & Crowley fast eine halbe Million Dollar für den Fall Woburn ausgegeben. Und die Kosten würden sich, je näher der Prozeß kam, nur steigern. Der Prozeßbeginn war nun für Februar angesetzt, fünf Monate noch bis dahin. Die Kanzlei benötigte mehr Geld. Schlichtmann würde die Bank aufsuchen müssen. Er ging nie allein zur Bank. Immer waren Conway und James Gordon, ihr Finanzberater, dabei.

Gordon war im Umgang mit Zahlen eine Kanone. Die Finger seiner rechten Hand huschten über die Rechenmaschine wie die eines Maestros, der das Piano spielt, und endeten mit schwungvollem Bogen auf der »Total«-Taste. Gordon hatte eine besondere Begabung dafür, die zukünftige Wertstellung einer Geldsumme zu errechnen, als wäre er mit einer Zinseszinstabelle im Kopf geboren worden.

Schlichtmann hatte Gordon, kurz nachdem er von Newburyport nach Boston gezogen war, kennengelernt. Er hatte gerade den Fall Eaton gewonnen und war mit dem Vergleich über fast eine Million Dollar im Fall Piper Arrow beschäftigt. Aber seine finanziellen Angelegenheiten waren schrecklich durcheinander. Gordon und sein Partner Mark Phillips hatten sich gerade selbständig gemacht, mit einer Firma namens Economic Planning Group, ein Büro in der Newberry Street direkt neben dem Ritz-Carlton gemietet und warteten nun darauf, daß reiche Bürger aus Boston zu ihnen kamen, die für ihre Finanzplanung Rat brauchten. Sie mußten feststellen, daß ihnen jede Menge Zeit übrigblieb. Dann tauchte Schlichtmann bei ihnen auf, bat sie, seine Finanzen in Ordnung zu bringen. Er hatte sich gerade seinen ersten Porsche gekauft. Er nahm Gordon zum Fenster und zeigte auf sein neues

Auto. Gordon sah, daß er in zweiter Reihe geparkt hatte. Eine Politesse stand neben dem Auto und schrieb einen Strafzettel aus.

Zwei Monate später kam Schlichtmann erneut zu Gordon und Phillips. Eine Versicherung hatte ihm einen komplizierten Vergleich angeboten, der über 40 Jahre hinweg gezahlt werden sollte, was ihrer Darstellung nach einen Wert von anderthalb Millionen Dollar darstellte. Das klang nach viel, aber Schlichtmann war vorsichtig. Er hatte keinen Kopf für Zahlen. Er zeigte das Angebot Gordon, der ihm erklärte, daß die Versicherung eigentlich nur 330 000 Dollar geboten hatte. Der Rest waren die jährlichen Zinsen.

Von diesem Zeitpunkt an waren Gordon und Phillips, der selbst Anwalt war, aber nicht länger praktizierte, an jedem Fall beteiligt, den Schlichtmann übernahm. Den Gedanken an Finanzplanung gaben sie bald auf und spezialisierten sich statt dessen auf Vergleichsverhandlungen und das Management von Rechtsfällen. Sie halfen Schlichtmann und Conway bei der Schlichtung im Fall des Feuers im Hotel Copley. Im Fall Carney erledigte Gordon die Finanzen, und Phillips organisierte die beiden Scheinprozesse. Sie trafen sich fast täglich mit Schlichtmann und Conway und aßen drei- oder viermal in der Woche mit ihnen zu Abend. Conway nahm selten einen neuen Fall an, bevor er ihn nicht mit Gordon und Phillips durchgesprochen hatte, und Schlichtmann schloß nie mehr einen Vergleich ohne die beiden ab. Die vier Männer arbeiteten gut zusammen, und sie wurden zudem gute Freunde. Gordon und Phillips behielten ihr kleines Büro in der Newbury Street, aber sie installierten eine Standleitung zu Schlichtmanns Kanzlei. Und so agierte die Economic Planning Group nun, letzten Endes, als Teil von Schlichtmanns Kanzlei.

Phillips, der einer alteingesessenen, konservativen, wohlhabenden Familie aus Boston entstammte, nannte Gordon und Schlichtmann, »die beiden russischen Juden, die *Macher*«, diejenigen, die alles ins Laufen brachten. Gordon war drei Jahre jünger als Schlichtmann, so groß wie dieser, aber weich und rundlich.

Er bewunderte Schlichtmann ganz außerordentlich und schien oft dessen Manierismen, vor allem seinen Tonfall und Rhythmus beim Sprechen zu übernehmen. Er versuchte, sich das anzueignen, was er als Schlichtmanns spezifischen Charme empfand, war dazu aber zu täppisch. Wenn er mit seinen plumpen Schmeicheleien anfing, verdrehten die Mädchen in der Kanzlei hinter seinem Rücken die Augen.

Gordon bewunderte sogar Schlichtmanns seltsames Verhältnis zum Geld, aber zumindest in dieser Hinsicht mochte er es ihm nicht nachtun. Bankrott und finanzieller Ruin waren seine schlimmsten Schreckgespenster. Er hatte mehrere 100-Dollar-Noten in der Wäscheschublade seiner Kommode versteckt, und im Aktenschrank seines Büros lagen zehn Krüger-Rand – kleine Vorbeugemaßnahmen für alle Fälle. Wenn er zufällig auf diese bescheidenen Schätze stieß, dann zählte er die Scheine oder wog die Goldmünzen in der Hand und fühlte sich wieder sicherer.

Gordon regelte die Finanzen im Fall Woburn, ließ Computerlisten mit Rechnungen ausdrucken und sorgte dafür, daß sie bezahlt wurden. Außerdem organisierte und beaufsichtigte er die Feldarbeit der Geologen am Aberjona River. Er war derjenige, der die alten Luftaufnahmen von Woburn aufgespürt hatte, und er hatte die kostspieligen Expertenkonferenzen arrangiert. Wenn Schlichtmann etwas sofort brauchte, dann wandte er sich in der Regel an Gordon, seinen »Feuerwehrmann« für alle Zwecke.

Es war Gordon, der Schlichtmann mitteilte, daß sie sich wieder an die Bank wenden mußten. Nach Gordons Berechnungen würden sie eine weitere halbe Million benötigen, um die restliche Zeit der Offenlegung zu überbrücken. Und das, sagte Gordon eines Abends im Herbst zu Schlichtmann, sei eine vorsichtige Schätzung.

»Wir müssen zu Onkel Pete«, sagte Gordon.

Onkel Pete war George Kennedy Briggs II., Vizepräsident der Private Banking Group bei der Bank of Boston. Obwohl er für einen Ostküsten-Bankier den perfekten Namen hatte, nannten ihn all seine Freunde, Kollegen und Kunden Pete. Er trug nur selten den Nadelstreifenanzug eines Bankiers, zog Tweed-Sportsakko und Fliege vor. Er war von koboldhafter Statur und hatte grobe, knorrige Gesichtszüge. Wenn er lächelte, was oft passierte, schien sein ganzes Gesicht aufzuleuchten.

Schlichtmann nannte ihn Onkel Pete, aber er fürchtete sich davor, ihn zu besuchen. Er fühlte sich verfolgt von dem Gedanken, daß der Bankier, der alt genug war, sein Vater zu sein, den Stand seiner Finanzen mißbilligte, obwohl Pete ihn kein einziges Mal gemaßregelt hatte. Dennoch veränderte sich Schlichtmanns Verhalten in Petes Gegenwart drastisch. Er war immer freundlich, sprach mit sanfter und schüchterner Stimme, und er beugte sich sofort und in allen Angelegenheiten Petes Urteil. Nur brachte er es nie fertig, den Bankier um Geld zu bitten. Ganz im Gegenteil, er hatte immer ein unerklärliches Bedürfnis, Onkel Pete Geld zu geben. Mehr als einmal hatte Schlichtmann, wenn es um einen Kredit gegangen war, angeboten, seine Wohnung in Beacon Hill, seinen Wagen oder irgendwelche anderen irdischen Güter, die er besaß, zu verpfänden. Pete hatte jedesmal gelächelt und sein Angebot abgelehnt. »Im Moment ist das nicht nötig«, hatte Pete immer gesagt.

Pete Briggs hatte das Auf und Ab von Schlichtmanns Kontostand über vier Jahre hinweg, seit Schlichtmann nach Boston gekommen war, beobachtet. Es waren große Summen hereingekommen und dann schnell wieder verschwunden, ersetzt durch ebenso hohe Schulden. In 30 Jahren im Bankgeschäft hatte Pete selten ein Privatkonto wie das von Schlichtmann gesehen. In der Private Banking Group hatte er mit den Guthaben von 300 Anwälten zu tun, aber für Schlichtmanns Konto mußte er wesentlich mehr Zeit aufwenden als für jedes andere. Dennoch sprach er von Schlichtmann und seinen Partnern als »den Jungs«, schien sie aufrichtig zu mögen. Wenn das Geld der Bank auf dem Spiel stand, dann ging er gern zum Gericht, um Schlichtmann bei der Arbeit zu sehen – »um ein Auge auf die Sicherheiten zu werfen«, wie Pete sich ausdrückte.

Pete hatte den Unterschied zwischen Schlichtmann als Prozeßanwalt und Schlichtmann als zerknirschtem Schuldner bemerkt. »Wenn man Jan hinter den Kulissen erlebt«, sagte Pete einmal,

»ist er einer der nettesten und aufrichtigsten Jungs auf der Welt. Er übt äußerste Zurückhaltung, was seine mangelnde Kenntnis von Geld und Bankgeschäften angeht.«

Gordon bereitete die Audienz bei Onkel Pete vor, indem er einen Zahlungsplan entwarf. Er erarbeitete ein komplettes Budget für den Fall Woburn und machte eine Bestandsaufnahme für alle anderen laufenden Fälle in den Akten. Neben dem Fall Woburn gab es 13 weitere, und aus ihnen setzten sich die einzig realen Aktiva der Kanzlei zusammen. Schlichtmann hatte bereits 200 000 Dollar von Pete geliehen, und um eine weitere halbe Million zu erhalten, mußte er, das wußte Gordon, Pete vermitteln, wieviel der Fall Woburn möglicherweise wert war.

Den Wert eines Falls zu schätzen, kommt ungefähr der Wahrsagerei gleich. Man kann nie vorhersagen, wie die Jury sich entscheiden wird, aber die Geschworenensprüche vergleichbarer Fälle bieten gewisse Anhaltspunkte. Werden Berechnungen von Fällen mit Körperverletzung aufgestellt, so ist ein toter Kläger selten so viel wert wie ein lebender, aber schwerbehinderter Kläger. Schwere Schädigungen, wie sie Carney erlitt, bedeuten in der Regel ein Leben im Rollstuhl, oft verbunden mit starken Schmerzen, hohen Arztrechnungen und dem Verlust des Einkommens, Aspekte, die von der Jury bedacht werden können, wenn sie ihr Urteil fällt. Bei dieser kühlen Berechnung ist ein totes Kind stets weniger wert als ein toter Erwachsener, insbesondere wenn dieser Erwachsene Ernährer einer Familie oder Mutter von mehreren Kindern war.

Geschworenensprüche in Massachusetts aus der Vergangenheit ließen Schlichtmann zu dem Schluß kommen, daß ein totes Kind generell weniger als eine Million Dollar wert war. Aber er glaubte daran, daß der Wert erheblich steigen würde, wenn die Jury erst einmal die langjährigen, quälenden Krankheiten und den Tod der Kinder aus Woburn – ihre Schmerzen und ihr Leiden – berücksichtigte. Wenn er zu dieser Gleichung noch die Familienmitglieder hinzuzählte, die ebenfalls Giftstoffe des kontaminierten Wassers zu sich genommen hatten und mit dem Risiko lebten, irgendwann mit einer Krankheit, wahrscheinlich sogar mit Krebs, konfrontiert zu werden, dann stieg der Wert noch einmal an.

Von Beginn an hatte Schlichtmann den Fall Woburn immer für einen 20-Millionen-Fall gehalten, und es war nichts geschehen, was ihn seine Meinung ändern ließ. Er und Gordon stellten ein Diagramm von möglichen Geschworenensprüchen auf, die von Null – sollte der Fall ganz verloren werden – bis 40 Millionen reichten. Schlichtmann rechnete damit, daß es eine Wahrscheinlichkeit von fünf Prozent gab, alles zu verlieren, wenn der Fall vor eine Jury kam, und eine ebenso kleine Wahrscheinlichkeit, 40 Millionen oder mehr zu gewinnen. Die höchste Wahrscheinlichkeit lag laut Diagramm bei einer gerichtlichen Entscheidung über 24 Millionen Dollar für die Kläger, drei Millionen für jede Familie.

Das Diagramm sah sehr wissenschaftlich aus, sogar ein wenig schick, wie eine Verkaufsbroschüre für ein glänzendes neues Produkt, und Schlichtmann glaubte daran. Sein gesunder Menschenverstand sagte ihm, daß er recht hatte. Aber in Wahrheit basierte alles auf wenig mehr als Intuition und der Hoffnung, daß die Dinge nach Plan verlaufen würden.

Der Termin mit Onkel Pete verlief jedoch nicht ganz nach Plan. Schlichtmann, Conway und Gordon trafen sich mit dem Bankier in seinem Büro in der Bank of Boston, einem modernen Wolkenkratzer aus Glas und Beton drei Häuserblocks vom Gericht entfernt. Gordon übergab Pete Briggs den Budgetplan für Woburn, die Bestandsaufnahme der übrigen Fälle und das Diagramm, aber Pete wollte zuerst die Angelegenheit des noch anstehenden ungesicherten Kredits über 200 000 Dollar geregelt haben. Gordon hatte Pete versprochen, daß er die erste Rate aus dem Vergleich mit Unifirst benutzen würde, diesen Kredit zu tilgen.

»Sie haben natürlich den Vergleich mit Unifirst, um die Schulden zu tilgen«, sagte Pete.

»Der ist verbraucht«, erwiderte Gordon mit unnatürlich hoher Stimme.

Onkel Pete schien es für einen Moment den Atem zu verschlagen. Schlichtmann hatte ihn nie zuvor wütend gesehen, aber Pete war in der Tat sehr wütend. »Ich wäre fast gestorben«, erinnerte sich Pete später.

Schlichtmann fing an, dem Bankier die Übereignungsurkunde seiner Wohnung in Beacon Hill anzubieten, aber Pete unterbrach ihn.

»Moment mal«, sagte er. »Wofür habt ihr das Geld ausgegeben.?«

Es war natürlich für Woburn ausgegeben worden. Gordon war auf diese Frage vorbereitet gewesen. Er öffnete den säuberlich gebundenen Budgetplan, der alle Ausgaben für Woburn enthielt, unterteilt in verschiedene Sparten, und seine Einschätzung der zukünftigen Kosten.

Nachdem Pete sich beruhigt hatte, räumte er ein, daß der Fall Woburn ein großes Potential berge. Und er wußte, daß Schlichtmann exzellente Leistungen vollbracht hatte. Zumindest Pete gegenüber war Schlichtmann mit seinen Schätzungen über den Wert eines Falles immer bescheiden gewesen.

Schließlich willigte Pete ein, den Kreditrahmen um eine notfalls halbe Million Dollar zu erhöhen. Aber er benötige Sicherheiten, die er dem Vorstand präsentieren könne. Noch einmal bot Schlichtmann die Verpfändung seiner Wohnung an, aber Pete wies ihn ab. Er mochte es nicht, Übereignungsurkunden der Wohnungen seiner Klienten anzunehmen. Statt dessen ließ er sich von den Jungs den Rest des Vergleichs mit Unifirst übertragen, eine 600 000-Dollar-Zahlung, fällig in den nächsten fünf Jahren, sowie die letzte Jahresrate über 100 000 Dollar aus dem Fall Carney.

Pete wünschte den Jungs viel Glück. Mit untypischer Strenge befahl er Gordon, ihn über die Entwicklung im Fall Woburn auf dem laufenden zu halten. In der Angelegenheit Unifirst in die Irre geleitet worden zu sein, hatte ihm mißfallen. »Bankiers schätzen keine Überraschungen«, warnte Onkel Pete Gordon.

3

Die Offenlegung war eine einzige Zänkerei. Jede Partei reichte Anträge bei Richter Skinner ein, die andere Seite zu zwingen, Dokumente, Zeugen und Antworten auf schriftliche Beweisfragen beizubringen. Und als Reaktion darauf reichte wiederum jede Seite Gegenanträge auf Schutz vor den gegnerischen Forderungen ein. Diese Anträge, die persönlich durch Boten überbracht wurden, die sich gegenseitig über den Weg liefen, trafen täglich, manchmal stündlich in den Kanzleien ein. Sie schienen wie Blätter von den Bäumen zu fallen und sich in einem dicken Stapel auf Richter Skinners Schreibtisch niederzulassen.

»Sie kommen ja schon wieder damit an«, sagte der Richter voller Überdruß zu den Anwälten. »Ich bin schon eine ganze Weile hier«, fügte er hinzu, »und ich habe noch nie einen Fall erlebt, bei dem es diese Art von erbittertem Streit über die Offenlegung gab. Ich hoffe, es ist der letzte derartige Fall, der mir begegnet ist.«

Wenn Richter Skinner keine Zeit hatte, sich ihre Zänkereien anzuhören, dann schickte er die Anwälte hinunter in die dritte Etage zu seinem bevorzugten Amtsrichter, einem Justizbeamten von niedrigerem Rang, der sich mit Routinestreitigkeiten bei der Offenlegung beschäftigte. Dieser Amtsrichter, ein Mann um die Fünfzig mit knochigen, eingefallenen Wangen und hohen Schläfen, hatte schon bei ihrer allerersten Begegnung eine Abneigung gegen Schlichtmann gefaßt. Er hatte Schlichtmann gefragt, wie er beabsichtige, seine Beweise zu führen, und als Antwort hatte Schlichtmann dem Amtsrichter zwei dicke Packen mit Unterlagen gegeben. »Lesen Sie das«, hatte Schlichtmann gesagt. Dies wiederum hatte den Amtsrichter verärgert, und er war eher nachtragend. »Jedesmal wenn Sie hierherkommen, sagen Sie: ›Lesen Sie die beiden dicken Bände. Vielleicht finden Sie etwas‹«, beklagte sich der Amtsrichter bei einer Anhörung. »Das hilft mir ganz bestimmt nicht weiter, Mr. Schlichtmann. Das hilft keinem Gericht weiter.«

Facher und Cheeseman profitierten vom Groll des Amtsrichters gegen Schlichtmann. Sie reichten einen Antrag nach dem anderen ein, beschwerten sich, daß Schlichtmann Testergebnisse nicht herausgebe, obwohl er dies zugesagt habe, daß seine Zeugen bestimmte Fragen nicht beantworteten, daß er zu spät zu Anhörungen erschienen sei und zu lange Mittagspause gemacht habe. Der Amtsrichter gab ihren Anträgen weit häufiger statt, als daß er sie ablehnte, aber wenn Schlichtmann einen Antrag einreichte, wurde er in der Regel abgewiesen. »Sie stellen einen mündlichen Antrag auf eine Befragung, Mr. Schlichtmann?« fragte der Amtsrichter.

»Ja«, antwortete Schlichtmann.

»Abgelehnt.«

Einen Augenblick später versuchte Schlichtmann es noch einmal. Er bat den Amtsrichter, Cheeseman und Facher zu zwingen, ihre Experten zu benennen.

»Ihr Antrag wird abgelehnt, wie auch immer er lautet«, sagte der Amtsrichter.

»Okay«, entgegnete Schlichtmann. »Ist wohl sinnlos, irgendeinen Antrag zu stellen, nehme ich an.«

»Sie haben ja bereits einen Antrag gestellt. Und er ist abgelehnt«.

»Sogar sinnlos, hierherzukommen«, murmelte Schlichtmann im Flüsterton.

»Was sagten Sie, Mr. Schlichtmann?«

»Nichts.«

»Offenbar doch«, bemerkte der Amtsrichter.

»Euer Ehren«, sagte Schlichtmann, »gilt die Zivilprozeßordnung vor diesem Gericht gleichermaßen für Beklagte wie für Kläger?«

»Selbstverständlich.«

»Dann stelle ich jetzt den Antrag – und wir werden sehen, ob ihm stattgegeben wird oder nicht –, daß die Beklagten heute dem Gericht mitteilen, wann ihre Experten zur Verfügung stehen und befragt werden können.«

»Die Beklagten haben es sich nicht ausgesucht, verklagt zu

werden«, sagte der Amtsrichter. »Sie, Mr. Schlichtmann, haben die Klage eingereicht. Die gegnerische Partei, die sich gegen Ihre Theorien verteidigen muß – und Gott weiß, was für Theorien! –, sollte das Recht haben, überhaupt erst einmal herauszufinden, wie diese Theorien lauten. Von Beginn dieses Rechtsstreites an, hatte ich keine Ahnung, was Ihre Experten sagen würden. Sie wollten, daß ich mich durch ein zweibändiges Werk arbeite. Sie versuchen, Ihre Verteidigung vorzubereiten.«

»Das ist richtig«, pflichtete Schlichtmann bei. »Sie haben nämlich noch keine. Ich bin froh, daß Euer Ehren das erkannt haben.«

»Das habe ich nicht gesagt, Mr. Schlichtmann. Sie sollten sich schämen...«

»Ich schäme mich für nichts, was ich heute gesagt habe.«

»Nun, das ist dann Ihr Problem, oder?«

»An diesem Gericht wird mit zweierlei Maß gemessen«, sagte Schlichtmann verärgert. »Die eine Klausel gilt für den Kläger, die andere für...«

»Wenn das Ihre Ansicht ist, Mr. Schlichtmann, dann schlage ich vor, daß Sie einen Antrag wegen Befangenheit stellen. Ich werde Sie auf die Vorschriften aufmerksam machen. Den anderen Anträgen wird stattgegeben«, fügte der Amtsrichter hinzu.

»Meinem auch?«

»Ihrem Antrag nicht. Ihr Antrag ist abgelehnt.«

Schlichtmann brummelte etwas vor sich hin.

»Sie wollten einen amtlichen Bescheid, Mr. Schlichtmann, Sie haben Ihren amtlichen Bescheid bekommen.«

»Stimmt, ich habe einen amtlichen Bescheid bekommen. Ganz richtig«, sagte Schlichtmann.

In dieser Zeit sah Schlichtmann das Tageslicht nur von seinem Bürofenster aus und auf dem Weg zu und von einer Anhörung. Sein Haar wurde beunruhigend schnell grau. Kathy Boyer schob dies auf Streß und Überarbeitung, obwohl Schlichtmann die Anlage dazu wahrscheinlich eher geerbt hatte. Aber er hatte abgenommen und war blaß geworden. Seine Maßanzüge schlotterten um seinen ausgemergelten Körper und sahen nicht länger maßgeschneidert aus. Seine Hypochondrie schien im Neonlicht der Konferenzräume aufzublühen. Mal sorgte er sich um sein Herz, ein andermal hatte er Angst, an Krebs erkrankt zu sein. Länger anhaltende Kopfschmerzen ließen ihn an einen Gehirntumor denken. Er hatte das Gefühl, als würde er unter der Last des Falles zusammenbrechen. Er konnte sich nicht mehr alles merken, was er zu tun hatte, und war besorgt, etwas Entscheidendes zu vergessen. In allen anderen Fällen hatte er sich stets darauf verlassen, die Fakten zu beherrschen, aber Woburn war wesentlich komplexer als alle anderen Fälle. Nach einem langen Tag fiel er in einen erschöpften Schlaf und träumte von Zahlen – von der Anzahl von T-Zellen, von Millisekunden des Blinzelreflexes, von Milliardstel Anteilen an TRI. Um fünf oder sechs Uhr morgens fuhr er hoch und fühlte sich, als hätte er die ganze Nacht durchgearbeitet. Und in dem Augenblick, in dem er die Augen aufschlug, begann er den kommenden Tag zu planen. An Tagen, an denen alles gut lief, glaubte er, den Fall nun endlich unter Kontrolle zu haben, aber schon am nächsten Tag konnte ihn das Gefühl beschleichen, daß alles nur Einbildung gewesen sei. »Es ist wie bei einem Karussellauto«, sagte er zu Conway. »Man hat ein Lenkrad in der Hand, aber es ist mit nichts verbunden. Man glaubt, man könne steuern, aber man kann nicht.«

Er versuchte, nicht über Geld nachzudenken. Seine Kreditkarten waren schuldenüberladen. Erst kürzlich hatte er versucht, im Restaurant mit einer davon zu bezahlen, und war zurückgewiesen worden. Teresa lud ihn Samstag abends zum Essen und ins Kino ein, um ihn auf andere Gedanken zu bringen, aber er konnte sich nicht von dem Fall lösen, nicht einmal für einen einzigen Abend. Einmal, als sie von einer Reise in die Karibik zurückkam, versuchte sie ihm zu erzählen, wo sie gewesen war und was sie gesehen hatte. Sie merkte, daß er versuchte, interessiert zu wirken, aber er stellte seine Fragen ganz mechanisch und verfiel plötzlich in Schweigen. »Woran denkst du?« erkundigte sie sich. Und er schaute sie an, als wäre er aus einem Traum erwacht.

Eines Morgens im Herbst stand Conway am Fenster in der Kanzlei und sah hinunter auf die Milk Street, als Schlichtmann zu einer Anhörung aufbrach. Er beobachtete, wie Schlichtmann eilig die Straße überquerte und einem Lieferwagen direkt in den Weg lief. Conway sah, wie der Lieferwagen scharf bremste, und hörte wie der Fahrer hupte, aber Schlichtmann schien noch nicht einmal etwas zu bemerken.

»Er achtet nie auf den Verkehr«, sagte Conway leise zu Kathy Boyer. Was würde passieren, sollte Schlichtmann verunglücken? Oder krank werden? Conway war kein Prozeßanwalt. Er wußte, daß weder er noch Crowey Schlichtmann ersetzen könnten.

Conway wußte zudem, daß nichts, was er sagen konnte, etwas bewirken würde, aber er mußte es zumindest probieren. »Du bist der einzige, Jan, der hier alle Tatbestände kennt.«

»Mein Hirn«, sagte Schlichtmann düster. »Facher würde mich zerquetschen wie einen Käfer, wenn er könnte.«

Conway versuchte ihn dazu zu bewegen, daß er auf den Verkehr achtete, aber Schlichtmann konnte nicht einmal dieser inständigen Bitte seine Aufmerksamkeit schenken. »Ein einziges hohes Fieber, und alles ist weg«, sagte Conway, und er lächelte.

Man schrieb September, den neunten Monat der Offenlegung. Bis zum für den 18. Februar angesetzten Prozeßbeginn waren es noch immer fünf Monate. Als Schlichtmanns Geldsorgen und sein nachlassendes Stehvermögen ihn zu überwältigen drohten, redete er sich ein, daß alles in Ordnung sein würde, wenn es ihm bloß gelang, die Offenlegung zu überstehen und den Fall vor eine Jury zu bringen. Das hatte bislang immer einen Sieg bedeutet.

Er brauchte bloß noch fünf Monate durchzustehen. Vorausgesetzt natürlich, daß es keine Verzögerungen gab. Und gerade jetzt sah es bedrohlich danach aus. Er mußte Facher und Cheeseman seine Experten befragen lassen, wenn er den Verhandlungstermin einhalten wollte. Aber einige der medizinischen Sachverständigen hatten ihre Arbeit noch nicht abgeschlossen, und – genauso wichtig – Schlichtmann hatte keine Zeit gehabt, sie angemessen auf ein Kreuzverhör vorzubereiten. Die meisten von ihnen hatten keine Erfahrung darin, ihre Auffassung unter Eid darzulegen. Schlichtmann mußte sie davon überzeugen, daß die Regeln der Beweisführung anders lauten als die Regeln der Wissenschaft, daß der Zeugenstand kein Ort war, an dem Zweifel oder Unsicherheit Ausdruck gegeben werden durfte. Sie mußten verstehen, daß die gegnerische Seite versuchen würde, ihnen Äußerungen zu entlocken, die später vor Gericht gegen sie verwendet werden konnten.

Dennoch wollte Schlichtmann nicht derjenige sein, der um Aufschub bat. Er wußte, daß Facher und Cheeseman kein Interesse daran hatten, an dem Prozeßtermin festzuhalten. Sie würden versuchen, den Tag der Abrechnung so weit wie möglich hinauszuschieben, und dabei hoffen, daß ihm das Geld ausging. Schlichtmann fürchtete, daß eine Verzögerung möglicherweise einen Aufschub bis in alle Ewigkeit bedeutete. In seinen dunkelsten Stunden der Schlaflosigkeit fürchtete er, daß ein Aufschub dazu führen könnte, daß es überhaupt keinen Prozeß gab.

Also willigte er ein, daß Facher und Cheeseman drei Experten befragten. Diese Vereinbarung, so wie Schlichtmann sie verstand, beinhaltete, daß die »vorbereitenden« Befragungen strikt auf Tatsachen beschränkt waren – die Art der medizinischen Untersuchungen, welche die Ärzte bei den Familien durchgeführt hatten, sowie die Ergebnisse dieser Untersuchungen. Die Ärzte würden laut Vereinbarung nicht über ihre Schlußfolgerungen oder Meinungen befragt werden. Dies sollte erst in der zweiten Runde der Vernehmungen geschehen, nachdem die Experten ihre Arbeit vollendet hatten.

Im nachhinein war die Vereinbarung ein Fehler, verursacht durch übereiltes Handeln und die seelische Belastung. Facher und Cheeseman würden sich genausowenig an die Abmachungen halten, wie Schlichtmann dies an ihrer Stelle getan hätte. Schlichtmann fühlte sich beklommen und nervös, und dieser erste Fehler führte zu einer Reihe weiterer Fehler, Fehler der Unbeherrschtheit.

»Ich dachte, wir würden die Befragung auf die ärztlichen Untersuchungen beschränken«, sagte Schlichtmann zu Fachers Mitarbeiter Donald Frederico, nachdem die erste vorbereitende Befragung fünf Minuten lang im Gange war. Ein paar Minuten später unterbrach Schlichtmann wieder. »Verbessern Sie mich, wenn ich falsch liege – diese Anhörung dient lediglich dazu, daß Sie herausfinden können, welche Untersuchungen durchgeführt wurden, damit Sie Ihre eigenen Untersuchungen in die Wege leiten können. Ich weiß, daß es tausend Fragen gibt, die Sie gerne stellen würden. Sie haben die Möglichkeit, tausend, zweitausend Fragen zu stellen, aber nicht heute. Die heutige Befragung dient einem sehr begrenzten Zweck.«

»Mr. Schlichtmann«, erwiderte Frederico, »ich weiß nicht, ob wir für all Ihre Ansprachen Zeit haben.«

»Wir haben keine Zeit für Ihre Fragen, von denen Sie wissen, daß sie den Rahmen der heutigen Anhörung sprengen«, sagte Schlichtmann hitzig.

»Wir behalten uns das Recht vor, Einspruch zu erheben.«

»Behalten Sie sich Ihr Recht für sonst etwas vor. Und versuchen Sie nicht, aus dieser Anhörung etwas zu machen, was sie nicht ist. Der Zweck liegt darin, diese verdammten Tests und Berichte durchzusprechen, sonst nichts.«

»Mäßigen Sie sich, bitte«, sagte Frederico. »Weisen Sie ihn hiermit an, nicht zu antworten?«

»Kommen Sie mir nicht mit diesem Scheiß!«

»Es gibt keinen Grund zu brüllen oder Anschuldigungen auszusprechen«, sagte einer von Cheesemans Partnern.

»Sie wollen, daß es so aussieht, als würde ich diese Anhörung behindern«, sagte Schlichtmann. »Sie wollen den Prozeßtermin verzögern. Dieses Spielchen – ›Sehen Sie, Herr Richter, Mr. Schlichtmann ist ein Arschloch und kooperiert nicht, und wir brauchen mehr Zeit‹ – mache ich nicht mit. Ich bin kooperativ. Ich habe große Unannehmlichkeiten auf mich genommen, um Ihnen zu helfen. Ich werde Sie zwingen, sich an die Vereinbarung zu halten. Das ist gut für das Gemüt.«

Den Anwälten gelang es, durch die erste Befragung zu kommen, obwohl sie dabei 250 Transkriptseiten hinterließen, vollgeschrieben mit langatmigen Zänkereien. Die zweite Anhörung,

Schlichtmanns Immunologe Alan Levin war an der Reihe, war sogar noch schlimmer. »Ich werde hier hinters Licht geführt«, schrie Schlichtmann einmal. »Ich bin getäuscht worden!« Ein dutzendmal drohte er damit, zu gehen, begann aber statt dessen sich bei vielen Fragen mit Levin zu beraten, bevor er ihm erlaubte, sie zu beantworten. Einem Zeugen mitten in der Befragung Anweisungen zu geben stellt eine ernstliche Verletzung der Verfahrensregeln dar, aber Schlichtmann kümmerte sich nicht darum. Diese Anhörungen, behauptete er wieder und wieder, seien keine »regulären« Befragungen. »Ich möchte, bevor Sie diese Frage beantworten, zuerst mit Ihnen sprechen«, sagte er zu Levin. »Sehr wichtig. Kommen Sie.« Er stand auf, um den Konferenzraum zu verlassen, und zog Levin mit sich fort.

»Haben Sie Schwierigkeiten mit der Deutlichkeit der Frage?« fragte Cheesemans Partner, ein Anwalt namens Marc Temin.

»Ich habe ein Problem mit der Deutlichkeit der Frage«, antwortete Schlichtmann auf dem Weg hinaus.

»Verlassen Sie den Raum nicht, solange jemand spricht, Mr. Schlichtmann!«

»Ich gehe in jedem Fall. Dies ist keine reguläre Befragung. Sie bekommen eine zweite Chance.«

»Ich erhebe Einspruch.«

»Ich schließe mich dem Einspruch an«, sagte Frederico.

»Sie können sich alle zusammenschließen und tun, was Sie wollen«, sagte Schlichtmann.

Als Schlichtmann vom Korridor wieder hereinkam, sagte Temin: »Na, Herr Doktor, haben Sie sich wieder mit Mr. Schlichtmann beraten?«

»Ach verschwinden Sie doch«, sagte Schlichtmann. »Das nächste Mal, wenn Sie so eine Bemerkung machen, gehen wir nach Hause. Okay? Noch einen solchen Kommentar im Protokoll, und wir sind weg.«

»Das Protokoll spiegelt wider, was hier abläuft.«

»Nein, das tut es nicht!« schrie Schlichtmann.

»Mr. Schlichtmann, Ihre Drohungen und Warnungen und Ihre erhobene Stimme sind vollkommen unangemessen.«

»Das ist nicht wahr! Und ich werde mich dem beleidigenden Verhalten Ihrer Leute nicht aussetzen.«

»Es stand noch eine Frage aus...«

»Es steht keine Frage aus!«

»Ich würde ganz gern meine Sätze zu Ende sprechen, ohne unterbrochen zu werden. Mr. Schlichtmann hat sich zwischen Fragestellung und Antwort des Zeugen mit diesem beraten. Ich glaube nicht, daß er dazu das Recht hat.«

»Das Gespräch hatte nichts mit seiner Antwort zu tun«, entgegnete Schlichtmann. »Wenn Sie das noch mal andeuten, dann muß ich davon ausgehen, daß Sie mies sind, schlechte Manieren haben und diese Anhörung durchzuführen nicht würdig sind.«

»Von meinen Manieren können Sie halten, was Sie wollen.«

»Fahren Sie mit Ihrer Frage fort«, sagte Schlichtmann.

»Das Protokoll wird wiedergeben, was...«

»Das Protokoll wird alles wiedergeben, was wir gesagt haben. Fahren Sie mit Ihrer Vernehmung fort, oder wir verschwinden auf der Stelle. Wir haben eine Vereinbarung über ganz bestimmte Beschränkungen getroffen, die als Annehmlichkeit für Sie gedacht waren. Sie versuchen nun, etwas anderes daraus zu machen. Das stinkt mir. Ich bedauere, daß Richter Skinner nicht an der Vereinbarung beteiligt war. Er wird nun nicht wissen, wer hier lügt und wer die Wahrheit sagt. Und ich werde derjenige sein, der die Strafe davonträgt, dafür daß ich Ihnen vertraut habe.«

Facher hatte an der ersten Vernehmung nicht teilgenommen, aber er war auf Fredericos dringende Bitte hin zur zweiten Sitzung gekommen. Er saß ganz am Ende des Tisches, sah mit geschürzten Lippen und zusammengekniffenen Augen zu, sagte kein Wort. Nach einer Stunde verschwand er leise.

Eine Woche, nachdem die ersten Anhörungen abgeschlossen waren, traf sich Richter Skinner in seinem Gerichtssaal mit den Anwälten. Kurz bevor die Sitzung begann, überreichte Facher Schlichtmann einige neue Anträge. Schlichtmann warf einen kurzen Blick darauf. Dann erstarrte er. Facher hatte einen Antrag gestellt, Schlichtmann zu rügen. Er bezichtigte ihn der »ungebührlichen Behinderung einer ordnungsgemäßen Durchführung von Befragungen, der ungerechtfertigten Unterbrechungen, der unverschämten und drohenden Verlautbarungen… und der Absprachen mit dem Zeugen während der Befragung«. Dem Antrag waren 40 Seiten aus dem Transkript der Anhörung beigefügt, in denen seine Ausbrüche, seine Flüche und alles dick unterstrichen waren. Schlichtmann wurde von Panik erfaßt. Der Blick auf diese Unterlagen war wie das Erwachen am Morgen danach mit einer schwachen, undeutlichen Erinnerung, eine fürchterliche Dummheit begangen zu haben.

Richter Skinner nahm Platz und sah auf den Stapel neuer Anträge vor ihm. »Da sind ja heute eine Unmenge Anträge gekommen«, murmelte er unwillig. »Das sieht nach verdammt viel Zeug aus.«

»Es gibt da ein paar Dinge wegen der Offenlegung«, sagte Schlichtmann vorsichtig.

»Ich werde mich nicht darum kümmern«, sagte der Richter. »Ich schicke den Kram runter zum Amtsrichter.«

Schlichtmann stöhnte beim Gedanken an den Amtsrichter innerlich auf. Aber selbst das schien noch besser, als jetzt dem Zorn des Richters ausgesetzt zu sein.

Facher meldete sich zu Wort. Er wollte, daß der Richter die Anträge sofort einsah. »Wir dachten, Sie hätten beim letzten Mal gesagt: ›Bringen Sie mir das Zeug für die Offenlegung, und ich beaufsichtige den Fall.‹«

»Ich stecke aber nun bis zu beiden Ohren in Arbeit«, erwiderte der Richter. »Stapel von Verfahren. Ich glaube nicht, daß ich den Fall beaufsichtigen kann. Tut mir leid, wenn Sie jemanden brauchen, der Aufsicht führt«, fügte er noch hinzu.

»Mir auch«, sagte Schlichtmann schnell.

»Mir ebenfalls«, stimmte Facher zu. »Aber ich glaube, die ganze Sache wird immer schlimmer. Wir geraten mit der Offenlegung allmählich auf den Holzweg. Es wird hier ein Verhalten an den Tag gelegt, um das wir uns meiner Ansicht nach kümmern sollten.«

Richter Skinner seufzte. »Ich schicke die Anträge zum Amtsrichter hinunter mit der Anweisung, sie an vorderste Stelle seiner Zivilsachen zu setzen. Ich möchte den Prozeßtermin nicht verschieben.«

»Wir auch nicht«, sagte Schlichtmann.

»Ich möchte über diesen Fall im Februar verhandeln«, fuhr der Richter fort. »Ich glaube nicht, daß die Sache mit der Zeit besser wird.«

Schlichtmann nahm seinen Mantel und verließ den Gerichtssaal, ging den Korridor entlang zu einer Reihe von Aufzügen. Er drückte auf den Knopf und wartete. Es war 17.00 Uhr. Regierungsangestellte verließen ihre Büros, und die Aufzüge im Unionsgebäude, alt und langsam, ließen auf sich waren. Eine Minute verstrich. Schlichtmann begann sich zu wundern, warum Facher nicht im Korridor auftauchte. War er noch immer beim Richter? Eine weitere Minute verging. Beunruhigt schritt Schlichtmann auf und ab. Mit jeder Sekunde, die verstrich, war er überzeugter, daß Facher dem Richter den Antrag zeigte und hoffte, ihn damit zu verärgern. Schließlich öffnete sich die Tür eines Aufzugs, und Schlichtmann trat, nachdem er noch einen letzten Blick in den Korridor geworfen hatte, hinein. In diesem Augenblick sah er Facher aus dem Gerichtssaal kommen.

Zurück im Büro, berichtete Schlichtmann Conway davon, was er beobachtet hatte. Er war sich sicher, daß Facher zurückgeblieben war, um unter vier Augen mit dem Richter zu sprechen und ihn zu überreden, einen Blick auf den Antrag zu werfen. »Facher versucht, den Richter gegen mich aufzuhetzen«, sagte Schlichtmann.

Conway bezweifelte, daß dies stimmte. Eine *Ex-parte*-Besprechung zwischen einem Anwalt und einem Richter in Abwesenheit des gegnerischen Anwalts stellt eine klare Verletzung der Disziplinarordnung dar. Vielleicht hatte Facher versucht, vertraulich mit dem Richter zu sprechen, aber Conway konnte sich nicht vorstellen, daß Richter Skinner einen solchen Versuch unterstützen würde. »Das bildest du dir bloß ein«, sagte er zu Schlichtmann.

Früh am nächten Morgen erhielt Schlichtmann einen Anruf. Er kam vom Amtmann Skinners. »Der Richter möchte Sie um 15.00 Uhr zu einem Termin im Richterzimmer sehen. Ich habe ihn noch nie so wütend erlebt.«

»Mein Gott«, sagte Schlichtmann. »Ich dachte, er wollte all diese Anträge zum Amtsrichter hinunterschicken.«

»Er hat die Anträge gelesen«, erklärte der Amtmann. »Er drohte damit, Ihnen mit Maßnahmen zu kommen, die ich in 15 Jahren nicht von ihm gehört habe.«

»Mein Gott«, sagte Schlichtmann wieder. »Was hat er vor?«

»Ich weiß es nicht. Aber wie auch immer, es wird nichts Gutes sein.«

Schlichtmann malte sich das Schrecklichste aus. Zumindest würde der Richter ihn rügen und ihm eine dicke Geldstrafe aufbrummen. Aber Richter Skinner konnte noch viel Schlimmeres tun. Es lag in der Macht des Richters, ihn von dem Fall zu suspendieren und die Angelegenheit mit der Empfehlung an die Anwaltskammer weiterzuleiten, ihm seine Anwaltszulassung zu entziehen.

Schlichtmann brachte den ganzen Vormittag damit zu, in seinem Büro auf und ab zu gehen, zu fluchen und zu jammern. Bis mittags war er überzeugt, daß der Richter ihm den Fall entziehen würde. Sein Ruf wäre ruiniert, und all seine Arbeit wäre umsonst gewesen. Er beschloß, daß er nicht aufgeben würde, ohne zu kämpfen. »Da wird Blut fließen«, verkündete er Conway. Eine Stunde vor der Anhörung stürmte er aus der Kanzlei und fuhr nach Hause. Tränen stiegen ihm in die Augen, als er in seinen Lieblingsanzug schlüpfte, einen dunkelgrauen Nadelstreifenanzug, den er nur bei äußerst wichtigen Gelegenheiten trug. Er hatte darin das Schlußplädoyer im Fall Carney gehalten und glaubte seither, daß der Anzug ihm Glück brachte. Er sei, sagte er oft, wie eine »Rüstung«, die ihn vor »schlechtem Karma« schütze.

Skinners Richterräume bestanden aus nur einem einzelnen großen und hellen Zimmer zwischen einem Labyrinth weiterer kleiner Räume und dunkler Korridore, die an den Gerichtssaal angrenzten. Der Richter und sein juristischer Stab verbrachten ihre Zeit in einer Reihe geräumiger Büros auf der anderen Seite des Korridors. Das hatte zur Folge, daß das Richterzimmer verstaubt und unbewohnt wirkte. Zwischen den hohen Gebäuden entlang der Milk Street fiel ein Strahl Sonnenlicht durch das einzige, schmutzige Fenster. Eine Wasserschale mit krustigen Rändern weißen Kalks stand auf dem Heizkörper. Der Beitrag des Richters zur Ausstattung waren zwei eingerahmte Fotos von Segelbooten, die an den amtsstubengrünen Wänden hingen. Der Raum wurde von einem großen Holztisch dominiert, um den acht uralte Eichenstühle standen, die mit Roßhaar gepolstert und mit Leder bezogen waren.

Schlichtmann tauchte mit einer ganzen Gefolgschaft aus seiner Kanzlei im Richterzimmer auf – Conway, Crowley, Kathy Boyer, Peggy Vecchione und einige andere, die alle zur moralischen Unterstützung mitgekommen waren. Facher saß bereits auf dem ersten Stuhl der rechten Seite des Tisches, direkt neben dem Stuhl des Richters, der an der Stirnseite des Tisches plaziert war. Auch er war in Begleitung gekommen – Jacobs, Frederico und ein weiterer Mitarbeiter, welche die übrigen Stühle auf dieser Seite des Tisches besetzten. Ihnen gegenüber saßen Cheeseman und sein Partner Marc Temin sowie zwei andere Kollegen. Schlichtmann und sein Gefolge waren die letzten, die den Raum betraten. Schlichtmann nahm ganz am Ende des Tisches Platz. Conway, Crowley und die anderen gruppierten sich auf Klappstühlen um ihn herum. Facher, der ausgezeichneter Laune zu sein schien, sagte irgend etwas zu Jacobs, der daraufhin lächelte. Facher kicherte. Schlichtmann saß schweigend da.

Richter Skinner erschien in der Tür, blaß und verärgert. Er blieb abrupt stehen und starrte auf die Ansammlung von Anwälten, sein krummer Rücken ab der Hüfte gebeugt. Mit dem Arm machte er eine unwillige Geste. »Raus hier», sagte er. »Ein Anwalt für jede Seite.«

Facher und Schlichtmann blieben sitzen, während die anderen aufstanden, um zu gehen. Kathy Boyer bückte sich und flüsterte, bevor sie ging, Schlichtmann aufmunternd ins Ohr. Cheeseman und seine Partner standen da und berieten sich einige Augenblicke lang leise. Dann nahm Temin, der bei der ersten vorbereitenden Befragung dabeigewesen war, neben Facher Platz.

Die Tür wurde geschlossen. Richter Skinner sah über den langen Tisch hinweg zu Schlichtmann. »Sie werde ich mir vorknöpfen, Mr. Schlichtmann.«

Schlichtmann räusperte sich. »Eurer Ehren, wenn es hier um eine Hinrichtung geht, dann möchte ich, daß ein Protokollführer das zu Protokoll nimmt.»

»Sie wollen doch nicht etwa dafür einen Protokollführer«, murmelte Facher.

»Ich werde ein derartiges Benehmen nicht tolerieren«, sagte der Richter. »Ich habe in diesen Protokollen Dinge gelesen – unglaubliche Dinge –, die mir nie zuvor zu Gesicht gekommen sind, und ich bin hier schon eine ganze Weile. Während der Vernehmung zu fluchen, die Zeugen anzuweisen, nicht zu antworten, den Zeugen zu bestimmten Antworten zu raten ...«.

»Herr Richter«, warf Schlichtmann ein, »wissen Sie, worum es bei alledem geht? Ich würde gerne erklären, was ...«

»Ich weiß genau, worum es sich handelt, Mr. Schlichtmann. Es geht um Anhörungen.«

»Das stimmt nicht ganz, Euer Ehren. Das sind keine regulären Anhörungen.« Schlichtmann, ganz allein am Ende des Tisches, fühlte sich im Nachteil. Er wollte sich mehr in die Nähe des Richters setzen. Er sagte: »Euer Ehren, kann ich nicht neben Ihnen Platz nehmen?«

Skinner war einen Augenblick lang überrascht. »Ja, natürlich.«

Schlichtmann erhob sich. Er vernahm ein lautes reißendes Geräusch. Er sah hinunter und bemerkte, daß das Futter seines Anzuges in einem Messingreißnagel des Sitzpolsters hängengeblieben war. »Mein Gott«, sagte er leise, »das ist kein gutes Zeichen.« Als er wieder aufsah, bemerkte er auf den Lippen des Richters eine winzige Andeutung von Belustigung. Sie war sofort wieder verschwunden, und Skinners Gesichtsausdruck wurde wieder eisig.

Schlichtmann ging zu dem leeren Stuhl neben dem Richter und

versuchte die Umstände der Anhörungen zu erläutern. Er zeigte dem Richter die Seite des Transkripts, wo er sagte: »Ich bedauere, daß Richter Skinner nicht an der Vereinbarung beteiligt war.«

Aber der Richter war nicht beschwichtigt. »Es gibt keine Entschuldigung, keine Entschuldigung, welcher Art auch immer, für ein derartiges Benehmen, ganz egal, welche Art von Vereinbarung Sie getroffen hatten. Bei einer Anhörung derartig zu fluchen.«

»Das war ein Fehler von mir«, gab Schlichtmann zu und tat sein Bestes, um zerknirscht zu wirken. Doch er konnte sich nicht verkneifen, noch hinzuzufügen: »Aber ich hatte allen Grund dazu.«

»Ich warne Sie, Mr. Schlichtmann. Wenn so etwas noch einmal passiert, werde ich auf eine Weise darauf reagieren, die im *American Laywer* Schlagzeilen macht.«

Mit gesenktem Kopf nickte Schlichtmann wieder zerknirscht.

»Sie haben bei diesen Anhörungen nichts – nichts! – zu sagen, außer Einspruch zu erheben, der die Form der Fragestellung betrifft. Haben Sie das verstanden?«

Facher meldete sich zu Wort, erst zum zweiten Mal. »Euer Ehren, ich kann mir nicht vorstellen, wie wir so mit der Offenlegung fortfahren können. Mr. Schlichtmann wollte noch nicht einmal mit mir im selben Aufzug fahren, als wir hierherkamen.«

Das stimmte. Als Schlichtmann das Gericht an diesem Nachmittag betreten hatte, waren er und Conway und die anderen am Lift Facher und seinen Mitarbeitern begegnet. Eine Aufzugtür hatte sich geöffnet, und Facher war in den Lift gestiegen. Conway hatte ihm folgen wollen, aber Schlichtmann hatte ihn am Arm gepackt und ihn zurückgezogen. Einen Augenblick lang standen sie einander gegenüber, ein erstarrtes Tableau. Schlichtmann funkelte Facher wütend an. Dann schloß sich die Aufzugtür.

Der Richter bedeckte Schlichtmann mit einem unheilvollen Blick. »Mr. Schlichtmann, so etwas sollten Sie ablegen. Sie müssen miteinander auskommen.«

Schlichtmann wußte nun, daß der Richter mehr nicht unternehmen würde. »Sie haben vollkommen recht, Euer Ehren«, sagte Schlichtmann und nickte energisch Zustimmung. »Ich denke, Mr. Facher und Mr. Temin und ich sollten das zu klären versuchen. Vielleicht würden Euer Ehren uns ein paar Minuten Zeit geben, um darüber zu sprechen.«

Der Richter überlegte. »Ich glaube, das ist eine gute Idee«, sagte er schließlich. Er warf Schlichtmann einen letzten strengen und warnenden Blick zu, erhob sich von seinem Stuhl und ging aus dem Raum.

Das Schlimmste war nicht geschehen. Schlichtmann hatte das Gefühl, als wäre er einer Katastrophe knapp entgangen, aber seine Erleichterung mischte sich mit Trotz. Er sah Facher an und sagte. »Sie werden mich aus diesem Fall nicht hinausboxen. Wir werden mit dem Prozeß im Februar beginnen. Das Grundstück Ihrer Klienten ist durchtränkt mit Lösungsmitteln.« Und zu Temin, der sich die ganze Anhörung über nicht geäußert hatte, sagte Schlichtmann: »Und Ihr Mandant wird von der Jury als schuldig befunden werden. Wenn Sie sich erhoffen, daß mir das Geld ausgeht, dann täuschen Sie sich. Wir haben einen Vergleich mit Unifirst bewirkt.«

Mit leiser Stimme, als würde er eher zu sich selbst sprechen, sagte Facher: »Ich habe befürchtet, daß etwas in der Art passieren würde.«

»Ich habe genug, um diese Phase zu überstehen, und ich werde die Jury im Februar einschalten«, fuhr Schlichtmann fort. »Wir fangen besser an, zu kooperieren, weil wir uns früher oder später doch zusammensetzen müssen, um darüber zu sprechen, ob wir in dieser Sache zu einem Vergleich finden.«

4

Facher ging dazu über, von der Sitzung in Skinners Richterzimmer als »Barackenkonferenz« zu sprechen. Immer wenn er das Gefühl hatte, Schlichtmann übertrete wieder einmal die Regeln, erwähnte Facher jenen Tag dem Richter gegenüber. »Ich muß Euer Ehren nicht an diese kleine Zusammenkunft in der Baracke erinnern.«

Facher fragte sich, wieviel Geld Schlichtmann von Unifirst erhalten hatte. Er hätte sich erkundigen können, aber er bezweifelte, daß Schlichtmann ihm Auskunft gegeben hätte. Er hatte andere Möglichkeiten, dies herauszufinden. Im großen und ganzen hielt er den Vergleich mit Unifirst für ein gutes Zeichen – er bedeutete, daß Schlichtmann tatsächlich bereit war, einen Vergleich zu schließen, statt vor Gericht zu gehen. Und Facher hatte den Eindruck, daß Schlichtmann, nachdem er in die Baracke zitiert worden war, vielleicht die Möglichkeit eines Vergleichs mit Beatrice Foods begrüßen würde. Was Cheeseman betraf, so mußte er sich eben selbst um sich und seinen Klienten kümmern. Er würde möglicherweise von Zeit zu Zeit mit Cheeseman kooperieren, wenn es ihnen beiden zugutekam, aber er schuldete Cheeseman nichts.

Es bedurfte nur eines Telefonanrufs, bis Facher aus zuverlässiger Quelle erfahren hatte, daß Schlichtmann von Unifirst eine Million Dollar erhalten hatte. Auch das schien vorteilhaft. Facher brüstete sich gerne, daß er noch nie einen Vergleich über mehr als eine Million Dollar geschlossen hatte, aber nun hatte er den Eindruck, daß es eine Million wert sein könnte, um eine Einigung für Beatrice Foods zu erreichen. Eines Abends, einige Tage nach der Barackenkonferenz, rief er Schlichtmann an. »Sie haben Ihr Geld von Unifirst bekommen?« erkundigte sich Facher.

»Ja«, antwortete Schlichtmann.

»Wollen Sie noch mehr?«

Schlichtmann lachte.

»Kommen Sie herüber. Sie kriegen noch mehr.«

Schlichtmann machte den Vorschlag, daß sie ein Treffen an neutralem Ort, dem Ritz-Carlton zum Beispiel, arrangieren könnten, an dem die »Entscheidungsträger«, wie er sich ausdrückte, teilnehmen sollten – Vorstandsmitglieder von Beatrice Foods und Agenten der Versicherung des Konzerns.

Facher tat dies ab. »Zu kompliziert. Ich ziehe die altmodische Art und Weise vor. Kommen Sie zu einem Gespräch in meine Kanzlei rüber.«

Facher empfing Schlichtmann in der prächtigen Rezeption von

Hale und Dorr im 25. Stockwerk. Es war nach 19.00 Uhr, und in der Kanzlei war Ruhe eingekehrt. Schlichtmann hatte Conway und Gordon mitgebracht. Facher störte sich nicht daran. Er forderte sie auf, ihm in sein Büro zu folgen. Er setzte sich hinter seinen Schreibtisch. Schlichtmann und Conway saßen ihm gegenüber, ihre Mäntel im Schoß zusammengeschlagen. Gordon nahm auf einem Stuhl neben der Tür Platz, gleich vor einem kleinen Kühlschrank, in dem Facher Reste vom wöchentlichen Buffet in der Kanzlei aufbewahrte. Das Büro selbst war klein und mit vier Personen bereits gedrängt voll. »Einige Anwälte haben protzige Büros, groß und ausladend«, sagte Facher und fügte hinzu, daß ihm genau solche Büros häufig angeboten worden seien, er aber immer abgelehnt habe. »Ich mag keine Verschwendung«, sagte er.

Das Büro war vollgestopft mit Stapeln von Papier und Erinnerungsstücken vom Baseball. Ein Schläger aus der ersten Liga, am Handgriff gesprungen, diente Facher als Türstopper, und ein Ball, der von Red-Sox-Spielern signiert war, nahm einen Ehrenplatz auf seinem Schreibtisch ein. Auf den Bücherregalen und Aktenschränken standen Andenken an frühere Fälle. Facher hatte es nicht eilig, zur Sache zu kommen. Er bemerkte, daß Schlichtmann sich neugierig umsah, also zeigte er ihm ein maßstabsgetreues Modell eines Eisenbahn-Güterwaggons, ein Geschenk der Southern Pacific Railroad, für die er einen Rechtsstreit gewonnen hatte. An den Wänden hingen Fachers Diplome und Fotos von ihm mit Klienten und Kollegen aus früheren Jahren. Während Schlichtmann die Fotos betrachtete, dachte er, Facher habe sich nicht sehr verändert. Er hatte noch immer dieselben Augen mit den schweren Lidern und das kummervolle Gesicht, dieselben geschürzten Lippen. Als junger Mann war Facher in der Schulter- und Brustpartie ein wenig kräftiger gewesen als heute, sein Gesicht ein wenig voller. Facher war ganz besonders stolz auf ein gerahmtes Foto seiner Tochter, das auf dem Bücherschrank hinter seinem Schreibtisch stand. Die Frau auf dem Foto wirkte ein paar Jahre jünger als Schlichtmann. Sie lächelte matt.

»Sie sind verheiratet?« fragte Schlichtmann leicht überrascht und merkte in diesem Augenblick, daß er nie daran gedacht hatte, daß Facher Kinder und ein Leben außerhalb seines Berufs haben könnte.

»Nein«, antwortete Facher. Seine Ehe, erzählte er Schlichtmann, sei vor langer Zeit zerbrochen. Facher nahm einen elastischen Gummiball in die Hand, warf ihn in die Luft und fing ihn wieder auf. Er schwenkte seinen Stuhl herum und warf den Ball gegen die Wand, fing ihn, als er zurückrollte mit beiden Händen auf, die er vorsichtig gewölbt hatte, wie ein Mann, der ein rohes Ei auffing. »Das mache ich, um zu entspannen«, erklärte Facher. Er redete, während er den Ball warf. Die Klage gegen Beatrice Foods habe keinen Zweck, sagte er zu Schlichtmann. Der Ball schlug gegen die Wand. Es gebe keinen Beweis dafür, daß die Gerberei TRI benutzt habe (bums). Riley sei ein Opfer mitternächtlicher Mülldeponierer, genauso wie die Familien Opfer seien (bums). »Sie haben einen lausigen Fall, und das wissen Sie auch.«

Schlichtmann räumte ein, daß die Klage gegen Beatrice Foods nicht so aussichtsreich sei wie jene gegen Grace. Aber es handle sich keineswegs um einen »lausigen« Fall, widersprach er Facher. Die sechs Hektar seien mit TRI und anderen Giftstoffen durchtränkt. »Ich glaube, daß Riley dort Gerbereiabfälle deponiert hat. Aber ich habe ja noch Zeit, um den Fall auszuarbeiten.«

»Sie sollten mich besser nicht mit hineinziehen«, sagte Facher. »Sie haben Grace, und ein zahlungskräftiger Konzern muß genügen. Ich werde Ihnen nur weh tun. Ich gebe Ihnen eine Chance, mich loszuwerden«. Facher fügte hinzu, daß er mit dem Unifirst-Vergleich nicht mitziehen könne. »Soviel steht mir nicht zur Verfügung.« Er warf den Gummiball gegen die Wand.

Schlichtmann war klar, daß Facher wußte, wieviel Unifirst gezahlt hatte. Er fand Fachers Verhalten arrogant und beleidigend, jeder Bums des Gummiballs war wie ein Schlag ins Gesicht. Aber Schlichtmann ließ nicht zu, sich angegriffen zu fühlen. Das oberste Ziel bei jeder Verhandlung hieß, im Gespräch zu bleiben, und mit Facher zu sprechen, war der erste Schritt für eine richtige Verhandlung. »Wir brauchen uns jetzt nicht über Zahlen zu unterhalten«, sagte er. »Lassen wir doch erst einmal die Entscheidungsträger zusammenkommen.«

»Sie wollen die Entscheidungsträger?« fragte Facher. »Ich bin der Entscheidungsträger. Sie wollen Mr. Beatrice Foods? Er sitzt vor Ihnen. Sagen Sie mir, wieviel Sie wollen. Seien Sie vernünftig, und ich gehe darauf ein, und wir können unser Leben fortsetzen.«

»Wir können uns nicht einfach Zahlen an den Kopf werfen«, erwiderte Schlichtmann. »Das funktioniert nicht. Wir – Ihre Leute und meine – müssen uns einmal an neutralem Ort zusammensetzen und darüber sprechen.«

Facher brummte. »Warum bringen Sie Ihre Klienten nicht hierher? Sie sind die Entscheidungsträger, oder? Lassen Sie mich hören, wie sie eine Million Dollar ablehnen.«

Schlichtmann erhob Einwände. Sie hatten sich festgefahren. Facher fing an, Geschichten über siegreich bestandene Fälle aus der Vergangenheit zu erzählen. Er erwähnte den Fall Baltic Birch nicht, der einige Jahre zuvor von Richter Skinner entschieden worden war und den er, Facher, verloren hatte. Noch einmal bat er Schlichtmann, um die Nennung einer Summe, und wieder weigerte Schlichtmann sich.

Facher war aufgebracht. »Ich verstehe nicht, warum Sie mir keine Summe nennen, irgendeine verdammte Summe.« Er griff in die Gesäßtasche, zog sein Portemonnaie heraus und knallte eine 20-Dollar-Note auf den Tisch. Dann lehnte er sich in seinem Stuhl zurück. »Was, wenn ich sechs Nullen hinten dranhänge? Würden Sie darauf eingehen?«

20 Millionen Dollar.

Schlichtmann lachte, aber er beantwortete Fachers Frage nicht.

Der 20-Dollar-Schein blieb auf Fachers Schreibtisch liegen, direkt vor Conways Nase. Conway war versucht, ihn an sich zu nehmen und einzustecken. Er hatte selbst nur ein paar Dollar in der Tasche, und auf seinem Bankkonto gab es nicht viel mehr. 20 Dollar würden das Abendessen abdecken. Es war bereits nach 20.00 Uhr, und Conway hatte Hunger. Ihm schien es völlig klar, daß diese Diskussion sowieso nichts brachte.

Facher warnte Schlichtmann, bevor dieser ging: »Sie glauben,

Sie können diese Familien in den Zeugenstand stellen und jedermanns Herz brechen. Sie glauben, die Geschworenen werden ihre Taschentücher zücken und sich über die Augen wischen.« Facher schüttelte entschieden den Kopf. »Das wird nie geschehen. Diese Familien haben nicht die geringste Chance.«

Schlichtmann hielt Fachers Abschiedsworte für eine leere Drohung. Er verschwendete keinen weiteren Gedanken daran. Er konnte sich in keinster Weise vorstellen, wie Facher die Familien davon abhalten wollte, ihre Geschichten zu erzählen, sobald er, Schlichtmann, die Geschworenen aus der Liste ausgewählt hatte.

Er hatte die Baracke überlebt, aber die Episode ließ ihn geschwächt zurück. In den folgenden Monaten galt es ungeheuerlich viel Arbeit zu erledigen, und er konnte sich keinen weiteren Fehltritt leisten. Er hatte ein unheilvolles Gefühl, was den Richter betraf. Ihm war, als behandelte Skinner Facher mit mehr Respekt und größerer Hochachtung als ihn selbst. Bohrend hatte sich in Schlichtmanns Gedächtnis festgesetzt, was der Richter bei der Anhörung zur Klausel 11, die inzwischen drei Jahre zurücklag, gesagt hatte. »Ich kann nicht zulassen, daß Mr. Fachers Beurteilung die meine ersetzt. Normalerweise würde ich sie durchaus respektieren.«

Der Richter und Facher gehörten der gleichen Generation an. Sie hatten praktisch zur gleichen Zeit dieselbe Universität besucht. Sie hatten die gleiche juristische Ausbildung genossen und es beide weit gebracht. Sie schienen sogar gleich zu denken. Schlichtmann hatte bemerkt, daß sie eine Angewohnheit hatten, die Sätze des jeweils anderen zu beenden. Manchmal kam es Schlichtmann vor, als würde er ein Privatgespräch belauschen.

Schweigend hatte Schlichtmann einige solcher Gespräche ausgehalten. »Es ist, als ob man Zwillingen zuhörte«, hatte er Conway erzählt. Zuerst war er nur genervt gewesen, aber nun machte er sich Sorgen. Er wußte, daß er mit Facher nicht mithalten konnte, wenn es um die Gunst des Richters ging, erst recht seit der Barackenkonferenz.

DER MILLIARDEN-DOLLAR-CHARLIE

I

Charles Nesson, Professor an der Harvard Law School, hatte viele Jahre damit zugebracht, über das Wesen des Rechtsbeweises – des Beweises im Gerichtssaal – und seine Beziehung zur Wahrheit nachzudenken. Nesson lehrte Beweis- und Strafrecht, und ein ganz bestimmtes Rätsel im Zusammenhang mit der Verwendung von Statistiken als Beweismitteln hatte ihn eine Zeitlang beschäftigt. Um dieses Rätsel zu lösen, dachte er sich einen hypothetischen Fall aus, den er den Fall Blauer Bus nannte

Die Fakten dieses erdachten Falles waren schlicht: Eines Nachts fährt Mr. Smith auf einer zweispurigen unbeleuchteten Straße, als er plötzlich die Scheinwerfer eines ihm mitten auf der Straße entgegenkommenden Fahrzeugs sieht. Um eine Kollision zu vermeiden, schwenkt Mr. Smith von der Fahrbahn und prallt gegen einen Baum. In der Dunkelheit sieht er, daß es sich bei dem vorbeibrausenden Fahrzeug um einen Bus handelt. Während er seine Verletzungen auskuriert, erfährt Mr. Smith, daß die Blue Bus Company 80 Prozent die Busse besitzt und betreibt, welche die Strecke, auf der der Unfall passiert ist, befahren. Mr. Smith verklagt die Blue Bus Company auf Schadensersatz. Im Verlauf des Verfahrens beweist er die zuvor erwähnten Fakten, gibt aber zu, daß er die Farbe des Busses, der ihn von der Fahrbahn gezwungen hat, nicht bestimmen kann.

Kann Mr. Smith bei dieser Beweislage gewinnen, fragte Professor Nesson.

Würde es sich im Fall Blauer Bus um einen Strafprozeß handeln, bei dem der Staat jegliche Zweifel ausschließen muß, könnte Mr. Smith ganz eindeutig nicht damit rechnen, zu gewinnen. Schließlich gibt es zumindest eine 20prozentige Chance, daß die Blue Bus Company keine Schuld trifft. Aber es geht um einen Zivilprozeß, bei dem das Ziel lautet, Streitigkeiten auf gerechte Art und Weise zu schlichten, und bei Zivilprozessen ist die Beweislast des Klägers weniger drückend. Mr. Smith muß lediglich beweisen, daß es »wahrscheinlicher« ist – eine Richtlinie, die häufig bei 51 Prozent oder mehr ausgelegt wird –, daß die Blue Bus Company den Unfall verursacht hatte. Nach diesen Regeln sieht es ganz danach aus, als sollte Mr. Smith den Fall gewinnen.

Aber Nesson war der Überzeugung, daß ein Geschworenenspruch zu Gunsten von Mr. Smith einen gravierenden Irrtum darstellen würde. »In diesem und anderen vergleichbaren Fällen«, schrieb Nesson in der *Harvard Law Review,* »wird der Kläger verlieren. Genaugenommen ist es sogar unwahrscheinlich, daß der Fall überhaupt vor eine Jury kommt.« Ohne glaubwürdige Augenzeugen oder irgendein greifbares Beweisstück – ein Kratzer mit blauem Lack an Mr. Smiths Wagen zum Beispiel – konnte die Jury nicht darauf hoffen, den tatsächlichen Tathergang zu erfahren. Eine Jury war möglicherweise willens, darauf zu setzen, daß die Blue Bus Company haftbar war, und die Wahrscheinlichkeit sprach eindeutig für diese Möglichkeit. Aber ein Geschworenenspruch, der schlicht auf Wahrscheinlichkeiten basierte, argumentierte Nesson, selbst ganz naheliegenden, hatte keine moralische oder juristische Überzeugungskraft, und früher oder später würde die Öffentlichkeit derartige Geschworenensprüche und das Rechtssystem, das sie zuließ, nicht mehr akzeptieren.

Jeder Prozeß sei ein Drama für sich, schrieb Nesson, eine Moralität, die von der Öffentlichkeit verfolgt werde. »Mittels eines Prozesses sucht die Gesellschaft nicht nur die Wahrheit über ein vergangenes Ereignis aufzudecken, sondern auch eine Verbindung zwischen Verbrechen und Strafe, zwischen Fehlverhalten und Haftbarkeit herzustellen.« Gerichtsurteile sollten dazu dienen, gesellschaftliche Spielregeln und Werte zu bestärken und zugleich von einem Verhalten abzuschrecken, das diesen Regeln und Werten zuwiderlief. Um das zu erreichen, müsse die Öffentlichkeit glauben können, daß Jury-Entscheidungen Aussagen über den wahren Hergang der Geschehnisse darstellten und nicht auf bloßen Wahrscheinlichkeiten beruhten. Falls dieser Glaube jemals verlorengehe, werde eine auf der Herrschaft des Gesetzes basierende Gesellschaft letztlich der Anarchie verfallen. Zu Gunsten des Klägers gegen die Blue Bus Company zu entscheiden, heiße in diesem Sinne, zu Gunsten der Anarchie zu entscheiden.

Richter Skinner zählte zu den regelmäßigen Lesern der berühmten *Law Review* seiner Alma Mater. Also war es vielleicht gar nicht so abwegig, daß der Fall Blauer Bus in den Fall Woburn Eingang finden sollte.

Die Anwälte hatten sich zu einer weiteren Sitzung versammelt, der ersten seit der Barackenkonferenz zwei Wochen zuvor. Vor dem hohen Fenster von Richter Skinners Gerichtssaal tauchte die tiefstehende Nachmittagssonne die Stadt in goldenes Licht. Die eindeutig herbstliche Stimmung erinnerte Schlichtmann daran, wie wenig Zeit bis zum Prozeß nur noch blieb, und wieviel er noch immer zu tun hatte.

»Ich habe eine Frage zu diesem Fall«, sagte Richter Skinner am Ende der Sitzung, »die nichts damit zu tun hat, worüber wir bislang diskutiert haben. Sie fiel mir ein, als ich einen Artikel von Professor Nesson von der Harvard Law School über den Gebrauch von Statistiken bei der Beweisführung las. Mr. Schlichtmann, vielleicht können Sie uns weiterhelfen.«

Schlichtmann erhob sich von seinem Platz und lauschte aufmerksam, aber argwöhnisch – eine Haltung, die Erinnerungen an die Schulzeit hervorrief.

»Sie hat mit dem Prozeß selbst zu tun«, fuhr der Richter fort. »Ich habe den Eindruck, daß Sie möglicherweise statistische Analysen nutzen wollen, um Ursachen zu beweisen, indem Sie uns aufzeigen, wie wahrscheinlich eine solche Konzentration von Krankheitsfällen in einem bestimmten Gebiet ist. Die Frage ist, inwieweit ein Beweis, der eigentlich keine einwandfreie Basis für einen Geschworenenspruch ist, einwandfrei wird, weil ein Experte ihn absegnet und sagt: ›Ich als Experte würde dafür einstehen.‹ Sollte das der Fall sein, dann möchte ich vorab eine genaue Stellungnahme, wie das genau ablaufen soll.«

Schlichtmann kannte weder Professor Nesson noch seinen Artikel, aber er vermutete, daß der Richter auf die Harvard-Gesundheitsstudie anspielte. Schlichtmann hoffte entschieden, diese Studie für den Prozeß verwenden zu können – sie war ein wertvolles Teilchen in dem Puzzlespiel der Beweisführung –, aber er merkte, daß der Richter nicht viel davon halten würde. Schlichtmann fühlte sich noch nicht genügend vorbereitet, dieses Thema zu erörtern. Er mußte aufpassen, was er sagte. Ein Augenblick verstrich, und dann noch einer, bis er sich entschlossen hatte, wie er dem Richter antworten sollte.

»Wird Ihre Beweisführung so aussehen?« wiederholte der Richter.

»Offensichtlich«, begann Schlichtmann und änderte dann plötzlich seine Meinung. »Unsere Beweisführung wird auf klinischen Fakten beruhen, Euer Ehren.« Fast hätte er gesagt, daß die Harvard-Gesundheitsstudie tatsächlich eine wichtige Rolle spielen sollte, aber er entschied, daß es sicherer sei, über klare, klinische Beweise zu sprechen – über Feldmans Tests, Colvins Studien, über die Ergebnisse des Kardiologen, die Untersuchungen und medizinischen Vorgeschichten der Familien.

Der Richter wirkte nicht zufriedengestellt. »Nun, werden Sie insbesondere Gebrauch machen von ...«

»Ich werde keine Statistiken benutzen, um Ursachen zu beweisen«, unterbrach ihn Schlichtmann.

»Okay, gut. Dann sind meine derzeitigen Probleme gelöst.«

»Darf ich noch hinzufügen«, beeilte sich Schlichtmann zu sagen, »daß Epidemiologie und Statistik durchaus eine wichtige Rolle spielen werden.«

Facher war bei dieser Anhörung nicht anwesend, aber Cheeseman und Neil Jacobs waren beide da. Jacobs erhob sich, um sich an den Richter zu wenden. »Die konkretere Frage lautet, ob die Harvard-Gesundheitsstudie, die eine Art statistischer Analyse darstellt, als Beweismittel herangezogen werden wird. Ich kann der Aussage von Mr. Schlichtmann nicht entnehmen, wie diese Frage beantwortet würde.«

Cheeseman war ebenfalls aufgestanden. »Euer Ehren, wir erwarten, daß die Zulässigkeit dieser Studie angefochten wird.«

Inzwischen hatte sich auch der Richter von seinem Stuhl erhoben. Es wurde allmählich spät, und er hatte bereits einen langen Tag damit zugebracht, den Vorsitz in einem anderen Fall zu führen. »Ich fordere nicht zu einer Vorverhandlung auf«, sagte er zu Cheeseman. »Ich wollte nur in Erfahrung bringen, ob ich mir über diesen speziellen Punkt Gedanken machen muß, und ich wollte darauf vorbereitet sein, mir wenigstens vernünftige Gedanken darüber zu machen.«

2

Schlichtmann war erschöpft, als er an diesem Nachmittag den Gerichtsaal verließ. Er hatte erwartet, daß Cheeseman und Jacobs die Harvard-Studie anfechten würden, und er hatte den Eindruck, daß Richter Skinner bereits geneigt war, zu ihren Gunsten zu entscheiden. Zu recherchieren und einen kurzen Schriftsatz zu verfassen, der den Richter möglicherweise umstimmte, würde ihn Dutzende von Arbeitsstunden kosten. Wenn er sich die Arbeit nur vorstellte, hatte er schon das Gefühl, die ganze Nacht daran gesessen zu haben. Er hatte Hunderte anderer Dinge zu tun – er mußte die Feldarbeit in Woburn überwachen, Experten vorbereiten, schriftliche Beweisfragen beantworten –, bevor er sich diesem Problem zuwenden konnte. Zu allem anderen war vorgesehen, daß in dieser Woche die zweite Runde der Befragungen begann, zu der die Familien aus Woburn nach Boston kamen.

Schlichtmann hatte das Gefühl, es sei notwendig, daß er bei allen Anhörungen zugegen war, um seine Klienten zu verteidigen. Es waren 19 Personen – alle Eltern und die fünf ältesten Kinder –, und die Aussagen der meisten von ihnen würden einen ganzen Tag in Anspruch nehmen. Drei Wochen lang befragten Facher und Cheeseman und ihre Mitarbeiter die Familien detailliert über den Gebrauch von mehr als 500 Haushaltsprodukten – Reinigungs- und Geschirrspülmittel, Teppichschaum, Kosmetika, Nagellackentferner, Insektensprays, Farben, Rasendünger, Erkältungsmedizin, Hustensaft, Kräutertees, Kaffee, sogar Erdnußbutter.

Für Schlichtmann lag die Strategie hinter dieser erschöpfenden Auflistung klar auf der Hand. Diese 500 Artikel enthielten vorgeblich alle entweder ein bekanntes oder vermutetes Karzinogen. Erdnußbutter zum Beispiel stand auf der Liste ganz oben, zusammen mit den Zigaretten. Der Grund: Erdnußbutter enthält winzige Mengen von Aflatoxin B1, einem zwar natürlichen, aber sehr wirksamen Leberkarzinogen, das von einem verbreiteten Schimmelpilz produziert wird, der bevorzugt Nüsse und Früchte befällt. Cheeseman und Facher würden versuchen, der Jury zu suggerieren, daß Dutzende von anderen Substanzen die Erkrankungen in Woburn genausogut hervorgerufen haben konnten wie das verseuchte Wasser, nachdem die Ursache der Leukämie bei den Kindern den Medizinern weitgehend ein Rätsel aufgab.

»Essen Sie Erdnußbutter?« fragte einer von Fachers jungen Mitarbeitern Anne Anderson.

»Nein«, antwortete Anne.

»Haben Sie *jemals* Erdnußbutter gegessen?«

»Ich nehme an, jeder hat mal davon probiert«, erwiderte Anne. »Ich habe Erdnußbutter gegessen, aber ich bin kein Fan davon.«

»Essen Ihre Kinder Erdnußbutter?«

»Na ja, ein und dasselbe Glas steht schon eine ganze Weile herum, also essen wir wohl nicht viel davon.«

»Um welche Sorte handelt es sich, mit oder ohne Nußstückchen darin?«

»Ohne.«

»Haben Sie Ihren Kindern Sandwiches mit Erdnußbutter zubereitet?«

»Manchmal, als sie noch klein waren.«

»Wenn Sie ›manchmal‹ sagen, könnten Sie dann sagen, wieviel das ist? Ein oder zwei Sandwiches für jedes Kind in der Woche?«

Schlichtmann lauschte stundenlang Fragen dieser Art und

dachte dabei die ganze Zeit daran, was er alles zu tun hatte. Die Erinnerungen an die Barackenkonferenz waren noch frisch, und so agierte er nun mit größter Zurückhaltung. Aber manchmal konnte er es sich nicht verkneifen, seiner Ungeduld freien Lauf zu lassen. »Es ist inzwischen 17.00 Uhr«, sagte er zu Fachers Mitarbeiter. »Sie verschwenden die Zeit mit absolut lächerlichen Fragen. Die Zeugin ist erschöpft, und ich bin erschöpft. Ich fordere Sie nachdrücklich auf, Ihre Befragung bis 18.00 Uhr abzuschließen.«

Seine Beschwerde blieb ohne Erfolg. Essen Sie Schinken? fragte einer von Fachers Mitarbeitern wieder eine andere Mandantin Schlichtmanns. (Schinken enthält Dimethylnitrosamine, die karzinogen sind.) Wie oft? Wie viele Scheiben? Braten oder backen Sie den Schinken? Besitzen Sie eine Teflonpfanne? (Teflon wird aus einem Harz hergestellt, das Acrylnitril enthält, ein Karzinogen.) Wie oft benutzen Sie sie? Essen Sie zuckerfreien Kaugummi? (Saccharin ruft bei Mäusen Krebs hervor.) Wie oft? Haben Sie Duschvorhänge aus Plastik? (Vinylchlorid, ein Leberkarzinogen.) Hatten Sie jemals eine Katze? (Leukämieviren.) Trinken Sie Bier? (Nitrosamine.) Benutzen Sie Deos? (Organische Chlor-Aluminium-Verbindungen.) Und so weiter, und so fort, die ganze Liste durch.

Eines Freitagnachmittags nach einer Woche voll derartiger Befragungen, verließ Schlichtmann frühzeitig das Büro und ging hinunter in Patten's Bar & Grill. Er fand einen freien Tisch in einer dunklen Ecke, setzte sich allein hin und trank einen doppelten Scotch. Er hatte gerade seinen ersten Drink geleert und einen zweiten bestellt, als sein Freund Tom Kiley hereinkam. Er hatte Kiley, der selbst ein auf Körperverletzung spezialisierter Anwalt war, sechs Jahre zuvor im Amtsgericht von Sussex County kennengelernt, an jenem Tag, an dem Schlichtmanns erster Prozeß begonnen hatte. Nach dem Geschworenenspruch hatte Kiley angerufen, um ihm zu gratulieren. Über die Jahre hinweg hatte sich aus der gegenseitigen Hochachtung eine Freundschaft entwickelt. Mit der Zeit wurde es zu einer festen Gewohnheit, sich Freitagnachmittags auf einen Drink zu treffen.

Schlichtmann schätzte Kileys Rat, obschon sie als Anwälte sehr unterschiedlich arbeiteten. Kiley fühlte sich nicht sicher, es sei denn, er hatte Dutzende von Fällen in Arbeit, die meisten davon kleine, unkomplizierte Streitigkeiten – sein »täglich Brot«, wie er sie nannte. Er hatte auch ein paar größere und schwierigere Fälle gewonnen, in denen es um ärztliche Kunstfehler ging, und er war ehrgeizig, aber er hatte eine bescheidene Kanzlei mit nur zwei Mitarbeitern. »Er zählt die Bleistifte, wenn er abends das Büro verläßt«, sagte Schlichtmann einmal über Kiley. Und als Kiley zusehen mußte, wie Schlichtmann ein kleines Vermögen für den Fall Carney riskierte, hatte er gesagt: »Ich würde jeden Morgen um zwei schweißgebadet aufwachen.« Was Woburn betraf, so bewunderte Kiley Schlichtmann dafür, daß dieser den Fall übernommen hatte, obwohl er selbst anders gehandelt hätte.

Jetzt im Patten's sah Kiley beim Anblick seines Freundes all die Gründe, warum er Fälle wie Woburn mied. Schlichtmann wirkte blaß, fast krank, und er redete wie ein Mann am Rand der Verzweiflung. »Ich habe das Gefühl zu ersticken«, hörte Kiley Schlichtmann sagen. »Ich stecke zu tief drin. Ich habe die Kontrolle verloren, und das macht mir angst.«

Schlichtmann erzählte Kiley von der Barackenkonferenz und von der letzten Anhörung, als der Richter kurz davor schien, die Harvard-Gesundheitsstudie auszuschließen. Er habe das Gefühl, fuhr Schlichtmann fort, als würde er von den beiden riesigen Anwaltskanzleien (Facher und Cheeseman hatten beide inzwischen einen Stab aus Dutzenden von Anwälten, die sich mit dem Fall beschäftigten), von deren Forderungen bei der Offenlegung, von den permanenten Anträgen und den persönlichen Attacken überwältigt. Und der Amtsrichter achte ihn oder seinen Fall nicht. Und schlimmer noch, der Richter selbst auch nicht.

Kiley zweifelte nicht daran, daß dies alles stimmte. In seiner eigenen Tätigkeit versuchte er die Bundesgerichte zu meiden, die er für wesentlich weniger aufgeschlossen gegenüber Körperverletzungsfällen hielt, als die Amtsgerichte. Trotzdem versuchte er, Schlichtmann zu beruhigen. »Du mußt dich zusammenreißen«, sagte Kiley. »Du schaffst das schon, aber nicht allein. Du mußt dir jemanden suchen, der dir hilft.«

Kiley bot ihm seine eigene Hilfe an, auf Teilzeitbasis. Er hatte ein erfolgreiches Jahr hinter sich und konnte die Zeit erübrigen. Aber, dachte Kiley, das beste für Schlichtmann wäre, einen Juraprofessor zu finden, jemand, der Ratschläge erteilen konnte, was die juristischen Hypothesen des Falles betraf, jemand, der es verstand, die Harvard-Gesundheitsstudie als Beweismittel einzubringen. »Vielleicht mußt du irgendeinem Professor 30 000 oder 40 000 Dollar bezahlen«, sagte Kiley. »Du hast bereits eine ganze Million ausgegeben, was sind da schon 30 000?«

Kiley erwähnte einen Professor, der möglicherweise interessiert war. Schlichtmann notierte sich den Namen auf einer Serviette. Je länger er und Kiley über irgendwelche Kandidaten sprachen, desto munterer wurde Schlichtmann. Ja, Kiley hatte recht! Ein Juraprofessor, der während des Prozesses neben ihm sitzen würde, eine graue Eminenz, die den Respekt des Richters forderte, deren Sätze der Richter die Ehre haben würde zu Ende zu sprechen. Ein Name führte zum nächsten. Bald hatten sie eine Aufstellung von einem halben Dutzend Juraprofessoren von der Suffolk, Northeastern und Boston University zusammengetragen.

Sie arbeiteten gerade an dieser Liste, als Rikki Klieman das Lokal betrat. Sie hatte Schlichtmann seit dem Fall Carney, seit jenem Morgen, als er sie in einer Panikattacke angerufen hatte, nur selten gesehen. Aber sie war überzeugt, daß sie zueinander paßten und daß sie eines Tages zusammen sein würden. Sie hatte den ganzen Tag im Gericht zu tun gehabt, einen Mandanten verteidigt, der beschuldigt war, mit einem Fischerboot Drogen ins Land geschmuggelt zu haben. Sie trug ein konservativ geschnittenes knielanges graues Kostüm, eine Perlenkette und goldene Ohrringe.

Sie war ins Patten's gekommen, weil sie hoffte, Schlichtmann überreden zu können, mit ihr nach Puerto Rico zu einer Juristentagung zu fliegen. Dabei handelte es sich um ein sehr angesehenes Ereignis, an dem nur auf anonyme Einladung hin teilgenommen werden konnte, und der diesjährige Kongreß am Strand von

San Juan versprach mehr Spaß als sonst. Rikkis Einladung, das wußte sie zufällig, war von Richter Skinner gekommen, für den sie nach der Universität als Assistentin gearbeitet hatte. Sie und die Anwälte von den großen einflußreichen Anwaltssozietäten wurden routinemäßig eingeladen, selbständige Anwälte und Prozeßanwälte sowie Anwälte, die wie Schlichtmann auf Unfallmandate erpicht waren, dagegen selten. Aber in diesem Jahr hatte Schlichtmann erstmalig eine Einladung in der Post.

Rikki hatte die ganze Woche über versucht, ihn zu einer Teilnahme zu überreden. Sie wußte, daß er immer noch mit Teresa zusammen war, aber sie hatte ein Gespür dafür, daß diese Beziehung nicht mehr allzulange dauern würde. »Das war meine Chance, Jan für mich allein zu haben«, sagte Rikki später lächelnd.

Kiley und Schlichtmann brüteten also über ihrer Liste mit Juraprofessoren, als Rikki sich an ihren Tisch setzte. Sie hörte eine Zeitlang zu und machte dann einen Vorschlag, der sowohl Schlichtmanns Bedürfnissen als auch dem Zweck ihres Kommens diente. »Wie wär's mit Charlie Nesson?« sagte sie. »Er spricht bei der Tagung in Puerto Rico.«

Schlichtmann sah sie erstaunt an. »Der Richter hat ihn erwähnt«, rief er aus. »Kennst du ihn?«

Rikki erklärte, daß sie ihn seit Jahren kenne. Sie hielt jeden Januar im Rahmen der Lehrveranstaltungen für künftige Strafverteidiger in Harvard einen Kurs ab. Dies war Nessons Fachgebiet. Sie war sogar vor nicht allzulanger Zeit mit Nesson und gemeinsamen Freunden zum Essen gewesen.

»Komm mit nach Puerto Rico, und ich stelle dich ihm vor«, sagte Rikki.

Dieser Zufall schien Schlichtmann zunächst ziemlich bemerkenswert. Und dann nach einigen Augenblicken entschied er, daß es sich keineswegs nur um einen Zufall, sondern um einen Wink des Schicksals handelte. Ganz eindeutig war dieser Professor Nesson, Autor des Artikels, den der Richter selbst zitiert hatte, durch göttliche Fügung erwählt.

3

Rikki Klieman flog am darauffolgenden Freitag, dem 1. November, nach San Juan. Am nächsten Vormittag ging sie zum Strand, kehrte aber in regelmäßigen Abständen in die Hotelhalle des Hotels Dupont zurück, um nachzuschauen, ob Schlichtmann inzwischen angekommen war. Als er schließlich am frühen Nachmittag eintraf, war sie da, um ihn zu begrüßen. Hinter ihm sah sie einen Gepäckträger, der eine schwarze Aktenmappe schleppte, die dick mit Unterlagen vollgepackt und seitlich ganz ausgebeult war. Ihr sank der Mut. Es schien, als enthalte die Tasche mehr Lesestoff, als irgend jemand hoffen konnte, in einem ganzen Monat zu bewältigen.

Sie überredete Schlichtmann dazu, sie an den Strand zu begleiten. Er nahm einen großen Packen Unterlagen mit. »Er trug sie überallhin mit herum«, erinnerte sich Rikki später. »Er wirkte so unglücklich.« Sie lag in der Sonne und hörte mit einem Ohr zu, wie Schlichtmann über den Fall sprach. Um sie herum am Strand waren Dutzende von blassen Anwälten mit ihren Frauen – hochkarätige Justitiare, Bundesanwälte, Konkursrichter, Amtsrichter, Bezirksrichter, Berufungsrichter.

Schlichtmann ließ Rikki keine Ruhe, ihn mit Nesson bekanntzumachen. Er hatte bereits die Hoteleinschreibungen überprüft und festgestellt, daß Nesson noch nicht angekommen war. Am Abend gingen er und Rikki zu einer Party im Old Fort in San Juan. Schlichtmann suchte nach Nesson und trank viel. Er traf einen von Fachers Partnern bei Hale und Dorr. Der Partner, der seinerseits eine ganze Menge Rum konsumiert hatte, sagte zu Schlichtmann, Woburn sei ein »Karriere«-Fall, einer, der zu Ruhm und Reichtum führen würde. »Machen Sie Witze?« rief Schlichtmann aus, der die nächste halbe Stunde darauf verwendete, Fachers Partner zu erklären, wie unmöglich der Fall sei. Rikki schlenderte umher, um interessantere Gesprächspartner zu finden. An diesem Abend verlor sie Schlichtmann aus den Augen und kehrte spät in der Nacht allein in ihr Zimmer zurück.

Sie wachte früh am nächsten Morgen auf und ging zum Strand, um sich in die Sonne zu legen. Ihre Hoffnungen, auf dieser Reise eine Romanze mit Schlichtmann zu entfachen, waren nicht in Erfüllung gegangen, aber sie hatte nicht das Gefühl, daß einer von beiden einen Fehler gemacht hatte. Woburn nahm ihn vollkommen in Anspruch, und das konnte sie verstehen. Sie würde ihn noch nicht aufgeben. Sie beschloß, geduldig zu sein.

Nesson sollte seinen Vortrag kurz vor der Mittagspause halten, und Rikki wollte ihn gern hören. Sie hatte ein berufliches Interesse an seinem Thema – Konfiszierung des Vermögens von Drogendealern durch die Regierung. Sie legte ihr Handtuch zusammen und kehrte ins Hotel zurück, bevor Nesson mit seinem Vortrag begann. Sie trug ein weites Hemd über ihrem Badeanzug und setzte sich hinten in den Saal. Als Nesson mit seinen Ausführungen schloß, setzte sich Schlichtmann neben sie.

»Sprich mit ihm, wenn er fertig ist«, flüsterte er.

»Nicht jetzt«, sagte sie. »Ich muß mich umziehen.«

»Warum? Du siehst prima aus.«

»Jan, beruhige dich endlich«, entgegnete sie und ging aus dem Saal.

Schlichtmann ging zum Podium, wo Nesson, umgeben von einem kleinen Publikum, in ein Gespräch mit einem älteren Bundesrichter namens Charles Wyzanski verwickelt war. Nesson wirkte wie Ende Vierzig. Er war schmächtig gebaut und hatte blasse, fast durchscheinende Haut, blaue Augen und eine hohe Denkerstirn. Sein hellbraunes Haar, das über die Ohren heruntergewachsen und auch im Nacken lang geworden war, ergraute. Schlichtmann bahnte sich seinen Weg durch die Gruppe um Nesson, bis er direkt neben dem Professor stand. Er wartete ungeduldig auf eine Gesprächspause oder eine Möglichkeit, den alten Richter zu unterbrechen, der, wie Schlichtmann fand, eine komplizierte und endlos lange Geschichte erzählte. Während er wartete, beobachtete er Nesson, der dem Richter gelassen zuhörte, auf eine Art und Weise, die Schlichtmann irgendwie an Zen-Weisheit erinnerte. Als der Richter schließlich innehielt, streckte Schlichtmann impulsiv die Hand aus und stellte sich Nesson vor.

»Ich bin mit einem Fall beschäftigt, von dem Sie möglicherweise gehört haben«, begann Schlichtmann.

Nesson hatte aus den Augenwinkeln heraus diesen großgewachsenen jungen Anwalt bereits registriert, dessen Kopf über die Menge ragte, auf dessen Gesicht ein gespannter und unruhiger Ausdruck lag und der auf ihn zugesteuert war. Nesson kannte diesen Typ. Ein weiteres unerfahrenes junges Mitglied der Anwaltskammer, das kostenlosen Rat suchte, dachte er. Nesson wurde für Vorträge, die er auf Konferenzen wie dieser hielt, stattlich bezahlt, aber für all die Ratschläge, den Anwälte zwangsläufig hinterher bei ihm suchten, bekam er keine Vergütung. Nach 19 Jahren in Harvard und vielen dieser juristischen Tagungen hatte sich Nesson einiges Geschick angeeignet, diese Plagegeister loszuwerden. Er schüttelte Schlichtmann die Hand und sagte: »Ich darf Sie mit Richter Wyzanski bekannt machen.« Dann wandte er sich ab, um sich zurückzuziehen. Der Richter wollte etwas sagen, aber Schlichtmann ignorierte ihn und ging Nesson nach.

»Sie wollen einen Rat?« fragte Nesson über die Schulter zurück.

Schlichtmann nickte.

»Mein Rat lautet: Drehen Sie nie einem Bundesrichter den Rücken zu.« Und dann verschwand Nesson in der Menge.

Rikki kam, frisch geduscht und mit Rock und Bluse bekleidet, herunter und traf Schlichtmann völlig verzweifelt an. Er hatte für den Nachmittag einen Flug zurück nach Boston gebucht. »Die Zeit wird knapp«, sagte er.

Sie trug ihm auf, für ein Gespräch beim Mittagessen einen Tisch zu organisieren, und machte sich auf die Suche nach Nesson. Sie entdeckte ihn in der Halle, umgeben von einer Gruppe von Richtern und Anwälten. Sie ging auf ihn zu und legte ihre Hand auf seinen Arm. »Charlie«, sagte sie, »essen Sie mit mir zu Mittag. Ich möchte Ihnen jemanden vorstellen.«

Als sie Nesson zurück in den Konferenzsaal führte, sah sie Schlichtmann an einem Tisch stehen und unruhig nach ihr Ausschau halten. Sie fühlte sich wie eine Kupplerin, und die Ironie des Gedankens amüsierte sie, machte sie gleichzeitig aber auch ein wenig nervös. Sie fürchtete, daß Schlichtmann Nesson in seinem Eifer vor den Kopf stoßen würde.

Sie stellte die beiden einander vor. Nesson lächelte sarkastisch. »Wir kennen uns bereits.«

Als sie Platz nahmen, Rikki zwischen den Männern, beugte sie sich zu Schlichtmann und sagte: »Jan, beruhige dich und laß mich reden.«

Schlichtmann gelang es, sich einen Augenblick lang zu beherrschen, während Rikki Nesson den Fall Woburn beschrieb. Nesson hörte zu und sagte sehr wenig. Schlichtmann erwähnte die Harvard-Gesundheitsstudie, und Nesson erinnerte sich, in der Zeitung darüber gelesen zu haben. Die Kellner brachten das Essen, aber als die Teller abserviert wurden, hatte Schlichtmann kaum etwas gegessen. Während Schlichtmann redete, brachten die Kellner Zitronenschaumkuchen als Nachtisch. Rikki beobachtete, wie Nesson seine Gabel nahm und auf seinem Kuchen Muster fabrizierte. Er nahm keinen Bissen, das Muster dagegen wurde zunehmend verworrener. Sie wußte nicht, ob dies bedeutete, daß Nesson an dem interessiert war, was Schlichtmann sagte, oder ob er sich langweilte.

Auf dem Podium vorne im Saal stellte jemand Nessons berühmten Kollegen aus Harvard, Arthur Miller, vor. Schlichtmann redete weiter. Miller begann seinen Leitgedanken auszuführen, und Schlichtmann redete immer noch. Rikki legte ihre Hand auf seinen Arm, und endlich hörte er auf.

Er verharrte während Millers Vortrag in stummer Verzweiflung, nahm kein Wort davon wahr. Sobald Miller zu Ende war und höflicher Applaus durch den Saal plätscherte, beugte er sich zu Nesson hinüber, um seine Ausführungen wiederaufzunehmen. Aber bevor er ein Wort sagen konnte, erhob sich Nesson und entschuldigte sich. Er erklärte, daß er vorhabe, am Nachmittag mit Freunden zusammen den alten Stadtteil von San Juan zu erkunden. »Ein interessanter Fall«, sagte er zu Schlichtmann.

»Vielleicht können wir uns ja später am Tag noch mal treffen«, sagte Schlichtmann.

Nesson lächelte und zuckte die Schultern. »Ich fliege heute abend nach Boston zurück.«

»Ich auch!« sagte Schlichtmann. »Wir könnten im Flugzeug weiterreden.«

Aber Nesson lächelte nur und ging davon.

»Jan, versuch nicht, im Flugzeug mit ihm zu sprechen«, warnte Rikki. »Laß ihn eine Weile darüber nachdenken. Bitte, versprich es mir.«

Zehn Minuten nachdem das Flugzeug gestartet war, erhob sich Schlichtmann von seinem Sitz in der ersten Klasse und ging nach hinten in die Touristenklasse, um Nesson zu suchen. Er hatte eine Kopie des Urteils im abgekürzten Verfahren und der Harvard-Gesundheitsstudie bei sich. »Neben mir in der ersten Klasse gibt es einen freien Platz«, sagte er zu Nesson. »Kommen Sie doch nach vorne. Dann können wir reden.«

Nesson schüttelte den Kopf. »Ich fühle mich hier ganz wohl«, sagte er kühl.

Schlichtmann zwang Nesson seine Unterlagen auf und ging mit dem Gefühl, alles getan zu haben, was in seiner Macht stand, und vielleicht mehr, als er hätte tun sollen, zu seinem Platz zurück.

Nesson hatte 19 Jahre lang an der juristischen Fakultät von Harvard unterrichtet. Recht und Gesetz schienen für ihn eine Reihe von wundervoll komplizierten, aber unterhaltsamen Rätseln zu sein, die das menschliche Verhalten betrafen. Er hatte schon mit sechs Jahren gewußt, daß er Anwalt werden wollte, und als er dann schließlich sein Studium aufnahm, erwies er sich als eine Art juristisches Wunderkind. Er wurde auf Anhieb Jahrgangsbester unter 500 Kommilitonen. Angesichts seiner eher mittelmäßigen Collegenoten hielt er das für einen »Zufallstreffer«, wie er sich viel später ausdrückte, aber es wiederholte sich Jahr für Jahr. In Harvard werden die Noten bis auf drei Stellen hinter dem Koma genau errechnet und es ging die Sage, daß Nesson die Fakultät mit dem besten Notendurchschnitt verlassen habe, seit der legendäre Jurist und spätere Präsidentenberater Felix Frankfurter dort 1907 seinen Abschluß gemacht hatte.

In Harvard gibt es eine lange Tradition, die besten Studenten mit einem Lehrauftrag zu belohnen. Nesson war erst 27 Jahre alt, als die Fakultät ihn zurück nach Cambridge rief. Zu diesem Zeitpunkt hatte er ein Jahr lang für einen Richter am Obersten Bundesgericht gearbeitet und ein weiteres Jahr in der Zivilrechtsabteilung des Justizministeriums. Er nahm das Angebot aus Harvard an und bekam bereits nach drei Jahren eine feste Anstellung. Er heiratete eine seiner Studentinnen und kaufte sich in einem der teuersten Viertel von Cambridge, unweit vom Unigelände, ein Haus. Und dann begann er darüber nachzudenken, daß er vielleicht mehr von der Welt sehen sollte. Er ließ sich vom Unterrichten freistellen, um die berühmten Fälle Berrigan und Ellsberg zu bearbeiten.

Sein Job brachte ihm hohes Ansehen und ein gutes Gehalt ein, das allerdings nur einen Bruchteil dessen darstellte, was viele seiner früheren Kommilitonen und sogar einige seiner ehemaligen Studenten mit ihren privaten Anwaltspraxen verdienten. Und auch von der akademischen Reputation und vom Bekanntheitsgrad her, konnte er es mit den wahren Superstars seines Gewerbes nicht aufnehmen.

Beim Mittagessen in San Juan hatte Nesson seine Meinung für sich behalten, während er Schlichtmann zuhörte, aber er hatte sich nicht gelangweilt. Als er nun im Flugzeug in den Unterlagen las, die Schlichtmann ihm aufgedrängt hatte, bemerkte er, daß der junge Anwalt eine ganze Menge an Beweisen auf dem Gebiet der Immunologie, der Kardiologie und der Neurologie zusammengetragen hatte. Offensichtlich wußte Schlichtmann, daß er sich nicht allein auf die Harvard-Gesundheitsstudie verlassen konnte. Soweit Nesson dies beurteilen konnte, mußte Schlichtmann ein Vermögen in den Fall investiert haben. Allem Anschein nach verdiente er gut, denn er war teuer gekleidet und flog erster Klasse. Er bat um Hilfe, und Nesson dachte sich, daß er sie wohl auch brauche.

Nesson hatte nach einer neuen Herausforderung gesucht. Der Fall Woburn schien ein wunderbares Rätsel zu sein, und er besaß alles, was er sich für ein Gerichtsverfahren wünschte – eine interessante Beweisproblematik, Bedeutsamkeit für Gesellschaft und Umwelt, ein großes Medieninteresse und nicht zuletzt die Möglichkeit, eine ganze Menge Geld zu verdienen. Der Fall sah, kurz gesagt, aus, als lohne es sich, danach zu greifen.

Nesson erhob sich von seinem Platz und ging nach vorne in die erste Klasse. Er tippte Schlichtmann auf die Schulter. Schlichtmann sah auf und lächelte.

»Okay«, sagte Nesson. »Ich bin interessiert. Was haben Sie mir anzubieten?«

Conway hatte nichts dagegen, einen Juraprofessor in das Team aufzunehmen. Er wußte, daß sie Hilfe brauchten, und er war bereit, aufgeschlossen zu bleiben, zumindest so lange, bis er Nesson kennengelernt hatte. Aber Gordon hatte Vorbehalte. Er brummelte etwas über Akademiker aus dem Elfenbeinturm, die nie wirkliche Arbeit leisteten und trotzdem stets eine außerordentlich gute Meinung von sich selbst zu haben schienen. Was sollte Nesson tatsächlich tun? fragte sich Gordon. Und wieviel würde er dafür verlangen? Es stand kein Geld zur Verfügung, noch nicht einmal Kleingeld, um jemanden wie Nesson zu bezahlen. Schlichtmann hatte bereits Kiley dazu gebracht und ihm einen Anteil des Honorars angeboten. Der Gedanke, einen weiteren Anteil an diesen Harvard-Professor abzugeben, diesen Außenstehenden, entsetzte Gordon. Wieviel würden sie noch von dem Fall abgeben?

Für Schlichtmann spielte es keine Rolle, was irgend jemand dachte. Eines Abends kurz nach der Rückkehr aus Puerto Rico, brachte er Nesson in die Kanzlei, um ihn mit seinen Mitarbeitern bekanntzumachen. Sie versammelten sich alle um den Konferenztisch – Conway und Crowley, Gordon und Phillips, Kiley sowie ein Verteidiger namens Tom Neville, ein Freund Conways aus Kindertagen, der seine Mithilfe angeboten hatte –, um den Harvard-Professor zu hören.

Seiner Auffassung nach, sagte Nesson, solle dieser Fall mehr bewirken, als die Familien aus Woburn für ihre Verluste und für ihre Erkrankungen zu entschädigen. Er gehöre, so fuhr Nesson fort, zu jenen Fällen, die in den Vorstandszimmern der Konzerne in ganz Amerika die Alarmglocken läuten lassen könnten. Wie hielt man große Konzerne wie Grace und Beatrice Foods davon ab, die Umwelt zu verschmutzen? Wie machte man ihnen deutlich, daß sie damit nicht mehr durchkommen würden? »Die einzige Sprache, die diese Konzerne verstehen, ist Geld«, sagte Nesson. »Umsätze, Einnahmen, Verdienste, Profit, Gewinn. Das ist ihr Leben.«

Dann fragte er, wieviel Umsatz W. R. Grace und Beatrice Foods jährlich machten.

Gordon hatte einen hohen Stapel Geschäftsberichte von Grace und Beatrice Foods gesammelt. Er kannte diese Zahlen ebensogut, wie er sein eigenes Bankkonto kannte. W. R. Grace habe im vergangenen Jahr Umsätze im Wert von etwas über fünf Milliarden Dollar notiert, antwortete Gordon, und einen Gewinn von 198 Millionen Dollar. Bei Beatrice Foods belief sich der Nettogewinn auf 436 Millionen Dollar.

»Womit, glauben Sie, könnten wir die Aufmerksamkeit von Grace erlangen?« fragte Nesson. »Wie hoch ist der kleinste Betrag, der für einen Konzern dieser Größe von Bedeutung wäre? Zehn Millionen Dollar? 50 Millionen? 100 Millionen?« Der Harvard-Professor hatte nun die Aufmerksamkeit aller. »Was«, fuhr Nesson fort, »wenn Sie ihnen einen ganzen Jahresgewinn wegnehmen würden? Ich glaube, das würde ihre Aufmerksamkeit erlangen.«

Nesson sprach von einer ganz anderen Dimension, als Schlichtmann je zu hoffen gewagt hatte. Noch vor einem Monat hatte er Onkel Pete von der Bank of Boston mitgeteilt, daß der Fall möglicherweise drei Millionen Dollar pro Familie, zusammengenommen also 24 Millionen Dollar wert sei. Konnte Nesson recht haben? Die Jahresgewinne von Grace und Beatrice Foods machten abgerundet zusammen mehr als eine halbe Milliarde Dollar aus.

»Hier ist eine ganze Stadt verseucht worden«, sagte Nesson gerade. »Die Öffentlichkeit verfolgt diesen Fall mit höchstem Interesse. Und Sie haben zwei Multi-Milliarden-Konzerne im

Netz.« In der Schlußphase des Verfahrens, führte Nesson weiter aus, mußte der Richter ihnen zugestehen, der Jury mitzuteilen, was diese beiden Konzerne unter dem Strich wert waren. Sie würden die Jury bitten, nicht nur die Familien zu entschädigen, sondern auch die Konzerne zu bestrafen, eine Botschaft auszusenden in der einzigen Sprache, die Unternehmen wie Grace und Beatrice Foods verstanden.

»Offen gestanden«, gab Nesson zu, »geht es mir in erster Linie um die finanzielle Bestrafung.«

Der Juraprofessor hatte ein völlig neues Licht auf den Fall geworfen. Schlichtmann hatte immer behauptet, Woburn sei ein »politischer« Fall, aber jetzt hatte er das Gefühl, daß er dies nie auch nur andeutungsweise so klar, so prägnant, so brillant dargelegt hatte wie Nesson gerade. Und diese Analyse stammte von jemandem, der vor Richtern, Managern und Spitzenanwälten Vorträge hielt. Nesson war in weit größerem Ausmaß als alle, die am Tisch saßen, Teil eben jenes Establishments, an das er eine Rechnung über eine halbe Milliarde Dollar schicken wollte.

Als Nesson zum Ende gekommen war, hatte niemand im Raum mehr Vorbehalte, ihn bei sich einsteigen zu lassen.

»Der Mann ist brillant«, gab Gordon zu.

Kurz darauf begann Gordon, Bilder von einer Villa in Palm Beach mit einer großen davor vertäuten Jacht und zwei Mercedes-Benz in der Garage zu beschwören. Schlichtmann mochte derartiges Gerede nicht. Er hatte das Gefühl, so etwas bringe Unglück, und Gordon unterließ es, seine Tagträume in Schlichtmanns Gegenwart auszuspinnen. Aber Phillips wußte von Gordons Träumereien, und er wußte, woher sie kamen. Phillips selbst war für solche Phantasien nicht unempfänglich, und der Rest des Teams auch nicht, was das betraf. Aber Phillips hatte eine sardonische Art damit umzugehen. »Milliarden-Dollar-Charlie« nannte er Nesson hinter dem Rücken des Professors.

Falls Richter Skinner überrascht war, Professor Nesson bei der nächsten Anhörung neben Schlichtmann am Anwaltstisch sitzen zu sehen, so ließ er sich dies nicht anmerken. Er hieß Nesson mit einem Lächeln und einem freundlichen Nicken willkommen. Über die Jahre hinweg hatte er einige von Nessons Vorträgen gehört. Er hatte aufrichtig Gefallen an einer guten, intellektuellen Diskussion, und er freute sich darauf, in den kommenden Monaten mit Nesson diskutieren zu können. Der Richter schien auch keinen Anstoß zu nehmen, als Nesson sich erhob, um ihn zum ersten Mal anzusprechen, und verkündete: »Ich betrachte es als meine Aufgabe, das Verfahren ohne jeglichen Formfehler durchzuziehen, der möglicherweise eine Berufung zur Folge hätte.«

Immer noch lächelnd erwiderte der Richter: »Wenn Sie mich davon abhalten können, Fehler zu begehen, dann ist das in Ordnung.«

Doch das Lächeln auf den Lippen des Richters begann zu schwinden, als Nesson fortfuhr zu erläutern, wie er diesen Fall einschätzte. Die Familien aus Woburn, erklärte er dem Richter, »sind der Überzeugung, daß sie namens einer breiteren Öffentlichkeit klagen, daß dieser Fall ein Exempel statuieren sollte, Euer Ehren. Es ist ihnen ein Anliegen, eine Botschaft auszusenden, in den Vorstandsetagen der Konzerne im ganzen Land, wenn Sie so wollen, Alarm zu schlagen.«

Zu diesem Zeitpunkt äußerte sich der Richter nicht. Erst bei der nächsten Anhörung einige Wochen später wurde ersichtlich, wie sehr Nesson ihn verärgert hatte. »Ich mißbillige den Tonfall Ihrer Ausführungen«, sagte der Richter zu Nesson, und seine Stimme wurde vor Ärger lauter. »Sie haben laut herumposaunt, daß in die Vorstandsetagen Amerikas Botschaften ausgesendet werden sollen. Gerichtsverfahren spielen sich zwischen Prozeßparteien ab, Herr Professor. Die eine Seite fordert einen Schadensersatz, die andere Seite bestreitet den Anspruch. Sollte in den Vorstandsetagen Amerikas registriert werden, was hier abläuft, dann ist dies eine zufällige Begleiterscheinung. Es ist nicht der Sinn der Sache.«

Dennoch kam dem Richter, kurz nachdem Nesson in seinem Gerichtssaal aufgetaucht war, selbst der Gedanke, daß dieser Fall tatsächlich eine ungeheuerliche Summe Geld wert sein könnte. »Dies ist wirklich ein ziemlich interessanter und wichtiger Fall«, sinnierte er laut am Ende einer weniger erbittert geführten Anhörung. »Die Dollarbeträge, die hier potentiell auf dem Spiel stehen, sind astronomisch hoch, nehme ich an.«

Astronomisch hoch – die Worte klangen in Schlichtmanns Ohren.

»Ich habe keine Ahnung, was eine Jury damit anfangen wird«, fuhr der Richter fort. »Mit Sicherheit gibt es hier ein Potential für eine sehr stattliche Entschädigung. Ich erwarte nicht, daß dieser Fall Texaco als Jahrhundertrekord ablösen wird, was die Höhe der Entschädigung betrifft, aber es handelt sich offensichtlich um einen sehr wichtigen Fall.«

In der vertraulichen Atmosphäre von Schlichtmanns Büro hatte Nesson von mehreren hundert Millionen Dollar gesprochen, und nun verglich der Richter – Schlichtmann hatte zumindest diesen Eindruck – Woburn mit dem Fall *Pennzoil gegen Texaco*, bei dem die Jury dem Kläger, Pennzoil, elf *Milliarden* Dollar zuerkannt hatte.

Zufälligerweise saß Gordon an diesem Nachmittag im Zuschauerraum. Das ist bankfähig, dachte Gordon, als er die Bemerkungen des Richters hörte. Er nahm sich vor, eine Kopie der Abschrift zu Onkel Pete bei der Bank of Boston zu bringen, um sie als Sicherheit für einen höheren Kredit zu benutzen.

5

Je näher das Ende der Offenlegung heranrückte, desto schärfer wurde das Tempo, das man anschlug. Im Dezember arbeiteten alle am Fall beteiligten Anwälte sieben Tage in der Woche. Sie lebten von Sandwiches und gelieferten kalten Platten und chinesischem Essen aus dem Schnellimbiß, aßen ihre Mahlzeiten an ihren Schreibtischen oder am Konferenztisch. Wer Familie hatte, sah sie nur unregelmäßig. Conway kam nach Hause, wenn seine Frau und seine beiden Kinder in Wellesley bereits schlafen gegangen waren, und er wachte am nächsten Morgen in der Winterdämmerung auf, bevor irgend jemand sonst aufgestanden war.

Manchmal ging Schlichtmann über Nacht gar nicht nach Hause. Er schlief auf der Couch in seinem Büro ein, erwachte beim ersten Morgengrauen und arbeitete weiter. Drüben bei Foley, Hoag & Eliot berechnete Cheeseman W. R. Grace 115 Arbeitsstunden in einer einzigen Woche, was einem Durchschnitt von sechzehneinhalb Stunden an sieben Tagen hintereinander entsprach. Soviel hatte er in einer einzigen Woche noch nie gearbeitet, nicht einmal als junger Mitarbeiter, der ängstlich darauf bedacht war, die Seniorpartner zu beeindrucken. Er hoffte, es nie wieder tun zu müssen.

Cheeseman wußte nichts davon, daß Facher nach der Barackenkonferenz versucht hatte, den Fall Beatrice Foods mit einem Vergleich über mehrere Millionen Dollar zu beenden. Allem Anschein nach war ihre informelle Allianz gegen Schlichtmann intakt geblieben. Aber Cheeseman machte sich wegen der Ausdauer seines Verbündeten Sorgen. Eines Tages im Winter hatte er Facher beobachtet, wie dieser vor Richter Skinner stand und über einen Antrag diskutierte, an dem Cheeseman selbst Interesse hatte. Facher hatte erschöpft gewirkt, klein und alt und grau. Seine Stimme geriet zu einem Murmeln. Sie klang, als würde er im Schlaf brummen. Der Richter forderte Facher freundlich auf, lauter zu sprechen. Und Facher hatte die Schultern gezuckt und sich müde hingesetzt. Er gibt diesen Antrag auf, hatte Cheeseman besorgt gedacht. Wieder in der Kanzlei, bemerkte Cheeseman später seinen Partnern gegnüber: »Facher wird zu alt für einen Prozeßanwalt. Ich frage mich, ob wir uns noch immer auf ihn verlassen können.«

Cheeseman und Facher und ihre Mitarbeiter setzten den ganzen Herbst über bis in den Winter hinein die Befragung von Schlichtmanns Experten fort. Schlichtmann hatte getan, was er konnte, um seine Sachverständigen darauf vorzubereiten, und die meisten hielten sich ganz gut.

Da war zum Beispiel Dr. Vera Byers, eine Immunologin aus Kalifornien, die in der medizinischen Fachpresse etwa 85 Artikel über Tumorimmunologie veröffentlicht hatte. Im vergangenen Sommer hatte Byers auf Schlichtmanns dringende Bitte hin ihre eigenen Untersuchungen an den Familien aus Woburn durchgeführt. Nachdem sie die Arbeit der anderen Experten Schlichtmanns eingesehen hatte, kam sie zu dem Schluß, daß die Familienmitglieder tatsächlich an einer chronischen Lösungsmittelvergiftung litten. Langfristige Aufnahme von TRI in niedrigen Dosen, so ihre Auffassung, hatte das Immunsystem beeinträchtigt und das vermehrte Auftreten von Leukämie verursacht.

Byers hatte nie zuvor vor Gericht ausgesagt. Dies war ihre erste Erfahrung als Gutachterin. Grundsätzlich schätzte Schlichtmann unerfahrene Zeugen. »Jungfrauen« nannte er sie. In der Regel waren sie beeinflußbar genug, um seinen Anweisungen zu folgen und seine Warnungen zu beachten. Möglicherweise wurden sie beim Verhör ängstlich, aber Schlichtmann hatte nicht den Eindruck, daß dies ein Nachteil war. »Die ehrlichen, eingeschüchterten Zeugen sind die besten«, erklärte er einmal. »Sie strahlen Ehrlichkeit aus, wenn sie nervös sind. Richter und Geschworene lieben sie.«

Byers, die Anfang Vierzig war, aber jünger aussah, blieb während der drei Tage ihrer Befragung eine forsche Zeugin. Solange Facher sie befragte, gab sie sich entspannt, gelegentlich fast flapsig doch bei Cheeseman, der mit der Frage begann, ob sie in der High-School Cheerleader gewesen sei, wurde sie nüchterner. Als er zur Sache und auf Byers' Meinung zu sprechen kam, verlangte Cheeseman zu wissen, welchen Schaden im einzelnen Anne Anderson durch das verseuchte Wasser genommen habe.

»Geschädigt waren die Atemwege, das Herz, der Magen-Darm-Trakt, das Nerven- und das Immunsystem«, antwortete Byers. »Und wahrscheinlich wurden zudem Zellen und andere Organe in Mitleidenschaft gezogen.«

»Wie etwa die Haut?« fragte Cheeseman.

»Wie etwa die Haut«, bestätigte Byers. »Möglicherweise auch die Nieren.«

»Mehr oder weniger der ganze Körper, was?«

»Genau«, sagte Byers. »Alles hängt zusammen.«

»Sieht so aus, als hätten Sie in diesen Lösungsmitteln das universale Böse gefunden«, bemerkte Cheeseman. Punkt für Punkt ging er mit Byers Anne Andersons Krankengeschichte durch. Sein Tonfall wurde zunehmend spöttischer. »Sie haben in Ihrem Gutachten geschrieben, daß sie eine stabile, kräftige Frau ohne offensichtliche Leiden sei. Heißt das, daß sie in dem Moment, als Sie sie untersuchten, keine Krämpfe, keine Verdauungsstörungen, keinen Schnupfen, keine Nebenhöhlenentzündung, keine Migränekopfschmerzen et cetera hatte?«

»Das ist richtig.«

»Sie haben sie in einem günstigen Augenblick erwischt, was?«

Die Anhörungen von Schlichtmanns Experten, zwölf Medizinern und drei Geologen, sollten schließlich 53 Tage in Anspruch nehmen und 10 000 Protokollseiten füllen. Denjenigen, deren Stellungnahmen auf meßbaren, objektiven Methoden – auf Blinzelreflextests und kardiologischen Untersuchungen – basierten, erging es noch am besten. Der Experte Dr. Alan Levin, ein weiterer von Schlichtmanns Immunologen, war am schlechtesten dran. Am dritten Tag seiner sechstägigen Befragung begann Facher den Arzt auf sanfte, fast freundliche Art und Weise zu fragen, wieviel Zeit er für Rechtsangelegenheiten aufbringe.

Levin antwortete, daß seine Gutachtertätigkeit nur etwa zehn bis 15 Prozent seiner Zeit in Anspruch nehme. Er fügte hinzu, daß er es vorziehe, in seiner Klinik Patienten zu empfangen, eine Arbeit, die er persönlich als wesentlich befriedigender empfinde.

»Nun«, hakte Facher nach, »in wie viele Verfahren sind Sie derzeitig verwickelt?«

Levin antwortete, daß er mit zwei weiteren Fällen zu tun habe, einer davon in Sacramento, der andere in Texas.

»Erzählen Sie mir von dem Fall in Texas«, forderte Facher ihn auf. »Haben Sie eine Stellungnahme abgegeben?«

»Ich habe keine offizielle Stellungnahme abgegeben. Dazu hatte ich nicht alle Daten, aber basierend auf dem, was der Immunologe des Verteidigers untersucht hatte, gab es einen eindeutigen Beweis für eine Fehlsteuerung im Immunsystem.«

Facher sah auf die Unterlagen, die von einem seiner Mitarbeiter vorbereitet worden waren. »In Iowa gibt es auch noch einen Fall?« fragte er.

»Tut mit leid«, sagte Levin. »Sie haben recht. Mr. Carpenter. Er hat eine Reihe von Pestizidleuten angezeigt.«

»Ich habe hier eine Notiz, daß jemand namens Johnson dabei ist. Sagt Ihnen der Name etwas?«

Levin zuckte die Schultern. »Kann schon sein.«

»Der Vorname ist Millie? 1983?«

»Millie Johnson – sie bekam Asthma, nachdem sie mit Raid in Berührung gekommen war«, meinte Levin.

»Raid? Das Insektizid? Haben Sie ein Gutachten über die Fehlsteuerung im Immunsystem eingereicht?«

»Ich glaube, ja.«

»Ich habe hier eine Notiz über Times Beach. Was ist das?«

»Ich habe auch mit Times Beach zu tun«, antwortete Levin, »und gleichfalls mit Three Miles Island.«

Facher lächelte. »Ich scheine Ihrem Gedächtnis auf die Sprünge zu helfen. Weitere Fälle?«

»Im Moment fallen mir keine weiteren ein.«

»Ich habe noch eine Notiz, Aircraft Stamping.«

»Der Fall ging an die Jury«, entgegnete Levin.

»Und wie lautete Ihr Gutachen?«

»Daß die Chemikalien eine Fehlsteuerung im Immunsystem der Bevölkerung hervorgerufen haben.«

»Sind Sie übrigens irgendwie vorbestraft?« fragte Facher. Schichtmann, der neben Levin saß, biß sich auf die Zunge.

»Nein«, antwortete Levin.

»Was ist mit Schuller?« ließ Facher nicht locker und kam noch einmal auf Levins berufliche Vergangenheit zu sprechen. »Sagt Ihnen Schuller etwas?«

»Schuller war ein Patient von mir, der Chlordan ausgesetzt war – ein interessanter Fall.«

»Und Ihre Stellungnahme lautete wieder auf Fehlsteuerung im Immunsystem?«

»Richtig.«

Und so ging es weiter. Auch Cheeseman hatte Nachforschungen über Dr. Levin angestellt. Cheesemans medizinische Experten hatten ihm gesagt, daß »klinische Ökologie« ein Zweig der Immunologie, der von Levin verfochten wurde, »eine Wissenschaft der Spinner« sei. Cheeseman hielt Levin für einen Scharlatan, und er gab seiner Auffassung schließlich am sechsten Tag der Vernehmung Ausdruck, als der Arzt versicherte, daß T-Zellen-Tests ihn zu der Erkenntnis gebracht hätten, Anne Anderson sei eine »kranke Dame«, die ein hohes Risiko trage, in der Zukunft schwer zu erkranken. Mit vor Sarkasmus triefender Stimme sagte Cheeseman: »Eine Art Eingeweidelesen, was? Tarotkarten. Sie legen die Karten und schauen darauf und lesen daraus die Zukunft?«

Es war eine schwierige Woche für Levin, und fast genauso schwierig für Schlichtmann. Er bewunderte den Immunologen und vertraute ihm, und er schuldete ihm Dank. Levin war sein erster Experte gewesen, sein Führer und Tutor, was den medizinischen Teil des Falles betraf. »Cheeseman will nicht wahrhaben, daß dies ein legitimer Rechtsstreit ist«, sagte Schlichtmann nach Levins Befragung. »Er will daran festhalten, daß ich ein Scharlatan bin. Aber ich bin davon überzeugt, daß die Leute geschädigt wurden, und je mehr ich herausfinde, desto überzeugter bin ich. Ich glaube, daß diese Chemikalien Schädigungen hervorrufen können. Ich will keine dieser Chemikalien in meinem Körper haben.«

6

In den letzten beiden Wochen der Offenlegung bekam Schlichtmann die Möglichkeit, die Stellungnahmen der medizinischen Experten, die von Cheeseman und Facher engagiert worden waren, zu hören. Gemeinsam hatten sie eine Liste von achtundzwanzig Spezialisten zusammengestellt, viele von ihnen mit beeindruckendem Lebenslauf, die zum Teil an der medizinischen Fakultät in Harvard arbeiteten. Es waren sechs Toxikologen, fünf Epidemiologen, drei Neurologen, ein Molekularbiologe, ein Kardiologe, ein Hämatologe, ein Psychiater und diverse Immunologen, Chemiker und Pathologen. Schlichtmann hatte keine Zeit, gemächliche sechstätige Befragungen nach Fachers und Cheesemans Muster durchzuführen. An einem einzigen Tag in der letzten Woche der Offenlegung führte er acht Anhörungen durch, trat Experten gegenüber, von denen er nicht wußte, was ihr Fachgebiet war, nicht einmal, wie sie hießen.

Er fand heraus, daß einige dieser Ärzte seine eigenen Experten kannten, manchmal persönlich, manchmal deren Reputation. Ein Spezialist auf dem Gebiet der Arbeitsmedizin, erzählte Schlichtmann, daß er schon häufig Patienten in Dr. Feldmans Klinik überwiesen habe.

»Was halten Sie von Dr. Feldman?« fragte ihn Schlichtmann.

»Er beeindruckt mich als ein ausgezeichneter Neurologe«, antwortete der Arzt. »Ich bin erheblich auf sein Urteil angewiesen.«

Schlichtmann plante, diese Aussage vor der Jury zu benutzen, obwohl derselbe Arzt aussagte, er glaube nicht, daß die schlechte Gesundheit der Familien aus Woburn auf die Berührung mit TRI zurückgehe. »Ich habe Personen gesehen, die mit tausendmal – zehntausendmal – höheren Dosen von TRI in Berührung gekommen waren als die, von denen Sie gesprochen haben, und diese Personen haben keinerlei gesundheitliche Schädigungen erlitten«, sagte der Arzt.

Ein Neurologe, Professor in Harvard, bestätigte, daß Feldman, in seinen Worten, ein »kompetenter Neurologe« sei, aber auch er widersprach Feldmans Schlußfolgerungen. Er war der Auffassung, daß Feldman die Ergebnisse der Blinzelreflextests falsch interpretiert habe. »Ich glaube, daß der Normalwert, wie von Feldman ausgelegt, extrem niedrig angesetzt war«, erklärte er. Ein anderer Harvard-Professor, ein Kinderarzt, sagte ungefähr das gleiche über Colvins T-Zellen-Tests. Dieser Experte gab zu, daß Colvin einen »einwandfreien« Ruf habe, aber er sei der Auffassung, daß Colvin von »eher niedrigen« Normalwerten ausgegangen sei, als er die T-Zellen-Werte der Familien aus Woburn beurteilt habe.

Der Kardiologe, den Facher und Cheeseman engagiert hatten, hieß Gilbert Horton Mudge, jr., war Professor in Harvard und Spezialist für Herztransplantationen. Schlichtmann fragte ihn, ob er die kardiologischen Untersuchungen der Familien aus Woburn eingesehen habe. Mudge bejahte.

»Litt irgendeiner dieser Patienten unter Herzrhythmusstörungen?« erkundigte sich Schlichtmann.

»Ich glaube, daß alle Patienten gesund waren«, antwortete der Arzt.

»Leidet irgend jemand von ihnen an Herzrhythmusstörungen?« wiederholte Schlichtmann.

»Die Rhythmusstörungen liegen im Bereich des Normalen«, sagte Mudge.

Mudge hatte die Frage noch nicht beantwortet. Schlichtmann stellte sie zum dritten Mal: »Leidet eine dieser Personen an Herzrhythmusstörungen?«

»Ja«, antwortete Mudge.

»Wie viele leiden an Herzrhythmusstörungen?«

»Soweit ich mich erinnere, hatten mehr oder weniger alle irgendwelche Herzrhythmusstörungen. Aber meiner Meinung nach gehören derartige Rhythmusstörungen zu jeder regulären Patientenschaft.«

Gegen Ende der Befragung, die kaum eine Stunde dauerte, sagte Mudge, er würde gerne EKGs an den Patienten aus Woburn durchführen, um zu sehen, ob es objektive Beweise für eine organische Anormalität des Herzens gab.

»Wofür soll das gut sein?« fragte Schlichtmann.

»Um absolut sicherzugehen, daß es keinen Grund gibt, sich um diese außergewöhnlichen Herzschläge Sorgen zu machen.«

Schlichtmann mochte Mudge. Er freute sich darauf, ihn wiederzusehen – vor einer Jury. Schlichtmann lächelte ihm zu. »Wir sind fertig, Doktor. Gehen Sie und machen Sie die Leute gesund.«

Keiner der sechs Toxikologen, die von Cheeseman und Facher engagiert worden waren, glaubte, daß die geringen Mengen an TRI, die man in den Brunnen von Woburn nachgewiesen hatte, die Gesundheit der Kläger beeinträchtigt haben konnten. Einer von ihnen, der von der University of California in Berkeley kam, räumte ein, daß TRI das Herz, das zentrale Nervensystem und das Immunsystem schädigen konnte, allerdings nicht in jenen

»unendlich kleinen Mengen«, die in Woburn festgestellt worden waren.

Schlichtmann fragte, wieviel TRI es brauchte, um derartige Schädigungen hervorzurufen, und der Toxikologe sagte: »Sehr, sehr hohe Dosen.«

»Wie hoch?«

»Ich glaube nicht, daß die Menschen Wasser trinken würden, das eine genügend hohe Dosis enthält, um eine Vergiftung hervorzurufen.«

Schlichtmann fragte den Toxikologen, ob er die Dosis im Trinkwasser von Woburn für unbedenklich hielt.

»Es gibt keine absolute Sicherheit«, erwiderte der Toxikologe. »Alles birgt ein Risiko. Die Straße entlangzugehen ist nicht sicher. In diesem Raum zu sitzen und von kosmischen Strahlen bombardiert zu werden ist nicht sicher. Will sagen, das Risiko ist für den Menschen tragbar, weil es so unendlich klein ist.«

Als nächsten befragte Schlichtmann einen Kinderhämatologen aus Chicago, einen bekannten Spezialisten, der Hunderte von leukämiekranken Kindern behandelt hatte. Der Hämatologe stimmte zu, daß tatsächlich eine hohe Konzentration von Leukämieerkrankungen in Woburn gegeben sei, er sagte aber gleichzeitig aus, daß »alle bisherigen Konzentrationen von Leukämieerkrankungen bei Kindern auf statistische Zufälle« zurückgingen und nicht auf »irgendeine besondere Gefährdung«. Seiner Meinung nach hatte das Wasser in Woburn nichts mit den Leukämiefällen zu tun. Sowohl Tierversuche als auch epidemiologische Studien, sagte er, wiesen darauf, daß TRI beim Menschen nicht krebserregend wirkte.

Wenn dem so sei, bohrte Schlichtmann weiter, wodurch seien dann die Leukämieerkrankungen in Woburn verursacht worden?

»Ich glaube nicht, daß irgend jemand auf der Welt weiß, was akute Lymphoblastenleukämie bei Kindern hervorruft«, antwortete der Hämatologe. »Sie entsteht einfach. Die Molekularbiologen werden uns die Antworten liefern, aber im Augenblick weiß das noch niemand.«

Schlichtmann war der Auffassung, daß es sich bei den meisten

Experten, die von der Verteidigung engagiert worden waren, um befähigte, sogar ausgezeichnete Ärzte handelte, die nur zufälligerweise anderer Meinung waren, als seine eigenen befähigten, ausgezeichneten Ärzte. »Die meisten Ihrer Experten geben zu, daß TRI neurologische und immunologische Probleme oder Schwierigkeiten mit dem Herzen verursachen kann«, sagte Schlichtmann eines Abends, nachdem er an einem Tag fünf Befragungen durchgeführt hatte. »Der einzige Unterschied zwischen Ihren Experten und meinen besteht darin, daß Ihre Experten glauben, es sei nicht genügend TRI im Wasser gewesen, um Probleme verursacht haben zu können.«

Unter den Experten der Verteidigung fanden sich allerdings auch Gestalten, die Schlichtmann für ebenjene Scharlatane hielt, zu denen Cheeseman Levin rechnete. Ein Arzt berichtete beispielsweise von einer Studie, die er mit Arbeitern durchgeführt hatte, die mit TRI in Berührung gekommen waren. »Es gab genaugenommen weniger durch Krebs verursachte Todesfälle, als erwartet«, erklärte der Arzt bei seiner Anhörung. »Es gab weniger Todesfälle, die auf Herzerkrankungen zurückgingen. Also stellte ich eine ernsthafte Hypothese dahingehend auf, daß Trichloräthylen in diesen Mengen eher von Nutzen ist, was Herzerkrankungen angeht, als daß es schadet.«

Conway befragte diesen Zeugen, während Schlichtmann mit einer anderen Anhörung beschäftigt war. Die Studie, gab der Arzt nach hartnäckigem Fragen Conways zu, war von ebenjener Firma finanziert worden, welche die Arbeiter dem Lösungsmittel ausgesetzt hatte.

Am Abend erkundigte sich Schlichtmann bei Conway, wie die Befragung gelaufen sei.

»Er sagt, TRI tut gut«, antwortete Conway.

7

In Woburn hatte die EPA inzwischen mit den lange hinausgeschobenen Tests im Grundwasserspeicher des Aberjona River begonnen. Die Brunnen G und H wurden gesäubert und nach sieben Jahren zum ersten Mal wieder in Betrieb genommen. Der Test war darauf angelegt, die Grundwassersituation in den sechziger und siebziger Jahren zu rekonstruieren, als die Brunnen Wasser in die städtischen Rohre pumpten. Obwohl weithin Einigkeit herrschte, daß W. R. Grace und Beatrice Foods für die Verseuchung des Grundwasserspeichers verantwortlich waren, basierte diese Überzeugung doch mehr oder weniger auf Indizien und unbewiesenen Theorien. Die EPA wollte diese Theorien mit einer Feldstudie überprüfen, ehe sie Grace und Beatrice Foods auf Zahlung der Entsorgungskosten verklagte.

Schlichtmann hatte gespannt auf diese Untersuchung gewartet. Er brauchte das Ergebnis für seine eigene Argumentation. Er hatte keine Zweifel, daß damit der Beweis erbracht würde, daß die beiden Firmen für die Verseuchung der Brunnen verantwortlich waren. An einem eisigen Morgen Anfang Dezember, an jenem Tag, an dem die Brunnen wieder in Betrieb genommen wurden, war Schlichtmann zusammen mit einem Heer von 100 Geologen, Ingenieuren, Hydrologen, Bohrmechanikern und Anwälten der EPA, der Geologischen Bundesbehörde und der Beratungsbüros für Umweltschutz, die von jeder der drei Prozeßparteien engagiert worden waren, draußen im Gebiet des Aberjona River.

Der Test war auf einen ganzen Monat, bis Januar, angesetzt. Die Leute mußten den Fluß des Grundwassers mit Hilfe von mehr als 100 kleiner Testbrunnen verfolgen. Sie bauten Hütten auf, um sich vor dem Schnee und dem eisigen Regen dieser kalten Wintertage zu schützen. Gordon organisierte eine Kaffeebrigade für die Leute und weitete seinen Edelmut sogar auf die Berater von Grace und Beatrice Foods aus. In der grauen Winterdämmerung fuhr er mit 100 Portionen Kaffee und 200 Doughnuts im Kofferraum seines Mercedes zum Aberjona River hinaus. Von ihren Stationen bei den Testbrunnen stapften, in Parkas gepackt, Männer und Frauen, die aussahen wie Überlebende einer Arktis-Expedition, über die Holzdielen, die über die eisbedeckten Grasbüschel gelegt worden waren, und versammelten sich um den Kofferraum des Mercedes, um von Gordon Kaffee und Doughnuts zu bekommen. Am Nachmittag kam Gordon wieder, dieses Mal mit Sandwiches und noch mehr Kaffee.

Als ein Elektrokabel, das zu einem Wagen mit einer Computerausrüstung verlief, nach zwei Tagen der Pumptests durchtrennt wurde, war es Gordon, der Sabotage vermutete und sich um die Sicherung der Stromversorgung kümmerte. Er engagierte die gesamte Polizei von Woburn dafür, in ihrer dienstfreien Zeit das Gelände in mehreren Schichten zu bewachen. Als ein wichtiger Bauteil, ein Kondensator, an einem Samstag kaputtging und die EPA mitteilte, es würde mindestens eine Woche dauern, bis es ersetzt werden könnte, ließ Gordon das Teil mit einem eigens gecharterten Flugzeug am Sonntag aus Denver einfliegen. Konnte er die Zeit erübrigen, stand er auf einer Felsnase in der Nähe des Geländes von Beatrice Foods, beobachtete die eisige Szenerie mit dem Fernglas und blieb über Funk mit der EPA und Schlichtmanns Ingenieuren in Verbindung.

Der Pumptest war für alle Beteiligten eine kostspielige Sache. Aber zumindest für Schlichtmann waren die Ergebnisse das Geld wert. Sein Spezialist für Grundwasser, ein renommierter Hydrologe aus Princeton, überprüfte die Daten und berichtete, daß der Pumptest Schlichtmanns kühnste Vermutung bestätigte – die Brunnen G und H waren durch Grundwasser verseucht, das von den Grundstücken der Firmen Beatrice Foods und Grace kam.

Eines Abends Ende Dezember, nach einem ganzen Tag im Marschland, saß Gordon in seinem Büro und rechnete aus, wieviel Geld die Kanzlei für jeden Tag in Woburn bezahlte. Nur drei Monate zuvor hatte er geschätzt, die Pumptests und die Grundwasserspezialisten würden eine Viertelmillion Dollar verschlingen. Die tatsächlichen Kosten lagen nun bei mehr als dem

Doppelten, und die Arbeit war immer noch nicht abgeschlossen.

Gordon verbrachte das ganze Wochenende in seinem Büro und addierte Rechnungen. Als er am Montagmorgen fertig war, lautete die Gesamtsumme: bis dato 1 803 195,84 Dollar. Allein die Zinsen für den Kredit bei der Bank of Boston und den anderen Gläubigern beliefen sich auf mehrere hundert Dollar im Tag. Sie hatten das Budget, das er und Schlichtmann drei Monate zuvor Onkel Pete unterbreitet hatten, nun um eine halbe Million Dollar überschritten. Und bis zum Prozeß waren es immer noch mehrere Wochen.

Gordon schätzte, daß sie es bis zum Prozeß schaffen würden. Sobald sie eine Jury bestimmten, konnte alles mögliche passieren. Eventuell würde es zu einem Vergleich mit Beatrice Foods kommen, vielleicht sogar mit Grace. Und wenn nicht, dann mußte er einen Weg finden, den Prozeß zu überstehen, selbst wenn die Gläubiger an die Türen des Gerichtssaals schlugen. Das einzige, was sie sich nicht leisten konnten, erkannte Gordon, war eine Verschiebung des Prozesses. Er konnte sich keinerlei Möglichkeit vorstellen, wie er Schlichtmann über eine lange Verzögerung hinweg finanzieren sollte.

FACHERS GESUCH

1

Spätabends saß Facher in seinem »Unterstand«, jenem höhlenartigen Raum im 21. Stockwerk, den die Kanzlei Hale und Dorr als Lagerraum benutzte. Von seinem Platz an dem Holztisch in der Mitte des Raumes aus konnte er, in einem Lichtkegel sitzend, zum Fenster hinaus- und zu den dunklen Büros der Wolkenkratzer auf der anderen Straßenseite hinüberschauen. Er war vor kurzem 60 geworden. Eine seiner Katzen, seiner einzigen und geliebten Gefährten zu Hause, war schwer erkrankt und würde sterben. »Das Leben ist so kurz«, sagte er nicht lange nach seinem Geburtstag. »Es scheint idiotisch, es mit Anträgen auf Verfahrenseinstellung zu verschwenden, aber genau das habe ich getan.«

Manchmal verließ er seinen »Unterstand« und schlenderte durch die schwach beleuchteten Korridore der Kanzlei, ging durch ein Stockwerk nach dem anderen, vorbei an dunklen, leeren Büroräumen. In einer der Küchen machte er halt, spähte in den Kühlschrank und suchte nach etwas zu essen. Wenn er irgendwo einen Stapel mit schmutzigem Geschirr und Kaffeetassen entdeckte, krempelte er möglicherweise die Ärmel hoch, ließ Wasser in das Becken einlaufen und begann abzuwaschen. »Das war ein gutes Tageswerk«, sagte er dann, wenn er fertig war.

Einer der Mitarbeiter Cheesemans hatte im vergangenen Herbst bei Facher angerufen und einen Plan dargelegt, eine Firma mit dem Namen »Wissenschaftliche Prozeßführung«, die auf die Auswahl von Jurys spezialisiert war, einzuschalten. Ob sich Facher an den Kosten beteiligen wolle? Wider besseres Wissen hatte

Facher zögerlich eingewilligt, 25 000 Dollar für eine Telefonumfrage beizusteuern, bei der 500 potentielle Geschworene im Großraum Boston kontaktiert wurden. Facher persönlich betrachtete eine »wissenschaftliche« Auswahl der Juroren mit Skepsis, dennoch war diese Methode bei vielen Prozeßanwälten und auch bei seinen eigenen Partnern ziemlich populär geworden. Einen Monat später ging er zu einer Sitzung in Cheesemans Kanzlei, wo er einige Graphiken mit den klassischen Tortenstücken präsentiert bekam, die auf den Telefoninterviews basierten. Die Graphiken zeigten ihm, daß er keine Hoffnung haben konnte, den Fall Woburn zu gewinnen. 82 Prozent der Befragten fanden, daß große Konzerne grundsätzlich für Schäden durch Giftmülldeponien einzustehen hätten. Von denjenigen Befragten, die durch Zeitungsartikel oder im Fernsehen vom Fall Woburn gehört hatten, waren 27 Prozent bereits davon überzeugt, daß sowohl Grace als auch Beatrice Foods für die Todesfälle verantwortlich waren. Unter diesen Umständen, meinte der Experte für Juryauswahl, könnten die beiden Verteidiger bestenfalls darauf hoffen, den Schaden »in Grenzen zu halten«.

»Dafür hätte ich keine 25 000 Dollar auszugeben brauchen«, murrte Facher.

Einige Wochen später rief Cheesemans Partner erneut an, diesmal um mitzuteilen, daß sie einen Scheinprozeß veranstalten wollten, bei dem mehrere Besetzungen von »Juroren« – Leute, die willkürlich von der Straße geholt waren – durch einen Einwegspiegel bei ihren Beratungen beobachtet wurden. Facher lehnte es ab, sich zu beteiligen. »Nach diesen Tortengraphiken würde ich keinen Cent mehr opfern«, sagte er. Facher schätzte, daß die Umfrage Cheesemans Klienten mindestens 100 000 Dollar gekostet hatte. »Die vergoldete Verteidigung«, äußerte sich Facher angewidert. »Manche Mandanten glauben, je mehr Geld ausgegeben wird, desto härter wird gearbeitet.«

Facher hörte, daß eine der Scheinjurys den Familien aus Woburn immense Summen zuerkannt hatte, einem Bericht nach 200 Millionen Dollar. Facher zuckte die Achseln. Er glaubte sowieso nicht an Scheinjurys.

In drei Wochen würden sie damit beginnen, echte Geschworene auszuwählen. Facher hatte nie erwartet, daß Schlichtmann soweit kommen würde. Er öffnete eine Aktenschublade und sah dicke Packen von Unterlagen, die Colvins Bluttest-Ergebnisse enthielten. Er nahm einen Ordner heraus, sah Seite um Seite voller Zahlenkolonnen, die mit Wörtern wie »Blastogenese«, »T-8-Zellen« und »Helfer/Suppressorzellen« überschrieben waren. Er merkte, daß er nicht verstand, was er sich da eigentlich anschaute. Er legte die Akte zurück und öffnete eine andere Schublade, in der hydrogeologische Studien untergebracht waren, Tausende von Seiten mit Bohrberichten und noch mehr Zahlen – Wasserstände, Pumpraten, Spuren von Chemikalien, die in Milliardstel Anteilen gemessen wurden.

Wahllos ging er von einer Schublade zur nächsten. Er öffnete eine, die Krankenberichte zweier Kinder enthielt, die beide noch keine zwölf waren, als sie starben – 6000 Seiten mit Notizen von Krankenschwestern, Laborberichten, Unterlagen von chemotherapeutischen Behandlungen und Knochenmarksaspirationen sowie Notizen von Ärzten. Andere Schubladen enthielten die Krankenberichte der 28 lebenden Kläger, Unterlagen von den kardiologischen Untersuchungen, den psychomotorischen Tests, den elektromyographischen Tests sowie psychiatrische Persönlichkeitsprofile. Facher fing an, die Schubladen zu zählen. Einen Mitarbeiter ließ er die Anhörungsprotokolle zählen. Es gab 159 Bände mit zusammen 23 377 Seiten. 43 Sachverständige waren eingeschaltet. Facher kannte noch nicht einmal alle mit Namen, geschweige denn den Inhalt ihrer Gutachten. Er hatte keine Zeit gehabt, sich hinzusetzen und diese Aussagen durchzulesen, und es gab 36 weitere, die noch nicht einmal transkribiert waren.

Er war, stellte er fest, noch nicht bereit dafür, den Fall vor Gericht zu verhandeln. Er hatte das Gefühl, daß er für die Vorbereitungen zumindest sechs weitere Monate brauchen würde. Er hatte bereits vor zwei Monaten bei Richter Skinner um Aufschub gebeten, aber der Richter hatte seine Bitte nicht ernst genommen. Facher dachte, vielleicht nicht überzeugend genug gewesen zu sein. Er hatte sein Anliegen nur mündlich vorgebracht – »die

Worte eines Anwalts«, drückte er sich aus, »und die zählen nichts.«

Er beschloß, noch einmal zu fragen. Diesmal würde er seine Bitte in Form einer persönlichen eidesstattlichen Erklärung an Skinner richten, in der er seine Reputation und seine Karriere zur Geltung bringen konnte. Facher mochte eigentlich keine eidesstattlichen Erklärungen von Anwälten. »Der New Yorker Stil der persönlichen eidesstattlichen Erklärungen, die die Gerichte überfluten«, äußerte er sich einmal dazu. »Ich halte sie für widerstandslos und unprofessionell.« Aber in diesem Fall fand er sie gerechtfertigt.

»Ich, Jerome Facher, bin Partner der Kanzlei Hale und Dorr«, so begann seine Erklärung. »Ich bin Vorsitzender der Prozeßabteilung dieser Kanzlei, und ich habe diese Position seit 1976 inne. Ich habe umfassende Prozeßerfahrung mit komplexen Verhandlungen aller Art, mit Wertpapierverordnungen, Handelsverordnungen, Monopolbekämpfung, Produkthaftung, Handelsgeheimnissen, Spitzentechnologie, Patenten, Bankgeschäften ...«

Das anstehende Verfahren, schrieb Facher, sei »der vielschichtigste medizinische und wissenschaftliche Einzelfall, der jemals von einem Rechtsanwalt verhandelt worden« sei. Er schätze, daß der Prozeß »sieben Monate bis zu einem Jahr oder länger« dauern würde. Facher selbst hatte die Größe der Aktenschränke ausgemessen und alles zusammengezählt. »Grob geschätzt würde die Masse der medizinischen, technischen und juristischen Unterlagen, die sich bislang angesammelt haben, aufeinandergestapelt knapp 20 Meter hoch reichen oder der Höhe eines vierstöckigen Gebäudes entsprechen.«

Er bat um eine Aufschiebung von sieben Monaten, bis September, und schloß seine 20seitige Erklärung mit der Versicherung, daß er sie nur widerwillig und nach »reiflicher Überlegung« verfaßt habe. Er sei ein Rechtsanwalt, dessen Erfahrung und Gepflogenheiten ihm stets verboten hätten, um eine Prozeßvertagung zu ersuchen, und der auf Verfahren sowohl vor Amts- wie Bundesgerichten stets vorbereitet gewesen sei. »Dies ist das erste Mal, daß ich eine eidesstattliche Erklärung abgebe, die um die

Verschiebung eines Prozeßtermins ersucht. Ich gehe davon aus, daß sich das nie mehr wiederholen wird.«

Es hatte ihn eine ganze Woche gekostet, diese Erklärung zu verfassen, zwischen den einzelnen Befragungen arbeitete er immer wieder daran. Es war ein persönliches Gesuch, aber es war würdevoll. Er war stolz darauf. An einem Sonntagabend Ende Januar war er damit fertig. Der Richter hatte Zeit genug, sein Gesuch zu lesen, bevor am Mittwoch nachmittag die Vorverhandlung beginnen würde.

Richter Skinner hatte Fachers Erklärung noch nicht gelesen, als sich die Anwälte am Mittwoch im Gerichtssaal versammelten. Genaugenommen konnte er die Erklärung zwischen all den Stapeln von Anträgen auf seinem Schreibtisch nicht einmal finden. Er suchte eine Weile danach und förderte sie schließlich zutage. »Ich gedulde mich, um Euer Ehren einen Moment Zeit zu geben, meine Erklärung zu lesen«, sagte Facher mit offenkundigem Entsetzen zum Richter.

Schlichtmann saß am Anwaltstisch, mit Nesson auf der einen und Conway auf der anderen Seite, und wartete schweigend, während der Richter stumm las. Er blickte hinaus in den trüben Winterhimmel vor dem Gerichtssaal und sah, daß es zu schneien begonnen hatte. Wenn es Facher gelang, den Richter zu überzeugen, dann würde der Sommer kommen und wieder gehen, bevor der Prozeß schließlich begann. Schlichtmann wußte, daß er bis September nicht überleben würde. Der Prozeß kostete seine Kanzlei täglich viele tausend Dollar, und er würde so lange weitere Kosten verursachen, bis der Prozeß begann.

»Sieben Monate bis ein Jahr oder länger?« rief der Richter aus und sah von der Erklärung auf. »Nein, so lange wird das Verfahren nicht dauern. Vielleicht sind einige von Ihnen ja geduldige Richter gewöhnt. Aber ich gehöre nicht dazu. Ich werde nicht zulassen, daß die Zeugenvernehmung endlos fortgesetzt wird.«

Richter Skinner wandte sich wieder der Erklärung zu. Als er zum Ende gekommen war, sah er Facher nachdenklich an und sagte: »Ich weiß, es ist schrecklich, von irgendeinem blöden Richter unter Druck gesetzt zu werden, der dauernd mit dem Verfahren beginnen möchte. Aber man kommt in verdammte Schwierigkeiten mit der Zeit, wenn man alles für einen Prozeß vorbereitet und das Verfahren dann um ein halbes Jahr verschiebt. Das ist eine schreckliche Zeitverschwendung.«

Als er den Gerichtssaal betreten hatte, war Facher sich fast sicher gewesen, daß seine Erklärung den Richter überzeugen würde, das Verfahren zu vertagen. Nun wurde ihm klar, daß er noch mehr dafür würde tun müssen.

»Ich bitte Sie, ich flehe Sie praktisch an«, sagte Facher. »Ich bin nicht im geringsten vorbereitet. Das ist die Wahrheit. Wir hatten einen Zeitplan, der absolut verrückt war. Wir müssen Leute vorladen, wir müssen sie vorbereiten. Wir haben zahlreiche ungewöhnliche Theorien. Das alles ist nicht einfach.«

Fachers Gesuch – die Tatsache, daß der alte Anwalt den Richter tatsächlich anflehte – erstaunte Schlichtmann. Nesson machte sich geschäftig Notizen. Schlichtmann warf einen Blick darauf. Nesson hatte geschrieben: »›Das alles ist nicht einfach‹ – Jerry Facher, 29. Jan. 1986.«

Schlichtmann nahm einen Stift zur Hand und schrieb auf Nessons Block: »Bei uns alles in Ordnung?«

»Bis jetzt«, schrieb Nesson zurück. Und fügte noch hinzu: »Offen, ob wir Prozeßtermin im Feb… kriegen.«

»Ich habe Tag und Nacht gearbeitet, sogar an den Wochenenden«, erklärte Facher dem Richter. »Ich habe alle anderen Verpflichtungen abgesagt. Ich dachte, einmal in meiner Laufbahn könnte ich Ihnen sagen, daß ich noch nicht fertig bin. Hier handelt es sich nicht um den Fall, daß die Großmutter eines Anwalts zum dritten- oder viertenmal stirbt. Niemand trödelt.«

»Ich behaupte nicht, daß jemand trödelt«, entgegnete der Richter.

Schlichtmann fand, es sei an der Zeit, daß er sich zu Wort meldete. »Die Kläger sind bereit, im Prozedere fortzufahren, Euer Ehren. Wir haben die Zeit genutzt. Mr. Facher sagt, er habe keine Zeit gehabt, die Unterlagen zu lesen, ich habe mir die Zeit genommen. Ich habe an einem einzigen Tag acht Experten befragt…«

Facher verzog das Gesicht. »Jan, so wie Sie Ihre Befragungen durchgeführt haben, hätten Sie es auch bleiben lassen können. Es ist nicht die Art einer sorgfältigen ausführlichen Befragung, wie ich sie …«

»Ach, ich weiß nicht«, widersprach Schlichtmann. »Ich habe eine Menge aus ihnen rausgekriegt.«

»Wenn Sie den Termin vertagen«, sagte der Richter lächelnd zu Facher, »geben Sie Mr. Schlichtmann möglicherweise die Chance, sich noch besser vorzubereiten.«

»Genau«, pflichtete Schlichtmann bei. »Es wird Zeit zu sagen, genug ist genug, um den Fall zu verhandeln. Ich weiß, daß die Verteidiger genausogut vorbereitet sind wie ich. Sie sind exzellente Prozeßanwälte. Sie werden keine besseren finden. Es ist mir eine Ehre, gegen sie anzutreten.«

Facher ignorierte dieses schale Kompliment. »Ich bin stolz auf die Arte und Weise, wie ich Prozesse vorbereite«, sagte er zum Richter. »Aber diesen einen hier war ich nicht in der Lage vorzubereiten. Ist das rechtens, eine Partei zum Verfahren zu drängen, wenn ein Anwalt sagt: ›Ich kann noch nicht. Zwingen Sie mich nicht‹? Und wenn es im Protokoll noch so schlecht klingt, das ist, was ich sage. Glauben Sie mir, es tut weh, denn ich bin ein stolzer Anwalt.«

»Was halten Sie davon?« kam der Richter ihm entgegen. »Wir fahren fort und wählen die Jury aus der Liste aus, wie geplant, und schirmen sie zumindest so weit ab, wie wir können. Dann beginnen wir mit dem Verfahren im März anstatt im Februar. Wie hört sich das an?«

»Ich muß sagen, das hilft mir nicht«, erwiderte Facher. »Ich bin kein Anwalt, der versucht, mit dem Gericht zu handeln. Ich bin zufälligerweise keiner jener Anwälte, die maßlos übertreiben.«

»Ich deute damit nicht an, daß ich nicht glaube, was Sie sagen«, rechtfertigte sich der Richter. »Wenn es um ein oder zwei Wochen ginge, könnte ich damit leben. Aber ich glaube wirklich, daß wir beginnen sollten. Es gilt nur noch, in den sauren Apfel zu beißen und loszulegen.« Er hielt einen Moment inne und fügte dann noch, ohne sich an jemanden im besonderen zu wenden, hinzu: »Ich habe großes Verständnis für Mr. Fachers Standpunkt. Ich möchte nicht in seiner Situation sein.«

Facher sagte leise: »Ich bin mehr als nur enttäuscht.«

»Ich weiß«, entgegnete der Richter genauso leise. »Es tut mir leid.«

Facher hatte noch eine letzte Hoffnung, das Verfahren aufzuhalten. Er sagte zum Richter: »Ich möchte Euer Ehren gern in einen möglichen Vergleich des Falles einbeziehen. Das ist ein sehr wichtiger und gleichzeitig vernachlässigter Punkt, der des Eingreifens durch das Gericht bedarf. Das ist wirklich so, und ich bin sonst nicht so sehr auf richterliches Eingreifen aus.«

»Wenn es irgendeine Möglichkeit eines Vergleiches gibt«, sagte der Richter, »dann möchte ich nicht mit Leuten sprechen, die ihn nicht wollen.« Er sah Schlichtmann an. »Wollen Sie einen Vergleich?«

»Natürlich«, antwortete Schlichtmann. »Kläger suchen immer nach einem vernünftigen und gerechten Vergleich.«

»Fragen Sie ihn, um welche Summe es bei dem Vergleich gehen soll«, sagte Facher sarkastisch. »Vielleicht kriegen Sie ja eine Antwort, ich habe nämlich noch keine bekommen.«

»Sie müssen mit einer Summe beginnen«, forderte der Richter Schlichtmann auf. »Sie können nicht erwarten, daß die Verteidigung gegen sich selbst bietet. Sind Sie in der Lage, eine realistische Forderung für den kompletten Fall zu stellen – und nicht nur *pro forma*?«

»Gewiß«, erwiderte Schlichtmann.

»Warum legen Sie Ihre Forderungen nicht morgen vor? Manchmal«, fuhr der Richter nachdenklich fort, »ist man überrascht, wie zügig sich ein Fall mit einem Vergleich beenden läßt, wenn man genau überprüft, was die Leute eigentlich wollen. Bei Verfahren, in denen es um Todesfälle von Kindern geht, ist die wichtigste Antriebsfeder ein überwältigendes persönliches Schuldgefühl, glaube ich. In den meisten Fällen wollen die gar kein Geld. Sie sind im Gegenteil vielleicht sogar gekränkt, daß Geld als Gegenwert für ein Menschenleben betrachtet wird. Was sie wollen, ist, daß sie jemand von jeglicher Schuld freispricht.«

2

Es war bereits dunkel, als Schlichtmann an diesem Abend das Gerichtsgebäude verließ. Er ging mit Conway, seinem »Sancho Pansa«, und Nesson, dem Juraprofessor aus Harvard, die Milk Street entlang. Trotz der eisigen Januarluft hatte er seinen Mantel offenstehen. Seine Stimmung war optimistisch. Er hatte die Klausel 11, den Antrag auf ein abgekürztes Verfahren, den Zorn des Richters in der Baracke und die kleinkarierten Schikanen des Amtsrichters überstanden. Er hatte die Offenlegung und Fachers Gesuch um Prozeßvertagung überlebt. Der Fall würde nun endlich vor eine Jury kommen.

Zurück in der Kanzlei, jubelte er vor Freude. Die Sekretärinnen und die anderen Kanzleimitarbeiter versammelten sich, um zu hören, was geschehen war. Und als Phillips und Gordon vorbeikamen, erzählte er die ganze Geschichte noch einmal – und ein drittes Mal, als Kiley und Neville aufkreuzten. »›Ich bin ein stolzer Anwalt, ich flehe Sie sozusagen an‹«, krächzte Schlichtmann. »Stellt euch das vor! Facher fleht den Richter an!« Zu seinen Kollegen sagte er an diesem Abend: »Die Frage ist jetzt nur noch, wie hoch wir gewinnen werden.«

Am Abend ging Schlichtmann mit all seinen Mitarbeitern ins Hampshire House, um beim Essen über ein Vergleichsangebot zu sprechen. Schlichtmann hatte dem Richter versichert, daß er bereit sei, bis zum nächsten Tag eine angemessene Forderung vorzulegen, aber niemand hatte konkret darüber nachgedacht, wieviel man fordern könnte, nicht seit Nesson zu ihnen gestoßen war und zu verstehen gegeben hatte, daß 24 Millionen für diesen Fall gerade mal ein Taschengeld waren.

Nachdem der halbe Abend vorbei war, beschlossen sie nach langen Debatten, daß 100 Millionen Dollar angemessen seien. Nachdem man Fachers Flehen gehört hatte, schien dies zumindest an diesem Abend keine absurde Summe zu sein.

Kiley plädierte für mehr und auch einige andere hatten den Eindruck, daß 100 Millionen zu wenig seien. Vielleicht würde sie das »Möglichkeiten kosten«, wie Gordon sich ausdrückte. »Wir wollen uns nicht selbst im Weg stehen«, sagte er.

Schließlich einigten sie sich auf einen Kompromiß. Sie beschlossen, 175 Millionen zu fordern. Das würde einigen Freiraum bieten, nach unten bis zu 100 Millionen nachzugeben, sollte dies notwendig werden. Aber sie wollten eine derartige Summe nicht geradeheraus auf einen Schlag fordern, das wäre zu plump und ohne jede Finesse gewesen. Statt dessen würden sie ein ganzes Paket von Forderungen sowie einen Zahlungsplan vorlegen.

Schlichtmann erinnerte sich daran, daß der Richter einen Vergleich erwähnt hatte, bei dem eine Firma im Namen eines Jungen, der durch einen von ihr hergestellten Außenbordmotor ums Leben gekommen war, ein Stipendium eingerichtet hatte. Wie wäre es mit einigen Stipendien? Besser noch, wie wäre es, wenn man von Grace und Beatrice Foods forderte, daß sie Geld für eine Stiftung für Leukämieforschung zur Verfügung stellten? Oder an der Universität Boston einen Lehrstuhl für Umweltmedizin einrichteten?

Gordon gefiel der letzte Vorschlag am besten. »Die sind alle in Harvard gewesen«, sagte er und meinte damit die Anwälte der Verteidigung. »Das wird ihnen gefallen.«

Nach einigem Hin und Her einigten sie sich auf 25 Millionen für eine Leukämiestiftung, weitere 25 Millionen in bar und der Rest sollte über 30 Jahre hinweg in Raten an die Familien bezahlt werden.

Gordon hatte sein Jackett abgelegt, die Ärmel seines Hemdes hochgekrempelt und sich mit seiner Rechenmaschine an die Arbeit gemacht. Bald schon hatte er Stapel von Papier neben sich liegen. Er hatte an einer ganzen Reihe komplexer Vergleiche gearbeitet, bei denen es um eine Million Dollar ging, auch um zwei oder drei Millionen Dollar, aber noch nie an einem Vergleich, bei dem so viele Millionen ausgezahlt werden sollten. Eine Million Dollar pro Jahr für jede Familie über 30 Jahre hinweg? Das klang nach zuviel. Gordon versuchte es damit, den Betrag für einen einzelnen Monat zu berechnen, aber das klang sogar noch schlimmer – 83 333 Dollar monatlich über 30 Jahre hinweg. Vielleicht sollte es eine größere Barzahlung im voraus geben?

»Los, Gordon«, sagte Schlichtmann. »Das ist nicht so schwierig. Laß es einfach günstig aussehen.«

Conway stand auf und ging um den Tisch. Er beugte sich über Gordon und sah auf die Zahlen. Er zündete sich eine Zigarette an und seufzte tief, als er sich wieder an Schlichtmann wandte. »Das ist lächerlich, Jan. Du wirst ihnen diese Forderung vorlegen, und sie werden uns auslachen. Sie werden aufstehen und gehen.«

Schlichtmann hatte eine solche Bemerkung von Conway erwartet. »Machst du Scherze?« sagte er. »Wir werden den ganzen Tag lang verhandeln.«

Conway hatte seine Gründe, sich Sorgen zu machen. Die Übereignungsurkunde für sein Haus in Wellesley lag nun bei der Bank of Boston, in Onkel Petes Akten. Gordon war wegen eines weiteren Kredits zu Pete gegangen, und der hatte diesmal eine zusätzliche Sicherheit gefordert. Gordon hatte Schlichtmanns Eigentumswohnung und die Häuser sowohl von Conway als auch von Crowley zur Verfügung verpfändet.

Was hatten sie Onkel Pete vor vier Monaten erzählt? Gordon wollte es noch einmal wissen. Sie hatten gesagt, der Fall sei 24 Millionen wert. Nun waren sie bei 175 Millionen. »Das ist verrückt, Jan«, sagte Conway.

Schlichtmann lachte. Er nannte Conway einen »Weichling«. Er schüttelte den Kopf: »Du bist so negativ eingestellt, Kevin.«

Conway fühlte sich völlig alleingelassen. Er konnte nicht mit Schlichtmann sprechen, der von den anderen umgeben war und ohnehin nicht mehr zuzuhören schien. Nesson und Kiley hatten im Moment seine Aufmerksamkeit. Conway hatte das Gefühl, als würde er die Orientierung verlieren. Sogar sein Freund aus Kindertagen, Tom Neville, der zynische Verteidiger, schien vom Wahnsinn des Abends gepackt zu sein und warf mit riesigen Summen um sich.

Conway fragte sich, ob er derjenige sei, der verrückt war. Warum konnte er sich der Stimmung der anderen nicht anschließen? Er dachte dauernd an die Übereignungsurkunde für sein Haus in Onkel Petes Akten. Er nahm sich noch eine Zigarette von Gordon, setzte sich an das Ende des Tisches, rauchte und beobachtete die Leute, wie sie aufgeregt miteinander redeten. Nesson saß neben Schlichtmann und Kiley, und Phillips wich Gordon nicht von der Seite, der eine Marlboro nach der anderen paffte, während er an seiner Rechenmaschine arbeitete. Nach einer Weile setzte sich Phillips neben Conway. »Na?« meinte er.

»Ich kann einfach nicht glauben, was hier vor sich geht, dieses Gequassel über Zahlen«, erklärte Conway bitter.

»Das geht vorbei, wart's ab«, sagte Phillips mit beruhigender Stimme.

Conway war sich nicht sicher, was er damit meinte. Auch Phillips hatte von der Geldgier angesteckt gewirkt, über die Umweltverschmutzung von Grace im Wert von 250 Millionen Dollar und über die fremdfinanzierte Übernahme von Beatrice Foods gesprochen, die gerade für sieben Milliarden Dollar vor sich ging.

»Das ist verrückt, Mark«, sagte Conway nachdrücklich zu Phillips. »Du weißt, daß ihr spinnt. Sie werden uns niemals derartige Summen bezahlen. Facher wird ›Leckt mich‹ sagen und weggehen.«

Aber an diesem Abend hörte niemand auf Conway. Am Ende diskutierten sie noch über den äußeren Rahmen für die Verhandlungen. Gordon hatte bereits einen privaten Konferenzraum, den Wendell Phillips Room, im Hotel Four Seasons reserviert. Von diesem Raum aus hatte man Blick auf den Stadtpark, der neben dem Bostoner Common lag, und die Statue von Wendell Phillips, dem berühmten Reformer aus dem 19. Jahrhundert, mit dem Phillips verwandt war.

Gordon gab im Four Seasons Bescheid, Frühstück zu servieren – frisch gepreßten Orangensaft, Melonen, Kaffee, Croissants und anderes Gebäck. Außerdem sollten Blumenschmuck und Wasserkrüge aus Sterlingsilber aufgestellt werden. Wenn alles nach Plan verlief, brauchte Gordon sich keine Sorgen machen, wovon er die Rechnung bezahlen sollte. Er würde überhaupt nie mehr wieder Geldsorgen haben. Außerdem traf er Vereinbarungen für ein Mittagessen mit »gehobenem« Wein (wie Gordon sich ausdrückte) und für das Abendessen, gesetzt den Fall, daß dies notwendig sein sollte.

Schlichtmann entschied, daß sie alle auf jener Seite des länglich ovalen Tisches sitzen sollten, von der aus man in den Stadtpark sehen konnte. Er wollte nicht, daß Facher und Cheeseman und deren Partner sich unwohl fühlten, weil die Sonne sie blendete. Schlichtmann wollte in der Mitte sitzen, links und rechts flankiert von zwei Männern des Geldes: Gordon und Phillips. Und Conway und Crowley sollten auf der einen, Nesson und Kiley auf der anderen Seite sitzen.

Die ganze Taktik machte Nesson Spaß, der nie zuvor einer hochkarätigen Vergleichsverhandlung beigewohnt hatte. »Das wird ja inszeniert wie eine Hollywood-Produktion«, sagte er erstaunt.

Laut Drehbuch sollte Schlichtmann zunächst über die Vorgehensweise des Vergleichs und über die Einbeziehung von Versicherungen und Entscheidungsträgern der Konzerne sprechen. Er würde den Anwälten der Verteidigung mitteilen, daß sich deren Klienten als Bedingung für einen Vergleich bereit erklären müßten, den gesamten Grundwasserspeicher im Gebiet des Aberjona River zu reinigen und ihre Verantwortung einzugestehen. Dann würde Gordon das Wort ergreifen und die Einzelheiten des Handels über 175 Millionen Dollar erläutern.

»Was wirst du anziehen?« erkundigte sich Gordon bei Schlichtmann.

»Schwarzer Anzug, rote Krawatte«, sagte Schlichtmann. »Rot für die Leidenschaft.«

»Schwarz ist dein Anzug bei Gericht«, erwiderte Gordon. »Hier handelt es sich um ein Geschäftstreffen. Grau paßt zu einem Geschäftstreffen. Ziehst du morgen deinen blauen Anzug an, Mark?« fragte er Phillips. »Mein blauer ist besser als deiner. Und was ist mit dir, Kevin?«

Conway haßte dieses Gespräch über das äußere Erscheinungsbild. »Ich komme in etwas ganz Besonderem«, sagte er.

»Aber nicht mit der fleckigen Krawatte mit dem Wolfskopf

darauf«, warnte Schlichtmann. »Nicht in dem Anzug voller Eiscreme, den deine Frau in die Waschmaschine gesteckt hat.«

3

Cheeseman und seine beiden Partner erschienen pünktlich um zehn Uhr im Four Seasons. Schlichtmann begrüßte sie, als sie hereinkamen, und schüttelte Cheeseman die Hand. Dies wirkte ziemlich lächerlich, nachdem er und Cheeseman sich im Verlauf des letzten Jahres nahezu täglich gesehen und bei diesen Gelegenheiten einander nie die Hand gegeben hatten. Sie standen am Frühstücksbuffet, nahe der silbernen Kaffeekanne, den Croissants und dem Obst, und versuchten zu plaudern, aber das Gespräch stockte.

Conway sah zum Fenster hinaus auf den schneebedeckten Stadtpark und die Statue von Wendell Phillips und dachte wieder an die Urkunde für sein Haus in Onkel Petes Aktenschrank. Er hätte seiner Frau wirklich erzählen sollen, daß er das Haus verpfändet hatte, aber er wußte nicht, wie er es ihr beibringen sollte.

Facher verspätete sich um zehn Minuten. Er trat gemeinsam mit Frederico in den Raum, lächelte liebenswürdig und schüttelte ebenfalls zuerst Schlichtmann, dann Nesson die Hand. Sie seien zu spät gekommen, weil sie den ganzen Weg von der Kanzlei hätten gehen müssen. Facher leistete sich nur ungern ein Taxi. Während er seinen Mantel ablegte, erzählte er Nesson, daß man ihm in Harvard eben einen »Stuhl« angeboten habe.

Diese Nachricht schockierte Nesson. Facher mit einem eigenen Lehrstuhl? Nesson hatte sich nie ausgemalt, daß Facher ein so ausgezeichneter Wissenschaftler sein könnte. »Welchen Stuhl?« erkundigte er sich.

»Einen schwarzen Stuhl, mit Armlehnen«, antwortete Facher. Auf einer kleinen messingnen Tafel an der Rückenlehne sei sein Name eingraviert. Seine Studenten hätten ihm den Stuhl geschenkt.

Nesson lachte und gratulierte Facher.

Nach einigen Minuten nahmen die Anwälte die ihnen zugewiesenen Plätze am Tisch ein. Schlichtmann begann darüber zu sprechen, wie er und seine Partner stets nur einige wenige ausgewählte Fälle annahmen und diesen dann ihre ganze Kraft widmeten. (Dies war Schlichtmanns Art auszudrücken, daß sie nicht mehr aufzuhalten waren.) Er sagte, er wolle einen Vergleich, der die ökonomische Sicherheit der Familien gewähre und deren zukünftige Arztrechnungen abdecke. Die Familien, so fuhr er fort, hätten nicht nur um des Geldes wegen geklagt. Sie wollten das Eingeständnis von Fehlern von seiten der beiden Konzerne, sagte Schlichtmann, eine vollkommene Aufdeckung jeglicher Aktivitäten, die mit dem Deponieren von Giftmüll zu tun hatten.

»Behaupten Sie damit, es hätte keine vollkommene Aufdeckung gegeben?« fragte Facher.

»Nein«, sagte Schlichtmann, der zwar genau dies gemeint hatte, sich aber nun bemühte, eine Konfrontation zu vermeiden. »Aber als Teil des Vergleichs wollen wir eine Aufdeckung, die vom Richter abgesegnet wird.« Eine weitere Bedingung, fügte er hinzu, sei eine Einwilligung der Konzerne, ihr Gelände von Giftmüll zu reinigen und die Kosten für die Säuberung des Grundwasserspeichers zu übernehmen.

Keiner der Anwälte der Gegenseite hatte Essen oder Trinken auch nur angerührt. Während Schlichtmann sprach, sah er Facher nach einer Schüssel mit Pfefferminzbonbons auf dem Tisch greifen und langsam eines davon auswickeln. Facher steckte sich das Pfefferminz in den Mund und lutschte daran, beobachtete, wie Schlichtmann ihm dabei zuschaute.

Schlichtmann sprach eine Viertelstunde lang. Dann umriß Gordon die finanziellen Bedingungen eines Vergleichs: eine jährliche Zahlung von anderthalb Millionen Dollar für jede der acht Familien über einen Zeitraum von 30 Jahren hinweg; 25 Millionen für die Einrichtung einer Forschungsstiftung, welche die Zusammenhänge zwischen Giftmüll und Krankheit untersuchen sollte; und weitere 25 Millionen in bar.

Cheeseman und seine Partner machten sich Notizen auf ihren Blöcken, während Gordon sprach. Facher musterte den Stift, der vom Four Seasons zur Verfügung gestellt worden war. Er sah nach einem Stift guter Qualität aus. Diese Zahlen, dachte er, sind absurd. Sie bedeuteten entweder, daß Schlichtmann keinen Vergleich wollte, oder daß er verrückt war. Vielleicht wollte Schlichtmann ganz einfach vor Gericht. Dieser opulente Rahmen und die Art, in der Schlichtmann wie bei einer Abendmahlsszene von seinen Jüngern flankiert am Tisch saß, nervte Facher. Woher nahm Schlichtmann dafür das Geld?

Als Gordon zu Ende war, machte sich Schweigen breit.

Schließlich hörte Facher auf, den Stift zu mustern. Er sah auf und sagte: »Wenn ich nicht so ein höflicher Mensch wäre, würde ich Ihnen sagen, was Sie mit Ihren Forderungen tun können.«

Cheeseman hatte Gordons Zahlen addiert. Nach Cheesemans Berechnung forderte Schlichtmann eine Gesamtsumme von 410 Millionen Dollar über einen Zeitraum von 30 Jahren hinweg. »Welchem Wert entspricht das zum gegenwärtigen Zeitpunkt?« erkundigte sich Cheeseman bei Gordon.

Gordon sagte, er wolle sich dazu nicht äußern. »Das können Ihnen Ihre eigenen Leute sagen.«

Facher nahm sich ein Croissant von dem Teller vor ihm, wickelte es in eine Serviette ein und steckte es in die Tasche. Neben seinem Pfefferminzbonbon war das alles, was die Anwälte der Verteidigung von dem kostspieligen Buffet angerührt hatten, das von Gordon bestellt worden war.

Cheeseman und seine Partner stellten noch ein paar flüchtige Fragen zu den Bedingungen der Aufdeckung, die Schlichtmann beantwortete.

Facher hatte wieder begonnen, seinen Stift zu mustern. »Kann ich den haben?« fragte er unvermittelt und sah Schlichtmann an.

Schlichtmann, der sichtlich irritiert war, nickte.

Facher steckte den Stift in seine Brusttasche. »Hübscher Stift«, sagte er. »Vielen Dank.«

Dann erhob sich Facher, nahm seinen Mantel und ging zur Tür hinaus. Frederico, der kein Wort gesagt hatte, folgte ihm.

Auch Cheeseman und seine Partner standen auf, und im Nu waren sie Facher gefolgt.

Schlichtmann und seine Kollegen saßen allein am Tisch. Gordon sah auf die Uhr. Das Treffen habe genau 37 Minuten gedauert, verkündete er. »Ich denke, wir gehen vor Gericht«, fügte er noch hinzu.

Schlichtmann war überrascht, aber nur einen Moment lang. Er sah seine Mitarbeiter an und zuckte die Schultern. »In zwei Wochen haben wir eine Jury zusammengestellt«, sagte er. »Sie sind unter Zugzwang.«

Conway erhob sich und ging im Raum auf und ab, rauchte eine Zigarette. Er hatte kein Bedürfnis zu reden. Es gab nichts zu besprechen. Diese sogenannte Vergleichsverhandlung hatte nichts gebracht, noch nicht einmal irgendwelche Informationen von der gegnerischen Seite. Er zog seinen Mantel an und ging zusammen mit Crowley die Tremont Street entlang zurück zur Kanzlei. Er fragte sich, ob Facher tatsächlich »Leck mich« gesagt, oder ob er, Conway, sich das nur eingebildet hatte.

»Ich dachte, ich hätte gehört, daß Facher ›Leck mich‹ gesagt hat«, wandte er sich an Crowley. »Hat er es tatsächlich gesagt?«

»Nein«, erwiderte Crowley. »Aber er hätte es genausogut tun können.«

Richter Skinner erfuhr noch am selben Tag, daß das Treffen nicht zum erstrebten Vergleich geführt hatte, aber er erkundigte sich nicht nach den Einzelheiten der Forderungen Schlichtmanns, was für diesen wohl auch von Vorteil war. »Es handelt sich um ein sehr komplexes Angebot.« Mehr hatte Facher dem Richter gegenüber nicht verlauten lassen. »Ich will nicht in die Einzelheiten gehen, aber ich persönlich bin nicht gerade begeistert davon.«

Erst zwei Wochen später, am ersten Tag der Juryauswahl, wurde das Thema Vergleich wieder angesprochen. Am Morgen hatte der Richter im Bus auf dem Weg zur Arbeit einen Artikel im *Boston Globe* gelesen, in dem Anne Anderson mit der Aussage zitiert wurde, Geld spiele für sie keine Rolle. »Das wäre Blutgeld im strengsten Sinn«, zitierte die Zeitung Anne. »Ich wünsche mir nur, daß sie sagen, ›ja, wir haben einen Fehler gemacht.‹«

In seinem Zimmer sagte der Richter zu Schlichtmann: »Mrs.

Anderson spuckt in der Zeitung große Töne. Sie sagt, Geld spiele keine Rolle für sie. Aber wenn Geld keine Rolle spielt, dann, denke ich, steht einem Vergleich nichts im Wege.«

Schlichtmann lachte höflich, aber es klang, als hätte er einen schlechten Witz gehört.

»Haha«, echote der Richter und machte sich über Schlichtmanns dünnes Lachen lustig. »Für jemand anderen spielt Geld eine Rolle.«

»Für Firmen ist Geld von Bedeutung«, sagte Schlichtmann, der den Verdacht hegte, daß der Richter von den Einzelheiten seines Vergleichsangebots Wind bekommen hatte.

»Aber wenn *Sie* nicht über das Geld streiten wollen, dann kann ein Vergleich geschlossen werden.«

Schlichtmann schüttelte traurig den Kopf.

»Nun, dann muß jemand mit Mrs. Anderson sprechen«, folgerte der Richter. »Sie glaubt nämlich, es gehe nicht um Geld.«

4

Die Auswahl der Jury begann planmäßig an einem Dienstag Mitte Februar, morgens um neun. Ihr war natürlich das gewöhnliche Taktieren vorausgegangen. Cheeseman und seine Partner behaupteten, W. R. Grace könne wegen der schlechten Presse, die sie dort hatten, in Boston kein gerechtes Verfahren erwarten. Sie wollten, daß der Fall an ein anderes Gericht verlegt wurde. Sie schlugen Bangor, Maine, vor.

»Meinen Sie das ernst?« grummelte der Richter. »Dort gibt es eines dieser Riesenprojekte. Ich glaube, in Bangor kommen Sie vom Regen in die Traufe.«

Schlichtmann argumentierte noch nicht einmal gegen diesen Antrag. Aber es *hatte* eine Menge Aufsehen um den Fall gegeben. Die meistgesehene Sendung in Amerika, *60 Minutes*, wollte innerhalb der nächsten Wochen ihre eigene Version senden, eine Version, die größtenteils darauf basierte, was Schlichtmann dem Produzenten David Gelber erzählt hatte. In Woburn hatte der

Korrespondent von *60 Minutes*, Ed Bradley, gemeinsam mit Anne Anderson einen Spaziergang durch das Pine-Street-Viertel unternommen, begleitet von einem Kamerateam. Und dann hatte Bradley noch Al Love und seine Frau an deren Küchentisch interviewt.

Richter Skinner machte sich bei der Juryauswahl besondere Mühe. Gewöhnlich befragte er eine ganze Jurorengruppe, ungefähr 50 Personen, auf einmal in seinem Gerichtssaal. Aber für dieses Verfahren wollte er in der Abgeschiedenheit seines Richterzimmers jeden potentiellen Geschworenen individuell befragen. Die Anwälte würden selbstverständlich anwesend sein, aber der Richter allein wollte die Fragen stellen.

In Schlichtmanns Vorstellung bestand die Jury idealerweise aus zwölf Hausfrauen ganz wie Anne Anderson, alles Mütter mit kleinen Kindern. Facher wollte nicht, daß die Jury, welche auch immer, die traurigen Geschichten der Familien zu hören bekam, aber am wenigsten wünschte er sich Mütter mit kleinen Kindern. Zufälligerwiese war nun einer der ersten potentiellen Juroren, die Skinners Richterzimmer betrat, eine gutgekleidete junge Frau, die zwei Kinder im Alter von vier und sechs Jahren hatte. Der Richter brauchte zehn Minuten, um alle Fragen zu stellen: Kannte sie jemanden, der in Woburn lebte? Hatte sie jemals mit Chemikalien gearbeitet? Gab es irgend jemanden in ihrer Familie, der an Leukämie erkrankt war? Hatte sie jemals in einer Stadt gewohnt, in der die städtischen Brunnen wegen Verseuchung geschlossen worden waren? Hatte sie irgend etwas über den Fall gelesen oder gehört? Die Frau verneinte eine Frage nach der anderen.

Der Richter erklärte ihr, daß es bei dem Fall um den Tod mehrerer kleiner Kinder ging, wofür die Kläger zwei große Konzerne verklagt hatten. Ob es dabei irgend etwas gebe, was es ihr schwermachen könnte, die Beweisführung gerecht und unparteiisch zu verfolgen?

Die Frau schien einen Augenblick lang nachzudenken. »Nein, ich glaube, nicht.«

»Sie haben selbst kleine Kinder«, wandte der Richter ein. »Könnte das ein Problem werden?«

»Ich denke, nein.«

»Glauben Sie, daß Sie die Beweisführung unparteiisch verfolgen können?«

»Ja.«

Der Richter bat die Frau, kurz hinauszugehen. »Irgendwelche Probleme?« fragte er die Anwälte.

»Ich denke, es ist für jede Frau mit kleinen Kindern sehr schwer, diesen Fall rational und nicht emotional zu beurteilen – ob sie nun ja oder nein sagt. Ich glaube, es ist eine nahezu unmögliche Aufgabe«, erwiderte Facher.

»Nun, würden Sie einen Vater mit kleinen Kindern auch ausschließen?« erkundigte sich der Richter.

»Nein«, antwortete Facher. »Aber ich glaube, daß eine Frau, die ein Kind über neun Monate hinweg ausgetragen hat, eine besondere Kategorie ist.«

Allerdings eine sehr große besondere Kategorie. »Der Tod von Kindern ruft immer eine emotionale Reaktion hervor«, erwiderte der Richter. »Das kann man nicht vermeiden. Sie scheint eine sehr intelligente junge Dame zu sein. Ich werde sie in die Jury aufnehmen.«

Sie blieb nicht lange. Facher lehnte sie als erste von sechs Geschworenen noch vor der Verhandlung endgültig ab.

Viele Kandidaten gaben bereitwillig – manchmal allzu bereitwillig – zu, daß sie der Meinung waren, große Konzerne seien wenig vertrauenserweckend und verhielten sich rücksichtslos und ignorant, wenn es um die Umwelt ging. Einige Leute sagten das ganz eindeutig, um der Pflicht als Geschworener zu entkommen. Andere schienen tatsächlich zu meinen, was sie sagten. Eine Frau Anfang Dreißig, verheiratet, kinderlos, berichtete dem Richter, daß sie in einer Stadt lebe, in der die Brunnen von einem großen Ölkonzern verschmutzt worden seien. »Das Zeug läuft einfach in die städtischen Brunnen, und nichts geschieht. Ich habe das Gefühl, wir sind, verglichen mit diesem riesigen Konzern, so unbedeutend.«

Der Pflicht enthoben.

Ein College-Verwalter, dessen Schwägerin an Knochenmarksinsuffizienz erkrankt war, nachdem sie in einem Autowerk mit Chemikalien gearbeitet hatte, sagte zum Richter: »Ich habe so ein seltsames Gefühl, als wären die großen Konzerne nicht ehrlich.«

Der Pflicht enthoben.

Eine Frau Mitte Sechzig, Verkäuferin in einem Kaufhaus mit fünf erwachsenen Kindern: »Ich glaube, ich hätte etwas gegen die Firmen.«

»Warum?« wollte der Richter wissen.

»Ich glaube, daß diese Firmen – sie sind zu groß, und sie machen einfach, was sie wollen, egal, was das Gesetz sagt.«

Der Pflicht enthoben.

Und dann war da doch noch eine Frau Mitte Fünfzig, gut gekleidet und offensichtlich wohlhabend, die dem Richter gestand, daß ihr Mann irgendwann einmal mit Fachers Kanzlei »zu tun gehabt« habe.

»Könnte dies dazu führen, daß Sie eher die Auffassung von Hale und Dorr teilen?« fragte der Richter.

»Nicht unbedingt«, erwiderte die Frau. »Sie haben meinem Mann zuviel Geld berechnet.«

Der Pflicht enthoben.

Schlichtmann bedauerte, all diese Kandidaten verloren zu haben. Aber der Richter entließ auch diejenigen, die Grace und Beatrice Foods zu begünstigen schienen. Ein Busfahrer aus Boston zum Beispiel, inzwischen in Rente, sagte über J. Peter Grace, den Präsidenten von W. R. Grace: »Na ja, ich bewundere ihn. Ich habe größten Respekt vor dem Mann. Ich will nicht, daß irgend jemand ihm Schaden zufügt.«

Der Richter und die Anwälte quittierten diese Verlautbarung mit überraschten Blicken und kurzem Schweigen.

»Sie wollten eine ehrliche Antwort«, sagte der Mann und klang defensiv.

Der Pflicht enthoben.

An einem guten Tag befragte der Richter bis zu 18 potentielle Juroren. An manchen Tagen schaffte er nur zehn. Am fünften Tag hatten Facher und Cheeseman all ihre Einsprüche aufgebraucht. Alle bis auf einen bezogen sich auf Frauen mit Kindern. Auch

Schlichtmann konnte keine weiteren Einsprüche erheben, seine hatten sämtlich Männern gegolten – Buchhaltern, Ingenieuren und Bankangestellten. Dann, am sechsten Tag, bekam Schlichtmann einen Schreck. Ein Mann betrat das Richterzimmer, der chemische Reagenzien für medizinische Labors herstellte. Der Chemiker sagte, er habe den Fall Woburn mit Interesse in Fachzeitschriften verfolgt. »Ich glaube nicht, daß man in der Lage sein wird, zu beweisen, daß die Stoffe, welche die beiden Firmen deponiert haben, Leukämie hervorrufen.«

Der Richter dankte dem Mann dafür, so offen gesprochen zu haben, und enthob ihn seiner Pflicht. Dann sah er Schlichtmann an und kicherte. »Da kommt dieser Typ, und Sie haben keinen Einspruch mehr übrig!«

Schlichtmann lächelte matt: »Ich war völlig wehrlos.«

Dies war er noch immer, als der nächste Mann, ein Manager einer Telefongesellschaft, erzählte, daß er früher immer mit einem Vorstandsmitglied von W. R. Grace beim Segeln gewesen sei.

»Waren Sie eng befreundet?« fragte der Richter.

»Wir waren Segelkumpel. Ich glaube nicht, daß mich das beeinflußt.«

Richter Skinner nahm den Mann in die Jury auf. Dann sah er zu Schlichtmann hinüber und bemerkte dessen Verzagtheit. »Man kann nie wissen«, sagte der Richter nicht unfreundlich. »Vielleicht hegt er einen Groll gegen ihn. Vielleicht hat ihn der Typ von Grace an der Boje geschnitten.«

Facher und Cheeseman bekamen den Mann von der Telefongesellschaft, dafür bekam Schlichtmann eine pensionierte Sozialarbeiterin, die der Umweltschutzorganisation Audubon Society angehörte und Literatur vom ähnlichen Ziele verfolgenden Sierra Club bezog, mit der sie, wie sie angab, »mehr oder weniger einer Meinung war.« Am Ende waren die meisten der ausgewählten Geschworenen jedoch letztlich Kompromißkandidaten. Die Gabelstapler-Dame zum Beispiel – eine Frau Mitte Sechzig, grauhaarig, rundlich und rotbackig, die wirkte wie das Urbild der gutmütigen Großmutter und passend zum Klischee sechs Enkel hatte. Außerdem arbeitete sie im Warenlager eines Kaufhauses.

»Ob Sie es glauben oder nicht, ich fahre einen Gabelstapler«, sagte sie.

Als der Richter sie fragte, ob sie sich zum vorliegenden Fall schon irgendeine Meinung gebildet habe, zögerte die Frau, bevor sie verneinte. Dann folgte eine lange Pause. Richter Skinner wartete schweigend ab.

»Wollen Sie meine ehrliche Meinung hören?« erkundigte sich die Frau schließlich. Der Richter nickte. »Ich dachte, vielleicht ist die Frau auf ein bißchen zusätzliches Geld aus, und es war ein großes Unternehmen ...« Ihre Stimme erstarb.

Der Richter nahm die Frau trotz dieser Bemerkung in die Jury auf. Zu diesem Zeitpunkt hatte Schlichtmann noch eine Ablehnungsmöglichkeit übrig, aber er beschloß, sie nicht zu nutzen. Auch Facher und Cheeseman erhoben keinen Einspruch. Ihnen gefiel, was sie über die Frau gesagt hatte, die »auf ein bißchen zusätzliches Geld aus war.«

Innerhalb von sechs Tagen wurden 79 Bürger befragt und schließlich sechs Juroren sowie sechs Stellvertreter in die Geschworenenliste eingetragen. Der älteste war Ende Sechzig, die jüngste Anfang Zwanzig. Nur eine Frau hatte kleine Kinder, aber sie war stellvertretende Jurorin und würde nicht in die Beratungen einbezogen werden, es sei denn einer der regulären Geschworenen wurde im Verlauf des Verfahrens entlassen. Zur regulären Jury gehörten drei Männer – ein Vorarbeiter bei den Stadtwerken, ein selbständiger Anstreicher und ein Postbediensteter. Eine der drei Frauen der regulären Jury war die Gabelstaplerdame. Die zweite, eine Organistin, hatte vier erwachsene Kinder. Und die dritte, Angestellte einer Versicherungsgesellschaft, war Ende Zwanzig, unverheiratet und kinderlos.

Die Anwälte wußten eigentlich nicht besonders viel über diese Menschen. Oberflächlich betrachtet, war es zumindest nicht Schlichtmanns Traumjury, aber auch nicht die von Facher und Cheeseman. Der Richter bemerkte dies natürlich. Er schloß das Prozedere ab, indem er den Anwälten sagte: »Sie haben kein Recht auf eine Jury, nach Ihrem Geschmack. Sie haben lediglich ein Recht auf eine unparteiische Jury.«

5

Die Feinheiten der Juryauswahl beschäftigten Schlichtmann den ganzen Tag über. Am Abend gestattete er sich, in seinem Büro einen Augenblick lang zu entspannen, und es war eine herrliche Entspannung, darüber nachzudenken, wie weit er es gebracht hatte. Nun, da das Verfahren beginnen sollte, eroberte der Fall Woburn die Aufmerksamkeit der ganzen Nation. Ein Artikel in der *Washington Post* hatte von »Vorbildfunktion« gesprochen, und die *New York Times* zitierte einen Rechtsexperten, der davon sprach, daß dieser Fall »das Gericht zu einem Forum für eine landesweite Debatte« über Giftmüll und Krebs machen würde. Artikel erschienen auch in *Newsweek*, im *Time Magazine* und in der *New Republic*, und fast alle zitierten Richter Skinners Kommentar über die Möglichkeit eines »astronomisch hohen Schuldspruches«. Laut *Business Week* versprach der Fall Woburn, ein »Markstein« mit »schwerwiegenden Folgen für die Konzerne« zu werden.

Aber noch war der Fall natürlich kein Markstein. Das Verfahren sollte erst kommen, und kurz vor Beginn traf Richter Skinner eine wichtige Entscheidung darüber, wie Schlichtmann seine Beweisführung zu präsentieren habe.

Der Richter erwähnte, daß er über die Frage des Prozeßverlaufs nachgedacht habe. »Ich versuche mir vorzustellen, wie dieses Verfahren aussehen wird«, sagte er zu den Anwälten. »Sie haben 33 Kläger, sämtliche dreiunddreißig Schadensersatzansprüche in einem einzigen Verfahren zu behandeln, könnte unglaublich mühsam werden. Sehr kompliziert.« Der Richter bat die Anwälte, einen Entwurf mit einem Vorschlag für den Prozeßverlauf vorzulegen.

Schlichtmann war die ganze Zeit über davon ausgegangen, daß ihm gestattet würde, Zeugen in der Reihenfolge und Art und Weise zu präsentieren, wie er es für passend hielt. Das war stets das Privileg der Kläger gewesen. Aber der Richter hatte ganz eindeutig seine Zweifel, was diese Tradition betraf.

Schlichtmann und Nesson besprachen sich. Nesson hatte die Idee, ein »Testverfahren« mit nur einer Familie. Der Prozeß sollte, so schlug er vor, mit Anne Anderson beginnen, die der Jury davon berichtete, wie Jimmys Krankheit angefangen hatte – von ihren Reisen zu Dr. Trumans Klinik im Massachusetts General, wo sie andere Mütter aus Woburn getroffen hatte, und von ihrem wachsenden Verdacht, daß irgend etwas in der Umwelt diese Leukämieepidemie verursachte. Nach Annes Bericht würden sie dann den Beweis dafür vortragen, daß Grace und Beatrice Foods die städtischen Brunnen verseucht hatten. Und dann sollten die medizinischen Experten erklären, wie giftige Lösungsmittel Leukämie und andere Krankheiten verursachten.

Schlichtmann gefiel dieser Ansatz. Nesson glaubte, daß der Richter aus mehreren Gründen angetan sein würde. Seine Bedenken wären ausgeräumt, ob die Jury all die vielen Familienmitglieder auseinanderhalten könnte. Außerdem erinnerte sich Nesson, daß Skinner, laut über dieses Thema grübelnd, zunächst davon gesprochen hatte, »die Kläger *seriatim* anzuhören«, was der Idee eines Testverfahrens ähnelte.

Nessons Vorschlag nahm auch Fachers größte Sorge auf. Seit Facher vor mehr als einem Jahr gehört hatte, wie Richard Auferio vom Tod seines Sohnes erzählte, hatte er sich geschworen – einmal sogar laut im Beisein von Schlichtmann –, daß keine Jury diese Familiengeschichten zu hören bekommen würde. Er hatte mehrfach dafür zu sorgen versucht, daß dieser Schwur sich erfüllte. Er hatte Schlichtmann eine Million Dollar angeboten, um Beatrice Foods aus dem Fall herauszuhalten; er hatte den Richter dazu gebracht, Schlichtmann in die Baracke zu zitieren; und dann hatte er versucht, den Prozeß zu vertagen, in der Hoffnung, daß ein langer Aufschub Schlichtmann in zu hohe Schulden stürzen würde, um weiter fortzufahren.

Nun, am Vorabend des Verfahrens sah Facher erneut eine Möglichkeit, die Familien vom Zeugenstand und von den mitleidigen Blicken der Jury fernzuhalten. Er schlug dem Richter vor, den Prozeß mit der Abklärung der Frage zu beginnen, ob irgendwelche »Giftstoffe« (»wenn Jan diesen Ausdruck mag, dann werde ich ihn benutzen«, hatte Facher gesagt) vom Beatrice-Foods-Grundstück in die Brunnen gelangt waren. Sollte die Jury zu dem Schluß kommen, daß Beatrice Foods die Brunnen nicht kontaminiert hatte, dann wäre der Fall damit für Beatrice Foods abgeschlossen. »Sie müßten nicht 33 Kläger erzählen lassen, wie sie ihre Kinder verloren, und wie sehr sie gelitten haben«, sagte er dem Richter.

Auch Cheeseman wollte nicht, daß die Familienmitglieder in den Zeugenstand traten. Er und seine Partner hatten mehrere ganz unterschiedliche Vorschläge, von denen der erste einen Prozeß vorsah, der um das Thema kreiste, ob TRI Leukämie verursachen konnte, einen Aspekt, von dem er glaubte, daß er die Schwachstelle in Schlichtmanns Beweisführung darstellte.

Richter Skinner brauchte eine ganze Woche, um die verschiedenen Vorschläge zu überdenken. Er entschied sich schließlich für eine Prozeßordnung, die mehr oder weniger Fachers Vorschlag entsprach. Im ersten Stadium, verkündete der Richter den Anwälten, solle die Frage geklärt werden, ob Beatrice Foods und Grace für die Verseuchung der städtischen Brunnen verantwortlich waren – die »Wasserwerk«-Phase der Beweisführung, wie er sich ausdrückte. »Wird kein Beweis erbracht, daß irgendwelche Produkte deponiert wurden und ins Grundwasser gerieten, dann gibt es keinen Grund, fortzufahren.«

Sollte die Jury jedoch zu dem Schluß kommen, führte der Richter aus, daß Beatrice Foods und Grace tatsächlich verantwortlich waren, dann würde im zweiten Stadium die medizinische Frage Gegenstand der Verhandlung: Hatten die Chemikalien wirklich zu gesundheitlichen Schäden der überlebenden Familienmitglieder und zum Tod der Kinder geführt? »Kommt die Jury zu diesem Schluß«, fuhr der Richter fort, »dann müssen wir uns fragen: ›Wieviel ist das wert? Wieviel Entschädigung zahlt man jemandem für den Verlust eines Kindes?‹« Der Richter hielt inne und sagte dann leise: »Was für eine Frage!«

Facher überließ Richter Skinner gern das Verdienst für diesen Prozeßverlauf. Facher vermutete, daß der Richter versuchte, die Ablehnung seines, Fachers, Gesuchs um eine sechsmonatige Aufschiebung wiedergutzumachen. Als er diesen Verlauf bekanntgab, sagte Skinner mit Blick auf Facher: »So müssen Sie nicht alles gleichzeitig bewerkstelligen. Sie können zwischen den einzelnen Phasen durchatmen.«

Oberflächlich betrachtet war es sinnvoll, den Prozeß auf diese Weise zu unterteilen. Nesson erkannte die Logik darin, aber er sah auch die Gefahr. Die Geschworenen würden in den Gerichtssaal kommen und erwarten, ein menschliches Drama darüber zu hören, wie die Familien in Woburn vergiftet worden waren. Statt dessen müßten sie nun zunächst die Beweisführung, die sich mit Geologie und Grundwasserbewegungen beschäftigte, durchhalten.

Nesson versuchte den Richter umzustimmen. »Das ist ja genau der Vorschlag der Verteidiger«, sagte er, aber der Richter unterbrach ihn sofort.

»Nein, das ist *mein* Vorschlag«, widersprach er.

»Es ist Ihr Vorschlag«, gestand Nesson ihm zu. »Aber wenn Sie den Prozeß mit einer mehr oder weniger leblosen Frage beginnen, bei der die Familien nicht vorkommen, dann ist dies für die Verteidiger von großem Vorteil.«

Doch der Richter blieb hart. »Ich habe lange darüber nachgedacht, Mr. Nesson. Ich sehe Ihr Problem. Ich komme ja schließlich nicht direkt von der Universität hierher, und mir ist bewußt, wie wichtig es ist, ein bißchen Schwung in die Sache zu kriegen. Aber wenn das stimmt, was Sie sagen, und all diese schrecklichen Menschen bösartig und herzlos Giftstoffe ins Wassersystem gekippt haben – ja lieber Himmel, was für einen haarsträubenden Einstieg wollen Sie denn noch?«

Für Schlichtmann spielte der Prozeßverlauf keine so erhebliche Rolle wie die Tatsache, daß überhaupt ein Verfahren stattfand. Er hätte es vorgezogen, mit Anne als erster Zeugin zu beginnen, aber er war in dieser Zeit außerordentlich optimistisch. Er konnte sogar Vorteile in der Verfahrensweise erkennen, die Facher sich ausgedacht und der Richter übernommen hatte. Immerhin waren die Grundstücke sowohl von Beatrice Foods als auch von Grace mit TRI verseucht. War es dann nicht naheliegend, daß sie auch die

Brunnen verseucht hatten? Eine Jury würde dies klar erkennen. Die »Wasserwerk«-Phase, meinte Schlichtmann zu Nesson, sei eigentlich der einfachste Teil der Beweisführung. Würden sie hier gewinnen, könnten sie große Glaubwürdigkeit von seiten der Jury verbuchen, Glaubwürdigkeit, auf die sie eventuell später angewiesen sein würden, wenn es um die Leukämieerkrankungen ging.

Nesson blieb besorgt, aber Schlichtmann machte sich darüber keine allzu großen Gedanken. Er hatte endlich seine Jury, und vor einer Jury hatte er noch nie verloren. Nesson war schließlich nur ein Juraprofessor. Er hatte nicht besonders viel Prozeßerfahrung.

Aber verglichen mit Facher hatte auch Schlichtmann nicht viel.

6

Richter Skinner ließ den Anwälten nach der Auswahl der Geschworenen zwei weitere Wochen Zeit, sich auf den Prozeß vorzubereiten. Am Dienstag nachmittag erhielt Schlichtmann einen Anruf von Fachers Stellvertreter Neil Jacobs. Dieser sagte, er wolle einen weiteren Versuch unternehmen, im Falle Beatrice Foods zu einer außergerichtlichen Einigung zu gelangen.

Schlichtmann fand es seltsam, daß Jacobs deswegen anrief und nicht Facher selbst, aber es war ihm sowieso lieber, mit Jacobs über einen Vergleich zu sprechen.

Sie trafen sich noch an diesem Abend auf einen Drink im Bay Tower Room. Schlichtmann sagte Jacobs, wenn er tatsächlich bereit sei, zu verhandeln, solle er jemanden von Beatrice Foods mitbringen, einen »Entscheidungsträger« der den Vergleich genehmigen könne. Jacobs willigte ein, die stellvertretende Justitiarin von Beatrice Foods aus Chicago einfliegen zu lassen. Aber Jacobs wirkte nervös. »Das wird nicht wieder so eine Forderung wie im Four Seasons, oder?« erkundigte er sich.

»Ich werde Sie nicht bloßstellen«, beruhigte ihn Schlichtmann.

Diesmal waren keine sorgfältig ausgearbeiteten Vorbereitungen für die Verhandlungen erforderlich, keine gemietete Suite, kein Silber. Und die Beträge, über die gesprochen wurde, waren, wie Schlichtmann Jacobs zugesagt hatte, nicht überspannt. Am Freitagmorgen gingen Schlichtmann, Conway und Gordon hinüber zur Kanzlei Hale und Dorr, um die stellvertretende Justitiarin von Beatrice zu treffen, eine dünne, kettenrauchende Frau Mitte Vierzig namens Mary Allen. Sie reagierte auf Schlichtmanns Forderung über 36 Millionen Dollar mit Feindseligkeit. Sie warf ihren Stift auf den Tisch und nannte die Forderung »Erpressung«. Sie sagte zu Schlichtmann, daß Beatrice Foods ein Großkonzern sei und er für sie »bloß eine lästige Stechmücke« darstelle.

Mit besorgter Miene begleitete Jacobs Mary Allen aus dem Raum. Einige Augenblicke später kehrte er allein zurück. Mary Allen sei verärgert, sagte er. Die Forderung liege wesentlich höher, als er oder sie dies erwartet habe. Er sei jedoch bereit, Schlichtmann einen Gegenvorschlag zu unterbreiten: »Eine halbe Million Dollar für jede Familie, vier Millionen insgesamt. Würde das hinkommen?«

Es schien außer Frage zu stehen, daß Jacobs, und damit Facher, ernsthaft an einem Vergleich interessiert war. Schlichtmann ließ Jacobs wissen, daß die einzige Möglichkeit, die Kluft zwischen ihnen zu überwinden, darin bestehe, über ihre jeweiligen Positionen zu sprechen.

Jacobs wandte ein, daß dafür keine Zeit mehr sei. Es war inzwischen Donnerstag nachmittag. Der Prozeß sollte am Montagmorgen beginnen. »Sie müssen mir Ihr Minimum nennen«, sagte Jacobs.

Schlichtmann schüttelte den Kopf. »So funktioniert das nicht. Mein Minimum wird Ihnen immer zu hoch sein, und Ihr Maximum wird mir zu niedrig sein.«

Jacobs ging wieder hinaus. Als er wiederkam, unterbreitete er einen weiteren Vorschlag. Er sagte zu Schlichtmann, er sei noch nicht ermächtigt, dieses Angebot zu machen, »aber wenn Sie es annehmen, dann werde ich mich darum kümmern, die Genehmigung dafür zu bekommen. Es läuft in etwa auf eine Million für jede Familie hinaus. Würde das so einigermaßen hinhauen?«

Trotz all des Geredes über einen Milliardenvergleich und einen »astronomisch hohen« Geschworenenspruch war dies ein Angebot, das Schlichtmann sorgfältig in Erwägung ziehen mußte. Seine Kanzlei war hoch verschuldet. Er würde das Geld von Beatrice Foods verwenden können, um den Prozeß gegen Grace zu finanzieren, und gleichzeitig eine beträchtliche Summe an die Familien verteilen. Außerdem würde er mit Beatrice Foods auch Facher los, der sich als sein härtester Prozeßgegner erwiesen hatte. Ohne Facher, der alles kompliziert machte, wäre der Prozeß gegen Grace zweifelsohne einfacher, und für eine Jury, die aus ganz normalen Bürgern bestand, wahrscheinlich durchschaubarer und zwingender.

Andererseits, dachte Schlichtmann, war es nicht so, daß er keine Beweise gegen Beatrice Foods in der Hand hätte. Das Gelände *war* mit TRI verseucht, und das konnte er beweisen. Zwar hatte Riley bei seiner Befragung behauptet, er habe nie TRI verwendet, aber Schlichtmann war überzeugt davon, daß Riley gelogen hatte. Er hatte aus dieser Begegnung gelernt, daß Riley ein Mann mit hitzigem und sprunghaftem Gemüt war. Damals hatte sich Schlichtmann gesagt, daß er den alten Gerber, sobald er ihn vor der Jury im Zeugenstand hatte, so lange reizen würde, bis er die Beherrschung verlor und vielleicht seine Lügen offenlegte.

Vielleicht hatten Jacobs und Facher genau davor Angst. Aus welchen Gründen auch immer – Jacobs war offensichtlich besorgt. Schließlich hatte er die Diskussion angeregt. Er hatte vier Millionen Dollar angeboten und dann sein eigenes Angebot innerhalb weniger Minuten verdoppelt.

Als Mary Allen später zum Flughafen aufbrach, versprach Schlichtmann Jacobs, er werde ihn noch am Abend anrufen, um ihm die endgültige Summe mitzuteilen, eine Summe, die »aufs äußerste reduziert« sei.

In der Kanzlei beriet er sich mit Conway und Gordon, was zu tun sei. Schlichtmann fragte sich, ob er moralisch verpflichtet sei, die Familien von Jacobs Angebot in Kenntnis zu setzen. Aber dies könnte zu Problemen führen. Was, wenn einige der Familien darauf bestanden, mit dem Prozeß fortzufahren?

Aber Jacobs hatte die acht Millionen nicht wirklich angeboten – er hatte nur gesagt, daß er »versuchen« wolle, diese Summe genehmigt zu bekommen. Außerdem liefen die Verhandlungen noch. Schlichtmann schuldete Jacobs einen Anruf.

Für den Augenblick, entschied Schlichtmann, wollte er die Angelegenheit nur mit seinen Partnern besprechen. Sie berieten sich bis spät in die Nacht, bevor sie sich auf einen Betrag einigten. Conway, Gordon und Crowley saßen um Schlichtmanns Schreibtisch herum, ihre Blicke waren auf ihn gerichtet, als er schließlich bei geschlossener Tür von seinem Büro aus bei Jacobs anrief. »Die Summe«, sagte er ins Telefon, »lautet 18 Millionen.«

Schlichtmann hörte einen Moment lang zu und legte dann auf.

»Was hat er gesagt, Jan?« fragte Gordon.

Jacobs habe sich bedankt, berichtete Schlichtmann, und versprochen, er werde sich mit einer Antwort bei ihm melden. Schlichtmann hatte erwartet, daß Jacobs am Freitag anrufen würde, aber Jacobs ließ nichts von sich hören. Schlichtmann geduldete sich das ganze Wochenende über, rechnete damit, jeden Augenblick von Jacobs zu hören, aber Jacobs rief nie zurück.

DIE GERICHTSVERHANDLUNG

1

Schlichtmann stand schweigend vorne im Gerichtssaal, den sechs Geschworenen und ihren Stellvertretern gegenüber. Er trug seinen schwarzen Anzug mit den feinen Nadelstreifen, den Anzug, der ihm Glück brachte, und eine neue rote Hermès-Krawatte, die ihm Teresa geschenkt hatte. Er stand vor den Geschworenen, aber er sah sie nicht an. Sein Kopf war geneigt, sein Blick auf den Boden gerichtet. Mit der linken Hand rieb er sich am Kinn, als würde er gründlich nachdenken, seine große schlanke Gestalt war eine Studie aus scharfen, spitzen Kanten.

Eröffnungsplädoyers bei Geschworenenprozessen, über die in der Presse ausgiebig berichtet wurde, gehörten in der Juristerei zu den dramatischeren Augenblicken. Kurz zuvor hatte Richter Skinner auf seinem Stuhl Platz genommen und seinen Blick durch den Zuschauerraum schweifen lassen, wo die Leute dicht zusammengedrängt auf den langen Bänken saßen wie Pendler in der U-Bahn zu Stoßverkehrszeiten, Mäntel und Taschen auf den Knien. Noch mehr Menschen standen dahinter und entlang der Wände zwischen den hohen Marmorsäulen. »Wir können keine Stehplätze vergeben«, hatte der Richter gesagt. »Diejenigen von Ihnen, die keinen Sitzplatz finden können, bitte ich zu gehen.«

200 Zuschauer saßen in Reihen hinter dem stabilen Eichengeländer, das sie vom vorderen Teil des Gerichtssaals trennte. Reporter und Pressezeichner vom Fernsehen besetzten die besten Plätze in der ersten Reihe. Hinter ihnen, im Meer der Gesichter, saßen Schlichtmanns Mutter, das graue Haar frisch frisiert, und

Kathy Boyer und Teresa und einige Reihen weiter hinten Rikki Klieman. Onkel Pete war da, um einen Blick auf die Sicherheiten zu werfen, und Gordon und Phillips mit ihren Frauen und alle anderen aus Schlichtmanns Kanzlei bis hinunter zur Halbtagsrezeptionistin. Auch Reverend Bruce Young war anwesend, hatte einen abgetragenen schwarzen Anzug und seinen weißen Kragen an. Ein Gefolge von Managern von W. R. Grace, alle in dunklen Anzügen, aus dem Hauptquartier des Konzerns in New York beanspruchte mehrere exzellente Plätze ziemlich weit vorne. Unter ihnen war auch der Justitiar von Grace, ein adretter, gutaussehender Mann Mitte Sechzig mit vollem, grauem Haar. Auf der anderen Seite des Mittelgangs saß sein Pendant bei Beatrice Foods, Mary Allen. Sogar Fachers Tochter war da, um ihren Vater beim größten Rechtsstreit seiner langen Laufbahn zu hören.

Die einzigen Gesichter, die in dieser Menge fehlten, waren diejenigen, die wohl das größte Interesse am Fortgang des Falles hatten. Schlichtmann hatte seine Mandanten, die Familien aus Woburn überredet, der Verhandlung nicht beizuwohnen. Das war eine taktische Überlegung. Der komplette Prozeß, beide Phasen, würde sich gewiß über mehrere Monate hinziehen, und wenn sie im Zuschauerraum vielleicht zum falschen Zeitpunkt lachten oder lächelten oder gelangweilt wirkten oder nur sporadisch auftauchten – nun, hatte er sie gefragt, welchen Eindruck würden dann die Juroren gewinnen?

In der Nacht vor dem Prozeß hatte Schlichtmann nicht schlafen können. Teresa war bei ihm geblieben, und als sie irgendwann um Mitternacht einschlief, machte er sich immer noch Notizen an den Rand seines Manuskripts für das Plädoyer. Um vier Uhr morgens wachte sie auf und bemerkte, daß sein Licht noch immer brannte und er leise murmelnd probte.

Im Gerichtssaal zischten die alten Dampfheizungskörper und verströmten eine ungeheure Hitze. Das Publikum schien vor Erwartung zu summen, ein Säuseln aus erregten Stimmen. Das Gemurmel erstarb rasch, als sich Schlichtmann von seiner Anwaltsbank erhob. Dennoch wartete er noch ab, sah zu Boden. Er wartete so lange, daß seine Freunde im Zuschauerraum sich zu sorgen begannen.

Schließlich atmete er tief durch und sah zu den regennassen Fenstern hinter der Jury auf. »Meine Damen und Herren der Jury«, begann er mit leiser Stimme. »Nördlich von Boston gibt es eine Stadt. Diese Stadt heißt Woburn. Woburn ähnelt vielen anderen Städten. Es gibt dort Häuser, Schulen, Kirchen, Fabriken. Aber in Woburn gibt es auch noch etwas anderes. Tod und Krankheit treten dort überdurchschnittlich häufig auf.«

Er sprach zu den Juroren, als wäre er allein mit ihnen, so wie sich zwei Menschen in einem überfüllten Park allein fühlen können. Seine Notizen lagen auf dem Anwaltstisch, ein paar Schritte rechts von ihm, wo Nesson, Conway, Crowley und Kiley saßen, aber er mußte nie innehalten, um daraufzuschauen. Er erzählte der Jury von den Tragödien, die sich in den Familien aus Woburn ereignet hatten. Dann kam er, und seine Stimme wurde schärfer, auch auf W. R. Grace und Beatrice Foods zu sprechen. Er werde beweisen, fuhr er fort, daß die beiden Konzerne giftige Lösungsmittel deponiert hatten und daß diese Lösungsmittel in die städtischen Brunnen gelangt und von dort aus in die Häuser im Osten Woburns gepumpt worden waren. »Dieser Industriemüll wurde einfach von Firmen deponiert, die sich nicht weiter darum kümmerten, von Firmen, die wußten, daß ihr Handeln anderen Leuten Schaden zufügen konnte. Dennoch entschlossen sich die Firmen, genau so zu handeln.«

Als Schlichtmann zu Ende gekommen war, blieb die Menge im Zuschauerraum für einen langen Augenblick ruhig. Richter Skinner brach das Schweigen, indem er eine kurze Pause anordnete. Die Leute, Ellbogen an Ellbogen gedrängt, schienen kollektiv durchzuatmen und begannen zu sprechen, während sie sich auf den Korridor hinausschoben. Schlichtmann saß mit dem Rücken zum Zuschauerraum an seinem Anwaltstisch, sein Gesicht war gerötet. Seine Partner standen um ihn herum, klopften ihm auf die Schulter und lächelten.

Die Anwaltstische – es gab drei, für jede Partei einen – waren so aufgestellt, daß die Anwälte der Verteidigung zu beiden Seiten von Schlichtmann, aber nach hinten versetzt saßen, der Anwalt von Beatrice Foods zu seiner Linken, der von Grace zu seiner Rechten. Am Tisch von Beatrice Foods saß neben Facher Jacobs, der zunächst noch dort verharrte, um zu beobachten, wie Schlichtmann die Glückwünsche entgegennahm. Dann folgte Jacobs der Menge hinaus auf den Korridor, um Mary Allen zu suchen. Er sah sie in der Nähe des Telefons eine Zigarette rauchen.

»Mein Gott«, sagte Mary Allen zu Jacobs. »Er beschuldigt uns, Kinder ermordet zu haben! Was, zum Teufel, sollen wir denn dazu sagen?«

Schlichtmanns Rede hatte auch Jacobs entmutigt. Später würde er sich erinnern, daß er förmlich gehört habe, wie »bei den Geschworenen innerlich der Rolladen runterging«. Aber das ließ er Mary Allen nicht wissen. »Warten Sie nur«, beruhigte er sie. »Das war Schlichtmanns bester Auftritt. Von jetzt an geht es bergab mit ihm.«

Es liegt in der Natur eines Rechtsstreits, daß der eindrucksvollen Anklage eines Geschädigten oft eine größere rhetorische Kraft innewohnt als der Ableugnung. Zum Teil aus diesem Grund empfanden viele Beobachter im Zuschauerraum die Eröffnungsplädoyers, die im Namen von W. R. Grace und Beatrice Foods gehalten wurden, als enttäuschend.

Michael Keating, einer der Partner Cheesemans, hielt das Eröffnungsplädoyer für Grace. Cheeseman saß am Anwaltstisch von Grace, aber er war nicht länger für die Handhabung des Falls verantwortlich. Die Kanzlei hatte nun Keating mit der Aufgabe betraut. Cheeseman war nicht unglücklich – ganz im Gegenteil: Er hatte es begrüßt, daß Keating, ein Freund und Kommilitone aus Harvard, der gleichzeitig der erfahrenste Prozeßanwalt der Kanzlei war, den Part übernahm. Keating hatte eine wunderbare Stimme für den Gerichtssaal. Sie war kräftig und klar und wohlklingend, eine offene, ehrliche Stimme, die nicht in der Lage zu sein schien, flüsternd Geheimnisse weiterzutragen oder Unwahrheiten zu verkünden. Als er vor der Jury stand, gab Keating offen zu, daß einige Angestellte von Grace tatsächlich kleinere Mengen an TRI in den Boden geschüttet hätten, das sich dann verflüchtigt hatte – aber es habe sich um sehr kleine Mengen gehandelt, und diese seien niemals in die Brunnen G und H gelangt. Und er, Keating, versprach er, werde dafür Beweise erbringen. Und selbst wenn etwas davon in die Brunnen gelangt wäre, dann hätte es unmöglich irgend jemandem irgendwelchen Schaden zufügen können, und auch das werde er beweisen. Viel mehr, außer Schlichtmanns Beschuldigungen zu entgegnen, daß Grace sich nicht um die Angelegenheit gekümmert habe, konnte Keating nicht sagen.

Für die Zuschauer auf den übervollen Bänken war Keatings Plädoyer gnädig kurz – dasjenige Fachers dagegen nicht. Er stand vor der Jury und patschte auf die Taschen seines Anzugs, als hätte er gerade festgestellt, daß er seine Schlüssel verloren hatte. Er heftete seinen Blick auf die hohe gewölbte Decke des Gerichtssaals und wandte langsam den Kopf, als würde er dem Flug eines Insekts folgen. Während er sprach, schaute er häufig dem Richter direkt ins Gesicht, selten sah er die Jury an. Als er versuchte, eine große Karte von Woburn auf eine Staffelei zu stellen, kippte sie fast auf Jacobs und Frederico. Und als er die Karte schließlich an Ort und Stelle hatte, unterbrach ihn Richter Skinner. »Drehen Sie die Karte so, daß die Jury sie sehen kann. Sie sprechen zur Jury, nicht zu mir.«

Es war nicht so, daß Facher nichts zu sagen gehabt hätte. Schlichtmann habe keinen Beweis, erklärte Facher der Jury, daß die Gerberei von Beatrice Foods jemals TRI verwendet oder jemals Giftmüll irgendwelcher Art auf ihrem Gelände deponiert habe. Es sei wahr, gab er zu, daß das Gelände heute verseucht sei, aber es gebe »kein einziges Beispiel eines wissenschaftlichen Beweises« dafür, daß das Gelände bereits in den sechziger und siebziger Jahren kontaminiert gewesen sei, als die Brunnen G und H Wasser in die Haushalte im Osten Woburns gepumpt hatten. Darüber hinaus habe kein Arzt jemals darauf hingewiesen, daß die Chemikalien im Wasser aus den Brunnen Leukämie verursachen könnten – nicht bis Mr. Schlichtmann einen Experten gefunden habe, der dies behauptete, »einen Arzt aus Kalifornien, einen Profi-Gutachter«, der »viele Dutzend Male« vor Gericht ausgesagt habe.

Es hatte den Anschein, als würde Facher alles aussprechen, was er sich vorgenommen hatte zu sagen. Er redete anderthalb Stunden, aber er schien sich noch immer nicht setzen zu wollen. Er hatte hart an seinem Eingangsplädoyer gearbeitet. Er hatte es in der vergangenen Woche auf dem Weg zur Arbeit, während er die drei Meilen von seiner Wohnung in Arlington zum Harvard Square zurücklegte, eingeübt, vermummt in einen dicken Wintermantel und auf dem Kopf die Schirmmütze, deren Ohrenklappen heruntergezogen waren – eine kleine, graue, unscheinbar wirkende Gestalt mit kummervollem Gesicht, die Selbstgespräche führte. Es war keine schlechte Rede, aber jetzt im Gerichtssaal, als er zum drittenmal feststellte, daß die Gerberei niemals TRI verwendet habe, begannen die Zuhörer unruhig zu werden.

Facher wußte, daß er kein geschickter Redner war. Er mochte noch nicht einmal den Klang seiner eigenen Stimme, die, wie er wußte, immer nasaler und nuschelnder wurde, je lauter er zu sprechen versuchte. Aber er hatte trotz dieses Handikaps die meisten seiner Prozesse gewonnen, alles in allem mehr als 60. Er wußte, daß manche Prozeßanwälte behaupteten, mit einem überzeugenden Eingangsplädoyer wie dem Schlichtmanns könne man einen Prozeß auf Anhieb gewinnen. Facher wußte aus eigener Erfahrung, daß dies manchmal zutraf, aber nur bei kurzen, unkomplizierten Verfahren. Bei langwierigen Prozessen hatte er die Erfahrung gemacht, daß die Eingangsplädoyers keine so gewichtige Rolle spielten. Sie waren bald vergessen. Facher wußte nicht, was Schlichtmann erwartete, wie lange die erste Phase, die »Wasserwerk«-Phase dauern würde. Er, Facher, hatte nicht die Absicht, sie kurz ausfallen zu lassen.

2

Schlichtmann rechnete damit, daß er vier bis fünf Wochen brauchen würde, die erste Phase des Verfahrens abzuschließen. In groben Zügen dargestellt, war seine Aufgabe eher einfach. Er mußte beweisen, daß das Gelände von Grace und von Beatrice Foods mit TRI und anderen giftigen Lösungsmitteln verseucht war, und daß diese Lösungsmittel ins Grundwasser gesickert und gegen Ende der sechziger Jahre in die städtischen Brunnen gelangt waren.

Er würde mehr als 30 Zeugen aufrufen, wollte aber im wesentlichen nur auf die Aussage zweier Experten zurückgreifen. Der erste, ein Geologe, sollte der Jury das Ausmaß der Verseuchung des Bodens mit TRI auf den Grundstücken von Grace und Beatrice Foods schildern sowie den Zeitrahmen, in dem dies seiner Meinung nach geschehen war. Der zweite Sachverständige, eine Kapazität auf dem Gebiet der Grundwasserbewegung, sollte erläutern, wie das TRI ins Grundwasser gesickert und dann durch die Pumpaktivität in die Brunnen G und H gesaugt worden war.

Der Zeitablauf dieser Vorgänge war für Schlichtmanns Beweisführung entscheidend. Er mußte aufzeigen, daß TRI in die Brunnen gelangt war, bevor Leukämie und verschiedene andere Erkrankungen aufgetreten waren. Im Fall Grace war das einfach. Er würde Tom Barbas und seine Kollegen in den Zeugenstand rufen und sie über die Deponierung von TRI in den 60er Jahren aussagen lassen. Der Fall Beatrice Foods war komplizierter. Schlichtmann hatte keine Augenzeugen, die John J. Riley mit der Verseuchung des Geländes in Verbindung bringen konnten. Er mußte auf Indizien und auf seinen Experten, den Geologen, zurückgreifen, um die Kontamination zu datieren.

»Facher glaubt, alle Gutachter sind käuflich. Er wird zu Ihnen sagen: ›Das denken Sie sich aus, Sie sind ein Scharlatan!‹«

»Darf ich ihn dann auslachen?« erkundigte sich der Geologe.

Sie saßen im Konferenzraum von Schlichtmanns Kanzlei. Es war spätabends. Der Geologe, ein Neuling vor Gericht, bekam am Vorabend seines Auftritts die letzte Lektion über die Etikette im Zeugenstand erteilt. »Werden Sie leicht nervös?« fragte Schlichtmann. »Nehmen Sie niemals – niemals! – die Hände vors Gesicht.«

Der Geologe grinste. »Was ist, wenn ich mich am Sack kratze?«

Schlichtmann ging nicht darauf ein. »Falten Sie einfach die Hände vor sich«, sagte er. »Lassen Sie sie nicht frei baumeln. Verschränken Sie gelegentlich die Arme, etwa so?« Schlichtmann kreuzte seine Arme fest vor der Brust und zog die Schultern nach vorne. »Tun Sie's nicht. Das wirkt feindselig und introvertiert. Jetzt sitzen Sie ganz krumm da! Setzen Sie sich aufrecht.«

»Ich habe von Natur aus eine krumme Haltung«, erwiderte der schlaksige Geologe und setzte sich aufrechter.

»Setzen Sie sich auf die Stuhlkante. Das hält Sie gerade. Und richten Sie Ihren Blick auf den, der zu Ihnen spricht. Wenn Facher und Keating mit dem Kreuzverhör beginnen, dann schauen Sie nicht mich an.« Plötzlich sprang Schlichtmann auf und zeigte mit ausgestrecktem Finger auf den Geologen. »Ahhhaa! Jetzt haben Sie Ihre Hände vor dem Mund! Sie sitzen nicht mehr krumm da, dafür fassen Sie sich ins Gesicht!«

Der Geologe nahm die Schultern zurück und setzte sich aufrecht, die Hände vor sich gefaltet, bewegungslos wie das Modell eines Künstlers. Er verharrte einen Augenblick lang in dieser Pose und brach dann in Gelächter aus. Er war nach vielen Stunden Arbeit aufgedreht.

Schlichtmann fuhr fort: »Man wird Sie fragen: ›Werden Sie für diese Aussage bezahlt?‹ Was werden Sie antworten?«

Der Geologe zögerte. »Ja …?« tastete er sich vorsichtig vor.

»Nein, nein, nein! Sie werden für Ihren zeitlichen Aufwand *entschädigt*. Besitzen Sie übrigens ein knallig orangefarbenes Sportsakko? Eine giftgrüne Krawatte? Ziehen Sie um Gottes willen nichts dergleichen an. Ich möchte, daß Sie einen unauffälligen Anzug tragen.«

Der Geologe hieß John Drobinski. Er und Schlichtmann hatten bereits vor dem Beginn des Prozesses viele Tage damit verbracht, den Inhalt seiner Aussage durchzusprechen. Im vergangenen Jahr war Drobinski Leiter eines Teams gewesen, das jeden Zentimeter auf dem Gelände von Grace und Beatrice Foods karthographisch erfaßt und Proben verseuchten Bodens gesammelt hatte. Auf dem sechs Hektar großen Areal, das Beatrice Foods gehörte, hatte Drobinski Müllhaufen umgegraben und war auf verrostete 200-Liter-Fässer gestoßen, Fässer durchsetzt mit TRI. Er hatte eine Wahlkampfplakette aus Woburn aus dem Jahr 1963 gefunden, eine Arzneiflasche von 1967 und Budweiser-Bierdosen eines Typs, dessen Produktion, wie Budweiser mitteilte, 1970 eingestellt worden war. Er hatte einen verkümmerten Baum gefällt, der auf einem der Haufen gewachsen war, und schickte einen Holzquerschnitt an einen Botaniker, der das Alter des Baumes auf 18 Jahre bestimmte – es gab ihn also seit 1967. Gestützt auf diese Entdeckungen, vor allem aber gestützt auf Luftaufnahmen aus den fünfziger und sechziger Jahren, die eindeutig Müllhaufen und Fässer erkennen ließen, wollte Drobinski am nächsten Tag in den Zeugenstand treten und bezeugen, daß das Gelände von Beatrice Foods, das an die Gerberei angrenzte, seit mindestens 25 Jahren kontaminiert war.

Schlichtmann hatte das Gefühl, daß er ungefähr drei Tage brauchen würde, um Drobinski durch seine Zeugenaussage gegen Beatrice Foods zu schleusen.

»Die Beweisführung des Klägers hängt vom Fluß ab«, hatte Facher einmal vor einer Klasse in Harvard gesagt. »Je weniger Einsprüche man in Kauf nehmen muß, desto besser wird die Beweisführung vorwärtsgehen. Einsprüche unterbrechen den Rhythmus der Befragung.«

Also erhob Facher Einspruch, unentwegt. Am zweiten Tag des Prozesses, dem Morgen, an dem Dobrinski in den Zeugenstand treten sollte, verlangte Facher eine Anhörung an der Richterbank. Er erhob aus Gründen der Beweiserheblichkeit, der mittelbaren Beweise, der Rechtskräftigkeit, der primären Beweismittel und der extremen Voreingenommenheit Einspruch, gegen die Unterlagen, welche Schlichtmann als Beweismittel vorlegen wollte. »Das ist ein schreckliches Stück Arbeit«, sagte Facher über den Bericht eines staatlichen Umweltschutzbeamten. »Der haarsträubendste Bericht, der Ihnen je zu Gesicht gekommen ist.« Er erhob Einspruch gegen Drobinskis Bodentestergebnisse und dann wieder, als Drobinski, schließlich im Zeugenstand, der Jury Fotos zu zeigen versuchte, die er von dem sechs Hektar großen Gelände gemacht hatte. »Sie haben diese riesigen Vergrößerungen von allem!« beklagte sich Facher in einer geflüsterten Beratung an der Richterbank.

»Natürlich«, sagte der Richter. »Wenn Sie der Jury Fotos präsentieren wollen, müssen Sie sie vergrößern. Das schockiert Sie doch wohl nicht, oder?«

»Aber diese Vergrößerungen verzerren«, sagte Facher beharrlich. »Wenn Sie sie erst sehen, werden Sie zustimmen. Auf diesen Fotos ist eine Hand so groß wie ein Tennisschläger.«

»Wenn Sie sagen wollen, daß niemand derart große Hände hat, dann steht Ihnen das frei«, erwiderte der Richter.

Facher erhob Einspruch, als Schlichtmann ein großes Schaubild in den Gerichtssaal bringen wollte, das die sechs Hektar darstellte. »Das King-Kong-Beweisstück«, nannte Facher es, »gigantisch und demonstrativ, ich würde denken drei Meter hoch. Sie haben kleine Bilder von Fässern daraufgezeichnet und eine Windrose und ich erhebe Einspruch.«

Die Verhandlung kam zum Erliegen, als Skinner seinen Platz hinter der Richterbank verließ und in den Korridor hinausging, um sich das »King-Kong-Beweisstück« anzuschauen. Er gestattete Schlichtmann, das Schaubild zu benutzen, aber das schreckte Facher nicht ab. Einige Augenblicke später erhob Facher Einspruch gegen ein Foto von einer Schlicklache der Gerberei. »Das ist ein gefälschtes Foto«, sagte er zum Richter.

Schlichtmann wandte sich Facher zu und starrte ihn an. »Ach ja? Tatsächlich?«

»Mit Sicherheit«, sagte Facher.

»Es ist Ihr Foto«, sagte Schlichtmann, »von einem Ihrer Ingenieure. Hat Ihr Ingenieur es gefälscht?«

In der ersten Woche des Verfahrens begann jeder Morgen damit, daß Drobinski in den Zeugenstand trat und dann schweigend dasaß, die Hände einwandfrei vor sich gefaltet, während die Anwälte sich an der Richterbank versammelten, um eine Frage nach der anderen zu diskutieren. Die Unterbrechungen setzten sich den ganzen Tag lang fort. Facher erhob sich, um Einspruch geltend zu machen und mit dem Richter zu sprechen, und dann erhoben sich alle Anwälte, einschließlich Cheesemans und der anderen Anwälte von Grace, und strömten zur Richterbank, um sich mit leisen, aber eindringlichen Stimmen zu beraten. Das konnte ein paar Sekunden in Anspruch nehmen, aber auch eine halbe Stunde. In der Zwischenzeit saß Drobinski im Zeugenstand und die Juroren auf ihrer Geschworenenbank, wirkten gelangweilt und schläfrig. Es war ihnen verboten, eine Zeitung oder andere Lektüre in den Gerichtssaal mitzubringen. Sie starrten träge zur gewölbten Decke oder in den Zuschauerraum, wo die Menge inzwischen auf weniger als ein Dutzend Neugierige geschrumpft war.

Nesson, der Experte für Beweisrecht, der mehr über dessen Geheimnisse wußte als irgendwer sonst im Gerichtssaal und wahrscheinlich auf der kompletten Ebene der ersten Instanz, stand bei den Beratungen an der Richterbank neben Schlichtmann und verhandelte mit Facher. Er wies die meisten von Fachers Einsprüchen zurück, aber dennoch war er zunehmend frustriert. »Euer Ehren«, sagte er zum Richter und unternahm keinen Versuch, seinen Ärger zu verbergen. »Ich erhebe Einspruch gegen die Anstrengungen von Beatrice Foods, den Fluß des Verfahrens zu unterbrechen und den Prozeß auf jede erdenkliche Weise zu verzögern.«

»Ich würde Ihnen zustimmen«, erwiderte der Richter, »wenn ich nicht den Eindruck hätte, daß Sie etwas Derartiges selbst herausgefordert haben, indem Sie auf die Verhandlung drängten, obwohl Sie noch nicht gänzlich vorbereitet waren.«

Auch Richter Skinner war natürlich darauf aus gewesen, den Prozeßtermin einzuhalten. Vielleicht lag es daran, daß er willens schien, einige von Fachers kaum ernstzunehmenden Einsprüchen durchgehen zu lassen. Doch andere hatten durchaus Hand und Fuß. Am siebten Tag, gerade als Drobinski seine Meinung als Experte über den Zeitpunkt der Verseuchung darlegen wollte, bestand Facher darauf, daß diese Aussage, die lediglich auf ausgegrabenen Bierdosen, einem abgehackten Baum und einigen Luftaufnahmen basiere, nicht wissenschaftlich fundiert sei. Vielleicht habe es diese Müllhaufen und Fässer dort seit 30 Jahren gegeben, räumte Facher ein, aber niemand könne mit wissenschaftlicher Gewißheit sagen, daß sie damals bereits mit TRI kontaminiert gewesen seien. Leicht hätte jemand im Jahr 1979 auf das Gelände kommen und TRI auf diese Haufen schütten können. Deshalb ersuchte Facher den Richter, Drobinskis Expertise auszuschließen und damit das Verfahren gegen Beatrice Foods auf der Stelle zu beenden.

Richter Skinner schien versucht, dem Ansinnen stattzugeben. Aber Nesson warnte ihn, daß eine derartige Entscheidung ein schwerer und kostspieliger Fehler wäre, der mit Sicherheit vom Berufungsgericht revidiert werden würde. Laut Klausel 702 des Beweisrechts erfüllte Drobinski die Voraussetzungen eines Gutachters, argumentierte Nesson. Deshalb sei es an der Jury, nicht am Richter, zu entscheiden, ob sie der Aussage Drobinskis Glauben schenken wollten.

Die Debatte erstreckte sich über den ganzen Vormittag. Die zwölf Juroren saßen in der Zwischenzeit oben in ihrem kleinen überhitzten Geschworenenraum. Gegen Mittag zog sich Richter Skinner in sein Zimmer zurück, um die Sache zu überdenken. Als er zurückkam, erklärte er den Anwälten, die Entscheidung sei »sehr knapp« ausgefallen. Drobinskis Meinung könne rechtens nicht als »wissenschaftlich« bezeichnet werden. »Er studiert die Erde, wie jeder andere auch, der je den Boden umgegraben hat«, sagte der Richter. Dennoch beschloß der Richter, aufgrund von Nessons Einwand zu gestatten, daß Drobinski seine Meinung vor der Jury darlegte.

Doch Drobinskis Zeit im Zeugenstand war noch nicht vorbei. Im Gegenteil, die wahre Nervenprobe fing für ihn gerade erst an. Am

Freitag nachmittag, am Ende der zweiten Prozeßwoche, begann Facher mit einem Kreuzverhör, das die ganze dritte Woche andauern sollte. Er versuchte, Drobinski als voreingenommenen und unaufrichtigen Zeugen hinzustellen, der für seine Aussage stattlich bezahlt wurde und ausschließlich nach Informationen gesucht hatte, die Beatrice Foods zum Nachteil gereichten. Ob es nicht stimme, verlangte Facher zu wissen, daß das Gelände größtenteils »ganz ursprünglich« sei, voller »hübscher kleiner blauer Wildblumen«? Ob es nicht stimme, daß nur sechs von 19 Bohrproben Drobinskis TRI enthalten hätten? Warum er der Jury diese Tatsache vorenthalten habe? Ob es nicht der Wahrheit entspreche, daß die höchsten Konzentrationen von TRI an der Erdoberfläche aufgetreten seien? Und daß die Konzentration nachgelassen habe, je tiefer Drobinski vorgestoßen sei? Dies bedeute doch, daß die Verseuchung aus jüngerer Zeit stammen müsse, nicht aus einer Zeit vor 20 Jahren, oder? Ob das denn nicht für jeden offensichtlich sei?

»Die Leute sind geldgierig«, hatte Facher einmal vor einer Klasse in Harvard gesagt. »Das größte Problem mit Zeugen ist, daß die meisten übertreiben.« Facher hatte in Drobinskis Aussage eine Übertreibung entdeckt, und nun breitete er diese Tatsache vor der Jury aus. Drobinski hatte behauptet, daß er seinen Abschluß in Geologie 1976 gemacht habe, aber Facher, der nichts als erwiesen ansah, hatte erfahren, daß er seinen Titel in Wirklichkeit erst 1979 erhalten hatte. »Hatten Sie bei Ihrer Befragung nicht unter Eid ausgesagt, daß Sie Ihren Abschluß 1976 gemacht haben?« fragte Facher.

»Sir«, erwiderte Drobinski. »Das Prüfungsamt und die geologische Fakultät teilten mir mit, daß ich meinen Titel erhalten hätte.«

»Man *teilte* Ihnen mit? Sie sagen mir, daß Sie 1976 einen *mündlichen* Abschluß erhalten haben?« In Fachers Stimme lag Ungläubigkeit. »Und das soll die Jury glauben? Kennen Sie irgendeine Universität auf der Welt, die mündliche Titel verleiht?«

Dann zeigte er Drobinski eine beglaubigte Kopie seines Antrags auf Zulassung als Geologe an den Staat Oregon. »Haben Sie an Eides Statt versichert, daß Sie Ihren Abschluß 1976 gemacht haben?«

Drobinski studierte die Bewerbung. »Ja, Sir, das steht hier.«

»Sie haben versucht, Ihre Zulassung im Staat Oregon zu bekommen, indem Sie ein Dokument eingereicht haben, das falsche Angaben enthielt, richtig?«

»So würde ich das nicht ausdrücken«, sagte Drobinski.

»Das war eine eidesstattliche Angabe, oder?«

»Ja, Sir.«

»Hinter dem Magistertitel steht ›1976‹, nicht wahr?«

»Ja, Sir.«

»Sie haben versucht, dem Staat Oregon weiszumachen, daß Sie Ihren Magistertitel bereits zu einem Zeitpunkt hatten, als dies noch nicht zutraf, oder?«

Und so ging es den ganzen Tag weiter. Facher demonstrierte diese kleine, aber möglicherweise aufschlußreiche Ungereimtheit mit dem Bestreben, alles, was Drobinski gesagt hatte, unglaubwürdig wirken zu lassen.

Schlichtmann saß schweigend an seinem Anwaltstisch. Er wirkte vollkommen ruhig, seine Miene war ausdruckslos, aber innerlich kochte er vor Wut. Hätte es sich hier noch um eine Anhörung gehandelt, hätte er wohl ein dutzenmal unterbrochen und erbittert mit Facher gekämpft. Aber jetzt vor Gericht erhob er gegen kaum eine Frage Fachers Einspruch, sogar dann nicht, wenn er allen Grund gehabt hatte. Er erhob vor einer Jury ungern Einspruch. Er wollte vermeiden, daß irgendeiner der Geschworenen den Eindruck bekam, er habe unter dem Deckmantel einer juristischen Spitzfindigkeit etwas zu verbergen.

Schlichtmann hatte den Kopf leicht nach rechts gedreht, so daß er aus dem Augenwinkel heraus Drobinski im Zeugenstand beobachten konnte. Der Geologe saß aufrecht auf der Stuhlkante, genau wie Schlichtmann ihn angewiesen hatte. Die Hände hatte er auf dem kleinen Holztisch vor sich locker gefaltet. Schlichtmann fand, daß Drobinski sich alles in allem gut machte. Drobinski antwortete Facher höflich, nannte ihn stets »Sir« und wurde nie lauter oder ließ Gereiztheit erkennen. Schlichtmann konnte außerdem beobachten, wie sich Facher linkisch vor dem Geologen aufbaute, die Arme vor der Brust verschränkt, die Schultern hochgezogen: ein alter, schmächtiger Mann mit schweren Lidern und einer dicken Brille. Seine Lippen waren auf eine Weise geschürzt, in der größte Skepsis lag.

Nach einer Weile bemerkte Schlichtmann etwas Seltsames. Wenn Facher sich von Drobinski abwandte und vorne im Gerichtssaal auf und ab schritt, sah Schlichtmann, schaute der Geologe in seine hohlen Hände. Drehte sich Facher wieder zu Drobinski um, blickte dieser schnell wieder zu ihm auf. Und dann, als Facher Drobinski bat, vor die Jury zu treten, um ein Beweisstück zu erläutern, sah Schlichtmann, wie der Geologe irgend etwas verstohlen in die Tasche steckte.

Das kam Schlichtmann eigenartig vor, und als sie an diesem Tag nach Verhandlungsschluß zurück zur Kanzlei gingen, fragte er Drobinski danach. Der Geologe zog einen Schnappschuß seiner Familie aus der Jackentasche – von seiner Frau, seinem kleinen Sohn und seiner Tochter. Das Foto war zerknittert und eselsohrig und fleckig von Drobinskis Handschweiß.

3

Schlichtmann träumte, daß seine Kanzlei – er, Conway und Crowley – ein Segelboot gekauft hatte. Das Segelboot war in einem Meer aus Eis festgefroren, das auf traumtypische Weise zu einem riesigen Gletscher wurde. Im Traum fiel Schlichtmann vom Deck seines Bootes und schlitterte die eisige Oberfläche des Gletschers hinunter. Er konnte sehen, wie vor ihm eine dunkle Gletscherspalte im blauen Eis auftauchte. Einen Augenblick, bevor er hineinstürzte, wachte er auf, das Bettlaken zerknüllt und schweißnaß.

Der Traum war so lebhaft und beunruhigend gewesen, daß er sich am nächsten Morgen gezwungen fühlte, jedermann in der Kanzlei davon zu erzählen, als könne er dadurch das offensichtliche Omen vertreiben. Seine Träume waren nicht immer so metaphorisch. Zu seiner Bestürzung träumte er gewöhnlich auf so qualvoll realistische Weise vom Prozeß – vom Gerichtssaal, dem Richter und den Zeugen –, daß er sich nach dem Aufwachen im ersten Morgengrauen fühlte, als hätte er die ganze Nacht durchgearbeitet.

Schließlich kam die Verhandlung besser in Fahrt. Schlichtmann trug immer noch Beweise gegen Beatrice Foods vor, gab Keating und Cheeseman für den Augenblick wenig zu tun. Er rief mehrere Einwohner aus Woburn in den Zeugenstand, die davon berichteten, Müllhaufen und Dutzende von Fässern gesehen zu haben, die seit den späten fünfziger Jahren bis in die siebziger Jahre hinein auf dem Gelände von Beatrice Foods verstreut lagen. Ein Zeuge, jetzt Mitte Dreißig, beschrieb, daß er und andere als Kinder dort gespielt und aus den Fässern Flöße zusammengebaut hatten. Dieser Zeuge erinnerte sich, gesehen zu haben, wie Männer »Schubkarrenladungen mit irgendwelcher Schliere« an der Seite den Hügel hinuntergeschüttet hatten. »Wir Kinder haben Death Valley dazu gesagt, weil es abgestorbene Bäume gab, die mit weißlichem Puder überzogen waren.« Ein anderer Zeuge berichtete, daß er große, mit Fässern beladene Schwertransporter gesehen habe, die auf das Gelände fuhren. »Sie wollten nicht, daß ich dort herumstehe«, sagte der Zeuge. »Sie warfen mit Sachen nach mir, machten mir angst, jagten mich davon. Später war es feucht dort, und es stank auch nach faulen Eiern. Ich weiß, daß es irgendwelche Chemikalien waren, das muß so gewesen sein.«

In den vergangenen Tagen hatte Schlichtmann während der Vernehmungspausen John J. Riley auf dem Korridor vor dem Gerichtssaal warten sehen. Der alte Gerber hatte versucht, im nahezu leeren Zuschauerraum Platz zu nehmen, aber der Richter hatte angeordnet, alle Zeugen abzusondern, und Riley war auf den Korridor verbannt worden. Dort saß Riley nun in der Nähe des Büros des Protokollführers, der Stoff seines teuren, dunkelblauen Anzugs spannte sich eng über seine massiven Schultern und die mächtigen Schenkel. Während der Pause am Vormittag, wenn Schlichtmann mit Conway, Nesson und Kiley im Korridor stand, erhob sich Riley von seiner Bank und starrte Schlichtmann aus der Ferne böse an, seine schmalen Lippen zusammengepreßt, die Mundwinkel gereizt und haßerfüllt nach unten gezogen.

Schlichtmanns und Rileys Blicke trafen sich nie. Schlichtmann verhielt sich, als wäre der alte Gerber Luft für ihn. Aber er spürte die Hitze von Rileys Wut, und für Schlichtmann war sie wie die wärmende Sonne. Er wollte, daß Riley wütend war. Er wollte, daß Riley im Zeugenstand einen Wutanfall bekam. Er hatte sich darauf seit Monaten gefreut, seit Rileys Befragung, bei der dieser verächtlich ein Glas Wasser auf den Konferenztisch aus Vogelaugenahorn geschüttet hatte. »Wenn ich die Sache richtig inszeniere«, sagte er zu Conway, »dann bricht Riley zusammen. Dann wird er der Jury demonstrieren, daß er ein entschiedener und absoluter Lügner ist.«

Der alte Gerber trat gegen Ende der vierten Prozeßwoche, am Nachmittag des 19. April in den Zeugenstand und schwor, die Wahrheit zu sagen und nichts als die Wahrheit. Als Schlichtmann ihn befragte, wurde rasch klar, daß Facher und Jacobs ihn gründlich vorbereitet hatten. In gutmütiger, fast liebenswürdiger Weise bestritt er standhaft, daß die Gerberei jemals Müll oder Fässer auf den sechs Hektar deponiert habe. »Wir hatten unseren Brunnen auf dem Gelände«, sagte Riley und bezog sich auf den gerbereieigenen Brunnen. »Das war unser Lebensunterhalt, unser Lebensnerv. Wir betreiben keine Deponie an einer Stelle, wo unser Brunnen ist.« In den dreißig Jahren zwischen den frühen fünfziger und den achtziger Jahren habe er persönlich niemals irgendwelche Fässer oder irgendwelchen Industriemüll auf dem Grundstück gesehen. »Vielleicht mal einen Autoreifen oder zwei«, sagte er mit einem Schulterzucken. »Ein paar alte Bretter von einem Schuppen, der da mal stand.«

Diese Dementis überraschten Schlichtmann nicht. Im Gegenteil – er hatte darauf gezählt, sie Riley für die geplante Gegenüberstellung zu entlocken. Er führte an, was er gerne als sein »Killer-Dokument« bezeichnete – jenen Bericht des staatlichen Gesundheitsinspektors A. C. Bolde, von dem Riley 1956 angewiesen wurde, 600 Fässer mit Gerbereischlick an der Grenze zwischen seinem Grundstück und dem Gebiet des Aberjona River zu entfernen. Der Bericht gab schwarz auf weiß wieder, wie Riley sich geweigert und darauf bestanden hatte, daß es sich bei dem Gelände um sein Eigentum handle und er dort tun könne, was er wolle. Als Schlichtmann den Bericht nun Riley vorlegte, machte er sich große Hoffnungen. Er erwartete nicht wirklich, daß Riley ein Geständnis ablegte, aber er erwartete, daß der Gerber ins Stocken geraten und, besser noch, die Beherrschung verlieren würde.

Doch Riley tat weder das eine noch das andere. Er bestritt, Bolde je getroffen zu haben, und er tat dies mit majestätischer Gelassenheit. »Nein, Sir«, sagte er und schüttelte den massigen Kopf, »ich war nie mit irgend jemand von irgendeiner Gesundheitsbehörde auf dem Gelände.«

»Sind Sie nicht mit einem Beamten des Gesundheitsreferats die Zufahrtsstraße entlanggegangen?« insistierte Schlichtmann.

»Nein, Sir«, erwiderte Riley ruhig. »Das bin ich nicht.«

Das offene Verhör des gegnerischen Zeugen ist die schwierigste aller Aufgaben eines Prozeßanwalts. Die Vernehmung durch Schlichtmann ging zögerlich weiter, wurde immer wieder von Fachers Einsprüchen und den unvermeidlichen Beratungen an der Richterbank unterbrochen. Als Schlichtmann wiederholt versuchte, Riley unter Druck zu setzen, wurde der Richter allmählich ärgerlich. »Diese Frage haben Sie bereits zweimal gestellt, und er hat sie beantwortet«, sagte der Richter vor der Jury zu Schlichtmann. »Lassen Sie uns fortfahren.«

Nesson versuchte, Schlichtmann zu retten. »Wenn ich mich zu der Sache äußern dürfte …«

Aber der Richter wies ihn schroff zurück. »Sie haben kein Recht, bei jeder Kleinigkeit gehört zu werden. Lassen Sie uns weitermachen.«

Schlichtmann stand vor Riley, starrte aber auf seine Notizen, versuchte herauszufinden, wie er die nächste Frage formulieren könnte, um Fachers sicheren Einspruch zu umgehen. Es war ganz ruhig im Gerichtssaal, und das Schweigen dauerte an, wurde lediglich vom fernen Heulen eines Notarztwagens auf der Straße unterbrochen.

Ganz am Ende des Anwaltstischs der Kläger in einer Art totem Winkel zur Richterbank saß neben Conway Tom Kiley und beobachtete die Szenerie grimmig. Es verlangte ihn danach, aufzuspringen und Riley selbst zu vernehmen. Als er sechs Monate zuvor Schlichtmann seine Hilfe angeboten hatte, war er davon ausgegangen, daß er und Schlichtmann nebeneinandersitzen und die Aufgaben der Vernehmung und des Kreuzverhörs teilen würden. Nun aber saß Nesson an Schlichtmanns Seite. »Ich dachte dauernd: ›Verdammt noch mal, es ist doch nicht zu fassen, daß ich hier einfach bloß rumsitze‹«, sagte Kiley später. In den ersten Wochen hatte er Fragen für Schlichtmann ausgearbeitet, Verhörstrategien vorgeschlagen, die er für vielversprechend hielt. Aber Schlichtmann hatte seine eigene Art, vorzugehen. Kiley merkte, wie er seinen Freund beobachtete und dabei dachte: »Ich würde das ganz anders machen.« Manchmal dachte Kiley, er würde es besser machen. Immer wieder sah er verstohlen auf die große goldene Rolex an seinem Handgelenk und versuchte, ein Gähnen zu unterdrücken. Eine Zeitlang zog er in Erwägung, nicht länger zum Prozeß zu erscheinen. Er hatte selbst einen wichtigen Fall in Arbeit, bei dem es um einen tödlichen Elektrounfall ging, und er verlor Geld, solange er hier herumsaß. Aber er hatte seine Hilfe offeriert und fühlte sich verpflichtet, zu diesem Angebot auch zu stehen, selbst wenn die Situation sich nun anders darstellte, als er erwartet hatte. Außerdem würde er übernehmen müssen, falls Schlichtmann etwas zustoßen sollte. Nesson und Conway waren Prozeßanwälte, und Crowley mangelte es für einen derart komplexen Fall an Erfahrung. Kiley beschloß zu bleiben, aber er wollte nicht versuchen, mit Nesson um Schlichtmanns Aufmerksamkeit zu konkurrieren. Es spielt sich hier schon genug ab, ohne daß sich mein Ego in den Weg stellt, dachte er. Wenn Jan meinen Rat will, kann er ja fragen.

Schlichtmann sah von seinen Notizen auf und begann wieder, Riley zu befragen und darauf anzuspielen, daß der Gerber sehr genau wußte, daß andere die sechs Hektar als Industriemülldeponie benutzt hatten. Riley lächelte nachsichtig, als wäre Schlichtmann ein Schuljunge, der getadelt werden müsse, und schüttelte seinen massigen Kopf. »Wenn ich das gewußt hätte, dann hätte ich es sofort unterbunden.«

»Warum?« hakte Schlichtmann nach.

Bei dieser Frage zuckte Kiley zusammen. Jeder Prozeßanwalt lernt zu Beginn seiner Karriere, daß er den gegnerischen Zeugen niemals nach dem Warum fragen und diesem damit die Möglichkeit geben darf, eine Aussage zu seinem eigenen Vorteil zu machen.

Riley griff die Möglichkeit prompt auf. »Weil es unser eigenes Land war«, erklärte der Gerber. »Niemand hat das Recht, irgend etwas auf unserem Land zu deponieren.«

An diesem Abend saß Schlichtmann im Konferenzraum, den Kopf in die Hände gestützt. »Gott, war das anstrengend«, sagte er zu Conway. »Ich sah auf die Uhr, und sie zeigte Mittag an, aber ich hatte das Gefühl, als wäre es fünf.«

Nesson saß Schlichtmann am Tisch gegenüber. »Ich denke, das Problem ist, daß du Riley zuviel Spielraum läßt. Dadurch wirkt das Verhör ziellos.«

»Der Richter war gereizt«, murmelte Schlichtmann. »Er wollte uns heute schaden.«

Gordon kam in den Konferenzraum und ließ sich auf einem Stuhl nieder. Er hatte fast den ganzen Tag im Zuschauerraum des Gerichts verbracht, und es hatte ihm nicht gefallen, was er zu sehen bekommen hatte. »Du mußt eine bestimmte Richtung einschlagen«, sagte er. »Du warst nicht so forsch wie sonst.«

Schlichtmann seufzte und rieb sich die Augen. »War die Jury gegen mich?«

Gordon zuckte die Schultern. »Vogels Aufmerksamkeit schweifte ab«, sagte er und bezog sich damit auf den Obmann der Geschworenen.

»Ich sollte mir keine Gedanken um die Jury machen«, murmelte Schlichtmann leise. »Ich sollte meinen Job erledigen und nicht über sie nachdenken.«

Die große, schlanke Gestalt von Patty D'Addieco erschien in der Tür hinter Schlichtmann. Sie lehnte sich gegen den Türrahmen und verfolgte das Gespräch. Schlichtmann, der ihre Gegenwart spürte, sah über die Schulter nach hinten.

»Nun«, sagte er zu ihr, »was meinst du?«

»Soll ich ehrlich sein?« fragte sie zurück.

Schlichtmann sah sie aufgebracht an.

»Riley wirkte nicht ganz so ekelhaft wie ich erwartet hatte.« Sie lächelte traurig. »Tut mir leid, Jan.«

Nesson sah Schlichtmann einen Augenblick lang an – mit nüchternem, taxierendem Blick. »Ich mache mir Sorgen um dich – du bist müde, und ich auch. Irgendwie müssen wir zwischen jetzt und morgen unseren Energielevel erhöhen. Das ist der Fall gegen Beatrice Foods.«

Die Straßenbeleuchtung in der Milk Street ging an, warf Licht in den Konferenzraum. Crowley schaltete den Fernseher ein, um die Abendnachrichten zu sehen. Ein Lokalsender war den ganzen Tag im Gerichtssaal gewesen, um Rileys Zeugenaussage zu hören. Nesson machte sich auf den Weg nach Harvard, versprach, später wiederzukommen. Schlichtmann, Conway und Crowley saßen um den Tisch und diskutierten, wie man ein bestimmtes Dokument als Beweismaterial einbringen konnte, ohne daß Facher Einspruch erhob. Da kam Kiley. »Es geht um die Beweiserheblichkeit«, sagte Schlichtmann gerade. »Wie kann ich mein Dokument einbringen, ohne daß der Richter ein Problem mit der Relevanz hat?«

Kiley setzte sich an den Konferenztisch und hörte zu. Er gab keinen Ratschlag. Er starrte auf den Fernseher.

»Warum helft ihr Jungs mir nicht, verdammt?« fuhr Schlichtmann auf.

Conway schüttelte müde den Kopf. »Ich weiß nicht, was ich sagen soll.«

»Ich glaube nicht, daß du das brauchst«, sagte Kiley schließlich und meinte damit das Dokument. »Du willst noch das letzte Fitzelchen Beweismaterial vortragen, aber für die Geschworenen ist dieser Kram völlig uninteressant.«

»Ich habe das ganze Wochenende damit zugebracht, dieses Zeug zusammenzustellen!« rief Schlichtmann, nahm den Stapel und warf ihn heftig auf den Tisch. »Wenn Riley lügt, dann will ich etwas in der Hand haben, das beweist, daß er nicht die Wahrheit sagt!«

»Laß es mich mal so ausdrücken«, fuhr Kiley fort. »Alles, was du geschickt, zügig und effizient einbringen kannst, solltest du nutzen. Alles andere führt zu einem Debakel. Die Jury wird ganz einfach nicht verstehen, worauf du hinauswillst.«

In diesem Moment betrat Conways Freund Tom Neville den Konferenzraum. Neville verdiente seinen Lebensunterhalt als Anwalt für Versicherungen, aber er kam fast jeden Abend in die Kanzlei, um den *advocatus diaboli* für Schlichtmann zu spielen. In seinem Arbeitsgebiet als Anwalt mußte Neville kaum ein persönliches Risiko auf sich nehmen. Es faszinierte ihn, Schlichtmann dabei zu beobachten, wie er sich am Rande des Abgrunds entlanghangelte, und es machte ihm nichts aus, nach einem arbeitsamen Abend mit Schlichtmann wegzugehen und ihn in einem teuren Restaurant zum Essen einzuladen.

Schlichtmann sah zu Neville auf, sagte aber nichts zur Begrüßung.

»Nun?« meinte Neville mit herzlicher, gutgelaunter Stimme.

»Der Richter ist genervt«, sagte Kiley.

»Genervt wovon?«

»Jan versucht, diesen ganzen Scheiß einzubringen.« Kiley zeigte mit dem Kinn auf den Stapel, der vor Schlichtmann lag, »und Skinner fällt die ganze Zeit über ihn her, weil er ihn irrelevant findet.«

»Hast du den Bericht von 1956 über die Gerbereiabfälle verwendet?« erkundigte sich Neville.

»Habe ich«, sagte Schlichtmann.

»Und damit hast du Riley nicht geknackt?«

»Er hat es einfach geleugnet.«

»Die Jury will, daß du diesen Typen fertigmachst«, meinte Neville.

Schlichtmann sah sich in der Runde um. »Wo ist Charlie? Wir brauchen ihn, verdammt.«

Das war zuviel für Kiley. Er erhob sich und plazierte seine

Hände auf dem Tisch, die festen Muskeln seiner Schultern und Arme unter seinem weißen Hemd traten hervor. Heftig wandte er sein Gesicht zu Schlichtmann, der auf seinem Stuhl zurückrutschte. »Du führst Riley durch eine logische Sequenz von Fragen«, sagte Kiley mit übertriebener Geduld. »Du gibst die Fakten in einfachen Aussagesätzen wieder. Du zwingst ihn vor die Fotos und sagst: ›Mr. Riley, haben Sie diese Fässer auf Ihrem Gelände gesehen? Stimmt es nicht, daß es hier einen Müllhaufen gab und dort einen und dort auch? Dieser Haufen war im Jahr 1964 da, oder, Mr. Riley? Sie haben kein einziges Faß auf Ihrem Gelände gelagert? Nie?‹« Inzwischen hatte Kiley zu schreien angefangen. »Er muß nein, nein, nein sagen! Und wenn er nur einmal ja sagt, ist er geknackt!«

Auch Neville war aufgesprungen und beugte sich von der anderen Seite über den Tisch zu Schlichtmann herüber. »Du mußt ihn in die Mangel nehmen!« sagte Neville.

»Ja, wunderbar«, erwiderte Schlichtmann, der den Kopf vornübergebeugt hatte, mit leiser Stimme. »Das ist eine prima Show, aber ich muß meine Beweise einbringen.«

»Mein Gott, das ist der Typ, der die Kinder umgebracht hat«, schrie Neville. »Du solltest ihn mit dem Baseballschläger attackieren! Du solltest ihn nicht fragen« – und Neville nahm einen affektierten Tonfall an – »›Und was haben Sie dann gemacht, Mr. Riley?‹«

Schlichtmann sank noch tiefer in seinen Stuhl, bis er fast auf dem Rücken lag. Geistesabwesend starrte er an Kiley und Neville vorbei auf den Fernseher, der immer noch vor sich hinleierte.

Kiley griff nach einem der Dokumente und schwang es drohend vor Schlichtmanns Gesicht. »Haben Sie im Jahre 1980 wegen der Fässer auf Ihrem Grundstück einen Brief von der Stadt bekommen, Mr. Riley? Er sagt nein, und du legst ihm das da vor« – Kiley knallte den Brief vor Schlichtmann auf den Tisch –, »und du sagst: ›Und was ist das, Mr. Riley?‹«

»Yeah! Du bist besser dran, wenn du dein Argument vorbringst und das Dokument dabei außen vor läßt«, sagte Neville.

»Und was wird er sagen?« wiederholte Kiley mit höhnisch verzogenen Lippen. »Es spielt keine Rolle, was er sagt! Er ist geliefert!«

Dann atmete Kiley tief durch und setzte sich. Er warf Schlichtmann einen verwirrten Blick zu. »Du hast gegen diesen Typen mehr in der Hand, als mir in meiner elfjährigen Erfahrung als Prozeßanwalt je untergekommen ist. Du kannst ihn fertigmachen, verdammt noch mal. Was muß denn noch alles passieren, bis du endlich wütend wirst?«

Am nächsten Tag wurde Schlichtmann tatsächlich wütend. Einige Anwesende fanden, daß es besser lief als am Vortag. Schlichtmann verkündete nach Verhandlungsschluß, er habe ein gutes Gefühl, und als er Kathy Boyer nach ihrer Meinung fragte, sagte diese: »Ich glaube, heute warst du überzeugender.«

Doch Tom Kiley sah keine großartige Verbesserung. Wenn sich überhaupt irgend etwas verändert hatte, dachte er, dann hatte sich der alte Gerber im Zeugenstand offenbar noch wohler gefühlt. Als Schlichtmann versuchte, den Zeugen »in die Mangel zu nehmen«, als er Riley unterbrochen und schroff gefragt hatte: »Stimmt das, Sir? Ja oder nein?« da hatte sich der Richter eingeschaltet. »Einen Moment, lassen Sie ihn ausreden.« Riley hatte zufrieden gelächelt und zu einem langen Monolog angesetzt, hatte der Jury noch einmal erzählt, daß die Gerberei nie TRI verwendet und niemals irgendwelchen Müll auf dem Gelände deponiert habe. Als Schlichtmann Riley vor die Jury bat und über das Gelände führte, indem er ihm eine Karte davon zeigte und Fotos, die im Jahr 1985 von den alten, verrosteten Fässern gemacht worden waren, behauptete Riley immer wieder friedlich und gelassen: »Nein, so habe ich das im Jahr 1980 nicht gesehen... Nein, ich erinnere mich an diese Müllhaufen dort nicht... Für mich sieht das nicht nach dieser Stelle aus...«

Und Facher hatte wiederholt Einspruch gegen Schlichtmanns Fragen erhoben, die er für redundant und polemisch hielt. Der Richter hatte beigepflichtet. »Ja, Sie polemisieren einfach mit dem Zeugen«, hatte er vor den Ohren der Jury zu Schlichtmann gesagt.

Daß der Richter derartige Rügen aussprach, sogar vor der Jury, gefiel Facher. Während der vormittäglichen Pause unten in der Gerichtskantine war Facher bestens gelaunt. »Die Beweisführung hängt vom Fluß ab, und Schlichtmann hat nichts dergleichen«, sagte er zu seinen jungen Mitarbeitern, die sich mit ihren Kaffeetassen in der Hand um ihn versammelt hatten. »Er weiß nicht, wie man die richtigen Fragen stellt. Was das schlichte Handwerk angeht, tut er mir fast leid.« Fachers junge Mitarbeiter grinsten.

Facher hatte sich wegen Riley Sorgen gemacht. Er wußte, daß der Gerber zur Cholerik neigte, daß er ein Zeuge war, der sich selbst gefährlich werden konnte. Aber Facher fand, daß sich Riley gut gehalten habe und die Gefahr vorüber sei.

Facher sollte sich täuschen. Am nächsten Morgen kam es zum ersten kleinen Bruch in Rileys Gelassenheit.

Seltsamerweise geschah dies, als Facher mit einem freundlich gemeinten Verhör begann. Facher fragte den Gerber, ob seines Wissens nach jemals irgendwelcher Schlick auf dem Gelände gelagert worden sei.

Riley schien gereizt zu sein, daß man ihm diese Frage noch einmal stellte. Er schien zu vergessen, daß Facher sein eigener Anwalt war. »Das habe ich Ihnen doch schon gesagt«, erwiderte er mürrisch.

»Sagen Sie's uns einfach noch mal«, half Facher freundlich nach.

»Nein!« sagte Riley, dessen Gesicht jetzt rot anlief. »Nie. Meines Wissens nie. Absolut nie.«

»Selbst wenn man davon ausginge, daß irgendwann einmal Schlick auf dem fraglichen Gelände gelagert wurde, hätte dieser Schlick dann irgendwelche dieser Chemikalien enthalten?«

»Nein!« sagte Riley laut. »Auf keinen Fall! Fraglos! Und diese Geschichte werde ich noch mit ins Grab nehmen!«

Die Heftigkeit in Rileys Stimme erschreckte Facher. Seine schläfrigen Augen waren mit einem Mal weit aufgerissen, und er sah Riley einen Augenblick lang neugierig an. Dann lachte er leise und mißbilligend. »Das möchte ich auf keinen Fall, Sir«, sagte er. »Ich möchte, daß Sie gesund und munter bleiben.«

Keating am Anwaltstisch von Grace hatte seit Tagen kein Wort mehr im Gerichtssaal gesagt. Aber es stand ihm zu, alle Zeugen ins Verhör zu nehmen, auch wenn sie nur für Beatrice Foods aussagten. Er beschloß, dieses Recht bei Riley in Anspruch zu nehmen und selbst ein kleines, freundschaftliches Kreuzverhör durchzuführen. »Ist es nicht richtig«, fragte er Riley, »daß die Gerberei viel Bürgersinn bewiesen hat, öffentliche Aktivitäten unterstützte, die örtliche Baseballmannschaft gefördert hat und dergleichen?«

Die Frage schien sich auf Riley beruhigend auszuwirken. »Wir waren sehr stolz auf Woburn«, sagte der alte Gerber. »Wir liebten Woburn, und das tun wir noch immer.«

»Sie sind in Woburn geboren und aufgewachsen, und Ihre Kinder auch?«

»Ja«, sagte Riley.

»Sie betrachten Woburn als Ihre Heimat, nicht wahr?«

»Ja.«

Und dann befragte er Riley zu seinem Grundstück. »Das Land gehört jetzt einer gemeinnützigen Gesellschaft namens Wildwood Conservation Corporation, deren alleiniger Treuhänder Sie sind?«

»Ja.«

»Und diese Gesellschaft hat die sechs Hektar Land als Naturschutzgebiet zum Nutzen und zur Erholung der Bürger von Woburn zur Verfügung gestellt?«

In Keatings Stimme lag keinerlei Spitze. Leichter Argwohn huschte über Rileys Gesicht, aber er antwortete in ruhigem Ton. »Es handelt sich um ein Naturschutzprojekt für die Erhaltung von Marschgebieten, ja.«

»Keine weiteren Fragen, Euer Ehren«, sagte Keating.

Schlichtmann sah zu den Geschworenen hinüber. Er fragte sich, ob sie die Scheinheiligkeit wahrnahmen, die darin lag, daß Riley den Bürgern von Woburn eines der meistverseuchten Gebiete in ganz Neuengland »zum Nutzen und zur Erholung« zur Verfügung stellte. Aber die kollektive Maske auf den Gesichtern der Juroren blieb unverändert erhalten.

Nun war Schlichtmann an der Reihe, Riley nach dem Verhör Keatings abermals zu vernehmen. Er zog in Erwägung, ausführlicher auf das »Umweltschutzprojekt« einzugehen, kam dann aber zu dem Schluß, daß den Juroren die Ironie nicht entgangen sein konnte. Es stand an diesem Tag, an dem Riley seinen letzten Auftritt als Zeuge hatte, nur noch eine halbe Stunde zur Verfügung, und Schlichtmann wollte die verbleibende Zeit anders nutzen. Er wußte genau, wie er den Tag beschließen wollte, aber davor mußte er noch etwas Zeit füllen. Er begann damit, Riley noch einmal zu den Abkommen mit den Gesundheitsbehörden und zu den Fässern auf dem Gelände zu befragen. Riley antwortete schroff. Facher erhob Einspruch und bezichtete Schlichtmann, »auf Zeit zu spielen«.

Einige Minuten vor Schluß kam Schlichtmann auf die Unterlagen der Gerberei zurück. »Mr. Riley«, sagte er. »Sie haben keinerlei Unterlagen aus den sechziger und siebziger Jahren, die Aufschluß liefern würden, welche Chemikalien in der Gerberei verwendet wurden, oder?«

»Nein«, antwortete Riley, »nur mein Gedächtnis.«

»Diese Unterlagen wurden vernichtet, stimmt das?«

Rileys Antwort war knapp: »Ja.«

»Ihre Unterlagen reichen lediglich bis ins Jahr 1979 zurück, das Jahr, in dem die Brunnen G und H geschlossen wurden?«

»Ja.«

»Wann haben Sie die Unterlagen vernichtet, Mr. Riley?«

Sofort fuhr der Gerber aus der Haut. Die Frage wirkte genauso, wie Schlichtmann gehofft hatte. Mit lauter, ärgerlicher Stimme sagte Riley: »Ich weiß nicht, wann diese Unterlagen vernichtet wurden, aber ich wiederhole es gern für Sie, Sir – noch einmal und noch einmal – wir haben nie Trichloräthylen verwendet...«

»Nein, nein, nein«, unterbrach der Richter. »Danach wurden Sie nicht gefragt. Die Frage lautete, wann die Unterlagen vernichtet wurden. Sie sagen, Sie wissen es nicht. Nächste Frage, Mr. Schlichtmann.«

»Das war alles«, sagte Schlichtmann lächelnd.

Als Schlichtmann mit Nesson und Conway die Milk Street entlangging, lachte er laut. »Das war großartig, was, Charlie! Warum sollte Riley sofort eine Verbindung zwischen TRI und der Vernichtung der Unterlagen herstellen? Weil er etwas vertuschen will! Das hat die Jury verstanden, oder? Habt ihr Facher gesehen? Wie total geknickt er war? Er ging hinaus, und Frederico sagte irgend etwas zu ihm, um ihn aufzumuntern, und Facher sagte: ›Ich will mich nicht besser fühlen.‹ Mein Gott, war das großartig! Ein tolles Gefühl!«

Nachdem dieser Punkt erst einmal dargelegt war, schien er überzeugend. Warum sonst hatte Riley diese Verbindung von sich aus hergestellt? Aber Nesson war der Auffassung, daß Schlichtmann diesen Aspekt der Jury nicht eindeutig genug eingebleut hatte. Vielleicht, dachte Nesson, kannte Schlichtmann den Fall zu gut. Er erwartete, daß auch alle anderen die Feinheiten durchschauten.

Dennoch war Nesson froh, Schlichtmann wieder so gut gelaunt zu sehen. Und vielleicht lag Schlichtmann richtig, wenn er glaubte, Riley vor der Jury als Lügner entlarvt zu haben. In der engen, ritualistischen Welt des Gerichtssaals, wo die Richter ihre schwarze Robe trugen, wo Zeugen vereidigt wurden, die Wahrheit zu sagen, und wo eine Jury aus schweigenden Fremden das Schicksal eines anderen in der Hand hatte, war die Realität oft ein bloßes Geisterreich.

4

Jeden Morgen schickte Kathy Boyer Kopien des Verhandlungsprotokolls vom Vortag per Kurier nach Woburn. Der Kurier gab die Kopien in Donna Robbins kleiner Wohnung in der North Main Street ab, und aus jeder Familie kam im Laufe des Nachmittags oder Abends jemand vorbei, um ein Exemplar abzuholen. Gewöhnlich verweilten sie ein wenig, um zu plaudern und um Donna von ihrer täglichen telefonischen Absprache mit Schlichtmann berichten zu hören, und gingen nach diesem allabendlichen Ritual mit dem Gefühl der Solidarität und Zielbewußtheit wieder nach Hause.

Zu Beginn versuchten die Erwachsenen, mit dem wachsenden Berg von Protokollen Schritt zu halten. Aber sie empfanden die Lektüre all dieser verwirrenden Rechtsausführungen als mühsam. Die meisten gingen dazu über, sich statt dessen auf die Berichte in der *Woburn Daily Times* zu verlassen, die sich leichter verdauen ließen als die unaufbereiteten transkribierten Aussagen.

Eine der acht Familien, die Gamaches, schenkte den Einzelheiten des Prozesses fast gar keine Aufmerksamkeit. Sechs Monate zuvor hatte Roland Gamache plötzlich das Endstadium der Leukämie erreicht, das seine Ärzte als »Lymphoblastenkrise« bezeichneten. Er wurde aggressiv chemotherapeutisch behandelt, was seinen Zustand aber nicht verbesserte. Seine letzte Überlebenshoffnung lag in einem Knochenmarktransplantat eines geeigneten Spenders. Aber keiner seiner nächsten Angehörigen erwies sich als geeignet. Auf Anraten der Ärzte entschied sich Roland für das Transplantat eines Fremdspenders. Er und seine Frau Kathryn flogen für die Operation nach Iowa City. Bedingt durch das Knochenmarktransplantat traten bei Roland viele Komplikationen auf, und sein Krankenhausaufenthalt war den Krankenberichten zufolge »unruhig«. Er starb am 17. April, während der sechsten Prozeßwoche. Sein Leichnam wurde zur Beerdigung nach Hause geflogen. Eine Versammlung von Trauernden, unter ihnen einige der betroffenen Familien, besuchten einen privaten Gottesdienst in der St. Joseph's Church in Woburn.

Zu Beginn des Prozesses waren alle Familien aufgeregt gewesen und hatten hohe Erwartungen gehegt. Aber nun, da sich die Verhandlung in die Länge zog und die täglichen Protokolle zu hohen Stapeln anwuchsen, kehrte in ihrem Leben der Alltag mit Arbeit und Schule zurück. Der Prozeß – ihr Prozeß – wurde zu einem fernen Echo.

Im Gerichtssaal hatte Schlichtmann mit seiner Beweisführung gegen W. R. Grace begonnen. Nesson verstand nicht, warum er sich die Mühe machte, einen ehemaligen Arbeiter bei Grace namens Frank McCann in den Zeugenstand zu rufen. McCann gab zu, daß er TRI benutzt habe, um Fingerabdrücke und Fettspuren von den Förderbändern zu entfernen, aber er wies entschieden zurück, jemals irgendwelche Lösungsmittel hinter dem Werk in den Boden geschüttet oder jemanden gesehen zu haben, der dies tat. Nesson schüttelte konsterniert den Kopf. »Ich fand, er ist ein kompletter Reinfall. Ich verstehe nicht, warum du ihn aufgerufen hast.«

»Charlie, Charlie!« rief Schlichtmann aus, die Augen vor Erstaunen weit aufgerissen. »Siehst du nicht, was ich gesehen habe? Dieser Typ hat erzählt, daß er täglich zwei Liter TRI verwendet habe. Zwei Liter! Er hat erzählt, daß das Förderband Blasen warf, wenn er es zu lange einwirken ließ. Wenn die Jury so etwas häufig genug zu hören bekommt, dann wird sie sich verdammt daran erinnern.«

Nesson mußte zugeben, daß dies stimmte, aber wenn er diesen Aspekt übersehen hatte, dann mußte er sich fragen, wie Schlichtmann erwarten konnte, daß die Jury darauf kommen würde. Dennoch kam die Beweisführung gegen W. R. Grace zügig in Gang, und trotz mancher Befürchtungen sagte Nesson eines Nachmittags zu Schlichtmann: »Ich glaube, gegen Grace läuft es ganz sagenhaft.«

Schlichtmann gelang es, an einem Tag sechs Zeugen in den Zeugenstand zu bekommen, allesamt ehemalige Arbeiter bei Grace, was einen Rekord in diesem Prozeß darstellte. Dies war hauptsächlich deshalb möglich, weil Facher zu diesem Zeitpunkt lediglich als Beobachter zugegen war. Schlichtmanns Befragung von Tom Barbas dauerte anderthalb Tage, verlief aber glatt. Zunächst saß Barbas in seinem blauen Jackett und der roten Krawatte ganz aufrecht da, aber nachdem einige Stunden vergangen waren, ließ er die Schultern sinken, und der Richter mußte ihn mehrfach drängen, lauter zu sprechen. »Schreien Sie so laut, als wären Sie irgendwo draußen, Mr. Barbas.«

Schlichtmann forderte Barbas auf, zu beschreiben, was er am Ende eines jeden Arbeitstages mit dem Eimer voller Farbschlick und Lösungsmittelrest gemacht habe, und Barbas antwortete: »Ich brachte den Eimer hinter das Werk und stellte ihn dort auf den Boden.«

»Sie haben den Inhalt in den Boden geschüttet, Mr. Barbas, oder?« hakte Schlichtmann nach.

»Ich würde nicht sagen, daß ich den Inhalt ›ausgeschüttet‹ habe«, erwiderte Barbas vorsichtig. »Ich sagte, ich stellte das Zeug auf den Boden und ließ es austrocknen.«

Natürlich hatte Barbas viele Stunden mit den Anwälten von Grace zugebracht und war von ihnen auf alle Feinheiten seiner Aussage vorbereitet worden. Diese Antwort klang, als hätten die Anwälte sie ihm eingebleut. Aber Barbas merkte, daß er sich wieder und wieder verstrickte. Als Schlichtmann ihn fragte, wie oft er gesehen habe, daß Joe Meola, der Wartungsmonteur, den Eimer mit Lösungsmitteln auf den Boden kippte, antwortete Barbas: »Ich glaube, ich habe ihn nur ein paarmal dabei gesehen.«

»Kam das nicht mindestens einmal in der Woche vor?« fragte Schlichtmann.

»Ich weiß nicht, ob ich ihn einmal in der Woche dabei gesehen habe.«

Schlichtmann nahm Barbas' Vernehmungsprotokoll zur Hand und schlug es auf. »Habe ich Sie bei Ihrer Anhörung nicht gefragt, wie oft Mr. Meola Flüssigkeit in den Graben geschüttet hat? Und haben Sie nicht geantwortet: ›Mindestens einmal in der Woche‹?«

»Doch«, sagte Barbas.

»Und ist das nicht der Fall?«

»Ja, ich glaube schon«, räumte Barbas ein.

Nach einer Weile brauchte Schlichtmann nur noch das Anhörungsprotokoll zur Hand zu nehmen und auf den Zeugenstand zu gehen, wenn Barbas sich sträubte; sobald Barbas das sah, wurde er gefügig und lieferte die Antwort, auf die Schlichtmann aus war.

Während der Vormittagspause hielt sich Tom Kiley im Korridor vor dem Gerichtssaal auf, beobachtete aus der Ferne, wie zwei Grace-Anwälte Barbas zu einer kleine Nische führten. Er sah, daß Barbas stumm dastand und betrübt auf seine Schuhe sah, während sich die Anwälte nahe an ihn heranschoben und auf ihn einflüsterten. Kiley lächelte. »Da muß es eine Blutlache auf dem Boden geben«, sagte er später zu Schlichtmann.

Schlichtmann sprach von den Geschworenen stets sehr respektvoll, fast ehrerbietig. Er glaubte, daß sie schlechte Gedanken spürten, und so strengte er sich an, stets nur gut über sie zu denken und ihre Tugenden zu rühmen. Ganz besonders hatte es ihm der Obmann der Geschworenen angetan: William Vogel, ein Manager der Stadtwerke, der Anfang Sechzig sein mochte. Auf die meisten Zuschauer wirkte Vogel nachdenklich, aufmerksam und eher zurückhaltend, aber für Schlichtmann verklärten sich diese Qualitäten zu mehr – Weisheit, Redlichkeit und Würde. Er erinnerte sich, daß Vogel sich einmal bedankt hatte, als er von ihm, Schlichtmann, ein Dokument ausgehändigt bekam. Schlichtmann saß nahe genug bei der Geschworenenbank, um zu wissen, daß Vogel sich bei Facher nie bedankt hatte, und aus diesem dürftigen Beweis schloß Schlichtmann, daß der Jurysprecher auf seiner Seite sein mußte.

Natürlich beobachteten sich die Anwälte untereinander genauso penibel, wie sie die Juroren in Augenschein nahmen. Eines Nachmittags kam Sandra Lynch, Anwältin von Grace und eine der Partnerinnen Cheesemans mit einer ernsten Beschwerde über Schlichtmann zur Richterbank. »Man hat mir gesagt, daß Mr. Schlichtmann, als die Juroren aufbrachen, eine kleine Unterredung mit ihnen hatte und den Vorschlag machte, daß sie ein Dokument, das als Beweis diente, mitnehmen sollte.«

Der Richter bekam große Augen. »So?« sagte er zu Schlichtmann.

Schlichtmann starrte Lynch an. Jeglicher unzulässige Kontakt mit der Jury konnte als schwerwiegender Formfehler gewertet werden, der zur sofortigen Einstellung des Verfahrens führte. »Euer Ehren«, begann Schlichtmann und versuchte zu erklären.

Aber der Richter war bereits verärgert. »Absolut keine Unterredungen mit den Geschworenen …«

»Es war keine Unterredung«, unterbrach Schlichtmann ihn schnell. »Einer der Juroren sah mich an und wollte gerade etwas sagen. Er hatte das Dokument in der Hand. Ich wandte mich ab. Ich hatte keine Unterredung, keinen Kontakt welcher Art auch immer.« Schlichtmann atmete tief durch. »Das hat mir gerade noch gefehlt«, fügte er noch hinzu, mehr zu sich selbst als zum Richter.

»Nun gut«, sagte der Richter, wirkte aber noch immer finster.

Am nächsten Vormittag begann die zweite Geschworene, Linda Kaplan, während einer Unterbrechung des Verfahrens zu husten. Schlichtmann stand an seinem Anwaltstisch, nur wenige Schritte von ihr entfernt. Er hatte einen Wasserkrug und einige Pappbecher auf seinem Tisch stehen, griffbereit. Er sah zu Kaplan hinüber, erwog, ob er ihr einen Becher mit Wasser anbieten solle, und kam dann zu dem Schluß, daß er das nicht riskieren konnte. Facher, ein ganzes Dutzend Schritte entfernt, goß Wasser aus seinem eigenen Krug ein und ging auf Kaplan zu. Da schnitt einer von Cheesemans Partnern Facher energisch den Weg ab und reichte Linda Kaplan als erster einen Becher mit Wasser. Facher, auf halber Strecke abgefangen, stand einen Augenblick lang nachdenklich da, führte dann den Becher zum Mund und nahm einen Schluck.

Schlichtmann beobachtete die Szene mit gequältem Schweigen. Er hätte Kaplan gerne erklärt, warum er ihre Not ignoriert hatte, aber das war nicht möglich. Würde es einen Unterschied machen? Natürlich nicht, dachte Schlichtmann, aber der Gedanke, einer Geschworenen nicht geholfen zu haben, ließ ihn frösteln.

Eines Nachmittags kehrte Schlichtmann vom Gericht in die Kanzlei zurück und erfuhr, daß das Telefon abgestellt war. Ohne das Telefongeläute war es in der Kanzlei seltsam ruhig – so lange, bis Gordon es in die Wege geleitet hatte, die Telefonrechnung zu bezahlen. Der erste Anruf kam dann von einem Anwalt aus New Mexico, der Schlichtmanns Rat zu einem Rechtsstreit, in dem es um Giftmüll ging, einholen wollte.

»Möchtest du mit ihm sprechen?« fragte Kathy Boyer.

»Nein«, sagte Schlichtmann und fügte hinzu: »Sag ihm, er soll den Fall übernehmen.«

Als nächste war Schlichtmanns Mutter am Apparat. Auch mit ihr wollte er nicht sprechen, aber Kathy sagte: »Ich glaube, du solltest.«

»Geht es ihr gut?« erkundigte sich Schlichtmann.

»Du solltest besser nicht mit ihr sprechen«, sagte Gordon und verzog kopfschüttelnd das Gesicht.

»Warum nicht?« Schlichtmann sah Gordon argwöhnisch an. »Hat sie eine Räumungsklage gekriegt?«

»Wahrscheinlich«, antwortete Gordon.

»James!« brüllte Schlichtmann Gordon an. »Wieso hast du dich nicht darum gekümmert?«

Gordon zuckte müde die Schultern und sagte, er habe es einfach vergessen. Dann sagte er zu, daß er am nächsten Tag mit dem Vermieter sprechen würde.

Als Conway vom Gericht zurückkam, ging er in die Küche, um sich eine Tasse Kaffee zu holen und stellte fest, daß die Kanne leer war. Er suchte nach Filtertüten und fand nur eine leere Schachtel. Er schüttete den alten Kaffeesatz weg, spülte die gebrauchte Filtertüte sorgfältig ab und gab sie wieder in den Filter. Dann suchte er nach Kaffee. Er fand nur eine leere Dose. Dann erkundigte er sich bei Peggy, warum niemand Kaffee besorgt habe. »Es ist nichts mehr in der Portokasse«, sagte Peggy.

Schlichtmann, der sich mit seinem Experten für graphische Darstellungen im Gerichtssaal beriet, einem Mann namens Andy Lord, wollte neue Schautafeln, die jene ersetzen sollten, die der Richter verbannt hatte, weil Facher sich beklagt hatte, daß die Perspektive »verzerrt« sei.

»Wann brauchen Sie sie?« erkundigte sich Andy Lord.

»Morgen früh.«

»Morgen früh?« Unmöglich! Nicht zu schaffen.«

»Doch«, entgegnete Schlichtmann. »Wofür bezahle ich Sie denn schließlich eigentlich, verdammt noch mal?«

»Jan, ich bin seit November nicht mehr bezahlt worden«, erwiderte Lord, der in der Tat mehr als 40 000 Dollar zu bekommen hatte.

»Sprechen Sie mit Gordon«, sagte Schlichtmann.

Einen Augenblick später tauchte Patty D'Addieco in der Tür des Konferenzraumes auf. »Andy sagt, er braucht Geld für Bürobedarf.«

»Nimm es aus der Portokasse«, sagte Schlichtmann.

»Die Kasse ist leer«, erwiderte Patty, nicht zum letzten Mal.

Gordon versuchte Kosten einzusparen, indem er Mary Zoza anwies, nur diejenigen Rechnungen zu bezahlen, die absolut notwendig waren, um das Büro in Betrieb zu halten. Er wies sie an, Zeitungs- und Zeitschriftenabonnements abzubestellen. Keine Mitgliedsbeiträge mehr für die Anwaltskammer von Amerika, die Anwaltskammer von Boston oder die Organisation amerikanischer Prozeßanwälte. Keine Rechtsbücher oder Fachzeitschriften mehr. Gordon strich die frischen Blumenarrangements, die zweimal die Woche von Fleural Lis geliefert wurden. Weitere 200 Dollar im Monat sparte er ein, indem er den Vertrag mit der Firma kündigte, welche die Farne und Ficusbäume in der Kanzlei pflegte und goß und umtopfte. Er stellte die Überweisungen an die Cornell Law School für Schlichtmanns Studentendarlehen ein, strich die Kreditzahlungen an die Bank für den Porsche und kündigte die Versicherung. Er wies Kathy Boyer an, daß alle Angestellten zukünftig die öffentlichen Verkehrsmittel nutzen sollten, anstatt mit dem Taxi zu fahren, wenn sie für die Kanzlei unterwegs waren.

Aber alle diese Sparmaßnahmen ergaben zusammengenommen nur einen Bruchteil der Verfahrenskosten. Sie deckten zum Beispiel noch nicht einmal das Honorar für den Protokollführer ab, der das Protokoll eines jeden Prozeßtages transkribierte und noch am selben Abend in Schlichtmanns Kanzlei vorbeibrachte. Diese »Schnellprotokolle«, wie sie genannt wurden, kosteten wöchentlich ungefähr 1000 Dollar, je nachdem, wie viele Seiten die Aussage umfaßte. Hinzu kamen die Kosten der acht Kopien für die Familien in Woburn.

Gordon war der Meinung, er könne sich nur noch ein einziges

Mal an Pete Briggs von der Bank of Boston wenden, und er sträubte sich dagegen, bis die Sache nicht wirklich völlig ausweglos war. Gelegentlich tauchte Onkel Pete im Gerichtssaal auf, und Gordon fand, er könne eine Veränderung feststellen. Pete wirkte distanzierter und reservierter. »Irgend etwas stimmt nicht mit Pete«, sagte Gordon eines Nachmittags zu Schlichtmann.

»Ist er verstimmt darüber, wie der Prozeß läuft?« fragte Schlichtmann.

Gordon schüttelte nachdenklich den Kopf. »Ich weiß nicht, was ihm Sorgen macht. Er sagt es mir nicht.«

Im Moment hatte Gordon seine Hoffnungen auf eine Klage wegen eines ärztlichen Kunstfehlers gesetzt, an der Bill Crowley arbeitete. Der Fall betraf eine 35jährige Frau, die für eine Routineoperation ins Krankenhaus gegangen war, um eine gutartige Geschwulst an der Zervix entfernen zu lassen. Zehn Minuten nach Beginn der Operation, klagte die Frau, sie hieß Helen O'Connell, über Atembeschwerden und verlor dann das Bewußtsein. Als sie im Wachzimmer zu sich kam, konnte sie ihre Beine nicht bewegen. Im Lauf der Zeit bekam sie ein Gefühl in den Beinen, aber sie litt unter partieller Inkontinenz.

Schlichtmann hatte in einem ähnlichen Fall Jahre zuvor einen Vergleich über 900 000 Dollar erreicht. Die Schädigungen bei dem Fall damals waren ernsthafter gewesen als bei Helen O'Connell, dennoch hoffte Schlichtmann in diesem neuen Fall auf nahezu den gleichen Betrag. Gordon wartete ungeduldig auf den Vergleich. Das Honorar, möglicherweise mehrere hunderttausend Dollar, würde Bargeld für die laufenden Ausgaben einbringen und ihn in die Lage versetzen, denjenigen Gläubigern Teilzahlungen zu leisten, die bereits mit rechtlichen Schritten drohten.

An einem regnerischen Nachmittag Ende April in der siebten Prozeßwoche trafen sich Crowley und Mark Phillips im Fall O'Connell mit den Versicherungsagenten. Sie hatten beschlossen, 850 000 Dollar zu fordern. Niemand erwartete, daß diese erste

Besprechung sofort in einem Vergleich endete. Aber die Versicherung würde ein Gegenangebot machen, ihre eigene Werteinschätzung offenlegen, und die Höhe dieses Betrags würde anzeigen, wie schnell sich der Fall abschließen ließe.

Crowley und Phillips kehrten gegen sechs Uhr in die Kanzlei zurück. Schlichtmann spähte ihnen von seinem Schreibtisch aus entgegen. Auf Socken kam er aus seinem Zimmer, um sie zu begrüßen. »Wieviel?« fragte er.

Phillips, der noch immer seinen Regenmantel trug und dessen nasse Haare ihm auf der Stirn klebten, zündete sich eine Zigarette an und griff nach dem Telefon auf Peggy Vecchiones Schreibtisch. Crowley schüttelte seinen Regenschirm aus und verschwand in seinem Büro. Die Sekretärinnen sahen zu, warteten darauf zu hören, was Phillips zu sagen hatte.

»Wieviel?« fragte Schlichtmann noch einmal.

Phillips legte sich den Telefonhörer auf die Schulter und sah zur Decke. Er nahm einen tiefen Zug von seiner Zigarette.

»Jesus Christus, bin ich unsichtbar?« murmelte Schlichtmann. So laut er konnte, brüllte er: »Wieviel?«

Jetzt sah Phillips ihn mit saurer Miene an. »175.«

Schlichtmann drehte sich auf dem Absatz um und ging in sein Büro zurück. Conway seufzte laut und stieß seine Hände tief in die Hosentaschen.

Später erklärte Phillips im Konferenzraum, daß die Versicherungsagenten ihre Haftpflicht eingestanden hätten. »Darüber wollten sie noch nicht einmal sprechen«, erzählte Phillips. Aber die Agenten glaubten der Behauptung des Chirurgen, daß sich alle Probleme Helen O'Connells gelöst hätten. »Ich glaube, das war ein faules Angebot«, fuhr Phillips fort. »Sie testen uns. Sie wissen, wie sehr wir in den Fall Woburn verwickelt sind. Sie wissen, daß wir Geld brauchen.«

Gordon stöhnte.

Sie müßten Helen O'Connell zu einem zweiten Urologen schicken, fuhr Phillips fort, und vielleicht auch zu einem zweiten Neurologen, um sie noch einmal gründlich untersuchen zu lassen. »Wenn sie das nicht überzeugt«, sagte Phillips zu Schlichtmann, »dann müssen wir den Fall auf nächsten Herbst verschieben und hoffen, daß wir Woburn bis dahin abgeschlossen haben. Wir können keinen Ausverkauf machen. Wir müssen zu fairen Bedingungen verhandeln, oder überhaupt nicht.«

Wieder stöhnte Gordon.

Nach acht Prozeßwochen begannen die Tage im Gerichtssaal ineinander zu verschwimmen wie eine Landschaft, die man durch ein regennasses Zugfenster betrachtet. Ein Strahl der Frühlingssonne fand seinen Weg in den Saal und wurde von der Messinglampe auf der Richterbank reflektiert, ein funkelnder, gelber Strahl im höhlenartigen, grauen, trostlosen Saal. Das Neonlicht an der Decke ließ alle blaß und kränklich erscheinen. Auf den Anwaltstischen hatten sich dicke Stapel juristischer Unterlagen angesammelt, und weitere Packen von Dokumenten lagen in Kartons auf dem Boden. Die Mäntel der Anwälte, feucht vom Regen am Morgen und nach Wolle muffelnd, hingen über dem Geländer zum Zuschauerraum. Die Heizkörper zischten sanft. Ferne gedämpfte Verkehrsgeräusche – eine Sirene, ein knatternder Lastwagen – drangen von den Straßen 15 Stockwerke tiefer in den Gerichtssaal hoch. Die Luft war schlecht. Einer der stellvertretenden Juroren schlief regelmäßig ein. An ganz besonders öden Tagen schien sogar Skinner hinter seiner Richterbank zu dösen.

Facher riet seinen Studenten in Harvard immer, daß sie für den Fall, am Anwaltstisch eingenickt zu sein, auf die Füße kommen und Einspruch erheben sollten, während sie wieder aufwachten. »In der Zeit, die es dauert, bis Sie sich zu voller Länge aufgerichtet haben, überlegen Sie sich einen Grund für Ihren Einspruch.«

Facher machte natürlich Spaß. Er erwartete nicht wirklich, daß irgendeiner seiner Studenten am Anwaltstisch einschlief. Aber eines Tages während der achten Prozeßwoche döste Facher selbst ein, als Sandra Lynch langsam und methodisch einen Angestellten von Grace vernahm. Er wachte auf, als das Mikrofon am Zeugenstand plötzlich laut zu dröhnen begann.

»Vielleicht können wir das Mikrofon richten«, schlug Lynch vor.

»Mr. Nesson scheint dafür ein Händchen zu haben«, sagte der Richter.

Als er Nessons Name hörte, sprang Facher auf die Füße. »Einspruch«, sagte er mit schwerer, belegter Stimme. Dann sah er sich um, blinzelte und setzte sich wieder.

5

Eines Morgens Anfang Mai öffnete Kathy Boyer zum ersten Mal seit dem vergangenen Herbst das Fenster im Konferenzraum, und frische Luft strömte in die Kanzlei Schlichtmann, Conway & Crowley. Gegenüber vom Gericht auf dem Post Office Square waren die Tulpen aufgegangen, und die dicken Knospen der Linden hatten sich geöffnet und ein spitzenartiges grünes Netz aus neuen Blättern gebildet. Schlichtmann registrierte, daß Frühling war, aber das munterte ihn nicht auf. Diese Prozeßphase hätte längst beendet sein sollen, bevor die Tulpen zu blühen anfingen.

Andererseits machte er Fortschritte. Er mußte nur noch einen Zeugen aufrufen, und zwar seinen Experten für Hydrologie und Grundwasserbewegung, einen gewissen Doktor George F. Pinder. Dieser würde sowohl gegen Grace als auch gegen Beatrice Foods aussagen. Er würde, wenn alles glattging, die Behauptung stützen, daß TRI und andere Lösungsmittel auf dem Gelände der beiden Beschuldigten tatsächlich in die städtischen Brunnen vorgedrungen und dort angelangt waren, bevor Leukämie und andere Krankheiten aufzutreten begannen.

Schlichtmann wähnte sich glücklich, Pinder auf seiner Seite zu haben. Jeder Geologe, der etwas über Grundwasser wußte, hatte von Pinder gehört. Er war auf seinem Gebiet herausragend, Vorsitzender der Fakultät für Tiefbau an der Princeton University und derjenige, der 15 Jahre zuvor das erste Computermodell des Grundwasserflusses entwickelt hatte.

Schlichtmann brachte ihn in einer Suite im Ritz-Carlton unter.

Pinder war Ende Vierzig, ein eleganter, zierlicher Mann, gute 20 Zentimeter kleiner als Schlichtmann. Sein dünnes braunes

Haar, so weich und seidig wie bei einem Baby, war bereits weit aus der Stirn zurückgewichen. Er trug eine goldumrandete Brille, die sein Gesicht eulenhaft und vergeistigt wirken ließ. Er hatte eine präzise methodische Art, war jedoch nicht im geringsten reserviert oder eingebildet. Am Morgen seines ersten Tages vor Gericht kam er früh in Schlichtmanns Kanzlei und begrüßte alle Sekretärinnen herzlich. Schlichtmann sah, daß Pinder ein blaues Jackett trug, eine braune Wollkrawatte, braune Hosen und Socken mit Schottenkaros. In seinen Augen war Pinder kleidungsmäßig ein Alptraum, aber Schlichtmann nahm dies ganz gelassen auf. »George ist der weltweit führende Experte auf dem Gebiet der Grundwasserforschung«, sagte er vertraulich zu Conway, bevor sie gingen. »Er kommt mit einem Aufzug wie diesem durch.«

Pinder verhielt sich am ersten Tag bei der Befragung durch Schlichtmann ganz geschickt. Er kam ausgerüstet mit Karten und Diagrammen zum Gerichtssaal, um die Jury mit der Wissenschaft der Hydrogeologie bekanntzumachen. Er stellte ein Aquarium auf, das mit Küchenschwämmen gefüllt war, und träufelte Tintentropfen auf die Schwämme. »Stellen Sie sich einfach vor, daß jeder Tropfen eine Kontamination des Bodens ist, die in unseren Grundwasserspeicher eindringt.« Er sprach von saturierten und nichtsaturierten Zonen, von Kapillarrändern und kegelförmigen Landsenken. Er fuhr den ganzen Vormittag über fort, selbstsicher, unbekümmert und gut gelaunt, als würde er vor Studenten aus dem ersten Semester in Princeton sprechen.

Sowohl Facher als auch Cheeseman kannten Pinders Reputation. Ein Jahr zuvor hatte Cheeseman selbst versucht, Pinder als Experten für Grace zu gewinnen, wußte aber, daß Schlichtmann ihm zuvorgekommen war. Facher machte sich keine Gedanken. »Sie sagen, daß Pinder der führende Experte auf diesem Gebiet sei«, bemerkte Facher während der Vormittagspause draußen auf dem Korridor. »Sie sagen, er sei ein As, egal, wo er sich befindet. Aber hier befindet er sich auf meinem Terrain.«

Tatsächlich lief die Sache nach der Pause nicht mehr ganz so glatt, obwohl Pinder dafür nicht verantwortlich war. Je mehr

Schlichtmann Pinder darauf hinführte, in seine Ausführungen Grace und Beatrice Foods einzubeziehen, desto häufiger erhoben Facher und Keating Einspruch. Dennoch war es Schlichtmann am Ende des Tages gelungen, den ersten Teil von Pinders Auffassung – daß nämlich sowohl Beatrice Foods als auch Grace für die Verseuchung der Brunnen G und H verantwortlich waren – in die Beweisführung aufzunehmen. Bis zum nächsten Tag aufgeschoben werden mußte allerdings der zweite Teil, in dem es um den Zeitpunkt ging, zu dem TRI und die anderen Lösungsmittel dort angelangt waren.

Am Nachmittag klatschte Schlichtmann in seiner Kanzlei in die Hände und tanzte vor Freude herum. »Ihre Aussage ist durch, George!« rief er. »Man hat versucht, Sie aufzuhalten, aber es ist nicht gelungen. Das war ein wunderbarer Tag heute, George! Es hätte nicht besser laufen können!«

Pinder lächelte nachsichtig. »Diese Jury sieht wie eine ziemlich aufmerksame Truppe aus«, sagte er.

Am nächsten Morgen unterlief Pinder der erste Fehler. Es war nur ein kleiner Fehler, aber Schlichtmann bemerkte ihn sofort. Er hatte Pinder gefragt, wie lange es seiner Meinung nach dauern würde, bis TRI und die anderen Lösungsmittel von den Grundstücken Beatrice Foods und Grace bis in die Brunnen vordringen würden. Schlichtmann war diese Rechnung am Abend zuvor mit Pinder durchgegangen, aber nun gab Pinder andere Zeiten für die einzelnen Lösungsmittel an. Die Zeiten unterschieden sich bei einem Lösungsmittel um einige Tage, bei einem anderen um ein paar Wochen und bei einem dritten um ein Jahr.

Schlichtmann fragte sich einen Moment lang, ob er sich getäuscht habe, ob er die Zeiten falsch in Erinnerung habe. Er war verwirrt, aber im Augenblick gab es für ihn keine Möglichkeit herauszufinden, warum Pinder die Zeitangaben verändert hatte. Als schließlich die Pause da war, beschloß Schlichtmann, das Thema nicht anzusprechen. Er wollte Pinders Selbstvertrauen nicht erschüttern.

Am Abend fand Schlichtmann in Pinders Suite im Ritz-Carlton

heraus, was falsch gelaufen war. Pinder, der sich etwas zu sicher gefühlt hatte, war die Rechnung im Kopf noch einmal durchgegangen und hatte vergessen, die Porosität des Bodens einzukalkulieren. Dieser Fehler spielte für Pinders Aussage als solche keine Rolle. Die Lösungsmittel hatten die Brunnen G und H erreicht, lange bevor die Leukämie begann aufzutreten. Aber Schlichtmann wußte, daß Facher und Keating diesen Fehler nicht übergehen würden, und sie würden ihn bei ihrem Verhör nutzen, um Pinders Glaubwürdigkeit in Frage zu stellen.

Schlichtmann beschloß am nächsten Tag, einem Freitag, bis kurz vor Schluß zu warten, um den Fehler dann richtigzustellen. Er wollte, daß es fast wie ein nachträglicher Gedanke aussah, ein eher unbedeutender Schlußsatz, der aber der Erwähnung bedurfte. Die Juroren könnten dann das ganze Wochenende nutzen, um den Inhalt von Pinders Aussage zu verdauen, bevor am Montagmorgen das Kreuzverhör begann.

Eine Zeitlang verlief alles nach Plan. 20 Minuten bevor sich das Gericht auf die nächste Woche vertagte, brachte Schlichtmann die Zeitangaben noch einmal zur Sprache, und Pinder erklärte, daß er die Rechnung am Tag zuvor im Kopf durchgeführt habe. »Ich dachte über meine Aussage nach«, fuhr Pinder mit freundlicher, ruhiger Stimme fort, »und plötzlich fiel mir auf, daß mir ein Fehler unterlaufen war. Ich würde gerne versuchen, diesen Fehler zu berichtigen.«

»Um welchen Fehler handelt es sich?« fragte Schlichtmann.

»Ich ließ die Konstante für die Porosität des Bodens außer acht, als ich die Multiplikation im Kopf durchführte.«

»Beeinflußt dies irgendwie die Sickergeschwindigkeit?«

»Es wirkt sich auf die Sickergeschwindigkeit aus«, antwortete Pinder und nickte. »Nicht katastrophal, aber signifikant, glaube ich.«

Schlichtmann bat Pinder, der Jury die neuen Zahlen zu nennen. Nachdem Pinder geendet hatte, sah Schlichtmann auf die Uhr an der hinteren Wand des Gerichtssaals über dem Zuschauerraum. Er mußte noch immer zwölf Minuten überbrücken, bevor sich das Gericht vertagte. Er nahm sich vor, den Tag mit dem Hinweis auf die Tatsache zu beschließen, daß die Untersuchungen, die im Osten von Woburn durchgeführt worden waren – 12 000 Seiten mit Daten, 157 Testbrunnen und Dutzende von Bänden mit Unterlagen von technischen Gutachtern –, das Reservoir am Aberjona River zu einem der am gründlichsten erforschten Grundwasserspeicher der Geschichte machten. Er bat Pinder, die Untersuchungen in Ost-Woburn mit anderen Projekten zu vergleichen, an denen er mitgearbeitet hatte, aber sowohl Facher als auch Keating erhoben Einspruch. »Angenommen«, sagte der Richter. Schlichtmann wiederholte seine Frage in anderen Worten, aber wieder gab der Richter den Einsprüchen statt.

»Einen Augenblick noch, Euer Ehren«, bat Schlichtmann.

Der Richter nickte. Schlichtmann atmete tief durch. Er sah auf seine Notizen. Er brauchte noch eine Frage, aber es fiel ihm keine ein. Er ging zum Anwaltstisch und beugte sich ratsuchend zu Nesson, der eilig eine Frage aufs Papier kritzelte. Schlichtmann ging zurück und stellte die Frage, aber Facher erhob Einspruch, dem der Richter stattgab, und Schlichtmann resignierte. Es waren noch sieben Minuten bis zum Schluß. »Keine weiteren Fragen, Euer Ehren.«

Der Richter spähte zur Uhr. »Das ist wahrscheinlich ein guter Zeitpunkt, um abzubrechen, nachdem wir am Montagmorgen mit dem Gegenverhör beginnen.«

Die kleinen Manöver von Anwälten sind manchmal sehr durchschaubar. Schlichtmanns Strategie war offensichtlich genug, und Facher hatte nicht die Absicht, ihn damit durchkommen zu lassen. Er erhob sich und fragte den Richter: »Würden Sie die sieben Minuten mir gewähren?«

»Sie wollen jetzt noch mit dem Kreuzverhör beginnen?« Der Richter wirkte überrascht und nicht besonders glücklich.

»Ja«, sagte Facher, und sein Blick war auf Pinder gerichtet, als er quer durch den Gerichtssaal ging.

Am Freitag abend flog Pinder zurück nach Princeton. Nach sieben Minuten mit Facher begeisterte ihn die Aussicht auf seine Rückkehr nach Boston am Montag nicht besonders. Facher hatte ihn auf die niederträchtigste Weise behandelt, auf beleidigende und verächtliche Art mit ihm gesprochen, wie Pinder es in seinem ganzen Leben noch nicht erlebt hatte. »Wollen Sie der Jury weismachen, daß Sie als promovierter Wissenschaftler und Dekan einer Fakultät gestern hier hereinkamen und einen kleinen Fehler gemacht haben bei einer Aussage, die Sie anderthalb Jahre lang vorbereitet haben?« hatte Facher gefragt. »Wollen Sie uns erzählen, daß Sie als Professor für Geologie vergessen haben, die Porosität einzukalkulieren? Konnten Sie Ihre Berechnungen nicht eine ganze Stunde lang vor der Jury darlegen? Heute stimmt, was gestern nicht gestimmt hat? Und das soll die Jury glauben?«

Pinder dachte, er könne einen klaren Kopf behalten, und antwortete in ruhigem Tom, aber diese kurze Tortur hatte ihn erschüttert. Er hatte früher schon einmal vor Gericht ausgesagt, aber damals war sein Auftritt im Zeugenstand nur von kurzer Dauer gewesen und seine Expertise nahezu unangefochten akzeptiert worden. Pinders Frau Phyllis interessierte sich für die Arbeit ihres Mannes. Sie hatte das Prozeßprotokoll von der Vernehmung Drobinskis gelesen, das Schlichtmann zur gründlichen Lektüre an Pinder geschickt hatte, und sich einen Eindruck von Facher gemacht. »Hüte dich vor Facher«, hatte sie ihren Mann gewarnt, bevor er nach Boston zurückkehrte. »Du solltest noch einmal das Protokoll deiner ersten Anhörung durchlesen, damit du dir nicht widersprichst.«

Pinder beachtete den Rat seiner Frau nicht. Seine Befragung hatte fünf Tage gedauert, und das Protokoll war fast 1000 Seiten dick. Er verspürte keine Lust, sich damit zu befassen – Facher allerdings schon. Er las jede Seite. Am Montagmorgen fragte er Pinder, ob dieser sich daran erinnere, bei seiner Befragung gesagt zu haben, daß die Giftstoffe von Beatrice Foods innerhalb von 18 Monaten in die Brunnen gelangt seien. Pinder antwortete, daß er im einzelnen nicht mehr genau wisse, was er ausgesagt habe. »Aber ich halte das für realistisch, und daß ich mich dahingehend geäußert habe, ist sehr gut möglich.«

»Letzte Woche sagten Sie vor Gericht aus, daß die Giftstoffe die Brunnen im Zeitraum eines Jahres erreicht hätten. Erinnern Sie sich daran?«

»Nicht in allen Einzelheiten«, antwortete Pinder. »Aber wenn Sie sagen, daß ich mich dahingehend geäußert habe, dann muß ich das akzeptieren.«

»Ist das nicht ein erheblicher Unterschied, verglichen mit 18 Monaten?«

Pinder antwortete zurückhaltend, wählte die Worte mit Vorsicht. »Es kommt darauf an, an welchen Kontext ich dachte, als Sie das Wort ›Giftstoffe‹ verwendet haben. Deshalb ist es ein wenig schwierig für mich, genauer zu sein.«

Facher behauptete, Pinder habe sich seine Meinung gebildet, bevor er überhaupt irgendwelche Daten aus den Pumptests gesehen hatte. Dies bestritt Pinder.

»Aber Sie hatten eine Hypothese, was die Quelle der Verseuchung anging, richtig?« fragte Facher weiter.

Pinder, der den Eindruck hatte, er hätte sich so schon in seiner Vernehmung äußern sollen, sagte: »Ich halte das für nicht ganz falsch. Ich denke, ich wäre wohl bereit zu sagen, daß ich etwas Derartiges geäußert haben könnte.«

»Sie *wären* bereit zu sagen, daß Sie etwas Derartiges geäußert haben *könnten*?« wiederholte Facher mit ungläubiger Stimme.

»Nun, ich bin ein vorsichtiger Mensch.«

»Sehr vorsichtig«, sagte Facher. »Sie wählen Ihre Worte mit Sorgfalt, was?«

»Ich versuche so genau und präzise wie möglich zu sein«, erwiderte Pinder.

Pinders Bemühen, genau und präzise zu sein, führte zu einem Dickicht der Verwirrung und Ungenauigkeit. Pinder war Facher gegenüber argwöhnisch. In jeder Frage, die Facher stellte, vermutete er eine Falle. Um nicht in diese Falle zu tappen, weigerte er sich, selbst auf die einfachsten Fragen eine einfache Antwort zu geben. Als Facher ihn nach Drobinskis Arbeit auf dem Sechs-Hektargelände fragte, antwortete Pinder: »Ich bin nicht ganz vertraut damit, was er im einzelnen gemacht hat. Sinngemäß, glaube ich, ging er noch einmal zurück und fand zusätzliche Details.«

»*Sinngemäß* ging er noch einmal zurück?« wiederholte Facher spöttisch.

»Gemäß dem Tenor Ihrer Frage ging er noch einmal zurück«, erwiderte Pinder. »Ich habe von der ganzen Angelegenheit keine genaue, detaillierte Kenntnis.«

»Sie wußten damals im Dezember 1985 noch nicht einmal, wer Mr. Drobinski war?«

»O doch, das wußte ich«, sagte Pinder mit Gewißheit. »Wir hatten oft miteinander gesprochen.«

Facher nahm das Protokoll von Pinders Vernehmung zur Hand. Er schlug es auf und überflog die Seiten, bis er fand, wonach er suchte. »Bei Ihrer Vernehmung am 10. Dezember fragte ich Sie, ob Sie direkt mit einem der Geologen von Weston zusammengearbeitet hätten, und Sie bejahten. Ich fragte: ›Können Sie Namen nennen?‹« Facher hatte sich zum Zeugenstand begeben, legte das Protokoll vor Pinder. »Was haben Sie geantwortet?« Facher zeigte auf die Zeile, die er von Pinder vorgelesen haben wollte.

Pinder beugte sich über das Protokoll und rückte seine Brille zurecht. Facher sah zur Decke. Es dauerte eine ganze Weile, bis Pinder antwortete. Es schien so, als lese er die ganze Seite. »Nein«, las Pinder schließlich laut.

»Sie hätten Mr. Drobinski nicht erkannt – es sei denn, er hätte mit einem kleinen Namensschildchen am Jackett mit der Aufschrift ›Hallo, ich bin Mr. Drobinski‹ vor Ihnen gestanden?«

»Zum damaligen Zeitpunkt wußte ich nicht, wer er war«, sagte Pinder. »Ich hatte mit ihm gesprochen. Es waren mehrere Leute da, und ich konnte sie nicht alle auseinanderhalten. Das ist der Tenor meiner Antwort.«

»Das ist Tenor und Inhalt Ihrer Antwort?«

Pinder ließ den »Tenor« rasch bleiben und flüchtete sich stattdessen in andere Formulierungen wie »im Kontext dessen, wovon Sie sprechen« und »im Sinne Ihrer Frage«. Facher ließ ihm das nicht unkommentiert durchgehen. »Ich habe keinen Sinn in diese Frage gelegt«, erklärte er Pinder. »Ich habe bloß eine schlichte Frage gestellt.«

Der Richter rief die Anwälte zu seiner Bank. Zu Schlichtmann sagte er. »Ich habe langsam den Eindruck, daß dieser Bursche entweder ein mangelndes Sprachvermögen hat oder einfach alles sagt, was ihm gerade einfällt.«

»Ich bin nicht der Meinung, daß dies eine faire Charakterisierung seiner Zeugenaussage ist«, wandte Schlichtmann ein, der genau wußte, daß die Sache sehr schlecht lief.

Später, nach der Verhandlung, bemerkte Conway, daß sich Schlichtmann, allein in seinem Büro, auf dem Sofa ausgestreckt hatte. Ein Arm bedeckte das Gesicht, als würde er die Augen vor grellem Licht schützen.

»Junge, du siehst ja wie ausgekotzt aus«, sagte Conway, der in der Tür stand.

Schlichtmann hob den Arm und sah zu Conway auf. »Das wird die verdammt beschissenste Woche in meinem ganzen Leben.«

Conway nickte. »Was der Richter über Pinder gesagt hat, war sehr beunruhigend.«

»Dieser verknöcherte alte Bastard«, murmelte Schlichtmann.

»Es gibt nichts Schlimmeres als zu beobachten, wie dein Zeuge auseinandergenommen wird«, sagte Conway. »Es ist schrecklich dazusitzen, unfähig, irgend etwas zu unternehmen.«

»Werden wir diese Woche überleben?« fragte Schlichtmann. »Bei noch vier von diesen Tagen?« Er lachte matt und mutlos.

»Wir werden überleben, Jan«, beruhigte ihn Conway. »George ist der Guru, weltweit der wichtigste Experte. Er weiß mehr über den Grundwasserspeicher als sonst irgend jemand auf der Welt.« Er hielt inne und fügte dann hinzu: »Außerdem glaube ich nicht, daß es noch schlimmer kommen kann als heute.«

Abrupt setzte sich Schlichtmann auf. Er sah Conway ernüchtert an. »Glaubst du, daß es so schlimm war?« Wieder lachte Schlichtmann matt. »George hat mir sogar gesagt, er habe heute ein gutes Gefühl gehabt. Kannst du dir das vorstellen? Ach, es ist nicht Georges Fehler. Er ist ein brillanter Kerl, aber er gehört nicht zu der Art von Leuten, die andere bewegen können. So ist er einfach nicht.«

Gordon und Phillips betraten Schlichtmanns Büro. Gordon ließ seinen wuchtigen Körper auf Schlichtmanns Schreibtischstuhl nieder, legte die Füße hoch und zündete sich eine Zigarette an. Phillips saß im Sessel neben dem Sofa und versuchte seinerseits, Schlichtmann aufzumuntern. »Fachers kleiner klinischer Unterricht heute war großartig für Anwälte, aber der Jury ist das scheißegal.« Phillips summte nervös. »Vergiß eines nicht, Jan: Die größten Siege sind diejenigen, die mit dem geringsten Vorsprung errungen werden.«

Einen Moment lang war es ganz ruhig. Jeder schien über dieses Häppchen Weisheit nachzudenken. Schließlich sagte Gordon: »Was genau soll das bedeuten, Mark?«

Schlichtmann machte sich auf den Weg ins Ritz-Carlton, um einen Arbeitsabend mit Pinder zu verbringen. Er tröstete sich damit, daß Facher zwar möglicherweise Pinders Glaubwürdigkeit angeschlagen hatte, daß es ihm aber nicht gelungen war, dessen Expertise inhaltlich anzugreifen. Schlichtmann hatte den Eindruck, er könne Pinder bei einer abermaligen Vernehmung nach dem Kreuzverhör wieder glänzen lassen.

In der Zwischenzeit plagten ihn jedoch andere Sorgen. Er wußte, daß Facher versuchen würde, sich den Aberjona River, der zwischen dem Gelände von Beatrice Foods und den städtischen Brunnen verlief, als Verteidigungsmittel zunutze zu machen. Laut Fachers Theorie wurde bei der Pumptätigkeit der Brunnen lediglich Wasser direkt dem Fluß entnommen, wodurch der Bedarf der Brunnen abgedeckt und der Zufluß von verseuchtem Grundwasser von Beatrice Foods gleichzeitig abgeblockt wurde.

Diese Theorie hatte einige Vorzüge. Im Frühjahr des vergangenen Jahres hatte Pinder selbst Schlichtmann darauf aufmerksam gemacht, daß der Fluß »eine tiefe Barriere« darstellen könnte, obwohl er persönlich daran zweifle, daß sich dieser Verdacht bewahrheiten werde. Seine Computersimulation des Grundwasserspeichers im Osten von Woburn prognostizierte, daß die städtischen Brunnen entlang einer hochdurchlässigen Schicht aus Sand und Kies, die unter dem Flußbett lag, verseuchtes Grundwasser aus dem Boden von Beatrice Foods aufnehmen würden. Dennoch, erklärte Pinder, könne er dies nicht mit Gewißheit sagen, solange er die Daten aus den Pumptests der EPA nicht kenne. Schließlich aktivierte das Umweltschutzamt die Brunnen am 4. Dezember und begann mit den Pumptests, und Pinder postierte sich an einem der Testbrunnen auf dem Gelände von Beatrice Foods. Er stellte fest, daß der Wasserspiegel in diesem Testbrunnen innerhalb von vier Stunden um etwas mehr als 30 Zentimeter fiel: um genau jenen Wert, den der Computer simuliert hatte.

Für Pinder bewiesen diese und ähnliche Messungen in anderen Testbrunnen ohne jeden Zweifel, daß das Grundwasser aus dem Beatrice-Foods-Gelände unter den Fluß gesogen wurde und damit in die städtischen Brunnen gelangte. Außerdem war mit den Messungen bewiesen, daß der Aberjona River fast keine Rolle spielte, was die Bedarfsdeckung der städtischen Brunnen anging. Pinder folgerte daraus, daß die dicke Schicht aus Torf, die das Flußbett bildete – sieben Meter oder sogar noch mehr verrotteter Blätter, Wurzeln und Äste –, als nahezu undurchlässige Isolationsmasse wirkte. In anderen Worten, der Fluß selbst bildete keine Barriere. Er spielte überhaupt keine Rolle.

Dies alles war für Schlichtmann einleuchtend gewesen. Ein Detail allerdings bereitete ihm Sorgen. Er und Pinder hatten in diesem Dezember beide Eis auf dem Fluß gesehen. Nachdem die Brunnen zu pumpen begonnen hatten, war der Wasserspiegel des Aberjone River stetig gesunken und hatte Eisschollen an den Ufern zurückgelassen. Offensichtlich hatte der Fluß Wasser verloren. Wenn es nicht zu den Brunnen ablief – wohin floß es dann?

Schlichtmann versuchte im Ritz-Carlton eine Antwort darauf zu erhalten. Pinder hatte mehrere Erklärungen parat. Ein Teil des Wassers war verdunstet, ein Teil dem Fluß langsam durch die Pumptätigkeit der Brunnen entzogen worden. Aber Pinder war sich aufgrund der dicken Torfschicht sicher, daß es ein bis zwei Jahrzehnte dauern würde, bis Wasser aus dem Fluß die Brunnen erreichen könnte.

Schlichtmann leuchtete das immer noch nicht ein. Der Flußpegel, argumentierte er, sei um 15 Zentimeter gesunken. Das schien eine ganze Menge Wasser zu sein, die sich durch Pinders Theorie nicht erklären ließ.

Pinder, der nun selbst beunruhigt war, pflichtete ihm bei.

Wo also war das Wasser hingeflossen? fragte Schlichtmann.

Pinder wußte darauf keine Antwort.

Sie arbeiteten bis nach Mitternacht, aber Pinder fand keine Erklärung für den Verbleib des Flußwassers. Er war müde und bestand darauf, schlafen zu gehen. Er wollte am nächsten Tag einen klaren Kopf haben und Facher nicht gegenübertreten, ohne ausgeruht zu sein.

Schlichtmann dachte nicht daran, aufzustehen. »Wir müssen das klären, George. Lassen Sie es uns noch einmal durchgehen.«

»Nein«, widersprach Pinder dickköpfig. »Ich lege mich jetzt ins Bett.«

Schlichtmann, genauso stur, weigerte sich, zu gehen.

»Wenn Sie mich jetzt nicht in Ruhe lassen«, sagte Pinder verärgert, »fliege ich morgen früh zurück nach Princeton.«

Schlichtmann verabschiedete sich, äußerst beunruhigt.

Schlichtmann wartete besorgt, bis Pinder am nächsten Morgen sein Büro betrat. Er stellte sofort fest, daß ihr Geplänkel vom Abend zuvor vergessen war. Pinder wirkte zuversichtlich und zufrieden. »In einem lichten Moment habe ich heute morgen das Problem gelöst, Jan«, verkündete er. »Ich weiß nicht, warum ich nicht schon früher darauf gekommen bin. Die Lösung ist wirklich ganz naheliegend.«

Schlichtmann hörte aufmerksam zu, während sein Starexperte das Naheliegende erläuterte. Unter normalen Bedingungen, sagte Pinder, fließe das Wasser eines Grundwasserspeichers in einen Fluß und vergrößere so sein Volumen. Außer in der Wüste und im Gebirge entstünden fast alle Flüsse auf diese Weise, so auch der Aberjona River im Osten von Woburn. Aber dann begannen die Brunnen G und H mit ihrer Pumptätigkeit. Der Grundwasserspeicher mußte den Bedarf an Wasser decken, der durch die Brunnen entstand, und konnte nicht länger Wasser an den Fluß abgeben. »Verstehen Sie, Jan?« rief Pinder. »Es ist nicht so, daß der Fluß Wasser *verliert*. Er bekommt nur nicht soviel Zustrom aus dem Grundwasserspeicher wie gewöhnlich.«

»Sind Sie sich sicher, George?« fragte Schlichtmann.

Pinder strahlte. »Ich kam darauf, als ich heute morgen unter der Dusche stand.«

»George, sagen Sie so etwas nicht im Zeugenstand.«

»Na ja, aber so war das nun mal.«

Peggy Vecchione steckte ihren Kopf in die Tür des Konferenzraums. »Jan, es ist fünf vor neun, du mußt dich beeilen.«

Schlichtmann beugte sich über Pinder, ließ für einen letzten Augenblick seiner hektischen Aktivität freien Lauf, jener Art nervöser Energie, die sich allmorgendlich vor dem Prozeß breitmachte. Pinders Erklärung schien ganz logisch, aber Schlichtmann blieb keine Zeit, sie auf mögliche Fehler hin zu untersuchen. »Haben Sie die Bohrberichte, George?« fragte er. »Und zwar die mit den gelben Hervorhebungen drin? Haben Sie die?«

Pinder preßte die Lippen zusammen und zog die Schultern hoch. Er haßte diese chaotischen Augenblicke kurz vor Verhandlungsbeginn. Sie brachten ihn just dann aus dem Gleichgewicht, wenn er das stärkste Bedürfnis hatte, sich zu sammeln.

Schlichtmann wischte Fusseln von Pinders blauem Jackett, dann trat er zurück und schaute den Geologen, dessen Krawatte in hellem Pink und die gemusterten Socken prüfend an. »Sie sehen großartig aus«, log Schlichtmann. »Geht es Ihnen gut?«

»Mir ging es gut, bis ich angefangen habe, mit Ihnen zu sprechen«, murmelte Pinder.

»Sie werden das heute schon schaffen«, sagte Schlichtmann mit beruhigender Stimme.

Pinder glänzte nicht gerade an diesem Tag, aber er versagte auch nicht. »Sinngemäß« kam ihm an diesem Morgen zweimal über die Lippen. Facher wandte sich ihm zu und starrte ihn an. »Warum müssen wir dauernd über den Sinn sprechen? Ich frage lediglich nach einem Datum.« Und als Pinder umständlich eine der Fragen Fachers zu beantworten begann, unterbrach ihn der Richter. »Hören Sie, Herr Professor, es handelt sich um eine ganz schlichte Frage«, sagte er. »Sie bedarf keiner weiteren Analyse. Lassen Sie uns in einfachem Englisch miteinander reden.«

Am Anwaltstisch versuchte Schlichtmann, ruhig zu wirken. Erst spät an diesem Vormittag kam Facher auf den Fluß und das Thema fehlenden Wassers zu sprechen. Wieviel Wasser während der Tests der Brunnen G und H aus dem Aberjona River abgepumpt worden sei.

Pinder hatte gespannt auf diese Frage gewartet. »Ich glaube, sehr wenig, wenn überhaupt.«

»Hat der Fluß laut der Messungen, die von der Geologischen Bundesbehörde durchgeführt wurden, nicht annähernd 24 Hektoliter Wasser pro Minute verloren?« fragte Facher.

»Nein, Sir«, antwortete Pinder. »Hier täuschen Sie sich. Ich war selbst verwirrt, bis ich gründlicher darüber nachgedacht habe und feststellte ...«

Facher unterbrach ihn. »Bevor Sie eine Frage beantworten, die ich gar nicht gestellt habe ...«

»Ich bin nur bestrebt, Sie zu informieren«, erwiderte Pinder.

»Sie sind bestrebt, mir zu helfen?« fragte Facher amüsiert.

»Das bin ich, Sir, sehr sogar.« Pinder lächelte.

»Und ich bin bestrebt, Ihnen zu helfen«, entgegnete Facher. »Also, Sie haben offensichtlich ein Phänomen beobachtet, das der Laie so interpretieren könnte, daß da pro Minute 24 Hektoliter Wasser aus dem Fluß gepumpt werden?«

»Das ist richtig«, sagte Pinder.

»Aber der Experte, der dafür engagiert wurde, in diesem Rechtsstreit seine Meinung abzugeben, hatte dafür eine Erklärung parat, richtig?«

»Nicht zum damaligen Zeitpunkt«, widersprach Pinder. »Aber heute habe ich eine. Ich arbeitete eigentlich gar nicht an dieser Frage, als mir die Lösung einfiel. Es war mehr so etwas, worüber man unter der Dusche nachdenkt.«

»Gedanken unter der Dusche«, hakte Facher mit einer hochgezogenen Augenbraue nach. »Bevor wir zu Ihren Gedanken unter der Dusche kommen …«, Facher errechnete, daß 24 Hektoliter pro Minute eine Tagesleistung von 34 560 Hektoliter pro Tag ergaben. »Vierunddreißigtausendfünfhundertsechzig Hektoliter Wasser pro Tag, Wasser, das irgendwohin abfließt, Wasser, das den Grundwasserspeicher verläßt …«

»Nein, Sir, das ist der Punkt, in dem Sie sich irren«, widersprach Pinder.

»Nun, wo ist es dann hingekommen?« fragte der Richter ungeduldig.

»Eben darum geht es ja«, sagte Pinder glücklich.

»Na schön«, sagte Facher, »erzählen Sie dem Richter, der Jury, uns allen wo die 34 650 Hektoliter pro Tag hingeflossen sind.«

»Sehr gern.« Pinder verließ den Zeugenstand und ging hinüber zur Geschworenenbank, vor der eine Staffelei mit einem Schaubild des Grundwasserspeichers aufgebaut war.

Auch Schlichtmann erhob sich und ging langsam zu einer der Seitenwände des Gerichtssaals, stellte sich zwischen einen Aktenschrank und die Geschworenenbank, von wo aus er Pinder neben dem Schaubild sehen konnte. Schlichtmann hatte die Hände in die Taschen gesteckt, eine lässige Haltung, die er normalerweise im Gerichtssaal mißbilligte. Sein Kopf war geneigt, er musterte intensiv seine Schuhe. Ohne den Kopf zu heben, wanderte sein Blick gelegentlich hinüber zu Facher und Pinder, die meiste Zeit aber starrte er auf seine Schuhe. Später sagte er, er habe sich vorgestellt, Facher halte ein Messer gegen das Licht, um die Klinge zu begutachten, er überprüfe die Schärfe der Schneide mit dem Daumen, ziehe sein Messer nachdrücklich ab und prüfe erneut die Schärfe. Er habe sich ausgemalt, wie Facher bei dieser Arbeit vergnügt vor sich hin pfiff.

Facher unterbrach Pinders Erläuterungen mehrfach, um Fragen zu stellen. Und als Pinder schließlich zum Ende gekommen war, faßte Facher zusammen: »Nach Ihrer Meinung hat der Fluß also kein Wasser verloren, sondern aus seinen gewöhnlichen Quellen nicht soviel dazuerhalten wie sonst, richtig?«

»Das ist es im wesentlichen, was ich auszudrücken versuche«, stimmte Pinder zu.

»Nun, Sir«, fuhr Facher fort. »Wollen Sie noch irgend etwas hinzufügen? Wir werden darauf zurückkommen, und ich werde mich heute abend damit beschäftigen.«

»Dessen bin ich mir sicher«, sagte Pinder.

»Verdammt noch eins, George, Sie haben ihn in Schach gehalten!« jauchzte Schlichtmann auf dem Rückweg in die Kanzlei. »Ich könnte Ihren kahlen Schädel küssen!«

Bis zu dieser Bemerkung, die ihn die Stirn runzeln ließ, war Pinder mit sich selbst ganz zufrieden.

Aber Schlichtmann war noch immer besorgt – die Art von Sorge, die jemand empfindet, der weiß, daß etwas nicht stimmt, aber nicht den Finger darauflegen kann. Als er sich an diesem Abend im Konferenzraum mit Pinder an die Arbeit machte, sagte er: »George, diese blödsinnige Theorie von Ihnen...«

»Wie bitte?« fragte Pinder pikiert.

»Wir müssen darüber reden.«

»Sie ist ganz einfach, Jan.«

»Ich weiß, daß sie einfach ist, aber stimmt sie auch?«

Einige Stunden später wußte Schlichtmann, daß sie nicht stimmte. Der Nachweis für Pinders Irrtum waren die Messungen durch die Geologische Bundesbehörde. Die Behörde hatte den Wasserpegel des Aberjona River an zwei Stellen gemessen – an einer Brücke, die den Fluß im Norden der städtischen Brunnen überquerte, und an einer zweiten Brücke südlich der Brunnen ungefähr 1000 Meter flußabwärts. Wenn der Fluß, wie Pinder behauptete, eigentlich kein Wasser verlor, sondern einfach bloß weniger aus dem Wasserlauf zugeführt wurde, dann sollte man erwarten, daß der Pegel an der ersten Meßstelle jenem an der zweiten entsprach.

Schlichtmann aber fand heraus, daß dies nicht der Fall war. Die beiden Messungen entsprachen sich nicht. Sie ergaben vielmehr, daß der Fluß tatsächlich 24 Hektoliter pro Minute verlor.

Schlichtmann gab sich selbst die Schuld. Er hatte Pinder die Meßunterlagen zusammen mit einigen Packen anderer Dokumente zugeschickt. Er war zu sehr mit den medizinischen Aspekten des Falls beschäftigt gewesen, um Pinders Arbeit besondere Aufmerksamkeit zu widmen, und Pinder hatte die Messungen schlichtweg übersehen.

Pinder saß in der Falle. Er konnte Facher gegenüber nicht zugeben, daß er sich in einem so grundsätzlichen Punkt getäuscht hatte, wenn er nicht seine gesamte Expertise in Frage stellen wollte. Und er war immer noch der Auffassung, daß er mit seinem Gutachten im wesentlichen richtig lag – verseuchtes Grundwasser vom Beatrice-Foods-Gelände war tatsächlich in die Brunnen gelangt. Nichts sonst vermochte das Sinken des Grundwasserspiegels um gute 30 Zentimeter zu erklären, das er mit eigenen Augen beobachtet hatte.

Pinder konnte nichts weiter tun, als auf das Beste zu hoffen.

Am nächsten Vormittag fragte Facher ihn, ob er sich daran erinnere, gesagt zu haben, daß kein Wasser aus dem Fluß geflossen sei. Pinder widersprach: »Nein, Sir, ich glaube nicht, mich dahingehend geäußert zu haben, Sir.«

Facher nahm eine Kopie des Prozeßprotokolls zur Hand. »Sie sagten gestern: ›Wasser, das normalerweise in den Fluß fließt, fließt nicht länger hinein. Das heißt nicht, daß es aus dem Fluß *heraus*fließt, sondern einfach, daß es nicht hineinfließt.‹ Erinnern Sie sich daran?«

»Ja, Sir, ich glaube, das ist eine vernünftige Aussage. Es müßte sonst ein Schild für das Wassermolekül geben, auf dem steht: ›Stopp! Nicht in den Fluß fließen, überleg dir noch mal, zurück in den Brunnen zu fließen.‹ Und in diesem Sinn habe ich die Frage beantwortet.«

»Nun, der Sinn und der Wortlaut, in dem Sie geantwortet haben, waren: ›Wasser, das normalerweise in den Fluß fließt, fließt nicht länger in diesen hinein.‹ Könnte man sich noch klarer ausdrücken? Ist das nicht einfaches Englisch?«

»Ja«, erwiderte Pinder. »Und in dem Zusammenhang, in dem ich mich derart geäußert habe, meinte ich es auch so.«

Pinder mogelte sich den ganzen Vormittag lang unermüdlich durch, in einer lähmenden, einschläfernden Weise. Auf eine von

Fachers Frage schüttelte er trübselig den Kopf. »Tut mir leid, Sir«, meinte er. »Was Sie da sagen, ist für mich äußerst schwer zu begreifen, weil sich vieles in mancherlei Hinsicht widerspricht.«

Facher sah den Richter an und seufzte: »Ich glaube, ich muß noch einmal von vorne anfangen.«

Der Richter wirkte angewidert. »Wir bekommen hier langsam ein hoffnungsloses Durcheinander. Ich werde eine Pause anberaumen und lege Dr. Pinder sehr nahe, daß er sich das Protokoll seiner gestrigen Vernehmung vornimmt und darin liest.«

Der Tag schleppte sich dahin, und Richter Skinner hatte noch einiges mehr zu Pinder anzumerken.

»Da haben Sie einen hoffnungslosen Fall als Zeugen, der von A nach B wechselt«, sagte Skinner von der Richterbank zu Schlichtmann. »Zwar ändert sich der Tenor seiner Aussage nicht, deren Form dagegen sehr.«

»Gutachter werden geboren, nicht gemacht«, erwiderte Schlichtmann mit leiser Stimme, mehr zu sich selbst.

»Aber *Sie* haben ihn zum Gutachter gemacht«, erwiderte der Richter.

Pinder saß im Zeugenstand, während sich die Anwälte nur ein paar Schritte entfernt flüsternd berieten. Er wußte nichts von den richterlichen Kommentaren über ihn, und Schlichtmann, der ohnehin schon um Pinders angekratztes Selbstbewußtsein besorgt war, wollte sie ihm auch ganz gewiß nicht unter die Nase reiben. Inzwischen, nach vier Tagen des Verhörs durch Facher, hatte Pinder den Appetit verloren und konnte nicht mehr schlafen. Er spürte die Last des Falles – die Familien in Woburn, all die anderen Experten, Schlichtmann und seine Partner und deren finanzielle Investition – auf seinen Schultern. Nachts im Ritz-Carlton lag er wach, dachte über Facher nach und ersann Fluchtwege aus dessen Fallen. Er war glücklich, wenn er vier Stunden Schlaf fand. Jeden Abend rief er zu Hause in Princeton an und sprach mit seiner Frau: »Du kannst dir den Druck nicht vorstellen«, beklagte er sich bei ihr. »Man kann ihm nicht entkommen. Noch nie hat irgend jemand versucht, mich als Person dermaßen in Mißkredit zu bringen, wie Facher das dauernd tut.«

Erleichterung stellte sich für Pinder schließlich am Freitag ein, dem sechsten Tag des Verhörs, als Skinner Facher zur Richterbank zitierte und ihm mitteilte, es sei genug. »Sie und der Professor, Sie sind mir schon ein Paar«, sagte der Richter verdrossen. »Ich entdecke Anzeichen eines beginnenden Komazustands bei einem Teil der Jury.«

Am Freitag abend flog Pinder nach Hause. Seine Frau holte ihn am Flughafen ab und war erschrocken über seine Blässe und die dunklen Ringe unter seinen Augen. Am darauffolgenden Montag kehrte Pinder nach Boston zurück, doch das Schlimmste hatte er mit Fachers Verhör überstanden. Keating befragte Pinder zwei Tage lang. Obwohl ihn dieser Aspekt kaum betraf. Die Fabrik von Grace lag auf einer Anhöhe im Nordosten der Brunnen, und es gab keinen Fluß, der die Angelegenheit komplizierter machen könnte. Kontaminiertes Grundwasser von Grace strömte eindeutig von der Höhenlage des Grundgebirges hinab, direkt hin zum Gelände der Brunnen, wie eine Murmel, die eine Rinne hinunterrollte.

Schlichtmann hegte die Überzeugung, daß Pinders Aussage im wesentlichen richtig war, auch wenn sich seine Erleuchtung unter der Dusche als falsch erwiesen hatte. »Die Verteidiger versuchen im Flußwasser Heilung zu finden, wie das die Menschen über Jahrhunderte hinweg getan haben«, sagte Schlichtmann gegen Ende der Vernehmung Pinders. »Das hat sehr wenig mit dem Fall zu tun.« Er bemühte sich, Pinder in der abermaligen Vernehmung nach dem Verhör durch Facher zu rehabilitieren, aber er konnte den Schaden nicht wiedergutmachen, den Facher angerichtet hatte. Als Pinder vom Richter befragt wurde, räumte er ein, daß die Brunnen nach einigen Monaten der Pumptätigkeit auch Wasser aus dem Fluß abziehen würden, beharrte jedoch auf seiner Auffassung, daß sie außerdem große Mengen kontaminierten Wassers aus dem Beatrice-Foods-Gelände abgezogen hatten.

Wie sich später herausstellte, hatte Pinder im wesentlichen recht. In ihrem Abschlußbericht, der zwei Jahre nach dem Prozeß veröffentlicht wurde, kam die EPA zu dem Schluß, daß der Boden des Beatrice-Foods-Geländes »weitgehend verseucht« und der Bereich mit der höchsten Grundwasserkontamination in der Umgebung der Brunnen G und H war. Vielleicht hätte der Bericht Pinder entlastet, aber er kam zu spät, um für Schlichtmann noch von Nutzen zu sein.

6

In der zwölften Prozeßwoche überreichten die Geschworenen Richter Skinner ein Geschenk. Sie hatten offenbar bemerkt, daß der Richter, weißhaarig und zerbrechlich wirkend, mit der schweren ledergepolsterten Tür kämpfte, die von seinem Richterzimmer zur Richterbank führte. Also schenkten sie ihm einen Türstopper aus geschliffenem Granit, der die Tür einen Spaltbreit offenhielt. Der Richter erzählte den Anwälten von dem Geschenk (»Vielleicht aus dem Aberjona River«, sagte er und zeigte ihnen den Stein), und niemand gab zu verstehen, daß etwas Unangebrachtes geschehen war.

Aber Schlichtmann störte das Geschenk. Am Abend ging er mit Phillips und dessen Frau Julianna essen. Nach einer Flasche Wein kamen sie auf den Richter zu sprechen. »Das Geschenk zeigt, daß die Jury eine Menge Respekt vor Skinner hat«, grübelte Schlichtmann. »Aber findet ihr nicht auch, daß sie den Richter ansehen, als würden sie ihn fragen: ›Herr Richter, was sollen wir tun?‹«

»Und ob«, sagte Phillips. »Er ist eine Autoritätsfigur. Der Gerichtssaal ist für sie eine vollkommen fremde Welt, und er ist ihr Führer.«

»Das macht mir angst«, sagte Schlichtmann. »Vielleicht ist der Richter eine Vaterfigur für sie geworden. Was, wenn sie mich dann als Ausgestoßenen, als ungeratenen Sohn betrachten?«

»Welche Rolle spielt Facher in diesem Szenario? Den boshaften Onkel?«

Schlichtmann lachte, wurde dann aber nachdenklich. »Facher hat die seltsamsten Marotten«, sagte er. »Habt ihr bemerkt, wie er den Richter anschaut, wenn er Fragen stellt? Es ist ganz komisch, denn er spricht nicht zur Jury.« Schlichtmann erzählte Julianna davon, wie er zu Fachers Kanzlei gegangen war, und Facher ihm stolz das Foto einer seiner Töchter gezeigt hatte. Hinter diesem Stolz glaubte Schlichtmann eine gewisse Wehmut zu entdecken. »Er ist geschieden, er ist ein einsamer alter Mann«, sagte Schlichtmann. »Er hat nichts als seine Kanzlei.«

Julianna fand, daß dies tragisch sei. »Er hat niemanden, zu dem er abends nach Hause geht«, sagte sie. »Was wird aus ihm, wenn er einmal pensioniert ist?«

Aber Schlichtmanns Laune wandelte sich jäh. »Was kümmert uns das?« sagte er scharf.

Schlichtmann vereinbarte ein Treffen mit den Versicherungsgutachtern im Fall Helen O'Connell für einen Freitag Ende Mai, einen Tag, für den der Richter keine Verhandlung anberaumt hatte. Phillips hatte die vergangenen sechs Wochen am Fall O'Connell gearbeitet. Er teilte Schlichtmann mit, daß der Fall für einen Vergleich vorbereitet sei. Gordon ließ im Embassy Suites einen Konferenzraum reservieren, und Phillips ging los, um eine Flasche feinsten schottischen Whisky zu kaufen. Es war zur Tradition geworden, Whisky anzubieten und mit den Gutachtern anzustoßen, während sich die Verhandlungen einem erfolgreichen Abschluß näherten.

Am vereinbarten Tag kaufte Phillips also den Whisky und zog unten auf dem Ettikett der Flasche einen Strich. »Jan, ich garantiere dir, daß wir in diesem Fall einen Vergleich haben, bevor wir diese Linie erreicht haben.«

Schlichtmann lächelte. »Dann werde ich mir jetzt sofort einen Drink genehmigen.«

Am Spätnachmittag hatten die Gutachter ihr Angebot auf eine halbe Million Dollar heraufgesetzt. Schlichtmann war von 800 000 auf 640 000 gekommen. Und an dieser Stelle stagnierten die Verhandlungen. Alle nippten an ihrem Whisky, aber es schien so, als ließe sich der Fall nun doch nicht abschließen. Die drei Gutachter zogen sich in einen separaten Raum zurück, um unter sich zu sprechen. Allein mit seinen Partnern schlug Schlichtmann vor, ihre Forderung auf weniger als 600 000 herunterzusetzen. »Das ist eine psychologische Schwelle für sie.«

Phillips war dagegen. »Zu schnell aufs Ganze zu gehen, ist ein großer Fehler. Laßt uns bis Montag warten und sehen, wie ihre Stimmung dann ist.«

Als die Gutachter zurückkehrten, tranken sie alle noch einen Whisky. Schlichtmann sprach über den Fall Woburn.

45 Minuten lang erwähnte er den aktuellen Fall mit keiner Silbe. Phillips sah auf die Whiskyflasche und bemerkte, daß sich der Pegel bedenklich der Markierung näherte.

Einer der Gutachter verließ den Raum, um ein Telefonat zu führen. Als er wiederkam, nahm er Schlichtmann zur Seite und sagte, daß die Herstellerfirma des bei der Operation verwendeten Narkotikums eingewilligt habe, dem Vergleich 90 000 Dollar beizusteuern. Das Angebot liege nun bei 590 000 Dollar. Ob dies genug sei?

Nun verließen Schlichtmann und seine Partner den Raum, um sich vertraulich zu besprechen. Als sie zurückkamen, goß sich Schlichtmann ein Glas Whisky ein und brachte einen Trinkspruch aus.

Schlichtmanns Kanzlei erhielt 40 Prozent des Vergleichs. In der Vergangenheit war ein Zahltag dieser Art Grund für eine Feier gewesen, ein Abendessen für die gesamte Mannschaft in einem teuren Restaurant, Prämien für alle und eine durchzechte Nacht. Aber an diesem Abend stieg keine Party. Das komplette Honorar mußte sofort an Gordon gehen, der es für Rechnungen verwenden würde, die im Fall Woburn zur Zahlung anstanden. Das Geld würde verschwinden, sobald es kam.

7

Am Mittwoch, dem 4. Juni, dem 54. Prozeßtag, begann Facher mit der Darstellung der Beweise für die Verteidigung von Beatrice Foods. Er berief nur drei Zeugen. Einer von ihnen war Thomas Mernin, der Ingenieur der Stadt Woburn. Mernin hatte 13 Jahre lang in der Wood Street in Ost-Woburn gelebt, direkt neben Richard Toomey und dessen Familie. Es war Mernin gewesen, der viele Jahre zuvor, als Toomey sich über Geruch und Geschmack des Wassers beschwert hatte, steif und fest behauptete, das Wasser aus den Brunnen sei absolut einwandfrei. Als Ingenieur der Stadt hätte Mernin etwas unternehmen können. Er hätte anordnen können, die Brunnen stillzulegen.

Facher berief Mernin als Zeugen der Verteidigung, eben weil er die Brunnen nicht geschlossen hatte. In seiner Funktion als Ingenieur hatte Mernin das gesamte Gelände der Brunnen innerhalb der vergangenen 15 Jahre oft inspiziert. Er war über das Grundstück von Beatrice Foods gegangen. »Überall standen Fässer herum«, sagte Mernin vor Gericht aus. »Aber es sah nicht anders aus als auf irgendwelchen anderen heruntergekommenen Geländen, die ich inspiziert hatte. Ich habe nichts Unrechtes gesehen.«

»Haben Sie irgend etwas entdeckt, was nach giftigen Chemikalien oder nach chemischen Rückständen aussah?« fragte Facher.

»Nein, ich habe nichts dergleichen gesehen. Alles war völlig gewöhnlich.«

Unter Fachers Befragung berichtete Mernin der Jury, daß er sogar eine Empfehlung ausgesprochen habe, zwischen den Brunnen G und H einen dritten Brunnen zu bohren, der Brunnen I genannt werden sollte. »Diese Stelle war naheliegend«, erklärte Mernin. Im Jahr 1978 genehmigte der Staat Brunnen I, und Mernin riet dem Bürgermeister, sofort mit dem Bau des Brunnens zu beginnen, damit dieser im darauffolgenden Jahr in Betrieb genommen werden könnte. Dazu sollte es wegen der Entdeckung von TRI und anderen Giftstoffen in den Brunnen G und H nicht kommen.

Was Facher damit bezweckte, Mernin als Zeugen zu berufen, war für Schlichtmann klar erkenntlich. Wenn ein qualifizierter Ingenieur wie Mernin keine Bedenken wegen der städtischen Brunnen gehabt oder eine Gefährdung der Bevölkerung gesehen hatte, als er über das Beatrice-Foods-Grundstück gegangen war, wie sollte dann Riley, ein einfacher Gerber, irgendeine Gefahr erkannt oder vorausgesehen haben?

Aber für Facher lief die Sache total schief, noch bevor Schlichtmann mit seinem Verhör beginnen konnte. Mehr und mehr sah es nämlich so aus, als hätte Mernin die Bevölkerung durch blanke Inkompetenz im Stich gelassen. Und Mernin wirkte im Zeugenstand verwirrt und orientierungslos. Er verwechselte Daten, versicherte, Brunnen G sei erst im Jahr 1974 in Betrieb genommen worden, obwohl die Jury und alle anderen, die auch nur ein wenig zugehört hatten, inzwischen längst wußten, daß er zehn Jahre zuvor in Betrieb genommen worden war. Facher ging davon aus, daß Mernin sich schlicht versprochen hatte, aber als er ihn behutsam aufforderte, seinen Irrtum zu korrigieren, bestand der Ingenieur darauf, daß er im Recht sei. In einer Beratung mit den Anwälten sagte sogar der Richter später: »Gut möglich, daß die Jury Mr. Mernin für einen kompletten Idioten hält. Er war kein besonders eindrucksvoller Zeuge.«

Während Schlichtmann die Vernehmung des Ingenieurs durch Facher verfolgte, überlegte er, ob Mernin krank sei. Der Mann wirkte müde und mager. Er hatte von Natur aus einen dunklen Teint, aber darunter schien eine geisterhafte Blässe zu liegen. Schlichtmann nahm sich nur zehn Minuten Zeit, ihn ins Verhör zu nehmen. Die konfusen Aussagen des Ingenieurs sprachen für sich selbst, und Schlichtmann kam zu dem Schluß, daß nichts zu gewinnen sei, wenn er ihn noch weiter attackierte. Mernin wirkte erleichtert, als er schließlich den Zeugenstand verließ.

Einen Monat später erfuhr Schlichtmann von den Familien in Woburn, daß man bei Mernin gerade chronische myelogene Leukämie diagnostiziert hatte, die gleiche Krankheit, an der Roland Gamache zwei Monate zuvor gestorben war. Vielleicht, dachte Schlichtmann, könnte er die Neuigkeiten über Mernin einfließen lassen, wenn er in der zweiten Prozeßphase Richard Toomey in den Zeugenstand rief. Oder er könnte Mernin selbst als Zeugen aufrufen, wenn Mernin dann noch am Leben war.

Doch dazu sollte es nicht kommen. Mernins Gesundheitszustand verschlechterte sich rapide. Einige Monate nachdem die Diagnose gestellt worden war, starb der Ingenieur im Alter von neunundvierzig Jahren.

Wie bei fast jedem Unterfangen ist es auch in einem Prozeß schwerer, aufzubauen als zu zerstören. Schlichtmann mochte, wie die meisten Prozeßanwälte, die destruktiven Freuden des Gegenverhörs lieber als die mühsame Arbeit der Hauptvernehmung. Er nahm sich vor, Fachers zweiten Zeugen, einen Hydrogeologen, der behauptete, das verseuchte Grundwasser vom Beatrice-Foods-Gelände habe die Brunnen nie erreicht, auseinanderzunehmen. Und tatsächlich legte er einige Widersprüche in der Aussage des Experten offen, aber es war keineswegs klar, ob ein verständiger Geschworener die Aussage wirklich vollkommen außer acht lassen würde.

Mit Fachers zweitem Experten, einem Bodenchemiker namens Olin Braids, hatte Schlichtmann größeren Erfolg. Bei der Vernehmung durch Facher hatte Braids dem Gericht erzählt, daß er in der Lage gewesen sei, mit wissenschaftlichen Tests den Zeitpunkt festzulegen, zu dem TRI frühestens auf dem Gelände von Beatrice Foods deponiert worden sein konnte. Er hatte dafür Mikroorganismen in der Erde untersucht. »Vielleicht sollten wir sie einfach ›Bodenwanzen‹ nennen«, sagte Braids.

Einige dieser Bodenwanzen hatten eine Vorliebe für Chloratome. Sie verbanden sich mit TRI-Molekülen und zerlegten es zu Dichloräthylen und dann zu Vinylchlorid, einer Verbindung, die so stabil war, daß die Wanzen nichts mehr damit anfangen konnten. Dieser Prozeß des »Bio-Abbaus«, meinte Braids, könne zwischen drei und sechs, niemals aber länger als sechs Jahre dauern. Darin sei er sich absolut sicher.

Und darin lag auch die Bedeutung von Braids Expertenmeinung. Da auf dem Beatrice-Foods-Gelände vor November 1985 kein Vinylchlorid gefunden worden sei, könne dort *vor* November 1979 auch kein TRI gelagert worden sein. Die Konsequenz daraus lag auf der Hand. Die städtischen Brunnen waren im Mai 1979 stillgelegt worden, sechs Monate bevor das Gelände von Beatrice Foods frühestens verseucht worden sein konnte. Möglicherweise hatten die Familien aus Woburn Wasser getrunken, in dem Spuren von TRI vorhanden waren, aber dieses TRI stammte, laut Braids, nicht von Beatrice Foods.

Diese Auffassung überraschte Schlichtmann. Er hatte Braids vier Monate zuvor befragt, und Braids hatte explizit gesagt, daß er auf die Frage, wann die Chemikalien auf dem Gelände abgelagert wurden, nicht eingehen werde.

An der Richterbank forderte Schlichtmann von Skinner, daß er Braids Aussage streichen und die Jury anweisen solle, sie zu ignorieren. »Ginge es hier einigermaßen gerecht zu, dann wäre geboten, daß Sie mir zumindest mitgeteilt hätten, daß er auf diesem Gebiet arbeitet. Sie haben kein Wort darüber verloren. Sie haben mich absichtlich im unklaren gelassen.«

»Es ist nicht absichtlich geschehen«, widersprach Facher empört und im Flüsterton, damit die Jury nicht mithören konnte.

»Doch«, flüsterte Schlichtmann hitzig zurück.

»Moment!« unterbrach der Richter. »Sie haben zwei Probleme, Mr. Schlichtmann: einen enormen Sinn dafür, Ansprüche zu stellen, und eine zugrunde liegende Paranoia.« Der Richter lehnte es ab, die Aussage zu streichen.

Schlichtmann war, ob man ihn nun überrascht hatte oder nicht, überzeugt, daß es sich bei dieser Expertise um »arglistige Täuschung« handelte, wie er sich ausdrückte. Seine eigenen Chemiker und Geologen hatten ihm gesagt, daß es keine wissenschaftliche Methode gebe, mit der bestimmt werden könne, wie lange TRI im Boden gewesen sei. Hätte es diese Methode gegeben, so würde er sie sich selbst zunutze gemacht haben. Und außerdem schien diese Expertenmeinung *zu* genau Fachers Bedürfnissen zu entsprechen. Was hatte Facher für ein Glück, daß er zufällig an Dr. Olin Braids geraten war! Was für ein Glück, daß Braids mit derartiger Präzision festlegen konnte, TRI sei auf dem Beatrice-Foods-Gelände erst aufgetreten, nachdem die städtischen Brunnen geschlossen worden waren!

Schlichtmann verblieb keine Zeit, sich auf das Verhör von Braids vorzubereiten. Er mußte improvisieren. Als er vorne im Gerichtssaal stand, in dem nur noch ein halbes Dutzend Zuschauer saßen, fragte Schlichtmann Braids, ob er sich alte Luftaufnahmen und alte Landkarten angesehen oder irgendwelche Aufzeichnungen der Gerberei gesammelt habe – irgendwelche Dokumente überhaupt –, um die Vergangenheit des Standorts von Beatrice Foods zu bewerten. Nein, gab Braids zu. Ob er sich je zuvor mit diesem Thema, der Mikrobiologie und der Zerlegung von Chemikalien, beschäftigt habe? Nein, das habe er nicht, aber er habe zu dem Thema »einige Artikel in Fachzeitschriften« gelesen. Stand in diesen Artikeln, wie lange es dauerte, bis Mikroorganismen TRI abgebaut hatten? Nein, antwortete Braids. Ob er den genauen Mechanismus beschreiben könne, wie die Bodenwanzen das TRI zerlegen? Braids war sich über den Mechanismus nicht ganz im klaren. »Das ist nicht mein Gebiet. Ich bin nur insoweit damit vertraut, wie ich mich durch Artikel informieren konnte.«

Nun, fragte Schlichtmann weiter, ob er irgend jemanden kenne, der jemals diese Methode der Datierung von Verseuchungen angewendet habe? Nein, es falle ihm niemand ein. »Auf gewisse Weise«, sagte Braids, »arbeite ich an dem, was man gemeinhin ›den neuesten Stand‹ der Wissenschaft nennt. Vielleicht habe ich die Methode das erste Mal angewendet, aber ich halte sie für sehr vertrauenswürdig.« Ob diese Methode von anderen Wissenschaftlern auf diesem Gebiet anerkannt sei? »Sie ist noch in der Entwicklung begriffen und in der Öffentlichkeit bislang kaum vorgestellt worden. Ich muß wohl sagen, daß sie noch nicht weitläufig anerkannt ist. Ich weiß nicht genau, inwieweit die Leute davon wissen.«

Schlichtmann unterbrach seine Vernehmung. Wieder versammelten sich die Anwälte an der Richterbank. Noch einmal verlangte Schlichtmann, daß der Richter Braids Aussage streichen solle, diesmal weil sie der wissenschaftlichen Grundlage entbehre und den Mindestanforderungen für eine Expertenaussage im Beweisrecht nicht entspreche. Der Richter erwog den Antrag ernsthaft. »Sie bringen, denke ich, ein schwerwiegendes Argument vor, was seine Glaubwürdigkeit angeht«, sagte er zu Schlichtmann. »Ich weiß selbst nicht, ob ich ihm glaube.«

Facher wurde aufgebracht. Braids Expertenmeinung war das Herzstück seiner Verteidigung. »Natürlich hält er sich an wissenschaftliche Prinzipien. Er ist wesentlich akzeptabler als Drobinski und dessen Methodik«, sagte Facher nachdrücklich.

Schlichtmann widersprach. »Mit Sicherheit hat Drobinski eine bessere Grundlage als dieser Zeuge.«

»Das glaube ich nicht«, entgegnete der Richter langsam. »Braids ging wesentlich wissenschaftlicher vor als Drobinski, der lediglich sagte: ›Ich habe mir das Zeug gründlich angesehen, und auf mich hat es ziemlich alt gewirkt.‹ Möglicherweise wird die Jury den Eindruck haben, es gehe um eine Sache, die zwischen Drobinski und den Bodenwanzen ausgeknobelt werden muß. Ich werde die Aussage nicht streichen.«

Also blieb Braids Aussage im Protokoll. Schlichtmann war das mehr oder weniger egal. Vielleicht kamen die Juroren ja zu dem Schluß, daß die gegnerische Beweisführung tatsächlich eher dünn war, wenn Facher nicht mehr aufzubieten hatte. Außerdem hatten er und Facher die Rollen getauscht. Schlichtmann begann sich zu amüsieren.

8

Bis Juni hatte Gordon alles Geld aus dem Vergleich im Fall O'Connell ausgegeben. Er hatte es so verteilt, daß die meisten Gläubiger kleine Summen erstattet bekamen und nur diejenigen komplett bezahlt wurden, die bereits mit rechtlichen Schritten drohten. Nach Gordons Berechnungen beliefen sich die Kosten zu diesem Zeitpunkt bereits auf 2,4 Millionen Dollar. Gordon entdeckte nirgendwo mehr eine weitere Einkommensquelle. Es blieb ihm keine andere Wahl, als auf eine Anzahl von Tricks zurückzugreifen, die er bislang nur selten genutzt hatte.

Gordon hatte es sich zum Grundsatz gemacht, weder Onkel Pete noch andere Gläubiger anzulügen. Rief ein Gläubiger an, sagte Gordon nie, er habe einen Scheck geschickt, wenn er dies nicht getan hatte. Aber er war sich nicht zu schade, gelegentlich Schecks in Umschlägen mit der falschen Postleitzahl zu verschicken oder Schecks auszustellen und die falsche Rechnungsnummer daraufzuschreiben. Als er von Citicorp Mastercard eine Rechnung bekam, schickte er seinen Scheck an die Zentrale von

Citicorp und nicht an die entsprechende Abteilung in South Dakota. »Ich denke, es wird ungefähr einen Monat dauern, bis sie das geklärt haben«, sagte er hoffnungsvoll. »Xerox, das ist eine so große Firma, die kann ich monatelang mit Papierkram beschäftigen, Wang Computer, wir schulden ihnen 30 000 Dollar für Service und Wartung. Ein typischer bürokratischer Laden. Auch den kann ich lahmlegen.«

In seiner Schreibtischschublade bewahrte Gordon einen dicken Packen Kreditkarten auf, die er mit einem Gummiband zusammenhielt. Diese Karten waren absolut ausgereizt und damit nutzlos. Er hatte sie für Barauszahlungen verwendet, um damit die laufenden Kosten und die Gehälter zu bezahlen. Woburn hatte ihn zu einem sagenhaften Pumpgenie gemacht, und oft erhielt er ein höfliches Angebot, sich doch für eine neue Kreditkarte zu bewerben. Diese Angebote kamen von Kreditinstituten, von denen er noch nie gehört hatte: Banken in Nevada, Arizona, North Dakota und Kalifornien. Gordon nannte sie »Halsabschneiderkarten«. Die Banken berechneten einen Zinssatz von 22,9 Prozent, aber das war Gordon gleichgültig. Er mochte diese Karten, weil sie von ihm lediglich forderten, monatlich ein oder zwei Prozent der Darlehenssumme zu bezahlen. Er füllte die Unterlagen aus und schickte sie mit Federal Express zurück. Innerhalb eines Monats war jede neue Kreditkarte mit mehreren tausend Dollar Schulden belastet.

Gordon stellte sich die Schulden wie eine riesige Pyramide vor. Jeder Steinblock der Pyramide stellte einen Gläubiger dar, und es gab Hunderte davon. Alle Steine zusammenzuhalten, um damit die Pyramide zu erhalten, war zu einer anstrengenden Arbeit geworden. »An dem Tag, an dem ich hier nicht mehr auftauche – sei es, weil ich krank bin, sei es, weil ich keine Kraft mehr habe –, könnte alles zusammenbrechen«, stöhnte Gordon. Manchmal sah es morgens so aus, als könnte er lediglich in seinem Büro in der Newberry Street sitzen, um wieder und wieder die Rechnungen zu addieren und verärgerte Anrufe von Gläubigern entgegenzunehmen. Abends ging er nach Hause in seine Wohnung in Beacon Hill, legte sich auf die Couch im Wohnzimmer und sah fern. Der Bildschirm flackerte im Dunkeln. Er versuchte alte Filme mit einem Happy-End zu finden, die ihn von seinen Sorgen ablenkten. Eines Abends sah er in den Lokalnachrichten von Boston zufällig eine Lotteriebekanntgabe. Irgend jemand hatte Millionen von Dollar gewonnen. Gordon beschloß, als erstes am nächsten Morgen einige Superspiellose zu kaufen. Er erwartete nicht zu gewinnen, aber er hätte etwas Neues und Amüsantes in der Hand, was er Onkel Pete und den Gläubigern, die anriefen, erzählen könnte.

Pete Briggs war nicht länger in der Stimmung, sich über Gordons Geschichtchen zu amüsieren. Die Bank of Boston hatte Schlichtmann und seinen Partnern ein Millionendarlehen gewährt. Pete verfügte über genügend Sicherheiten, um diesen Kredit zu decken: die Übereignungsurkunden der Häuser von Conway und Crowley sowie das Pfändungsrecht für zwei hohe Vergleichszahlungen, die Schlichtmann noch aus früheren Fällen zustanden. Dennoch war Pete auch besorgt. Gordon hatte ein halbes Dutzend Konten bei der Bank of Boston zu verwalten, darunter ein Konto für Bürokosten, eines für Klientenausgaben, ein Ratenkonto sowie Schlichtmanns Privatkonto. Pete wußte, daß Gordon Geld von einem bereits überzogenen Konto abgehoben hatte, um damit das Loch auf einem anderen überzogenen Konto zu stopfen. Zunächst war Pete noch bereit gewesen, im Zweifelsfall zu Gordons Gunsten zu entscheiden. Vielleicht hatte Gordon einen echten Fehler gemacht. Inzwischen aber war Pete überzeugt, daß Gordon cleverer geworden war, als ihm guttat. Pete wußte genau, was vor sich ging, und es gefiel ihm kein bißchen.

Jeden Morgen pünktlich um elf Uhr spuckte der Computer im dritten Stock der Bank of Boston eine Liste der Kontoüberziehungen aus. Mitarbeiter der Bank, die Grund hatten, sich Sorgen zu machen, versammelten sich um den Drucker, und in letzter Zeit war Onkel Pete meistens unter ihnen. In der Spalte ganz rechts zeigte der Ausdruck die Anzahl der Kontoüberziehungen im laufenden Jahr an. Laut Pete runzelte in der Bank niemand die Stirn, wenn ein Konto vier- oder fünfmal überzogen worden war.

Zehn oder zwölf Überziehungen jedoch wurden als nachlässig erachtet und mit Mißfallen registriert. Mehr als 15 Überziehungen waren, wie Pete sich ausdrückte, »unangebracht« und »lösten Alarm aus«.

Bis Juni hatte Gordon bereits mehrfach Alarm ausgelöst. Er hatte sein Konto bei der Bank of Boston 87mal überzogen. In der Regel setzte Gordon Pete im voraus von einer Überziehung in Kenntnis, und in der Regel gab Pete seine Zustimmung. »Ich glaube, es ist einfach meine Art, derartige Dinge zu gestatten«, sagte Pete später. »Vielleicht sollte ich das nicht tun.« Hatte Gordon es versäumt, Pete Bescheid zu geben, dann wurde dieser wütend. Gordon war immer zerknirscht. »Ich wollte Sie noch anrufen«, sagte er dann zu Pete. »Ich dachte nicht, daß Sie die Abbuchung vor morgen bekommen würden. Es tut mir leid.«

Petes Vorgesetzte hatten ihn bereits nach oben zitiert und gefragt, was auf diesen Konten vor sich ging. Pete hatte ihnen vom Prozeß erzählt, von den Sicherheiten, die die Schulden abdeckten, aber die ungedeckten Schecks ließen ihn schlecht dastehen. Nach seinem letzten Gespräch mit dem Vorstand rief Pete Gordon an. »Keine Kontoüberziehungen mehr«, sagte er. »Ich werde das nicht mehr dulden. Ich stehe dabei ganz dumm da.«

Gordon wollte sein Versprechen Onkel Pete gegenüber wirklich halten. Wochenlang unterließ er es, seine Konten zu überziehen. Anfang Juni dann bekam er Besuch von Vincent Murphy, dem Vorsitzenden von Weston Geophysical, jenem Büro für Umweltschutzberatung, das die vier Testbrunnen in Woburn gebohrt und seismische Untersuchungen sowie Boden- und Grundwasseranalysen durchgeführt hatte. Die Rechnung für Murphys Arbeit belief sich auf 598 483,76 Dollar und stellte den größten Einzelbetrag des ganzen Falles dar. Gordon hatte bereits über die Hälfte davon bezahlt. Darüber hinaus hatte er sich, als sie im vergangenen Jahr gemeinsam einige Zeit in Woburn verbracht hatten, mit Murphy ein wenig angefreundet. Aber an diesem Morgen war Murphy hitzig und ungeduldig. Er verlangte zu wissen, wann Gordon ihm den noch ausstehenden Restbetrag bezahlen werde.

Gordon zeigte Murphy die Lotterielose, die er gekauft hatte. »Wenn wir gewinnen, sind Sie der erste, der sein Geld bekommt.«

Murphy verstand keinen Spaß. »Sagen Sie mir ehrlich, wie schlecht die Dinge stehen«, erwiderte er.

Gordon zeigte Murphy den Computerausdruck aller Rechnungen für Woburn, 44 Seiten, die alphabetisch sowie chronologisch nach Gläubigern sortiert waren. »Hier steht Weston Geophysical, gleich neben dem Winchester Hospital.«

Murphy wußte, daß er der Gläubiger war, dem sie die höchste Summe schuldeten. Er verlangte wenigstens eine geringe Zahlung, als Symbol. Gordon versprach, bis Ende des Monats einen Scheck zu schicken. Murphy war noch nicht zufriedengestellt. Dann hatte Gordon eine Idee. Er bot Murphy Schlichtmanns Porsche als Anzahlung an. Murphy hatte den Wagen in Woburn gesehen und war offensichtlich von ihm begeistert.

Einen Moment lang schien Murphy versucht, das Angebot anzunehmen. Aber dann lächelte er und schüttelte den Kopf. »Das ist nicht nötig«, sagte er. »Wie würde Jan ohne Wagen zurechtkommen?«

Gordon verzichtete auf eine Antwort. Schlichtmann schuldete dem Parkhaus in Beacon Hill tausend Dollar Parkgebühr, und das Parkhaus hatte den Wagen als Sicherheit beschlagnahmt. Gordon wollte Murphy nicht erzählen, daß Schlichtmann meistens zu Fuß ging.

Gordon hielt sich an sein Versprechen und rief Murphy Ende des Monats an, um mitzuteilen, daß er ihm einen Scheck über 20000 Dollar schicken würde. Gordon hatte auf seinen verschiedenen Konten bei der Bank of Boston nicht genügend Geld, um den Scheck zu decken, aber er hatte sein Wort gegeben. Er rechnete damit, daß es vier bis fünf Tage dauern würde, bis der Scheck seinen Weg durch die Post und die Verwaltung der Bank gefunden hatte. In der Zwischenzeit konnte alles mögliche geschehen, dachte Gordon. Vielleicht gewannen sie in der Lotterie. Vielleicht borgte Schlichtmann Geld von Kiley oder Neville. Oder aber, am wahrscheinlichsten, er würde Onkel Pete überreden müssen, eine weitere Überziehung zu gewähren.

Gordon trug Murphys Scheck um 18.00 Uhr hinunter zum Briefkasten in der Newberry Street. Er wußte aus Erfahrung, daß um diese Zeit die letzte Postleerung erfolgte, aber er las noch einmal die angeschriebenen Zeiten, um sich zu vergewissern. Es war ein Dienstagabend Ende Juni. Gordon rechnete damit, daß der Scheck nicht vor Montag bei Murphy eintreffen würde, und selbst wenn er ihn noch am selben Tag auf dem Konto seiner Firma gutschreiben ließ, würde es einen weiteren Tag dauern, bis der Scheck bei der Bank of Boston abgebucht war.

Zwei Minuten nach elf am darauffolgenden Tag teilte Gordons Sekretärin ihm mit, Briggs sei am Telefon und er klinge wütend.

»O Gott«, sagte Gordon.

Es war der Scheck für Murphy. Er war in Rekordzeit eingelöst worden. Der Scheck war, so unwahrscheinlich dies schien, am Morgen abgeholt und ins Postfach von Murphy Geophysical gelegt worden. Murphy hatte ihn dann sofort zur Bank of Boston getragen. Gordon hatte nicht einmal die Chance gehabt, Pete zu informieren. »Dieser verdammte Scheck hat das System durchlaufen wie Dünnschiß«, sagte Gordon voller Verwunderung.

Gordon hatte seine privaten geheimen Geldrücklagen, an die er nur unter verschärften Bedingungen ging. In der Schublade für die Socken hielt er mehrere klein zusammengefaltete Hundertdollarscheine versteckt. Ganz hinten in der Schreibtischschublade in seinem Büro bewahrte er 2000 Dollar in Reiseschecks auf. Und außerdem hatte er noch die zehn Krügerrand in einem seiner Aktenschränke.

Nach dem Anruf von Pete stopfte Gordon sich die Krügerrand in die Jackentasche und machte sich auf den Weg zur Bank of Boston und Onkel Pete.

Pete sah argwöhnisch auf Gordons ausgebeulte Tasche. »Trägst du eine Waffe?« erkundigte er sich.

Gordon nahm die Krügerrand einen nach dem andern aus der Tasche und stapelte sie auf Petes Schreibtisch.

Pete schüttelte mitleidig den Kopf.

»Die Sache steht sehr schlecht«, meinte Gordon.

Das war Gordons Akt der Reue. Es war ihm ein Bedürfnis,

Buße zu tun, und die Krügerrand, die ihm so viel bedeuteten, schienen eine gute Möglichkeit zu sein, damit zu beginnen. Onkel Pete hatte dies offenbar verstanden. Nach einiger Zeit verrauchte sein Zorn auf Gordon. Aber noch einmal warnte Pete, daß er keine Überziehungen mehr zulassen könne. Nie mehr. Es würde keinen weiteren Kredit geben.

9

Eines Morgens Ende Juni stellte Schlichtmann fest, daß er kein Geld mehr für ein Taxi hatte. Er ging zu Fuß zur Arbeit, die Charles Street entlang und über den Boston Common, unter den hohen, majestätischen Bäumen mit ihren dicken grünen Baldachinen aus Blättern hindurch. Die Welt erblühte in der sanften Frühlingsluft, aber Schlichtmann nahm kaum Notiz davon. In den Büroräumen der Milk Street wurden die Fikusbäume und Farne braun und verwelkten. Als Schlichtmann aus dem Konferenzraum trat, kam er an einen Kübel mit einer großen Maispflanze vorbei, deren Stengel verwelkt und vertrocknet waren, aber auch das bemerkte er nicht.

Im Gerichtssaal jedoch achtete er stets auf seine äußere Erscheinung. Seine maßgeschneiderten Anzüge waren immer perfekt geplättet, seine weißen Hemden sauber und gestärkt, seine Schuhe auf Hochglanz poliert. Gordon wußte, daß er, selbst wenn er niemanden sonst mehr bezahlen konnte, die Rechnung in Schlichtmanns Reinigung rechtzeitig begleichen mußte.

Schlichtmanns Laune war seit seinem kunstvollen Verhör von Fachers Bodenchemiker ständig besser geworden. Fachers Beweisführung in der Verteidigung von Beatrice Foods hatte weniger als eine Woche in Anspruch genommen, und selbst die Anwälte von Grace, die keinerlei Bedürfnis hatten, Schlichtmann an irgendeiner Stelle erfolgreich zu sehen, waren sich insgeheim darüber einig, daß die Sache für Facher nicht besonders gut gelaufen war. Der Prozeß dauerte inzwischen 61 Tage, und die »Wasserwerk«-Phase neigte sich dem Ende zu. Nun stand, außer den

Schlußplädoyers, nur noch die Vernehmung der Zeugen Keatings zur Verteidigung von Grace aus. Schlichtmann freute sich darauf. Für ihn war offensichtlich, daß Keating nicht besonders viel zur Verteidigung anzubringen hatte. Er konnte nicht bestreiten, daß der Boden auf dem Gelände von Grace und das Grundwasser darunter in den frühen sechziger Jahren durch das Handeln seiner Angestellten kontaminiert worden waren. Auch konnte Keating nicht bestreiten, daß das verseuchte Grundwasser vom Grundstück Grace direkt zu den Brunnen hin abgeflossen war. Aber Keating kam nicht unvorbereitet. Wie ein guter Verteidiger in einem Mordprozeß versuchte er die Aufmerksamkeit der Jury weg von Grace auf andere Missetäter zu lenken – Industrieanlagen im Norden von Woburn, die über viele Jahre hinweg ihre Abwässer in den Aberjona River gekippt hatten. Er würde der Jury zu verstehen geben, daß der verschmutzte Fluß und nicht das Grundwasser von Grace die Brunnen kontaminiert hatte.

Diese Strategie entpuppte sich im folgenden als sehr fundiert und gut erdacht. Ein Zeuge, ein Techniker der Gesundheitsbehörde, berichtete, wie er einem kleinen Bach, der in den Aberjona River floß, zu einer Industrieanlage zwei Meilen nördlich der Brunnen gefolgt war. In einem sumpfigen Gebiet in der Nähe dieser Anlage habe er viele 200-Liter-Fässer und Kübel herumliegen gesehen. »Je näher ich an diese Industrieanlage herankam, desto entsetzter war ich.« Aus einem der Gebäude seien »weißer harziger Schaum« und »leuchtend orangefarbenes Abwasser« gekommen, das das Wasser und die Ufer verfärbte.

Keatings nächster Zeuge, der Leiter der Abteilung für Wasserkontrolle, erzählte eine ähnliche Geschichte. Er hatte während der vergangenen zehn Jahre eine ganz bestimmte Firma, National Polychemical, beobachtet und kontrolliert. »Es gab dort immer noch eine starke Wasserverschmutzung. Die kam ja nicht aus heiterem Himmel. Die einzige logische Erklärung war, daß die Verschmutzung bei dieser Firma entstand.«

Im Kreuzverhör fragte Schlichtmann den Leiter: »Die Firma bestritt nach zehn Jahren immer noch, daß es ein Problem mit der Wasserverschmutzung gab?«

»Ja«, antwortete der Leiter.

»Sie sagten immer noch, daran sei jemand anderer schuld, oder?«

»Ja, Sir.«

»Begegnen Sie dieser Haltung häufiger, wenn Sie eine Industrieanlage überprüfen?«

»Ja.«

Schlichtmann nickte, als wolle er zeigen, daß er dies nur zu gut verstehe.

Keating brauchte vier Zeugen und eine Woche Zeit, um das Fundament für seinen letzten und wichtigsten Zeugen zu legen. Es handelte sich um einen Grundwasserexperten namens John Guswa, der zufälligerweise George Pinder ganz gut kannte. »Ich habe mit George in der Geologischen Bundesbehörde zusammengearbeitet«, hatte Guswa bei seiner Befragung gesagt. »Ich schätze ihn und seine Arbeit.« Dennoch war sich Guswa sicher, daß Pinder falsch lag, soweit es den Fluß betraf. Die Brunnen entzögen ihm tatsächlich Wasser und seien so, dies bestätigte Guswa später, kontaminiert worden.

Aber zunächst mußte Guswa beweisen, warum W. R. Grace seiner Meinung nach die Brunnen nicht verseucht haben konnte. Als Student hatte er sich auf die Erforschung von Gletschern spezialisiert, und diese Fachkenntnis wendete er nun im Fall Woburn an. Die Landschaft im Osten der Stadt, erklärte er der Jury, sei vor 12 000 Jahren, am Ende der Eiszeit entstanden, als ein riesiger Gletscher, mehr als eine Meile dick, Neu-England bedeckt habe. Bei seinem Vorrücken und Zurückweichen hatte der Gletscher auf dem Plateau, wo sich heute das Grace-Werk befand, eine rund 15 Meter dicke Schicht Erde abgelagert. Ein Boden dieser Art, zusammengepreßt unter dem enormen Gewicht des Gletschers, wird unter Geologen als Grundmoräne oder Ortstein bezeichnet. Diese Bodenschicht ist extrem kompakt, und das Grundwasser kann nur sehr langsam hindurchsickern, wie Wasser, das durch ein verstopftes Rohr tröpfelt.

Wie ein »verstopftes Rohr« – so, meinte Guswa, solle sich die Jury den unterirdischen Weg von Grace zu den Brunnen vorstellen. Guswa legte einen ansteckenden, fast jungenhaften Enthusiasmus an den Tag, wenn es um das Thema der Gletscher und der Oberflächenformen der Erde ging. Er war 41 Jahre alt, glatt rasiert und hatte einen Schopf dicker brauner Haare, die ihm oft ins Gesicht fielen. Er hatte eine anspruchsvolle, dreidimensionale Computersimulation des Grundwassersystems im Osten von Woburn entwickelt, die auf Hunderten von Daten basierte. Er erklärte, wie das Regenwasser auf dem Gelände von Grace in den Boden eindrang und dabei TRI und andere Lösungsmittel mittransportierte, die von den Arbeitern in den Boden geschüttet worden waren. Das kontaminierte Grundwasser vom Grace-Gelände sickere tatsächlich in Richtung der Brunnen, gab Guswa zu, aber das »Rohr«, verstopft mit Grundmoräne und »so durchlässig wie Beton«, habe alles zurückgehalten. Seine Computersimulation beweise das, sagte er. »Meine Schlußfolgerung lautet daher, daß die Chemikalien, selbst wenn sie am ersten Tag der Inbetriebnahme der Fabrik im Jahr 1960 ins Grundwasser geraten wären, die Brunnen G und H bis zum Mai 1979 nicht erreicht haben könnten.«

Diese Informationen waren für Schlichtmann gänzlich neu. Er hatte Guswa sechs Monate zuvor befragt, und der Geologe hatte damals behauptet, er habe nicht bestimmen können, wie schnell das Grundwasser von Grace zu den Brunnen vorgedrungen sei. Sollte Guswa recht behalten, dann hatte Schlichtmann den Prozeß gegen W. R. Grace verloren.

Aber Schlichtmann wußte, daß Guswa falsch liegen *mußte*. Die blanken Tatsachen – die Kontamination bei Grace, die gleiche Kontamination in den städtischen Brunnen und der direkte Weg von Grace zu den Brunnen – hätten Guswas Expertise genauso lächerlich wirken lassen sollen wie Olin Braids Bodenwanzenaussage. Glaubte Schlichtmann. Aber selbst Schlichtmann wußte, daß Guswa nicht Braids war. Guswa hatte sich anerkannter wissenschaftlicher Methoden bedient. Er war ein einnehmender und glaubwürdiger Zeuge. Und ganz im Gegensatz zu Braids hörten sich seine Erklärungen zumindest plausibel an.

Am Abend brachten Schlichtmann und Nesson mehrere Stunden damit zu, Guswas Aussage zu überdenken. Pinder war zu einem Fachkongreß nach Europa geflogen, sie konnten ihn also nicht zu Rate ziehen. Sie arbeiteten bis spätnachts, aber sie hatten keine zündende Idee. Sie mußten herausfinden, wie sie beweisen konnten, daß Guswa sich irrte. Als Nesson das Büro verließ, nahm er einige von Pinders Büchern über Hydrogeologie mit.

Am nächsten Morgen sah Schlichtmann zu, wie Guswa in den Zeugenstand trat und seine Behauptungen vom Vortag wiederholte. Dann fügte Guswa noch eine neue Berechnung hinzu: Selbst wenn alles kontaminierte Grundwasser von Grace zu den Brunnen gelangt wäre – und Guswa wollte damit nicht sagen, daß dies, bei der gegebenen Dichte der Grundmoräne, möglich sei, er wolle nur für einen Augenblick davon ausgehen, daß dem so wäre –, so würde der Zufluß von Grace lediglich zwanzig Liter Wasser pro Minute ausmachen. In diesem hypothetischen Szenario würde das Grundwasser von Grace weniger als ein halbes Prozent ausmachen: der sprichwörtliche Tropfen auf den heißen Stein.

Nesson, der neben Schlichtmann am Anwaltstisch saß, hörte aufmerksam zu. Als Guswa sein Argument auf der tragbaren Tafel zu demonstrieren begann, kritzelte Nesson Notizen auf seinen Schreibblock. Guswa führte vor den Geschworenen aus, daß nach seinen Schätzungen in einem beliebigen Jahr rund 30 Zentimeter Regen in die Erde sickerten und zu Grundwasser wurden. Er multiplizierte diese 30 Zentimeter mit der Fläche des Firmengeländes von Grace, das ungefähr 180 auf 180 Meter maß. Damit kam er auf eine Gesamtsumme von rund 122 000 Hektoliter Wasser, das jährlich in den Boden gelangte – eine scheinbar beträchtliche Menge, wie Guswa zugab, aber nur, solange man nicht den Literbetrag pro Minute errechnete und ihn mit der Gesamtmenge verglich, welche die Brunnen pumpten.

Als Guswa die Präsentation seiner Berechnungen beendet hatte, stopfte Nesson seine Notizen in seine Aktentasche und verließ eiligen Schrittes durch die schweren Schwingtüren den Gerichtssaal.

Schlichtmann nahm Nessons überstürzten Aufbruch kaum

wahr. Nesson kam und ging als einziger der Anwälte wann er wollte. Außerdem dachte Schlichtmann über Guswas neue Kalkulation nach. Jeder Teilaspekt ergab Sinn, aber warum hielt Keating diese Rechnung für wichtig? Immerhin hatte Guswa bereits am Vortag einen überzeugenden Beweis erbracht, daß kein Grundwasser vom Grace-Gelände die Brunnen erreicht hatte. Schlichtmann fragte sich, ob Guswa am Abend zuvor in einem Brainstorming mit den Anwälten auf diese Rechnung gekommen war. Er konnte sich gut vorstellen, wie Keating und Cheeseman zueinander sagten: »Hey, das ist phantastisch! Das nehmen wir auf.« Schlichtmann hatte ein seltsames Gefühl bei der Sache, aber er wußte nicht genau, warum. Er mußte mit Nesson darüber sprechen, sobald dieser zurück war.

An diesem Tag ließ sich Nesson nicht wieder im Gerichtssaal blicken. Und am Nachmittag kam er auch nicht in die Kanzlei. Schlichtmann rief in Nessons Büro in Harvard an, aber seine Sekretärin hatte ihn nicht gesehen. In wachsender Sorge rief er bei Nesson zu Hause in Cambridge an, aber niemand ging ans Telefon. Die Zeit wurde knapp. Am darauffolgenden Tag mußte Schlichtmann mit dem Verhör beginnen. »Wo, zum Teufel, ist Charlie?« brüllte er aus dem Konferenzraum der Kanzlei.

Auch am nächsten Morgen blieb Nesson zunächst verschwunden. Als Keating seine Vernehmung Guswas abgeschlossen hatte, stand Facher auf, um dem Experten einige Fragen zu stellen. Facher und Keating hatten sich, beide als Verteidiger, darauf geeinigt, Schlichtmann nicht zu helfen, indem sie während des laufenden Verfahrens gegenseitig mit dem Finger auf sich zeigten. Facher wußte, daß Guswa Beatrice Foods nicht vorsätzlich Schaden zufügen würde. Als Antwort auf Fachers Frage erklärte Guswa der Jury, daß ihm oder sonst irgendeinem Grundwasserspezialisten nicht genügend Informationen zur Verfügung stünden, um beurteilen zu können, ob TRI vom Beatrice-Foods-Gelände die Brunnen erreicht habe. Das Grundwasser fließe in einen Bereich, den Guswa als »die Zone der Ungewißheit« bezeichnete. Diese Aussage schien Facher zu genügen.

Nun war Schlichtmann an der Reihe, Guswa ins Verhör zu nehmen. Er und Nesson hatten bereits einen Katalog mit Fragen aufgestellt, die sich auf Beatrice Foods und nicht auf Grace bezogen. Sie standen nicht direkt mit der Gefahr in Zusammenhang, die Guswa darstellte, sahen aber dennoch vielversprechend aus, und Schlichtmann wußte, daß er damit über den Tag kommen würde. Er hoffte, mit Hilfe von Guswa beweisen zu können, daß Pinder recht hatte – daß TRI vom Beatrice-Foods-Gelände unter dem Fluß durch zu den Brunnen gesickert war.

Schlichtmann las Guswa die Resultate der Wasserstandsmessungen vor, die während der Pumptests durchgeführt worden waren. Basierend auf diesen Messungen ließ er Guswa dann die Richtung des Grundwasserflusses errechnen. Guswa folgte der Aufforderung und kam in seinem Ergebnis zu dem Schluß, daß Grundwasser von Beatrice Foods in Richtung der Brunnen floß.

Der Richter hörte Schlichtmann genau zu. Dann unterbrach er ihn und fing selbst an, Guswa zu befragen. Ob der Fluß eine Barriere zwischen den Brunnen und dem Grundstück von Beatrice Foods bilde?

Guswa entgegnete: »Es gibt keine Barriere oder Wand unter dem Fluß.«

»Keine Barriere?«

»Nein«, bestätigte Guswa.

»Es könnte also sein, daß Wasser vom Beatrice-Foods-Grundstück unter dem Fluß hindurch in den Bereich der Brunnen strömt? Das wäre möglich?«

»Ja, Sir, das wäre möglich«, räumte Guswa ein.

Facher an seinem Anwaltstisch wurde zunehmend ungehaltener. Er erhob gegen die Fragen des Richters Einspruch, aber der Richter schenkte ihm keine Aufmerksamkeit. Als Schlichtmann seine Befragung fortsetzte, erhob sich Facher, schleppte sich auf Guswa im Zeugenstand zu und unterbrach Schlichtmanns Verhör – ein Verlust seiner Gelassenheit, der für Facher höchst ungewöhnlich war.

»Moment, Moment«, sagte der Richter zu Facher und hob die Hand.

Facher sah zum Richter hoch. »Die Messungen, er fragt nach all diesen Messungen.«

»Der Zeuge scheint in der Lage zu sein, die Frage zu verstehen«, sagte der Richter. »Ich glaube nicht, daß er der Hilfe bedarf.«

Guswa hatte nicht vorgehabt, Beatrice Foods mit hineinzuziehen, und er hatte dies nicht absichtlich getan. Schließlich sagte er, augenscheinlich frustriert, zu Schlichtmann: »Ich muß mit unseren Bemühungen auf unser eigentliches Problem zurückkommen. Beatrice Foods muß sein Problem bewältigen. Sie müssen Ihr Problem bewältigen.«

Schlichtmann hatte erreicht, was er wollte. Er hatte Guswa zu einem Zeugen gegen Beatrice Foods gemacht, und damit war der Tag gerettet. Aber er hatte immer noch keine Lösung dafür gefunden, wie er – um mit Guswa zu sprechen – sein Problem mit Grace bewältigen konnte. Für den kommenden Tag fehlte ihm jegliches Konzept. Und Nesson war noch immer verschwunden. Kathy Boyer hatte den ganzen Tag über herumtelefoniert, um ihn aufzuspüren – vergeblich.

Nesson hatte den einzigen Ort aufgesucht, wo er ungestört arbeiten konnte: die Bibliothek der juristischen Fakultät in Harvard. Genau wie Schlichtmann hatte er das Gefühl, daß es einen einfachen und naheliegenden Weg gab, in unmittelbarer Reichweite, um zu beweisen, daß Guswa im Unrecht war. Es war ein Rätsel, und Rätsel dieser Art hatten Nesson stets gereizt.

Er begann mit der Prämisse, daß Grundwasser vom Grace-Gelände die Brunnen erreichte. Er erachtete dies als naturgesetzliche Wahrheit. Guswas Theorie von der Grundmoräne mußte also fehlerhaft sein. Aber Nesson konnte nicht darauf hoffen, einen Fehler in Guswas Computersimulation zu finden. Hunderte von Daten zu überprüfen und zu verifizieren, die bei der Simulation berücksichtigt worden waren, würde Wochen in Anspruch nehmen, und ihm blieben nur einige wenige Stunden.

Nesson hatte keine Lösungsmöglichkeit für das Rätsel gesehen, bis Guswa mit der 20-Liter-pro-Minute-Rechnung angefangen hatte. Auch dann wußte Nesson die Lösung noch nicht, aber er war sich sicher, genügend Informationen zu haben, um damit arbeiten zu können. Deshalb hatte er den Gerichtssaal so plötzlich verlassen.

Nesson kannte sich inzwischen mit den grundliegenden Prinzipien der Hydrogeologie aus. Von Pinder hatte er die Darcy-Gleichung erklärt bekommen, welche die Basis für nahezu jede Berechnung in der Hydrogeologie darstellte. Es handelte sich um eine einfache mathematische Formel, die im 19. Jahrhundert von einem Franzosen erdacht worden war und mit der sich der Wasserfluß in porösen Stoffen errechnen ließ. Das Gesetz besagte, daß die Wassermenge (Q), die ein bestimmtes Areal durchfließt, dem Durchlässigkeitskoeffizienten (K) der Materie, durch die das Wasser fließt, multipliziert mit der Größe des Fließquerschnitts (A), noch einmal multipliziert mit dem Gefälle oder Neigungswinkel (I) entspricht: $Q = K \times A \times I$. Wußte man erst einmal, welche Werte man in die Formel einsetzen mußte, ließ sie sich ganz einfach handhaben. Im Gegensatz zu Guswas wundervoller dreidimensionaler Computersimulation brauchte man dafür nur Papier und Bleistift.

Nesson begann die Gleichung aufzulösen, benutzte die Werte, die Guswa an jenem Vormittag in Zusammenhang mit seiner 20-Liter-pro-Minute-Rechnung genannt hatte. Nesson stellte sofort fest, daß die Gleichung nicht aufging. Im Augenblick ging er noch davon aus, daß Guswa mit dem jährlichen Niederschlag von 30 Zentimetern recht hatte, der in das Grundwassersystem einging. Er nahm darüber hinaus an, daß Guswa mit dem Neigungswinkel sowie mit dem niedrigen Durchlässigkeitskoeffizienten der Grundmoräne richtig lag. Wie groß mußte dann der Fließquerschnitt sein, fragte sich Nesson – sozusagen das Rohr, um die Wassermenge aufzunehmen, die durch das System floß? Nesson setzte X für die Größe des Fließquerschnitts ein und stellte mit schlichter Algebra die Gleichung um, so daß sie schließlich folgendermaßen aussah:

$$X = \frac{Q}{K \times I}$$

Sobald er die Gleichung umgestellt hatte, wußte er, daß er den Weg gefunden hatte, wie er beweisen konnte, daß Guswa falsch lag. Die Lösung war leicht zu verstehen und sehr elegant, und sie hatte den großen Vorzug, daß Guswas eigene Werte verwendet wurden.

Schlichtmann saß mit Conway und Kiley im Konferenzraum und fragte sich, was er am folgenden Tag mit Guswa anfangen sollte. Es war schon spät, als Nesson grinsend hereinkam. Schlichtmann sprang auf und rief: »Um Gottes willen, Charlie, wo bist du, verdammt noch mal, gewesen?«

Nesson feixte wieder: »Ich habe herausgefunden, wie wir Guswa fertigmachen können.«

Alle versammelten sich, um zuzuschauen, als Nesson die Darcy-Gleichung auf die Tafel schrieb. »Langsam, Charlie«, warnte Schlichtmann, als er die Formel sah. »Du sprichst mit jemandem, der noch nicht einmal seine eigenen Finanzen regeln kann.«

Ohne die Darcy-Gleichung zu erwähnen, brachte Schlichtmann Guswa am darauffolgenden Tag auf indirektem Weg dazu, seine eigenen, zuvor angegebenen Werte zu bestätigen – den Durchlässigkeitskoeffizienten der Grundmoräne, die Fläche des Grace-Geländes, die Menge an Niederschlag, die in das System einging. Schlichtmann brauchte dafür länger, als er vorgesehen hatte, und am Ende der Sitzung hatte er Nessons Falle zwar aufgestellt, aber sie war noch nicht zugeschnappt.

»Hier wollen Sie nun aufhören?« fragte der Richter konsterniert. »Es muß doch eine Schlußfolgerung geben. Mir scheint, als fehle die entscheidende Frage.«

»Ich kann fortfahren«, sagte Schlichtmann. »Gewähren Sie mir 15 Minuten?«

Keating argwöhnte, daß Schlichtmann etwas im Schilde führte, und das paßte ihm nicht. Halbherzig legte er Protest ein, aber der Richter tat diesen ab.

»15 Minuten«, sagte der Richter, »damit wir nicht so in der Luft hängen.«

Schlichtmann schrieb die Darcy-Gleichung an die Tafel. »Darcys Gesetz besagt, daß was hineingeht auch herauskommen muß oder zurückbleibt, richtig?« fragte er Guswa.

»Ja«, sagte der Gutachter.

»Man nimmt den Durchlässigkeitskoeffizienten – der besagt, wie durchlässig ein Material ist – und multipliziert ihn mit dem Fließquerschnitt, durch den das Wasser dringen muß, sozusagen der Größe der Öffnung, richtig? Und das Ergebnis multipliziert man dann mit dem Neigungwinkel, in dem das Wasser abfließt, ja?«

Guswa stimmte dem allen zu. Schlichtmann ließ ihn zur Tafel vor der Geschworenenbank kommen und die Formel mit den Werten für das Grace-Gelände anschreiben. »So«, fuhr Schlichtmann fort. »Wenn wir die Größe des Fließquerschnitts nicht kennen würden, dann könnten wir ihn mit X bezeichnen und die Gleichung nach dieser Unbekannten auflösen.«

»Ja« pflichtete Guswa bei, »wir brauchen hier elementare Mathematik.«

Schlichtmann löste die Gleichung nach X auf. Dann bat er Guswa, den Fließquerschnitt zu errechnen.

Guswa rechnete schweigend, tippte Zahlen in seinen Taschenrechner ein. »17,70 Meter«, sagte er schließlich.

»17,70 Meter«, wiederholte Schlichtmann. Er bat Guswa, diese Höhe in seinem maßstabsgetreuen Diagramm des Grace-Grundstücks einzutragen, und zwar ab der Stelle, wo das Grundgebirge anfing.

Mit finsterem Blick kam Guswa der Aufforderung nach. »Es ragt ungefähr drei Meter über den Boden hinaus«, sagte er.

Das war Nessons Entdeckung gewesen. Ging man davon aus, daß die Werte, welche die Grundlage von Guswas Aussage bildeten, richtig waren, dann hätte das Grace-Gelände Darcys Gesetz zufolge über drei Meter hoch unter Wasser stehen müssen.

Am Nachmittag hörte Schlichtmann in der Kanzlei den fernen Lärm eines Preßlufthammers von der Straße, aus der Richtung, in der das Gericht lag. Das Geräusch drang durch die geöffneten Fenster des Konferenzraums herein. Schlichtmann hielt sich eine

Hand ans Ohr. »Hört ihr?« rief er. »Das ist Guswa, der versucht, Wasser durch das Grundgebirge zu kriegen!«

»Gestern abend gab es eine drei Meter hohe Wasserwand, die das Tal des Aberjona River hinuntertost«, sagte der Richter Skinner am darauffolgenden Tag, nachdem die Geschworenen Platz genommen hatten.

Schlichtmann verließ an diesem Morgen die herkömmliche Form des Verhörs. Er tat etwas, wovor jeder erfahrene Prozeßanwalt und jedes Lehrbuch für Prozeßpraxis warnten: Er überließ die Kontrolle im Gerichtssaal Guswa, überzeugt, daß Guswa keine Fluchtmöglichkeit hatte. »Erläutern Sie doch den Geschworenen einfach Ihre Position«, sagte Schlichtmann mit freundlicher Stimme. »Wollen Sie nicht hier zur Tafel herüberkommen?«

Dieses Angebot schien Keating zu überraschen. »Wollen Sie, daß Dr. Guswa erklärt, was er tut?«

»Na klar«, sagte Schlichtmann fröhlich.

An diesem Vormittag mühte sich Guswa an der Tafel ab. Getreu Schlichtmanns Vorhersage ließ er Wasser tief in das Grundgebirge vordringen, 30, 100, 200 Meter, in alle Richtungen, durch Ritzen und Spalten, die nur hypothetisch existierten. Er stellte Dutzende von Zahlen zusammen, änderte Neigungswinkel und Durchlässigkeit, multiplizierte und dividierte, um seine Theorie zu retten. Er stand vor der Jury an der Tafel, murmelte Zahlen vor sich hin, tippte sie in den Taschenrechner. »Na, wie soll das denn jetzt gehen?« sagte er an einer Stelle mit zusammengebissenen Zähnen.

Schlichtmann ließ Guswa eine Zeitlang gewähren, beobachtete ihn schweigend von seinem Platz neben der Geschworenenbank aus. Nach einer Weile fragte der Richter: »Das Grundgebirge muß doch wohl einen Sättigungspunkt haben? Es kann nur eine bestimmte Menge Wasser halten, oder?«

»Das ist richtig«, räumte Guswa ein.

»Wenn also«, fuhr der Richter fort, »jeden Tag eine bestimmte Menge Wasser in das Grundgebirge eindringt, dann fließt die gleiche Menge auch wieder heraus?«

»Auch das ist korrekt«, sagte Guswa wieder. »Es fließt nach unten und dann in irgendeiner Richtung zur Seite, aber ...«

»Aber Sie wissen nicht, wohin es fließt?« fragte der Richter.

»Nein, Sir«, gestand Guswa ein.

Guswa wirkte ausgezehrt und sehr müde, sein jungenhafter Enthusiasmus war nun verschwunden. Schlichtmann wandte sich jetzt wieder dem einzigen verbliebenen Bestandteil von Keatings Verteidigung zu: der Theorie, daß der Fluß TRI und andere Lösungsmittel von den Industrieanlagen im Norden von Woburn zu den Brunnen transportiert habe. Er bat Guswa, erneut an die Tafel zu kommen. Guswa atmete tief durch und seufzte. Schlichtmann sagte nicht unfreundlich zu ihm: »Bald ist es geschafft.« Er fragte Guswa, ob im Flußwasser oder am Flußufer in der Nähe der Brunnen TRI nachgewiesen worden sei. Nein, erwiderte Guswa. »Sollte das TRI in den Brunnen tatsächlich aus dem Fluß stammen«, fuhr Schlichtmann fort, »wäre dann nicht zu erwarten, daß im Flußbett Spuren von TRI zu finden sind? Und im sandigen Boden direkt unter dem Fluß?«

»Ja«, meinte Guswa, »das wäre zu erwarten.«

»Aber wenn man direkt unter dem Fluß sucht, findet man nichts, oder?«

Guswa stimmte zu.

»Und wenn wir ein wenig tiefer unter dem Fluß suchen, dann finden wir immer noch nichts. Wir suchen immer tiefer und tiefer, und dann finden wir Milliardstelanteile an TRI, nicht wahr?«

»Das ist die Situation, die wir vorliegen haben«, antwortete Guswa.

»Und diese Situation stimmt überein mit der Tatsache, daß vom Aberjona River keine Verseuchung ausging, oder?«

»Das ist nicht die einzige Erklärung«, widersprach Guswa, »aber sie ist in sich stimmig.«

»Lassen Sie mich folgendes fragen«, fuhr Schlichtmann fort. »Wäre es möglich, daß die Verseuchung von einem Areal nordöstlich und westlich der Brunnen herrührte? Wäre dies zumindest möglich?«

Diese Frage war von äußerster Bedeutung. Das Grundstück

von Grace lag im Nordosten, das von Beatrice Foods im Westen. Die Umweltschutzbehörde hatte in ihrem vorläufigen Bericht diese Gebiete als mögliche Quellen der Kontamination genannt, obwohl weder Grace noch Beatrice Foods namentlich erwähnt waren. Der Richter hatte es abgelehnt, daß Schlichtmann diesen Bericht der Jury vorlegte, aber Guswa hatte ihn natürlich gelesen.

Guswa dachte lange über Schlichtmanns Frage nach, erwog möglicherweise den Bericht der EPA. Schließlich sagte er langsam: »Möglich ist es.«

Schlichtmann schien mit diesem Eingeständnis zufrieden zu sein, Richter Skinner dagegen nicht. »Nun«, sagte er, »diese Art von Frage muß weiterverfolgt werden. Ist es wahrscheinlich, ja oder nein?«

»Wahrscheinlich?« Guswa sah den Richter an. »Ich denke, daß es wahrscheinlich eine Möglichkeit ...«

»Nein, nein«, sagte der Richter. »Ich frage Sie ganz geradeheraus: Stellt die Erklärung, die uns Mr. Schlichtmann geliefert hat, für Sie eine wahrscheinliche Erklärung dar?«

»Ganz geradeheraus?« wiederholte Guswa.

Der Richter nickte.

»Ja, das ist eine durchaus wahrscheinliche Erklärung.«

Schlichtmann hatte Guswa am Boden zerstört, was zu großen Teilen Nessons Findigkeit und seiner schlummernden mathematischen Begabung zu verdanken war. Der Zeitpunkt hätte kaum günstiger sein können: beim Kreuzverhör des letzten Zeugen am Ende einer langen Verhandlung.

An diesem Abend gingen alle aus der Kanzlei, Sekretärinnen, Assistenten und die Rezeptionistinnen eingeschlossen, hinunter, um in Patten's Bar zu feiern, wo Rikki Klieman neun Monate zuvor zum ersten Mal den Namen Nesson erwähnt hatte. Schlichtmann hatte in der Bar eine hohe Rechnung ausstehen, aber der Besitzer, der alles über den Fall Woburn wußte, drängte nicht auf die Bezahlung.

Schlichtmann trank mehrere Martini und stieß mit Nesson an. Alle waren gut gelaunt. Schlichtmann war über seinen Sieg viel zu glücklich, um bescheiden zu sein. »Guswa hat heute seine Selbstachtung verloren«, sagte er. »Das wenige, das davon noch vorhanden war.«

10

Gordons riskant ausbalancierte Schuldenpyramide schien zu bröckeln. Zur Tatenlosigkeit verurteilt, begann er Horoskope zu lesen, um zu sehen, was die Zukunft bringen würde. Er erstand sich eine Ausgabe von *Town & Country*, das, wie er glaubte, die zuverlässigsten Horoskope veröffentlichte, aber dadurch wurde alles noch schlimmer. Die Konstellation der Planeten in den Fischen, Schlichtmanns Sternzeichen, ließ nichts Gutes ahnen. »Sehr schlechte Zeit für dich«, sagte Gordon eines Morgens Anfang Juli. »Irgend etwas wird passieren, das nicht eingeplant war und alles vermasselt. Das einzig Gute ist, daß es auch wieder vorbeigeht.«

»Warum mußt du mir das sagen?« fragte Schlichtmann verärgert. »Hoffen wir, daß es vorbeigeht, bevor die Jury anfängt, sich zu beraten.«

Es würde noch einige Tage dauern, bis die Geschworenen mit ihren Beratungen begannen. Der Richter hatte ihnen die restliche Woche mit der üblichen Auflage freigegeben, nichts über den Fall zu lesen und mit niemandem darüber zu sprechen. Im Gerichtssaal mußten sich der Richter und die Anwälte vor den Schlußplädoyers noch einer wichtigen Aufgabe zuwenden.

Einen Monat zuvor, als Pinder zum letzten Mal den Zeugenstand verlassen hatte, und Schlichtmanns Beweisführung gegen Beatrice Foods abgeschlossen war, hatte der Richter eine Entscheidung gefällt. Er war sowohl von Facher wie von Keating ersucht worden, den Prozeß an dieser Stelle zu beenden und die Geschworenen anzuweisen, einen Spruch zugunsten ihrer Mandanten zu fällen. Als Grund führten sie an, die von Schlichtmann vorgetragenen Beweise reichten rechtlich nicht aus, um einen Geschworenenspruch zu stützen.

Anträge auf richterliche Anweisung sind gegen Ende der Beweisführung des Klägers durchaus üblich, obwohl die Richter ihnen selten stattgeben. Die Zivilprozeßordnung verlangt, daß der Richter das Beweismaterial unter dem Blickwinkel zu betrachten hat, der für den Kläger am vorteilhaftesten ist, und selbst der kleinste »Hauch« eines Beweises genügt gewöhnlich, um einen Fall der Jury zu übergeben. Richter Skinner hatte unmißverständlich klargemacht, daß er keine Anweisung zugunsten von Grace erteilen werde (»Es steht außer Frage, daß Sie das Zeug da rausgeschafft und – platsch! – in den Graben geschüttet haben«, hatte er zu Keating gesagt), doch Schlichtmanns Beweisführung gegen Beatrice Foods bereitete ihm eindeutig Probleme. Der Richter hatte Facher aufgefordert, »einen zweiten Vorstoß« zu unternehmen.

Die Geschworenen waren für den Vormittag entschuldigt. Der Richter hatte sich die Einwände angehört und den Anwälten mitgeteilt, er werde sie von seiner Entscheidung am Nachmittag in Kenntnis setzen. Für Schlichtmann war es ein ganz normaler Tag gewesen. Er war zuversichtlich in die Kanzlei zurückgekehrt. Aber im Verlauf des Nachmittags schwand dieses Gefühl allmählich. Um 16.00 Uhr sagte er zu Conway, er habe ein »miserables, schlechtes Gefühl«. Eine Stunde später murmelte er mit zusammengebissenen Zähnen ein Gebet. Um 18.00 Uhr stand er am Fenster, schaute auf die Milk Street hinunter und sagte: »Der Richter vermasselt mir alles, ich weiß es einfach.«

Der Richter rief schließlich um 18.45 Uhr an. Wie Schlichtmann erwartet hatte, wurde der Prozeß gegen Grace fortgesetzt. Aber in Sachen Beatrice Foods hatte der Richter Schlichtmanns Beweisführung ernsthaft unterminiert. Als erstes wollte Skinner der Jury nicht gestatten, Beatrice Foods für irgendwelche Handlungen oder Unterlassungen vor 1968 verantwortlich zu machen, das Jahr, in dem Riley von seinem eigenen Bohrmechaniker erfahren hatte, daß der Grundwasserspiegel unter seinem Grundstück gesunken war, weil die städtischen Brunnen Wasser abpumpten. Vor dieser Beobachtung, sagte der Richter, könne Beatrice Foods, verteten durch Riley, nicht gewußt haben, daß Giftmüll auf dem Firmengrundstück die Brunnen G und H kontaminieren werde. Darüber hinaus, fuhr der Richter fort, habe Beatrice Foods keine »besondere Beziehung« zu den Klägern und anderen Konsumenten des Trinkwassers gehabt und sei es der Bevölkerung oder der Stadtverwaltung daher auch nicht schuldig gewesen, diese über den Zustand des Geländes zu informieren – selbst nachdem die Beobachtung im Jahr 1968 mitgeteilt worden war.

Schlichtmann und seine Partner diskutierten bis spät in die Nacht über die Auswirkungen dieser Entscheidung. Die Maßnahmen des Richters wirkten auf alle bizarr. Bereits in den fünfziger Jahren hatte Riley gewußt, daß Gerbereiabfälle auf dem Grundstück das Marschland entlang dem Aberjona River verschmutzen konnten. Schlichtmann versuchte der Logik des Richters zu folgen und sagte: »Das kommt mir vor, wie wenn jemand eine Zyanidkapsel in eine Flasche Hustensaft stopft und die nachts in einem Drogeriemarkt ins Regal stellt. Soweit alles in Ordnung! Es wird erst zu einer kriminellen Tat, wenn der Drogeriemarkt am nächsten Morgen öffnet.« Nesson war überzeugt, daß der Richter hier einem schwerwiegenden juristischen Irrtum unterlag. Skinner hatte das wohlbegründete Prinzip übersehen, daß Landbesitz per se eine Pflicht schafft, andere Menschen zu warnen, die durch gefährliche Zustände auf dem Grundstück verletzt werden könnten. Am nächsten Morgen hatte Nesson den Richter gebeten, seine Entscheidung zu überdenken. Der Richter hatte unwirsch geantwortet. »Ich habe mir, um ehrlich zu sein, bereits beim ersten Mal den Arsch aufgerissen, und das werde ich nicht noch mal tun. Der Antrag ist abgelehnt.«

Schlichtmann hatte den Eindruck, als habe der Richter zuerst seinen Entschluß gefaßt und dann nach Gründen gesucht, die seine Sichtweise belegten. Er wurde ein wenig getröstet durch die Tatsache, daß Facher noch immer im Gerichtssaal an seinem Anwaltstisch saß. Conway war es schließlich, der die Geschehnisse zusammenfaßte. »Es ist schlimmer, als wir erwartet hatten, aber wir sind noch am Leben. Das Entscheidende ist, daß wir überlebt haben.«

Und Richter Skinner selbst schien diese Einschätzung zu teilen.

Er hatte die Geschworenen nach ihrer Abwesenheit begrüßt und ihnen mitgeteilt, daß er einige Entscheidungen gefällt habe. »Aber zu diesem Zeitpunkt muß ich Sie nicht mit all den Details belasten. Die wesentlichen Aspekte des Falles haben Sie sicherlich noch vor Augen.«

Ereignisse, die sich nur einen Monat zuvor abgespielt haben, können in einem Prozeß wie Altertumsgeschichte wirken. Die richterlichen Anweisungen für den Geschworenenspruch traten nicht unmittelbar in Kraft, und aus diesem Grund wurden sie relativ schnell in den Hintergrund gedrängt. Schlichtmann war zu beschäftigt, um sich darüber Sorgen zu machen. Aber nun, kurz vor den Schlußplädoyers, als sich die Anwälte noch einmal mit dem Richter trafen, wurden die Entscheidungen wichtig. Der Richter sagte, er werde die Jury anweisen, keinerlei Beweismaterial gegen Beatrice Foods aus der Zeit vor 1968 zu berücksichtigen. Die Aussage solcher Zeugen wie Walter Day, der als Kind auf dem Beatrice-Foods-Grundstück gespielt und das Gelände als »Death Valley« beschrieben hatte, waren aus dem Beweismaterial gestrichen. »Ich verstehe nicht, warum das von Bedeutung sein sollte«, sagte der Richter.

»Nicht von Bedeutung?« rief Schlichtmann ungläubig. »Der wichtigste Teil dieser Aussage sind die Fässer.«

»Sie haben mehr Fässer in all Ihren Aussagen, als Sie zu gebrauchen wissen«, erwiderte der Richter, der damit fortfuhr, Schlichtmanns »Killerdokument« auszuschließen, den Bericht des Gesundheitsinspektors, der Riley 1956 angewiesen hatte, Gerbereischlick, der über 150 Meter entlang der Marsch gelagert war, zu entfernen. Der Bericht, sagte der Richter, sei »zu alt und inhaltlich zu abgelegen«.

Schlichtmann spürte, wie Panik in ihm aufstieg. Dieses Beweismaterial, so argumentierte er, habe den Kern getroffen, was Rileys Wissensstand sowie seine Kenntnisse von dem Risiko der Umweltverschmutzung in unmittelbarer Nähe des Aberjona River anging. Aber der Richter war unbeeindruckt. Und als Nesson noch einmal versuchte, ihm seinen juristischen Irrtum vor Augen zu halten, verärgerte er den Richter damit lediglich. »Eine der Möglichkeiten, über die Sie mich nachzudenken zwingen, ist eine richterliche Anweisung für den Geschworenenspruch im Fall Beatrice Foods«, drohte der Richter Nesson.

»Sie wissen wirklich, wie man eine wunde Stelle trifft«, sagte Nesson.

»Ich meine es ernst. Die beste Beweisführung gegen Beatrice Foods ist noch schwach genug. Ich war wirklich sehr nahe daran, dem Antrag auf richterliche Anweisung stattzugeben.«

In der Diskusison kam man dann auf die Fragen zu sprechen, welche die Jury beantworten sollte. Jurys werden in der Regel schlicht gefragt, ob sie zugunsten des Klägers oder zugunsten des Beklagten entscheiden. Aber Richter Skinner wies darauf hin, daß das Datum, zu dem TRI und die anderen Lösungsmittel in die Brunnen gelangt seien, in der zweiten Prozeßphase, in der es um die medizinischen Aspekte ging, eine wesentliche Rolle spielen werde – vorausgesetzt, man kam soweit. »Einfach nur zu sagen, daß die Chemikalien irgendwann vor Mai 1979 dort hingekommen sind, wird nicht ausreichen«, sagte der Richter.

Er bat die Anwälte, einen Katalog der Fragen aufzustellen, die sie von der Jury beantwortet haben wollten. Schlichtmann hätte gerne eine einzige schlichte Frage gestellt: Waren Beatrice Foods und Grace für die Verseuchung der Brunnen vor dem Jahr 1979 verantwortlich? Aber nichts in diesem Verfahren war so einfach. Sowohl Facher als auch Keating legten lange Listen mit komplizierten Fragen vor, welche die Juroren alle bejahen müßten, um zur zweiten Prozeßphase fortzuschreiten.

Die Anwälte und der Richter debattierten zwei Tage lang über diese Fragen, endlose Streitigkeiten über Sätze, Wörter, Präpositionen und Kommata, wie Rabbischüler, die sich mit Detailaspekten im Talmud befaßten. Schlichtmann versuchte dauernd zu vereinfachen, Facher und Keating versuchten unablässig, Aspekte wiederaufzunehmen. Der Richter schien die Notwendigkeit der Vereinfachung zu erkennen. »Mein Gott«, sagte er einmal. »So eine Frage zu stellen! Sie sprechen mit ganz normalen Leuten, wissen Sie. Sie müssen Ihre Frage in einer verständlichen

Sprache formulieren, die nicht von Vorbehalten und Klauseln und verschachtelten Nebensätzen und Kommata und all so etwas wimmelt.«

»Genau!« pflichtete Schlichtmann bei. »Das ist absolut lächerlich.«

Letztendlich jedoch wurden die Fragen von einem Komitee bearbeitet, dessen Mitglieder bereits unter Beweis gestellt hatten, daß sie unfähig waren, sich über irgend etwas einig zu werden. Der Richter entschied sich schließlich für vier Fragen, die jeder Verteidiger stellen durfte und die allesamt reichlich Klauseln, Nebensätze und Kommata enthielten.

Erstens: Hatten die Kläger anhand überwiegenden Beweismaterials eindeutig dargelegt, daß irgendeine der folgenden chemischen Substanzen – TRI, PER und 1,2 Transdichloräthylen – nach dem 27. August 1968 auf dem Beatrice-Foods-Gelände gelagert worden waren (im Fall von W. R. Grace nach dem 1. Oktober 1994, dem Datum, an dem Brunnen G in Betrieb gegangen war), und hatten diese Chemikalien vor dem 22. Mai 1979 maßgeblich zur Kontamination der Brunnen beigetragen? Sollte diese Frage für eine oder mehrere Chemikalien mit Ja beantwortet werden, dann lautete die zweite Frage: Welches war, gemäß dem überwiegenden Ergebnis der Beweisaufnahme, der früheste Zeitpunkt, zu dem die Chemikalien maßgeblich zur Kontamination der Brunnen beigetragen hatten? Und dann: War dies geschehen, weil die Beklagten irgendeine Sorgfaltspflicht gegenüber den Klägern mißachtet hatten?

Sollten die Geschworenen diese Frage schließlich bejahen, folgte das nächste Verwirrspiel: Welches war, gemäß der überwiegenden Last der Beweise, der früheste Zeitpunkt (noch einmal, welches Jahr und welcher Monat), zu dem der maßgebliche Beitrag, auf den in Frage 3 Bezug genommen wird, durch Nachlässigkeit des Beklagten verursacht wurde?

Alles in allem waren die Fragen von der Qualität eines Textes, der vom Englischen ins Japanische und wieder zurück übersetzt worden ist. Auch der Richter schien dies zu bemerken. »Ich bin sicher, das könnte man noch verbessern«, murmelte er. »Aber angesichts der Kürze des Lebens müssen wir die Sache hier abschließen.«

In Wirklichkeit waren die Fragen nahezu unverständlich. Ein Experte für Semantik hätte seine liebe Mühe gehabt, sich in dem Dickicht der Wörter zurechtzufinden. Doch schlimmer noch – sie fragten nach Dingen, die letztlich niemand wissen konnte. Die Wissenschaft war nicht in der Lage, den Zeitpunkt, zu dem die Chemikalien in den Brunnen aufgetaucht waren, mit jener Präzision zu bestimmen, die Richter Skinner von den Geschworenen verlangte. Der Richter forderte die Juroren im Grunde auf, sich etwas auszudenken, das dann am Ende als Wahrheit gelten würde. Oder aber, falls sie sich dazu außerstande sahen, den Fall zu beenden, indem sie erklärten, daß sie die Fragen auf der Basis des Beweismaterials nicht beantworten konnten. Wenn diese Fragen für eine gerechte Lösung tatsächlich notwendig waren, dann handelte es sich bei diesem Fall möglicherweise um einen, den abzuschließen dem Rechtssystem die Mittel fehlten. Möglicherweise hätte er gar nicht erst vor Gericht gebracht werden sollen.

Wie alle anderen im Gerichtssaal auch wußte Nesson, daß die Geschworenen vor eine nahezu unlösbare Aufgabe gestellt waren. Aber er glaubte ganz gewiß nicht, daß der Fehler im Rechtssystem lag oder bei den Fragen des Richters. Das eigentliche Problem, dachte Nesson, hatte fünf Monate zuvor begonnen, als der Richter den Prozeßverlauf in verschiedene Phasen einteilte. Was, wenn Schlichtmann die Möglichkeit gehabt hätte, seinen Fall als Ganzes vorzutragen? Die Geschworenen hätten Zeugenaussagen dazu gehört, wann die Familien in Woburn zum ersten Mal Symptome der Lösungsmittelvergiftung zu spüren bekamen; die chronischen Hautausschläge der Kinder, die Magen-Darm-Probleme, die brennenden Augen, die Herzrhythmusstörungen und natürlich die Leukämieerkrankungen. Diese Symptome trugen sozusagen unverwechselbare Kennzeichen der Verseuchung der Brunnen. Die Geschworenen hätten diese Zeugenaussagen für die zeitliche Bestimmung, wann die Lösungsmittel erstmalig in den Brunnen aufgetreten waren, zu Hilfe nehmen können. Der Richter aber hatte den Juroren diese Information, indem er das Verfahren aufteilte, vorenthalten.

In diesem Stadium des Verfahrens gab es kaum jemanden, der diesen Mangel zu beheben in der Lage gewesen wäre. Aber Nesson hoffte, im Zusammenhang mit den Fragen etwas bewirken zu können. Also erhob er sich, um sich an den Richter zu wenden. Es sei, sagte er, in hohem Maße nachteilig für die Sache der Kläger, die Geschworenen nach einem bestimmten Datum zu fragen, solange sie noch nicht mit dem kompletten Beweismaterial konfrontiert worden seien.

Der Richter hörte aufmerksam zu, als Nesson seinen Grundgedanken erläuterte. »Was Sie sagen, ist sehr interessant«, meinte Skinner schließlich. »Aber es ist auch sehr verwirrend. Einerseits behaupten Sie, die Symptome all dieser Leute gingen darauf zurück, daß TRI im Wasser gewesen sei. Dann machen Sie mit dem nächsten Atemzug eine Kehrtwende und sagen, aus der Tatsache, daß die Leute all diese Symptome bekommen haben, sei zu schließen, daß TRI im Wasser war. Für mich heißt das, Sie bewegen sich im Kreis. In diesem Fall frage ich mich, ob es überhaupt sinnvoll ist, noch weiterzumachen. Sie könnten diesen Prozeß genausogut jetzt gleich beenden, weil Sie ihn sowieso kaum gewinnen werden.«

Schlichtmann, der am Anwaltstisch saß, zupfte Nesson am Jackett. »Laß dich von ihm nicht einschüchtern, Charlie«, flüsterte er. Aber Nesson wollte sich schon setzen. »Ich bin nicht der Richtige, um über den medizinischen Aspekt des Falles zu sprechen«, sagte er zum Richter. »Das ist Mr. Schlichtmann. Wenn Sie gestatten, dann gebe ich an ihn weiter.«

Schlichtmann versicherte dem Richter, daß er sich nicht auf medizinische Beweise stützen werde, um nachzuweisen, daß TRI im Wasser der Brunnen gewesen sei. Nesson habe nur gemeint, daß es noch zusätzliche Informationen gebe, welche die Geschworenen bedenken könnten, »vielleicht nur fünf oder zwei Prozent des ganzen Komplexes.« Dennoch stehe der Jury auch jetzt schon genügend Material zur Verfügung, um zu einem Geschworenenspruch zu kommen, was den Zeitpunkt der Verseuchung der Brunnen anging. »Offen gesagt«, erklärte Schlichtmann, »egal wie kompliziert Sie die Fragen formulieren, glaube ich, daß die Jury die Zeugenaussagen korrekt einschätzen und richtig entscheiden wird.«

Als sie später die Milk Street entlanggingen, blieb Schlichtmann plötzlich stehen und drehte Nesson seinen Rücken zu. »Blute ich?« fragte er Nesson über die Schulter.

»Was?« fragte Nesson verwirrt zurück.

»Blute ich da, wo du mir in den Rücken gefallen bist?« Dann lachte Schlichtmann. Es war Freitag nachmittag. Am Montag würde er sein Schlußplädoyer halten. Er würde das erste Mal nach fünf Monaten wieder direkt zu den Geschworenen sprechen, ohne daß Facher oder der Richter ihn unterbrechen konnten. »76 Prozeßtage«, sagte er trübselig. »Wie lange hätte das Verfahren dauern sollen? 30 Tage?«

Conway schnitt eine Grimasse. »Das war Facher. Er hat uns dafür büßen lassen, daß wir die Sache vor Gericht gebracht haben.«

11

Es war Montag, der 14. Juli, und die rundliche, gutmütige Frau in der chemischen Reinigung wollte Schlichtmann seinen schwarzen Anzug, seinen Glücksanzug, nicht aushändigen. Sie kam mit einer fälligen Rechnung über 294 Dollar an und schüttelte traurig den Kopf. Gordon, so schien es, hatte schließlich aufgegeben. Er hatte Schlichtmann im Stich gelassen. Er hatte aufgehört, die Rechnungen für die Reinigung zu bezahlen.

Schlichtmann erklärte der Frau, daß dies der wichtigste Tag in seinem Leben sei. Er brauche diesen einen Anzug. Ihm wohnten magische Eigenschaften inne. Die Frau kannte Schlichtmann von früheren Begegnungen. Über seine Geschichten mußte sie lachen. Wenn es nach ihr ginge, sagte sie, dann würde sie ihm den Anzug geben, aber ihr Chef erlaube es nicht. Schlichtmann bettelte. Ohne den Anzug würde er mit Sicherheit verlieren, sagte er, und dann wäre er niemals in der Lage, die Rechnung zu begleichen. Die Frau ließ sich von Schlichtmann um den Finger wickeln. Sie warf einen kurzen Blick über die Schulter, um zu sehen, ob der Chef da war, und reichte Schlichtmann dann seinen Anzug.

Ein gutes Omen, dachte Schlichtmann, als er in der Morgensonne zur Kanzlei eilte. Sein erster Überredungsversuch an diesem Tag war erfolgreich gewesen.

Er sehnte sich danach, zu den Geschworenen zu sprechen. Manchmal hatte ihn dieses Bedürfnis während des Verfahrens fast überwältigt. Als Riley im Zeugenstand war, hätte er sich am liebsten an die Jury gewandt: »Sehen Sie? Der Mann lügt.« Und Pinder. Schlichtmann hätte ihnen gesagt: Ja, Pinder hat ein paar Fehler gemacht, aber er sagt *wirklich* die Wahrheit. Schlichtmann hätte ihnen erklärt, was Facher eigentlich mit all seinen Einsprüchen bewirken wollte, und daß die Tatsache, daß der Richter nicht an den Fall Beatrice glaubte, nicht bedeute, daß sie ähnlich denken müßten.

Schlichtmann wollte, daß die Jury den Fall so verstand wie er selbst. Die Geschichte von Woburn war in viele Fragmente zersplittert worden: zuerst durch den Richter, der das Verfahren in drei Phasen unterteilt hatte, dann durch Facher und seine unablässigen Einsprüche und nun schließlich noch durch die Fragen. Schlichtmann würde all diese Bruchstücke wieder zusammensetzen müssen, um sich den Geschworenen verständlich machen zu können. Er wußte, daß sie nicht in der Lage sein würden, herauszufinden, wie sie die Fragen beantworten sollten. Er würde ihnen sagen müssen, welche Antworten sie niederschreiben sollten – die einzigen Antworten, die den Fall am Leben erhielten.

Am Wochenende hatte Nesson ihm dringend nahegelegt, frei zu sprechen, wenn er die Geschichte erzählte, und nichts einzustudieren. Aber die Geschichte, die Schlichtmann erzählen wollte, war zu lang und zu kompliziert, also schrieb er sie auf. Und weil er beim Erzählen nichts unterschlagen wollte, beachtete er Nessons Rat nicht und lernte seine Rede auswendig.

Wie gewöhnlich hatte er in der vergangenen Nacht nicht geschlafen. Es war ihm lieber, nicht zu schlafen, ganz besonders vor einem solch wichtigen Tag. Er wollte nicht ausgeruht und gelassen sein. Er wollte sich gereizt fühlen, wollte das Adrenalin spüren, das durch seinen Körper strömte. Teresa hatte die Nacht bei ihm verbracht, und wieder einmal war sie in der grauen Morgendämmerung aufgewacht und hatte ihn mit leiser Stimme proben gehört.

Draußen vor dem Gericht waren überall auf dem Post Square wieder einmal die Fernsehübertragungswagen mit ihren Satellitenantennen geparkt. Oben in der 15. Etage drängte sich nach langer Abwesenheit die Menge Schulter an Schulter auf den Holzbänken des Zuschauerraums. Teresa saß neben Schlichtmanns Mutter und den Sekretärinnen aus der Kanzlei; Onkel Pete hatte einen jungen Assistenten von der Bank of Boston mitgebracht; Facher wurde von seiner Tochter begleitet, und Keating war mit einigen Vorstandsmitgliedern von W. R. Grace gekommen.

Es ist eine alte Tradition, daß die Schlußplädoyers in umgekehrter Reihenfolge wie die Eingangsplädoyers vorgetragen werden. Diesesmal würde also Facher beginnen, gefolgt von Keating, und das Schlußwort hätte demzufolge Schlichtmann.

Abgesehen von rhetorischen Schnörkeln sind Schlußplädoyers im allgemeinen vorhersehbar, und denjenigen, welche die Zeugenaussagen gehört hatten, bot Facher keine Überraschungen. Schlichtmann saß mit seinen Partnern am Anwaltstisch und drehte Facher den Rücken zu. Später sagte er, er könne sich nicht daran erinnern, Fachers Schlußplädoyer gehört zu haben. Er wußte, daß Facher der Jury erzählen würde, Drobinskis Expertise sei nichts weiter als Spekulation, und Pinder habe seine Hausaufgaben nicht gemacht und sich schlicht eine Erklärung für das verschwundene Flußwasser aus den Fingern gesogen. Schlichtmann wußte, daß auch Keating Pinder angreifen und behaupten würde, daß die Brunnen durch die Industrieanlagen im Norden verseucht worden seien. Und später konnte sich Schlichtmann auch nicht daran erinnern, Keating gehört zu haben.

Die Julisonne stand hoch am Himmel, und Sonnenstrahlen drangen durch die geöffneten Fenster hinter der Geschworenenbank herein und durchfluteten den Gerichtssaal. Der Richter setzte eine Stunde Mittagspause an. Schlichtmann konnte nichts essen. Er ging den mit Marmor ausgelegten Gang entlang zur Herrentoilette und spritzte sich Wasser ins Gesicht. Dann kehrte er zurück und stand mit Conway und Kathy Boyer in der Nähe der Tür zum Gerichtssaal. Conway sprach leise mit ihm, erkundigte sich, wie er sich fühle, aber Schlichtmann nickte nur mit dem Kopf und rieb sich die Hände. Er sah aus, als befände er sich in einem Trancezustand, der Blick war nach innen gerichtet, sein Gesicht blaß. Conway hatte ihn nie so nervös gesehen, noch nicht einmal vor der Anhörung zur Klausel 11. Aber Conway wußte, warum. Alles hing von seinem Schlußplädoyer ab, dachte Conway – all die Jahre der Arbeit, die immensen Schulden, ihre Karrieren und ihre Familien, Conways Haus. Wenn er erst einmal angefangen hat zu sprechen, wird er es schon packen, sagte sich Conway.

Die Menge strömte zurück in den Gerichtssaal. Die Anwälte versammelten sich zu einer Beratung an der Richterbank. Schlichtmann hatte seinen Fachmann für graphische Darstellungen, Andy Lord, veranlaßt, die Fragen, welche die Jury beantworten sollte, auf Postergröße hochzuziehen. Er zeigte die Plakate dem Richter. Facher und Keating erhoben beide Einspruch. Facher sagte zum Richter, es sei »unangemessen«, der Jury die Frage im voraus bekanntzugeben.

»Ich habe allen die Möglichkeit dazu angeboten«, sagte der Richter. »Sie haben abgelehnt. Die Entscheidung liegt bei Mr. Schlichtmann.«

Jacobs studierte die Plakate. »Frage Nummer drei ist nicht korrekt geschrieben«, monierte er. »Wir haben der Frage ›vor dem 22. Mai 1979‹ hinzugefügt. Dieser Zusatz taucht in Mr. Schlichtmanns Version nicht auf.«

»Ja«, bestätigte der Richter. »Das ist nicht korrekt.«

»Können wir es nicht einfügen?« fragte Schlichtmann.

»Schreiben Sie es groß und deutlich dazu«, forderte der Richter ihn auf.

»Schreiben Sie es sehr deutlich, sehr ordentlich dazu und verschwenden Sie Ihre Zeit mit dem Vorlesen der Fragen«, sagte Facher. »Ich habe nichts dagegen.«

Schlichtmann traute sich selbst nicht zu, gut leserlich zu schreiben. Er fürchtete, seine Hand werde zittern. »Mr. Nesson, schreiben Sie«, sagte er.

Die Anwälte begaben sich auf ihre Plätze, und der Richter bat um Ruhe im Saal. Schlichtmann erhob sich und wandte sich den Geschworenen zu. Er wartete noch einen Augenblick ab, wie auch schon bei seinem Eingangsplädoyer, den Kopf geneigt, die linke Hand ans Kinn gelegt. Schließlich holte er hörbar Luft, sah die Geschworenen an und begann zu sprechen.

Nesson am Anwaltstisch drehte sich auf seinem Stuhl, damit er Schlichtmann beobachten konnte, der links hinter ihm stand. Doch nach einigen Minuten drehte er sich wieder zurück. Er nahm seinen Stift zur Hand und machte sich auf seinem Block schnell Notizen. *Jan ist ein bißchen zittrig. Versucht sich zu erinnern. Pausen, nicht um die Wirkung zu erhöhen, sondern um sich zu erinnern, was er als nächstes sagen soll. Auswendig gelernt... Warum kann ich ihn nicht ansehen? Warum finde ich sein Plädoyer peinlich, warum läßt es mich kalt?*

Einige Minuten, nachdem er mit seiner Rede begonnen hatte, vernahm Schlichtmann am Anwaltstisch von Beatrice Foods eine kleine Unruhe. Aus den Augenwinkeln heraus sah er, daß Jacobs sich zu Facher hinüberbeugte und ihm eindringlich etwas zuflüsterte. Schlichtmann erzählte den Geschworenen gerade, daß die »Geschäftswelt« stolz darauf sein könne, was sie alles erreicht habe, daß sie aber »keineswegs stolz sein kann auf W. R. Grace und Beatrice Foods und auf deren Versäumnis, den Behörden, den Familien und Ihnen gegenüber die wahre Rolle einzugestehen, die sie bei der Verseuchung der Brunnen G und H gespielt haben.«

An dieser Stelle stand Facher auf und unterbrach Schlichtmann mitten im Satz. »Ich erhebe Einspruch, Euer Ehren. Ich denke nicht, daß dies Teil des Verfahrens ist.«

Schlichtmann wirbelte herum und sah Facher vollkommen verblüfft an, der seinerseits einen haßerfüllten Blick zurückwarf.

Einsprüche während des Eingangs- oder Schlußplädoyers sind nicht verboten, aber sie werden selten erhoben, hauptsächlich aus Gründen der Höflichkeit.

Richter Skinner wirkte angesichts Fachers Einspruch ein wenig verwirrt, aber er wies ihn ab. Zu Schlichtmann sagte er: »Ich denke, Sie sind tatsächlich verpflichtet, Ihr Plädoyer auf die wesentlichen Prozeßbehauptungen zu beziehen, die hier vorgetragen wurden.«

»Ja«, pflichtete Schlichtmann bei. »Aber ich denke, daß dafür Beweise vorliegen.«

Der Richter nickte.

Schlichtmann setzte wieder an. »Die Geschäftswelt kann nicht stolz darauf sein, daß Beatrice Foods es versäumt hat ...«

»Einspruch!« rief Facher wieder und sprang auf.

»Abgewiesen«, entschied der Richter umgehend.

Doch Facher ließ sich nicht beirren. Er wartete nur einige wenige Augenblicke ab, bevor er wieder Einspruch erhob, diesmal, als Schlichtmann das Wort »Giftstoffe« verwendete, um die Verseuchung des Beatrice-Foods-Geländes zu beschreiben.

»Abgelehnt«, sagte der Richter. »Als Beschreibung durch einen Anwalt ist das Wort nicht unangemessen. Ich lasse es stehen.«

Fachers Einsprüche hatten Schlichtmann noch mehr aus dem Konzept gebracht. Er hatte Mühe, sich an seine Rede zu erinnern. Sie war so lang und detailliert, und für einen Moment verspürte er schreckliche, Übelkeit erregende Angst, die Aufmerksamkeit der Jury verloren zu haben. Er versuchte, diesen Gedanken aus seinem Kopf zu verbannen und sich darauf zu konzentrieren, was er als nächstes sagen wollte. Er empfand eine überwältigende Müdigkeit und hielt für einen langen Augenblick inne, um sich zu sammeln und seine Gedanken zu ordnen. Und dann kamen all die vielen Dinge, die er sagen wollte, in einem wirren, ungeordneten Schwall heraus.

Er sprach über Grace und über die Behauptung Keatings, daß die Brunnen durch die Industrieanlagen im Norden von Woburn kontaminiert worden seien. Nach einigen Augenblicken fühlte er sich wieder sicherer und nicht mehr ganz so erschöpft. Er kam auf einen Punkt zu sprechen, den vorzutragen er sich die ganze Zeit gefreut hatte; daß nämlich Grace und Beatrice Foods schnell bei der Hand waren, anderen Firmen die Schuld in die Schuhe zu schieben, sich aber nicht bereit fanden, für ihr eigenes Verhalten Verantwortung zu übernehmen. »W. R. Grace und Beatrice Foods haben kein Recht, irgend jemanden zu beschuldigen«, sagte er mit Inbrunst und fuchtelte mit dem Finger in der Luft, »solange sie sich nicht hier über diese beiden Tische hinweg gegenseitig beschuldigen.«

Facher sprang auf. »Ich erhebe Einspruch! Das ist kein ordnungsgemäßes Plädoyer«, sagte er ärgerlich.

Offensichtlich mißbilligend wandte sich der Richter an Facher: »Ich sehe keinen Grund, im Moment Einspruch zu erheben. Das ist ein Plädoyer.«

Schlichtmann fuhr fort. Am Anwaltstisch von Beatrice Foods zu seiner Linken hörte er Facher und Jacobs miteinander flüstern. Er hörte, wie Jacobs trotz der Mahnung des Richters Facher nachdrücklich aufforderte, Einspruch zu erheben. Und als Facher dies auch tat, wandte sich Schlichtmann voller Wut an ihn. »Ich erhebe Einspruch!« schrie er Facher an, obwohl er mit dem Richter sprach. »Er mischt sich in mein Plädoyer ein.«

»Fahren Sie fort, Mr. Schlichtmann«, sagte der Richter ruhig.

Nesson saß mit geneigtem Kopf da, machte sich schnell Notizen. *Jan verwendet dauernd das Wort »müssen«. Wenn er zu den Plakaten mit den Fragen kommt, sagt er ihnen, wie sie sich entscheiden sollen, aber er liefert ihnen keine detaillierten, unterstützenden Argumente.*

Während Schlichtmann vorne im Gerichtssaal vor der Jury stand, hörte er sich selbst reden, aber er hatte das Gefühl, als stehe er neben sich, als schaue er einem anderen bei dessen Auftritt zu. Er sah sich selbst neben der Staffelei mit dem Plakat, auf dem die Fragen zu Beatrice standen. Er trug die auf Pinders Berechnungen basierenden Daten ein, von denen er wollte, daß die Geschworenen sie für Beatrice angaben.

Der Richter unterbrach ihn freundlich. »Ich glaube, Sie lesen die Zahlen für Grace ab, Mr. Schlichtmann.«

Schlichtmann sah irritiert auf. Er starrte auf die Unterlagen in seiner Hand und dann auf das Plakat. Einen Augenblick lang schien er von Panik ergriffen zu sein. »Tut mir leid, ich bitte um Verzeihung. Sehen Sie, wie schwierig das ist?« sagte er zu den Geschworenen und lachte verzweifelt. Und dann sagte er mit leiser Stimme, eher zu sich selbst: »Schluß jetzt, ich kann mir keinen Fehler erlauben.« Aber die Protokollführerin hatte ihn gehört und schrieb die Aussage ordnungsgemäß nieder, und auch den Juroren und allen im Zuschauerraum waren seine Worte nicht entgangen.

Schließlich war er mit seiner Rede fast durch. Er hatte länger als anderthalb Stunden gesprochen. »Die Beweisführung ist sehr kompliziert«, sagte er zur Jury. »Sie ist schwierig und umfangreich, und möglicherweise verliert man leicht den roten Faden, verirrt sich.« Er hielt inne und sah die Geschworenen an. »Tun Sie das bitte nicht«, sagte er in einem Tonfall, der nahezu flehend klang.

Tun Sie das bitte nicht. Ein Zeichen von Schwäche?

»Meine Damen und Herren. Sie müssen Mut und Stärke beweisen. Für die Familien in Woburn ...«

Müssen, müssen, müssen. Er sagt ihnen, was sie tun müssen. Vertraut Jan ihnen nicht? Niemand läßt sich gerne sagen, was er tun muß.

Als Schlichtmann sein Plädoyer abgeschlossen hatte, wirkte er erschöpft. Seine Augen waren hohl, sein Gesicht war gerötet. Er setzte sich müde an den Anwaltstisch neben Nesson. »Wie war ich?«, flüsterte er. »Habe ich sie verloren?«

»Frag Kevin«, sagte Nesson.

DIE WACHE

I

Am Dienstag morgen, dem Tag nach den Schlußplädoyers, machte Richter Skinner die Geschworenen mit den Verfahrensregeln bekannt, denen ihre Bemühungen zu einem Verdikt zu gelangen, unterliegen würden. Die Rechtsbelehrung war lang und kompliziert und dauerte fast den ganzen Vormittag. Dann entließ der Richter die stellvertretenden Juroren fürs erste, erinnerte sie noch daran, daß sie nach wie vor zur Jury gehörten und ihre Meinung zu dem Fall mit niemandem erörtern sollten, und wies die regulären Geschworenen an, sich zu ihren Beratungen zurückzuziehen.

Noch einmal war eine große Menge von Zuschauern in den Gerichtssaal gekommen. Viele von ihnen verweilten eine Zeitlang auf dem Korridor, aber bald schon verschwanden die ersten wieder. Fast niemand erwartete, daß die Jury bei einem Prozeß von dieser Länge und Komplexität zu einem schnellen Urteil gelangen würde. Um drei Uhr war der Korridor fast leer. Eine einsame Gestalt stand noch vor der Tür zum Gerichtssaal wie ein Wachtposten. Es war Schlichtmann, der einen tadellosen dunklen Anzug und eine seiner Glückskrawatten trug.

Nur ein paar Schritte entfernt von Schlichtmann, ein wenig abseits vom Hauptkorridor, saß ein Gerichtsdiener an seinem Tisch, las die Zeitung und wachte über den Eingang zu einer schmalen Metalltreppe, die zu einem Zwischengeschoß und der geschlossenen Tür zum Geschworenenzimmer hinaufführte. Schlichtmann und der Gerichtsdiener wechselten kein einziges Wort.

Schlichtmann war mit seinen eigenen Gedanken beschäftigt. Er hatte eine Wache dieser Art bei jedem Fall gehalten, den er vor Gericht gebracht hatte, und er wollte dieses Ritual jetzt nicht aufgeben. Er hatte die Absicht, so lange im Korridor zu warten, bis die Jury mit ihrem Urteil zurückkehrte.

Die Protokollführerin trat aus einer Tür weiter hinten im Gang und kam auf Schlichtmann zu, ihre Absätze klickten auf dem Terrazzofußboden. Sie war erstaunt, ihn zu sehen. »Sie warten *hier* auf die Jury?«

»Das ist der beste Ort für meine Marter«, erwiderte Schlichtmann und lächelte. »Ich versuche, ihnen positive Energie zu vermitteln.«

Die Protokollführerin schüttelte den Kopf und lächelte zurück. »Ich glaube nicht, daß sie vor Freitag zurückkommen.«

Schlichtmann blieb während der ersten Woche. Jeden Morgen kurz vor acht Uhr, wenn die Geschworenen ihre Beratungen aufnahmen, kreuzte er auf, und er ging erst wieder, nachdem sie gegangen waren; ungefähr um vier Uhr nachmittags. Am Vormittag brachten Conway oder Kathy Boyer sein Frühstück und blieben einige Stunden bei ihm – wie Freunde, die einen Patienten im Krankenhaus besuchen. Später kamen dann Gordon oder Phillips oder Tom Kiley oder Patty D'Addieco vorbei. Nesson war der verläßlichste Partner Schlichtmanns im Korridor. Nesson hatte seine eigene Art, Wache zu halten. Gleich nach den Schlußplädoyers hatte er zu fasten begonnen und er wollte nicht wieder essen, bevor die Jury nicht zurückgekehrt war. Am dritten Fastentag hatte Nesson gelegentlich einen Moment des Transzendentalen. »Ist es nicht ein erstaunliches System?« sagte er zu Schlichtmann, nachdem er eine Weile schweigend dagesessen hatte. »Diese sechs Geschworenen haben das Schicksal zweier der größten Konzerne in Amerika in der Hand. Ganze sechs normale Leute! So etwas ist nirgends sonst auf der Welt möglich. Das Recht ist für Amerika eine Religion.«

Die Anwälte von Beatrice Foods und Grace bemerkten bald, daß Schlichtmann den Korridor nicht mehr verließ. Sie beschlossen, ebenfalls dort Posten zu beziehen. Sie teilten Schichten ein, stellten Leute auf, die Schlichtmann im Auge behalten sollten. »Es ist wie bei der nuklearen Abschreckung«, erklärte Neil Jacobs und spähte den Korridor hinunter zu Schlichtmann. »Man muß die andere Seite überwachen.« Facher schaute hin und wieder vorbei, aber er blieb selten lange. Wache zu schieben war eine Aufgabe, die jüngeren Mitarbeitern besser entsprach. Bei Grace jedoch übernahmen alle Anwälte, die Seniorpartner wie die jüngeren Mitarbeiter, pflichtbewußt ihre Schichten. In der Regel schlugen sie die Zeit im Zuschauerraum des Gerichtssaals tot, weit entfernt von Schlichtmann. Aber manchmal, wenn ihm langweilig war, wagte sich Cheeseman auf einen Schwatz heraus.

»Irgendwas zu hören?« erkundigte er sich eines Vormittags bei Schlichtmann.

»Kein Pieps«, erwiderte Schlichtmann. »Sie sind so leise wie der Fluß von Chemikalien bei Grace.«

Cheesemans Gesicht lief rot an, aber er lachte. »Und genauso langsam«, meinte er.

Als sich die erste Woche ihrem Ende zuneigte, ohne daß ein Anzeichen einer Urteilsverkündung zu erkennen war, verschlechterte sich der Zustand des Patienten im Korridor. Er wurde erst wieder am Freitagmorgen ein wenig munterer, als er sah, daß William Vogel, der Obmann der Jury, zum ersten Mal in dieser Woche in Anzug und Krawatte zur Arbeit kam. »Er hat ein frisches Hemd an und eine schöne graue Krawatte«, teilte Schlichtmann Conway mit, nachdem Vogel die Treppe hinaufgestiegen war. »Ich glaube, das wird ein wichtiger Tag heute. Er würde die Klamotten nicht tragen, wenn er die ganze Zeit über dort oben bleiben wollte.«

Aber an diesem Freitag kamen die Juroren noch nicht mit einem Urteilsspruch zurück, und nun war sich Schlichtmann sicher, daß sie Probleme hatten. Er verließ das Gericht zusammen mit Conway, nachdem die Geschworenen nach Hause gegangen waren. Das Wochenende stand bevor. Die Gehsteige waren voller Menschen in Sommerkleidung, Büroangestellte hatten ihre

Jacketts abgelegt, die Frauen trugen helle bunte Kleider, Touristen hatten Fotoapparate um den Hals hängen. Schlichtmann in seinem dunklen Anzug ging mit gesenktem Blick, die Hände in den Hosentaschen vergraben. Die Menge teilte sich, um ihm Platz zu machen. »Ich muß dauernd an all die Dinge denken, die ich nicht gesagt habe«, erzählte er Conway. »Ich frage mich, was ich nicht sorgfältig genug erklärt habe.«

Am Montag brachte Schlichtmann nicht länger die nervliche Stärke oder Kraft auf, den ganzen Tag zu stehen. Lange saß er auf einer Bank, achtete aber dennoch darauf, sich zu erheben, wenn die Geschworenen für gewöhnlich kamen oder gingen.

Schlichtmann musterte sie genau, aber zurückhaltend, die Augen halb geschlossen. Er versuchte, ihre Gedanken zu erraten und herauszufinden, wer für und wer gegen ihn war. Vogel, im Normalleben leitender Angestellter einer Telefongesellschaft, führte die Geschworenen immer an, wenn sie zum Mittagessen in die Kantine hinuntergingen. Über Monate hinweg hatte Schlichtmann daran geglaubt, daß Vogel ihn unterstütze, und er konnte auch jetzt von diesem Glauben nicht ablassen. Bei Linda Kaplan, einer jungen unverheirateten Frau, die bei einer großen Versicherung arbeitete, war er sich ebenso sicher. Sie lächelte Schlichtmann häufig an, wenn sie an ihm vorbeikam. Robert Fox, ein schlanker, gutaussehender Mann von Mitte Dreißig hatte sich während des Verfahrens ausführlich Notizen gemacht. Schlichtmann hatte bei Fox bis auf die letzten Wochen des Prozesses ein ungutes Gefühl gehabt und sich dann schließlich eingeredet, daß Fox auf seiner Seite sei. Inzwischen war er sich da nicht mehr so sicher. Dann kam Vincent O'Rourke, ein kränkelnder Postangestellter Ende Fünfzig, dem das Gehen Mühe bereitete. Bei seinem Auswahlgespräch hatte O'Rourke langsam und sehr bedächtig auf die Fragen des Richters geantwortet. Er wirkte auf Schlichtmann nicht wie ein Mann, der sich gegen die Mehrheit stellen und im Geschworenenzimmer Schwierigkeiten bereiten würde.

Die Probleme, vermutete Schlichtmann, verursachten wohl eher die Organistin Harriet Clarke, eine dünne, streng wirkende Frau Ende Vierzig, oder Jean Coulsey, die kräftige, weißhaarige und rotwangige Großmutter, die halbtags einen Gabelstapler fuhr. Sie war diejenige gewesen, die bei ihrem Auswahlgespräch gesagt hatte, ihrer Meinung nach könne der ganze Prozeß das Produkt »irgendeiner Frau sein, die vielleicht auf ein bißchen zusätzliches Geld aus ist.« Dennoch hatte Schlichtmann sie instinktiv gemocht. Er war während des gesamten Verfahrens zuversichtlich, ja überzeugt gewesen, daß sie auf seiner Seite stand. Doch als er sie nun im Korridor beobachtete, fragte er sich, ob er sich da nicht fürchterlich getäuscht hatte. Sie sah ihn immer so grimmig an, wenn sie auf ihn zukam, den Mund verkniffen und die Lippen aufeinandergepreßt, den Kopf leicht zur Seite geneigt. Alles an ihrem Verhalten ließ darauf schließen, daß sie ihm gern aus dem Weg gegangen wäre.

Während der zweiten Woche kamen Schlichtmanns Mutter und Teresa, um ihm Gesellschaft zu leisten. Sie und andere Leute aus der Kanzlei standen zusammen und sprachen miteinander, während Schlichtmann lange Zeit schwieg, in die Ferne starrte. Hin und wieder ging er im Korridor auf und ab, musterte den Boden. Er machte langsame, kleine Schritte, die Gangart eines alten Mannes, der seinem Gleichgewichtssinn nicht länger traute. Conway beobachtete einmal, wie Schlichtmann ungefähr zehn Meter auf diese Weise vorwärtsging und dann zehn Meter zurück. Er setzte jeden Schritt genau in ein Quadrat des Terrazzofußbodens, und wenn er einen Fehler machte, wenn er auf eine Fuge trat, blieb er stehen, trat einen Schritt zurück und setzte den Fuß richtig. Nach einer Weile fragte Conway: »Was machst du da, Jan?«

»Ich konzentriere mich«, sagte Schlichtmann.

2

Jean Coulsey konnte es nicht vermeiden, Schlichtmann am Ende des dunklen Korridors stehen zu sehen, wenn sie jeden Morgen aus dem Aufzug trat. »Es war mitleiderregend, ihn dort zu sehen«, sagte sie einige Monate später. »Mir fiel es sehr schwer, nicht mit ihm zu sprechen.« Aber sie wußte, wie unangebracht ein Gespräch gewesen wäre. Deshalb richtete sie ihren Blick auf den Boden, preßte in grimmiger Selbstbeherrschung die Lippen aufeinander.

Während der Monate der Verhandlung hatten sie und die anderen Geschworenen untereinander über die Marotten und Schrullen der Anwälte gesprochen, über den Richter, die Zeugen, sogar über einige der Zuschauer, die Tag für Tag im Gerichtssaal erschienen waren. Die Juroren konnten natürlich nicht verstehen, was die Anwälte an der Richterbank zu Richter Skinner sagten, aber sie hatten immer mitbekommen, wenn Schlichtmann eine Rüge erteilt worden war. »Er lief dann dunkelrot an«, erinnerte sich Coulsey. Manchmal waren sie erstaunt über die Art und Weise, wie der Richter mit Schlichtmann umsprang. Sie alle mochten den Richter und fanden, daß er gerecht und unparteiisch sei, aber sie merkten, daß er Schlichtmann aus Gründen, die sie nicht verstehen konnten, auf dem Kieker hatte. »Der Richter schien schrecklich mäkelig zu sein mit Mr. Schlichtmann«, erinnerte sich Coulsey. Was Facher betraf, so mochte sie ihn nicht besonders. Ihr engster Vertrauter in der Jury, ein stellvertretender Geschworener namens Henry Jason, Polizist im Ruhestand, sagte einmal genervt: »Facher mit seinen Einsprüchen ist wie eine Feder, welche die ganze Zeit hochspringt.« Und Coulsey hatte beigepflichtet.

Die Geschworenen hatten solche Beobachtungen ganz zwanglos ausgetauscht, um sich die Zeit im Gespräch zu vertreiben, wenn der Prozeß wegen einer dieser endlosen Verhandlungen an der Richterbank unterbrochen worden war. Und John J. Riley war für Coulsey »ein widerlicher Kerl«. Sie glaubte, daß die anderen Geschworenen mit ihr einer Meinung waren. Nach Rileys zweitem Tag im Zeugenstand hatte Henry Jason laut genug, daß die anderen ihn hören konnten, geflüstert: »Wen will der denn einwickeln?« Und alle waren in Gelächter ausgebrochen. »Es hat mich den letzten Nerv gekostet«, bemerkte Coulsey später, »als Riley sagte, er habe die sechs Hektar Land zu einem Naturschutzgebiet umgewandelt.« Sie fand, daß Drobinski ein exzellenter Zeuge gewesen war, offen und glaubwürdig. Fachers Verhalten Drobinski gegenüber hatte sie geärgert. »Wie kann Mr.

Facher die Leute so heruntermachen?« fragte sie sich. »Er ist sehr sarkastisch, aber er kann auf irgend etwas, das nicht in Ordnung ist, derart herumhacken. Gott stehe Ihnen bei, wenn Sie bei Facher einen Fehler gemacht haben.«

Weil sie diese Beobachtungen ausgetauscht hatten und grundsätzlich übereinzustimmen schienen, war Coulsey davon ausgegangen, daß die anderen den Fall ähnlich beurteilten wie sie selbst.

Am Tag, an dem die offiziellen Beratungen der Jury begannen, brachte der Amtmann sämtliche Beweisunterlagen – er mußte dazu mehrmals gehen – und die Liste der an sie gerichteten Fragen in das Geschworenenzimmer hinauf. Jean Coulsey las die Fragen mit Erstaunen. Und nicht nur sie war von ihnen überrascht. Die anderen wirkten ebenfalls verwirrt und verdutzt.

William Vogel erinnerte sich, gesagt zu haben: »Ich dachte, wir sollten einfach entscheiden, ob sie schuldig oder unschuldig sind.«

»Hier stimmt etwas nicht«, sagte Coulsey. »Ich verstehe nicht, wie Mr. Schlichtmann so etwas zulassen konnte.«

Die Geschworenen lasen die Fragen mehrmals, versuchten die verschachtelten Sätze grammatisch zu zergliedern. Wie sollten sie den genauen Zeitpunkt, Monat und das Jahr festlegen, zu dem die Chemikalien in den Brunnen aufgetaucht waren? Pinder und Guswa hatten ihre Expertisen abgegeben, und beide hatten von »Sickergeschwindigkeiten« der Chemikalien gesprochen, aber diese Angaben waren im besten Fall verwirrend gewesen. Und was meinte der Richter mit einem »maßgeblichen Beitrag«? Was genau war ein »überwiegendes Ergebnis der Beweisaufnahme«?

»Wie sollen wir nun vorgehen?« fragte Coulsey.

Vogel schlug eine Abstimmung vor, um festzustellen, welche Standpunkte die einzelnen einnahmen. Er für seinen Teil glaubte, daß die beiden Firmen, wie er sich ausdrückte, »schuldig« seien, die Brunnen verseucht zu haben, aber er gab seine Meinung den anderen Geschworenen nicht sofort preis. Als Obmann hatte er das Gefühl, warten zu müssen, bis die anderen ihre Meinungen geäußert hatten. Sollten sie alle übereinstimmen, dann könnte man sich der weit komplizierteren Aufgabe zuwenden, festzulegen, wann genau die Chemikalien die Brunnen erreicht hatten.

So wie Vogel es verstand, ging es in der ersten Frage darum, ob die Chemikalien von Beatrice Foods vor dem 22. Mai 1979 in die Brunnen gelangt waren, dem Datum der Stillegung. Für ihn war dies im Grunde die Frage nach »schuldig« oder »nicht schuldig«. Er las die Frage den anderen Geschworenen vor und bat um ein Handzeichen derer, die glaubten, Beatrice Foods sei verantwortlich. Jean Coulsey und Linda Kaplan hoben sofort die Hand. Als niemand sonst mehr folgte, schloß sich Vogel an. Schließlich hob auch Vincent O'Rourke, der Postangestellte, ein sehr schüchterner und zurückhaltender Mann, langsam die Hand.

Dann fragte Vogel: »Nicht schuldig?«

Harriet Clarke stimmte dafür. Robert Fox, der einzige der Juroren, der nun noch nicht votiert hatte, sagte, er sei unentschlossen und wolle sich im Augenblick der Stimme enthalten.

Dann stellte Vogel die Frage für Grace. Das Ergebnis fiel fast gleich aus. Dieses Mal schloß sich Robert Fox Harriet Clarke an. Beide hielten Grace für nicht verantwortlich.

Jean Coulsey war überrascht. Der Richter hatte den Geschworenen gesagt, daß ihr Urteil einstimmig sein müsse. Sie war davon ausgegangen, daß es sehr schnell gehen würde, sowohl Grace als auch Beatrice Foods für verantwortlich zu erklären. Nichts, dachte sie, könne eindeutiger sein, als die »Schuld« der beiden Unternehmen.

Am Nachmittag begannen die Juroren mit den Beratungen – zunächst über Beatrice Foods. Als erstes breiteten sie alle Beweismaterialien auf dem großen Holztisch vor sich aus. Sie baten den Amtmann des Richters um ein Vergrößerungsglas, damit sie die Luftaufnahmen, die Schlichtmann als Beweis vorgelegt hatte, genau studieren konnten. Schnell wurde klar, daß auch Robert Fox, der sich zunächst noch der Stimme enthalten hatte, der Meinung war, Beatrice Foods könne nicht verantwortlich gemacht werden. Am Nachmittag des zweiten Tages begann die Debatte zwischen Fox und Jean Coulsey hitzig zu werden. Der Richter hatte den Geschworenen erlaubt, sich während der Verhandlung

Notizen zu machen, und Fox hatte vier Notizbücher vollgeschrieben. Er las den anderen einige Punkte aus seinen Notizen vor, die seine Auffassung untermauerten.

Coulsey hatte sich fast nichts notiert. Sie hatte intuitiv den Eindruck, daß die Firmen verantwortlich zu machen waren, aber es bereitete ihr Schwierigkeiten, ihre Gedanken zu artikulieren, und sie konnte Fakten nicht so ohne weiteres aus dem Ärmel schütteln wie Fox. Sie wünschte, die stellvertretenden Geschworenen, vor allem Henry Jason, würden gemeinsam mit ihnen beraten.

Fox wurde immer frustrierter in seinen Bemühungen, Coulsey in eine rationale Debatte über Fakten zu verwickeln. Er schritt um den Tisch, verlangte, daß Coulsey sich erklärte, daß sie ihre Gründe angab und ihre Beweise darlegte. »Es gibt einfach nicht genügend Beweise«, sagte Fox. »Sie brauchen ein überwiegendes Ergebnis der Beweisaufnahme. Wo ist es?« Manchmal wurde er lauter, und am Ende der Woche war er so aufgebracht, daß er krachend mit der Faust auf den Tisch schlug. In solchen Momenten forderte ihn selbst seine Verbündete Harriet Clarke auf, sich zu beruhigen.

Jean Coulsey hielt ihre Tränen im Geschworenenzimmer stets zurück, obwohl ihr mehr als einmal zum Weinen zumute war. »Ich kann mich einfach nicht ausdrücken«, sagte sie eines Abends zu ihrem Mann. Sie hatte das Gefühl, als würde sie unter dem emotionalen Druck zusammenbrechen.

Obwohl sich Coulsey so labil fühlte, war sie dennoch im Geschworenenzimmer sehr dickköpfig. Eines Morgens verkündete sie, daß sie beabsichtige, das Beweismaterial Stück für Stück durchzugehen, bis sie einen Beweis für die Lagerung von Chemikalien auf dem Grundstück von Beatrice Foods zwischen 1968 und 1979 gefunden habe. Sie saß vor einem hohen Stapel mit Dokumenten und begann systematisch jede Seite durchzulesen. Fox starrte sie einen Augenblick lang an und brach dann in spöttisches Gelächter aus. Er ging aus dem Zimmer und hinunter in das Zwischengeschoß, wo sich die Toiletten befanden.

Linda Kaplan, Jean Coulseys engste Verbündete, sah zu, wie

Fox hinausging. »Er glaubt wohl, er sei Anwalt«, sagte sie voller Abscheu.

Am Freitag, dem 17. Juli, am Ende der ersten Woche ihrer Beratungen, meinte Vogel, sie kämen anscheinend im Fall Beatrice Foods zu keinem Ergebnis. Coulseys Suche hatte zwei Beweisstücke dafür zutage gefördert, daß zwischen 1968 und 1979 Chemikalien auf dem Grundstück gelagert worden waren, aber Fox beharrte darauf, daß dies für ein »überwiegendes Ergebnis der Beweisaufnahme« nicht ausreiche. Vogel schlug vor, sich zunächst dem Fall Grace zuzuwenden.

Doch zu diesem Zeitpunkt waren die Fronten bereits abgesteckt. Sie berieten am Montag und am Dienstag, ohne Fortschritte zu erzielen, auch wenn es kurzzeitig immer wieder schien, als werde der eine oder andere seine Meinung doch noch ändern. Am Dienstag nachmittag äußerte Fox die Ansicht, sie seien offenbar in eine Sackgasse geraten und sollten dem Richter mitteilen, daß sie nicht zu einem einstimmigen Urteil gelangen könnten. Coulsey und Kaplan widersprachen vehement. »Es ist mir gleichgültig, wie lange es dauert«, sagte Coulsey. »Und wenn wir den ganzen Sommer brauchen.« Keinem gefiel der Gedanke, ihre Arbeit unerledigt aufzugeben, nicht einmal Harriet Clarke.

Als sie am Nachmittag den Stillstand ihrer Beratungen diskutierten, teilte William Vogel den anderen eine ernüchternde Tatsache mit. Sollten sie nicht in der Lage sein, schon bald zu einem Urteil zu finden, würde er die Jury verlassen müssen. Er habe sich am 3. August, in weniger als zwei Wochen, einer Bypass-Operation zu unterziehen. Er hatte diese Nachricht von seinem Arzt auch erst in den vorangegangenen Wochen erfahren.

Die anderen Geschworenen wirkten erschüttert. Sie bekundeten Vogel ihr Mitgefühl, und dann überlegten sie, welche Konsequenzen der Richter aus dieser Entwicklung ziehen würde. Vogel sagte, er vermute, daß der Richter einen der stellvertretenden Geschworenen seinen Platz einnehmen lassen würde. Aber alle waren sich einig, daß ein neuer Juror, egal welche Ansicht er vertrat, das Problem des Stillstandes nicht lösen würde.

Vielleicht aus Rücksicht auf Vogel begannen die Juroren am

Mittwochmorgen in gemäßigterem Ton. Aber im Verlauf der folgenden Stunden wuchs der gegenseitige Groll wieder. Fox lief im Zimmer herum und redete. Coulsey saß abseits von den anderen und verfolgte grimmig ihre Suche in den Unterlagen.

Linda Kaplan vermutete, daß Fox seine Notizen mit nach Hause genommen und den Fall mit anderen durchgesprochen habe. Der Richter hatte ihnen gesagt, daß sie keinerlei Unterlagen aus dem Geschworenenzimmer hinaustragen dürften und daß der Gerichtsdiener ihre Notizen jeden Abend unter Verschluß nehmen würde. Sie äußerte den Verdacht mehrere Tage lang nicht. Am Mittwoch nachmittag dann, nach einer hitzigen Debatte mit Fox, stand sie abrupt auf, ging aus dem Geschworenenzimmer und bat den Gerichtsdiener, Richter Skinners Amtmann herbeizurufen. Ihr Gesicht war gerötet, und sie atmete schwer vor Ärger. Sie ließ dem Amtmann wissen, daß einer der Geschworenen Unterlagen mit nach Hause nehme und damit die Anweisungen des Richters verletze. Der Amtmann versprach, den Richter von ihrem Verdacht in Kenntnis zu setzen.

Inzwischen mußte sich Vogel eingestehen, daß sie hoffnungslos festgefahren waren. »Wir kommen zu keinem Ziel«, sagte er zu den anderen. Er sah Jean Coulsey an: »Lassen Sie die beiden Firmen davonkommen?«

Coulsey schüttelte unbarmherzig den Kopf.

»Dann müssen wir dem Richter Bescheid geben«, sagte Vogel. Auf einem Blatt Papier hielt Vogel schriftlich fest: »Nach sechseinhalb Tagen der Beratungen und Prüfung der Beweismaterialien, die der Jury zugänglich sind, können wir nicht zu einer einstimmigen Entscheidung kommen, was Frage 1 sowohl für Grace als auch für Beatrice Foods betrifft.«

Vogel schrieb diese Mitteilung mit größtem Widerstreben. Diese Situation, soviel wußte er, bedeutete, daß die Anwälte das Verfahren noch einmal aufrollen mußten. Zeit-, Geld- und Kraftaufwand der vergangenen fünf Monate würden umsonst gewesen sein. Als Obmann der Jury fühlte sich Vogel teilweise verantwortlich. Er faltete die Nachricht zusammen und beschloß, noch bis zum Ende des nächsten Tages abzuwarten, bevor er sie dem Richter zukommen ließ. Dadurch hätten sie noch einen weiteren Tag Zeit, vielleicht doch noch zu einer Entscheidung zu finden.

3

Richter Skinner erhielt Vogels Nachricht am Donnerstag nachmittag um 14.00 Uhr. Er zog sich seine schwarze Robe an und rief die Anwälte in den Gerichtssaal, wo er die Botschaft vorlas. »Sie sind wieder da, wo Sie angefangen haben«, sagte er.

Schlichtmann, der in der Nähe der Richterbank stand, sackte gegen die Marmorsäule. Er ließ die Schultern hängen, sein Gesicht war aschgrau.

Der Richter las die Nachricht noch einmal genau. »Die Formulierung ist ein wenig seltsam. Sie können ›nicht zu einer einstimmigen Entscheidung kommen, was Frage 1 betrifft‹. Das läßt mich vermuten, daß es vielleicht eins zu fünf steht, für wen auch immer.« Er hielt einen Augenblick lang inne und fügte dann noch hinzu: »Ich sollte Ihnen auch noch mitteilen, daß Geschworene Nummer zwei besorgt war, ein Mitglied der Jury habe möglicherweise Unterlagen mit nach Hause genommen und mit anderen Leuten darüber gesprochen. Mir bleibt keine andere Möglichkeit das nachzuprüfen, außer den Betreffenden zu fragen. Ich glaube, die Dame kam nach einer langen, ziemlich hitzigen Debatte herunter. Vielleicht macht sie nur Wind, aber ich kann die Sache nicht einfach auf sich beruhen lassen.«

Der Richter erklärte, daß er die Jury herunterbitten werde, um noch einmal Anweisungen zu erteilen. Facher und Keating erhoben Einspruch gegen jeglichen streng formulierten Vorwurf, der möglicherweise zur Folge haben könnte, daß die Geschworenen wider besseren Wissens zu einem Urteil kamen. Schlichtmann lehnte noch immer an der Säule, sagte während der ganzen Debatte kein Wort.

»Es überrascht mich nicht, daß sie in diese Lage geraten sind«, sagte Keating, der sehr darum bemüht war, die Situation genau so zu wahren, wie sie sich im Augenblick bot. »Ich bin absolut dagegen, sie zu irgendeiner Einigung zu zwingen in einer Sache, in der vernünftige Leute unterschiedliche Auffassungen vertreten.«

Dies ärgerte den Richter offensichtlich. »Das kann man in jedem Fall sagen. Das ist ja gerade der Grund, warum es einen Prozeß gibt.«

»Sie erwarten offenbar eine Antwort«, murmelte Schlichtmann schließlich.

»Ich glaube, sie erwarten, daß sie nach Hause geschickt werden«, sagte der Richter. »Aber das werde ich nicht tun. So leicht werde ich es der Jury nicht machen, das kann ich Ihnen versprechen.«

Die Anwälte nahmen an ihren Tischen Platz. Der Amtmann geleitete die Geschworenen, die niedergeschlagen und müde wirkten, in den Gerichtssaal. Der Richter sagte, er habe ihre Nachricht erhalten, und dann hielt er eine Standardrede, die er zuvor schon in solchen Situationen vor Jurys gehalten hatte. »Zum gegenwärtigen Zeitpunkt werde ich den Prozeß nicht für gescheitert erklären«, sagte er, »weil sonst lediglich eine andere Jury mit genau den gleichen Beweisen konfrontiert wird. Und es gibt keinen Grund anzunehmen, daß eine andere Jury besser zurechtkommt als Sie. Es ist Ihre Pflicht als Geschworene, miteinander zu sprechen und zu beraten, um eine Einigung zu erzielen. Zögern Sie nicht, Ihre eigenen Standpunkte noch einmal zu überprüfen oder Ihre Meinung zu ändern. Das Geschworenenzimmer ist nicht der Ort für falschen Stolz.«

Dann erkundigte sich der Richter auf indirekte Weise nach der Beschuldigung, die Linda Kaplan erhoben hatte. Er nannte keine Namen. »Ich gehe davon aus, daß Sie mit niemandem sprechen und daß niemand mit Ihnen gesprochen hat.« Der Richter sah die Geschworenen streng an. »Sollte dies vorgekommen sein, dann sind Sie verpflichtet, mich davon in Kenntnis zu setzen.« Er hielt inne, wartete auf eine Reaktion.

Die Geschworenen schwiegen.

»Gut. Meine Damen und Herren, würden Sie bitte Ihre Beratungen fortsetzen.«

Der Amtmann des Richters geleitete die Juroren wieder die Treppe hinauf. Die Anwälte liefen im Gerichtssaal herum, besprachen untereinander den Stillstand. Plötzlich kehrte Skinner zur Richterbank zurück und winkte die Juristen zu sich.

Schlichtmann sah den Richter ungläubig an. »Noch eine Nachricht?«

»Diese stammt von Mr. Vogel, dem Obmann«, antwortete der Richter. »Er schreibt: ›Ich möchte mich von meinen Geschworenenpflichten befreien lassen, weil ich mich am 6. August 1986 einer Herzoperation unterziehen muß.‹ Und anbei liegt ein Brief der Klinik. ›Wir erwarten Sie am 3. August zur Aufnahme im New England Medical Center.‹«

Bis zum 3. August waren es nur noch zehn Tage. Keating sagte zum Richter: »Ich nehme an, er hat damit gerechnet, Sie würden die Jury nach Hause schicken, und er könnte auf diese Mitteilung verzichten.«

»Stimmt«, sagte der Richter. »Die erste Stellvertreterin ist Mrs. Gilbern. Dina Gilbern. Ich werde sie für morgen herbestellen.«

Facher wollte nicht, daß zu diesem Zeitpunkt die Zusammensetzung der Jury geändert wurde. Für ihn kam ein nicht entscheidungsfähiges Gremium einem Sieg gleich, und jegliche Veränderung konnte diese delikate Balance stören. Obendrein war er ganz gewiß nicht daran interessiert, daß Dina Gilbern, eine Sozialarbeiterin im Ruhestand, die zwei erwachsene Kinder hatte, an den Beratungen teilnahm. Bei ihrem Auswahlgespräch hatte Gilbern gesagt, sie sei engagierte Umweltschützerin. »Ich finde, wir sollten bis morgen abend abwarten«, erklärte Facher dem Richter.

»Warum?«

»Mr. Vogel muß erst am Sonntag nächster Woche ins Krankenhaus. Ich weiß nicht, ob er die Wahl hat oder …«

»Es handelt sich um eine Herzoperation«, unterbrach ihn der Richter. »Das klingt mir nicht gerade so, als hätte er die Wahl. Wenn ein Krankenhausaufenthalt so kurz bevorsteht, dann befindet er sich in einem sehr kritischen Zustand.«

»Wollen Sie mit ihm sprechen?« fragte Schlichtmann.

»Ich nehme an, wir müssen«, sagte der Richter.

Als Vogel einen Moment später an der Richterbank erschien, fragte ihn Skinner: »Ich habe Ihre Nachricht erhalten. Es tut mir sehr leid, daß Sie ein so schwerwiegendes Problem haben. Sind Sie insoweit belastbar, daß Sie bis zum 3. August durchhalten?«

»Ich habe keine Bedenken, meine Arbeit in der nächsten Woche fortzusetzen«, sagte Vogel. »Ich wollte nur Bescheid geben, was auf mich zukommt. Und nach fünf Monaten hier würde ich gern ein Ergebnis sehen.« Vogel hielt inne. »Aber wenn Sie mich durch einen anderen Geschworenen ersetzen wollen, dann können Sie dies jetzt tun.«

»Glauben Sie, daß eine Chance besteht, auf die Frage innerhalb der nächsten Tage eine Antwort zu finden?« erkundigte sich der Richter.

»Nein, das glaube ich nicht«, antwortete Vogel.

»Sie müssen sich einer Bypass-Operation unterziehen?«

»Ja. Einem vierfachen Bypass.«

»Es tut mir wirklich leid für Sie«, sagte der Richter noch einmal.

»Mir auch«, meinte Vogel mit einem traurigen Lächeln.

»Ich wäre Ihnen sehr dankbar, wenn Sie noch bis morgen bleiben könnten«, fuhr der Richter fort. »Am Montag werden wir dann sehen, wie sich die Situation darstellt. Wer weiß? Vielleicht haben wir Glück, und es gibt einen Durchbruch. Und Ihnen wünsche ich alles Gute.«

»Vielen Dank«, erwiderte Vogel. Er drehte sich um und nickte den Anwälten förmlich zu. »Gentlemen«, sagte er und ging die Treppe hinauf in das Geschworenenzimmer.

Am Abend stand Schlichtmann am Küchentisch in der Kanzlei und versuchte eine Flasche Saft zu öffnen. Seine Hände waren feucht, sie zitterten, und er bekam den Deckel nicht gleich auf. Er stellte die ungeöffnete Flasche weg und stützte beide Hände auf den Tisch, als würde er sich auf stürmischer See Halt verschaffen. »Könnte ich mich täuschen?« fragte er sich laut. »Ist denn niemand auf meiner Seite? Ich kann diesen Alptraum nicht fassen.«

Am Wochenende kam der Sheriff, um Schlichtmanns Porsche zu pfänden. Dieses Ereignis war ihm derart gleichgültig, daß er es lange Zeit versäumte, seinen Partnern davon zu erzählen.

4

Am Montag, dem 28. Juli, nahm Skinner morgens hinter seiner Richterbank Platz und winkte die Anwälte zu sich. »Ich schlage vor, den Obmann der Jury herunterzubitten und ihn über den Status quo berichten zu lassen. Wenn sie noch nicht zu einem Urteil gekommen sind, dann werde ich Mr. Vogel entlassen und an seine Stelle Mrs. Gilbern setzen, die hier ist. Und dann werden wir von vorne anfangen.«

Der Amtmann des Richters ging hinaus, um Vogel zu holen.

»Guter Morgen, Mr. Vogel«, sagte der Richter. »Können Sie uns sagen, ob es noch eine Chance für ein schnelles Urteil gibt?«

»Ja«, antwortete Mr. Vogel.

»Tatsächlich?« hakte der Richter nach.

»Ja. Wir kommen gerade zum Schluß, Euer Ehren«, sagte Vogel. »Es fehlt nur noch das Tüpfelchen auf dem I.«

»Das ist seit vergangenem Donnerstag ein bemerkenswerter Fortschritt.«

»Wir sind alle gesund und munter«, sagte Vogel lächelnd. »Keine gebrochenen Arme und Beine oder so etwas.«

Es waren die Standardrede des Richters und die Nachricht von Vogels Operation gewesen, die den Knoten gelöst hatten. Am Freitagmorgen hatte Vogel die Sache in die Hand genommen. Er hatte zwei Diagramme gezeichnet, das eine für Grace, das andere für Beatrice Foods. Mit Hilfe der anderen hatte er alle Beweise, die für und gegen jede der beiden Firmen sprachen, aufgelistet. Der Richter hatte gesagt: »Zögern Sie nicht, Ihre Meinung zu ändern«, und Vogel hatte die Geschworenen gebeten, ihre Ansichten zu ändern – und sei es nur für einen Augenblick, um sich die andere Seite zu betrachten.

Es hatte funktioniert. Robert Fox und Harriet Clarke hatten zugestimmt, daß das Diagramm für Grace klar ein überwiegendes Ergebnis der Beweisaufnahme zeigte. Im Gegenzug mußte Coulsey einräumen, daß Beatrice Foods, nachdem es nur zwei Beweispunkte nach dem Stichdatum des Richters im Jahr 1968 gab, den Verfahrensregeln nach nicht verantwortlich gemacht werden konnte.

Damit war Beatrice Foods abgehandelt. Nun mußten sich die Juroren nur noch um die restlichen Fragen kümmern, die Grace betrafen. In der zweiten schien es um Zeitpunkt, Monat und Jahr zu gehen, zu dem die Chemikalien in »maßgeblichen« Mengen in den Brunnen aufgetreten waren. Sie wurden sich einig, daß sie diese Frage nicht beantworten konnten. Sie trugen »bleibt unbeantwortet« ein. Die dritte Frage las sich wie die erste – mit dem einzigen Unterschied, daß hier beantwortet werden sollte, ob Grace »irgendeine Sorgfaltspflicht gegenüber den Klägern mißachtet« habe. Hier trugen sie »Ja» ein.

Die vierte Frage machte sie eine Zeitlang ratlos. Wie schon in der zweiten ging es auch hier um ein Datum, aber um welches konnten sie beim besten Willen nicht ergründen. Sie wollten schon »bleibt unbeantwortet« eintragen, als sie doch noch beschlossen, ins Wochenende zu gehen und die Sache am Montag noch einmal zu überdenken. Am Montag präsentierte Fox ein Datum: September 1973. Damals, erklärte Fox den anderen, habe Grace einen Abzugskanal im Werk geschlossen, in den Arbeiter ihr überschüssiges Lösungsmittel geschüttet hatten. Alle griffen dieses Datum sofort auf, obwohl sie überhaupt nicht wußten, welche Bedeutung es für die Frage hatte.

Sie hatten ihre Arbeit erledigt. Alle hegten ihre Zweifel, aber im großen und ganzen hatten sie das Gefühl, getan zu haben, was möglich war.

Das Gerücht, daß die Jury sich zu einem Urteil durchgerungen habe, machte schnell die Runde. Eine große Menge Zuschauer und Journalisten versammelte sich im Korridor. Schlichtmann stand mit geneigtem Kopf da, die Hände unter dem Kinn fest ineinander verschränkt wie zum Gebet. Kathy Boyer hielt sich ganz in seiner Nähe auf, um ihn von der Menge abzuschirmen. Mit leiser Stimme sang er immer wieder, als wären die Worte ein Mantra: »Kommt schon, kommt schon, kommt schon …«

Als die Geschworenen hintereinander die Treppe herunterkamen und ihre Plätze im Gerichtssaal einnahmen, bat Richter Skinner den Obmann, sich zu erheben. »Obmann, meine Damen und Herren Geschworenen, sind Sie zu einem Urteil gelangt?«

»Ja, das sind wir«, antwortete Vogel, der dem Amtmann das Papier der Geschworenen reichte.

Der Richter faltete das Blatt auseinander und las stumm. Dann sagte er in förmlichem Ton: »Sie haben alle Teile der ersten Frage für Beatrice Foods mit ›Nein‹ beantwortet. Damit ist der Fall Beatrice Foods entschieden.«

Schlichtmann vergrub das Gesicht in den Händen. Sein Körper schien zu erschlaffen. Neben ihm nahm Nesson die Arme auf den Anwaltstisch und legte den Kopf darauf.

Der Richter fuhr fort zu lesen. »Die gleiche Frage wird für W. R. Grace mit ›Ja‹ beantwortet, was Trichlortäthylen betrifft …«

Dann sagte der Richter: »Die Antworten auf diese Fragen erfordern hinsichtlich W. R. Grace eine Fortführung des Verfahrens. Ich bitte die Anwälte zur Richterbank, um den Termin für den Beginn der zweiten Prozeßphase abzusprechen.«

Lächelnd kam auch Facher nach vorne. Der Richter sah ihn und sagte: »Ich brauche Ihre Hilfe nicht, Mr. Facher. Sie sind entlassen.«

Facher blieb mitten im Gerichtssaal stehen. Er sah zu, wie sich Schlichtmann und dessen Partner sowie Keating mit den seinen an der Richterbank versammelten. Fachers Lächeln wandelte sich zu einem finsteren Blick. Er schien unglücklich darüber, ausgeschlossen zu werden, unglücklich darüber, wie der Richter ihn nach diesem langen Prozeß ohne jegliche Feierlichkeiten entlassen hatte. Er stand einen Augenblick lang da, seufzte und schlurfte dann zurück an den Anwaltstisch, um seine abgenutzte Prozeßmappe zu packen.

Die Geschworenen blieben sitzen. Vorne an der Bank beugte

sich der Richter zu Schlichtmann. Ihm war Schlichtmanns Geste der Verzweiflung nicht entgangen. »Nun, besser so als gar nichts, oder?« sagte er leise.

»Ja«, erwiderte Schlichtmann ohne Überzeugung.

»Dann wollen wir jetzt fortfahren.«

Die Antworten der Jury, meinte der Richter weiter, seien verwirrend und würfen einige Probleme auf, besonders das Datum vom September 1973. »Ich nehme an, Sie werden einige Anträge einreichen wollen«, sagte Skinner zu Keating. »Wir sollten darüber entscheiden, bevor wir die zweite Prozeßphase beginnen.« Der Richter teilte den Anwälten mit, daß er die Absicht habe, den August über Ferien in Maine zu machen. »Ich würde dann gerne Anfang September Ihre Schriftsätze einsehen, wenn ich wieder zurück bin. Falls es eine Fortsetzung des Verfahrens gibt – was vermutlich der Fall sein wird –, dann wäre wohl der 15. September ein guter Zeitpunkt für den Beginn.«

Der Richter wandte sich an die Geschworenen. Er dankte ihnen für ihre Dienste und erinnerte sie daran, mit niemandem über die Beratungen zu sprechen. »Das Verfahren läuft noch«, sagte er. »Wir machen lediglich eine Verschnaufpause. Mit dieser Auflage entlasse ich Sie bis zum 15. September und hoffe, Sie haben noch einen schönen restlichen Sommer.«

Von der Telefonzelle im Korridor aus rief Schlichtmann Donna Robbins an. Mit der Hand hielt er sein anderes Ohr zu, damit er sie trotz des Lärms der Menge verstehen konnte. Er erzählte ihr von dem Geschworenenspruch und bat sie, die anderen Familien zu informieren. Er wollte sich am Mittag um 13.00 Uhr mit allen Familien in der Trinity-Kirche treffen und danach zusammen mit ihnen vor die Presse treten.

Unten in der Eingangshalle des Gebäudes warteten vor den Aufzügen eine Gruppe von Journalisten und vier Kamerateams. Facher kam als erster. Er trat aus dem Aufzug, und die grellen Scheinwerfer der Kameras leuchteten auf, zogen sofort einen Schwarm von Schaulustigen an. Vor der Jury hatte sich Facher stets vollkommen unbefangen gefühlt, aber angesichts der Kameras wurde er hölzern und bekam glasige Augen. Steif zog er den Hals zurück und wechselte seine Prozeßmappe von einer Hand in die andere, bevor er sie schließlich abstellte. Ja, er sei sehr zufrieden mit dem Geschworenenspruch. »Das Rechtssystem hat sich bestätigt«, sagte er, und es gelang ihm zu lächeln. »Ich werde den zweiten Teil des Verfahrens von einem Platz im Baseball-Stadion aus verfolgen.«

Einige Minuten später trat Keating vor die Kameras. Er wirkte ebenfalls nervös. »Sie haben entschieden, wie sie eben entschieden haben«, sagte er den Reportern. »Der Prozeß wird weitergehen. Wir freuen uns auf die zweite Phase.«

Dann kam Schlichtmann. Von allen Prozeßparteien hatte er die Medien stets zu seinem größtmöglichen Vorteil genutzt. Aber jetzt unternahm er keinerlei Anstrengungen, seine Verzweiflung zu verbergen. »Ich bin zutiefst enttäuscht.« Er sah dabei auf den Boden und schüttelte den Kopf. »Wir hätten eine klare Aussage gebraucht, aber die haben wir nicht bekommen. Das macht die Sache viel schwieriger. Aber wir werden nicht aufgeben.«

Schlichtmann wußte, daß es in Wirklichkeit sehr schwer werden würde, weiterzumachen. Was den Geschworenenspruch noch verschlimmert hatte, war das Datum vom September 1973, das die Geschworenen für Grace angegeben hatten. Drei der Kinder aus Woburn – Jimmy Anderson, Michael Zona und Kevin Kane jr. – waren vor diesem Datum an Leukämie erkrankt. Würden ihre Fälle nun nicht mehr berücksichtigt? Schlichtmann erwartete, daß Keating im September vehement dafür plädieren würde, sie auszuklammern. Sollte Keating Erfolg haben, dann würde sich fast die Hälfte des Falles in nichts auflösen. Und wie würde sich dies auf die übrigen Klagen auswirken, von den betroffenen Familien ganz zu schweigen? Würden sie anfangen, untereinander zu streiten?

Schlichtmann hatte keine Zeit und auch nicht die Muße, im Augenblick über derlei Fragen nachzudenken. Er mußte nach Woburn hinausfahren, um sich mit seinen Mandanten zu treffen. Vor der Kanzlei hatte sich für diese Fahrt eine kleine Karawane gebildet. Schlichtmann fuhr mit Kiley in dessen Mercedes. Auf der Fahrt nach Woburn saß er auf dem Beifahrersitz, starrte regungslos nach vorne und sagte kein Wort. Kiley warf ihm einen besorgten Blick zu.

»Dieser Scheiß von ›zutiefst enttäuscht‹ muß aufhören, Jan«, sagte Kiley.

Schlichtmann gelang es, matt zu lächeln. »Kein Selbstmitleid, was?«

»Du glaubst doch wohl nicht, daß Keating feiert, oder?« fuhr Kiley fort. »W. R. Grace stinkt es gewaltig, daß sie dir jemals begegnet sind. Sie sind eben für schuldig befunden worden, das Wasser in einer Stadt verseucht zu haben, die eine verdammte Konzentration von Krebserkrankungen aufweist! Du mußt das Steuer herumreißen, Jan. Du kannst jetzt nicht aufgeben.«

Schlichtmann atmete tief durch. Es klang wie ein Seufzer. »Entschuldigung«, sagte er mit rauher Stimme. »Aber mir tut alles weh. Monatelang war alles unklar. Ich brauchte diese Geschworenen. Ich brauchte diese sechs Menschen. Und sie haben mich fertiggemacht. Sie glauben, ich hätte mich getäuscht.«

Kiley sah grimmig herüber. »Jan, du mußt dich zusammenreißen. So kannst du deinen Mandanten nicht gegenübertreten.«

Im Versammlungsraum der Trinity-Kirche hatten sich die Familien auf Klappstühlen zusammengesetzt. Über ihnen an der Decke drehten sich langsam die Ventilatoren, aber in der drückenden Sommerhitze verschafften sie keine Erleichterung. Die Leute fächelten sich mit Papier Kühlung zu und wischten sich mit Taschentüchern über die Stirn.

Schlichtmann wirkte hohläugig und sprach mit dumpfer, monotoner Stimme, aber es gelang ihm immerhin, die Fassung zu wahren. Er sagte den Leuten, daß er gegen den Freispruch von Beatrice Foods Revision einlegen werde. Und was Grace betreffe, so sei die Antwort der Jury verwirrend. Er verstehe nicht, wie sie auf das Datum gekommen sei, und er brauche Zeit, dies herauszufinden. Aber er versicherte den Familien, daß sie noch immer alle am Verfahren beteiligt seien. Er würde einen Weg finden, das Datum zu umgehen. Und sollte dies nicht gelingen, so würde er beweisen, daß die Berührung mit den Lösungsmitteln die Krankheit von Jimmy Anderson und den anderen verschlimmert und ihren Tod beschleunigt habe. Diese zuversichtlichen Worte beruhigten jene Familien, die ihre Klagen gefährdet sahen. Aber dennoch wußten sie alle, daß die nun anstehende Beweisausführung schwächer war als zu Beginn des Verfahrens.

Zurück in der Kanzlei, holten die Sekretärinnen die Sektflaschen heraus, die sie in Erwartung einer Siegesfeier aufbewahrt hatten. Schlichtmann ließ einen Korken knallen, sobald er nur zur Tür hereinkam, und nahm einen großen Schluck. Im Konferenzraum war der Fernseher für die Nachrichten eingeschaltet. Das Telefon klingelte ununterbrochen. Leute wollten gratulieren, und Reporter stellten Fragen. »Nein, wir sind kein bißchen enttäuscht«, erklärte Kiley einem Reporter der *Washington Post*, der das Interview mit Schlichtmann in der Eingangshalle des Gerichts gesehen hatte. »Das war nur eine erste Reaktion.«

Phillips hörte, daß die Aktien von W. R. Grace bei Börsenschluß um drei Punkte gefallen waren. Er rief an, um sich dieses Ergebnis bestätigen zu lassen, und kam dann zu Schlichtmann, um ihm davon zu erzählen. Phillips rechnete aus, daß der Geschworenenspruch die Aktionäre von Grace 155 Millionen Dollar gekostet hatte. In den Nachrichtenagenturen und in den Nachrichten auf CBS nannte man das Urteil eine »Entscheidung von historischer Bedeutung«.

Gordon wirkte verblüfft. »Wenn das *Wall Street Journal* morgen auch sagt, wir haben gewonnen, dann glaub ich's wirklich.« Er hielt inne. »Es fühlt sich nur nicht so an.«

In der Küche wartete Conway darauf, daß der Kaffee in der Kaffeemaschine durchgelaufen war. Phillips kam dazu und setzte sich rittlings auf einen Hocker. Er zündete sich eine Zigarette an und inhalierte tief. In der Küche standen überall halbleere Gläser mit Sekt, halbleere Coladosen und Aschenbecher voller Zigarettenkippen herum.

»Mit dieser Jury waren wir schlechter bedient, als wir je gedacht haben«, sagte Phillip, räusperte sich und summte nervös vor sich hin. »Wir können von Glück sagen, daß wir heute einigermaßen davongekommen sind.«

»Ich glaube, wir haben ein Zeichen gesetzt«, sagte Conway, den die Presseberichte mit neuem Mut erfüllt hatten. »Über Grace schweben noch immer Schadensersatzforderungen. Es ist ein Fall, der ...«

»Es ist ein Fall, in dem rasch ein Vergleich geschlossen werden muß«, unterbrach ihn Phillips. »Wir müssen unsere Würde wahren und diesen verdammten Fall so schnell wie möglich abschließen. Das ist die einzige Strategie, die noch übrigbleibt.«

»Wieviel, glaubst du, können wir herausschlagen?« fragte Conway.

Phillips dachte einen Augenblick lang nach. »25 Millionen.« Er summte vor sich hin. »Wenn wir Glück haben.«

Schlichtmann nahm in seinem Büro Telefonanrufe entgegen. *Good Morning America* wollte, daß er am nächsten Tag nach New York kam und mit einem seiner Klienten in der Morgenshow auftrat. Er nahm die Einladung an und rief Donna Robbins in Woburn an. Er bat sie, ihn diesen Abend um 19.30 Uhr am Flughafen zu treffen. Kiley beschloß, Schlichtmann zu begleiten. Er wußte, daß Schlichtmann keine gültigen Kreditkarten und somit keine Möglichkeit hatte, Flug und Hotelrechnung zu bezahlen.

Rikki Klieman schaute in der Kanzlei vorbei. In ihrem braunen Sommerkostüm wirkte sie sehr elegant, ihr volles, dunkelbraunes Haar glänzte vor Gesundheit. Früher am Nachmittag hatte sie Blumen in die Kanzlei geschickt, eine Geste, die als Gratulation oder als Kondolenz aufgefaßt werden konnte. »Wie geht es Jan?« erkundigte sie sich bei Conway.

»Nicht besonders«, erwiderte er.

»Jemand muß mit ihm reden«, sagte Rikki.

»Er fliegt nach New York zu *Good Morning America*. Begleite ihn. Hilf ihm.«

»Ich bin nicht eingeladen worden.«

»Komm einfach mit«, sagte Conway.

Rikki ging in Schlichtmanns Büro. Er packte gerade seine Reisetasche. »Jan, soll ich dich begleiten?« fragte sie.

Schlichtmann sah sie verdutzt an. »Na klar, komm mit«, sagte er mit ausdrucksloser Stimme.

Rikki war noch skeptisch. »Meinst du das ernst? Wirklich?«
Schlichtmann nickte.

Rikki ging los, um ihre eigenen Sachen zu packen. Nachdem sie weg war, trat Conway in Schlichtmanns Büro und schloß die Tür hinter sich. »Wenn du glaubst, daß wir verloren haben, dann werden alle, die dich morgen im Fernsehen sehen, das ebenfalls glauben. Tu uns das nicht an, Jan. Versprich es mir.«

Am Flughafen machte Schlichtmann Donna Robbins mit Rikki Klieman bekannt. »Rikki ist eine sehr enge Freundin von mir und eine gute Anwältin«, sagte er zu Donna. »Sie war mir immer eine große Stütze.«

Sie bestiegen die Achtuhrmaschine nach New York. Schlichtmann saß mit Donna am Fenster. Rikki Kliemann und Tom Kiley saßen auf der anderen Seite des Mittelgangs und zwei Reihen weiter hinten. Donna war schrecklich nervös. Sie hatte eine tiefsitzende Furcht davor, in der Öffentlichkeit aufzutreten und vor Verlegenheit völlig die Sprache zu verlieren. Die Aussicht darauf, live in *Good Morning America* aufzutreten, verstörte sie. Bei anderen Interviews und öffentlichen Auftritten hatte Schlichtmann ihr immer Ratschläge gegeben, was sie sagen sollte, und sie beruhigt. Aber jetzt im Flugzeug stellte sie fest, daß Schlichtmann seltsam ruhig war. Sagte sie irgend etwas, nickte er als Antwort, blieb aber stumm. Nach einer Weile bemerkte sie, daß er seit dem Start kein einziges Wort gesagt hatte.

»Jan, geht es Ihnen gut?« fragte Donna. Er gab ein bestätigendes Geräusch von sich und nickte mit dem Kopf. Was sie auch anstellte – Donna konnte ihn nicht zum Sprechen bringen. Noch nie hatte sie ihn – oder sonst irgend jemanden – so gesehen, und das bereitete ihr große Sorgen.

Schlichtmann hörte Donna reden, hörte ihre Fragen, aber ihre Stimme schien von weither zu kommen. Er konnte nicht reagieren. Er wollte es, aber er befürchtete, daß er zu weinen beginnen würde, sobald er den Mund aufmachte. Sein Atem ging schnell und flach. Er fühlte sich im Flugzeug so eingesperrt wie noch nie. Seine Kleidung schien ihn zu ersticken, und jeder Augenblick war wie eine Ewigkeit. Er sehnte sich danach, in warmes Wasser einzutauchen. Er hatte das bizarre Gefühl, daß alles in Ordnung wäre, könnte er nur seine Haut wie mit einem Reißverschluß öffnen und in warmes Wasser steigen. Er stellte sich den Verschluß auf seiner Brust vor, vom Hals bis zum Nabel. Der Drang, sich selbst aufzumachen, war so groß, daß er fürchtete, er würde gleich aufstehen und in den Mittelgang treten, um alle seine Kleider auszuziehen. Wieder hörte er Donna, aber er starrte stur geradeaus. Er ertappte sich bei dem Gedanken: Vielleicht stürzt das Flugzeug ab, dann hat dieser Alptraum ein Ende.

Zwei Reihen weiter hinten bemerkte Rikki Klieman, wie stocksteif und aufrecht Schlichtmann dasaß. Sie wandte sich an Kiley: »Ich weiß, was er denkt. Er denkt, er wäre besser dran, wenn das Flugzeug abstürzen würde. Er wünscht sich, daß es abstürzt.«

Nach der Landung in New York übernahm Kiley die Initiative. Er rief ein Taxi nach Manhattan herbei. Er entschied, daß Schlichtmann nicht in der Verfassung sei, den Abend mit einer Klientin zu verbringen. Im Barbizon Hotel begleitete Kiley Donna zur Rezeption, bezahlte für ihr Zimmer und sagte ihr, sie würden sie am nächsten Morgen um 6.30 Uhr abholen. Dann kehrte er zum Taxi zurück und nannte dem Fahrer die Adresse des Helmsey Palace. An der Rezeption dort hielt Kiley inne. Wenn Rikki nicht mitgekommen wäre, hätten er und Schlichtmann ein Zimmer geteilt. Nun war sich Kiley nicht sicher, welche Arrangements er treffen sollte. Drei Zimmer oder zwei? Er sah Rikki mit fragend hochgezogenen Augenbrauen an. Sie zuckte die Schultern. Kiley buchte zwei Zimmer.

Im neunzehnten Stockwerk traten sie aus dem Aufzug. An der Tür zum ersten Zimmer sagte Schlichtmann zum Hotelpagen, er möge sein Gepäck und das von Rikki hineinbringen. Kiley ging allein weiter zu dem zweiten Zimmer. Einen Moment später kam er zurück und gab Bescheid, daß er hinunter in Harry's Bar wolle, um einen Drink zu sich zu nehmen und etwas zu essen. Ob sie mitkommen wollten?

In Harry's Bar mit dem dunklen, eingewachsten Holz und dem

glänzenden Messing ging es um 21 Uhr noch laut und gesellig zu. Kiley fand einen Tisch und schob Schlichtmann darauf zu. Sie bestellten Drinks und Sandwiches, und er und Rikki machten sich an die schwierige Aufgabe, Schlichtmann aufzuheitern. Schlichtmann trank ein Glas nach dem andern, aß aber nichts. Kiley versuchte, ihn vorsichtig aus diesem erstarrten Zustand zu bringen. Er fragte ihn, was er vorhabe, am nächsten Tag in *Good Morning America* zu sagen. Schlichtmann schüttelte bloß niedergeschlagen den Kopf und gab keine Antwort. Eine Stunde lang sprachen Kiley und Rikki mit ihm, versuchten ihn zu trösten, versuchten vernünftig mit ihm zu reden.

Erst nach Mitternacht machte Schlichtmann endlich den Mund auf. Die Leute hätten ihm vertraut, und er habe sie enttäuscht. Er hätte kein Anwalt werden sollen. Er habe nicht die Kraft zum Weitermachen. Sein Leben sei gelaufen, erklärte er, und diese Aussage alarmierte Rikki mehr als alles andere.

Dann schwieg er wieder. Rikki fragte sich, ob er überhaupt in der Lage sein würde, in *Good Morning America* aufzutreten. Kiley, der das gleiche dachte, machte sich innerlich damit vertraut, Schlichtmann am nächsten Morgen vertreten zu müssen. Kiley unternahm noch einen letzten Versuch. »Vielleicht ist dein Leben gelaufen, Jan, aber morgen früh um sieben Uhr sollst du landesweit im Fernsehen auftreten, und da mußt du irgend etwas sagen.«

Schließlich erhob sich Rikki und verkündete, sie gehe jetzt zu Bett. Auch Schlichtmann stand auf. Sie ließen Kiley am Tisch zurück und gingen in ihr Zimmer hinauf. Schlichtmann zog sich aus und lag nackt unter der Decke. Rikki kam ins Bett und legte sich neben ihn. Im Dunkeln sprach sie noch eine ganze Weile mit ihm. Sie streichelte seinen Arm, und dann liebten sie sich. Nach einer Weile drehte Rikki sich um und schlief ein.

Schlichtmann lag wach. Er spürte, wie sein Herz raste, sein Körper war schweißgebadet, obwohl die Klimaanlage im Zimmer lief. Um drei stand er auf, ging ins Badezimmer und starrte in den Spiegel. Er hatte den Eindruck, als sei er in der vergangenen Woche um Jahre gealtert. Sein Haar war fast gänzlich ergraut. Die Augen lagen tief in ihren Höhlen, spiegelten Schrecken und Furcht wider. In seinem Kopf hämmerte es, und sein Mund fühlte sich von den Drinks in Harry's Bar, vom Sekt in der Kanzlei pelzig an. Er hatte seit fast 24 Stunden nichts mehr gegessen. Er ging zurück ins Bett, aber er fand keinen Schlaf. Er lag neben Rikki, lauschte auf ihren regelmäßigen, ruhigen Atem. Er wartete auf den Morgen.

Um fünf Uhr, in der grauen Morgendämmerung, erhob er sich und ging unter die Dusche. Er stand lange Zeit da, ließ warmes Wasser über sich laufen. Und dann fühlte er sich allmählich besser. Ihm wurde klar, was er als nächstes zu tun hatte. Er hatte auf eine Jury gehofft, welche die »politische« Natur des Falles erfassen würde. Aber nun wurde ihm klar, daß er sich nicht darauf verlassen konnte, daß diese Jury irgendwelche Alarmglocken in den Vorstandsetagen Amerikas zum Klingen bringen würde. Der Fall, den er zu einem Kreuzzug für den Umweltschutz zu machen versucht hatte, der Fall, von dem er sich Geld und Ruhm erhofft hatte, war plötzlich wieder zu einem ganz normalen Rechtsstreit geworden.

Zu diesem Zeitpunkt kam ihm das wie eine tiefgründige Offenbarung vor. Sein Gram darüber, den Fall Beatrice Foods verloren zu haben, hatte ihn blind für alles außer seinem eigenen Schmerz gemacht, aber nun begann er allmählich wieder zu sehen. Angesichts dieser Jury blieben ihm nicht viele Möglichkeiten. Er würde versuchen müssen, im Fall Grace einen Vergleich auszuhandeln. Vielleicht konnte er dabei genügend Geld herausholen, um die Sache als Sieg zu bezeichnen. Das, so entschied er, war jetzt die Herausforderung.

Als er aus der Dusche stieg, hatte er zum ersten Mal seit einer Woche einen klaren Kopf, so als hätte er in dieser Nacht gut geschlafen.

Donna Robbins im Barbizon Hotel hatte nicht gut geschlafen. Sie memorierte wieder und wieder, was sie am nächsten Morgen im Fernsehen sagen wollte, und sie hoffte, daß sie nicht erstarren würde, wenn der Augenblick gekommen war.

Sie wartete bereits in der Lobby des Hotels, als Schlichtmann um 6.30 Uhr hereinkam, um sie abzuholen. Sie erkundigte sich, wie es ihm gehe, und er antwortete: »Ich fühle mich heute blendend.«

Donna bemerkte die Veränderung in ihm. Er sah besser aus, und er verhielt sich wieder wie früher. Auf dem Weg zu den Studios von ABC saß sie im Taxi neben Kiley und Rikki auf dem Rücksitz. Schlichtmann saß auf dem Beifahrersitz und drehte sich dauernd nach hinten, um mit ihr zu sprechen. Als sie ihm erzählte, wie nervös sie sei, versuchte er ihre Ängste zu zerstreuen. Als sie noch einen Häuserblock von ihrem Ziel entfernt waren, verstummte er wieder, aber es war nicht das gleiche gespenstische Schweigen wie im Flugzeug.

Donna erinnerte sich später an ihren kurzen Auftritt in *Good Morning America* voller Grauen. Die Erinnerung daran gehörte zu jener Sorte von Gedanken, bei denen man beschämt den Atem anhält, wenn sie einem wieder einfallen. In Wahrheit hatte sie sich recht gut gehalten. Sie trug einen hellen Sommerrock und eine ärmellose weiße Bluse und wirkte gefaßt und würdevoll, beinahe schön, während sie im Studio neben Schlichtmann auf einem Sofa saß. Die ersten Minuten des Interviews, als sie über Robbie und seine Krankheit sprach, verliefen glatt, und sie wurde allmählich ruhiger. Der Moderator der Sendung, David Hartman, fragte sie, was sie sich von diesem Rechtsstreit erhoffe, und auf diese Frage hatte sie sich sorgfältig vorbereitet. »Ich glaube, drei Dinge«, sagte sie. Sie begann mit dem ersten Punkt – Firmen würden als Folge des Verfahrens verantwortungsvoller mit Giftmüll umgehen –, aber dann verlor sie den Faden. Sie sah schnell zu Schlichtmann hinüber, dann auf ihren Schoß und biß sich auf die Lippen. »Es tut mir leid«, sagte sie, »jetzt habe ich einen Aussetzer.«

»Macht nichts«, murmelte David Hartman, »das geht schon in Ordnung«, und richtete geschickt die gleiche Frage an Schlichtmann. Während der Werbeunterbrechung, die dann folgte, nahm Hartman Donnas Hand und lächelte sie freundlich an. »Machen Sie sich keine Gedanken«, meinte er. »Das ist mir selbst schon passiert, und es kommt häufiger vor, als Sie sich vorstellen können.« Donna war dem Mann für diese kleine Geste überaus dankbar.

Schlichtmann für sein Teil enttäuschte Conway nicht. Er wirkte blaß und müde, aber er gab die Standardphrasen des Sieges überzeugend von sich, Gefühle, die er nicht im geringsten empfand. Er sei »erfreut und ermutigt, daß die Jury den Mut hatte, W. R. Grace verantwortlich zu machen«, und er freue sich darauf, in der zweiten Prozeßphase »Beweise dafür vorzulegen, was der Stadt zugefügt worden ist.«

Nachdem das Flugzeug am Nachmittag in Boston gelandet war, begleitete Schlichtmann Donna zu einem Taxi und wies den Fahrer an, sie nach Woburn zu fahren. Donna sagte, sie habe dafür nicht genügend Geld bei sich. Schlichtmann sah zu Kiley hinüber, der seine Brieftasche herauszog und Donna einen Zwanzigdollarschein reichte.

Schlichtmann fuhr gemeinsam mit Rikki und Kiley im Taxi ins Zentrum von Boston. Nachdem Kiley ausgestiegen war, hoffte Rikki, Schlichtmann würde irgend etwas über die Nacht sagen, die sie miteinander verbracht hatten, aber sie merkte, daß er an das romantische Zwischenspiel überhaupt nicht mehr dachte. Das Taxi hielt vor der Kanzlei in der Milk Street. Schlichtmann stieg aus. Er beugte sich noch einmal zum Taxi hinunter und dankte ihr dafür, daß sie mitgekommen war. Dann lief er mit großen Schritten die Stufen zu seinem Büro hinauf.

Einige Monate später erinnerte sich Rikki genau an die Gedanken, die ihr in diesem Augenblick durch den Kopf gegangen waren: »Als Jan ausstieg, dachte ich bloß: Für mich war das eine tolle Nacht, aber *er* wird sich auch keine Sekunde lang daran erinnern.«

VERHANDLUNGEN

I

Schlichtmann und seine Partner saßen um den Tisch im Konferenzraum. Sie hatten die Tür geschlossen und die Jalousien vor den Fenstern heruntergezogen. Zum Mittagessen hatten sie sich Sandwiches und kalte Platten liefern lassen. Die Klimaanlage summte unentwegt, dennoch wurde es im Raum immer wärmer. Die sieben Männer zogen ihre Anzugjacken aus und krempelten die Hemdsärmel hoch. Nesson, der einzige im Team, der fehlte, war mit seiner Familie in den Ferien.

Sie versuchten sich über ihre Situation klarzuwerden. Sie konnten nun fortfahren und mit der medizinischen Phase des Prozesses beginnen. Allerdings würde der Richter wahrscheinlich drei Todesfälle streichen, weil sie sich vor dem von der Jury angegebenen Datum ereignet hatten. Und die Jury war eindeutig geteilter Meinung. »Das macht die nächste Phase des Verfahrens zu einem echten Glücksspiel. Zu einer Pokerpartie«, sagte Schlichtmann. Zu alledem war ihre finanzielle Situation extrem prekär. Gordon hatte gerade die Pensionsfonds der Firma eingelöst. Er war der Auffassung, die Kanzlei noch weitere drei Monate, bis Oktober, über Wasser halten zu können. Danach sei das absolute Desaster nicht mehr aufzuhalten.

Die einzige vernünftige Möglichkeit, die Schlichtmann nach seiner schlaflosen Nacht in New York gesehen hatte, bestand darin, mit W. R. Grace einen Vergleich herbeizuführen, bevor der Richter die Leukämieklagen offiziell strich. Aber dazu mußten sie sich dennoch auf eine Fortsetzung des Verfahrens vorbereiten.

Grace sollte glauben, daß sie willens waren, fortzufahren, und damit Grace ihnen das abnahm, mußten sie selbst daran glauben. »Ohne dieses Engagement kann man keinen Vergleich erzielen«, sagte Phillips.

»Das bedeutet, mich in ein Ruderboot zu setzen und mich sechs Monate lang dem Wind und den Wellen preiszugeben«, sagte Schlichtmann. »Mit ein paar Anzügen ausgerüstet.«

Für Grace, so erwogen sie, war ein Vergleich sehr interessant. Keating würde im September der gleichen Jury gegenüberstehen, die seinem Klienten bereits einen Verlust beschert hatte. Und diesmal ging es um den Tod von Kindern, nicht um Grundwasserbewegungen. »Grace hat verloren«, sagte Gordon. »Diese Scheißkerle *haben* verloren!«

Den ersten Teil ihrer Strategiebesprechung verbrachten sie damit, sich gegenseitig zu bestätigen, daß sie den Prozeß tatsächlich fortsetzen mußten. Danach ging Schlichtmann hinüber zu Foley, Hoag & Eliot, um einen Besuch bei Keating vorzuschlagen. Eine halbe Stunde später kehrte er zurück und berichtete, Keating habe es in die Wege geleitet, daß der stellvertretende Vorstandsvorsitzende und Justitiar, ein Mann namens Albert Eustis, am Freitagmorgen zu einer Vergleichsverhandlung nach Boston kommen würde.

Gordon kam der Name Eustis bekannt vor. Bei den Schlußplädoyers hatte er einige Herren in dunklen Anzügen im Zuschauerraum hinter Keatings Anwaltstisch sitzen sehen: der Vorstand von Grace, wie er vermutete. Er war hinübergegangen, um sich vorzustellen und extrem kühl begrüßt worden. Aber Eustis mit seiner Art von fordernder Präsenz, welche die Blicke auf sich zieht, hatte sich von den anderen abgehoben. Er war Mitte Sechzig, immer noch athletisch schlank und hatte volles, silbergraues Haar.

Auch Schlichtmann erinnerte sich, den Mann gesehen zu haben. »War das Eustis?« fragte er. »Dieser wirklich gutaussehende Typ?«

Gordon recherierte in der Datenbank nach weiteren Informationen über Eustis. Er fand einen stichwortartigen Lebenslauf, demzufolge Eustis seit 1961 bei W. R. Grace war und seit 1982 stellvertretender Vorstandsvorsitzender und Justitiar.

Den Rest des Tages arbeiteten Schlichtmann und seine Partner an ihrer Forderung. Nach vielen Diskussionen entschieden sie, daß der Fall 25 Millionen Dollar wert sei, der gleiche Betrag, den sie sich ein Jahr zuvor ausgerechnet hatten, als Nesson noch nicht dabei war. Sie würden die Verhandlungen mit einem höheren Betrag beginnen: ungefähr 35 Millionen. Sie entwarfen ein kompliziertes Angebot – zum Teil eine sofortige Barerstattung, zum Teil jährliche Zahlungen und Raten – von der gleichen Art, wie sie es am Abend vor Prozeßbeginn vorgeschlagen hatten, als sie 175 Millionen forderten und Facher einfach aufgestanden war. Diesmal war Facher nicht dabei, und diesmal erwarteten sie nicht, daß irgend jemand hinausging. »Grace würde nicht solch ein hohes Tier schicken, wenn sie glaubten, sie könnten mit einem billigen Vergleich davonkommen«, sagte Schlichtmann.

Nur Conway blieb pessimistisch. »Du bist einen Tag nach dem Urteil zu Keating hinübergegangen. Ich glaube, sein erster Gedanke war, daß wir ausbluten.«

Schlichtmann schob dieses Argument beiseite. »Wenn sie das denken würden, dann hätten sie ihre Anwälte geschickt, ihre Blutsauger. Aber das tun sie nicht. Man sieht einem Mann in die Augen, und man erkennt etwas darin. Und Keating hat sich nicht die Lippen geleckt.«

Bis zum Abend hingen die Wände im Konferenzraum voller Diagramme, und der Tisch war mit Notizblöcken und Haufen von zerknülltem Papier bedeckt, mit leeren Getränkedosen, Kaffeetassen und angebissenen Sandwiches. Es schien so, als sei für alles eine Lösung gefunden. Sie würden 35 Millionen fordern und 25 Millionen akzeptieren.

Conway stand auf. »Ich will noch ein Diagramm«, erklärte er. »Ich möchte wissen, zu welchem Zeitpunkt wir den Verhandlungstisch verlassen und die Fortsetzung des Verfahrens anstrengen. Ich möchte wissen, was unser absolutes Limit ist.«

Conway sah unordentlicher aus denn je, sein Hemd hing ihm halb aus der Hose, seine Haare standen in alle Richtungen ab. Er glich einem Flüchtling, wie Schlichtmann sich einmal ausgedrückt hatte. Und tatsächlich lief er Gefahr, heimatlos zu werden – die Übereignungsurkunde für sein Haus befand sich noch immer in Onkel Petes Unterlagen.

»Das wollen wir ja gerade nicht, Kevin«, warnte Gordon.

Aber Conway blieb unerbittlich, und Gordon gab nach. »Es hat ja sowieso schon jeder über das Limit nachgedacht«, gestand Gordon ein. »Ich zumindest.«

»Dann laß uns darüber reden«, verlangte Conway grimmig und setzte sich wieder.

Reihum nannte jeder einen Betrag. Kiley fing an: »15 Millionen.« Phillips stimmte dieser Summe zu, Gordon ebenfalls. Dann war Schlichtmann an der Reihe. Er zögerte eine Weile. Schließlich sagte er: »25 Millionen.«

Phillips zuckte zusammen. »25 Millionen! Komm uns nicht mit so 'nem Scheiß. Das ist nicht deine untere Grenze.«

»Das ist kein Scheiß«, erwiderte Schlichtmann ruhig. »Die untere Grenze kann nicht niedriger liegen als der reelle Schätzwert des Falles.«

Schließlich kam Conway dran: »Zehn Millionen.«

Schlichtmann schoß von seinem Stuhl hoch. »Das ist doch verrückt!« rief er und ballte die Hände zu Fäusten. »Das sind doch Panikbeträge! Das ist der springende Punkt! Verdammt, du kriegst die Panik!«

Conway lehnte sich nach vorne, den Kopf geneigt, die Ellbogen auf den Tisch gestützt.

Schlichtmann beugte sich über ihn, sein Gesicht war dunkelrot angelaufen, Speichel tropfte von seinen Lippen. »Du sagst, wir haben den Fall Beatrice Foods versaut, weil wir geldgierig waren! Ich weiß, daß wir Beatrice Foods dann versaut haben, wenn dies der Betrag ist, den wir von Grace kriegen. Das ist doch Irrsinn! Das hieße, zu schnappen, was man halt kriegen kann, und sich davonzumachen!«

Auch Kiley war jetzt aufgesprungen. Er trat an Schlichtmann heran. »Das heißt doch nicht, daß wir wirklich nur soviel kriegen, Jan. Es ist lediglich die Mindestsumme.«

Schlichtmann drehte sich um und ging schwer atmend vom Tisch. Conway hob den Kopf und holte tief Luft. »Ich habe wirklich das Gefühl, daß wir inzwischen ziemlich dünnhäutig geworden sind«, sagte er und seine Stimme zitterte. »Das war ein Fall, den wir nie wollten. Er sah nach Selbstmord aus, aber wir wurden ihn irgendwie nicht los. Ich glaube, diese Jury ein zweites Mal urteilen zu lassen, wäre tollkühn.« Er hielt inne und sagte dann niedergeschlagen: »Ich habe diese Art von Stolz nicht.«

Schlichtmann nickte grimmig. »Dann war es tatsächlich ein Fehler, sich mit Beatrice Foods nicht außergerichtlich zu einigen.«

»Nein, war es nicht«, widersprach Phillips.

»Nein, Jan«, sagte auch Conway. »Bei Beatrice Foods bin ich keine Sekunde lang um meinen Schlaf gebracht worden. Aber die Dinge haben sich verändert. Jetzt versuchen wir nur, am Leben zu bleiben. Zehn Millionen Dollar sind ein Haufen Geld. Mein oberstes Gebot ist, die Firma zusammenzuhalten, das kommt noch vor meiner Familie, weil meine Familie genau davon abhängig ist.«

Sie vermochten sich auf kein Limit zu einigen. Das Thema hatte ihre tiefsten Ängste offenbart, Ängste, mit denen sich auseinanderzusetzen sie nicht in der Lage waren. Sie kamen auf andere Dinge zu sprechen. Gordon hatte für die Verhandlungen am Freitag eine Suite im Hotel Lafayette reserviert. »Sie ist von europäischer Eleganz«, sagte Gordon und zitierte damit eine Broschüre. »Im Speiseraum ein Kronleuchter und Wasserkrüge aus Sterlingsilber. Wir könnten dort einen offenen Buchkredit einrichten. Das wäre ein zusätzlicher Nutzen.«

Die Vergleichsverhandlungen im Lafayette nahmen einen schlechten Anfang. Schlichtmann und Conway, Gordon und Phillips trafen früh ein und warteten auf Eustis und seine Gefolgschaft. Als Eustis schließlich 20 Minuten zu spät aufkreuzte, wirkte er barsch, fast schon feindselig. Er weigerte sich, mit einem lockeren Gespräch oder dem Austausch irgendwelcher Höflichkeiten zu beginnen. Er hörte ungeduldig zu, als Schlichtmann seine Analyse des Geschworenenspruchs und den Standpunkt der verschiedenen Parteien vortrug. »Ich habe nicht viel Zeit«, sagte Eustis und sah auf seine Uhr. »Ich bin jemand, der pragmatisch vorgeht. Ich möchte Ihren Betrag hören.«

Phillips trug die Forderung für den Vergleich vor und begann dabei mit den zweieinhalb Millionen Dollar für die Stiftung eines Lehrstuhls für Umweltmedizin.

Plötzlich veränderte sich Eustis Gehabe. »Das gefällt mir, wirklich«, sagte er. »Wissen Sie, wie wenig auf diesem Gebiet geforscht wird? Ja, so etwas brauchen wir.«

Phillips legte die anderen Punkte der Forderung dar, und Eustis schrieb mit, nickte gelegentlich und stellte einige Fragen zu Steuern und Jahresraten.

»Ihr Vorschlag ist sehr konstruktiv«, sagte er dann. »Die Summen sind zwar hoch, aber irgendwo müssen wir ja anfangen.« Er müsse die Sache mit dem Vorstand von Grace und dessem Vorsitzenden, J. Peter Grace, besprechen, fuhr Eustis fort. Zufälligerweise tage der Vorstand am nächsten Donnerstag. Und dann machte Eustis noch eine Bemerkung, die Schlichtmann überraschte und erfreute. »Die Kosten des laufenden Verfahrens müssen begrenzt werden.« Er blickte zu Keating hinüber. »Das ist Verschwendung und keine Basis, auf der wir gerne verhandeln.«

Schlichtmann sah Keating an und bemerkte, wie dessen Augen sich unmerklich weiteten. Die Bemerkung hatte Keating eindeutig getroffen. Zum ersten und letzten Mal bei dieser Besprechung meldete er sich zu Wort. »Von mir aus können Sie sich darüber Sorgen machen«, sagte er mit einem leisen, mißbilligenden Lachen zu Eustis, »aber lassen Sie uns nicht von Verschwendung sprechen.«

Eustis sagte, er wolle sich alle Möglichkeiten offenhalten. Schlichtmann bot an, am Freitag nach der Vorstandssitzung nach New York zu kommen.

»Prima«, erwiderte Eustis sofort. »Ich glaube nicht, daß ein neutraler Ort vonnöten ist.«

»Es bleibt also dabei?« sagte Schlichtmann. »Am kommenden Freitag um zehn?«

Eustis blieb nicht zum Mittagessen, aber Schlichtmann sah

darin keinen Grund zur Sorge. Auf dem Weg zur Tür blieb Eustis stehen und erzählte Schlichtmann, daß er ein Freund guten Weines sei. Welche Sorte sie denn zum Mittagessen hätten?

Gordon hatte einen exzellenten Chardonnay bestellt. Sie tranken den Wein selber und aßen die Mahlzeit, die sie für Eustis geplant hatten, saßen zusammen am zur Hälfte unbesetzten Tisch. Immer wieder wunderte sich Schlichtmann über die Bemerkung Eustis', welche die Kosten des Verfahrens für Grace betraf. »Warum hat er das gesagt? Habt ihr Keatings Reaktion gesehen?«

Auch Phillips zeigte sich zufrieden. »Ich glaube, er hatte mit 80 oder 90 Millionen Dollar gerechnet. Als er unsere Summe hörte, war alles anders. Er wurde freundlicher.«

Sogar Conway schien erleichtert zu sein. »Es war wie Jekyll und Hyde, als er die Zahlen hörte«, sagte er.

Schlichtmann lehnte sich in seinem Stuhl zurück. Ihn plagte ein ungutes Gefühl, das er nicht abschütteln konnte, obwohl ihm das kurze Treffen keinen Anlaß dazu gegeben hatte. Er kam zu dem Schluß, daß dies lediglich der bittere Nachgeschmack der Niederlage im Fall Beatrice Foods sei. Er bemühte sich, seine Stimmung zu ändern.

»Na«, sagte er und schnippte mit den Fingern, »sieht so aus, als wäre unsere Summe perfekt gewesen. Wir haben richtig gelegen, absolut richtig.«

»Sei nicht so anmaßend«, warnte Phillips.

2

Am Donnerstag, dem 7. August, flogen Schlichtmann und seine Partner zu den Verhandlungen mit Eustis nach New York. Das ungute Gefühl, das Schlichtmann seit dem ersten Gespräch mit Eustis hatte, plagte ihn noch immer, und seine Stimmung war offenbar ansteckend. Nervös und unruhig, wie sie waren, sahen er und Conway und die anderen in allem und jedem ein böses Omen, angefangen bei Schlichtmanns Horoskop im *Boston He-*

rald: »Ob Ihre Probleme nun persönlicher oder beruflicher Natur sind – Sie müssen geradeheraus jedes Angebot ablehnen, das Sie nicht für gerecht und ehrenwert halten.«

Sie machten Scherze darüber, die Sache mit der Limousine jedoch amüsierte sie nicht. Sie hatten sie am Flughafen La Guardia gemietet. Es war ein schrecklich heißer und feuchter Tag wie in den Tropen. Zwei Häuserblocks vom Helmsley Palace entfernt hatten sie eine Panne. Weißer Rauch drang unter der Kühlerhaube hervor. Sie stiegen aus und gingen den restlichen Weg zum Hotel zu Fuß, trugen ihre Koffer in der drückenden Hitze. Ein schlechtes Zeichen, meinte Schlichtmann, und niemand widersprach.

Schlichtmann und Conway teilten sich eine Zweibettsuite im 24. Stock, ausgestattet mit einer Küche, drei Bädern und drei Fernsehapparaten. Von einer breiten Fensterfront aus blickte man auf die Wolkenkratzer der Stadt, den Central Park und den Hudson River in der Ferne. Die Suite kostete 850 Dollar pro Nacht, die Gordon mit einer neuen Kreditkarte bezahlte. Für Conway, der sich genauso mit dem Holiday Inn zufriedengegeben hätte, war dieser Luxus Verschwendung. Aber Conway kannte das seltsame Kalkül bei Verhandlungen. »Mit allem, was man tut, sendet man Signale aus. Kommen wir gesenkten Hauptes nach New York? Mit eingezogenem Schwanz? Das ist für uns, für unsere innere Stärke und für Jan.«

Doch das Helmsley schien nicht viel zu ihrer inneren Stärke beizutragen. Schlichtmann stand an einem der Fenster seiner Suite und blickte auf die zwei Türme der St. Patrick's Cathedral hinunter. »Meine Lebensversicherung«, sagte er unvermittelt, »haben wir die noch?«

»Ja«, antwortete Gordon, aber seine Stimme klang unsicher. »Es gibt nur ein kleines Problem mit den Beiträgen.«

Schlichtmann sah Gordon konsterniert an. »Gordon, wenn du meine Lebensversicherung verfallen läßt, dann sterbe ich mit Sicherheit.«

»Bist du tot mehr wert als lebendig?« fragte Gordon erstaunt.

Phillips saß in düsterem Schweigen abseits von den anderen,

sein Kopf war von einer Wolke Zigarettenrauch umhüllt. »Wenn wir morgen einen schlechten Tag haben, erschießen wir dich, und damit sind wir quitt.« Phillips lachte noch nicht einmal selbst über seinen Witz.

Schlichtmann zog eine Grimasse. »Ihr braucht mich nicht zu erschießen. Das kann ich schon selbst erledigen.«

Am nächsten Morgen um 9.45 Uhr machte sich das Verhandlungsteam – Schlichtmann, Conway, Gordon und Phillips – auf den Weg zum Hauptquartier von Grace und ließ Kiley und Crowley im Hotel zurück. Sie gingen durch die dunkle, kühle Lobby des Helmsley hinaus in den strahlenden sommerlichen Sonnenschein. Sie überquerten die Fifth Avenue, und in diesem Augenblick wurde Schlichtmann klar, daß er die Adresse von Grace gar nicht kannte. Gordon meinte, es sei Ecke Sixth Avenue und 48. Straße, drei Häuserblocks entfernt. Sie gingen zügig los. Ecke 48. Straße spähte Gordon an den Häusern hoch und suchte nach dem Firmenzeichen von Grace. Sie standen verwirrt an der Ecke. Schlichtmann fragte einen Passanten nach dem Weg zu W. R. Grace, aber der zuckte nur hilflos die Schultern. Conway lachte bitter und freudlos. Sie wollten 25 Millionen Dollar von Grace und konnten nicht einmal das Gebäude finden. Was auch immer es mit Omen auf sich hatte – dieses war wirklich ein sehr schlechtes.

Schließlich ging Gordon in die Eingangshalle eines der Bürogebäude und schlug die Adresse im Telefonbuch nach: Ecke 43. Straße und Sixth Avenue, fünf Häuserblocks entfernt. Und sie waren bereits zu spät dran. Wieder auf der Straße, versuchten sie erfolglos ein Taxi anzuhalten. Also machten sie sich zu Fuß auf den Weg. Es war früher Vormittag, aber in ihren dunklen Anzügen und bei der schwülen Backofenhitze begannen sie zu schwitzen. Schweiß rann in kleinen Bächen Schlichtmanns Hals hinunter und näßte seine Hemdbrust. Gordon zog sein Taschentuch heraus und wischte sich über das fleischige Gesicht. »O Gott, ich hasse es zu schwitzen.«

Im Helmsley schritten Kiley und Crowley auf und ab und sahen auf ihre Uhren, verglichen die Zeit miteinander. Im Hintergrund flimmerte ein Fernsehapparat, die gedämpften Geräusche einer Morgenshow nach der anderen waren zu hören.

»Viertel vor eins«, intonierte Kiley. Die Verhandlungspartner waren nun schon fast drei Stunden fort, und Kiley begann sich Hoffnungen zu machen, daß ein Vergleich bevorstand. »Was wirst du mit der ganzen Kohle machen, um sie vor Schlichtmann in Sicherheit zu bringen?« fragte er.

»Wir werden ihm ein Gehalt bezahlen müssen«, erwiderte Crowley. »Es wird sich schon irgendeine Regelung finden.«

In diesem Moment ging die Tür auf und Schlichtmann kam herein. Er blieb mitten im Zimmer stehen, die Hände in die Hüften gestützt, das Jackett geöffnet. Er schaute Kiley und Crowley fest an und sagte mit neutraler, monotoner Stimme, als würde er bloß irgendwelche Tatsachen berichten: »Sie bieten 6,6 Millionen an. Friß, Vogel, oder stirb.«

Gordon trat mit gerötetem Gesicht und wirren Haaren hinter Schlichtmann ins Zimmer. Er setzte sich an den Eßtisch. »Diese Stunden waren mit die deprimierendsten in meinem ganzen Leben«, verkündete er. Er sah zu Kiley auf und lächelte matt. »Das einzig Gute ist, daß du froh sein solltest, daß du nicht dabei warst, Tom. Es gab eine Kanne mit schrecklichem Kaffee, etwas altes Gebäck in Servietten eingewickelt und Pappteller. Sie haben uns noch nicht mal ein Mittagessen angeboten.«

Einige Minuten später kamen Conway und Phillips ins Zimmer. Alle standen irgendwo herum, sahen einander an, außer Gordon, der zusammengesunken am Tisch saß.

»Sie waren sehr feindselig«, erzählte Conway. »Eustis war heute ein anderer Mensch. Er warf uns vor, daß wir uns nicht vor diesem ganzen öffentlichen Rummel um einen Vergleich bemüht haben. ›Hätten Sie damals einem Vergleich zugestimmt, wären Sie heute reiche Leute‹, hat er gesagt. ›Nun können Sie Ihre Unkosten decken und werden berühmt.‹«

»Keating war da«, meldete sich Gordon vom Tisch. »Aber er hat fast keinen Ton gesagt. Es ging alles so schnell in die Hose.

Wir haben getan, was wir konnten, aber es half nichts. Ich glaube nicht, daß wir einen Fehler gemacht haben.«

Schlichtmann legte sein Jackett ab und ging zum Fenster, starrte auf die Stadt hinunter. »Zu dumm, daß sie das Gespräch beendet haben.«

»Nach allen Regeln der Kunst«, sagte Phillips. »Diese Bastarde«, fügte er mit zusammengebissenen Zähnen hinzu.

»Sie sind keine Bastarde«, widersprach Schlichtmann, der noch immer zum Fenster hinaussah. »Es ist die Jury. Aus irgendeinem Grund habe ich sie verloren. Sie sind willens, das System zu stützen.«

Gordon blickte zu Kiley und Crowley hinüber. »Jan war so *verdammt* gut heute. Ich habe ihn nie besser erlebt. Eustis hatte Tränen in den Augen, als Jan ihm davon berichtete, was Patrick Toomey alles durchgemacht hat, bevor er starb. Eustis sagte: ›Das ist ja ganz schrecklich, aber Geld kann den Jungen auch nicht mehr zurückbringen.‹ Dann wandte er sich an Jan und gab ihm einen fast väterlichen Rat: ›Die Sache ist es nicht wert, daß Sie pleite gehen. Sie können mit dem Prozeß fortfahren und riskieren, alles zu verlieren. Oder Sie schnallen jetzt den Gürtel enger und haben dafür weiterhin eine Menge Arbeit.‹ Eustis fügte noch hinzu, 6,6 Millionen Dollar seien viel Geld. ›Damit können Sie sich doch zum Sieger erklären.‹«

Schlichtmann ging zum Tisch hinüber, wo Gordon saß. Er nahm einen Apfel aus dem Obstkorb, eine Aufmerksamkeit des Hotels, und biß hinein. In dem Korb lag auch eine Flasche Wein. Er hob sie hoch und las das Etikett.

Gordon beobachtete ihn. »Es war ein interessanter Fall, eine lehrreiche Erfahrung. Ich fühle mich nicht annähernd so selbstsüchtig wie früher.«

Schlichtmann lachte jäh auf. »Das finde ich auch.«

Aus der anderen Ecke des Zimmers sagte Kiley: »Wir haben ein Problem, Jan. Ich finde, du bist moralisch verpflichtet, die Familien von dem Angebot zu unterrichten. Du hast immerhin einen Bruttobetrag von fast einer Million pro Familie.«

»Wir haben ein Problem«, stimmte Schlichtmann zu. »Am 5.

September wird der Richter einige Familien aus der Akte streichen, und zwar als erstes die Zonas. Dann wird er versuchen, die Kanes und Anne Anderson loszuwerden. Er kann uns vollkommen fertigmachen.«

»Wir müssen schnellstens reagieren«, sagte Kiley. »Seien wir mal realistisch. Können wir zehn Millionen kriegen und einen Schlußstrich ziehen?«

»Die Sache ist gelaufen«, sagte Conway mit Bestimmtheit.

Schlichtmann stand wieder am Fenster und blickte über die Stadt. Er schien die Diskussion hinter sich gelassen zu haben und in Gedanken woanders zu sein.

Kiley sprach zu seinem Rücken. Er erinnerte Schlichtmann daran, daß Donna Robbins vor einer Woche, als sie nach dem Auftritt in *Good Morning America* zusammen von New York nach Hause geflogen waren, in Woburn noch nicht einmal ihr Taxi bezahlen konnte. »Für diese Leute ist das eine Menge Geld. Glaubst du, sie denken, daß du den Fall verloren hättest? Bei einer halben Million Dollar?«

»Es ist hoffnungslos, absolut hoffnungslos«, sagte Conway mit verkniffenem Mund. »Mit dieser Jury können wir es nicht auf einen Geschworenenspruch anlegen. Das weißt du so gut wie ich, Jan. Wir können noch nicht einmal bis zum 5. September abwarten, weil der Richter möglicherweise alles zunichte macht. Die Sache ist gelaufen, Jan.«

Schlichtmann, der noch immer am Fenster stand, reagierte nicht.

Gordon sah zu Phillips hinüber. »Ist die Sache gelaufen, Mark?«

»Hm«, machte Phillips leise. »Jan, der Richter hat dir den Saft abgedreht. Dagegen kannst du nichts unternehmen. Wir sind umzingelt wie bei der Schlacht von Pork Chop Hill.«

»Was ist bei der Schlacht von Pork Chop Hill passiert?« fragte Gordon.

»Sie sind ausradiert worden.«

»Ja«, sagte Schlichtmann und wandte sich den anderen wieder zu. »Aber sie haben ihre Stellung gehalten.«

Gordon seufzte. »Was, zum Teufel, wollen wir tun? Haben wir hier einen Fall mit medizinischer Ursächlichkeit oder nicht?«

Schweigen legte sich über die Männer. Sie saßen da oder gingen in der protzigen Hotelsuite mit den seidigen roséfarbenen Tapeten und den imitierten Rokokostühlen auf und ab. Die Stadt draußen war in goldenes Sonnenlicht getaucht.

»Diese Bastarde«, murmelte Phillips wieder.

Schlichtmann seufzte tief. »Ich nehme an, ich habe die Wahl. Wenn ich all meine Intelligenz ins Spiel bringe, sehe ich diesen Fall dann als hoffnungslos an? Wenn ja, dann muß ich soviel Geld für die Familien herausschlagen, wie ich nur kriegen kann. Und meinen Hurenlohn als Anwalt. Aber ich werde es nicht zulassen, daß mir meine eigene finanzielle Notlage vorschreibt, was aus einem Fall wird.«

»Gibt es eine Verpflichtung, daß du für diesen Fall dein Haus verlieren, deine Gesundheit, deine Karriere, deine ganze Lebenseinstellung ruinieren mußt?« spottete Kiley. »Letzten Endes läuft es auf Dollar und Cent hinaus. Mehr nicht. Du kannst für jede Familie eine halbe Million herausholen, und sie können ihre Kinder aufs College schicken. Dafür brauchst du dich nicht zu schämen. Diesen Leuten eine halbe Million Dollar in die Hand drücken zu können, das ist es, was zählt.«

Schlichtmann öffnete die Weinflasche aus dem Obstkorb und nahm einen Schluck. Mit der Zunge fuhr er sich über die Lippen und trank dann noch einen Schluck. »Ein guter Wein«, sagte er.

»Jan, ob wir nun gewinnen oder verlieren – wir müssen diesen Fall hinter uns bringen«, wandte Conway ein. »Wir sind so weit gegangen, wie es uns möglich war. Jetzt ist die Sache gelaufen. Es ist alles vorbei.«

»Im Fall Velisicol haben sie die medizinische Ursächlichkeit bewiesen«, sagte Schlichtmann und bezog sich damit auf das kurz zuvor gefällte Urteil nach einem Rechtsstreit in Tennessee, bei dem es um einige Bürger gegangen war, die in der Nähe einer Giftmülldeponie lebten und eine Vielzahl gesundheitlicher Probleme geltend gemacht hatten.

Kiley lachte rauh. »Dort hatten sie 300 000 Fässer mit diesem

Scheiß. In Velisicol ist ihnen das Zeug nur so aus den Poren geströmt.«

»Im Fall Grace haben wir sechs Fässer, und zwei davon waren leer«, sagte Gordon niedergeschlagen.

Schlichtmann lachte so heftig, daß ihm der Wein, den er gerade getrunken hatte, aus dem Mund spritzte. Conway sah ihn irritiert an, und dann lachte auch er. Im nächsten Augenblick fiel Phillips ebenfalls ein, und schließlich Kiley. Alle lachten. Es war ein krampfartiges, lautes, gleichzeitig Spannung entladendes Gelächter, das eine Minute oder länger anhielt.

»Wir sind also«, sagte Schlichtmann schließlich und wischte sich Tränen aus den Augen, »von Geldgier geblendet gewesen. Daran gibt es nichts zu deuteln. Das war unsere Motivation. Das und der historische Aspekt. Es war ein politischer Fall. Wäre es lediglich um einen Rechtsstreit wegen Körperverletzung gegangen, so hätten wir längst einen Vergleich erzielt.«

»Weißt du, was du jetzt tun willst?« fragte Conway in der Hoffnung, Schlichtmann werde zustimmen, daß alles gelaufen sei, in der Hoffnung, er werde einen Vergleich schließen und ihnen den Fall damit vom Hals schaffen.

Schlichtmann dachte einen Augenblick lang darüber nach. »Niemand leidet größere Qualen als ich«, sagte er schließlich. »Niemand möchte das Ende mehr als ich. Aber ich werde die Sache nicht einfach so beenden, nur weil ich darunter leide.«

»Würdest du dich jetzt mit 15 Millionen zufriedengeben?« fragte Phillips.

»Klar«, antwortete Schlichtmann.

»Was redest du bloß für einen Scheiß!« rief Kiley. »Wegen dieser Summe hätten wir uns fast geprügelt. Bei 15 Millionen handelt es sich um einen politischen Fall, bei acht Millionen lediglich um Körperverletzung?«

»Was machen wir also zwischen jetzt und dem 5. September?« fragte Conway. »Ich meine nicht die Bezahlung von Rechnungen. Ich denke vielmehr an die Arbeit mit den Experten. Machen wir weiter?«

»Da gibt es einige Probleme«, warf Gordon ein. »Da ist zum

einen die Belegschaft der Kanzlei. Es stehen Existenzen auf dem Spiel. Wir müssen uns auf die zweite Phase vorbereiten. Wir können nicht verhandeln, ohne vorbereitet zu sein. Es gibt nicht nur Schwarz und Weiß.«

Phillips schnitt ihm eine Grimasse. »Komm mir jetzt nicht auf die philosophische Tour. Das paßt nicht zu dir.«

Aber Gordon war mit seiner Litanei noch nicht zu Ende. »Am Montag werden die verdammten Computer gepfändet.«

Schlichtmann sah Gordon aufrichtig überrascht an. »Wirklich?«

Gordon nickte. »Kommt die Arbeitslosenversicherung für Leute auf, die entlassen worden sind?«

»Haben wir überhaupt Beiträge bezahlt?« fragte Conway.

Gordon schüttelte den Kopf. »Ich glaube, nicht.«

»Aber selbst die Entlassung unserer Belegschaft löst unsere Probleme nicht«, meinte Conway. »Wir müssen immer noch für die Transkripte bezahlen.«

Schlichtmann murmelte: »Es wäre besser gewesen, wenn sie uns gar kein Angebot gemacht hätten.«

Conway ging ins Schlafzimmer, um zu packen. Nach einigen Augenblicken folgte ihm Schlichtmann, der immer noch sein Weinglas in der Hand hatte. Conway hob seinen Koffer auf das Bett, zog sein Jackett aus und legte es zusammen. Schlichtmann lehnte mit verschränkten Armen an der Tür und sah ihm schweigend zu.

»Es ist vorbei, Jan«, sagte Conway, während er packte. »Wenn wir noch weitermachen, wird dieser Fall uns alle vernichten. Wir müssen jetzt Schluß machen.«

Schlichtmann antwortete nicht. Er zuckte die Schultern, drehte sich dann um und ging hinaus.

Conway sah ihm nach. Er wußte, daß der Fall solange nicht abgeschlossen war, wie Schlichtmann dies nicht verkündete. »Er ist willens, einen Schritt weiter zu gehen als alle anderen. Weiß Gott, er liebt den Abgrund. Wenn er sich entschließt, den Prozeß fortzusetzen, werde ich ihn begleiten. Aber ich hoffe, er tut es nicht. O Gott, ich hoffe, er tut es nicht.«

Die tropische Hitze an diesem Tag entlud sich in einem Platzregen. Die Maschine nach Boston am Abend verspätete sich, weil es am Flughafen La Guardia Tornadowarnungen gegeben hatte. Michael Keating wartete zusammen mit Hunderten von anderen gestrandeten Reisenden. Dann sah er am anderen Ende der Wartehalle die große, schlaksige Gestalt von Schlichtmann. Keating verspürte kein Bedürfnis, mit ihm zu sprechen. Er griff nach seiner Tasche und öffnete eine schmale Tür hinten im Terminal. Er dachte, er könne unbemerkt davonkommen, aber dann hörte er Schlichtmanns Stimme, die hinter ihm herrief: »Mike! Mike!« Keating blieb stehen und drehte sich zu Schlichtmann um. Sie standen neben einem Abfalleimer, aus dem es faulig stank und tropfte.

Schlichtmann drückte sein Bedauern darüber aus, daß die Verhandlungen auf diese Weise geendet hatten.

»Ich fand, sie endeten genauso, wie sie enden sollten«, erwiderte Keating.

»Wir müssen im Gespräch bleiben«, sagte Schlichtmann. »Man kann nicht einfach nur Ultimaten stellen. Man muß in Bewegung bleiben.«

Keating hörte zu, sagte aber kaum etwas, während Schlichtmann fortfuhr zu erläutern, wie wichtig diese »Bewegung« sei und wie sie eine Möglichkeit finden könnten, diesen Fall in ihrem gegenseitigen Interesse zu lösen. »Treffen wir uns doch am Montagmorgen zu einer offenen Aussprache in Boston«, schlug Schlichtmann vor.

Keating konnte nicht einwilligen, ohne sich zuvor mit Eustis abzusprechen. Er sagte Schlichtmann, er werde ihn am Montag anrufen. Sie trennten sich, ohne einander die Hände zu reichen.

Keating ging über den Parkplatz zu einem anderen Terminal. Er war verwirrt. Nur wenige Stunden zuvor war er sich sicher gewesen, daß der Fall nicht mit einem Vergleich enden und Schlichtmann mit der zweiten Prozeßphase fortfahren würde. Er hatte sich aufmerksam Notizen gemacht, als Schlichtmann beschrieb, was mit Patrick Toomey geschehen war, war sich sicher gewesen, daß er damit eine Vorabausgabe von Schlichtmanns Eingangsplädoyer bekam. Und Keating konnte sich des Gefühls nicht erwehren, es würde ein sehr wirkungsvolles Plädoyer werden.

Er entdeckte eine Telefonzelle und suchte Eustis' Telefonnummer in Scarsdale heraus. Einen Augenblick später hatte er Eustis am Apparat. Keating entschuldigte sich, daß er ihn zu Hause störe. »Am Flughafen bin ich gerade Schlichtmann über den Weg gelaufen, und ich dachte, Sie sollten davon wissen.«

»Kein Problem«, sagte Eustis.

Keating berichtete das Wesentliche aus seinem Gespräch mit Schlichtmann und sagte dann: »Ich habe noch nie jemanden erlebt, der so verzweifelt auf einen Vergleich aus ist. Ich weiß nicht, was ihn dazu veranlaßt – ob ihnen das Geld ausgeht oder was.«

Eustis dankte Keating für seinen Anruf. »Warten wir ab, was als nächstes geschieht.«

3

Zurück in Boston klaffte die Leere des Wochenendes vor Schlichtmann. Am Samstag abend, als die Sonne über dem Charles River und den kleinen Segelbooten in der Back Bay unterging, lag er auf dem Bett in Teresas Wohnung. Sein Kopf schwirrte. Er wußte, daß er damit beginnen mußte, sich auf die zweite Phase des Prozesses vorzubereiten. Einzelheiten bewegten sich in unablässiger Folge durch seinen Kopf, während er Möglichkeiten und Fallgruben prüfte, ein Schachspiel von enormer Komplexität. 20 000 Seiten Befragungsprotokolle, die er zu bedenken hatte, Zehntausende Seiten mit Krankenberichten und Untersuchungsergebnissen. Habe ich mir Colvins zweite Vernehmung angesehen? dachte er. Hat Lappe mit Conibear gesprochen? Mit Paigen? Die T-Zellen-Analyse, die Harvard-Gesundheitsstudie, die EKGs von Cohen, Feldmans Blinzelreflexstudie. Ein endloser, tückischer Sumpf aus Kleinigkeiten und beweiserheblichen Problemen. Wie viele Experten gab es? 20, vielleicht mehr. Dagegen wirkten die ersten fünf Monate des Verfahrens wie ein bloßer Übungsfall an der Universität.

Teresa kam herein und fragte, ob er zu Abend essen wolle. Er sagte, er habe keinen Hunger. Sie kochte trotzdem eine leichte Mahlzeit mit Omeletts. Er aß wie ein Mann, der völlig ausgehungert war, und erkundigte sich, was sie noch habe. Im Gefrierfach fand sie eine Pizza. »Bloß nicht. Das ist Gift«, sagte er. Sie buk die Pizza trotzdem, und er aß sie ganz auf und trank dazu eine halbe Flasche Bier. Dann legte er sich aufs Bett, hielt die Fernbedienung für den Fernseher in der Hand, zappte von einem Sender zum nächsten, blieb nirgendwo länger als ein paar Sekunden.

Teresa war in der Küche, als sie ihn mit drängender Stimme rufen hörte, er klang angsterfüllt. Sie rannte ins Schlafzimmer. Er lag mit gespreizten Beinen auf dem Bett, seine Füße ragten über die Bettkante hinaus, eine Hand hatte er auf die Brust gelegt. »Ich glaube, ich kriege einen Herzinfarkt. Ich habe diesen schrecklichen Druck auf der Brust und kann kaum atmen.«

Sie fühlte seinen Puls, der schnell, aber nicht schwach war. »Du hast eine Panikattacke«, meinte sie. In ihrem Arzneischränkchen hatte sie eine Packung Valium. Sie brach eine Tablette in zwei Hälften und brachte sie ihm. »Nimm das«, forderte sie ihn auf. »Dann wirst du dich besser fühlen.«

»Was ist das?« erkundigte er sich. Sie klärte ihn auf, und er weigerte sich, die Tablette zu schlucken. »Ich habe Alkohol getrunken. Ich werde Halluzinationen kriegen.«

»Jan, das ist Unsinn. Du hast ein halbes Bier getrunken.« Sie dachte, wenn er die Tablette nicht freiwillig nehmen wollte, würde sie ihn überlisten. In der Küche goß sie das restliche Bier in ein Glas und gab die Tablette dazu, die sie mit einem Löffel zerdrückte. Er trank das Bier ohne Argwohn. Nach einer halben Stunde wurde sein Tempo auf der Fernbedienung allmählich langsamer, und bald fiel er in einen tiefen Schlaf.

Am Montag, dem 11. August, ging Schlichtmann in das Café des Hotels Meridien gegenüber vom Gericht, um sich mit Keating zu treffen. Schlichtmann erklärte Keating, daß er aus dem Vergleich ein »positives« Ereignis für W. R. Grace machen wolle. Als Keating sich nach dem Grund erkundigte, antwortete Schlichtmann:

»Weil ich erfolgreicher bin, wenn man mich für jemanden hält, der aus dem schlimmsten Alptraum einer Firma ein positives Ereignis machen kann, und nicht für jemanden, der Krieg führt.« Keating erwiderte, daß Eustis jede Art von Vergleich – ganz besonders einen lukrativen – als gleichbedeutend mit einem Schuldeingeständnis betrachte. Die Jury habe ihr Urteil gegen Grace gefällt, und würde man jetzt Geld bezahlen, dann sähe es so aus, als akzeptiere man den Spruch der Geschworenen. Darüber hinaus machte sich Eustis Sorgen wegen des »Haieffekts«. Ein lukrativer Vergleich würde andere Anwälte, die sich mit Fällen von Körperverletzung beschäftigten, veranlassen, sich Klienten in Woburn zu suchen und in der Hoffnung, hohe Vergleiche schließen zu können, Dutzende von Klagen einzureichen.

Diese Argumente leuchteten Schlichtmann vollkommen ein, doch sah er darin Möglichkeiten, keine Hindernisse. Geld, so schloß er, war nicht Eustis' vordringliche Sorge. Wichtiger als Geld war für ihn, wie ein Vergleich von der Öffentlichkeit aufgenommen wurde, wie die Presse darüber schrieb und wie zukünftige Klagen in Woburn vermieden werden könnten.

Was, schlug Schlichtmann vor, wenn er ein Arrangement fände, das Frieden in Woburn garantierte?

Frieden in Woburn? Ja, meinte Keating, das könne Eustis interessieren.

»Ist es vorstellbar«, fuhr Schlichtmann fort, »daß es einen Betrag zwischen dem Ihren und unserem gibt, der meinen Bedarf deckt?«

»Das ist vorstellbar«, erwiderte Keating. Aber Eustis sei im Urlaub, beim Segeln in der Bucht von Long Island. Er sei nicht zu erreichen und erst in der nächsten Woche zurück.

Die ganze Woche über konferierte Schlichtmann mit seinen Partnern. Eine neue Strategie für einen Vergleich begann Formen anzunehmen. Am 5. September, wenn sie vor den Richter traten, würde Keating einen neuen Prozeß beantragen. Dann würde Keating den Richter bitten, den Geschworenenspruch aufzuheben, weil er der Beweislage widersprach. Schlichtmann würde dem

Antrag zustimmen. Er würde den Richter davon in Kenntnis setzen, daß diese Zustimmung Teil einer Vergleichsvereinbarung war. Ein neuer Prozeß würde den Eindruck erwecken, daß Grace nicht wirklich schuldig sei. Man könnte sogar die Familien vor der Presse sagen lassen, daß Beatrice Foods und die Chemiewerke im Norden von Woburn für die Verseuchung der Brunnen verantwortlich seien.

Kiley gefiel der Vorschlag. »Ich glaube, das ist eine gute Strategie. Wir geben ihnen alles, was sie wollen, solange sie uns bloß zwölf Millionen Dollar geben.«

Aber Conway teilte diesen Optimismus keineswegs. Er war der Auffassung, daß es Eustis um nichts anderes als Geld ging. »Das ist ganz offensichtlich. Eustis fürchtet, daß es den Haieffekt gibt, sobald die Summe zu hoch wird. All diese anderen Punkte sind lediglich Ablenkungsmanöver. Ich glaube nicht, daß sie daran wirklich interessiert sind.«

»Doch, ich schon«, beharrte Schlichtmann.

Conway war wenig überzeugt. »Was, wenn alles Märchen sind und sie keinen Schritt weitergehen als 6,6 Millionen?«

»Dann wird es keinen Vergleich geben«, sagte Schlichtmann. »Dann steuern wir auf den Prozeß zu.«

Auf diese Äußerung folgte ein Augenblick des Schweigens, bis Gordon sagte: »Wir sitzen ein bißchen in der Patsche.«

»Ich glaube, wir sind in echten Schwierigkeiten«, ergänzte Conway langsam.

Schlichtmann sah seine Partner an. »Mit dieser Summe können wir uns nicht zufriedengeben, nicht mit 6,6 Millionen«, sagte er ganz ruhig. »Ich kann nicht Rechnungen und Ausgaben davon bezahlen, die Familien leer ausgehen lassen und mich dann noch bei ihnen für das Privileg bedanken, sie vertreten haben zu dürfen.«

Sie diskutierten die ganze Woche über, stellten neue Pläne auf und verwarfen sie wieder. Das Muster war bekannt, es war ein Muster der Verzweiflung, die von Hoffnung und Erneuerung abgelöst wurde, und dann wieder von Verzweiflung. Schlichtmann rief Keating an und wartete einige Tage darauf, daß dieser zurückrief. Als sich Keating schließlich am Freitagmorgen meldete, hinterließ er die Mitteilung, daß er nicht befugt sei, in weitere Verhandlungen einzusteigen, bevor Eustis nicht vom Segeln zurück sei.

Am Nachmittag war Conway in seinem eigenen Büro und sprach mit einem der Mitarbeiter. Die Sekretärinnen hatten sich zur Kaffeepause in der Küche versammelt, als laute Schläge und die Aufprallgeräusche schwerer Gegenstände, die auf den Boden geworfen wurden, aus Schlichtmanns Büro zu vernehmen waren.

Gellende Schreie folgten auf diese Geräusche. »Hilf mir! Hilf mir! Ich zerstöre mich selbst! Ich habe es immer gewußt!«

Conway und die Sekretärinnen stürzten aus allen Ecken der Kanzlei herbei. Vorsichtig öffnete Conway die Tür zu Schlichtmanns Büro. Alle standen in der Tür, einer schaute dem anderen über die Schulter. Schlichtmann kniete hinter seinem Schreibtisch. Er hielt seinen Kopf in den Händen und glitt vollends zu Boden. »O Gott, hilf mir!« schrie er.

Mit großen Augen starrten die Mitarbeiter ihn an. Einen Augenblick lang rührte sich niemand von der Stelle. Dann spähte Schlichtmann, auf dem Rücken unter seinem Schreibtisch liegend, zu ihnen hoch. Langsam kam er auf die Knie und legte seinen Kopf auf den Tisch. »Bin ich ganz unten?« fragte er Conway.

Conway nickte ernst.

»Welchen Tag haben wir heute?«

»Den 15. August«, antwortete Kathy Boyer.

»Dann bleiben uns immer noch 15 Tage im August?« fragte Schlichtmann. »Gut! Das ist ja ein halbes Leben.« Er schaute auf seine Mitarbeiter.

»Wie geht es euch?«

»Blendend«, sagte einer von ihnen ohne Überzeugung.

»Braucht ihr irgendwelche Anweisungen?« erkundigte sich Schlichtmann. Dann lachte er matt.

Auch Conway lachte bei dem Gedanken, daß Schlichtmann in diesem Zustand irgend jemandem Anweisungen geben könnte.

Schlichtmann erhob sich von den Knien und ging ein wenig

schwankend aus seinem Büro hinaus. »Okay, jetzt geht's mir besser«, verkündete er. »Ich fühle mich viel besser.«

Peggy Vecchione warf einen Blick in Schlichtmanns Büro. Notizblocks und Akten, Vernehmungen und Prozeßprotokolle, Briefe, Aktenvermerke, Rechnungen, Stifte, Kugelschreiber und Adreßkarteikarten bedeckten den Boden. Bis auf seinen Computer, den man festgeschraubt hatte, war der Schreibtisch des Starprozeßanwalts vollständig leer.

»Zumindest ist dein Schreibtisch frei, Jan«, sagte Peggy zu Schlichtmann, als er an ihr vorbeiging.

4

Schlichtmann stand einen Augenblick lang in der grellen Morgensonne. Er blickte am Gebäude von Grace empor, den geschwungenen, mit Marmor verkleideten Säulen, die an der Ecke Sixth Avenue und 43. Straße einen kleinen Platz formten. Die Architektur schien darauf angelegt, eindrucksvolle, unerbittliche Macht zu demonstrieren. Schlichtmann fühlte sich wie ein Zwerg.

Tags zuvor am Telefon hatte Eustis gesagt: »Sie können jederzeit hierherkommen.« Schlichtmann hatte Gordon mitgenommen. Sie waren vom Hotel aus zu Fuß zur Grace-Zentrale gegangen. An der Tür wünschte Gordon Schlichtmann viel Glück und schüttelte ihm die Hand. Er bemerkte, daß Schlichtmanns Hand schweißnaß war. Gordon wandte sich um und ging über den Platz davon, vorne an der Sixth Avenue, dann blieb er stehen und sah zurück. Schlichtmann stand noch immer vor der Tür und blickte nach oben. Gordon wartete, bis er sah, daß Schlichtmann hineinging, dann trottete er zum Helmsley zurück.

Schlichtmann betrat einen Aufzug, der mit dunklem Holz ausgekleidet war. Dieser beförderte ihn schnell hinauf in die 50. Etage, zu den Räumen des Vorstands. Ein Sicherheitsbediensteter öffnete ihm per Summer einige dicke Glastüren, bat ihn höflich, ein Formular auszufüllen und gab ihm eine Sicherheitsplakette.

Schlichtmann nahm auf einer Couch in einem sanft beleuchteten Raum Platz. Er musterte die Kunstobjekte an den Wänden, die unter den Scheinwerfern wie Schätze leuchteten. Er konnte keinerlei Bürogeräusche hören, keine plaudernden Sekretärinnen, keine surrenden Telefone – nichts außer dem leisen Brummen der Klimaanlage. Er fühlte sich hyperwachsam. Alles in diesem Gebäude schien mit drohender Gefahr befrachtet zu sein.

Am Nachmittag zuvor, bevor er nach New York aufgebrochen war, hatte er Anne Anderson besucht. Er saß mit ihr in der kleinen, dunklen Küche ihres Hauses in der Orange Street, zwei der vielen Katzen strichen um seine Beine. Am Küchentisch sprach er mit ihr darüber, die nächste Prozeßphase einzuleiten. Ein Vergleich mit Grace, sagte er, sei unwahrscheinlich. Möglicherweise könnten sie im Prozeß etwas gewinnen, meinte er, aber genausogut könnten sie auch eine Niederlage erleben. Die lange Reise sei noch nicht vorbei, aber das Ende rücke näher. Anne begann leise zu weinen, Tränen liefen über ihre Wangen. Sie wischte sie mit einem Taschentuch weg. Die Aussicht, im Zeugenstand aussagen zu müssen, ängstigte sie. Sie fürchtete, daß sie die Kontrolle verlieren, zusammenbrechen und unbeherrscht zu schluchzen beginnen würde. Schlichtmann versuchte sie zu beruhigen, stellte aber zu seiner Überraschung fest, daß ihm selbst Tränen in die Augen stiegen. Eine Zeitlang saßen sie zusammen in der dunklen Küche an dem zerkratzten Tisch und weinten.

Als Schlichtmann nun auf Eustis wartete, kam es ihm plötzlich bizarr, fast traumartig vor, wie er sich zwischen zwei Extremen der amerikanischen Gesellschaft bewegte: aus der Küche eines baufälligen Holzhauses im Osten von Woburn hinein in dieses ruhige, gedämpfte Foyer eines der größten und mächtigsten Konzerne des Landes.

Einen Augenblick später erschien eine Frau, die ihn durch die mit Teppichen ausgelegten Gänge zu Eustis' Büro geleitete. Eustis, in Hemdsärmeln, erhob sich von seinem Schreibtisch und kam lächelnd auf Schlichtmann zu, um ihn zu begrüßen. Er sah sehr gut aus, markant und vital, ein wenig sonnenverbrannt von seinem einwöchigen Segelurlaub. Er wirkte viel jünger, als er war, so als sei er in den besten Jahren und nicht kurz vor dem Ruhestand. Er saß in einem großen Eckbüro, dessen Fenster von der Decke bis zum Boden reichten und einen Blick auf die Wolkenkratzer des südlichen Manhatten und den Hudson River boten. Aufgrund seiner Größe wirkte das Büro auf Schlichtmann nur spärlich möbliert, fast leer. An einer Wand, weit entfernt, als würde er, so dachte er, durch das falsche Ende eines Fernrohrs schauen, standen eine Couch und zwei Ohrensessel zu beiden Seiten eines Couchtisches. Eustis' Schreibtisch, eine zierliche Antiquität aus dem 18. Jahrhundert, die Schlichtmann für französisch hielt und die wahrscheinlich ein Vermögen gekostet hatte, war bis auf ein Telefon und ein einziges Blatt Papier leer. Mit einer Geste bat Eustis Schlichtmann, auf einem Stuhl vor seinem Schreibtisch Platz zu nehmen. Schlichtmann saß da, die Hände auf den Knien, und fühlte sich unbehaglich.

Eustis plauderte, stellte einige höfliche Fragen dazu, wie es Schlichtmann gehe, nannte ihn beim Vornamen. Eustis erzählte, daß er die vergangene Woche allein auf seinem Segelboot verbracht habe, in der Bucht von Long Island gesegelt sei. Die Einsamkeit, meinte er, sei wundervoll gewesen.

Schlichtmann stellte sich vor, wie Keating Eustis per Funk auf seinem Boot angerufen und ständig »Jawohl, Mr. Eustis, jawohl, Mr. Eustis« gesagt hatte. Schlichtmann erinnerte sich, daß Keating Eustis sehr förmlich angesprochen hatte. Schlichtmann beschloß, daß er sich anders verhalten würde.

»Nun«, sagte Eustis nach einer Weile, »lassen Sie uns zur Sache kommen.«

Schlichtmann begann über einen Vergleich zu sprechen, der für Grace »Frieden in Woburn« sicherte. Eustis hörte zu, nickte gelegentlich. Dann fragte er Schlichtmann nach dem Betrag. Schlichtmann sagte: »Wir können diesen Vergleich – wenn wir unsere und Ihre Bedürfnisse berücksichtigen – mit einer Summe von unter 20 Millionen Dollar schließen.«

Eustis preßte die Lippen zusammen, schloß die Augen und schüttelte in einer emphatischen Geste einmal den Kopf. »Ich brauche eine konkrete Zahl«, sagte er.

»Al«, erwiderte Schlichtmann, »so wird die Verhandlung nicht funktionieren.«

»Sie zieren sich.« Eustis lächelte.

»Nein, keineswegs. Sie sagten, Sie wollten eine ungefähre Zahl hören. Ich werde Ihnen nicht einen Betrag nach dem anderen nennen, nur damit Sie unentwegt nein sagen können.«

Eine Sekretärin klopfte an die Tür, trat ein und reichte Eustis eine Nachricht. Schlichtmann konnte erkennen, daß sie von Hand geschrieben war. Eustis warf einen raschen Blick auf die Notiz und zerknüllte sie dann. Er sah auf die Uhr. »Warum kommen Sie nicht mit mir zum Mittagessen? Wir gehen in den Harvard Club.«

Schlichtmann hatte das sichere Gefühl, daß irgend jemand, vielleicht J. Peter Grace persönlich, ihr Gespräch mithörte und Eustis Anweisungen gab. Und nun war Eustis angewiesen worden, ihn zum Mittagessen mitzunehmen. Schlichtmann dachte: O mein Gott, ich will nicht mit diesem Mann zu Mittag essen. Er fühlte sich unbehaglich und unsicher und hatte überhaupt keinen Hunger. Aber er mußte das Gespräch fortführen. Eustis stand auf und zog sich sein Jackett an, und auch Schlichtmann erhob sich.

Auf dem Weg zum Harvard Club zwei Häuserblocks entfernt schien Eustis gut gelaunt zu sein. Er lachte viel und erzählte munter vom Segeln. Schlichtmann versuchte zuzuhören und zu reagieren, aber er fand es sehr anstrengend. Sie betraten den Harvard Club, kühl und dunkel, in dem Männer in großen Ledersesseln saßen und das *Wall Street Journal* lasen, andere in Gruppen zusammenstanden – ein ruhiger Zufluchtsort, abseits der Straßen der Stadt. Eustis zeigte Schlichtmann ein Porträt von Teddy Roosevelt und den ausgestopften Kopf eines Elefanten, den der Präsident geschossen hatte.

Schlichtmann, der zunächst keine Worte fand, sagte schließlich: »Oh, Mann, hier werden bestimmt jede Menge Geschäfte besiegelt.«

Eustis lächelte und schüttelte den Kopf. »Nein, es ist ein ungeschriebenes Gesetz, daß hier niemals Geschäfte gemacht werden.«

Schlichtmann wurde von lähmender Angst ergriffen. Er und Eustis hatten nichts gemein, weder in der Vergangenheit noch in der Zukunft. Er fragte sich, wie er das Mittagessen durchstehen sollte, ohne über den Fall zu sprechen.

Der Oberkellner geleitete sie zu einem Tisch. Ein Ober kam mit der Karte und stellte einen Korb mit Brötchen auf den Tisch. Schlichtmann starrte auf die Brötchen. Er wollte eines anbrechen, aus dem einfachen Grund, seine Hände zu beschäftigen, seine Nervosität zu mildern, aber dann dachte er an die Brotkrumen auf der sauberen weißen Leinentischdecke und entschied sich dagegen.

Schweigend lasen sie die Speisekarte. Schlichtmann bestellte Flunder und ein Glas Weißwein. Eustis begann kenntnisreich von Weinen und Jahrgängen zu sprechen. Er und seine Frau, sagte er, liebten eine gute Flasche Wein zum Essen. Schlichtmann, der sich mit Weinen kaum auskannte, mühte sich, etwas dazu beizutragen. Er erzählte Eustis von einem Besuch in irgendeinem Weingut im Napa Valley bei einer Reise vor vielen Jahren. Das Thema strengte ihn an, und das Gespräch geriet zusehends ins Stocken. Eustis wechselte das Thema, erzählte von seinen Kindern, erkundigte sich, wie Schlichtmann Anwalt geworden sei, doch früher oder später endete die Konversation noch jedesmal in peinlichem Schweigen, obwohl sich Eustis vollkommen wohl zu fühlen schien. Das einzige Thema, das Schlichtmanns Gedanken erfüllte und über das er endlos hätte sprechen können, war Woburn, aber davon durfte er nicht anfangen.

Schließlich brachte der Kellner auf einem Silbertablett die Rechnung und stellte sie zwischen die beiden Männer. Eustis ignorierte sie. Er fragte Schlichtmann noch einmal, ob er auch wirklich keinen Kaffee wolle, und Schlichtmann lehnte erneut ab.

Die Rechnung begann Schlichtmann Sorgen zu bereiten. Kein Zweifel, daß Eustis bezahlen würde. Immerhin hatte Eustis ihn zum Mittagessen eingeladen. Die Rechnung lag mitten auf dem Tisch, genau zwischen ihnen. Eustis nippte an seinem Kaffee. Schlichtmann dachte: Vielleicht erwartet er, daß ich bezahle. Ich bin derjenige, der Millionen Dollar verlangt. Aber Schlichtmann hatte nur eine einzige Kreditkarte, die ihm von Gordon am Morgen zugesteckt worden war, und diese Karte lief auf Gordons Namen. Was, wenn Eustis bemerkte, daß er mit dem Namen eines anderen unterschrieb? Was, wenn Eustis herausfand, daß er so abgebrannt war wie ein Obdachloser im Central Park?

Natürlich bezahlte Eustis, unterschrieb flüchtig und schaute dabei kaum auf die Rechnung.

In dem Moment, als sie aus dem Harvard Club auf die Straße traten, nahm Schlichtmann das Gespräch an der Stelle auf, wo er unterbrochen worden war. »Al, ich werde Ihnen nicht einen Betrag nach dem anderen nennen, damit Sie wieder nein sagen können. Ich werde nicht gegen mich selbst bieten.«

»Ich brauche eine eindeutige Summe«, wiederholte Eustis. »Wir kommen nicht weiter, wenn Sie mir keine konkrete Summe nennen.«

Sie gingen zum Grace-Gebäude zurück. Schlichtmann wurde klar, daß er keine Ahnung hatte, wie er weitermachen sollte. Eustis hatte sich einfach geweigert, in die Art von Verhandlungen einzusteigen, wie er sie gewohnt war: in einen Prozeß von Geben und Nehmen, den er mit Dutzenden von Versicherungsagenten praktiziert hatte. Conway hatte recht gehabt. Das ganze Gerede vom »Frieden in Woburn« bedeutete nichts. Für Eustis zählte nur, was unterm Strich herauskam.

Schlichtmann sah auf den Boden. »Okay«, sagte er schließlich. »Was, wenn ich heute nachmittag mit unserer Mindestforderung zu Ihnen zurückkomme?«

Sie standen vor dem Grace-Gebäude. »Brauchen Sie ein Büro und ein Telefon?« fragte Eustis. »Ich kann Ihnen einen Raum zur Verfügung stellen.«

Das Hauptquartier von Grace war so ziemlich der letzte Ort, an dem Schlichtmann arbeiten wollte. »Nein«, erwiderte er, »ich habe ein Zimmer im Helmsley.«

Eustis zuckte die Schultern.

Zurück im Hotel rief Schlichtmann die Kanzlei in Boston an. Conway nahm das Gespräch im Konferenzraum entgegen und stellte den Lautsprecher am Telefon an.

»Na ja, er hat mich zum Mittagessen eingeladen«, berichtete Schlichtmann. Dann beschrieb er Conway und Phillips das Treffen, sparte seine Nervosität im Harvard Club aber aus. »Ich sehe sehr schwarz«, beendete Schlichtmann seinen Bericht. »Er sagte dauernd, daß er eine konkrete Summe hören will, einen festen Betrag. Was soll ich ihm nennen? Einfach 15 Millionen?«

»Ich finde, du solltest Eustis unsere Summe mitteilen. 15 Millionen sollten die untere Grenze sein«, sagte Conway.

Und Phillips fügte hinzu: »Fühlst du dich genötigt, das Limit heute bekanntzugeben?«

Schlichtmanns Stimme schwoll wütend an. »Du denkst nicht nach, Mark. Eustis will nicht verhandeln. Ihm geht es ausschließlich ums Geld. Ich glaube, ich muß so vorgehen. Ich muß ihm unsere Summe nennen.«

Phillips sagte leise: »Unser Limit ist nicht 15 Millionen.«

»Was denn sonst?« fragte Schlichtmann.

»Das wissen wir noch nicht.«

»Zwölf?« erkundigte sich Schlichtmann mit einem wehmütigen Ton in der Stimme.

Conway fand diesen Betrag in Ordnung. »Dafür wirst du von Eustis vielleicht auch noch zum Abendessen eingeladen.«

Phillips griff nach einem Notizblock auf dem Tisch und rechnete, solange Conway mit Schlichtmann sprach. »Was hältst du davon: 1,2 Millionen in bar für jede der Familien plus 5 000 Dollar monatlich über die nächsten 30 Jahre hinweg?«

»Gefällt mir«, sagte Schlichtmann.

»Es ist mir scheißegal, ob dir das gefällt«, sagte Phillips. »*Glaubst* du daran?«

»Sollen wir es schriftlich vorlegen?« unterbrach Gordon von einem Nebenapparat im Helmsley.

»Verdammt, nein«, sagte Phillips.

»Doch«, widersprach Schlichtmann. »Das wirkt entschlossen.«

Um 18.00 Uhr rief Schlichtmann erneut in Boston an. »Eustis stand in seinem Büro und sah zum Fenster hinaus, als ich kam«, erzählte er Conway und Phillips. »Er bot an, mir die Jacke abzunehmen, aber ich wollte sie anbehalten, weil ich das Papier mit den Beträgen darin verstaut hatte. Ich bin bereit, ihm die Zahlen zu nennen. Er zieht einen Notizblock heraus und fängt an, darauf zu schreiben. Dann sagt er: ›Ups, das haut nicht hin. Das hätten Sie mir auch am Telefon mitteilen können, dafür hätten Sie nicht extra herzukommen brauchen.‹ Ich nehme also an, die Sache sei gelaufen und will schon gehen. Da legt er die Füße auf seinen Schreibtisch, dieses zierliche französische Antiquitätending, fordert mich auf, mein Jackett auszuziehen und meine Füße ebenfalls hochzulegen. Das wollte ich nicht. Es war sehr seltsam. ›Los‹, sagt er, ›entspannen Sie sich ein wenig.‹ Dann fährt er fort: ›6,6 Millionen Dollar sind eine Menge Geld.‹

Ich sage: ›Lassen Sie mich das mal klarstellen. Allein unsere Unkosten belaufen sich auf zweieinhalb Millionen.‹

Er nimmt die Füße vom Tisch und fängt an, hin und her zu gehen. Dann kommt seine Sekretärin mit einer Nachricht an die Tür. Er liest die Nachricht, zerreißt sie und sagt dann: ›Angenommen, ich würde das berücksichtigen?‹

Und ich frage: ›Sehen Sie hier keine Möglichkeit mehr?‹ Und er antwortet: ›Nein.‹ Dann fügt er noch hinzu: ›Na ja, vielleicht. Es sind auch noch andere Leute an dieser Sache beteiligt. Ich muß mit ihnen sprechen.‹«

Schlichtmann hielt in seinem Bericht inne. »Ich glaube, wir haben einen Durchbruch erzielt«, sagte er dann. »Ich glaube, er hatte grünes Licht, bis zu zehn Millionen zu gehen, und darüber sind wir jetzt hinaus. Er muß die anderen anrufen, um herauszufinden, ob er auf uns eingehen kann. Er will, daß ich noch eine Nacht bleibe. Er meinte, er sehe eher schwarz, aber diese ganze Sache damit, daß ich mein Jackett ausziehen und meine Füße auf seinen Schreibtisch legen sollte, zeigt mir, daß er doch eine Möglichkeit sieht. Ich glaube nicht, daß er mich gebeten hätte, in New York zu bleiben, wenn er nicht mehr im Sinne hätte, als mich mit acht Millionen abzuspeisen. Er war sehr aufgeregt, sehr munter – sehr untypisch für ihn. Er erwähnte, daß er Charles Erhart in Maine und noch ein paar andere Leute anrufen will. Wir werden uns morgen um elf noch einmal treffen.«

Erhart war der Verwaltungsratsvorsitzende von W. R. Grace und stellvertretender Vorstandsvorsitzender. Phillips fand, das sei tatsächlich ein gutes Zeichen. »Das klingt gut«, sagte er zu Schlichtmann. »Sie haben eine Summe genannt bekommen, die sie nicht mehr einfach ignorieren können.«

In dieser Nacht in New York machte Schlichtmann sich Hoffnungen, gleichzeitig aber war er auch argwöhnisch. Nach so vielen Höhen und Tiefen konnte er seinem Instinkt nicht mehr trauen. In diesem Zustand der Unsicherheit bekam er am nächsten Morgen einen Anruf von Eustis. »Es wird noch einen Tag dauern«, hörte er Eustis sagen. »Rufen Sie mich morgen um elf an. Werden Sie dann noch in New York sein?«

Schlichtmann, der sich überrumpelt fühlte und nicht wußte, wie er sich verhalten sollte, sagte zu, noch eine Nacht zu bleiben.

Als er aufgelegt hatte, bekam er von Gordon heftige Vorwürfe zu hören. »Ich bleibe nicht noch einen verdammten Tag hier, schau mir Seifenopern im Fernsehen an und polier meine Schuhe. Ruf ihn an und sag ihm, daß wir abreisen.«

Schlichtmann, inzwischen völlig verunsichert, tat, wie Gordon ihn geheißen hatte. Er teilte Eustis' Sekretärin mit, daß er sich entschieden habe, New York zu verlassen. »Sagen Sie Al, er kann mich in Boston erreichen.«

»Was ist denn los?« fragte die Sekretärin. »Gefällt Ihnen New York nicht?«

Schlichtmann glaubte einen spöttischen Ton in ihrer Stimme zu hören.

5

Den ganzen folgenden Tag über warteten Schlichtmann und seine Partner in der Kanzlei in der Milk Street auf den Anruf von Eustis. Phillips, der in der Nacht nicht hatte schlafen können, war aufgestanden und hatte Clausewitz' Abhandlung *Vom Krieg* gelesen. Als er das Buch weglegte, hatte es sich von selbst bei dem

Kapitel mit der Überschrift »Rückzug nach einer Niederlage« aufgeblättert. Das, so hatte Phillips Schlichtmann gewarnt, müsse ein Omen sein.

In seinem eigenen Büro starrte Conway dumpf aus dem Fenster. Eine vergiftende Lethargie lag über der Kanzlei. Phillips kam herein und setzte sich auf einen Stuhl ihm gegenüber. Eine Zeitlang sagte keiner der beiden Männer etwas. Schließlich seufzte Conway. »Kommst du mit ins Kino?« fragte er.

»Welchen Tag haben wir heute?« erkundigte sich Phillips.

»Donnerstag, den 21. August.«

Phillips legte seine Hände an den Kopf, als hätte er schreckliche Kopfschmerzen. »So geht das nicht weiter«, murmelte er. »Wir wissen unser Limit nicht. Nur noch zwei Wochen bis zum Treffen mit dem Richter. Wir müssen versuchen, bis morgen einen Vergleich zu schließen.«

»Was können wir tun?« fragte Conway.

»Wir müssen noch einen Rest an Würde aus dieser Sache herauspressen. Jan ist nicht in der Lage, den Prozeß fortzusetzen.«

Nach einer Weile schlenderte Phillips in Schlichtmanns Büro hinüber. Schlichtmann saß an seinem Schreibtisch, regungslos wie eine Schaufensterpuppe. Auf seinem Schreibtisch lag nichts weiter als die Telefonnachricht einer Klatschkolumnistin des *Boston Herald* namens Norma Nathan. Sie veröffentlichte jährlich ein Verzeichnis der begehrtesten Junggesellen Bostons, zu denen sie Schlichtmann zählte. Um ihre Liste auf den neuesten Stand zu bringen, wollte sie wissen, wieviel Schlichtmann in diesem Jahr verdient hatte.

»Sag ihr, ungefähr vier Anteile pro Milliarde«, schlug Phillips vor.

Schlichtmann zerriß das Papier.

Schweigend saßen sie da und warteten auf Eustis' Anruf. Phillips musterte den Rauch seiner Zigarette, der sich um seinen Finger schlängelte. Schlichtmann beobachtete die Straße.

»Ruft denn hier überhaupt niemand mehr an?« wunderte sich Schlichtmann. »Noch nicht einmal die Gläubiger? Haben wir irgendwelche anderen Fälle?«

Dies erinnerte Phillips an den Fall Gallagher, den Fall einer Frau, die durch ein zerebrales Aneurysma zum Krüppel geworden war. Phillips hatte daran gearbeitet, während sich die Jury im Fall Woburn beriet. Dieser Fall war noch nicht verhandlungsreif, aber Phillips hoffte auf einen frühen Vergleich, der ihnen ein wenig Geld einbringen würde. Er bat Schlichtmann, den gegnerischen Verteidiger anzurufen.

Schlichtmann schüttelte den Kopf.

»Das dauert nur eine Minute«, sagte Phillips.

»Nein. Später.«

Schlichtmann lehnte sich in seinem Stuhl zurück, legte die Hände in den Nacken und sah zur Decke. »Ich erinnere mich, wie ich vor fünf Jahren nach Woburn gefahren bin und ihnen gesagt habe, daß die Sache nicht machbar sei. Ein Rechtsstreit koste zuviel, er dauere zu lange, und der Ausgang sei ungewiß. Die Akte war keine zwei Zentimeter dick. Sie bestand lediglich aus dem Bericht des Instituts für Krankheitsüberwachung und Mulligans Erfolgshonorarverträgen. Jedesmal wenn ich diese verdammte Akte gesehen habe, ist mir schlecht geworden.«

Conway betrat Schlichtmanns Büro und setzte sich müde auf die Couch, lauschte diesen Erinnerungen.

Schlichtmann sah zu ihm hinüber. »Hätte ich mit Eustis von Angesicht zu Angesicht sprechen sollen?«

»Auf jeden Fall«, antwortete Conway. »Du hast gesagt, du seist nach New York geflogen, um die Sache abzuschließen.«

»Gordon meinte, wir sollten nicht bleiben. Ruf ihn zurück, hat Gordon gesagt. Also habe ich zurückgerufen.«

»Das war unglaublich schwach und dumm«, sagte Conway, aber seine Stimme klang niedergeschlagen, nicht verärgert.

»Also habe ich wieder einen Fehler gemacht. Oh, Mann!«

Conway schwieg, über seine Stirn zogen sich tiefe Falten, er wippte nervös mit dem Fuß, seine Finger wickelten sich um eine Locke seines dichten, lang gewachsenen Haares. Phillips spielte mit dem Türgriff, öffnete und schloß den Knauf, das Klicken der Mechanik war das einzige Geräusch im Raum. An diesem Tag rief Eustis nicht an.

Am darauffolgenden Morgen kam Schlichtmann mit neuer Entschlossenheit in die Kanzlei. »Das bedeutet Krieg«, sagte er zu Phillips. »Ich werde nicht vor Eustis zu Kreuze kriechen, um ein paar Doller mehr herauszuholen. Diese Demütigung verkrafte ich auch nicht besser als eine Fortsetzung des Verfahrens. Es wird uns vielleicht vernichten. Aber es gibt so etwas wie Ehre. Sie hat ihren Preis. Ich werde zu den Familien gehen und ihnen erklären, warum wir auf diesen Vergleich nicht eingehen können. Ich werde den Experten erklären, daß wir sie nicht mehr bezahlen können. Ich werde Eustis anrufen und sein Angebot ablehnen. Am 5. September werden wir uns mit dem Richter treffen. Entweder er erwirkt einen Vergleich, oder aber wir verlieren ein paar Kläger und setzen den Prozeß fort.«

Phillips lauschte dieser Erklärung, nickte, solange Schlichtmann sprach. »Du solltest wirklich wissen, daß ich sehr stolz bin auf dich«, sagte er schließlich. »Das ist die schwerste Entscheidung, die du je getroffen hast.« Phillips begann zu summen, während er redete. »Aber auch absolut verrückt – hmmm, hmmm. Genauso verrückt wie diesen Fall überhaupt zu übernehmen – hmmm, hmmm. Stoß diesen Eustis von seinem Podest ...«

Schlichtmann stellte sich vor, wie er den Prozeß beginnen wollte. Er würde den Gerichtssaal vollstopfen mit den Familien aus Woburn, mit deren Nachbarn und Freunden und mit Mitgliedern der Umweltschutzgruppe FACE aus Woburn. »Wenn der Richter sie nicht aussagen läßt, dann lassen wir sie auf dem Korridor mit der Presse sprechen. Wir werden kurz vor Prozeßbeginn mit allen Leukämiekranken eine Pressekonferenz veranstalten.«

»Der einzige Horror ist die Kapitulation«, murmelte Phillips. »Gestern den ganzen Tag über auf den Anruf von Eustis zu warten, das war absolute Scheiße. Das war der schrecklichste, erniedrigendste Tag.«

»Die Kanzlei kann mit 50 000 Dollar im Monat überleben«, sagte Schlichtmann.

Phillips warf ihm einen sardonischen Blick zu. »Wir kommen auch mit 35 000 über die Runden. Bei 50 000 sind noch massig

Überschüsse drin. Du wirst staunen, wie gut du mit dem Nötigsten auskommen wirst. Zufälligerweise arbeiten so die meisten Kanzleien.«

»Ich brauche lediglich meine Wäsche, meine Anzüge.«

»Laß sie im September gründlich reinigen und schau, wie lange du damit auskommst«, sagte Phillips. »Facher hatte jeden Tag einen Fleck auf der Krawatte. Vielleicht solltest du so etwas auch probieren.«

Schlichtmann hatte sich entschieden und wählte Eustis' Nummer. Phillips, Conway und Crowley saßen ihm am Schreibtisch gegenüber, hörten seinen Teil des Gesprächs mit.

»Hallo, Al?« sagte Schlichtmann, wirbelte mit seinem Stuhl herum und sah auf die Milk Street hinunter. »Ich habe mich eben gefragt, ob Sie Fortschritte machen… Ja, richtig, hmm… Sicher, das sind gute Anwälte.« Er hörte eine Zeitlang zu. Dann sagte er: »Das klingt nach einem großartigen Fall, Al. Ich nehme an, Sie ziehen Ihr Angebot zurück. Dazu sind Sie gewiß berechtigt.«

Schlichtmann legte auf und drehte sich wieder zu Conway, Phillips und Crowley um. »Gut. Das ist erledigt. Eustis sagte, er habe von Keating eine Aktennotiz erhalten und einige interessante Fakten herausgefunden. Jarrod Auferio sei an Salmonellen gestorben. Roland Gamache habe seit 1974 ausschließlich Mineralwasser getrunken. Er sagte: ›Vielleicht sollte ich bis zum 5. September abwarten und sehen, was der Richter dazu sagt.‹«

Schlichtmann atmete tief durch. »Also machen wir weiter.« Er sah Crowley an und lächelte. »Crowley, du bist der neue Prozeßanwalt der Kanzlei. Du solltest die Geschichten hören, die man sich über deinen Vorgänger erzählt.« Er lachte.

Phillips lachte ebenfalls und klopfte Crowley auf die Schulter. »Du wirst ein paar brillante Erfolge erzielen, und dann wird es bergab gehen mit dir.«

Schlichtmann seufzte. »Das könnte sogar Spaß machen«, sagte er nachdenklich.

Phillips begann erneut zu summen. »Mit Sicherheit. Niemand erwartet, daß du gewinnst. Du hast nichts zu verlieren.«

»Weitere sechs Monate des Unglücks«, stöhnte Conway. »Was

soll ich meiner Frau sagen?« Niemand reagierte. Also lieferte Conway die Antwort selbst. »Ich glaube, ich erzähle ihr, daß wir den Vergleich geschlossen haben. Sie wird die Wahrheit so lange nicht erfahren, bis sie im Fernsehen mitbekommt, daß wir mit der zweiten Prozeßphase begonnen haben.«

6

Die Computer waren noch nicht gepfändet worden, wie Gordon befürchtet hatte, aber alle in der Kanzlei rechneten jeden Augenblick damit. Erst am Tag zuvor war ein Mann vom Elektrizitätswerk aufgekreuzt, um den Strom abzustellen. Eine der Sekretärinnen hatte ihn gebeten, noch damit zu warten, bis sie Gordon angerufen habe, der dann mit einem Scheck herüberkam.

Gordon stöhnte ununterbrochen über den Schuldenberg, die drohenden Anrufe verärgerter Gläubiger, die wachsende Zahl von Klagen. Phillips hörte ihm mit kaum verhohlenem Ärger zu. »Wir werden die Computeranlage verlieren«, sagte Gordon. »Das können wir nicht aufhalten. Wir haben seit vergangenem November nicht mehr bezahlt.«

»Wir haben uns in einer Traumwelt bewegt«, sagte Phillips. »Es geschieht uns recht.«

Gordon jammerte, daß er nicht in der Lage sei, die Steuern für seinen Wagen zu bezahlen, seinen geliebten Mercedes. Auch die Kosten für das Parkhaus brachte er nicht mehr auf, und man drohte ihm, ihn zur Räumung zu zwingen. Dann würde die Stadt den Mercedes wegen ausstehender Steuern abschleppen lassen, falls die Bank ihn nicht vorher schon gepfändet hatte.

Aber Phillips zeigte dafür keine Nachsicht. »Du wirst dir deine verdammte Yacht nicht kaufen können, um sie in Palm Beach liegen zu haben. Na und?«

Gordon verkündete, daß das Verhängnis gleich um die Ecke lauere.

»Halt den Mund, Gordon«, fuhr Phillips ihn an. »Du und Schlichtmann, ihr seid vor allem diejenigen, die uns in diese

Schwierigkeiten gebracht haben. Wir haben einen Starstürmer, warum sollten wir uns um das Mittelfeld und die Abwehr Sorgen machen? Genau diese Haltung hat uns in Schwierigkeiten gebracht.«

»Mark«, sagte Gordon. »Es spielt keine Rolle, ob die Auslagen bei zwei Millionen oder zweieinhalb Millionen liegen. Wir stecken in jedem Fall tief in der Scheiße.«

»Natürlich spielt es eine Rolle. Gerade das ist der entscheidende Unterschied.«

Am Donnerstag, dem 28. August, verließ Conway sein Haus, um zur Arbeit zu fahren. Es war ein regnerischer, grauer Morgen. In der Luft lag ein Hauch des sich ankündigenden Herbstes. Conway hatte einen Dollar und 75 Cents in der Tasche, genau so viel Geld, wie er für den Fahrschein im Vorortzug nach Boston benötigen würde. Er hatte es aufgegeben, mit dem Auto in die Stadt zu fahren, weil er sich den Parkplatz in der Milk Street nicht länger leisten konnte. Er und seine Frau hatten sich wegen des Geldes gestritten. Conway hatte ihr die Wahrheit gesagt – es würde keinen Vergleich geben, sie würden den Prozeß fortsetzen. Sie war wütend: am meisten auf Schlichtmann, den sie für ihre finanzielle Lage verantwortlich machte, aber auch auf ihren Mann, der ihr Haus aufs Spiel gesetzt hatte. Conway ging zur Arbeit, bedrängt von Bildern einer erdrückenden Schuldenlast. Er stellte sich vor, wie die Kanzlei zusammenbrach, wie sein Haus von der Bank gepfändet wurde und seine Frau und die Kinder auf der Straße standen.

All das würde sich abwenden lassen, wenn sie nur das von Eustis gemachte Angebot akzeptierten. Sie könnten den Fall loswerden und ein neues Leben beginnen. Mit anderen Fällen hatten sie in den vergangenen Jahren Millionen Dollar verdient, und so könnte es wieder sein. Aber Conway wußte, daß es so einfach nicht war. Für Schlichtmann war der Gedanke daran, Eustis' Angebot anzunehmen, erniedrigend. Er wollte lieber weitermachen und riskieren, alles zu verlieren. Schlichtmann konnte das Risiko leicht auf sich nehmen. Er hatte keine Familie, die von ihm abhängig war. Und was war mit den Familien in Woburn? Eigentlich sollten sie diese Entscheidung treffen, nicht Schlichtmann.

Diese Gedanken beschäftigten Conway, während er auf den Zug wartete. Aus Gewohnheit kaufte er sich eine Zeitung, wodurch ihm ein Rest von einem Dollar und 40 Cents blieb. Erst als er in den Zug eingestiegen war und den Schaffner den Gang entlangkommen sah, wurde ihm klar, daß es ein Fehler gewesen war, die Zeitung zu kaufen. Peinlich berührt und sich wortreich entschuldigend, bot er dem Schaffner alles Geld an, das er noch bei sich hatte. Der Schaffner sah ihn mitleidig an und erbot sich zu Conways Verdruß, ihm ein paar Dollar zu leihen. Er lehnte das Angebot des Zugbediensteten ab und versicherte ihm, er werde seine Schulden am nächsten Tag begleichen.

Noch an diesem Vormittag suchte Gordon in den Schubladen seines Schreibtischs und der Aktenschränke nach Krügerrand-Münzen oder verirrten 100-Dollar-Scheinen, die er vielleicht bei früheren Beutezügen übersehen hatte. Ganz hinten in einer der Schubladen fand er ein ramponiertes blaues Sparbuch von Brookline Savings. Die letzte Eintragung, eine Einlage, war im Mai 1962 vorgenommen worden, als Gordon acht Jahre alt war. Der Kontostand lautete 39,42 Dollar. Auf der Stelle rief Gordon bei der Bank an, um das Guthaben abzuheben, das sich mit den aufgelaufenen Zinsen mittlerweile auf 177 Dollar belief. Gordons Laune besserte sich.

Auch die Post enthielt neben einem ganzen Packen überfälliger Rechnungen und Androhungen rechtlicher Schritte gute Nachrichten: wieder einmal eine neue Kreditkarte. Gordon bemühte sich schnell, den Kreditrahmen im Wert von 3000 Dollar flüssig zu machen, um einige Rechnungen bezahlen zu können, darunter auch die Rate für den Mercedes. Dann rief er die Bank an, die ihm den Kredit für sein Auto gewährte. »Ron! Hier spricht Ihr Lieblingsschuldner!« rief er fröhlich.

Die nächste Stunde verbrachte er damit, mit Gläubigern zu telefonieren, um rechtliche Schritte aufzuschieben. Er begann mit den kleineren Konten und arbeitete sich im Laufe des Vormittags zu den größeren vor. Es kümmerte ihn auch nicht mehr, die hoffnungslosen Fälle anzurufen: American Express, die bereits Klage erhoben hatten, sowie die Firma, bei der die Kanzlei ihre Computeranlage und andere Bürogeräte geleast hatte.

»Wir haben Probleme mit Einnahmerückständen«, erläuterte Gordon einem Mitarbeiter bei West Publishing in Saint Paul, Minnesota, wo sich die Rechnung, seit sieben Monaten fällig, auf 3049,66 Dollar belief. »Wie können wir die Sache regeln?«

»Nun, wieviel können Sie uns überweisen?«

»Im Moment gar nichts«, erklärte Gordon.

Dies schien den Mitarbeiter innehalten zu lassen. »Wann werden Sie dazu in der Lage sein?«

Gordon meinte, er hoffe, bis Mitte September mehr zu wissen. Der Mitarbeiter versprach, rechtliche Schritte bis dahin aufzuschieben.

Gordons Stimmung steigerte sich. Als seine Sekretärin ihm mitteilte, daß Conway am Telefon sei, drückte Gordon auf den Lautsprecher und antwortete ausgelassen und gut gelaunt. Seine gute Laune verschwand in der Sekunde, als er Conways Stimme hörte.

»Ich habe wirklich Angst«, sagte Conway mit zögerlicher und zitternder Stimme. »Ich kam heute morgen ins Büro und hatte Angst. Wir arbeiten an diesem Antrag für das Treffen mit dem Richter in der nächsten Woche, und ich weiß einfach nicht, ob wir irgendeine konkrete Vorstellung haben, wo's langgeht.«

Zu hören, daß sich Conway, der stets vernünftige Realist, derartige Sorgen machte, vermittelte Gordon selbst ein beklemmendes Gefühl. »Warum setzen wir uns nicht zusammen und legen unsere Marschroute fest?« sagte er. »Wann ist Charlie wieder da?« Nesson war mit seiner Familie in Montana und sollte Ende der Woche zurückkehren. Schließlich sagte Gordon zu Conway: »Ich bin gleich bei euch.« Er gab einen Teil seines neu gefundenen Vermögens für ein Taxi in die Milk Street aus, anstatt mit der U-Bahn zu fahren.

Der Grund für Conways Ängste war die Anhörung bei Richter Skinner am 5. September. Nachdem die Vergleichsverhandlungen geplatzt waren, hing alles vom Richter ab. Er würde wahrscheinlich drei der Leukämiefälle aus der Akte streichen, aber es lag noch mehr in seiner Hand.

Conway hatte gerade Keatings Schriftsatz zu Ende gelesen, in dem dieser den Richter ersuchte, das erste Verfahren als fehlerhaft zu erklären und einen neuen Prozeß anzuberaumen. Die Verhandlung könne nicht fortgesetzt werden, argumentierte Keating, weil die Geschworenen nicht in der Lage gewesen seien, festzustellen, seit wann die Chemikalien von Grace die Brunnen verseucht hatten. Um Grace für die Schäden in Woburn verantwortlich zu machen, müsse Schlichtmann beweisen, daß seine Klienten den Chemikalien ausgesetzt gewesen seien, bevor die Schädigungen auftraten. Und mit dem Geschworenenspruch sei dies nicht möglich. Die einzige Lösung, versicherte Keating, liege darin, den Richter ein neues Verfahren ansetzen zu lassen.

Conway hatte den Eindruck, daß Keatings Schriftsatz den Richter durchaus von der Notwendigkeit eines neuen Prozesses überzeugen konnte. Schlichtmann hielt das für unwahrscheinlich. In diesem Fall nämlich würde der Richter zugeben, daß seine eigenen Fragen hoffnungslos verwirrend gewesen waren und sie gerade fünf Monate verschwendet hatten. Außerdem würde Skinner bei einer Wiederaufnahme des Verfahrens automatisch den Vorsitz übernehmen, und dieser Fall hatte seinen Gerichtssaal bereits für sehr lange Zeit blockiert.

Aber der Geschworenenspruch hatte, wie bereits die Fragen, bei allen Beteiligten für Verwirrung gesorgt. Der Richter hatte den Anwälten erklärt, daß er keine Möglichkeit sehe, mit der zweiten Prozeßphase zu beginnen, solange er nicht wisse, wann die Kontamination begonnen habe. Dies bedeutete, daß Skinner die Geschworenen unter Umständen bitten würde, ihre Antworten klarer zu formulieren. Immerhin war die Jury noch nicht aufgelöst. Schlichtmann hatte kein gutes Gefühl. Wenn der Richter anfing, den Geschworenen Fragen zu stellen, war nicht abzusehen, wie sie reagieren würden. Müßten sie in den Gerichtssaal zurückkehren, wo sie bereits ein halbes Jahr zugebracht hatten, würden sie sich vielleicht dafür entscheiden, dem allen ein rasches Ende zu machen.

»Der kommende Freitag kann den Weltuntergang bedeuten«, sagte Schlichtmann grimmig, während er sich auf die Anhörung vorbereitete.

Phillips las einen Artikel aus dem *Wall Street Journal* über eine Frau vor, die an einem toxischen Schocksyndrom gestorben war. Die Jury hatte den Schadensersatzanspruch auf eine Summe von zehn Millionen Dollar festgesetzt, die vom Richter auf 1,3 Millionen reduziert worden war. Im Berufungsverfahren wurde der Geschworenenspruch umgestoßen. Die Hinterbliebenen der Frau gingen nun leer aus.

»O Gott«, rief Schlichtmann aus. »6,6 Millionen klingt täglich besser.«

7

Schlichtmann sah Al Eustis am Freiag in der ersten Reihe des Zuschauerraums sitzen und die *New York Times* lesen. Eustis blickte auf, als Schlichtmann an ihm vorbeiging, grüßte aber nicht. Schlichtmann legte seine Prozeßmappe auf den Anwaltstisch, drehte sich dann um und ging wieder durch den Zuschauerraum. Wieder sah Eustis auf, blieb aber sitzen, als Schlichtmann ihm die Hand reichte. Keiner der beiden sagte ein Wort oder lächelte.

Dann schob sich Skinner auf die Richterbank. Er sah zu den Anwälten herüber und sagte: »Willkommen. Ich hoffe, Sie hatten schöne Ferien.«

Niemand schien die Ironie, sollte sie beabsichtigt gewesen sein, zu würdigen.

Die Anhörung an diesem Nachmittag dauerte länger als drei Stunden. An einer Stelle unterbrach der Richter Keating und schlug vor, die Geschworenen zu bitten, ihre Antworten neu zu formulieren. Aber Schlichtmann wurde klar, daß Keating sich davor genauso fürchtete wie er selbst. »Ich halte das für gefährlich«, sagte Keating zum Richter. »Es hat eine ganze Menge Aufsehen in der Öffentlichkeit gegeben. Die Pressekonferenz, die Mr.

Schlichtmann nach dem Geschworenenspruch in Woburn abgehalten hat, war vollkommen unangebracht. Jeder der Geschworenen könnte davon gehört haben – weiß der Himmel, wie sie das hätten vermeiden sollen, wenn sie ihre Ohren offenhielten. Vielleicht denkt die Jury inzwischen: Liebe Güte, wir haben diese Leute da hineingezogen, das wollten wir gar nicht.«

»Wenn sie es nicht wollten, dann sollten sie das in Ordnung bringen, oder?« meinte der Richter.

Keatings Antrag auf Wiederaufnahme des Verfahrens schien dem Richter, der seine Brille abnahm und die Hände an den Kopf legte, nicht zu gefallen. Er schien Schlichtmanns Analyse geringfügig mehr geneigt zu sein, die darlegte, daß die Familien den Chemikalien von Grace zumindest seit September 1973 ausgesetzt gewesen waren, einem jener Daten, welche die Jury angegeben hatte, und sehr wahrscheinlich auch schon früher. »Gute Arbeit«, sagte der Richter nach Schlichtmanns Widerlegung von Keatings Argumenten. »Sie haben vielleicht nicht recht, trotzdem gute Arbeit.«

Dennoch war Skinner nicht restlos zufriedengestellt. »Ich kann mir nicht vorstellen, wie wir den zweiten Teil beginnen können, ohne diese Fragen klarer beantwortet zu haben«, erklärte er den Anwälten. »Ich wäre damit sehr unglücklich.«

Nun war klar, daß der Richter sich für eine von zwei Möglichkeiten entscheiden würde: Entweder würde er den Geschworenen weitere Fragen stellen oder ein neues Verfahren ansetzen. Skinner verkündete, er brauche für seine Entscheidung etwas Zeit. Er werde die Anwälte zu Beginn der kommenden Woche davon in Kenntnis setzen.

Und dann, am Ende der Anhörung, schien der Richter fast wie nebenbei seine eigenen Gedanken zum Ausgang der zweiten Phase des Verfahrens zu offenbaren. Es geschah, als Schlichtmann eine Hausmitteilung erwähnte, mit der W. R. Grace das Werk in Woburn angewiesen hatte, kein TRI mehr zu verwenden. »Sie sagten, es kann Krebs verursachen«, berichtete Schlichtmann gerade, als der Richter ihn unterbrach.

»Beim Menschen?«

»Ja«, antwortete Schlichtmann. »Deshalb haben sie die Verwendung in ihren Werken eingestellt.«

»Ich glaube nicht, daß es irgendeinen Beweis dafür gibt, daß TRI beim Menschen zu Krebs führt«, meinte der Richter.

»Nun«, begann Schlichtmann, »in der Hausmitteilung von 1975 ist von einem ›Karzinogen, das Krebs verursachen kann‹ die Rede.«

»Bei Tieren«, fiel ihm der Richter wieder ins Wort. »Der seinerzeitige Stand der Wissenschaft besagte, daß Hautkrebs bei Tieren hervorgerufen wurde. Mehr wußte man damals nicht – und mehr weiß man auch heute nicht.«

Schlichtmann atmete tief durch. »Wenn Sie, Euer Ehren, mich fragen, ob es damals Beweise gab, aus denen zu schließen war, daß TRI beim Menschen Krebs verursacht, dann muß ich antworten: Ja, es gab diese Beweise. Wenn Sie sagen, daß die meisten Beweise auf Untersuchungen mit Tieren basieren, dann ist das korrekt.«

»Hautkrebs bei Ratten und Mäusen«, sagte der Richter.

»Auch Krebs in den Organen«, fügte Schlichtmann hinzu.

»Hautkrebs«, sagte Skinner nachdrücklich.

»Nein«, widersprach Schlichtmann. »Ich glaube, es handelte sich um die Leber, um Lebertumoren.«

»Und es war eine hohe Dosis im Spiel«, sagte der Richter.

»Man verabreicht den Ratten keine Dosen im Verhältnis eins zu einer Milliarde. Niemand ist überrascht, daß sie sterben.«

Mein Gott, dachte Schlichtmann. Mit diesem Richter werde ich nie gewinnen. Ich habe nicht die geringste Chance.

Er verließ den Gerichtssaal und ging mit Phillips und Conway direkt zur Patten's Bar. Die drei Männer standen an der Bar und bestellten Whisky.

»Nun«, sagte Schlichtmann und erhob sein Glas, »das war eine wertvolle Erfahrung. Wie der Tod eines Nahestehenden.« Er trank einen Schluck. »Nehmen wir das Geld und schließen die Sache ab? Oder machen wir weiter? Wenn es nur so ein Schwarzweißmuster gäbe, ein Zeichen, das klarmacht, jetzt ist der Held an der Reihe, dann könnten alle das Richtige tun. Aber nichts dergleichen passiert. Nie weiß man, ob man der Held oder der Trottel ist.«

Phillips hatte seinen ersten Drink bereits geleert. »Ich würde viel lieber weitermachen und jeden Pfennig dafür ausgeben, den ich habe.«

Conway stöhnte.

»Selbstaufopferung«, lachte Schlichtmann.

Phillips nickte. »Nichts fällt schwerer, als zu kapitulieren. Da ist es einfacher, jeden verdammten Cent auszugeben. Ich habe in den vergangenen drei Wochen mehr über mich erfahren als in meinem ganzen Leben zuvor.«

Wieder lachte Schlichtmann herzlich. »Und zwar Dinge, die du nie wissen wolltest.«

»Soooo feige«, sagte Phillips und begann zu summen.

Schlichtmann erzählte von den Reden, die er im Geiste dem Richter hielt. »Ich habe Reden auf Lager, von denen ich keine einzige je halten werde. Statt dessen gehe ich in den Gerichtssaal, und der Richter sagt zu mir: ›Neigen Sie Ihr Haupt noch ein wenig tiefer, Mr. Schlichtmann.‹ Und ich neige mein Haupt tiefer, während er die Rute zückt. Der Prozeß wird weitere sechs Monate dauern, und die Jury wird zurückkommen, ohne irgend jemanden für verantwortlich zu erklären. Skinner wird mich zu seiner Richterbank rufen und sagen: ›Sie haben nicht gewonnen, Freundchen, aber Sie haben es wenigstens probiert.‹ Und ich werde zum Richter sagen: ›Leck mich.‹ Und ich werde mich an die Jury wenden und sagen: ›Leckt mich alle.‹ Und dann werde ich zu Kevin gehen und sagen: ›Laß uns hier verschwinden.‹«

»Und dann wirst du auf dem Boston Common aus der Plastiktüte leben«, meinte Conway.

»Reich und berühmt sein und gute Arbeit leisten«, sinnierte Schlichtmann. »Reich zu werden, ist nicht so schwierig, berühmt zu werden auch nicht. Reich und berühmt zusammen, ist nicht so schwierig. Reich und berühmt zu sein und gute Arbeit zu leisten – na, das ist sehr schwierig.«

Schlichtmann bat die Familien, sich am nächsten Tag, einem Samstag, zu einer Besprechung in seinem Büro einzufinden. Er mußte sie über Eustis' Angebot und den Stand des Verfahrens informieren.

Keine der Familien war seit dem Vorabend des Prozeßbeginns im vergangenen Februar in der Kanzlei gewesen. Damals hatten die Räume vor Luxus und Ordnung nur so gestrahlt. Jetzt fiel einigen von Schlichtmanns Klienten auf, daß sie heruntergekommen wirkten. Die Topfpflanzen waren eingegangen, das Neonlicht in der Küche flackerte, und der Teppichboden war seit Wochen nicht mehr gereinigt worden, weil der Staubsauger den Geist aufgegeben hatte.

Als die Familien sich schließlich im Konferenzraum versammelt hatten, ergriff Schlichtmann das Wort. Er wirkte ausgezehrt, sein Haar war fast vollkommen ergraut.

»Aus anwaltlicher Sicht wirken die Perspektiven heute früh nicht besonders gut«, begann er. Er sprach über das Risiko, in der nächsten Prozeßphase einer uneinigen Jury gegenüberzustehen. Es sei möglich zu gewinnen, meinte er, wenn die Jury im Zweifelsfalle zu seinen Gunsten entscheide. Aber jeder Schritt auf dem Weg dorthin würde von der Verteidigung mit dem Versuch beantwortet werden, bei den Geschworenen Zweifel zu nähren. »Das Schwierigste, womit wir konfrontiert sind, ist der Umstand, daß die Geschworenen sich selbst fragen: ›Wie soll ich eine Entscheidung treffen, wenn sich die Ärzte und Wissenschaftler uneins sind?‹ Möglicherweise gehen sie den einfachsten Weg und entscheiden sich überhaupt nicht.«

Dann berichtete er den Familien, daß er in New York gewesen war, um mit einem Manager von Grace einen Vergleich zu erörtern. »Er hat Geld auf den Tisch gelegt. Ich werde Ihnen die Summe nennen, aber ich möchte nicht, daß dieser Betrag publik gemacht wird.«

Schlichtmann sah sich in der Runde um. Einige nickten, andere ließen keinerlei Regung erkennen.

»Er hat 6,6 Millionen Dollar angeboten. Dann jedoch hat er beschlossen, die Verhandlungen solange einzustellen, bis der

Richter über die Anträge befunden hat. Er hofft, daß der Richter die Klagen – oder zumindest einige davon – abweisen wird.«

Jeder im Raum wußte, welche der Klagen durch das Datum der Jury in Frage gestellt waren.

»Wenn man anfängt, über Geld zu reden«, fuhr Schlichtmann fort, »dann kommen die Gefühle der Leute ins Spiel. So ist das nun mal im Leben. In unserem Fall handelt es sich obendrein um sehr persönliche Forderungen. Sie müssen alle bereit sein, an einem Strang zu ziehen. Es darf keine Diskussionen darüber geben, ob es hier um Toomey und nicht um Robbins oder Zona geht, keinen Streit darüber, wessen Klage mehr Aussicht auf Erfolg hat als eine andere.«

Schlichtmann hielt inne, um die Reaktionen seiner Klienten abzuschätzen. Sie sahen ihn erwartungsvoll an. Alle schwiegen.

»Wenn die betroffenen Familien dazu nicht in der Lage sind«, sagte Schlichtmann, »dann geraten wir wirklich in Schwierigkeiten. Wenn es unter den Familien Probleme gibt, dann weiß ich nicht mehr, wen ich vertrete. Und das würde bedeuten, daß sich jede Familie ihren eigenen Anwalt suchen muß.«

Es verging eine halbe Minute des Schweigens. Schlichtmann wartete auf eine Antwort. Die Familienangehörigen sahen sich verstohlen an, jeder fragte sich, wer sich wohl als erster zu Wort melden würde.

Richard Toomey, dessen verstorbener Sohn Patrick mit der aussichtsreichsten der verbleibenden Klagen vertreten war, saß Schlichtmann direkt gegenüber. Toomey hatte die Augen halb geschlossen und die Arme vor dem breiten Brustkorb verschränkt. Mit klarer und fester Stimme brach er das Schweigen als erster. »Wir halten zusammen«, sagte er. »So haben wir angefangen, und das wird so bleiben.«

Anne Anderson lächelte erleichtert, und alle sagten wie im Chor: »Wir sind uns einig, wir halten zusammen.«

Befreiter jetzt und mit einem Empfinden für ihr gemeinsames Ziel, sprachen sie über die Vorzüge eines Vergleichs oder einer Fortsetzung des Verfahrens. Wieder war es Toomey, der sich am eindringlichsten zu Wort meldete. »Ein Vergleich ist eine Sache«, meinte er, »aber ich bin nicht willens, den Geschworenenspruch über Bord zu werfen, nur um einen Vergleich zu schließen. Sie sind schuldig. Mein Kind ist gestorben, weil sie so stumpfsinnig waren. Ich habe das alles nicht des Geldes wegen mitgemacht. Ich habe mich darauf eingelassen, weil ich wollte, daß sie für das, was sie angerichtet haben, schuldig erklärt werden. Ich will, daß die Welt davon erfährt.«

Die meisten schienen dem zuzustimmen. Pasquale Zona sagte: »Ein Vergleich ohne diese Offenlegung ist überhaupt kein Vergleich.«

Aber Anne war anderer Meinung. »Ich glaube, ihr müßt akzeptieren, daß die Leute von Grace noch nie irgend etwas zugegeben haben. Die Welt wird untergehen, bevor sie das tun.«

Pasquale Zonas Sohn Ron, der inzwischen 25 Jahre alt war, einen stämmigen jungen Mann, schien das zu verärgern. »Das hieße ja zu sagen, daß sie keinerlei Schuld an den Erkrankungen oder Todesfällen tragen«, erklärte er voller Abscheu. »Genau deswegen machen wir das alles doch.«

Anne sah zu ihm herüber. »Schau dir doch mal an, wie viele Experten sagen, daß Rauchen Lungenkrebs verursacht, und die Tabakkonzerne leugnen es trotzdem immer noch ab. Ich weiß nicht, wie es euch geht«, fuhr sie fort, »aber ich glaube nicht, daß ich diesen Anwälten gewachsen bin. Ich fühle mich nicht stark. Ich weine oft. Sie werden uns auseinanderreißen, sie werden Hackfleisch aus uns machen.«

»Die kochen auch nur mit Wasser«, erwiderte Ron Zona. »Wenn wir den Prozeß nicht fortsetzen, wofür war dann alles gut? Wir haben doch angefangen, weil wir beweisen wollten, daß sie die Erkrankungen verursacht haben.«

Einige gaben ihren Ängsten Ausdruck, möglicherweise alles zu verlieren, wenn sie das Verfahren fortsetzten. Andere erklärten, eben dieses Risiko hätten sie ja schon auf sich genommen, als sie die ganze Odyssee begannen. Donna Robbins war sich nicht recht sicher, ob sie sich in der zweiten Prozeßphase würden durchsetzen können. »Aber 6,6 Millionen«, meinte sie. »Ich glaube, das tut ihnen nicht genügend weh.«

Schlichtmann hörte seinen Klienten eine Weile zu, dann schaltete er sich ein. Er bat um ein Handzeichen – wie viele der Anwesenden glaubten, daß sie in der zweiten Prozeßphase gewinnen könnten? Die Toomeys, die Zonas, Kevin Kane und Donna Robbins hoben die Hand. Wer glaubte, daß sie verlieren würden? Diesmal gingen die Hände von sieben der Anwesenden, darunter Patricia Kane und Anne, nach oben. »Jedem, der sich damit beschäftigt hat, muß klar sein, daß der zweite Teil schwächer ist als der erste«, sagte Anne.

Die Gruppe war zweigeteilt, doch mit Ausnahme des jungen Ron Zona blieb niemand unnachgiebig bei seiner Position. Donna Robbins fragte Schlichtmann, was passieren würde, wenn er ihnen zu dem Vergleich riet und sie ablehnten.

»Dann werde ich weitermachen«, antwortete Schlichtmann. »Ich vertrete Sie, ich kontrolliere Sie nicht.«

Es war Patricia Kane, die letztendlich für alle zu sprechen schien. »Ich glaube, wir würden alle gerne zu einem Vergleich kommen, solange das nicht bedeutet, daß wir den Geschworenenspruch annehmen müssen«, meinte sie. »Ich glaube nicht, daß es ums Geld geht. Aber jeder von uns will, daß sich die Jury gegen Grace ausspricht.«

Als die Familien sich schließlich in gedrückter Stimmung verabschiedet hatten, blieb Schlichtmann in Gedanken versunken im Konferenzraum sitzen, die langen Beine auf den Tisch gelegt.

Nach einer Weile kam Conway herein. »Nun, was meinst du?«

Schlichtmann legte den Kopf schief und warf ihm einen ironischen Blick zu. »Daß ich Schwierigkeiten hätte, diesen Fall vor meinen eigenen Klienten zu gewinnen.«

»Sie sind dein Spiegelbild«, sagte Conway.

»Sie sind gute Menschen. Wenn man schon sterben muß, dann sind das Leute, für die zu sterben sich lohnt.« Schlichtmann hielt inne. »Verdammt, ich wollte, das alles wäre anders gekommen.«

Am Montagmorgen erwachte Schlichtmann in einem Anfall von Angst. Er war sich ohne jeglichen Zweifel sicher, daß der Richter an diesem Morgen seine Entscheidung treffen und sie ihm,

Schlichtmann, nicht gefallen würde. Der Richter würde einen neuen Prozeß anberaumen. Der Geschworenenspruch würde ihm verlorengehen und er würde wieder ganz von vorne anfangen müssen, bankrott und ohne einen Penny in der Tasche.

Er stand auf, zog sich hastig an und spurtete über den Boston Common. Im Gericht lief er die Treppe hinauf zu Richter Skinners Amtmann. Er erklärte dem Amtmann, er wolle, daß der Richter sich mit ihm und Keating zusammensetze, um über den Vergleich zu reden. Sie hätten den ganzen Sommer über verhandelt, erklärte Schlichtmann, und jeder Bescheid des Richters könne nun den Erfolg der Gespräche gefährden.

Der Amtmann sagte zu, diese Botschaft dem Richter zu übermitteln. Außerdem werde er Keating anrufen und ihn fragen, ob auch er einverstanden wäre, den Richter zu den Vergleichsverhandlungen hinzuzuziehen. Der Amtmann fügte noch hinzu, daß Richter Skinner am gestrigen Sonntag ins Büro gekommen sei – ein seltenes Ereignis – um an seinem Erlaß zu arbeiten.

Zurück in der Kanzlei fühlte Schlichtmann sich zutiefst verunsichert. Skinner war am Sonntag zur Arbeit gekommen. Was hatte das zu bedeuten? Um mir zu helfen, macht er das nicht, dachte Schlichtmann. Er wanderte eine Weile wie benommen von Zimmer zu Zimmer, blickte auf die Computer, die Dutzende von Aktenschränken, die Berge von Prozeßabschriften. Schließlich ging er in die Bibliothek und schlug die Akte eines neuen Falls auf, bei dem es um einen Säugling ging, der eine Gehirnschädigung erlitten hatte, ein Fall, den ihm ein Neurologe vermittelt hatte.

Conway entdeckte Schlichtmann in der Bibliothek, wo er noch immer die Akte las. Ein gutes Zeichen, dachte Conway. Zum ersten Mal seit Jahren interessiert er sich für einen anderen Fall.

Als Schlichtmann ihn hinter sich hörte, drehte er sich zu seinem Partner um. »Du weißt, daß Skinner zugunsten von Grace entscheiden könnte, oder?«

Schlichtmann dachte also doch nicht über den neuen Fall nach. Conway sagte: »Ich glaube, Eustis will die Entscheidung des Richters hören. Sie sind bereit, es darauf ankommen zu lassen.«

Am Nachmittag bekam Schlichtmann einen Anruf von Keating. Keating sagte, auch er wolle, daß der Richter seine Entscheidung aufschiebe, bis sie noch einmal über einen Vergleich reden könnten. Keating fügte hinzu, er habe bereits mit Skinners Amtmann telefoniert, um ein paar Tage Aufschub zu erbitten. Eustis werde ihn, Schlichtmann, dann gegen Abend anrufen.

Als Schlichtmann auflegte, wirkte er nachdenklich. »Das ist hochinteressant«, sagte er. »Keating hat auch Angst. Er meint, daß er mit mir zu einer besseren Einigung gelangen kann, wenn der Richter nicht im Weg steht. Skinners Entscheidung abzuwarten, betrachtet er als Würfelspiel, genau wie wir. Die Unsicherheit bringt uns näher.«

Conway nickte. »Alles deutet auf einen Kompromiß hin.«

Schlichtmann sah zufrieden aus. Seine Lippen kräuselten sich zu einem leisen, nachdenklichen Lächeln. »Könnte durchaus sein, daß ich die Sache jetzt wieder im Griff habe.«

»O Gott«, stöhnte Conway.

»Ich sage ja nicht, daß es so ist. Ich sage nur könnte sein.«

»Wenn die Vergangenheit uns etwas lehrt, dann ruft Eustis heute nicht an«, meinte Conway.

»Nein«, widersprach Schlichtmann. »Das Szenario hat sich geändert.«

Das Telefon klingelte. Kathy Boyer steckte ihren Kopf ins Zimmer. »Jemand namens Grendon.«

»Wer, zum Teufel, ist das denn?« fragte Schlichtmann.

»Jemand, der Rechnungen eintreibt«, murmelte Gordon, der ausgestreckt auf der Couch in Schlichtmanns Büro lag.

Sie warteten drei Stunden lang. Um 17.00 Uhr rief Eustis endlich an. Conway und Gordon saßen in Schlichtmanns Büro und hörten das Gespräch mit. Schlichtmann saß an seinem Schreibtisch mit dem Rücken zu ihnen.

Er hörte Eustis zu – eine Ewigkeit, wie es schien. Dann sagte er: »Al, lassen Sie mich mein Problem schildern. Der Vorschlag liegt durchaus im Bereich des Möglichen, aber ich habe einige Anliegen... Nein, nein, ich meine nicht, daß er inakzeptabel ist. Mein Gefühl sagt mir, daß wir die Sache zu unserer beider Zufriedenheit lösen könnten, wenn wir uns noch einmal zu einem Gespräch zusammensetzen würden.«

Schlichtmann schloß die Augen und kniff sich in die Nase. Conway atmete tief durch.

»Und es ist Ihnen wirklich nicht möglich, hierherzukommen?« fragte Schlichtmann. »Ich möchte dieses Gespräch ungern am Telefon führen. Vielleicht könnten wir ja zu Ihnen kommen... Okay, ich rufe Sie in einer Stunde noch einmal an.«

Schlichtmann legte auf und sah Conway und Gordon an. »Er ist bei acht Millionen. Er sagte: ›Mehr als acht Millionen sind nicht drin.‹«

»Nimm an. Dann ist alles vorbei«, schnaubte Conway.

»Einen Moment noch.« Schlichtmann kniff die Augen zusammen und sah nachdenklich zur Decke. »Wenn er bei acht ist, glaubt ihr dann nicht, daß ich auch neun oder neuneinviertel aus ihm herausholen kann?«

»Das glaube ich nicht«, entgegnete Gordon. »Schau, Jan, laß uns nicht geldgierig werden. Wir haben versucht, die Sache hochzutreiben, und wir waren nicht übermäßig erfolgreich damit.«

»Laß uns nicht gierig werden, Jan«, wiederholte Conway.

Aber Schlichtmann war nicht überzeugt. »Es ist eine Frage dessen, wie weit er noch gehen würde.«

»Wie hat er sich angehört?« fragte Gordon.

Schlichtmann dachte einen Augenblick lang nach. »Er klang nach ›Verarschen Sie mich nicht‹.«

Gordon schüttelte den Kopf. »Ich bin nicht in der Laune dazu, Jan. Bring das Ding zu Ende.«

»Eine Bedingung unseres Abkommens ist, daß der Richter den Geschworenenspruch aufhebt«, sagte Schlichtmann. »Damit werden die Familien ein Problem haben.«

»Nein, das werden sie nicht«, sagte Conway. »Wie kommt das in der Presse an, wenn jede der Familien eine Million Dollar erhält? Sieht das nicht aus, als hätten wir den Fall gewonnen? Doch.« Conway drückte seine Zigarette aus und stand auf. »Schließ den Fall ab, Jan. Schließ ihn ab«, sagte er langsam und bestimmt. Er zog seine Hose hoch und ging aus dem Zimmer.

»Genaugenommen sind es 450 000 pro Familie, nach Abzug der Auslagen und Honorare«, sagte Gordon.

»Eine halbe Million pro Familie«, murmelte Schlichtmann.

»Netto, ohne Steuern«, fügte Gordon hinzu.

Conway tauchte noch einmal in der Tür auf. »Jetzt, Jan, tu's jetzt.«

»Ja«, seufzte Schlichtmann schließlich. »Wenn ich nach New York fliege, läßt er mich zu Kreuze kriechen.«

Gordon lachte – ein helles, fröhliches Lachen. »Oh, darüber würde ich mir keine Sorgen machen. Wir sind schon genug zu Kreuze gekrochen. Laß uns mit unserem Leben etwas anderes anfangen.«

Seit dem Geschworenenspruch waren fünf Wochen vergangen. In dieser Zeit, als Schlichtmann das Schlimmste befürchtete, hatte er häufig über den Tod gesprochen, als käme für ihn eine Niederlage dem Tod gleich. In seinen Augen *war* dieser Vergleich eine Niederlage. Aber die Sache war noch nicht zu Ende, dachte er zu diesem Zeitpunkt. Er würde Einspruch gegen das Urteil erheben, das Beatrice Foods betraf, und vielleicht bei einer Wiederaufnahme des Verfahrens gegen Facher gewinnen. Der Fall Woburn war noch nicht abgeschlossen. Noch mußte er nicht sterben.

Er wollte allein sein, wenn er das Telefonat mit Eustin führte. Gordon verließ Schlichtmanns Büro in Richtung Küche, wo Conway mit Peggy sprach. Conway sagte ihr, daß der Fall abgeschlossen sei, daß sie mit Grace einen Vergleich arrangiert hätten.

Peggy reagierte erfreut, klatschte vergnügt in die Hände und rief: »Gut! Dann muß ich auch nicht mehr jeden Abend hier das Geschirr spülen.«

Gordon spielte an der Kaffeekanne herum, stellte sie dann plötzlich zur Seite. »Fünf lange Jahre«, sagte er mit rauher Stimme, und seine Augen füllten sich mit Tränen.

Peggy kam zu ihm herüber und legte die Arme um ihn. Schweigend standen sie einen Augenblick lang da und hielten sich umarmt. »Gleich wird alles vorbei sein«, sagte sie.

Schlichtmann kam aus seinem Büro in die Küche. »Er gibt mir acht. Mehr nicht. Er sagt, das sei Wucher.«

Gordon tippte Zahlen in seinen Taschenrechner ein. Einen Moment lang sah Schlichtmann ihm über die Schulter. »Ich will nicht mehr als meine Maßanzüge, meine Wohnung und eine Reise nach Hawaii«, sagte Schlichtmann. »Und 40 000 in bar. Nein, behalt das Geld und besorg mir lieber eine Kreditkarte für Hawaii. Eine Platin-Kreditkarte.«

»Abgelehnt«, sagte Gordon.

»Ich muß meine Würde wiedererlangen«, erklärte Schlichtmann.

»Warum nicht mit einer verdammten Mastercard?« fragte Gordon. »Was glaubst du, wie deine Rechnung auf einer Platinkarte nach einem Monat Hawaii aussieht?«

»Bring mich einfach dorthin zurück, wo ich vor zwei Jahren war«, sagte Schlichtmann. »Mach mich wieder ganz.«

»Wie gedenkst du deine Kreditkarten denn zu bezahlen, wenn sie fällig werden?«

»Ich werde weitere Vergleiche schließen«, sagte Schlichtmann.

BLINDEKUH

1

Am Montag, dem 22. September, erteilte Richter Skinner seine Zustimmung zu dem Vergleich über acht Millionen Dollar. Die Geschworenen im Fall Woburn, die vom Amtmann des Richters zusammengerufen worden waren, warteten oben in ihrem Zimmer auf den Beginn der zweiten Prozeßphase.

In seinem Richterzimmer sagte Skinner zu Schlichtmann: »Wir spechen über viele hunderttausend Dollar für jede Familie?«

»Ja«, antwortete Schlichtmann.

»Ich finde, das ist ein ganz erfolgreicher Vergleich«, meinte der Richter, »zumindest aus Sicht der Kläger. Die Wahrscheinlichkeit war nicht gering, daß sie bei der extrem schwierigen Beweislage leer ausgehen würden.«

Schlichtmann enthielt sich einer Antwort.

Die vergangenen beiden Wochen waren für ihn schwierig gewesen. Keating hatte viele Forderungen gestellt. Es werde keine Übereinkunft geben, hatte er gesagt, solange der Richter dem Antrag von Grace auf Wiederaufnahme des Verfahrens nicht stattgebe und den Geschworenenspruch für null und nichtig erkläre. Darüber hinaus müsse es so wirken, als sei der Vergleich erst zustande gekommen, nachdem der Richter die Wiederaufnahme angesetzt hatte. Diese kleine List verärgerte Schlichtmann, aber er fand sich damit ab. Er hatte keine andere Wahl. Er argwöhnte, daß der Richter ohnehin einen neuen Prozeß ansetzen würde. Und er war sich dessen sicher, als der Richter bereitwillig Keatings fiktiven Zeitablauf übernahm.

»Eine zweite Prozeßphase sollte niemals stattfinden«, sagte Schlichtmann verbittert zu Conway. »Der Richter hat uns die ganze Zeit über verarscht. Wir haben das Geld gekriegt, eine Stunde bevor alles zu Staub zerfallen ist.«

Der Rechtsstreit gegen W. R. Grace endete so, wie er begonnen hatte: vor einer Menschenmenge in Richter Skinners Gerichtssaal. Der Richter setzte die Geschworenen von dem Vergleich in Kenntnis und dankte ihnen für ihre Tätigkeit. Einen Augenblick später umringten Reporter Schlichtmann und Keating, fragten nach Einzelheiten des Vergleichs. Keating hatte als weitere Bedingung darauf bestanden, daß die Höhe der von Grace zu zahlenden Summe geheimgehalten wurde, und Schlichtmann hatte eingewilligt. Aber viele Personen, unter ihnen die betroffenen Familien, kannten den Betrag, und am Abend war in den Nachrichten von »unbestätigten« acht Millionen Dollar die Rede.

In der Trinity-Kirche in Woburn verkündete Schlichtmann am Nachmittag vor laufenden Kameras und einer großen Menge von Zuschauern seinen Sieg. Die Klienten, die auf Klappstühlen in einem Halbkreis vor den Kameras saßen, äußerten sich ähnlich. Einige gaben ihrer Überzeugung Ausdruck, daß sie, in Donna Robbins Worten, angetreten seien, »um den Großkonzernen eine Lektion zu erteilen« und damit Erfolg gehabt hätten.

Nicht jeder in der Trinity-Kirche glaubte das, noch nicht einmal alle diejenigen, die der Sache der Familien am wohlwollendsten gegenüberstanden. Im hinteren Teil des Kirchensaals beobachtete Reverend Bruce Young das Geschehen und meinte bitter: »Ich wette, sie feiern heute im Hauptquartier von Grace eine wundervolle Party.« Er war wütend gewesen – »scheißwütend«, wie er sich später ausdrückte –, als er am Morgen von dem Vergleich gehört hatte. Er hatte das Gefühl, selbst eine ganze Menge in diesen Prozeß investiert zu haben. Das Geld von Grace ohne ein vollständiges Schuldgeständnis von seiten des Konzerns, ohne ein Wort der Entschuldigung, entgegenzunehmen, machte für ihn das Ganze ziemlich wertlos. Sein Eindruck war, daß es zu Beginn um Prinzipien gegangen war. Er erinnerte sich, daß Anne Anderson einmal gesagt hatte, es gehe ihr nicht um Geld, sie wolle lediglich, daß J. Peter Grace an ihre Tür komme und sie um Verzeihung bitte. In Reverend Youngs Augen hatte Schlichtmann den ersten Teil des Verfahrens – den einfachsten – verpfuscht und dann einen Ausverkauf betrieben, als die Sache begann, riskant zu werden. Schlimmer noch, fand Young, war die Art wie Schlichtmann jetzt seine berufstypische Überredungskunst einsetzte, um den Familien weiszumachen, sie hätten tatsächlich etwas gewonnen. Die ganze Sache widerte den Pfarrer an. »Und ich dachte, dieser Fall würde wirkliche Bedeutung erlangen«, sagte er. »Von wegen.«

Auch zwischen den Familien selbst gab es Ärger. Schlichtmann hatte immer gesagt, daß der häßliche Teil der Angelegenheit beginnen würde, sobald Geld auf dem Tisch lag. Und nun begann er tatsächlich, wenn auch auf andere Weise, als er erwartet hatte. Einige Tage nach der Pressekonferenz kamen die Familien in Schlichtmanns Kanzlei zusammen, um die Verteilung des Geldes zu besprechen. Schlichtmann teilte ihnen mit, daß jede Familie 375000 Dollar auf die Hand erhalten werde und nach fünf Jahren noch einmal weitere 80 000. Die Ausgaben für den Fall beliefen sich auf 2,6 Millionen Dollar, die Anwaltshonorare auf 2,2 Millionen. Das, erklärte Schlichtmann den Familien, seien lediglich 28 Prozent der gesamten Vergleichssumme und damit weniger als jene 40 Prozent Erfolgshonorar, denen sie mit ihrer Unterschrift zugestimmt hätten.

Niemand beschwerte sich. Doch als Donna und Anne später zusammen nach Woburn zurückfuhren, machte Anne ihrem Ärger über die Höhe von Schlichtmanns Honorar Luft. Sie finde, daß die Anwälte nicht mehr bekommen sollten als irgendeine der Familien.

Donna widersprach. »Jan verdient es. Er hat die ganze Arbeit gemacht. Wir mußten lediglich zu den Treffen gehen.«

»Er hat kein Kind verloren«, erwiderte Anne.

»Ich hoffe, daß er das nie erleben muß«, sagte Donna.

Doch für Anne war die Angelegenheit damit noch nicht abgeschlossen. Sie hatte sich in den vergangenen Monaten zunehmend über Schlichtmann geärgert, fand, daß er die Familien von oben herab behandelte, als spreche er mit kleinen Kindern und sie und die anderen systematisch von wichtigen Entscheidungen ausschloß. Jedesmal, wenn sie anderer Meinung war als er, sagte er bloß »Vertrauen Sie mir, vertrauen Sie mir.« Wie oft hatte sie das von ihm gehört? Doch was sie am meisten störte, war die wachsende Überzeugung, daß sie und die anderen ihn nun, da der Prozeß zu Ende war, nicht mehr im geringsten interessierten. Sie fing an zu glauben, daß er sie lediglich als ein Vehikel für seinen eigenen Ehrgeiz benutzt habe, für seinen Ruhm und sein Vermögen. »Ich habe das alles für meinen Jungen getan, für Jimmy«, erklärte sie später. »Es hatte alles ganz ehrlich begonnen. Wir wollten, daß anderen nicht widerfährt, was uns zugestoßen ist. Aber als die Zusammenarbeit mit Jan abgeschlossen war, fühlte ich mich verletzt und beschmutzt.«

Sie bestand darauf, daß es ihr eigentlich nicht ums Geld gehe. Schlichtmann aber, dieser Überzeugung war sie, machte sich viel daraus. Und wenn das Geld für ihn so wichtig war, dann würde sie es auch für sich selbst wichtig machen. Sie fand ein offenes Ohr bei den Zonas, die sie seit 15 Jahren kannte.

Anne und die Zonas konnten Schlichtmann nicht belangen, was sein Honorar betraf, weil sie den Vertrag unterschrieben hatten, der ihm 40 Prozent des Schadensersatzes zusprach. Aber sie konnten die 2,6 Millionen Dollar anfechten, die er als Ausgaben geltend machte. Als sie das Thema zur Sprache brachten, schlug Schlichtmann ihnen vor, einen Buchprüfer einzuschalten, der mit ihnen zusammen die Tausende von Rechnungen durchgehen sollte. Sie akzeptierten das Angebot. Der Buchprüfer stellte Rechnungen für Kopien, Aufwandzinsen und Überstundenkosten sowie verschiedene andere Dinge in Frage. Anne und die Zonas nahmen sich einen Anwalt, der sie vertrat. Eines Abends rief Ronald Zona bei Donna Robbins an, um sie für ihre Sache zu gewinnen. Er sagte Donna, Schlichtmann habe ihnen eine halbe Million Dollar gestohlen.

»Wie denn?« fragte Donna. »Wo stammt das Geld denn her?«

»Aus Unkosten, für die wir niemals hätten aufkommen sollen«, sagte Ronald Zona.

»Jan hat uns niemals um Geld gebeten«, erwiderte Donna. »Keiner von uns mußte auch nur den geringsten Betrag aufbringen. Ich habe nicht das Gefühl, daß ihr im Recht seid.«

Schlichtmann teilte den Familien mit, daß er die Ergebnisse des Buchprüfers nicht anzweifeln werde. Er erklärte sich einverstanden, jedweden Betrag zu überweisen, der dem Buchprüfer angemessen zu sein schien. Dieser stellte eine Liste von Posten zusammen, die sich auf insgesamt 80 000 Dollar beliefen. Schlichtmann war bereit, diese Summe gleichmäßig unter den Familien aufzuteilen, aber außer Anne und den Zonas wollte niemand etwas davon haben.

Schlichtmann war mit den Ausgaben tatsächlich großzügig umgegangen. Das war immer seine Art gewesen. Er hatte nie irgendwelche Kosten gescheut, um einen Fall vorzubereiten, und im Fall Woburn hatte es immer noch einen weiteren Testbrunnen gegeben, der gebohrt, eine weitere medizinische Untersuchung, die durchgeführt werden konnte. Dennoch war er nicht an die sieben Millionen Dollar an Honoraren und Unkosten herangekommen, die Grace für die Verteidigung ausgegeben hatte, ganz zu schweigen von den zusätzlichen Millionen, die von Beatrice Foods aufgebracht worden waren.

Wie sich herausstellte, deckte der Betrag, der auf der Rechnung aufgelistet war, nicht die wahren Kosten, die für Schlichtmanns Kanzlei entstanden waren: die Gehälter und Sozialleistungen, die laufenden, täglichen Bürokosten. In normalen Zeiten wäre all das mit den Erträgen eines halben Dutzends größerer Fälle pro Jahr bezahlt worden. Aber Woburn hatte während der vergangenen beiden Jahre die gesamte Firma nahezu vollständig in Anspruch genommen. Unter den Anwälten stand die größte Summe Joe Mulligan zu, dem Mann, der als erster nach Woburn gefahren war und die Familien vertraglich gebunden hatte. Für einen Drink in der Littlest Bar und ein paar Schmeicheleien hatte er Schlichtmann vor Jahren dazu gebracht, den Fall zu übernehmen. Nun verlangte er ein Vermittlungshonorar. Schlichtmann weigerte sich. Mulligan hatte schließlich nicht einmal eine Woche

Arbeit in den Fall investiert. Mulligan reichte Klage beim Bundesgericht ein. Um einen Vergleich herbeizuführen, erklärte sich Schlichtmann einverstanden, ihm 350 000 Dollar zu bezahlen.

Zwischenzeitlich hatten die »Prozeßanwälte für soziale Gerechtigkeit« ein Honorar über 800 000 Dollar für Anthony Roismans anfängliche Hilfe geltend gemacht. Schlichtmann traf sich mit Roisman und dem Vorstand der Organisation in einem Hotel am Flughafen außerhalb von Chicago. Gordon und Phillips begleiteten ihn. Die Besprechung dauerte den ganzen Tag. Der Vorstand ließ Schlichtmann wissen, daß er schlecht gewirtschaftet, zuviel Geld ausgegeben, sich auf einen zu niedrigen Betrag geeinigt habe und die vollen 40 Prozent Honorar hätte kassieren sollen. Phillips verließ angewidert die Besprechung. Gordon brach vor Wut in Tränen aus. Die Frau, die neben ihm saß, eine Anwältin aus Kalifornien, drehte sich zu ihm und sagte kalt: »Es ist nicht persönlich gemeint, verstehen Sie.«

Schlichtmann weigerte sich, auch nur ein Wort zu seiner Verteidigung zu sagen. Aber genauso weigerte er sich, die 800 000 Dollar an die »Prozeßanwälte für soziale Gerechtigkeit« zu bezahlen. Er bot ihnen 300 000 an. Sie akzeptierten das Angebot, wenn auch zähneknirschend.

Eines Tages beim Abendessen fragte Phillips Schlichtmann, ob er bereue, den Fall Woburn übernommen zu haben.

»Ob ich es *bereue*?« rief Schlichtmann aus und brach in gellendes Gelächter aus. »Bereut ein doppelseitig Gelähmter den Augenblick, in dem er vom Bordstein trat und der Bus ihn zusammengefahren hat? Der Fall hat mein Leben ruiniert.«

Überall lauerten die Gläubiger. Gordon begann die Schulden zurückzuzahlen, einschließlich des Millionenkredits von Onkel Pete. Nachdem alle anderen – Nesson, Kiley und Tom Neville, Gordon und Phillips – bezahlt worden und 100 000 Dollar an Prämien an die Belegschaft verteilt worden waren, blieben für Schlichtmann gerade noch 30 000 Dollar übrig. Er hatte keine Schulden mehr, aber es war auch kein Geld mehr geblieben, um seinen Porsche zurückzubekommen. Außerdem konnte ihm Gordon keine neuen Kreditkarten verschaffen: Schlichtmann hatte seine Kreditwürdigkeit verspielt. Conway und Crowley, weniger belastet als Schlichtmann, gingen beide mit jeweils 100 000 Dollar aus dem Fall. Und sie erhielten die Übereignungsurkunden für ihre Häuser zurück. Conway versuchte sich mit seiner Frau wieder gut zu stellen, indem er ihr zu Weihnachten einen Pelzmantel kaufte.

Conway erfuhr vom vollen Ausmaß der Katastrophe, die über sie hereinbrechen sollte, erst im neuen Jahr. Gordon hatte nicht alle Schulden beglichen. Gordon hatte kein Geld für die Steuerzahlungen zurückgelegt.

2

Im Dezember brach Schlichtmann zu einer einmonatigen Urlaubsreise nach Hawaii auf. Während seiner Abwesenheit veröffentlichte die EPA einen Bericht über die Pumptests, die sie im Jahr zuvor, noch vor Prozeßbeginn, in Woburn durchgeführt hatte. Die Experten der Umweltbehörde kamen darin zu dem Schluß, daß sowohl Grace als auch Beatrice Foods für die Verseuchung des Grundwasserreservoirs und der städtischen Brunnen verantwortlich seien. Bei einer öffentlichen Anhörung in Woburn erklärte der EPA-Beamte, der das Projekt geleitet hatte, das Gelände von Beatrice Foods sei der am übelsten kontaminierte Bereich im Gebiet des Grundwasserspeichers und habe mit Abstand am stärksten zu der Verseuchung der Brunnen beigetragen.

In diesem Licht betrachtet hatte die Jury im Woburn-Prozeß einen Fehler gemacht. Grundwasser aus den sechs Hektar von Beatrice Foods war unter den Fluß gelangt und hatte die Brunnen kontaminiert, genau wie Schlichtmanns Experte behauptet hatte. Angesichts der Nähe des Geländes zu den Brunnen – nur rund 100 Meter – hätte das eigentlich schon ohne den EPA-Bericht klar sein sollen. Auf den ersten Blick schien der Geschworenenspruch ein Beispiel dafür zu sein, wie der Widerstreit der Argumente im Gerichtssaal mit seinen Regeln und Ritualen die Wahrheit eher verschleiern als ans Licht bringen kann. Doch aus Schlichtmanns Sicht war es der Richter, der die Jury in die Irre geleitet hatte.

Skinner hatte von Anfang an gewirkt, als betrachte er die Klage gegen Beatrice nicht unter dem gleichen Blickwinkel wie jene gegen Grace. Nach Prozeßende hatte der Richter eine Reihe zusätzlicher Entscheidungen erlassen. Eine davon besagte, daß – basierend auf der Beweislage – Grundwasser vom Beatrice-Foods-Gelände niemals in die Brunnen von Woburn gelangt sei. Angesichts der Komplexität der Fragen, die der Richter den Geschworenen vorgelegt hatte, war dieser spezielle Punkt niemals beantwortet worden. Skinner übernahm das nun selbst und erschwerte damit jegliche Berufung gegen das Beatrice-Foods-Urteil ganz erheblich. Im Prinzip ließ er Schlichtmann wissen, daß er, selbst wenn sich die Jury gegen Beatrice Foods entschieden hätte, das Urteil umgestoßen und zugunsten des Unternehmens entschieden haben würde.

Obwohl das Gelände kontaminiert war, hatte Schlichtmann kaum einen unumstößlichen Beweis dafür in der Hand, daß Riley persönlich für die Verseuchung verantwortlich war. Möglicherweise lag darin das Problem. Schlichtmann hatte es nicht geschafft, einen Zeugen ausfindig zu machen, der den Fall hätte aufdecken können, so wie er Al Love gefunden hatte, der die geheimen Machenschaften von Grace offenlegte.

Bevor Schlichtmann nach Hawaii aufbrach, versprach er den Familien in Woburn, daß er gegen das Beatrice-Foods-Urteil Berufung einlegen werde. Nesson wollte den Schriftsatz verfassen und die mündlichen Ausführungen vor dem Berufungsgericht übernehmen. Schlichtmann hatte bereitwillig zugestimmt. Er war froh, sich anderen Dingen zuwenden zu können.

Nach seiner Rückkehr begann er mit der Arbeit an einem Fall, in dem es um einen ärztlichen Kunstfehler ging. Die Kanzlei brauchte Einkünfte, und zwar schnell. Dank Gordons Versäumnis, Geld für die Steuern zurückzulegen, hatten sie nun den ungeduldigsten aller Gläubiger, das Finanzamt, auf dem Hals.

In dem Kunstfehlerfall gelang es nicht, einen Vergleich zu

schließen. Im April gingen Schlichtmann und Conway vor Gericht. Sie hatten 30 000 Dollar darauf verwendet, den Prozeß vorzubereiten, Geld, das sie wieder von Onkel Pete vorgestreckt bekamen. Nach einer zweiwöchigen Verhandlung zogen sich die Geschworenen zur Beratung zurück. Schlichtmann ging vor der Tür des Gerichtssaals auf und ab. Als die Jury vier Tage später mit ihrem Spruch zurückkehrte, hatte Schlichtmann verloren. Er fragte sich, ob er jemals wieder gewinnen würde. Das Pech von Woburn schien alles um ihn herum ungünstig zu beeinflussen.

Ungefähr zu dieser Zeit trennten sich Schlichtmann und Teresa. Sie waren fünf Jahre lang zusammengewesen. Wenn Schlichtmann die Trennung bedauerte, so zeigte er dies nicht. »Sie können riechen, wenn das Geld weg ist«, sagte er und meinte damit Frauen im allgemeinen, und die geduldige Teresa im besonderen. Damals schien es, als ließe er sich von Woburn sogar die Selbstachtung rauben.

Ohne Einnahmen, aus denen die Rechnungen hätten bezahlt werden können, begann der Schuldenberg der Kanzlei abermals zu wachsen. Die Übereignungsurkunde für Conways Haus landete erneut bei Onkel Pete. In diesem Frühjahr wurde das Telefon in Schlichtmanns Eigentumswohnung gesperrt und bis auf einen Polstersessel sein gesamtes Mobiliar gepfändet. Nachts legte er die Kissen des Sessels auf den Fußboden, um sich damit sein Bett zu bauen. Wenn er einen Tisch brauchte, stapelte er die Kissen übereinander und hockte sich davor auf den Boden wie ein Japaner. In dieser Position aß er auch – häufig Thunfisch aus der Dose. Manchmal lud Kiley ihn zum Essen ein und steckte ihm danach noch einen Hunderter zu.

Nesson war bereits seit Monaten mit der Berufung gegen das Beatrice-Foods-Urteil beschäftigt. Er hatte den Verlauf des Verfahrens umrissen und alle juristischen Argumente gegen den von Richter Skinner gesteuerten Geschworenenspruch zusammengestellt, aber er verfügte nicht über Schlichtmanns Detailkenntnisse des Beweismaterials. Also gab er ihm seinen Schriftsatz und bat ihn, die relevanten Fakten einzufügen.

Schlichtmann fand, daß Nesson großartige Arbeit geleistet hatte. Der Schriftsatz war straff formuliert und führte Präzedenzfälle an, die seine Argumentation perfekt stützten. Und das beste war, daß Nesson des Richters eigene Worte verwendet hatte, um zu zeigen, wie Skinner selbst klargeworden war, daß er sich geirrt hatte, was die Verantwortung des Grundstückseigentümers und die Pflicht, die Bevölkerung zu warnen, betraf.

Schlichtmann rechnete damit, daß er etwa drei Tage brauchen würde, um fehlende Details zu ergänzen. Sich noch einmal in die Prozeßprotokolle zu vertiefen, war zunächst, als würde eine Wunde neu geöffnet. Je länger er darin las, desto wütender wurde er auf Richter Skinner, und je mehr sein Zorn anwuchs, desto überzeugter war er, daß die Familien den Berufungsprozeß gewinnen würden. Aus drei Tagen wurde eine Woche, aus der Woche ein Monat. Conway kam morgens in die Kanzlei und stellte fest, daß Schlichtmann bereits seit Stunden dasaß.

Conway jedoch blieb skeptisch. Er drängte Schlichtmann, an anderen Fällen zu arbeiten und nicht zuviel Hoffnung in die Berufung zu legen. Doch Schlichtmann beachtete ihn nicht.

Am 7. Juni, einem Mittwoch, reichte Schlichtmann den Antrag auf Berufung offiziell ein. Am darauffolgenden Montag bekam er einen Anruf von Neil Jacobs. Facher sei in England und halte an der Oxford University eine Vorlesung über amerikanisches Recht, aber er, Jacobs, habe den Schriftsatz gerade zu Ende gelesen. Er lud Schlichtmann zu einem kleinen Plausch zu sich ein.

»Das ist juristische Poesie«, sagte Jacobs am Abend zu Schlichtmann. Er bot einen Vergleich an, wenn Schlichtmann seinen Einspruch zurückziehe. Er schlug eine Summe um die 200 000 Dollar vor, jenen Betrag, den Beatrice Foods an Honoraren aufbringen müßte, um gegen die Berufung anzugehen.

Schlichtmann schüttelte den Kopf.

»Sie werden nicht gewinnen«, warnte ihn Jacobs. »Und selbst wenn, dauert es drei Jahre, bis Sie einen Richter zu sehen bekommen.«

»Tja, ich bin eben Masochist«, sagte Schlichtmann.

Mitte des Sommers kehrte Facher nach Boston zurück. Er und Jacobs reichten im September den – sehr gut formulierten – Einspruch gegen die Berufung ein. Nachdem Nesson den Schriftsatz gelesen hatte, lächelte er matt und sagte zu Schlichtmann: »Vielleicht solltest besser du das Plädoyer übernehmen.«

Wenn sie nur unumstößliche Beweise in der Hand hätten, fuhr Nesson fort, die Riley und die Gerberei mit dem TRI auf dem Gelände in Verbindung brächten. »Das würde dem Fall ein völlig neues Gesicht geben.« Riley behauptete weiterhin standhaft, daß die Gerberei niemals TRI verwendet habe und alle Unterlagen über benutzte Chemikalien Jahre vor dem Verfahren vernichtet worden seien. Schlichtmann hatte dies nie geglaubt, aber all seine Bemühungen bei der Offenlegung hatten nicht ausgereicht, Riley zu widerlegen.

Eines Sonntagabends Ende September, ein Jahr nach dem Vergleich mit Grace, rief Schlichtmann von einer Telefonzelle aus Gordon an. Nessons Bemerkung hatte ihn nachdenklich gemacht. Er bat Gordon, am nächsten Morgen zum regionalen Büro der EPA zu gehen und die Akte über Beatrice Foods zu überprüfen. Die Behörde hatte zu eigenen Zwecken weiterhin Informationen über Beatrice Foods gesammelt, und vielleicht konnte Gordon ja etwas Neues und Interessantes aufstöbern. Die Chancen standen gegen ihn, das wußte Schlichtmann, aber es schien doch einen Versuch wert.

Am nächsten Morgen forstete Gordon im Büro der Umweltschutzbehörde Unterlagen durch, die er viele Male zuvor eingesehen hatte. Er kannte sie so gut, daß er nur Umfang und Gewicht prüfen mußte, um festzustellen, ob etwas Neues hinzugekommen war. Die Unterlagen waren umfangreich, und Gordon brauchte den ganzen Vormittag, um sich durchzuarbeiten. Und am Ende hatte er nichts gefunden.

Auf seinem Weg hinaus machte er einen Augenblick bei der Projektleiterin der Säuberungsaktion im Osten von Woburn halt. Er bedankte sich für ihre Hilfe. Und dann entdeckte er auf dem Regal hinter ihr eine Akte, vielleicht einen Zentimeter dick, mit hellblauem Einband: eine Akte, die er noch nicht kannte.

Schlichtmann saß an seinem Schreibtisch, als Gordon hereinkam und die Akte vor ihn hinlegte. »Hätten wir das nicht schon bei der Offenlegung haben sollen?«

Es handelte sich um einen 60 Seiten starken Bericht einer Firma namens Yankee Environmental Engineering. Auf der ersten Seite stand die Überschrift »Hydrogeologische Untersuchung der Gerberei John J. Riley«. Die Studie, die Riley selbst in Auftrag gegeben hatte, war 1983 fertiggestellt worden, drei Jahre vor Prozeßbeginn.

Schlichtmann war verblüfft. Dieser Bericht war ihm nie zuvor unter die Augen gekommen, obwohl er bei Befragungen, bei Vernehmungen und bei Vorladungen – bei elf verschiedenen Gelegenheiten, wie er zusammenzählte – wiederholt nach derartigen Unterlagen gefragt hatte.

Mit wachsender Aufregung las Schlichtmann den Bericht. Er fand heraus, daß die Ingenieure dieser Firma auf dem Gelände der Gerberei sechs Testbrunnen gebohrt hatten, Brunnen, die während der gesamten Untersuchungen durch die Umweltschutzbehörde und im Verlauf des Verfahrens verschwiegen worden waren. Der Bericht führte an, daß Grundwasser vom Gelände der Gerberei durch den sehr porösen Boden hindurch in Richtung Osten abgeflossen sei, auf die städtischen Brunnen zu, genau wie Schlichtmanns Experte Pinder dies prognostiziert hatte. Abfall der Gerberei, im Bericht als »torfähnlicher schwarzer Schlick« bezeichnet, war am Abhang zu dem sechs Hektar großen Gelände hin deponiert worden. Für Schlichtmann klang dies sehr nach der Probe Z, dem kontaminierten Material, das Drobinski auf dem Gelände gefunden hatte. Vor Gericht hatte Schlichtmann behauptet, daß es sich dabei um Gerbereiabfall handelte. Aber der Richter hatte es nicht glauben wollen und der Jury gesagt, sie dürften diesen Umstand nicht als Beweis erachten.

Hätte er diesen Bericht in Händen gehabt, dachte Schlichtmann, dann wäre das Verfahren vollkommen anders verlaufen. Der Bericht stützte die Aussagen seiner eigenen Experten. Und wer weiß, zu welchen Erkenntnissen er noch geführt hätte? Mit

Sicherheit mußte Facher von dieser Studie gewußt haben. Warum hatte er sie nie erwähnt? Und was hatte er sonst noch verschwiegen? Existierten noch andere Unterlagen?

Schlichtmann war gleichermaßen begeistert und wütend. Unter Juristen rangiert das Vernichten oder Unterschlagen von Beweismaterial gleich nach dem Diebstahl von Mandantengeldern. Der Sinn der Offenlegung, schrieb Richter William O. Douglas im Jahr 1958, ist es, »dafür zu sorgen, daß ein Verfahren weniger von einem Blindekuhspiel und mehr von einem fairen Wettstreit an sich hat, bei dem die grundlegenden Fakten und Tatsachen so weit wie möglich bekanntgegeben werden.« Die Zivilprozeßordnung stellte ein Rechtsmittel gegen ein derartiges Amtsvergehen zur Verfügung. Wenn die unrechtmäßige Unterschlagung von Beweisen einen fairen Prozeß verhindert hat, dann gewährt die Prozeßordnung der geschädigten Partei die Wiederaufnahme des Verfahrens.

3

Es war, als hätte Schlichtmann die Möglichkeit bekommen, die Vergangenheit neu zu schreiben, den größten Mißerfolg seines Lebens auszulöschen und statt dessen einen großen Sieg zu verbuchen. Aus diesem Grund nahm ihn der Fall Woburn wieder vollkommen in Beschlag. Alles andere wurde vernachlässigt.

Am liebsten wäre Schlichtmann mit der Angelegenheit schnurstracks zum Berufungsgericht gegangen, aber die Prozeßvorschriften erforderten, daß er zuerst noch einmal den Richter der ersten Instanz einbeziehen mußte. Also fand sich Schlichtmann plötzlich im Gerichtssaal von Richter Skinner wieder. Der Richter wirkte nicht gerade erfreut, ihn oder den Fall Woburn noch einmal zu Gesicht zu bekommen. Facher, der Schlichtmann und Nesson anstarrte, als sie hereinkamen, im übrigen auch nicht.

Obwohl er schlecht gelaunt war, wirkte Facher munter. Er hatte mit dem Fall Woburn eine Menge Geld für seine Kanzlei hereingeholt. Ein Jahr zuvor, gleich nach der Verkündung des Geschworenenspruchs, hatte der Steuerberater der Kanzlei bei einer Siegesfeier im Ritz-Carlton sogar auf Schlichtmann angestoßen. Seither hatte Facher zwei weitere Fälle vor Gericht gebracht, einen in New Orleans, einen in Maine, die er beide gewonnen hatte. Sein Ruf unter den Anwälten von Boston war nie glänzender gewesen. Nun aber zog Schlichtmann ihn wegen Betrugs und Amtsvergehens in den Schmutz, und darüber war zudem in der juristischen Fachpresse berichtet worden.

Schlichtmann stand vor dem Richter und ging in aller Ausführlichkeit den neu entdeckten Bericht durch, versuchte aufzuzeigen, warum er einen anderen Ausgang des Prozesses bewirkt hätte. Er hoffte, daß der Richter seine Empörung darüber äußern würde, daß dieser Bericht unterschlagen worden war. Bald aber mußte er feststellen, daß er sich zuviel erwartet hatte. Skinner hörte geduldig zu, stellte hin und wieder eine Frage. Schlichtmann beendete seine Ausführungen: »Gewiß stimmen Sie mir zu, Euer Ehren, daß diese Informationen für unsere Klage extrem hilfreich gewesen wären.«

»Ich glaube, da täuschen Sie sich«, widersprach der Richter. »Ich stimme überhaupt nichts und niemandem zu. Die Prozeßordnung macht es erforderlich, daß ich beide Seiten anhöre.«

Nun war Facher an der Reihe. Schlichtmanns Vorlage war für den alten Anwalt fast zuviel gewesen. »Ich habe so einiges erlebt«, sagte Facher zum Richter, »aber mir ist noch nie etwas Derartiges untergekommen wie die heutige Präsentation unverantwortlicher und haltloser Anschuldigungen. Das ist unverschämt.« Facher, der vor Wut und Entrüstung zitterte, stand direkt hinter Schlichtmann. Er hob seine Hand, als wollte er Schlichtmann einen Schlag auf den Kopf versetzen.

Aus den Augenwinkeln heraus sah Nesson diese Bewegung und schnellte hoch, um sich vor Facher zu stellen. Auch der Richter sprang auf, ebenso Schlichtmann. »Ich werde ihn im Foyer treffen, wenn er will«, stotterte Facher und sah zu Schlichtmann auf, der ihn an Körpergröße weit überragte. »Oder auch Charlie.«

»Alle hinsetzen!« brüllte der Richter. »Ich werde dieses Gezänk zwischen Anwälten nicht zulassen!«

Der Richter fragte Facher, ob er von dem betreffenden Bericht vor dem Verfahren gewußt habe. Ja, antwortete Facher, er habe den Bericht gesehen, aber nur kurz, ungefähr zwei Minuten lang, vor einer Zeugenvernehmung. Er habe ihn nie wirklich in der Hand gehabt. Rileys persönliche Anwältin, eine Frau namens Mary Ryan, die an jenem Tag im Gericht war, habe ihm den Bericht gezeigt. Er habe ihn damals für unwichtig gehalten, und das denke er auch jetzt: »Eines von Hunderten, vielleicht Tausenden Stücken irrelevanten Materials – ich weiß es nicht genau.« Und was Schlichtmanns Ersuchen betraf, so sei es ungenau vorgebracht worden. Es habe Schlichtmann an »Sorgfalt« und »Interesse« gemangelt, sich um dieses Dokument zu bemühen, und es sei daher seine eigene Schuld, daß er es nicht bekommen habe.

Richter Skinner wollte die Prozedur schon beenden, als Nesson aufstand und ihn an ihr Ersuchen erinnerte, Facher und Mary Ryan zu fragen, ob sie andere Dokumente kannten, die für das Verfahren von Bedeutung waren und die sie versäumt hatten vorzulegen.

»Vielen Dank«, sagte der Richter schroff, »aber ich möchte nicht, daß man mir vorschreibt, wie ich vorzugehen habe.«

»Euer Ehren«, beharrte Nesson, »vor Ihnen liegt ein Antrag, der mit der Integrität dieses Gerichts und dem Vorgang der Offenlegung zu tun hat. Sie regen sich ziemlich rasch auf, wenn es um Mr. Schlichtmann und mich geht.«

»Mich regt jeder auf«, sagte der Richter.

»Nein«, erwiderte Nesson. »Über Mr. Facher haben Sie sich nicht aufgeregt. Ich bin gespannt, ob es ein wirkliches Bemühen um die Integrität dieses Verfahrens gibt, das sich in Ihren Antworten an Mr. Facher äußert.«

Dieser Tadel machte den Richter erst recht wütend. »Sie haben mich dauernd bedrängt. Seit dem ersten Tag.«

Noch einmal ersuchte Nesson den Richter, die Frage zu stellen, um die er gebeten hatte.

»Ich weigere mich.«

»Dann beantragen wir, Mary Ryan in den Zeugenstand zu rufen, bevor die Anhörung abgeschlossen wird«, sagte Nesson.

»Nein!«

»Sie haben die Frage nicht gestellt, die von uns beantragt worden ist«, fuhr Nesson fort, »und nun beantragen wir, Mary Ryan in den Zeugenstand zu rufen ...«

»Ich werde in dieser Anhörung gar nichts mehr tun!« brüllte Skinner und verhaspelte sich vor Wut. »Ich rufe jetzt einen Strafprozeß auf, dessen Name mir entfallen ist.«

Schlichtmann erhob sich. »Euer Ehren ...«

»Ich höre Ihnen nicht länger zu! Jetzt reicht's mir endgültig! Die Vereinigten Staaten gegen ... Wie-auch-immer-der-Name-lautet ...«

Schlichtmann wartete ungeduldig auf den Bescheid des Richters, obwohl das Ergebnis für fast alle, die Skinners Verhalten während der Anhörung miterlebt hatten, festzustehen schien. Weihnachten rückte näher und verging. Am Neujahrstag verlor Schlichtmann seine Wohnung. Am nächsten Morgen, einem bitterkalten Januartag, zog Schlichtmann in der Kanzlei ein. Obwohl er nicht auf der Straße lebte, war er schließlich doch obdachlos geworden. Seine Maßanzüge hängte er in den Garderobenschrank der Rezeption, seine Seidenkrawatten und die Schuhe von Bally fanden in dem Kämmerchen neben dem Bad Platz. Er schlief auf einer Klappcouch in Crowleys Büro, braute sich jeden Abend in der Küche einen Kräutertee und ging zum Fernsehen in den Konferenzraum. »Es macht mir nichts aus, hier zu wohnen«, sagte er. »Ich bin ein Mann der Extreme. Was ich nicht abkann, ist die Mitte.«

Den ganzen Januar über rief er jeden Morgen den Amtmann des Richters an, um herauszufinden, ob Skinner seine Entscheidung gefällt hatte. Er weigerte sich, die Hoffnung auf eine Wiederaufnahme des Verfahrens aufzugeben. Die Fakten waren überwältigend und zu verwerflich, redete er sich dauernd ein. »Ich glaube, Richter Skinner sitzt in der Klemme, ihm bleibt keine Wahl mehr.« Aber dann durchlebte er auch wieder Anfälle von tiefem Pessimismus. »Nein, es ist nicht möglich. Skinner wird einen Weg finden, mich zu verarschen.« Einige vage Gerüchte machten ihm Hoffnung. Von Kathy Boyer, die mit einem Anwalt ausging, der mit Michael Keating Squash spielte, hatte er gehört, daß Keating glaubte, der Richter habe keine andere Möglichkeit, als das Verfahren wiederaufzunehmen. Das war ein Gerücht aus dritter Hand, das sich auf Spekulationen stützte, aber es erfüllte Schlichtmann mit neuem Mut. Er erzählte jedem, den er traf, davon. »Na, ist das nichts? Keating würde das nicht einfach so dahersagen. Er muß irgendwie wissen, woher der Wind weht.«

In der Zwischenzeit kümmerte sich Schlichtmann trotz Conways eindringlicher Bitten nur wenig um die anderen Fälle. Die Kanzlei nahm erneut einen Kredit bei Onkel Pete auf. Ein Finanzbeamter namens Welch rief mindestens einmal in der Woche bei Schlichtmann an. Einschließlich der Zinsen und Strafgebühren stieg seine Steuerschuld jährlich um 252 Prozent an. Sie belief sich inzwischen auf etwa eine halbe Million Dollar.

Richter Skinner gab seine Entscheidung schließlich am 2. Februar 1988 bekannt, neun Wochen nach der Anhörung. Er war der Auffassung, daß der Bericht des Ingenieurbüros unterm Strich Beatrice Foods gegenüber »eher wohlgesonnen« oder »zumindest neutral« sei. Das Dokument hätte daher nicht zu einem wesentlich anderen Prozeßausgang geführt, wäre es berücksichtigt worden.

Der Richter räumte jedoch ein, daß Schlichtmann berechtigterweise nach dem Bericht gefragt habe. Facher und Mary Ryan hätten ihm die Unterlagen aushändigen müssen. Aber ihre »Nachlässigkeit«, wie der Richter es nannte, sei lediglich ein »Versehen« und keine »vorsätzliche Verschwörung«, wie Schlichtmann wiederholt behauptet hatte. Genaugenommen, schloß der Richter, trage Schlichtmann selbst einen Teil der Schuld daran, daß er den Bericht nicht bekommen hatte, weil er auf einem »überstürzten« Vorgehen bestanden habe, obwohl Facher um mehr Zeit gebeten hatte. Und angesichts der durch Schlichtmann verursachten »Hektik« in der Schlußphase der Offenlegung sei es verständlich, sagte der Richter, »daß dieser Bericht für Mr. Facher nebensächlich gewirkt haben mag.«

Nachts, wenn Schlichtmann auf seiner Klappcouch wach lag, hatte er schreckliche Phantasien. Er war erfüllt von Haß auf Richter Skinner. »Ich denke mir aus, ihn persönlich zu verletzen«, sagte er. Er stellte sich vor, wie er hinaufgriff zur Richterbank, wo Skinner in seiner schwarzen Robe saß, und ihm an den Hals ging, die Falte schlaffen Fleisches packte. Er stellte sich den verblüfften, überraschten Blick in Skinners Augen vor, während er ihn würgte. Facher haßte er nicht. Es widerte ihn an, wie Facher sich verhalten hatte, aber er verstand zumindest seine Motive. Nein, es war der Richter mit seiner hinterhältigen und korrupten Scheingerechtigkeit, der Schlichtmann rasend machte vor Wut. Je länger er darüber nachdachte, desto mehr argwöhnte er, daß Facher den Richter auf irgendeine Weise in der Hand hatte.

»Ich fange an zu glauben, daß das alles ein abgekartetes Spiel ist«, sagte er eines Morgens zu Conway.

Conway schüttelte den Kopf. Er war anderer Meinung. Er wünschte, Schlichtmann würde Woburn einfach vergessen und sich mit anderen Fällen beschäftigen.

Für Schlichtmann hing nun alles vom Berufungsgericht ab. Die mündliche Verhandlung war für Juli angesetzt, also sechs Monate später. In dieser Zeit beschäftigte er sich damit, einen neuen Schriftsatz zu verfassen, in dem er die Unterschlagung des Berichts beim Verfahren in der ersten Instanz aufgriff.

Er verbrachte mehrere Tage im Zuschauerraum des Berufungsgerichts und hörte sich die Plädoyers an. Er arbeitete sich durch alle Urteilsbegründungen, die das Gericht im vergangenen Jahr erlassen hatte. Eine davon begeisterte ihn besonders. »Wir erinnern den Anwalt daran, daß wir jeglichen Versuch mißbilligen, mit unserem Rechtssystem zu spielen«, schrieb Richter Juan Torruella vom Berufungsgericht. »Täuschungen, unrichtige Darstellungen und Unwahrheiten werden nicht toleriert...«

Jeder Fall wird von einem Gremium aus drei Berufungsrichtern verhandelt, die per Los bestimmt werden. Schlichtmann betete darum, daß Torruella an dem Tag, an dem der Fall Woburn zur Anhörung kam, auf der Richterbank sitzen werde.

Je näher der Termin im Juli rückte, desto mehr Zeit verbrachten Schlichtmann und Nesson damit, eine Strategie zu entwerfen. Nesson wollte das Plädoyer vor dem Gericht übernehmen, und Schlichtmann willigte ein, weil er sich sagte, daß Nessons Referenzen aus Harvard ihrem Anliegen zusätzliches Gewicht verleihen würden. Diese Aussicht fand Nesson anregend. Die Revision, glaubte er, werde das Herz des Rechtssystems treffen. »Ich kann mir nicht vorstellen, daß sie ein Urteil gegen uns verfassen«, sagte er.

»Sind sie integer?« fragte Schlichtmann.

»Absolut«, erwiderte Nesson. Etwas weniger sicher fügte er hinzu: »Ich glaube es zumindest.«

4

Zwei Jahre nach dem Geschworenenspruch im Fall Woburn, am 28. Juli 1988, hielt Nesson sein Plädoyer vor den drei Richtern des Revisionsgerichts, von denen einer tatsächlich Juan Torruella war.

Während Schlichtmann auf den Bescheid des Gerichts wartete, begann er endlich, an anderen Fällen zu arbeiten. Es blieb ihm keine andere Wahl. Auf seinem Schreibtisch lag ein ganzer Stapel von Rechnungen, Pfändungsbescheiden und Titeln, eine Vorladung vom Amtsgericht, ein Haftbefehl gegen ihn wegen einer überfälligen Rechnung. Die Zeit verging quälend langsam. Die Bäume am Boston Common färbten sich in leuchtenden Herbsttönen und warfen schließlich ihre Blätter ab. Die kürzer werdenden grauen Tage des nahenden Winters deprimierten ihn. Hatte er die Kanzlei verlassen, und wenn auch nur für einen Augenblick, fragte er bei seiner Rückkehr: »Eine Nachricht?« Er fand, daß Nesson vor dem Revisionsgericht ein wunderbares Plädoyer gehalten und Facher eine schwache Leistung geboten hatte. Aber je länger sich das Gericht Zeit ließ, desto größere Sorgen quälten ihn.

»Es ist, als hielte mir jemand die Pistole an den Kopf«, sagte er eines Abends beim Essen zu Kiley. »Ich wünschte, sie würden endlich schießen, auf wen auch immer.«

Das Berufungsgericht erließ seine Entscheidung am 7. Dezember. Zufälligerweise war Schlichtmann an diesem Tag 2000 Meilen entfernt, half einem Anwalt aus Denver, der ihn um Rat in einem Giftmüllfall ersucht hatte. Conway faxte ihm das Urteil durch. Es war 45 Seiten lang und handelte zunächst die ursprüngliche Berufung ab. Die gerichtliche Feststellung durch Richter Skinner nach Abschluß des Verfahrens, die beinhaltete, daß das Grundwasser des Geländes nie in die städtischen Brunnen gelangt war, schrieb das Berufungsgericht, sei »sowohl plausibel als auch in den Unterlagen adäquat verankert«. Berufung abgelehnt.

Was den zweiten Punkt der Berufung, das ordnungswidrige Verhalten, betraf, so »enthält der Bericht den klaren und überzeugenden, sogar überwältigenden Beweis«, schrieb das Gericht, daß sich die Anwälte von Beatrice Foods ordnungswidrig verhalten hätten. Aber ordnungswidriges Verhalten hatte viele Erscheinungsformen. War es unbeabsichtigt gewesen, ein bloßes Versehen? Oder war es beabsichtigt und zweckbestimmt, ein richtiggehender Betrug? Vielleicht hätte der Bericht den Ausgang des Verfahrens nicht beeinflußt, wie Richter Skinner versicherte, aber »ein guter Prozeßanwalt baut auf die Informationen, die im Verlauf des Verfahrens verfügbar sind, wechselt Richtungen, wenn neue Anhaltspunkte auftauchen und alte verschwinden«.

Sollte das Versäumnis von Beatrice Foods, fuhr das Berufungsgericht fort, wissentlich und absichtlich geschehen sein, dann mußte man davon ausgehen, daß der Bericht aus gutem Grund unterschlagen worden war, daß er Schlichtmann zu fruchtbaren Enthüllungen geführt hätte, die das Gelände der Gerberei betrafen. Richter Skinner habe es versäumt, den Grad des Amtsvergehens festzustellen, obwohl er von Nesson und Schlichtmann wiederholt darum ersucht worden sei, sowohl Facher als auch Mary Ryan zu anderen Unterlagen zu befragen, die möglicherweise zurückgehalten worden waren. Richter Skinner, so befand das Gericht, habe seine Entscheidungsbefugnis in dieser Sache mißbraucht, »ein Fehler, der sich verschlimmerte, als er damit fortfuhr, eine gerichtliche Entscheidung in genau der Sache zu fällen, die zu beleuchten man von der Befragung berechtigterweise hätte erwarten können«.

Das Berufungsgericht ließ einen scharfen Tadel gegen Richter Skinner ergehen. Um den Fehler zu korrigieren, entschloß sich das Gericht zu einem ungewöhnlichen Schritt und sandte den Fall mit der Aufforderung an Skinner zurück, eine »aggressive« Befragung durchzuführen. Sobald die Befragung abgeschlossen sei, sollte Skinner einen Bericht an das Berufungsgericht schicken, das sich die Zuständigkeit in der Sache vorbehalten wollte.

In seinem Hotelzimmer in Denver schlug Schlichtmann vor Wut gegen die Wand. Er fühlte sich in eine Falle gelockt. Noch einmal mußte er in Richter Skinners Gerichtssaal zurückkehren. Das Berufungsgericht hatte ihm kaum mehr eine Möglichkeit gelassen. Es hatte die Aussicht auf den Gewinn eines erneuten Prozesses von der Frage abhängig gemacht, ob die Verseuchung der städtischen Brunnen vom Gelände der Gerberei allein ausgegangen sei. Aber gleichzeitig hatte es Skinners Feststellung bestätigt, daß das Grundwasser vom Beatrice-Foods-Gelände nicht in die Brunnen gelangt sei – ungeachtet der Ergebnisse der Umweltschutzbehörde. Da das Grundstück von Beatrice Foods zwischen der Gerberei und den Brunnen lag, wäre ein erneuter Prozeß, der sich ausschließlich mit der Gerberei befaßte, eine Farce, ein hoffnungsloses Unterfangen. Facher würde einfach ein Schlußplädoyer einreichen, das auf der gerichtlichen Feststellung Skinners und auf dem Geschworenenspruch basierte, und mit größter Wahrscheinlichkeit gewinnen.

Eine Woche nach der Entscheidung des Berufungsgerichts versammelte Skinner die Anwälte zur Terminabsprache in seinem Richterzimmer. Er verkündete, daß er diese Angelegenheit sehr zügig in Angriff nehmen werde. Er werde die Befragung von Facher und Ryan durchführen, wie das Berufungsgericht es von ihm verlangte, mehr nicht. Und das sollte weniger als einen Tag in Anspruch nehmen.

Schlichtmann protestierte. Er wünschte sich eine viel ausführlichere Anhörung mit Vereidigung der Zeugen. Existierte lediglich dieser Bericht? Oder gab es noch weitere? Wenn ja, dann kam das Berufungsgericht möglicherweise zu dem Schluß, daß das gesamte Verfahren durch das Amtsvergehen ungünstig beeinflußt worden war. Immerhin hatte das Gericht die Sache zurückgeschickt und eine »aggressive« Befragung gefordert.

»Sie können so aggressiv sein, wie Sie wollen«, sagte der Richter zu Schlichtmann. »Aber ich werde daraus keinen zweiten Prozeß machen. Ich werde die Form der Anhörung sehr genau unter Kontrolle halten.«

Als Schlichtmann wieder in der Kanzlei war, rief er Nesson an, der sich zu einer Konferenz in Florida aufhielt und keine Möglichkeit gehabt hatte, an dem Termin teilzunehmen.

»Der macht mich fertig«, sagte Schlichtmann zu Nesson. »Facher redet, und der Richter beendet die Sätze für ihn. Er sagt jedesmal, wenn Facher den Mund aufmacht, ›richtig‹. Ich war zuvorkommend, ich war höflich, ich war ruhig, ich war bestimmt. Er macht mich fertig, egal was ich tue. Er ist ein mieser Typ.«

»Das ist doch kindisch«, sagte Nesson.

»Schon möglich, aber ich sehe, was sich vor meinen Augen abspielt.«

Schlichtmann legte auf. Gordon, Phillips und Conway waren bei ihm im Büro. Schlichtmann sah sie an. »Skinner gehört dazu«, sagte er.

»Gehört wozu?« fragte Phillips.

»Zu der Verschwörung.«

Es sprach viel dafür, daß der Richter mit Schlichtmann die Geduld verloren hatte, aber nichts deutete auf eine Verschwörung hin. Phillips sah Schlichtmann neugierig an, mit jener Art von Blick, mit der ein Arzt einen Patienten mustert, den plötzlich Wahnvorstellungen befallen. »Warum siehst du darin eine Verschwörung?«

»Ich meine das ganz ernst«, erklärte Schlichtmann. »Wir sind in großen Schwierigkeiten. Du verstehst nicht, was hier vor sich geht. Es geht um Leben und Tod. Ich werde nicht aufgeben, und sie tun nicht das Richtige.«

Conway saß vornübergebeugt auf der Couch, seine Krawatte war gelockert, und seine Socken hingen an den Knöcheln. Er hob ein Gummiband auf und musterte es eingehend. Er erinnerte sich an den Tag vor sieben Jahren, an dem er Schlichtmann angefleht hatte, den Fall Woburn nicht zu übernehmen. »Dieser Fall ist ein schwarzes Loch«, hatte er zu Schlichtmann gesagt. Er werde nie enden. Conway sah aus, als würde er gleich in Tränen ausbrechen. »Was sollen wir tun?« fragte er.

Schlichtmann sah ihn an und schüttelte traurig den Kopf. »Es tut mir leid, Kevin. Ich ziehe dich immer tiefer mit hinein, aber ich kann nicht anders.«

Eine halbe Stunde lang ging Schlichtmann im Büro auf und ab. Er war aufgewühlt, aber er hatte seine Fähigkeit, rational zu denken, noch nicht ganz verloren. Er könnte den Richter die Anhörung genau so durchführen lassen, wie dieser es wünschte, und die Prozedur einfach erdulden, und dann wäre endlich Schluß mit dem Fall Woburn. Oder aber er könnte versuchen, den Kurs der Anhörung zu beeinflussen. Aber wie? Er blieb vor Peggys Schreibtisch stehen und schlug mit der Faust darauf. »Verdammt«, sagte er. »Ich werde es selbst erledigen. Ich werde vor Ort gehen und finden, was sie verstecken.«

»Vor Ort gehen?« echote Gordon. »Du hast noch nicht einmal ein Auto.«

Also fuhr Conway ihn »vor Ort«, agierte als Schlichtmanns Chauffeur. In dem neuen Bohrbericht hatte Schlichtmann den Namen des Bohrmechanikers gefunden, eines gewissen Lawrence Knox. Bis zum Samstagabend hatte er Knox im Haus seiner Exfrau in Saugus, einer schmutzigen Industriestadt nördlich von Boston, ausfindig gemacht. Conway wartete im Wagen. Die Exfrau stand im Eingang ihres Hauses und sagte Schlichtmann, daß Knox zur Weihnachtsfeier in den Elks Club gegangen war. Sie fuhren zum Elks Club, wo Schlichtmann sich durch eine Menge betrunkener, tanzender Gäste drängte. Kinder spielten zu Füßen der schwankenden Erwachsenen. Ein Dutzend oder mehr Weihnachtsmänner, sämtlich nicht mehr nüchtern, hüpften zwischen den Tänzern herum. Auf Schlichtmann wirkte die Szenerie, als sei er in einen Fellini-Film geraten. Er hatte keine Ahnung, wie Knox aussah, also hielt er jeden, der ihm in die Quere kam, an und fragte nach Knox.

Schließlich fand er ihn an der Bar im Untergeschoß. Knox' Gesicht war rot und vernarbt, er hatte eine scharfe Hakennase, schmale, harte Augen, dünne Lippen. Er trug ausgebeulte braune Freizeithosen und ein blaues Kunstfaserjackett. Er war durchschnittlich groß, aber von immensem Umfang. Er sah Schlichtmann mißtrauisch an. »Wegen Ihnen glauben alle, der Sheriff wär' hinter mir her«, sagte er. »Sie stellen mich vor meinen Freunden bloß.«

Schlichtmann bemerkte, daß Knox ein Schneidezahn fehlte, möglicherweise ein gefährliches Anzeichen. Er versuchte zu erklären, daß er etwas über einen Job wissen wollte, den Knox vor einigen Jahren gemacht hatte.

»Ein Prozeß? Ich mische mich in solche Sachen nicht ein«, sagte Knox, drehte sich um und wollte schon davongehen.

»Bitte«, hielt Schlichtmann ihn auf. »Ich will lediglich mit Ihnen reden. Geben Sie mir nur ein paar Minuten.«

Knox blieb stehen. Er hörte Schlichtmann zu. Nach einer Weile ließ er sich schließlich erweichen. Er willigte ein, am darauffolgenden Nachmittag in der Bar des Elks Club mit Schlichtmann zu sprechen.

Am nächsten Tag erzählte Knox – »Butch«, wie ihn seine Freunde nannten – Schlichtmann, daß er tatsächlich von der Firma Yankee Engineering angeheuert worden war, auf dem Gelände der Gerberei Brunnen zu bohren. Er war seit 25 Jahren Bohrmechaniker und dabei weit herumgekommen. »Ich war fast überall an der gesamten Ostküste.« Als er bei diesem Job auf dem Gelände der Gerberei gerade eine Zigarettenpause gemacht und dabei über das Marschland des Aberjona River geblickt hatte, war seine Aufmerksamkeit plötzlich auf ein Geräusch von Maschinen dort unten gelenkt worden. Er hatte den Hügel hinuntergesehen und einen Bagger erblickt, der den Boden aufriß und Erde und Schutt auf einen kleinen Lastwagen kippte. Diese Aktion wurde in den nächsten Tagen fortgesetzt, vielleicht eine Woche lang. Knox erkannte die Arbeiter als Männer aus der Gerberei wieder, aber er kannte keine Namen. Wenn der Lastwagen voll war, deckten die Arbeiter ihn mit einer Plane zu, und fuhren weg. Wohin wußte Knox nicht.

Schlichtmann fragte ihn, wie die Erde ausgesehen habe. War es normale Ackerkrume?

Nein, widersprach Knox, Krume kannte er. Es gehörte zu seinem Job, bei jedem Brunnen, den er bohrte, die Bodenbeschaffenheit zu bestimmen. Dort hatte es sich um dunkles, schwarzes lockeres Material gehandelt, etwa wie Torf. »Es war das gleiche Zeug, das ich bei der Gerberei gesehen hatte.«

Mein Gott, dachte Schlichtmann. Das hörte sich genauso an wie die Beschreibung von Probe Z, Drobinskis verseuchtem Gerbereischutt. Ob Knox seine Aussage schriftlich bestätigen würde, fragte Schlichtmann.

Knox zögerte. Er wollte keine Schwierigkeiten haben. Er mochte Anwälte oder Gerichte nicht. Er ging ihnen möglichst weiträumig aus dem Weg.

Schlichtmann versicherte ihm, daß er nichts weiter benötige als eine eidesstattliche Erklärung. Schließlich willigte Knox ein.

Zurück im Auto, sagte Schlichtmann zu Conway: »Jetzt haben wir den Stein aufgehoben, und die Würmer fangen an herumzukriechen. Hier geht es nicht nur um die Unterschlagung von Beweismitteln, hier werden welche vernichtet.«

Schlichtmann begann, in Woburn nach ehemaligen Gerbereiarbeitern zu forschen, die unter Umständen etwas von dieser Reinigungsaktion wußten. Ein ehemaliger Wartungsmonteur – der Mann litt an einer schweren Lymphknotenerkrankung und war nach 38 Jahren in der Firma ohne Rente auf die Straße gesetzt worden – riet ihm schließlich, mit James Granger zu sprechen, dem ehemaligen Ingenieur des Werkes, der für die Wartung zuständig gewesen war. Granger sei vor einigen Jahren nach Vermont gegangen, wo er sich eine Farm gekauft habe.

Schlichtmann machte Granger in Middletown Springs ausfindig, einem Ort mit 605 Einwohnern. Er rief Granger an, der aber offenbar zögerte, mit ihm zu sprechen. Gleichwohl gestand Granger ein, daß er sich gut an die Zeit im Jahr 1983 erinnere, als die Leute von Yankee Engineering auf dem Gelände der Gerberei mehrere Testbrunnen bohrten. Jack Riley habe ihn einer jungen Frau mit leuchtendroten Haaren vorgestellt, die das Projekt beaufsichtigte, und Granger angewiesen, der Frau zu helfen, wenn sie irgend etwas benötige.

»Wissen Sie irgend etwas über die Erde oder den Schutt von dem Gelände?« fragte Schlichtmann.

Es entstand eine lange Pause. Schließlich sagte Granger: »Yeah.«

Am nächsten Morgen, dem 29. Dezember, flog Schlichtmann zusammen mit Crowley nach Rutland, Vermont. Crowley mietete einen Wagen, sie fuhren nach Middletown Springs und hielten in der Stadt an, um einen Notar mitzunehmen. Granger öffnete seine Haustür, ließ jedoch Schlichtmann nicht herein. Ein großer Hund knurrte im Türspalt. »Anwälte«, sagte Granger. »Sie werden mir das Wort im Mund herumdrehen.«

»Ich flehe Sie an«, sagte Schlichtmann. »Schenken Sie uns zwei Minuten Ihrer Zeit. Nur zwei Minuten.«

»Ich muß mit meiner Frau sprechen«, sagte Granger und schloß die Tür. Schlichtmann konnte die wütende Stimme einer Frau hören. Wieder öffnete Granger die Tür. »Ich muß nicht mit Ihnen reden, oder?«

»Nein«, gab Schlichtmann zu, »das müssen Sie nicht.«

»Ich könnte Ihnen sagen, daß Sie von meinem Grundstück verschwinden sollen, stimmt's?«

»Ja.«

Granger nickte, als habe diese Antwort seine eigene Auffassung bestätigt. Dann öffnete er die Tür und ließ Schlichtmann und den Notar herein.

Zwei Stunden später verließ Schlichtmann die Farm mit der eidesstattlichen Erklärung Grangers, die, in Auszügen, folgendermaßen lautete:

> Im Herbst 1983 wurde mir von Mr. J. J. Riley aufgetragen, Materialien von dem Areal, dessen damalige Bezeichnung Wildwood-Land lautete, zu räumen. Bevor diese Räumungsaktion tatsächlich stattfand, ging Mr. Riley mit mir über das Gelände und zeigte mir verschiedene Materialien, die beseitigt werden sollten. Ich packte alles zusammen. Mr. Riley kontrollierte mich und trug mir auf, weitere Materialien zu beseitigen. Diese Aktion dauerte etwa eine Woche oder länger. Wir benutzten dafür den Kipplaster der Gerberei. Mr. Riley machte mir klar, daß diese Aktivität unbemerkt erledigt sein mußte, bevor die EPA die Pumptests durchführte. Wir räumten Materialien vom Gelände, wie uns Mr. Riley aufgetragen hatte und – soviel ich weiß – ohne daß das Umweltschutzamt davon wußte. Ich erinnere mich genau, daß Mr. Riley in dieser Zeit sehr verstimmt war, wenn er gewisse Materialien entdeckte. Ich weiß nicht, woher diese Materialien stammten.

Hatte es sich um Probe Z gehandelt? fragte sich Schlichtmann. Und wenn, warum hatte Granger die Materialien dann nicht als Gerbereiabfall erkannt? Immerhin war Granger fast 20 Jahre lang in der Gerberei beschäftigt gewesen. Aber es *mußten* Substanzen der Probe Z sein. Was sonst noch außer Gerbereiabfall konnte Riley so sehr verstimmt haben?

Schlichtmann und Crowley verbrachten die Nacht in einem Hotel in Rutland, warteten auf die erste Maschine am Morgen zurück nach Boston. Schlichtmann gab die eidesstattliche Erklärung nicht aus der Hand. Wie ein Junge sein Geburtstagsgeschenk, nahm er die Erklärung mit ins Bett, legte sie neben sein Kissen, knipste immer wieder das Licht an, um sie noch einmal zu lesen.

Am nächsten Tag durchforstete Schlichtmann in der Kanzlei die Protokolle von Rileys Prozeßaussage. Er kannte die Aussage fast auswendig, aber er wollte sie schwarz auf weiß und gedruckt vor sich sehen. Er fand, wonach er gesucht hatte, unter dem 21. Prozeßtag:

Facher: Gibt es Ihrer Kenntnis nach irgendwelchen Schlick irgendeiner Art, der auf dem sechs Hektar großen Gelände abgelagert wurde?

Riley: Das habe ich Ihnen doch schon gesagt.

F.: Sagen Sie es uns noch einmal.

R.: Nein. Niemals. Meines Wissens niemals. Absolut nie.

F.: Haben Sie irgend etwas vom Gelände räumen lassen?

R.: Nein.

F.: Wieso nicht?

R.: Unsere Anwälte haben uns geraten, alles zu lassen, wie es ist, weil alles untersucht wird.

Schlichtmann lachte vor Freude. »*Daraus* können sie sich nicht herauswinden«, sagte er zu Conway. »Oh, Mann, diese Typen sind durch und durch mies. Ich kann es nicht fassen, daß sie so mies sind. Ich glaube, Riley kommt wegen Meineids ins Gefängnis.«

Schlichtmann war überzeugt, daß er es endlich geschafft hatte, innerhalb einer Woche diesen Fall zu knacken, der ihm trotz jahrelanger Arbeit und einer millionenschweren Investition verschlossen geblieben war. Hätte er diese Information schon beim Prozeß gehabt, erklärte er, hätte er gewonnen. Conway stimmte zu und Phillips räumte ein, daß Schlichtmanns Behauptung, es gebe eine Verschwörung, nicht länger wie wirres Gerede klang.

Gordon rief bei der EPA an und erläuterte dem Projektleiter, der für den Fall Woburn zuständig war, was Schlichtmann entdeckt hatte. Der Projektleiter, der David Delaney hieß, war nicht überrascht. Er erzählte Gordon, er sei selbst eines Morgens im Herbst 1983 Zeuge einer Räumungsaktion geworden. Er habe sich Notizen gemacht, die er Gordon gerne zeigen könne.

Gordon machte sich sofort auf den Weg zu Delaneys Büro. 20 Minuten später kam er mit einer Kopie der Aufzeichnungen zurück, die Delaney vor Ort gemacht hatte.

Schlichtmann las, daß Delaney am Morgen des 9. September 1983 einen roten Lastwagen beobachtet hatte, der mit »voller Ladung« das Gelände verließ. »Lastwagen kehrte keine zehn

Minuten später zurück, während ich mit dem Baggerführer sprach«, hatte sich Delaney notiert. »Baggerführer deutet an, daß sie einigen Müll aufladen und gleich wegfahren werden... Kommt mir seltsam vor, daß sie Müll auflesen, der offensichtlich schon so lange überall herumliegt... Haufen enthält Kunststoffmaterialien, die zusammengescharrt wurden. Ein Haufen enthält braune Substanz. Ein Haufen ist inzwischen verschwunden – braune Überreste sind geblieben.«

»Mein Gott«, rief Schlichtmann. »Probe Z! Sogar die EPA hat mitbekommen, wie Riley diesen Scheiß von seinem Grundstück geschafft hat!«

Delaneys Notizen schlossen mit der Bemerkung: »Mein Gefühl: Müllauto war bloß pro forma da. Beide Fahrer scheinen sich wegen meiner Anwesenheit unwohl zu fühlen.«

Schlichtmann schickte die eidesstattliche Erklärung und Delaneys Notizen zusammen mit einem Antrag auf Erweiterung der Ermittlungen an Richter Skinner. Er versandte die Unterlagen *in camera*, unter Ausschluß der Öffentlichkeit. »Frühzeitige Offenlegung«, schrieb Schlichtmann dazu, »behindert möglicherweise weitere Ermittlungen.« Mit anderen Worten: Er befürchtete, daß Facher sich an Knox oder Granger wandte.

Der Richter wies den Antrag noch am selben Tag mit einer verärgerten Bemerkung zurück, die er handschriftlich oben auf Schlichtmanns Antrag gekritzelt hatte: »Abgelehnt. Ich bearbeite keine eidesstattlichen Erklärungen unter Ausschluß der Öffentlichkeit. Die Erklärungen sowie die Unterbreitungen der Kläger, welche die Erweiterung der Ermittlung betreffen, werden daher an den Anwalt der Kläger zurückgegeben.«

Skinner hatte sich die Unterlagen noch nicht einmal angesehen. Am darauffolgenden Morgen versuchte Schlichtmann es noch einmal, reichte eine Benachrichtigung an das Gericht ein, daß Amtsvergehen und Vernichtung von Beweismitteln durch eine Zeugenaussage belegt seien. In Anbetracht der Anweisung des Berufungsgerichts, eine »aggressive« Ermittlung durchzuführen, sehe er sich gezwungen, diese Aussage vorzulegen.

Diesmal bekam Schlichtmann von Richter Skinner einen völlig

anderen Bescheid. Der Richter ordnete eine lückenlose Enthüllung an, die durch Vernehmungen ergänzt werden sollte. Er werde, solange es notwendig sei, jeden Dienstag- und Donnerstagnachmittag Anhörungen durchführen, um diese Sache endlich abzuschließen, und wenn es den ganzen Sommer über dauerte. Er erwarte Zeugen und Kreuzverhöre. Er werde keine eidesstattlichen Erklärungen anerkennen.

Schlichtmann versuchte Larry Knox zu erreichen. Er hoffte, den Bohrmechaniker überreden zu können, vor Gericht zu erscheinen. Er rief fünf Tage hintereinander bei Knox an, sechs- oder siebenmal täglich. Am Montag morgen vor dem geplanten Beginn der Anhörungen wachte Schlichtmann um sechs Uhr auf und rief Knox noch vom Bett aus in Nordmassachusetts, nahe der Grenze zu New Hampshire, an, wo dieser derzeit arbeitete. Nach dem dritten Klingeln kam Knox an den Apparat. Schlichtmann flehte den Bohrmechaniker an. »Hören Sie, Larry, das ist so wichtig. Sie sind der einzige Mensch, der die Wahrheit sagen, der das System rechtfertigen kann... Warum wollen Sie nicht, Larry? Hat jemand von der anderen Seite Kontakt mit Ihnen aufgenommen? ... Nein, nein, das wird nicht geschehen. Es hat nichts mit Ihrer Vergangenheit zu tun, es dreht sich allein darum, was Sie gesehen haben. Es wird so einfach und schnell über die Bühne gehen, wie nur möglich... Gibt es da noch etwas, Larry? Etwas, was Sie mir verschweigen? Larry, bitte, bitte... Larry?«

Knox hatte aufgelegt. Schlichtmann rief sofort noch einmal an. »Larry, bitte, ich will nur – Larry, legen Sie nicht auf...«

Schlichtmann stieg laut fluchend aus dem Bett.

In der Kanzlei bereitete Schlichtmann eine Zwangsvorladung vor und rief einen Gerichtsvollzieher an, der sie aushändigen sollte. Der Gerichtsvollzieher kam in die Kanzlei. Er trug einen Tweedmantel und hatte einen großkalibrigen Revolver an der Hüfte. Schlichtmann ließ Knox nur sehr ungern eine Zwangsvorladung zukommen, aber er schien keine andere Wahl zu haben. Er und Crowley fuhren zu der Baustelle, wo Knox arbeitete, nahe der Grenze zu New Hampshire, und der Gerichtsvollzieher folgte ihnen. Es war Ende Januar, aber der Tag war für die Jahreszeit sehr warm. Sie fanden Knox auf einem schlammigen Feld, wo ein neuer Highway gebaut werden sollte. Schlichtmann ging über das Feld, Schlamm klumpte an seinen 200-Dollar-Schuhen, verdreckte seine Hosenbeine. Er entdeckte Knox, der ihm den Rücken zukehrte, bei der Arbeit auf einer großen Bohrplattform. Knox trug ein abgewetztes Flanellhemd und eine schlammverspritzte Hose, die von einem einzelnen Hosenträger gehalten wurde, aber dennoch so weit herunterhing, daß die Spalte zwischen seinen Hinterbacken zu sehen war. Die Bohrplattform machte schrecklichen Lärm, und Knox hatte Schlichtmann offensichtlich nicht gehört. Schlichtmann ging um ihn herum, bis Knox ihn entdeckte. Er nickte respektvoll und lächelte dem Bohrmechaniker zu. Er konnte nicht verstehen, was Knox in dem Krach sagte, aber er sah, wie Knox' Lippen das Wort »Scheiße« formten.

Geduldig wartete Schlichtmann bei Knox' Pritschenwagen. Knox drehte sich hin und wieder zu Schlichtmann um. Eine Stunde verging. Schlichtmann blieb bei dem Wagen stehen. Um 15.30 Uhr erklang eine Pfeife, es war Feierabend, und Knox stellte die Bohrmaschinen ab. Er kam zu seinem Wagen herüber, ging aber an Schlichtmann vorbei, als sei dieser Luft. »Larry«, begann Schlichtmann.

»Verschwinden Sie«, sagte Knox. »Ich habe Ihnen meine Meinung gesagt. Ich will mit Ihnen nichts zu tun haben.«

Crowley und der Gerichtsvollzieher blieben im Hintergrund. Schlichtmann hatte den Gerichtsvollzieher gebeten, die Zwangsvorladung so lange nicht auszuhändigen, bis Knox Anstalten machte zu gehen. »Warten Sie, bis ich Ihnen ein Zeichen gebe«, hatte Schlichtmann gesagt.

Knox ging um seinen Pritschenwagen herum und stieg auf der Fahrerseite ein. Schlichtmann folgte ihm. »Ich warne Sie, verdammt noch mal«, sagte Knox und streckte ihm die geballte Faust entgegen. Schlichtmann nahm seine Brille ab, aber er hörte nicht auf zu sprechen. Er war bereit, sich verprügeln zu lassen, wenn das der Preis dafür sein sollte, Knox in Richter Skinners Gerichtssaal zu bekommen.

100 Meter entfernt sagte Crowley zum Gerichtsvollzieher: »Sie gehen besser hinüber, ich glaube, er fährt jeden Moment weg.« Der Gerichtsvollzieher sprintete über das Feld. Schlichtmann sah, wie er in ihre Richtung lief, und dachte einen Augenblick lang, er würde seine Waffe ziehen. Schlichtmann versuchte, den Gerichtsvollzieher zurückzuhalten. Dieser aber warf Knox atemlos die Zwangsvorladung zu. Sie traf den Bohrmechaniker auf der Brust und flatterte zu Boden. »Hier!« rief der Gerichtsvollzieher. »Das ist eine Zwangsvorladung. Sie müssen vor Gericht erscheinen.«

Schlichtmann beugte sich hinunter, um die Vorladung aufzuheben. Er wischte Schlammspritzer vom Umschlag und reichte ihn entschuldigend an Knox weiter. Der Mechaniker nahm den Umschlag entgegen und wedelte wütend damit vor Schlichtmanns Gesicht. »Okay, Sie Arschloch, Sie kriegen, was Sie wollen.« Knox schlug die Tür seines Wagens zu, drehte den Zündschlüssel und schlingerte über den weichen Boden davon. Die großen Räder spritzten Schlichtmann Schlamm ins Gesicht.

Schlichtmann gestikulierte wild um sich schlagend mit den Armen, wie ein Mann, der gegen Dämonen ankämpft. Dann starrte er dumpf zu Boden. Crowley kam auf ihn zu und sagte sanft: »Laß uns gehen, Jan.«

Schlichtmann saß schweigend im Auto, den Kopf gegen die Kopfstütze gelehnt, der Blick leer. Crowley fuhr über das schlammige Feld und bog dann in die Straße ein. Nach einer Viertelmeile entdeckte Crowley mehrere Lastwagen am Straßenrand. Knox stand neben seinem Wagen. Crowley scherte, ungefähr 50 Meter von Knox entfernt, zur Seite aus. Schlichtmann stieg aus und ging auf Knox zu, der ihn einen Augenblick lang haßerfüllt ansah und dann in seinen Wagen kletterte. Schlichtmann dachte: Bitte, lieber Gott, laß ihn nicht davonfahren. Wie ein Mantra wiederholte er diesen Gedanken immer wieder.

Als er bei Knox' Wagen angelangt war, legte er seine Hand auf die Tür. Es war so wichtig, die richtigen Worte zu finden, um Knox zu überzeugen, so wichtig, nicht die falschen Worte zu wählen, Worte, die Knox davonfahren lassen würden, daß er am Schluß stumm blieb. Tränen stiegen ihm in die Augen.

Knox beobachtete ihn erstaunt. »Oh, Mann, Sie sind ein hartnäckiger Bastard«, sagte er.

Schlichtmann nickte und versuchte zu sprechen, konnte aber nur krächzen.

»Hören Sie auf«, sagte Knox.

Tränen rannen über Schlichtmanns Wangen. Er nahm seine Brille ab, um sie wegzuwischen.

Knox seufzte tief und zündete sich eine Zigarette an. »Okay«, sagte er. »Sagen Sie mir, wohin ich kommen soll.«

5

Während der folgenden zwei Monate vernahm Richter Skinner 26 Zeugen und ließ 236 Beweise zu, die zusammen nahezu 3000 Seiten füllten. Die Vernehmungen zum Vorwurf des Amtsvergehens dauerten länger als die meisten regulären großen Prozesse. Wie versprochen erschien Larry Knox zur verabredeten Zeit, gekleidet in seinen Sonntagsstaat, bestehend aus seiner blauen Rayonjacke und einem leuchtendroten Sweatshirt mit dem Aufdruck der Red Sox. Er hielt sich unter Fachers Verhör ganz gut. Welche Sorgen auch immer er sich wegen vergangener Straftaten oder Delikte gemacht hatte, die im Gerichtssaal wieder zur Sprache kommen könnten – sie waren unbegründet. Facher hatte schlicht nicht genügend Zeit, in Knox' Vergangenheit herumzuschnüffeln.

Der Fahrer des Baggers, ein schlaksiger blonder Mann namens William Sorenson, sagte aus, daß er nur einen Tag auf dem Gelände gearbeitet und nichts Ungewöhnliches weggeschafft habe: Metallschrott und altes Holz. Er habe einen Pfad durch eine Art Unterholz geschlagen, um den Weg zu den Testbrunnen freizumachen. Er berichtete, größtenteils Gestrüpp beseitigt zu haben, ein bißchen Erde, kaum mehr als drei Kubikmeter, und Müll. Die Erde habe nicht wie Gerbereiabfall ausgesehen, meinte Sorenson. Nach ihm sagte der Ingenieur, der die Testbrunnen bohren ließ, aus, daß nur diverser Müll, Eisenschrott und »Kompostmaterial« vom Gelände weggeschafft worden sei.

Für Richter Skinner war jede dieser Aussagen von nur geringem Wert, und er tadelte Schlichtmann, Zeit zu verschwenden. »Sie haben, wonach Sie suchten: Jemand hat irgend etwas von dem Gelände abtransportiert«, sagte er. »Ob es sich dabei um eine legitime Aktion oder um eine finstere Verschwörung gehandelt hat, wird abzuwarten bleiben.«

Schlichtmann versuchte, den Ermittler der Umweltschutzbehörde, David Delaney, in den Zeugenstand zu rufen. Delaney würde in der Lage sein, dem Gericht zu berichten, daß diese Aktion sehr wohl verdachterregend war und das Material der Probe Z auf verblüffende Weise ähnelte. Aber die EPA lehnte es grundsätzlich ab, ihre Angestellten in Zivilprozessen aussagen zu lassen. Richter Skinner hätte diesen Grundsatz der Behörde anfechten und Delaney zur Aussage zwingen können, aber er entschied sich dagegen.

Also brachte Schlichtmann Delaneys Notizen ein. Trotz Delaneys Beobachtung jedoch – »beide Fahrer schienen sich wegen meiner Anwesenheit unwohl zu fühlen« – entdeckte Richter Skinner nichts Unrechtes. Wieder bezichtigte er Schlichtmann der Zeitvergeudung. »Das ist ja eine verdammt dreiste Art, Beweise direkt vor der Polizei zu beseitigen.«

In der zweiten Woche der Vernehmungen wurde Schlichtmann von Fachers neuem Mitarbeiter, einem 43jährigen Anwalt namens James Quarles, angerufen. Quarles war einer von »Jerrys Jungs«, 15 Jahre zuvor zu Hale und Dorr gekommen und nun vom Büro in Washington nach Boston geschickt worden, um Facher zu unterstützen, obwohl dieser noch immer die meisten Verhöre selbst führte. Quarles war ein großer Mann, mit einem langen, herunterhängenden Schnurrbart und einer Schildpattbrille, und er hatte eine sehr angenehme, unaufdringliche Art – das Auftreten eines vernünftigen Mannes. Schlichtmann mochte ihn ganz gerne.

Er und Quarles trafen sich in einem Restaurant unweit des Gerichts. Quarles sprach davon, sich um einen Vergleich zu bemühen, bevor der Prozeß noch länger dauerte. Er berichtete Schlichtmann, daß Facher wegen dieser Angelegenheit unendliche Qualen leide. Aber, fuhr er fort, Facher wolle die Sache bis zum Ende durchstehen, um sich zu rechtfertigen. Facher sei der Auffassung, daß eine Summe von über 50 000 Dollar einem Schuldeingeständnis gleichkomme. Dennoch, fuhr Quarles fort, biete er jetzt, um der Sache ein Ende zu bereiten, für jede Familie 100 000 Dollar an, 800 000 Dollar insgesamt.

Schlichtmann erwiderte, er müsse das Angebot noch nicht einmal an die Familien weitergeben. »Ich kann es auf der Stelle ablehnen.«

»Wir haben nichts Falsches getan«, sagte Quarles, erhob sich und griff nach seinem Mantel. »Das Problem liegt nicht bei uns. Jack Riley und Mary Ryan mögen Fehler begangen haben, aber der Richter wird keine Wiederaufnahme für Sie ansetzen.«

Quarles legte einen 20-Dollar-Schein auf den Tisch. Er hatte von Schlichtmanns Schulden gehört. Ein Finanzbeamter war in die Kanzlei Hale und Dorr gekommen und hatte Jacobs mitgeteilt, daß die Regierung ein Pfandrecht auf jeglichen Vergleich mit Schlichtmann besitze.

Schlichtmann lehnte das Geld ab. »Sie hatten doch nichts weiter als eine Cola light.« Er schob den Schein zurück.

»Ich bestehe darauf«, sagte Quarles und ging davon.

Schlichtmann rief Conway und Crowley noch vom Restaurant aus an und bat sie, herüberzukommen. Als sie zusammensaßen, erzählte Schlichtmann, was geschehen war. Der 20-Dollar-Schein lag noch immer auf dem Tisch. Schlichtmann nahm ihn und zerriß ihn langsam der Länge nach. Dann noch einmal.

Conways Mund stand offen. »Oh, Mann, Jan, was tust du?«

Schlichtmann zerriß den Schein in kleine Fetzen, ein kleiner Haufen grünen Papiers sammelte sich auf dem Tisch an. »Ich will mit diesem Geld nichts zu tun haben.«

Am Abend in der Kanzlei kochte Conway frischen Kaffee. Er saß auf einem Hocker und wartete, bis der Kaffee durch die Maschine gelaufen war. Peggy war bei ihm und lauschte seinen Sorgen. »Wir befinden uns auf einer absolut dunklen Straße«, sagte Conway. »Niemand zeigt mehr Vernunft, der Richter nicht, Facher nicht, Jan nicht. Vielleicht bin auch ich nicht vernünftig. Ich habe entsetzliche Kopfschmerzen. Ein Zeuge nach dem anderen, und für Skinner sind sie alle gleich. Er sagt, die Idee einer Verschwörung sei absurd. Jan – alles, was er möchte, ist kämpfen. Das kann bis an unser Lebensende so weitergehen. Das ist Dantes neunter Höllenkreis. Gewinnen, verlieren, Berufung einlegen, gewinnen, verlieren, Berufung einlegen.«

In der zweiten Woche der Verhöre rief Schlichtmann James Granger in den Zeugenstand, den ehemaligen Wartungsingenieur. Granger war ein zurückhaltender Zeuge. Er ließ den Richter wissen, daß er nicht gekommen wäre, wenn er gewußt hätte, daß die Zwangsvorladung Schlichtmanns außerhalb eines Umkreises von 100 Meilen keine Gültigkeit besaß. Als Schlichtmann an diesem Tag den Gerichtssaal betrat, entdeckte er Granger, wie er neben Mary Ryan in der ersten Reihe des Zuschauerraumes saß. Es wirkte ganz so, als hielte sie Granger im Zaum. Als Schlichtmann vorbeikam, sah Granger ihn feindselig an. Im Zeugenstand sagte Granger aus, Riley habe ihn über einen Zeitraum von mehreren Wochen hinweg angewiesen, Metallschrott und Abfall vom Gelände zu beseitigen. Während dieser Zeit habe er einen Haufen verfärbter Erde freigelegt.

»Wie sah die Erde aus?« fragte der Richter.

Granger schien sich unwohl zu fühlen, aber er antwortete, daß die Erde wie Gerbereischlick aussah und Dung und Haare enthielt, »wie das, was hin und wieder aus dem Auffangbehälter kam«.

Probe Z. Schlichtmann war überrascht. So weit war Granger in seiner eidesstattlichen Erklärung nicht gegangen. Es sei nicht viel gewesen, fuhr Granger fort, aber genug für eine Baggerladung, ungefähr drei Kubikmeter. Riley habe ihn angewiesen, das Zeug wegzuschaffen. Später sei Granger noch einmal zurückgekommen, um zu überprüfen, ob man alles beseitigt hätte. Einige Brocken hätten noch dagelegen. In einem Bereich in der Nähe des neuen Testbrunnens hatte Granger Laub verstreut. »Damit es nicht so aussah, als hätten wir irgend etwas Außergewöhnliches ausgegraben.«

»Warum haben Sie das getan?« fragte der Richter.

»Wir wollten, daß das Areal möglichst unberührt aussah.«

»Wer ist ›wir‹?«

»Ich glaube«, sagte Granger und schien peinlich berührt, »ich habe es wahrscheinlich ganz allein gemacht. Der Hauptgrund war, daß Mr. Riley erbost gewesen wäre, wenn man es entdeckt hätte. Ich hatte fast das Gefühl, es sei meine Schuld gewesen, als es herauskam.«

Schlichtmann erhob sich, um Granger nach dem Verhör noch einmal zu vernehmen. Granger gab nun zu, daß es mehr als einen Haufen von dem schlickähnlichen Material gegeben hatte. Schlichtmann ließ Granger auf der Karte eintragen, wo er die Klumpen beseitigt hatte. Granger malte mehrere große Kreise: einen ungefähr in der Mitte des Geländes, wo die höchste Verseuchung mit TRI festgestellt worden war, einen unten bei Rileys Werkbrunnen und einen beim Tor, der zum Gelände führte.

Anfang Mai kehrte Riley in den Gerichtssaal zurück, drei Jahre nach seiner ersten Zeugenaussage während des Verfahrens. Damals war er aggressiv und feindselig gewesen, nun wirkte er kränklich, trübsinnig und teilnahmslos. Im Korridor schritt er auf und ab, die Augen zusammengekniffen, der Blick voller Argwohn, die Lippen angespannt aufeinandergepreßt. Er war Mitte Sechzig und litt hin und wieder unter Depressionen. Schlichtmann rief ihn in den Zeugenstand und zeigte ihm ein Glasfläschchen, das die Probe Z enthielt. Riley behauptete steif und fest, daß es sich dabei nicht um Gerbereischlick handle. Er sagte aus, er erinnere sich nicht, Granger jemals aufgetragen zu haben, irgendwelches Material abzutransportieren. »Ich kann mich nicht entsinnen«, sagte er und schüttelte nachdenklich den Kopf.

Schlichtmann setzte ihn unter Druck. »Aber es hätte sein können?« fragte er den Gerber.

Riley zuckte die Schultern. »Es hätte sein können. Oder auch nicht. Ich weiß es nicht mehr.«

Anderthalb Stunden lang lautete Rileys Antwort auf Schlichtmanns Fragen: »Ich weiß es nicht mehr.«

Als ihn Schlichtmann nach dem Bericht der Firma Yankee Engineering fragte, erzählte Riley, er habe eine Kopie davon mit nach Hause genommen. Und dann gab Riley zu Schlichtmanns Erstaunen zu, daß er auch andere Unterlagen aus der Gerberei zu Hause aufbewahrt hatte. »Private Versuche, die ich mit den Maschinen angestellt habe, und ein paar von meinen Formelheften.«

Formelhefte? Schlichtmann spürte die gleiche aufsteigende Erregung, die er Jahre zuvor empfunden hatte, als Al Love ihn angerufen hatte. Seine Stimme jedoch klang unverändert, und seine Haltung wirkte besonnen. Er fragte Riley, ob die Formeln im Zusammenhang mit Chemikalien stünden, welche die Gerberei bei der Lederherstellung benutzt hatte.

»Ja«, antwortete Riley.

»Und wo sind die Hefte jetzt?«

»Die alten Formelhefte und alles? Ich habe immer noch ein paar davon zu Hause liegen. Ich habe die Hefte stets zu Hause aufbewahrt. Solange ich mich erinnern kann.«

»Wie weit reichen sie zurück?«

»Oh, das weiß ich nicht. Einige stammen aus jüngster Zeit, einige sind alt – wahrscheinlich Jahre alt. Sie bedeuten nichts, diese Formeln. Sie sind wie alte Rezepte.«

Facher stand auf, beunruhigt über die Richtung, die Schlichtmann einschlug. »Ich weiß nicht, welche Bedeutung alte Formelhefte haben sollen«, sagte er zum Richter.

»Ich verstehe durchaus, welche Bedeutung sie haben«, erwiderte Skinner.

Riley gestand, daß er den Anwälten irgendwann einmal diese Hefte ausgehändigt hatte. Er konnte sich nicht erinnern, wann genau.

Schlichtmann hakte nach. »Zu einem Zeitpunkt während des Verfahrens?«

»Nun, muß wohl so gewesen sein.«

Und hatte Riley nicht sowohl bei seiner Vernehmung als auch beim Verhör gesagt, daß jegliche Unterlagen, in denen es um Chemikalien ging, im Jahr 1979 vernichtet worden seien? Daß er keine Unterlagen mehr besitze – kein einziges Blatt Papier mehr –, die Aufschluß darüber gaben, welche Chemikalien in den sechziger und siebziger Jahren verwendet worden waren?

Schlichtmann wandte sich an den Richter. »Diese Formelhefte hätten mir während der Offenlegung ausgehändigt werden sollen. Ich möchte sie zumindest jetzt haben.«

Facher bestritt, sie zu haben. Mary Ryan, die hinter Facher im Zuschauerraum saß, erhob sich und gab zu, daß sie im Besitz von derartig vielen Unterlagen der Gerberei sei, daß sie ihr schon »zu den Ohren herausgekommen« seien. Und sie fügte hinzu: »Ich habe die Unterlagen an mich genommen und sie in ein Lagerhaus gebracht. Einige liegen auch in meinem Büro.« Zu ihrer Verteidigung gab sie an, Schlichtmann habe im Verlauf des Verfahrens nie nach etwas Derartigem gefragt, obwohl er wußte, daß es »viele, viele Akten gab, die nie untersucht wurden«.

Wieder wandte Schlichtmann sich an den Richter. Er bat um eine Durchsuchungserlaubnis für das Lagerhaus.

»Sie sprechen von einem ganzen Magazin voller Akten«, wandte der Richter ein. »Sie fordern eine Art von Offenlegung, die eine zügige Anhörung in einen neuen Großprozeß umwandelt. Das werde ich unterbinden.«

Daraufhin schwand Schlichtmanns Haltung. »Um Gottes willen«, schrie er den Richter an. »Wir sind hier, weil Informationen unterschlagen wurden. Und gerade haben wir gehört, daß noch weitere Informationen zurückgehalten wurden. Wie können Sie da sagen …«

Skinner unterbrach ihn. »Ich bin nicht sicher, ob Sie um all das gebeten haben, worum gebeten zu haben Sie jetzt behaupten. Kein Prozeßteilnehmer ist verpflichtet, Material vorzulegen oder anzubieten, das nicht verlangt wird.«

Am Schluß zeigte Schlichtmann auf, daß Riley eine »falsche Erinnerung« nach der anderen zu Protokoll gegeben habe: Gelogen war, daß er nie irgend etwas vom Gelände habe abtransportieren lassen; gelogen war, daß er nie irgendwelchen Müll auf seinem Grundstück gesehen hatte; gelogen war, daß alle Unterlagen der Gerberei vor 1979 vernichtet worden waren; gelogen hatte er sogar im Zusammenhang mit der Maschine, die Tetrachloräthylen verwendete. Schließlich befragte der Richter selbst Riley zu der Maschine. »Ihre Aussage im Prozeß entsprach nicht der Wahrheit?«

Ein Raunen ging durch den Gerichtssaal. Bis zu diesem Zeitpunkt hatte Riley wiederholt behauptet, sich nicht erinnern zu können, wenn Schlichtmann ihn mit den Beweisen für eine Falschaussage konfrontierte.

Nun aber ließ er den Kopf hängen und antwortete ohne Umschweife: »Nein, das war eine Falschaussage.«

Donna Robbins im Zuschauerraum beobachtete Rileys Auftritt. Man hätte meinen können, sie würde Rileys Beschämung genießen, aber sie murmelte: »Oh, nun tut mir Riley leid.«

Facher wußte, daß Riley jetzt entlarvt war, aber er ging nicht von Meineid aus. »Die Fragen ziehen an Riley vorüber wie Schiffe in der Nacht«, sagte Facher in einer Verhandlungspause. Er hätte zur Rechtfertigung der mentalen Irrungen und Aussetzer Rileys gerne auf dessen Depressionen hingewiesen, aber Riley hatte ihn wissen lassen, daß er darüber nicht sprechen wolle.

Als Schlichtmann Riley schließlich entließ, ging der Gerber aus dem Gerichtssaal, ohne ein Wort zu seinen Anwälten zu sagen. Facher glaubte, Tränen gesehen zu haben, die Riley über die eingefallenen Wangen gerollt waren. Als er die Tür erreicht hatte, warf sich Riley seinen braunen Mantel über und schlurfte langsam den Korridor zum Aufzug entlang – ein großer, gebeugter Mann mit hängenden Schultern. Die Tür zum Lift öffnete sich. Er trat hinein und lehnte sich in die Ecke. Einer der Zuschauer aus dem Gerichtssaal gesellte sich zu ihm.

»Hier geht es nicht um die Wahrheit«, sagte Riley bitter. »Hier geht es um Geld.« Tränen rannen über seine Wangen. Er wischte sie mit seiner großen Faust weg. Dann sah er sein Gegenüber an. »Wann wird das alles zu Ende sein?« fragte er.

»Nächstes Jahr vielleicht.«

Riley stöhnte. »Bis dahin lebe ich nicht mehr«, sagte er.

Die Anhörungen, die im Januar begonnen hatten, wurden schließlich im März abgeschlossen, nachdem beide Seiten noch eine Anzahl weiterer Zeugen und Gegenzeugen präsentiert hatten. Weitere vier Monate verstrichen – quälende Monate für Schlichtmann –, bis Richter Skinner seine Entscheidung bekanntgab. Der Richter befand, daß Riley einen Meineid geleistet hatte und Mary Ryan »des bewußten Amtsvergehens« schuldig war, weil sie versäumt hatte, Schlichtmann den Bericht auszuhändigen. Facher sprach der Richter vollständig frei. »Es gibt keinen Anhaltspunkt, seine Aussage anzuzweifeln«, schrieb er. »Mr. Facher ist ein Prozeßanwalt von landesweiter Reputation, dessen Arbeit vor Gericht ich bei einigen Gelegenheiten beobachten konnte. Er ist hier in der Stadt seit vielen Jahren als harter, aber ethischen Grundsätzen akribisch folgender Rechtsanwalt bekannt.«

Der Richter befand zudem, daß »die Beseitigungsaktion legitimerweise mit dem Bohren der Testbrunnen und anderen Ermittlungsverfahren in Verbindung gestanden« habe. Trotz Grangers Aussage stützte sich Skinner auf seinen eigenen Vergleich von Gerbereischlick mit der Probe Z und befand sie für »in Farbe, Konsistenz und Geruch vollkommen unterschiedlich«. Aufgrund der Aussage von Fachers Experten für Bodenchemie kam der Richter zu dem Schluß, daß die Probe Z »in Wirklichkeit ein bei der Herstellung von Polyvinylchlorid anfallendes Nebenprodukt« sei und es »keine Verbindung, welcher Art auch immer, zum Gerberprozeß von Leder« gebe.

Nichtsdestoweniger, schrieb Richter Skinner, sei jegliches Amtsvergehen durch Mary Ryan Beatrice Foods zuzuschreiben, weil ihr Anwaltshonorar von dem Konzern bezahlt worden sei und sie und Facher eng zusammengearbeitet hätten. Es müßten weitere Anhörungen folgen. Die Beweislast zu zeigen, daß das Amtsvergehen durch Mary Ryan Schlichtmanns Ausarbeitung der Klage gegen die Gerberei selbst nicht »ausschlaggebend beeinträchtigt« habe, liege dann bei Facher.

Schlichtmanns Optimismus war nicht unterzukriegen. Er glaubte, daß der Richter seine Meinung schließlich doch noch geändert habe. »Jetzt bekomme ich die Zustimmung und eine Wiederaufnahme«, sagte er zu Conway.

Conway war anderer Auffassung. Hatte Skinner nicht in allen Punkten außer einem einzigen gegen sie entschieden? Und wiederholte Skinner bei diesem einzigen Punkt – dem Amtsvergehen wegen Unterschlagung des Berichts – nicht einfach nur, was das Berufungsgericht bereits gesagt hatte? Nein, Conway blieb bei seinem Standpunkt: Der Richter hatte seine Meinung nicht geändert. »Er hat das absolute Minimum getan, um noch das Gesicht zu wahren.«

Die letzte Serie von Anhörungen begann damit, daß Facher versuchte, Schlichtmann in den Zeugenstand zu rufen. Gebe es eine bessere Möglichkeit, zu beweisen, daß das »Amtsvergehen« Schlichtmann nicht davon abgehalten habe, seine Klage gegen die Gerberei auszuarbeiten, als ihn selbst im Zeugenstand zu hören?

Wie schon sieben Jahre zuvor bei der Anhörung zur Klausel 11, als Cheeseman ihn hatte vernehmen wollen, weigerte sich Schlichtmann auch diesmal, in den Zeugenstand zu treten. Richter Skinner forderte ihn nachdrücklich auf, einzuwilligen und warnte ihn schließlich, seine Weigerung könne zur Folge haben, daß keine Wiederaufnahme stattfinden werde.

Doch Schlichtmann blieb eisern, und so machte Facher ohne den einzigen Zeugen weiter, den ins Kreuzverhör zu nehmen ihm wirklich wichtig gewesen war, genaugenommen ganz ohne Zeugen. Er stützte sich lediglich auf das Beweisaufnahmeprotokoll und argumentierte, daß Schlichtmann keineswegs die Möglichkeit einer Klage gegen die Gerberei genommen worden sei; er habe diese Richtung bloß nicht gewissenhaft genug verfolgt und stattdessen sein ganzes Augenmerk auf das Sechshektargelände konzentriert. Wenn Schlichtmann nur in den Zeugenstand treten wolle, dann könne er, Facher, das dem Richter beweisen.

Richter Skinner bat darum, Schlichtmanns Ermittlungsakte gegen die Gerberei einzusehen. Schlichtmann protestierte. Welche Bedeutung sollte seine Ermittlungsakte bei dieser Anhörung haben? Der Richter erklärte, er wolle lediglich bestätigt haben, daß Schlichtmann keine dem Bericht von Yankee Engineering vergleichbaren Informationen zur Verfügung gestanden hätten.

Sollte sich allerdings herausstellen, daß er durchaus entsprechende Informationen besessen habe, dann könne er wohl schlecht behaupten, das Versäumnis, ihm den Bericht auszuhändigen, habe die Ausarbeitung der Klage gegen die Gerberei »ausschlaggebend beeinträchtigt«.

Wieder protestierte Schlichtmann. Es gehe nicht darum, was er in Händen gehabt habe, sondern was ihm vorenthalten worden sei. Außerdem seien Ermittlungsakten ein klassisches Produkt der anwaltlichen Arbeit und damit vor den Einblicken der gegnerischen Partei zu schützen. Der Richter versicherte Schlichtmann, er solle sich darüber keine Sorgen machen. Er allein würde unter Ausschluß der Öffentlichkeit die Akten einsehen. Er würde nicht zulassen, daß Facher sie zu Gesicht bekäme.

Unter diesen Voraussetzungen willigte Schlichtmann zögernd ein, die Akte herauszugeben. Er sagte sich, daß er nichts zu befürchten habe. Der Richter würde sehen, daß er sorgfältig jeden Hinweis aufgegriffen und den Bericht von Yankee-Engineering oder etwas Vergleichbares nicht in der Hand gehabt hatte.

6

Die Anhörungen waren im Oktober abgeschlossen, allerdings nicht ohne eine letzte überraschende Enthüllung. Mary Ryan, die in der Zwischenzeit einen persönlichen Anwalt engagiert hatte, bat Richter Skinner, seine Entscheidung, sie sei »des vorsätzlichen Amtsvergehens« schuldig, noch einmal zu überdenken. Der Richter lehnte ab. Dies veranlaßte Mary Ryan, eine eidesstattliche Erklärung einzureichen, in der sie versicherte, daß »die Anwälte der Verteidigung volle Kenntnis des Yankee-Berichts gehabt« hätten, und zwar bereits in der Phase der Offenlegung. Neil Jacobs, erklärte sie weiter, habe von dem Bericht schon im November 1984 gewußt und zwei Monate vor Prozeßbeginn per Boten von ihr eine Kopie bekommen. Ryan versicherte, daß ihr 41 Dokumente – Briefe, Gesprächsnotizen vom Telefon und die Rechnung des Boten – zur Verfügung stünden, um ihre Aussage zu belegen.

Als Schlichtmann diese eidesstattliche Erklärung las, fragte er sich einen Augenblick lang, ob er halluziniere. »Sehe ich recht?« Jacobs hatte unter Eid ausgesagt, daß er den Bericht erst ein Jahr nach dem Prozeß zum ersten Mal zu Gesicht bekommen habe. Sollte sich Mary Ryans Erklärung als wahr herausstellen, dann war sie eindeutiger Beweis für Betrug vor Gericht. Das sollte den Richter wütend machen. Aber inzwischen hatte Schlichtmann die Hoffnung aufgegeben, daß dies geschehen könnte. »Eine Lüge zieht die nächste nach sich«, sagte er zu Conway, »und dieses Arschloch von Richter sitzt da und sagt: ›Das schockiert mich nicht.‹«

Genau wie Schlichtmann vorhergesagt hatte, lehnte Richter Skinner es ab, Ryans eidesstattliche Erklärung zu berücksichtigen. Sie sei verpflichtet gewesen, bei der letzten Vernehmung drei Monate zuvor offenzulegen, was sie wisse, und habe dies offenbar zu tun versäumt. »Bei keinem ordnungsgemäßen Verfahren ist es einem Anwalt in Ms. Ryans Position, der dazu aufgefordert wird, eine umfassende Erklärung abzugeben, gestattet, Informationen solange zurückzuhalten, bis es sich plötzlich als vorteilhaft erweist, sie preiszugeben, um dann vor Gericht darauf zu bestehen, die ganze Angelegenheit noch einmal zu erörtern.« Der Richter untersagte Mary Ryan, weitere Gesuche einzureichen.

Schlichtmann wartete auf den Bericht des Richters an das Berufungsgericht. Der November verstrich in einer Serie wolkenverhangener Tage, einer so grau wie der nächste. Weil es nichts weiter zu tun gab, als sich Sorgen zu machen, rief Schlichtmann dauernd bei Kiley, Nesson und Neville an. Jeder, der mit ihm über den Fall sprechen mochte, hatte mit zwei oder drei Anrufen täglich zu rechnen.

Am Sonntag, dem 11. Dezember, legte sich Schlichtmann nachts um halb eins schlafen und wachte um halb drei schreiend und wild um sich schlagend auf. Er hatte von der Entscheidung des Richters geträumt.

Der Alptraum sollte sich bei Tag fortsetzen. An diesem Morgen rief der Amtmann des Richters in der Kanzlei an, um mitzuteilen, daß Skinner gerade seinen Abschlußbericht an das Berufungsgericht fertiggestellt habe. Schlichtmann ging, begleitet von Crowley, die Milk Street entlang zum Gericht. »Ich weiß, daß ich ausraste, wenn ich ihn sehe«, sagte er. »Dieser arthritische alte Bastard wird mir irgend etwas antun.«

In der siebten Etage des Gebäudes überreichte der Amtmann Schlichtmann eine Kopie der Entscheidung. Dieser blätterte rasch die Seiten durch, überflog die Worte des Richters. In Schlichtmanns Ermittlungsakten (»eine gründliche und gut dokumentierte Ermittlung«, schrieb der Richter) deute nichts auf den Vorwurf der Beseitigung der beanstandeten Chemikalien auf dem Gerbereigelände selbst oder auf dem sechs Hektar umfassenden Grundstück hin. Skinner schloß daraus, daß Schlichtmann von Anfang an, während des ganzen Verfahrens, während der Berufung und der Vernehmungen wegen Amtsvergehens bis hin zur Gegenwart gewußt habe, »daß es keinen zufriedenstellenden Beweis gab, der die These der Beseitigung der beanstandeten Chemikalien durch den Beklagten selbst stützte«.

Demzufolge befand der Richter, daß Schlichtmann die Klausel 11 verletzt habe, indem er leichtfertig eine Klage angestrengt habe, die nicht durch Tatsachen gestützt sei. Dies sei ein eindeutiges Amtsvergehen.

Doch Schlichtmanns Amtsvergehen, fuhr der Richter fort, werde durch jenes von Mary Ryan aufgewogen, die den Bericht von Yankee Engineering unterschlagen hatte. »Unter Berücksichtigung des komplizierten Kontexts dieses Falles«, schloß der Richter, »schlage ich daher vor, daß keine der beiden Parteien von gegen den jeweiligen Kontrahenten wegen dessen Vorgehen verhängten Sanktionen profitieren sollte, und genau darin liegt die Sanktion für beide.«

Der Kreis hatte sich geschlossen. Mit der Klausel 11 hatte der Fall begonnen, mit der Klausel 11 endete er.

»Er sagt, *mir* sollte eine Sanktion auferlegt werden?« rief Schlichtmann, und seine Hand zitterte vor Wut.

»Ich bin nur der Überbringer«, sagte der Amtmann und trat einen Schritt zurück.

»Der Mann ist verrückt«, schrie Schlichtmann mit rauher, krächzender Stimme. Leute drehten sich nach ihm um. Crowley packte Schlichtmann beim Ellbogen und versuchte, ihn in den Korridor hinaus und zum Aufzug zu zerren. »Okay, Jan, laß uns gehen. Laß uns hier verschwinden«, sagte Crowley und sah sich besorgt um.

Draußen auf dem Post Office Square blieb Schlichtmann stehen, legte den Kopf zurück und brüllte: »Dieser Mann ist ein verdammtes Monster! Ich weiß, woran ein Verrückter seinen Spaß hat! Er sagt, *mir* sollten Sanktionen auferlegt werden!«

Der Abschlußbericht des Richters wurde an das Berufungsgericht geschickt, das sein Urteil am 26. März 1990 erließ. Es betrachte es nicht als seine Aufgabe, ließ das Gericht verlautbaren, einen Prozeßrichter zu kritisieren, der mit der »wechselvollen Geschichte und den komplizierten inneren Zusammenhängen des Falles« vertraut sei. Richter Skinner gebühre Lob dafür, »diese undankbare Aufgabe mit Entschlossenheit und Nachdruck bewältigt« zu haben. Das Gericht hielt alle gerichtlichen Entscheidungen von Richter Skinner für »solide, fundiert und frei von merklichen rechtlichen Fehlern« und unterstützte die Empfehlung für Sanktionen. »Diese lange Safari von einem Fall«, schloß das Gericht, »ist nun endlich vorbei.«

Am Abend kamen die Familien aus Woburn nach Boston, um sich mit Schlichtmann zu treffen. Nur Anne und die Zonas waren nicht dabei. Man versammelte sich zum letzten Mal im Konferenzraum. Auf sie wirkte Schlichtmann wie jemand, der völlig verzweifelt war, von seiner Umgebung verwirrt und verunsichert. Er sprach davon, für eine weitere Anhörung beim Berufungsgericht eine Petition einzureichen und, wenn diese nicht gewährt werde, vor dem Obersten Gericht in die Berufung zu gehen, aber seine Stimme klang dumpf und monoton, und seine Verzweiflung war für alle Anwesenden erkennbar.

Kathryn Gamache beobachtete ihn mit aufrichtiger Sorge. »Wir fürchten, daß Sie hier noch aus dem Fenster springen«, sagte sie sanft.

»Etwas in der Art wollen wir morgen nicht in der Zeitung lesen«, meinte Richard Auferio.

Schlichtmann schüttelte den Kopf und versuchte zu lächeln. »Dazu liebe ich das Leben zu sehr. Machen Sie sich keine Sorgen.«

Er wohnte nach wie vor in der Kanzlei, aber er arbeitete nicht an neuen Fällen, und wenn er es ausnahmsweise doch einmal tat, dann ohne jedes wirkliche Interesse. Crowley schloß in einem bedeutenden Rechtsstreit alleine einen Vergleich. Als die Kanzlei erneut einen Fall bekam, in dem es um einen ärztlichen Kunstfehler ging, mochte sich Schlichtmann in Erinnerung an den Prozeß, den er unmittelbar nach Woburn verloren hatte, nicht damit befassen. Er gab ihn an Kiley ab, der ihn vor Gericht brachte und einen gewaltigen Sieg erstritt. Der Geschworenenspruch lautete auf 10,3 Millionen Dollar – mehr als selbst der Vergleich, den man mit Grace erreicht hatte. Und dabei hatte Kiley nur wenige Monate an diesem Fall gearbeitet. Kiley bot Schlichtmann an, mit ihm zusammenzuarbeiten, aber Schlichtmann lehnte das Angebot ab. Häufig sprach er davon, überhaupt nicht mehr als Anwalt tätig zu sein.

Häufig sprach er davon, die Juristerei ganz an den Nagel zu hängen.

Er sandte eine Petition ans Berufungsgericht. Sie wurde abgelehnt. Als nächstes reichte er beim Obersten Gerichtshof von Massachusetts eine Ausmittelungsklage ein, die erreichen sollte, daß Mary Ryan und ihre Mitarbeiter erneut vernommen wurden. Ebenfalls abgelehnt. Ermattet brachte er mehrere Monate damit zu, eine Petition zu verfassen, in der er den Obersten Gerichtshof der USA ersuchte, anhand der Prozeßakten die Entscheidungen der unteren Instanzen zu überprüfen. Aber tief im Innern wußte er, daß das reine Zeitverschwendung war, daß niemand dort seinen Schriftsatz jemals ganz zu Ende lesen würde. Dennoch fühlte er sich gezwungen, ihn fertigzustellen. Am Ende wies ihn der Oberste Gerichtshof ebenfalls ab.

7

Möwen aus dem Hafen von Boston kreisten am trüben, bleiernen Novemberhimmel. Es war so kalt, daß es hätte schneien können, aber Schlichtmann hatte sein Jackett ausgezogen und arbeitete in Hemdsärmeln. Er und Crowley waren in einem Lagerhaus am Morrissey Boulevard, wo die Kanzlei zwei Räume angemietet hatte. Die Räume waren feucht und unbeheizt, vollgestopft mit Dokumenten aus dem Fall Woburn. Um nicht noch eine weitere Monatsmiete bezahlen zu müssen, hatte Schlichtmann beschlossen, das Lager zu räumen.

400 Kartons mit Unterlagen, das vollständige Archiv im Fall Woburn, waren bis zur Wellblechdecke hinauf übereinandergestapelt. Schlichtmann hatte vor, lediglich die Krankenberichte der Familien aufzubewahren, die er ihnen am Abend zurückgeben könnte. Alles andere warf er weg. Während er sich seinen Weg durch die Stapel von Kartons bahnte, konnte er nicht widerstehen, hin und wieder eine Schachtel zu öffnen. Er stieß auf Verhandlungsprotokolle und Transkripte der Anhörungen, auf die Aussagen der Familien, der Sachverständigen und der Mitarbeiter der beiden Unternehmen, auf Krankenberichte und Reports der EPA und der Geologischen Bundesbehörde. Er fand eine große Karte, die das Tal des Aberjona River darstellte. Sie stammte von einem Experten von Beatrice Foods. »Der Typ war ein Scharlatan«, sagte er und lachte rauh. »Was für ein schlechter Witz.« Er zertrat die Karte unter den Füßen.

Crowley hatte ein Müllauto bestellt, das neben der Tür der Lagerräume stand. Die schweren Kartons zu schleppen war harte Arbeit, und die beiden Männer gerieten rasch in Schweiß. Schlichtmann warf die Kartons in den dunklen, stinkenden Schlund des Müllwagens wie ein Mann, der Kohlen in einen Holzofen schaufelt. Schwer atmend hielt er einen Moment lang inne, sah zu, wie die Kartons von der hydraulischen Maschinerie zermalmt wurden und dabei Tausende von Seiten ausspuckten.

»All dieses Papier«, sagte Schlichtmann mehr zu sich selbst als zu Crowley. »Es steht für neun Jahre meines Lebens. Warum habe ich das getan?« Er wartete einen Moment und beantwortete dann seine eigene Frage. »Stolz, Gier, Ehrgeiz. Reich werden, indem man Gutes tut.«

Crowley lachte kurz auf, es klang eher wie ein Stöhnen.

»Ich bin 39 Jahre alt«, fuhr Schlichtmann fort, »und ich habe ein verdammt großes Loch gegraben. Kein Mensch könnte ein größeres Loch graben.«

Schlichtmann meldete Konkurs an. Er hatte gehofft, seine Schulden bezahlen zu können, aber dann war er dazu doch nicht in der Lage. Er stellte fest, daß es ihm unmöglich war, noch an Fällen zu arbeiten. Er beschloß, nicht länger als Anwalt zu praktizieren, und nach Hawaii zu gehen. Vor dem Konkursgericht in Boston gab er sein Vermögen an: 14 Dollar auf einem Sparkonto, einen Radiokassettenrecorder im Wert von 50 Dollar, 100 Dollar in bar und Kleidung im Wert von 500 Dollar. (Die teuren Anzüge waren schließlich nicht mehr neu.) Er schuldete seinen Gläubigern 1 231 542 Dollar, wovon die Steuerforderungen fast zwei Drittel ausmachten.

In Woburn kündigte die EPA Pläne zur Säuberung des Grundwasserspeichers im Gebiet des Aberjona River an. Die Behörde hatte sowohl W. R. Grace als auch Beatrice Foods auf Kostenübernahme des Projekts verklagt. Grace willigte ein, seinen Anteil zu bezahlen, aber die neuen Anwälte von Beatrice Foods fochten die Klage an und zitierten den Geschworenenspruch sowie Richter Skinners gerichtliche Feststellung im Fall Woburn. Die Umweltschutzbehörde tat diesen Einwand ab. Alle Studien hatten bewiesen, daß das Beatrice-Foods-Grundstück für die Verseuchung des Grundwassers verantwortlich war. Am Ende willigte auch Beatrice Foods ein, seinen Anteil der Säuberungskosten zu übernehmen.

Den Bürgern von Woburn legte die EPA einen Sanierungsplan vor, der sich über 50 Jahre hinweg erstrecken und schätzungsweise 69,4 Millionen Dollar kosten würde – die aufwendigste und teuerste Umweltsäuberung in der Geschichte Neuenglands.

Der *Boston Herald* rief Schlichtmann an und bat um einen Kommentar. »Es wurde aber auch Zeit«, zitierten sie ihn am nächsten Tag.

W. R. Grace wurde der falschen Angaben der EPA gegenüber – Lügen, auf die Schlichtmann das Justizministerium bereits aufmerksam gemacht hatte, nachdem Al Love willens gewesen war, an die Öffentlichkeit zu gehen – vom Staatsanwalt belangt. Sie bekannten sich in zwei Fällen schuldig und wurden zur Höchststrafe verurteilt, die damals 10 000 Dollar betrug. Kurz darauf gab W. R. Grace bekannt, daß das Werk in Woburn, in dem 95 Arbeiter beschäftigt waren, geschlossen werde. Den meisten wurde anderswo eine Arbeit angeboten. »Es könnte allerdings auch zu einigen Entlassungen kommen«, sagte ein Firmensprecher.

Kiley lieh Schlichtmann den Betrag für ein Rückflugticket nach Hawaii und spendierte ihm obendrein ein bißchen Taschengeld. Schlichtmann blieb ungefähr eine Woche in einem schmuddligen, heruntergekommenen Motel; 27 Dollar die Nacht und das Badezimmer am Ende des Flurs. Dann kaufte er sich einen Rucksack und einen Schlafsack und brach zu einer Wanderung über die Insel Kauai auf. Er wanderte über einen Bergpaß in ein entlegenes Tal namens Kalalau.

Mehrere Tage verbrachte er damit, mutterseelenallein auf dem weißen Sandstrand zu kampieren. Er schwamm und lag in der Sonne. Er redete sich ein, daß er dabei sei, seinen Kopf von allem Ballast zu befreien, doch in Wirklichkeit fragte er sich andauernd, wie sich herausfinden ließe, ob man sein Leben vergeudet hatte. Er fürchtete sich davor, die Antwort zu finden. Von einem Moment auf den anderen wußte er nicht mehr, was er eigentlich vorhatte. Am dritten Tag zog er in der Abenddämmerung am Strand all seine Kleider aus und schwamm hinaus ins offene Meer. Das Wasser war spiegelglatt. Lange Zeit schwamm er in Richtung Westen, auf die untergehende Sonne zu, und als er sich schließlich umdrehte und zurückblickte, war von der Insel Kauai kaum mehr zu sehen als ein verschwommener Streifen am Horizont.

Das Wasser war warm, und er war nackt und fühlte sich ganz friedlich. Eine Zeitlang trat er im Wasser auf der Stelle, sah zurück auf die Insel. Er dachte daran, so weit zu schwimmen, bis er kein Land mehr sah.

Aber dann verflog der Gedanke, wie er gekommen war, und er begann, langsam wieder zurückzuschwimmen.